프리미어 프로&
애프터 이펙트
CC 2025

지은이 심수진

- 명지대학교 영상디자인과 전공
- 어도비 코리아 프리미어 프로 및 애프터 이펙트 강의 진행
- 강남문화재단, 문화체육관광부, 한국콘텐츠진흥원 영상 제작 강의
- 현 (주)발렌타인드림 부사장
- 전 명지전문대학 디지털콘텐츠융합과 교수
- 《맛있는 디자인 프리미어 프로 CC 2024》 공동 집필

지은이 윤성우

- 명지대학교 영상디자인과 전공 / 디자인학과 석사 과정
- 컴투스 영상 디자이너, NHN(현 네이버) 영상디자인팀 디자이너
- CJ E&M 게임부문(넷마블) 멀티미디어콘텐츠팀 팀장
- 현 (주)발렌타인드림 대표이사
- 《맛있는 디자인 프리미어 프로 CC 2024》 공동 집필

지은이 이수정(피치파이)

- 이화여자대학교 생활미술학과 전공 / Parsons School of Design MFADT, New York 석사
- KBS 한국방송 특수영상팀 디자이너/아트디렉터
- JTBC 브랜드 디자인팀 팀장
- 인하대학교, 이화여자대학교, 한국예술종합학교 강의
- 현 미토리 스튜디오 대표
- 《애프터 이펙트 실무 강의》, 《맛있는 디자인 애프터 이펙트 CC 2024》 집필

한 권으로 배우는 동영상 편집, 모션 그래픽 입문서

맛있는 디자인 프리미어 프로&애프터 이펙트 CC 2025

초판 1쇄 발행 2025년 02월 24일
초판 3쇄 발행 2025년 09월 22일

지은이 심수진, 윤성우, 이수정(피치파이) / **펴낸이** 전태호
펴낸곳 한빛미디어(주) / **주소** 서울특별시 서대문구 연희로2길 62 한빛미디어(주) IT출판1부
전화 02-325-5544 / **팩스** 02-336-7124
등록 1999년 6월 24일 제25100-2017-000058호 / **ISBN** 979-11-6921-335-6 13000

총괄 배윤미 / **책임편집** 장용희 / **기획·편집** 박지수 / **교정** 유희현
디자인 이아란 / **전산편집** 오정화
영업마케팅 송경석, 김형진, 장경환, 조유미, 한종진, 이행은, 김선아, 고광일, 성화정, 김한솔 / **제작** 박성우, 김정우

이 책에 대한 의견이나 오탈자 및 잘못된 내용은 출판사 홈페이지나 아래 이메일로 알려주십시오.
파본은 구매처에서 교환하실 수 있습니다. 책값은 뒤표지에 표시되어 있습니다.
한빛미디어 홈페이지 www.hanbit.co.kr / **이메일** ask@hanbit.co.kr

Published by HANBIT Media, Inc. Printed in Korea
Copyright © 2025 심수진, 윤성우, 이수정 & HANBIT Media, Inc.
이 책의 저작권은 심수진, 윤성우, 이수정과 한빛미디어(주)에 있습니다.
저작권법에 의해 보호받는 저작물이므로 무단 복제 및 무단 전재를 금지합니다.

지금 하지 않으면 할 수 없는 일이 있습니다.
책으로 펴내고 싶은 아이디어나 원고를 메일(writer@hanbit.co.kr)로 보내주세요.
한빛미디어(주)는 여러분의 소중한 경험과 지식을 기다리고 있습니다.

맛있는 디자인

프리미어 프로 & 애프터 이펙트 CC 2025

심수진, 윤성우, 이수정(피치파이) 지음

> **머리말**

천천히, 순서대로 따라하며 같이 해보는 프리미어 프로 영상 편집 입문!

유튜브, 쇼츠, 릴스 등 영상 콘텐츠가 우리 일상에서 없어졌다고 상상하기 어려운 시대입니다. 영상 전문가가 아니더라도 자기계발의 수단으로 영상 제작을 배우는 것이 보편화되었고, 소중한 순간들을 영상으로 기록하거나 개인 브랜딩을 위해서도 영상 편집 기술은 이제 선택이 아닌 필수가 되었습니다. 지금 시작하더라도 결코 늦지 않습니다.

저 역시 처음에는 영상 편집을 배우는 것에 막연한 두려움과 어려움을 느꼈습니다. 이러한 초보자로서의 경험을 바탕으로, 독자 여러분이 보다 쉽고 효율적으로 프리미어 프로를 이해할 수 있도록 체계적인 예제들로 구성하여 이 책을 집필했습니다.

직접 제작한 영상으로 다양한 사람들에게 즐거움을 선사하는 것은 매우 보람 있는 일입니다. 더불어 영상 제작 실력이 향상될수록 그 즐거움은 배가 될 것입니다. 모든 독자분들이 영상을 잘 만들 수 있도록, 그리고 빠르게 변화하는 시대의 트렌드를 따라갈 수 있도록 이 책의 예제들을 지속적으로 연구하고 보완하고 있습니다. 이 책을 통해 독자 여러분이 즐겁게 영상 편집을 배우실 수 있기를 희망합니다.

SPECIAL THANKS TO

이 책이 나오기까지 도움을 주신 많은 분들께 감사의 말씀을 전합니다. 책의 기획부터 출간까지 힘써주신 한빛미디어 관계자분들께 깊이 감사드립니다. (주)발렌타인드림의 윤성우 대표님과 회사 구성원분들의 헌신적인 도움에도 감사드립니다. 책의 예제 작업에 도움을 주신 INFLU ENGLISH의 홍석희 대표님과 켈리님께도 특별한 감사를 드립니다. 그리고 늘 곁에서 힘이 되어준 사랑하는 가족과 친구들에게도 감사의 마음을 전합니다.

심수진

영상 편집을 배우며 즐겁고 행복하기를 바랍니다!

책 집필을 시작한 지 어느덧 10년이라는 시간이 흘렀습니다. 이 기간 동안 많은 것들이 변화했고, 영상 편집 방식도 다양하게 진화해왔습니다. AI가 더욱 발전하더라도, 인간만이 가진 고유한 감정은 변함없이 존재할 것입니다. 우리가 경험해온 감정들은 기술의 발전과 관계없이 여전히 그 가치를 잃지 않을 것입니다. 영상 편집에서 가장 중요한 것은 새로운 도구와 기술이 아닌, 이를 활용해 사람들에게 감동을 전달하는 것입니다.

어린 시절, 저는 스파이크 존스나 미셸 공드리 같은 유명 뮤직비디오 감독들의 작품을 즐겨 보았습니다. 그들은 공통적으로 '인간에게 가장 아름다운 것은 인간의 움직임 그 자체'라고 이야기했습니다. 당시에는 이해하지 못했던 이 말의 의미를 이제야 깨닫게 됩니다. 여러분도 인간의 가장 아름다운 움직임이 무엇인지 함께 찾아보시기 바랍니다. 여러분이 느끼는 아름다움은 생각보다 가까운 곳에 있습니다.

SPECIAL THANKS TO

11년이라는 긴 시간 동안 묵묵히 곁을 지켜준 심수진 저자에게 깊은 감사를 드립니다. 또한 이 책을 선택해 주신 독자 여러분께도 진심으로 감사드립니다. 2025년 한 해, 여러분 모두의 앞날에 행복과 성취가 가득하시기를 기원합니다.

윤성우

영상 소스 제공 협찬
원어민 브이로그 <INFLU ENGLISH> 채널 켈리쌤

▶ youtube.com/@influenglish

원어민 브이로그로 실생활 영어를 가르쳐주는 채널입니다. 대치동 강사 출신으로 국제학교 학생, 외국계 직장인들을 가르쳐온 켈리쌤이 브이로그를 통해 일상생활에서 바로 쓸 수 있는 영어를 알려드립니다. 초보자들을 위한 느린 영어 브이로그는 물론, 원어민 팟캐스트, 엄마표 영어 등 다양한 영상 시리즈를 통해 재미있고 살아있는 영어 콘텐츠를 만들어가고 있습니다.

머리말

영상 제작을 원하는 모든 사람들의
길라잡이가 되었으면 좋겠습니다!

좋아하세요? 그렇다면 무엇을 망설이세요?

손으로 무언가를 만드는 것을 가장 즐기고 새로움에 대한 호기심이 많은 저에게, 디자인과 테크놀로지의 결합체인 '모션 그래픽'은 눈이 번쩍 뜨이는 신세계였습니다. 끊임없이 발전하는 기술과 시시각각 변화하는 트렌드, 그리고 새롭고 환상적인 영상의 향연은 저에게 매 순간 새로운 즐거움을 선사했습니다.

KBS 한국방송에서 영상 디자이너로 첫 커리어를 내딛던 후, JTBC 방송사의 브랜드 디자인팀 팀장으로 10여 년간 다양한 영상을 제작하고 감독하며 치열한 시간을 보냈습니다. 퇴사 이후에는 뮤직비디오, 전시 영상, 미디어 아트, 모바일 게임, 캘리그래피 등 폭넓은 분야에서 창작의 즐거움을 만끽하고 있습니다. 모든 도전이 성공적이진 않았지만, 그 과정에서 얻은 배움과 즐거움이 저에게 큰 만족감을 주었습니다.

이 책을 선택하신 여러분은 아마도 '애프터 이펙트'와 '모션 그래픽'에 관심이 있으실 것입니다. 동시에 어려울 것 같다는 두려움도 있으시리라 생각합니다. 하지만 제 경험상 애프터 이펙트를 배우는 것 자체는 그리 어렵지 않습니다. 다만, 훌륭한 모션 그래픽 아티스트가 되기 위해서는 단순히 프로그램을 다루는 기술만으로는 부족합니다. 모션 그래픽은 창작의 영역이기에 타고난 감각이 도움이 될 수 있지만, 더욱 중요한 것은 많은 시간과 열정을 투자하여 즐겁게 작업하는 것입니다. 이러한 과정을 거친다면 누구나 훌륭한 디자이너가 될 수 있다고 확신합니다.

영상 분야에 관심이 있으신가요? 한 번 도전해보고 싶으시다면, 더 이상 망설이지 마세요. 혹시 중간에 포기하면 시간이 아까울까 고민되시나요? 물론 시간은 중요한 자원이지만, 좋아하는 일에 투자한 시간은 결코 낭비가 되지 않는다고 확신합니다.

영상 제작을 더 쉽게 배워보세요!

영상 제작은 이제 더 이상 소수 전문가만의 영역이 아닙니다. 지금은 '영상의 시대'라 해도 과언이 아닐 만큼, 영상은 우리 일상의 중심 매체가 되었습니다. 영상 제작을 처음 경험해보고 싶은 입문자들도 늘어나고 있습니다. 이 책은 애프터 이펙트의 기본 메뉴부터 전문 영역인 캐릭터 애니메이션까지, 영상 제작과 모션 그래픽의 핵심을 다양한 관점에서 다루고 있습니다. 모션 그래픽 디자이너를 꿈꾸는 분들은 물론, 영상 제작이라는 새로운 경험을 원하시는 모든 분들에게 이 책이 든든한 길잡이가 되기를 희망합니다.

차근차근 따라 해보세요!

애프터 이펙트는 결코 쉽게 배울 수 있는 프로그램은 아닙니다. 하지만 이 책에서 제시하는 기본 기능부터 차근차근 따라가보시기 바랍니다. 낯선 작업 환경과 생소한 용어들을 쉽게 이해하실 수 있도록 세심한 설명을 더했습니다. 처음의 두려움을 떨쳐내고 한 단계씩 따라 하다 보면, 영상 제작과 모션 그래픽 작업에서 즐거움을 발견하게 될 것입니다. 그리고 언젠가는 TV에서 보던 멋진 영상을 여러분이 직접 만들 수 있는 날이 반드시 올 것이라 확신합니다.

무료 온라인 강의도 많은데 왜 책으로 공부해야 할까요?

요즘은 책보다 영상 강의를 통한 학습이 더 익숙한 분들이 많습니다. 화면을 보면서 배우는 것이 더 명확하고 효율적으로 느껴질 수 있기 때문입니다. 하지만 책을 통한 학습은 체계적인 구조로 구성되어 있어 개념부터 실습까지 단계별로 배울 수 있다는 장점이 있습니다. 또한 언제든 필요한 부분을 찾아 반복 학습할 수 있으며, 세부적인 내용을 꼼꼼히 살펴볼 수 있습니다.

이 책에서는 영상 강의를 선호하는 독자분들을 위해, 텍스트만으로는 이해가 어려운 예제들을 동영상으로 제작하여 QR 코드로 제공하고 있습니다. 책과 동영상 강의의 장점을 모두 활용하여 더욱 효과적인 학습이 되시길 바랍니다.

독자 여러분에게 당부드립니다!

자주 사용하는 필수 단축키들은 실습 과정에서 반복적으로 언급하여 자연스럽게 습득할 수 있도록 구성했습니다. 기본적인 예제만으로도 영상 작업이 가능하도록 필수 기능에 관한 내용을 보강했으니, 급한 마음에 예제만 따라 하기보다는 목차에 따라 차근차근 학습해주시기 바랍니다.

대부분의 준비 파일에는 [시작]과 [완성] 컴포지션이 함께 포함되어 있어 학습에 매우 효과적입니다. 따라 하기 학습 중 어려움이 있다면 [완성] 컴포지션을 열어 확인할 수 있습니다. 또한 실습 전에 완성 동영상을 미리 살펴보고 제작 과정을 구상해보는 것도 효율적인 학습 방법이 될 수 있습니다.

준비되었나요? 자, 이제부터 달려봅시다!

SPECIAL THANKS TO

한 권의 책이 출간되기까지 정말 많은 분의 수고가 녹아 있습니다. 제 이름이 저자로 새겨져 출간되지만, 오롯이 제 책이라고 생각하지 않습니다. 오랜 시간 함께해주신 한빛미디어의 장용희 팀장님과 박지수 책임님께 특별한 감사의 마음을 전합니다. 그리고 언제나 곁에서 응원해주는 사랑하는 내 짝꿍에게도 고마움과 사랑을 전합니다.

이수정

맛있는 디자인 6단계 레시피

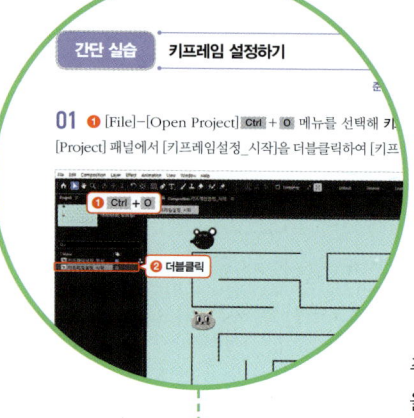

한눈에 실습

주요 기능의 사용법과 활용 과정을 한눈에 살펴보며, 결과를 바로 확인할 수 있습니다.

Start ─── 1 ─── 2 ─── 3

간단 실습

왕초보도 따라 하기 쉬운 예제로 프리미어 프로와 애프터 이펙트 기능을 제대로 익힙니다.

핵심 기능

'한눈에 실습'에서 학습할 기능을 미리 확인합니다. 모르는 부분은 도구 설명과 '간단 실습'에서 복습합니다.

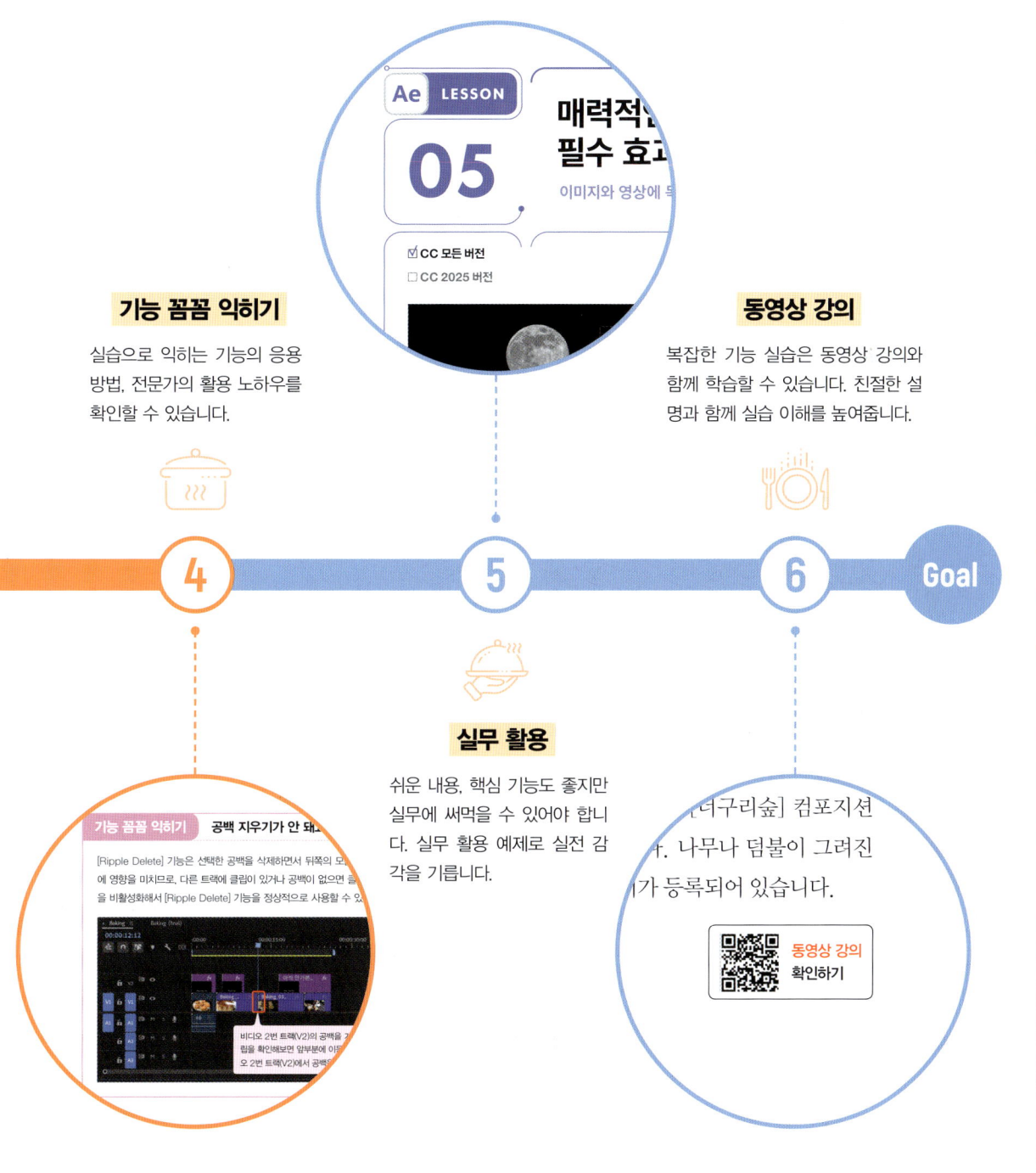

기능 꼼꼼 익히기
실습으로 익히는 기능의 응용 방법, 전문가의 활용 노하우를 확인할 수 있습니다.

동영상 강의
복잡한 기능 실습은 동영상 강의와 함께 학습할 수 있습니다. 친절한 설명과 함께 실습 이해를 높여줍니다.

실무 활용
쉬운 내용, 핵심 기능도 좋지만 실무에 써먹을 수 있어야 합니다. 실무 활용 예제로 실전 감각을 기릅니다.

[3단계 학습 구성&예제 완성 갤러리]

맛있는 디자인의
수준별 3단계 학습 구성

맛있는 디자인은 프리미어 프로와 애프터 이펙트를 처음 다뤄보는 왕초보부터 어느 정도 다뤄본 사람까지 누구나 쉽게 학습할 수 있도록 구성되어 있습니다. 핵심 기능과 응용 기능을 빠르게 학습하고 실무 예제를 활용해 실력을 쌓아보세요.

1단계

프리미어 프로&애프터 이펙트는 처음이에요!

프리미어 프로와 애프터 이펙트를 이전에 다뤄본 경험이 전혀 없다면 무료 체험판을 먼저 설치한 후 기본적인 프로그램 환경과 조작 방법부터 배워보세요! 간단한 기능 학습만으로도 금방 프리미어 프로&애프터 이펙트와 친해질 수 있습니다.

▶ **맛있는 디자인 헬프 페이지 활용 방법** p.012

2단계

프리미어 프로&애프터 이펙트 실행은 해봤어요!

프리미어 프로와 애프터 이펙트를 실행해본 적이 있어 기본적인 조작에 익숙하다면 [간단 실습]으로 본격적인 기능 학습을 시작해보세요! 프리미어 프로와 애프터 이펙트의 기능별 예제를 실습하다 보면 어느새 실력이 쑥쑥 향상됩니다.

▶ **프리미어 프로 기본 편** p.038
▶ **애프터 이펙트 기본 편** p.286

3단계

체계적인 학습을 통해 기능 활용법을 모두 배우고 싶어요!

프리미어 프로와 애프터 이펙트의 기본 기능을 알고 있다면 [한눈에 실습]과 [실무 활용]을 통해 모르는 부분만 집중적으로 다시 학습해보세요! 다양한 실무 활용 예제로 주요 기능의 응용법까지 알아보면 프리미어 프로와 애프터 이펙트의 거의 모든 기능을 쉽고 빠르게 학습할 수 있습니다.

▶ **프리미어 프로, 애프터 이펙트의 핵심 기능을 확인하며 학습!**
▶ **모르는 부분은 집중 복습!**

[학습 예제 완성 갤러리]

프리미어 프로와 애프터 이펙트 실습을 진행하며 활용하는 예제 파일의 완성 이미지를 확인해보세요! 맛있는 디자인을 통해 어떤 기능을 학습할 수 있을지, 어떤 작업물을 완성할 수 있을지 생생한 화면으로 확인할 수 있습니다.
스마트폰 카메라로 오른쪽 QR 코드를 비추면 이동 가능한 페이지가 나타납니다.
접속 주소 : https://m.site.naver.com/1ByFZ

예제&완성 파일 다운로드

예제&완성 파일
다운로드

이 책에서 나오는 모든 예제 소스(준비 파일, 완성 파일)는 홈페이지에서 다운로드할 수 있습니다. 한빛출판네트워크 홈페이지는 검색 사이트에서 **한빛출판네트워크**로 검색하거나 www.hanbit.co.kr로 접속합니다.

01 한빛출판네트워크 홈페이지에 접속하고 [자료실]을 클릭합니다.

02 ❶ 검색란에 **프리미어 프로 애프터 이펙트 2025**를 입력하고 ❷ 검색 버튼을 클릭합니다. ❸ 《맛있는 디자인 프리미어 프로&애프터 이펙트 CC 2025》가 나타나면 [예제소스]를 클릭합니다. 바로 다운로드됩니다. 파일의 압축을 해제해 사용합니다.

▶ **빠르게 다운로드하기**
단축 주소 www.hanbit.co.kr/src/11335로 접속하면 바로 예제 파일 다운로드 페이지로 이동합니다.

맛있는 디자인 헬프 페이지

실습하기 전 꼭 확인하고 읽어보세요!

맛있는 디자인으로 학습할 때 미리 알아야 할 내용은 '맛있는 디자인 헬프 페이지'에서 확인할 수 있습니다. 어도비 무료 체험판 구독 방법부터 각 프로그램의 영문판 설치, 예제 파일의 에러 메시지 등 실습하며 만날 수 있는 다양한 문제에 대한 해결책도 확인해보세요!

▶ 어도비 크리에이티브 클라우드 무료 체험판 설치하기
▶ 프리미어 프로, 애프터 이펙트 영문판 설치하기
▶ 예제 파일 에러 메시지 해결하기
▶ 프리미어 프로와 애프터 이펙트 연동하기
▶ 도서 오탈자 확인 및 제보하기

접속 주소 : https://m.site.naver.com/1AcBQ

맛있는 디자인 CC 2025 헬프 페이지

아래 주소에서 [복사]를 클릭하여 카카오톡 혹은 PC에 연결 가능한 메신저에서 '나에게 메시지 보내기'로 보내 PC 웹 브라우저에서 확인하실 수도 있습니다.

https://m.site.naver.com/1AcBQ

- 맛있는 디자인 CC 2025 예제 갤러리
- 맛있는 디자인 CC 2025 준비 파일(예제) 서체 파일 안내
- 어도비 크리에이티브 클라우드 무료 체험판 설치하기
  - 어도비 회원가입하고 구독 신청하기(7일 무료 체험판)
  - 크리에이티브 클라우드 데스크톱 앱 영문판 설치하기
- 프리미어 프로&애프터 이펙트 예제 파일 에러 발생 해결하기
  - 프리미어 프로 예제 파일 에러 해결
  - 애프터 이펙트 예제 파일 에러 해결
- 프리미어 프로와 애프터 이펙트 연동하기
  - [Adobe Dynamic Link] 기능 활용해 연동하기
  - 드래그하여 컴포지션 불러오기
  - [Import] 메뉴로 컴포지션 불러오기
  - 디자인 템플릿 만들어서 연동하기

맛있는 디자인으로 학습하기 위해 꼭 필요한 내용, 알아두면 좋은 내용을 친절하고 자세하게 구성했습니다.

실습에 활용한 서체(폰트) 파일에 대한 정보도 확인해보세요!

따라 해보며 프리미어 프로, 애프터 이펙트 무료 체험판을 설치해보세요!

맛있는 디자인 프리미어 프로&애프터 이펙트 CC 2025
- 예제 파일 다운로드
- 오탈자 확인/제보
- 도서 판매 링크
  예스24 | 교보문고 | 알라딘

도서 오탈자, 예제 파일도 확인할 수 있습니다!

맛있는 디자인 스터디 공식 카페 활용하기

오늘부터 잇(IT)생! 스터디 그룹과 함께 학습해요!

포토샵, 일러스트레이터, 프리미어 프로, 애프터 이펙트를 쉽고 빠르게 학습할 수 있는 '스터디 그룹'이 있습니다. 혼자 학습하기 막막한 분이나 제대로 학습하기를 원하는 분은 6주 커리큘럼에 맞추어 학습을 시작해보세요.

제대로 학습하며, 막히는 부분은 질문하기

그래픽 프로그램의 핵심 기능만 골라 담아 알차게 익힐 수 있도록 6주 커리큘럼을 제공합니다. 학습 분량과 일정에 맞춰 스터디를 진행하고 과제를 수행해보세요. 학습하다가 막히는 부분이 있다면 [학습 질문] 게시판을 이용할 수 있답니다! 모르는 부분이나 실습이 제대로 되지 않는 부분을 질문하면 학습 멘토가 빠르고 친절하게 답변해드립니다.

먼저 스터디한 분들의 강력 추천

- 혼자였다면 작심삼일에서 끝났을 텐데 스터디 덕분에 책 한 권과 왕초보 딱지를 뗄 수 있었어요! _이로미 님
- 처음 공부하는 분들께 맛디 스터디 카페를 강력 추천합니다! 기초부터 실무에 적용할 수 있는 내용까지 뭐 한 가지 부족한 것이 없습니다. _박해인 님
- 혼자인듯 혼자 아닌 스터디 모임에 참여할 수 있어서 좋았습니다. 혼자서 공부 못 하는 분들이라면 부담 갖지 말고 꼭 참여하길 추천합니다! _ 김은솔 님
- 클릭하라는 대로 따라 하면 되니 처음으로 디자인이 쉽고 재밌었어요. 디자인 스터디 꼭 해보고 싶었는데 한빛미디어 덕분에 버킷리스트 하나 이뤘어요! _ 한유진 님

스터디그룹은 어떻게 참여하나요?

맛있는 디자인 스터디 카페를 통해 스터디 그룹에 참여할 수 있습니다. 100% 온라인으로 진행되는 스터디입니다. 학습 일정표에 따라 공부하면서 그래픽 프로그램의 핵심만 콕 짚어 완전 정복해보세요! 한빛미디어 홈페이지에서 '메일 수신'에 동의하면 스터디 모집 일정을 메일로 안내해드립니다. 또는 맛있는 디자인 스터디 공식 카페(https://cafe.naver.com/matdistudy)에 가입하고 [카페 공지] 게시판을 확인하세요.

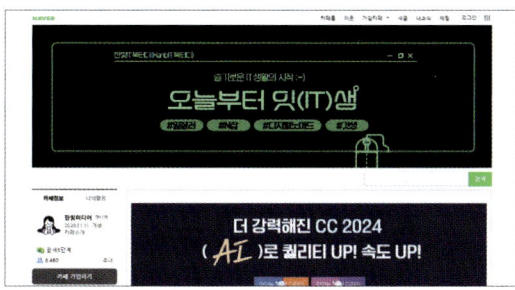
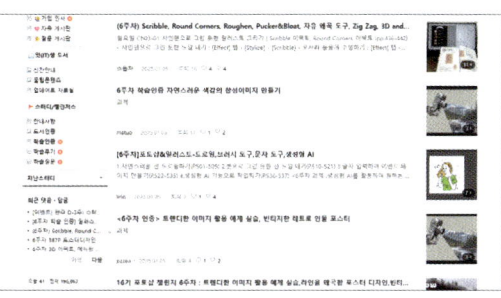

프리미어 프로 CC 2025 신기능

프리미어 프로 CC 2025 신기능

프리미어 프로 CC 2025의 업데이트에는 새로운 패널의 등장, 그리고 AI 도입이 예고된 점이 가장 도드라집니다. 여기서는 새롭게 등장한 [Properties] 패널, 고도화된 기능의 [Lumetri Color] 패널, 사라진 [Essential Graphics] 패널 등 기존 인터페이스의 변화, 그리고 영상의 길이를 늘이거나 오브젝트를 삭제, 추가할 수 있는 AI 기능들까지 알아보겠습니다. 이제는 프리미어 프로에서 단순 편집이 아닌 합성 작업까지 수월하게 진행할 수 있는 발전을 이루었습니다.

새롭게 등장한 [Properties] 패널, 사라진 [Essential Graphics] 패널

기존의 자막, 도형 추가 작업을 했던 [Essential Graphics] 패널이 사라지고, [Properties] 패널이 그 기능을 대체하여 그래픽 작업을 대신합니다. 뿐만 아니라 [Effect Controls] 패널의 기능을 일부를 [Properties] 패널에서 바로 조절할 수 있습니다. 기본 설정부터 키프레임, 컬러, 사운드와 같은 기능도 이 [Properties] 패널에서 조절할 수 있어 워크플로가 개선되었습니다.

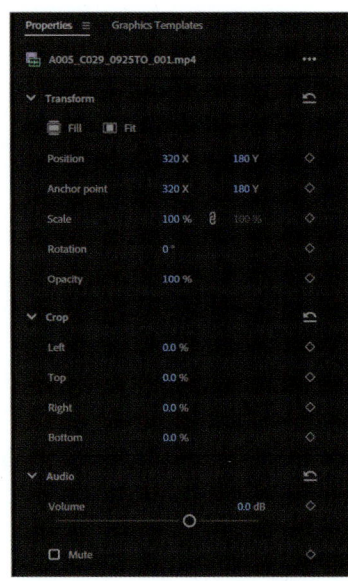 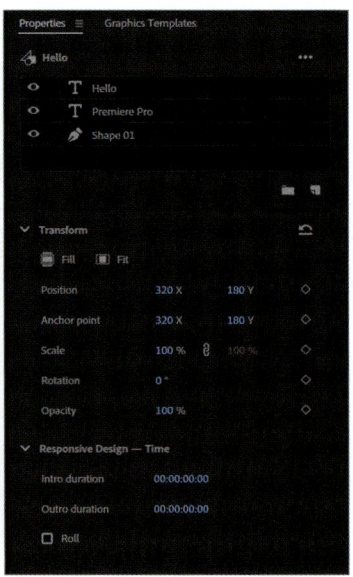

멀티 클립 동시에 수정

여러 개의 소스 클립을 동시에 선택하고 새로 추가된 [Properties] 패널에서 세부 수정을 한번에 적용할 수 있습니다. 텍스트 클립의 폰트 변경 및 글자의 크기, 비디오 클립의 크기, 비율 조정, 오디오 클립의 레벨 등 여러 속성을 개별적으로 수정하지 않고 한 번에 수정할 수 있어 편리합니다.

> 애프터 이펙트 CC 2025 신기능

애프터 이펙트 CC 2025 신기능

2024년 10월에 릴리즈된 애프터 이펙트 25.0 버전에서는 신기능 업데이트보다 워크플로 개선을 통하여 사용들의 작업 편의를 도모한 점이 두드러집니다.

현대적이고 통일성 있는 인터페이스 디자인 적용

이번 업데이트에서 애프터 이펙트의 전체적인 UI(사용자 인터페이스) 개선이 이루어졌습니다. 깔끔한 글꼴과 타이포그래피로 가독성이 좋아졌고, 다른 어도비 크리에이티브 클라우드 앱과 일관된 경험이 가능하도록 변경되었습니다.

윈도우 환경에서 하드웨어 가속 기술이 적용되어 이전 버전보다 UI 반응이 훨씬 빨라졌습니다. 보다 매끄럽고 효율적인 UI와 사용자 경험으로 상호 작용이 빨라져 전체적인 워크플로의 효율도 향상되었습니다.

또한 환경 설정(Preferences)에서 [Appearance] 항목의 [Theme]에 표준 어둡게, 가장 어둡게, 밝게 옵션과 고대비 접근성 모드가 추가되었습니다. 이를 통해 애프터 이펙트의 UI를 사용자 작업 환경에 맞게 바꿀 수 있습니다. 세 가지 모드 중 작업 환경과 개인적인 선호에 가장 잘 맞는 설정을 선택하여 가독성 향상이나 조명 조건에서 따른 가시성을 개선할 수 있습니다.

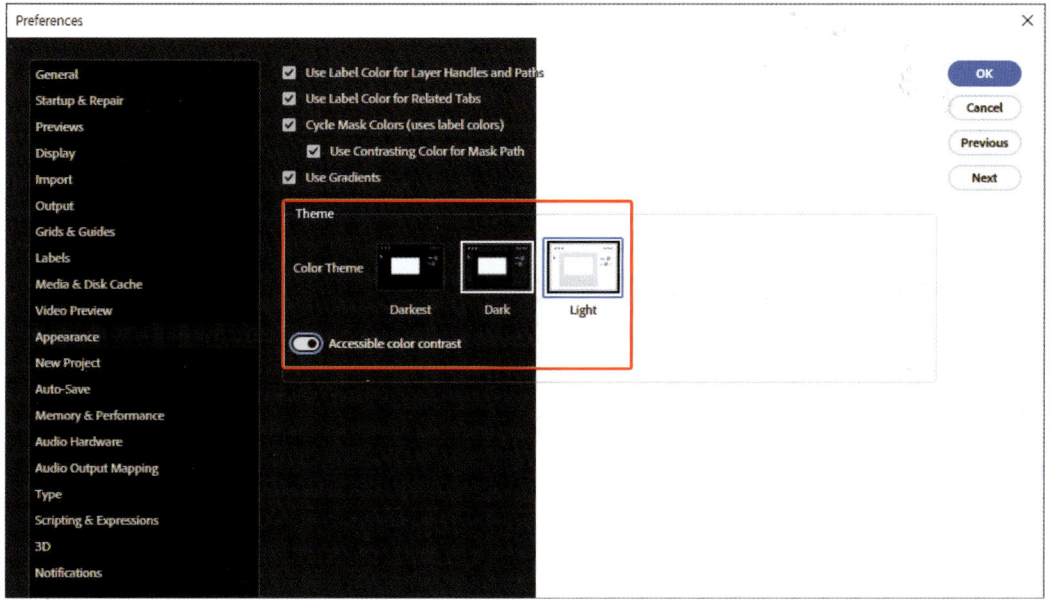

▲ 왼쪽은 [Dark], 오른쪽은 [Light] 옵션을 설정한 인터페이스 예시

표현식을 통한 문자별 텍스트 및 단락(Paragraph) 스타일 지정

텍스트 표현식을 사용하여 텍스트 레이어의 스타일 속성을 설정하는 것 외에도, 해당 레이어 내에서 개별 문자의 스타일 속성도 조정할 수 있습니다. 이러한 문자별 제어 표현식 추가는 패널에서 개별 문자의 스타일을 적용하는 것과 마찬가지로, 글자의 크기 비율을 조정하거나, 위 첨자를 사용하거나, 다른 글꼴을 적용하는 등 다양한 상황에서 텍스트를 자동으로 재조정할 수 있는 장점이 있습니다.

개별 문자 스타일 속성

추가된 텍스트 레이어의 표현식 단락 속성은 방향(Direction), 전체 행 컴포저(Every-Line Composer), 첫 줄 들여쓰기(First Line Indent), 정렬(Justification), 행간 유형(Leading Type), 왼쪽 여백(Left Margin), 오른쪽 여백(Right Margin), 이후 공백(Space After), 이전 공백(Space Before), 로마자 구두점 위치 설정(Hanging Roman Punctuation) 등 다양합니다.

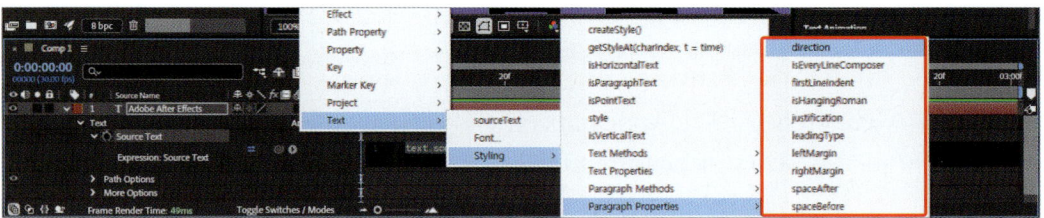

정리된 3D 모델 가져오기

3D 모델을 애프터 이펙트로 가져오면 [Project] 패널의 상위 레벨에는 주 모델 파일만 표시되고, 지원 파일(텍스처 이미지 파일, 3D 데이터 파일과 같은)들은 표시되지 않습니다. 이렇게 하면 3D 모델 파일을 쉽게 확인하고 관리할 수 있습니다. 모델에 필요한 질감 파일, 모델 데이터, 장면 구성, 이진 데이터, 텍스처 파일 등 종속 및 관련 파일은 별도로 표시되지 않습니다.

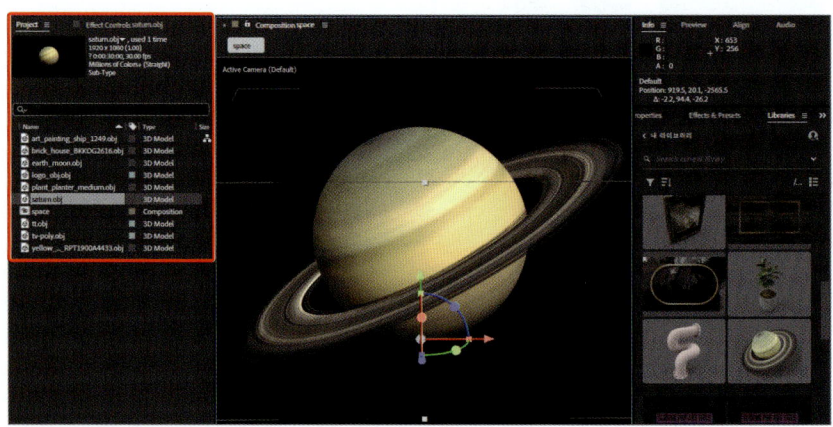

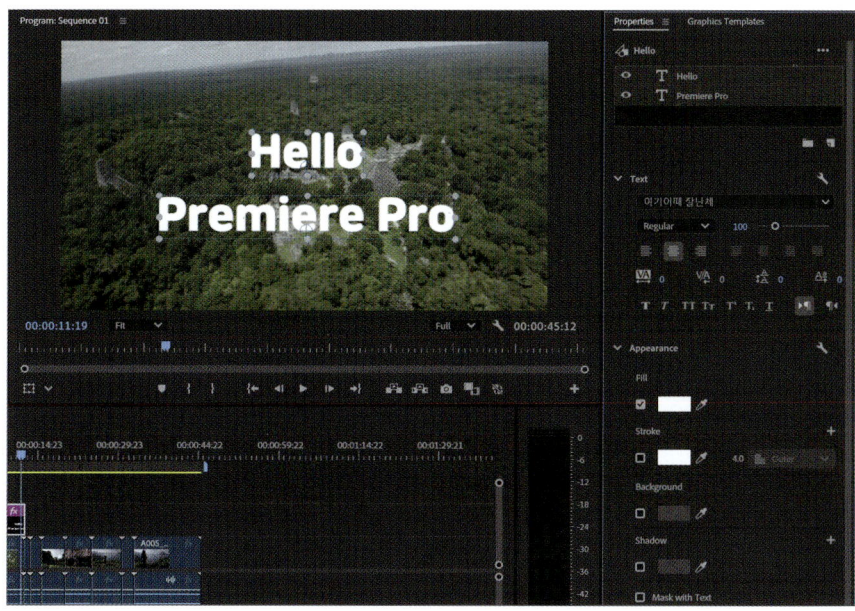

영상 자르기(Crop) 기능 추가

영상 클립을 선택하면 [Properties] 패널의 [Crop] 항목에서 자르기 작업을 바로 적용할 수 있습니다. 이전 버전의 자르기 기능은 [Effect] 패널의 효과 중 하나로, 효과를 별도로 추가하여 적용해야 했습니다. 이번 업데이트된 기능을 통해 별도의 추가 작업 없이 편하게 이미지 자르기 작업을 진행할 수 있게 되었습니다.

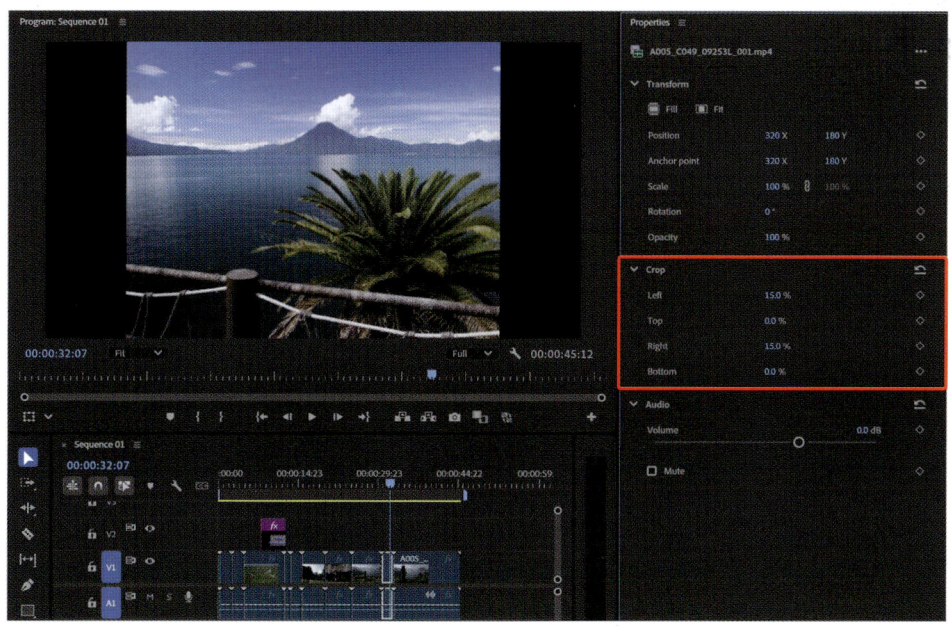

파이어플라이 AI기능을 활용한 영상 늘이기, 합성 작업(Beta 기능)

프리미어 프로 CC 2025가 업데이트되며 베타 버전으로 파이어플라이(Firefly) 기술을 활용한 영상 클립 길이 늘이기, 오브젝트의 추가, 삭제 등이 추가되었습니다. 2025년 2월 기준으로 아직 정식 기능은 아니지만, 베타 버전에서 확인할 수 있고 이후 추가 업데이트될 예정입니다.

영상 길이 늘이기(속도를 유지하며 추가적인 장면 생성)

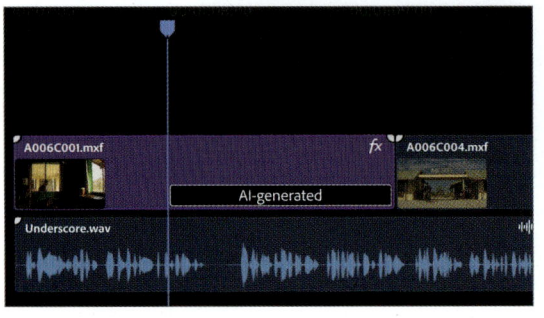

기존 영상 클립의 길이를 간단한 도구 사용 만으로 늘일 수 있게 되었습니다. 영상 클립의 길이를 늘이는 시간이 제한적이지만, 재촬영 없이 보다 효율적인 작업이 가능할 것으로 예상됩니다.

오브젝트 추가하기

기존 촬영 영상에서 원하는 부분을 선택하고 간단한 프롬프트를 입력하면 오브젝트를 추가할 수 있습니다. 간단한 영상 합성 작업에 매우 유용하게 활용할 수 있을 것입니다.

오브젝트 삭제하기

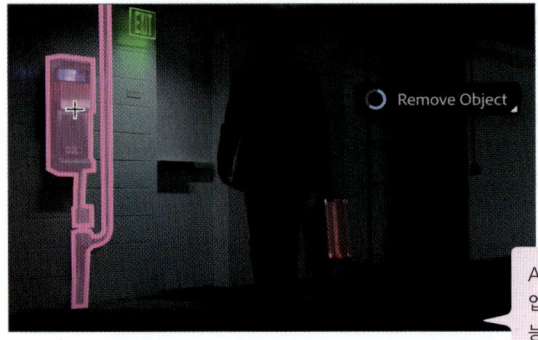

기존 촬영 영상에 불필요한 물체가 있을 경우 자동 인식 기능이 적용된 오브젝트 삭제 기능을 통해 빠르게 제거할 수 있습니다. 불필요한 사물이 영상에 포함되어도 원본을 활용할 수 있어 매우 유용할 것입니다.

> AI 활용 영상 편집 기능은 현재 프리미어 프로 CC 2025 정식 버전에 업데이트가 예고된, 즉 아직 정식 출시 전인 기능입니다. 향후 정식 기능으로 추가될 경우 '맛있는 디자인 스터디 카페-IT생'과 '맛있는 디자인 CC 헬프 페이지'에서 실습 자료와 학습 내용을 제공할 예정입니다.

3D 레이어의 조명 허용 스위치

2024년 12월에 릴리즈된 25.1 버전에서는 GLB, OBJ와 같은 3D 모델의 3D 레이어 관련 업데이트가 있었습니다.

3D 컴포지션의 3D 레이어에서 조명 허용(Accepts Lights)을 해제하면 해당 레이어는 장면의 광원에 영향을 받지 않습니다. 이 방법을 사용하면 레이어가 다른 광원의 조명 변화, 그림자 또는 하이라이트의 영향을 받지 않고 원래 모양을 유지할 수 있습니다. 조명 허용을 끄는 것은 자체 조명이 적용된 3D 오브젝트를 3D 컴포지션에서 작업할 때 특히 유용하게 활용할 수 있습니다.

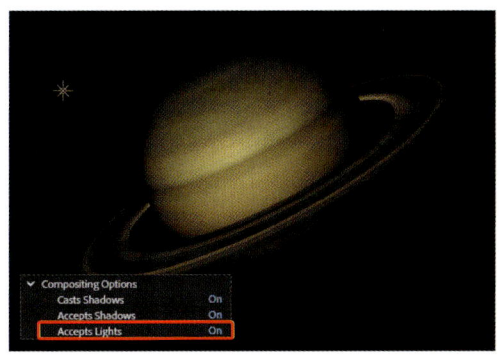 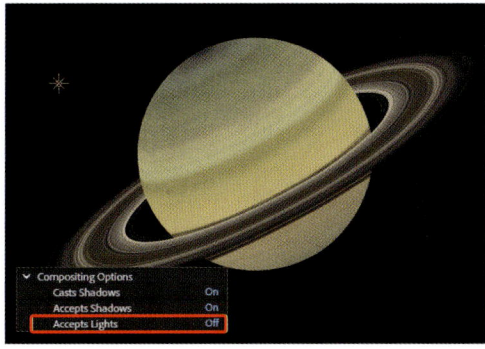

3D 모델 미리 보기 섬네일

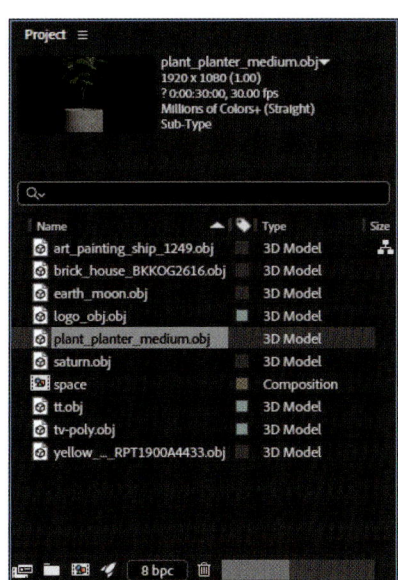

GLB 및 OBJ 3D 모델을 [Project] 패널로 가져와 하나를 선택하면 해당 모델의 섬네일 미리 보기가 나타납니다. 이를 통해 가져온 3D 모델을 빠르게 찾고 구별할 수 있어 효율적이고 체계적인 워크플로를 구축하는 데 도움이 됩니다.

목차

머리말 004

3단계 학습 구성&예제 완성 갤러리 010

맛있는 디자인 헬프 페이지 012

프리미어 프로 CC 2025 신기능 014

맛있게 학습하기 008

예제&완성 파일 다운로드 011

맛있는 디자인 스터디 공식 카페 활용하기 013

애프터 이펙트 CC 2025 신기능 017

PART 01
쉽고 빠른 프리미어 프로 레시피

CHAPTER 01
다섯 가지 스텝으로 완성하는 영상 편집 초단기 코스

LESSON 01 영상 편집 과정 초단기 코스 — 038
영상 편집 과정 한번에 따라 하기

STEP ① 프로젝트 생성하기 038

STEP ③ 기본 자막과 효과 넣기 051

STEP ⑤ MP4 파일로 출력해서 완성하기 058

STEP ② 영상 컷 편집하기 044

STEP ④ 배경음악과 오디오 효과 추가하기 054

LESSON 02 프리미어 프로 시작하기 — 062
프로젝트 시작하고 저장하기

[간단 실습] 시퀀스 만들고 설정하기 062

[간단 실습] 여러 개의 시퀀스 만들어서 활용하기 068

[간단 실습] 프로젝트 파일 저장하고 닫기 065

CHAPTER 02
프리미어 프로 영상 편집 마스터

LESSON 01 영상 편집 기본기 익히기 — 072
영상 하나 자르기&두 개 동시에 자르기

영상 자르기와 이동하기 072

영상 클립 사이의 공백 없애기 076

[한눈에 실습] 모든 공백 한번에 지우기 079

[간단 실습] 영상 자르고 옮기기 072

[간단 실습] Ripple Delete로 공백 하나씩 지우기 076

[한눈에 실습] 선택한 영역의 공백만 지우기 080

LESSON 02 위치, 크기, 회전 다양하게 영상 가공하기 081
모든 옵션을 조정하는 [Effect Controls] 패널 알아보기

[간단 실습] 영상 소스 크기 변경하기 081

[간단 실습] 영상 소스 위치 변경하기 083

[간단 실습] 영상 소스 회전 변경하기 086

[간단 실습] 영상 소스 불투명도 변경하기 088

LESSON 03 영상에 변화를 주는 키프레임 적용하기 089
[Effect Controls] 패널에서 키프레임 만들기

[간단 실습] 키프레임 만들고 위치 이동시키기 089

[간단 실습] 커졌다 작아지는 애니메이션 만들기(스케일 키프레임) 091

[간단 실습] 이미지가 회전하는 애니메이션 만들기(로테이션 키프레임) 093

[간단 실습] 이미지가 서서히 나타나는 애니메이션 만들기(불투명도 키프레임) 096

[간단 실습] 키프레임 보간하기 098

CHAPTER 03
비디오 이펙트로 CG 만들기

LESSON 01 영상 트랙에 컬러매트 레이어 배치하기 102
트랙에 컬러매트로 배경색 채우기

[간단 실습] 컬러매트 레이어 만들기 102

[간단 실습] 컬러매트 레이어를 배경으로 사용하기 104

[간단 실습] 컬러매트로 블랙 디졸브 효과 적용하기 105

목차

LESSON 02   비디오 이펙트 알아보기   107
다양한 비디오 이펙트 알아보기

비디오 이펙트 활용하기 107   비디오 이펙트 자세히 알아보기 112

간단 실습 자주 사용되는 흐림 효과 적용하기 113

간단 실습 완성된 이펙트 속성 복사하여 다른 클립에 붙여넣기 115

LESSON 03   비디오 트랜지션 알아보기   116
비디오 트랜지션 알아보고 적용하기

비디오 트랜지션과 클립 핸들 다루기 116   비디오에 트랜지션 적용하기 118

간단 실습 트랜지션 적용에 알맞은 영상 편집하기 118

간단 실습 이미지 소스에 비디오 트랜지션 적용하기 126

LESSON 04   영상 크롭 효과 만들기   130
마스크와 크롭으로 예능, 영화 효과 연출하기

마스크의 기본 옵션 알아보기 130

간단 실습 마스크로 예능 스타일 편집하기 131

간단 실습 영상 크롭으로 영화 분위기 연출하기 136

CHAPTER 04
색보정으로 영상 퀄리티 올리기

LESSON 01   프리미어 프로 색보정 완전 정복   140
루메트리 컬러로 색보정하기

간단 실습 Basic Correction으로 기본 색보정하기 140   Creative 항목 알아보기 144

간단 실습 Creative로 빛바랜 필름 효과 만들기 145   Curves 알아보기 148

간단 실습 Curves로 밝기와 색감 조정하기 150

[간단 실습] Hue Saturation Curves로 특정 컬러의 채도 조정하기 154

Vignette 알아보기 156

[한눈에 실습] Vignette로 화면을 감싸는 효과 만들기 157

LESSON 02 조정 레이어로 색보정하기
조정 레이어에 루메트리 컬러 적용하기   158

조정 레이어 알아보기 158　　　　　　　　[간단 실습] 조정 레이어 추가하고 색보정하기 158

[간단 실습] 일부 클립만 선택하여 색보정하기 163

LESSON 03 블렌드 모드로 색보정하기
보케 효과, 노이즈 효과로 영상 분위기 바꾸기   167

블렌드 모드를 활용한 영상 분위기 반전 167　　　[간단 실습] 보케 영상 블렌드 모드 적용하기 168

[간단 실습] 노이즈 영상 블렌드 모드 적용하기 170　　다양한 소스로 활용하는 블렌드 모드 171

[간단 실습] 여러 가지 소스에 블렌드 모드 적용하기 171

CHAPTER 05
다양한 형태의 자막 만들기

LESSON 01 방송 스타일 자막 만들기
타이프 도구로 자막 만들고 감각적으로 꾸미기   178

[간단 실습] 타이프 도구로 기본 자막 만들기 178　　　[간단 실습] 반응형 자막 만들기 186

LESSON 02 음성 인식으로 자동 자막 만들기
AI 기능으로 자동 음성 인식 자막 생성하기   189

[간단 실습] 자동으로 자막 생성하기 189　　　　　[간단 실습] 자동 자막 디자인하기 194

| LESSON 03 | **예쁜 자막을 디자인하는 방법** | 197 |
| | 감각적인 자막 디자인 레퍼런스 확인하기 | |

디자인 레퍼런스 찾기 **197**

무료 폰트 웹사이트 찾기 **199**

CHAPTER 06
사운드 편집하기

| LESSON 01 | **오디오 볼륨 조정하기** | 204 |
| | 프리미어 프로 오디오 기본 속성, 편집 기능 알아보기 | |

오디오 클립의 기본 속성 알아보기 **204**

간단 실습 오디오 클립 볼륨 조절하기 **205**

간단 실습 오디오 게인(Audio Gain)으로 파형 조절하기 **208**

| LESSON 02 | **오디오 편집의 기초 이해하기** | 210 |
| | 오디오 클립 편집하기 | |

오디오 편집과 비디오 편집 **210**

간단 실습 오디오 클립 기본 편집하기 **210**

간단 실습 점점 커지거나 작아지는 소리 만들기 **214**

한눈에 실습 클립과 클립 사이 오디오 트랜지션 적용하기 **218**

한눈에 실습 오디오 페이드인, 오디오 페이드아웃 효과 만들기 **219**

| LESSON 03 | **오디오 리믹스하기** | 220 |
| | 영상 클립 길이에 맞춰 오디오 클립 자동으로 조정하기 | |

간단 실습 자동으로 오디오 리믹스하기 **220**

CHAPTER 07
고수의 편집 테크닉과 노하우 학습하기

LESSON 01 빠른 영상 편집을 위한 프리미어 프로 편집 도구　226
실무 특화 편집 도구 가이드

도구 패널 기본 기능 알아보기 226
간단 실습 많은 클립을 한번에 옮기기 229
간단 실습 전체 편집 길이를 유지하며 일부만 편집하기 234
실무에서의 편집 도구 229
간단 실습 원하는 트랙만 선택해서 옮기기 232
한눈에 실습 선택한 클립의 길이만 조정하기 236

LESSON 02 프리미어 프로 트랙 완전 정복　238
트랙을 층층이 쌓아 올리기

트랙을 추가하고 제거하기 238
한눈에 실습 필요 없는 트랙 삭제하기 240
멀티 트랙에서 영상 편집하기 242
간단 실습 트랙과 트랙 사이에 새로운 트랙 만들기 238
한눈에 실습 트랙 여러 개를 동시에 삭제하기 241
간단 실습 멀티 트랙 사용법 익히기 242

LESSON 03 시퀀스 속의 시퀀스 네스트 알아보기　248
그룹화된 클립의 구조를 이해하고 템플릿 응용하기

클립을 그룹화하는 네스트(Nest) 248
간단 실습 템플릿 수정하기 251
간단 실습 시퀀스 구조 파악하기 248
간단 실습 내용이 텅 빈 시퀀스 채우기 253

LESSON 04 영상 사이즈 베리에이션 작업하기　258
가로 영상을 쇼츠형 세로 영상으로 변경하기

소셜 미디어용 세로 영상 만들기 258
간단 실습 기존 시퀀스 복제하여 세로형 시퀀스로 만들기 258
간단 실습 영상 비율 자동으로 맞추기 262
간단 실습 디자인 요소 수정하기 268

프리미어 프로 실속 단축키 276

PART 02
쉽고 빠른 애프터 이펙트 레시피

CHAPTER 01
애프터 이펙트 CC 2025 시작하기

LESSON 01 애프터 이펙트와 모션 그래픽 — 286
애프터 이펙트의 개념과 모션 그래픽의 의해

애프터 이펙트 알아보기 286
모션 그래픽 이해하기 287
애프터 이펙트 작업에 도움이 되는 플러그인과 스크립트 사이트 287
프리미어 프로와 애프터 이펙트 287

LESSON 02 애프터 이펙트와의 첫 만남 — 291
인터페이스와 주요 패널 알아보기

애프터 이펙트 인터페이스 291
다양한 도구의 집합체, 도구바 292
소스를 불러오고 관리하는 [Project] 패널 294
애니메이션 작업을 확인하고 디자인하는 [Composition] 패널 296
미디어 파일을 레이어 형태로 관리하는 [Timeline] 패널 298
다양한 형태의 레이어 속성을 설정할 수 있는 [Properties] 패널 301
오디오 옵션을 볼 수 있는 [Audio] 패널 301
애니메이션 프리셋과 효과를 검색하고 적용할 수 있는 [Effects & Presets] 패널 302
레이어의 정렬을 맞추는 [Align] 패널 302
텍스트 스타일을 지정하는 [Character] 패널, [Paragraph] 패널 303
적용한 이펙트를 확인하고 조절하는 [Effect Controls] 패널 303
하나의 레이어만 보면서 작업할 수 있는 [Layer] 패널 304
애니메이션을 편집할 수 있는 [Graph Editor] 패널 305
작업 환경 설정하기 306
프로젝트 저장하기 308

CHAPTER 02
애프터 이펙트 기본&핵심 기능 익히기

LESSON 01 애프터 이펙트 시작부터 출력까지
애프터 이펙트 기본 작업으로 전 과정 알아보기 — 312

STEP ① 애프터 이펙트 실행하고 새로운 컴포지션 만들기 313
STEP ② 이미지, 오디오 파일 불러오기 314
STEP ③ 새로운 솔리드 레이어로 배경 이미지 만들기 315
STEP ④ 텍스트 입력하고 배치하기 317
STEP ⑤ 텍스트 수정하기 319
STEP ⑥ 키프레임 애니메이션 만들기 319
STEP ⑦ 애니메이션 프리셋 적용하여 텍스트 애니메이션 만들기 321
STEP ⑧ 사각형 프레임 그리고 저장하기 322
STEP ⑨ [Adobe Media Encoder]로 렌더링하여 동영상으로 추출하기 323

LESSON 02 다양한 미디어 파일 불러오기
다양한 형식의 미디어 파일 불러오고 프로젝트 시작하기 — 326

간단 실습 파일 불러오기 326
간단 실습 레이어드 포토샵(Layered Photoshop, psd) 파일 불러오기 328
간단 실습 일러스트레이터(ai) 파일 불러오기 330
알파 채널을 포함한 파일 불러오기 332

LESSON 03 [Composition] 패널 활용하기
컴포지션 새로 만들거나 수정하기 — 334

간단 실습 컴포지션 새로 만들기 334
[Project] 패널의 미디어 파일을 컴포지션으로 등록하기 337

목차

LESSON 04 [Timeline] 패널 알아보기 — 338
타임 디스플레이 스타일 설정하고 세부 옵션 알아보기

- 타임 디스플레이 스타일 설정하기 338
- [Timeline] 패널의 옵션을 숨기거나 나타나게 하기 340
- 컴포지션 마커 만들기 342
- [Timeline] 패널 확대/축소하기 339
- 작업 영역(Work Area) 설정하고 프리뷰하기 341

LESSON 05 키프레임 애니메이션 시작하기 — 343
키프레임 설정하고 애니메이션의 기초 익히기

- 간단 실습 키프레임 설정하기 343
- 간단 실습 키프레임 설정하고 모션 패스 수정하기 346
- 간단 실습 키프레임 이동하여 속도 조절하기 349

LESSON 06 렌더링하고 동영상 파일로 저장하기 — 351
동영상 파일로 저장하기

- 간단 실습 렌더링하기 ① Add to Render Queue 351
- 간단 실습 렌더링하기 ② Add to Adobe Media Encoder Queue 355

CHAPTER 03
다양한 레이어로 그래픽 이미지 만들기

LESSON 01 솔리드 레이어 만들고 효과 적용하기 — 360
솔리드 레이어의 설정을 변경하고 블렌딩 모드 활용하기

- 간단 실습 솔리드 레이어 만들기 360
- 간단 실습 [Grid] 효과 적용해서 격자무늬 배경 만들기 363
- 간단 실습 솔리드 레이어 설정 변경, 효과 적용, 블렌딩 모드 변경하기 364

LESSON 02	**셰이프 레이어의 핵심 기능 정복하기**	367
	셰이프 레이어로 캐릭터 얼굴 그리고 구름 애니메이션 만들기	

간단 실습 셰이프 레이어 알아보기 367
간단 실습 도형 도구와 펜 도구로 캐릭터 얼굴 그리기 371
간단 실습 추가(Add) 수식으로 도형 변형하기 379

LESSON 03	**텍스트 레이어 만들고 애니메이션하기**	384
	텍스트 레이어의 기본 기능과 추가 속성 활용해 타이포 애니메이션 만들기	

간단 실습 문자 도구로 텍스트 레이어 만들기 384
간단 실습 글자가 변하는 애니메이션 만들기 386
간단 실습 텍스트 레이어에 Animate 속성 추가하여 타이포 애니메이션 만들기 388
간단 실습 글자가 선을 따라 움직이는 애니메이션 만들기 391
간단 실습 텍스트 레이어에 [CC RepeTile] 효과 적용하여 반복하기 392
간단 실습 애니메이션 프리셋 활용하여 클릭 한 번으로 멋진 타이포 애니메이션 만들기 394

LESSON 04	**예제로 만들며 배워보는 핵심 레이어**	401
	Null Object와 Adjustment 레이어 활용하고 레이어 변환하기	

간단 실습 널 오브젝트(Null Object) 레이어 만들기 401
간단 실습 조정 레이어(Adjustment Layer) 만들기 403
간단 실습 벡터 이미지 레이어를 셰이프 레이어로 변환하기 405

CHAPTER 04
모션 기초 탄탄하게 다지기

LESSON 01	**애니메이션의 기본, 트랜스폼 애니메이션**	414
	애프터 이펙트 애니메이션의 기본기 실습하기	

목차

psd 파일 불러오고 프로젝트 시작하기 415

프로젝트 설정하기 416

위치(Position) 이동하기 417

중심점(Anchor Point) 이동하고 크기(Scale) 조절하기 419

크기(Scale)와 회전(Rotation) 동시에 조절하기 420

불투명도(Opacity)로 페이드 인(Fade In) 애니메이션 만들기 422

날아다니는 모션 만들기 423

[Auto-Orient] 기능으로 모션 패스 따라 자연스럽게 회전하기 427

LESSON 02 애니메이션 고급 기능 활용하기 — 430
보간 애니메이션 이해하고 그래프 에디터 활용하기

간단 실습 Keyframe Assistant로 보간 조절하기 430

Keyframe Interpolation 확인하기 432

그래프 에디터 확인하기 433

간단 실습 Keyframe Velocity로 가속도 조절하기 434

간단 실습 Toggle Hold Keyframe으로 중간에 움직임 멈추기 436

LESSON 03 애니메이션의 핵심 원칙 익히기 — 440
공이 튀는 애니메이션으로 이해하는 애니메이션 핵심 원칙

간단 실습 그래프 에디터 활용하여 공이 튀는 애니메이션 만들기 440

CHAPTER 05
애프터 이펙트 필수 효과(Effect) 실습하기

LESSON 01 배경 디자인에 활용하기 좋은 효과 만들기 — 452
애프터 이펙트 기본 효과로 배경 디자인 만들기

부드럽고 은은한 감성의 그레이디언트 배경 만들기 453

별빛이 가득한 우주 배경 만들기 456

쉽고 빠른
프리미어 프로 레시피

프리미어 프로를 시작하기 전에
꼭 알아두어야 할 완벽한 레시피

프리미어 프로는 영상 편집을 위한 가장 전문적이고 대중적인 프로그램입니다.
유튜브 영상은 물론 CF 등의 전문적인 영상 편집에도 사용되며
그만큼 다양한 기능과 강력한 호환성을 가지고 있습니다.
단순히 컷을 자르고 순서대로 배치하는 것 이외에도
다양한 비디오, 오디오 효과와 전환 효과, 특수 기능들을 이용하면
감각적이고 멋진 영상을 만들 수 있습니다.
이번 PART에서는 프리미어 프로의 가장 기초적인 기능부터
간단한 활용 기능까지 실습 예제를 통해 직접 확인하고 제작해보면서
영상 편집을 위한 기술을 배울 수 있습니다.

CHAPTER 01

다섯 가지 스텝으로 완성하는
영상 편집 초단기 코스

영상 편집이 처음이라 어디서부터 시작해야 할지 막막하신가요?
이번 CHAPTER에서는 이론 설명은 최소화하고,
바로 실전 편집부터 시작할 수 있도록 구성했습니다.
다섯 가지 스텝을 따라만 하면 하나의 영상을 뚝딱 완성하면서
프리미어 프로의 핵심 기능들을 자연스럽게 익힐 수 있습니다.
처음이라 어려울 것 같다고요? 걱정하지 마세요!
프로젝트 생성부터 영상 출력까지,
영상 편집의 전체 과정을 가장 쉽고 빠르게 경험할 수 있도록 구성했습니다.

영상 편집 과정 초단기 코스

영상 편집 과정 한번에 따라 하기

스마트폰의 보급 덕분에 많은 사람들이 동영상 촬영에 익숙해졌으며 인터넷으로 다양한 영상 소스를 쉽게 찾아 활용할 수 있는 시대가 되었습니다. 직접 촬영한 영상과 인터넷에서 찾아낸 리소스를 효과적으로 활용하여 간단한 영상 편집을 시작해보세요.

이번 영상 편집 과정 초단기 코스에서는 영상 편집이 얼마나 간단하고 접근하기 쉬운지 직접 체험할 수 있습니다. 이 과정으로 기초를 탄탄히 다진다면, 앞으로 더 많고 복잡한 내용도 자신감을 가지고 학습할 수 있을 것입니다.

STEP ① 프로젝트 생성하기

준비 파일 프리미어 프로/Chapter 01/[Video], [Audio] 폴더

먼저 프리미어 프로에서 새로운 프로젝트를 생성한 후 본격적인 영상 편집을 진행하겠습니다.

01 프리미어 프로를 실행하고 [Home] 대화상자에서 [New Project]를 클릭합니다.

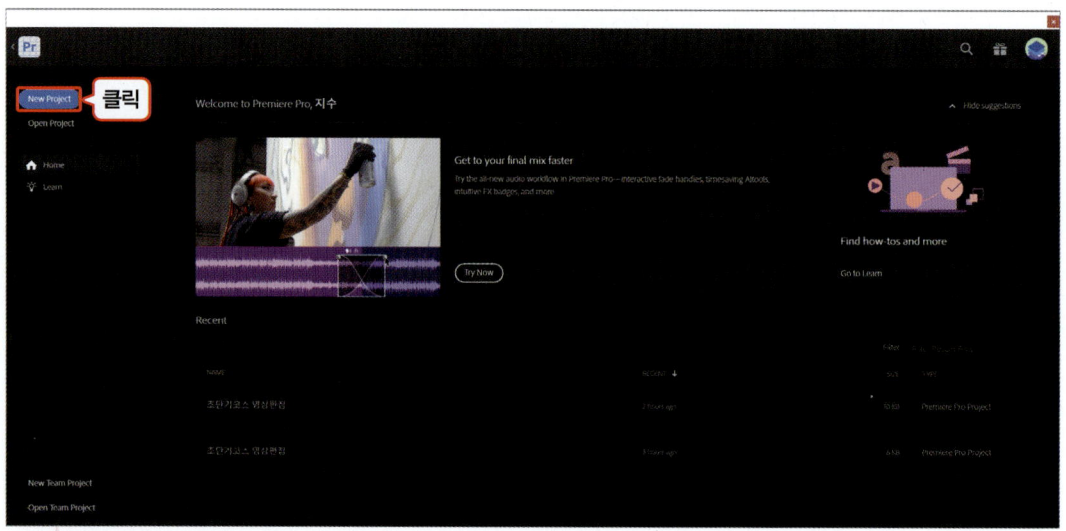

영상 편집 과정 초단기 코스에서 사용하는 영상과 사운드 파일은 예제 파일의 Chapter 01 폴더에서 확인할 수 있습니다.

카메라에 줌 옵션으로 줌 인 표현하기 527

모든 키프레임에 Easy Ease 적용하기 527

Pre-compose 기능으로 컴포지션 그룹 만들기 528

LESSON 03 마스크 기초 익히기 530
마스크 기능 알아보고 활용하기

`간단 실습` 마스크 만들기 530

마스크의 속성 531

펜 도구로 마스크 생성하여 합성하기 534

마스크 모드 설정하기 533

펜 도구로 캐릭터 추출해 활용하기 538

LESSON 04 트랙 매트 활용하기 546
트랙 매트 이해하고 적용하기

트랙 매트 알아보기 546

`간단 실습` 트랙 매트와 루마 매트, 반전 매트 적용하기 549

LESSON 05 Parent 기능 활용하기 553
Parent 기능 알아보고 활용하기

`간단 실습` 페어런트(Parent) 기능 알아보기 553

`간단 실습` Parent 관계 설정하기 556

애프터 이펙트 실속 단축키 562

찾아보기 567

PART 01

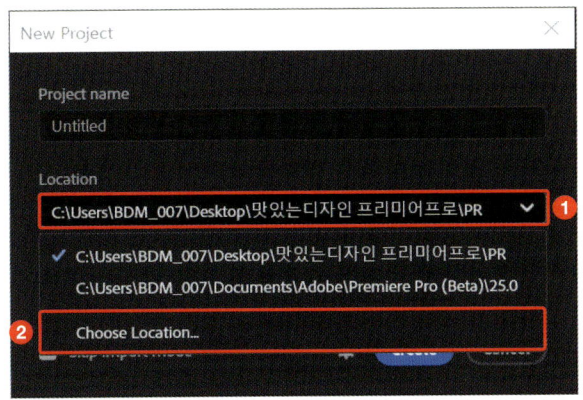

02 [New Project] 대화상자가 나타납니다. ❶ [Location]을 클릭하고 ❷ [Choose Location]을 클릭합니다.

03 [다른 이름으로 저장] 대화상자가 나타납니다. ❶ 예제 폴더 내의 [PR] 폴더에서 ❷ [파일 이름]에 **초단기코스 영상편집**을 입력하고 ❸ [저장]을 클릭합니다. ❹ [New Project] 대화상자에서 [Create]를 클릭하여 프로젝트를 생성합니다.

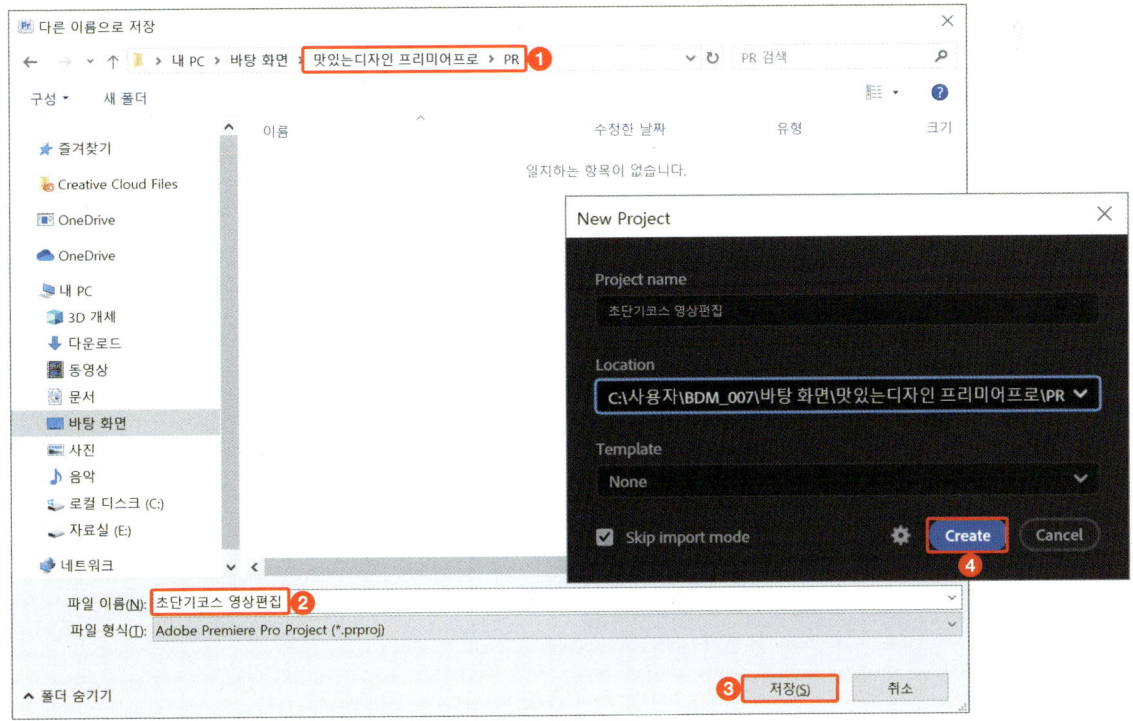

동일한 폴더에 초단기코스 영상편집_완성.prproj 프로젝트 완성 샘플이 있습니다. 필요하다면 실습을 마친 후 결과물을 비교해봐도 좋습니다.

04 새로운 프로젝트가 생성되면 작업 영역을 편집하기 좋은 환경으로 변경합니다. [Window]-[Workspaces]-[Editing] 메뉴를 선택합니다. 작업 영역이 [Editing(편집)] 모드로 변경됩니다.

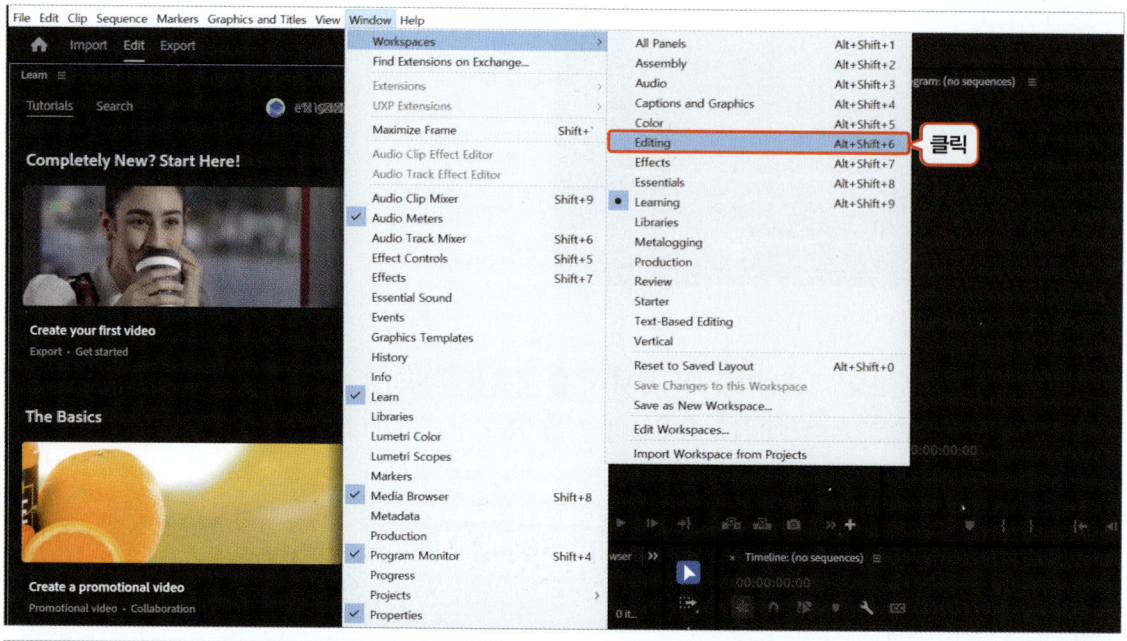

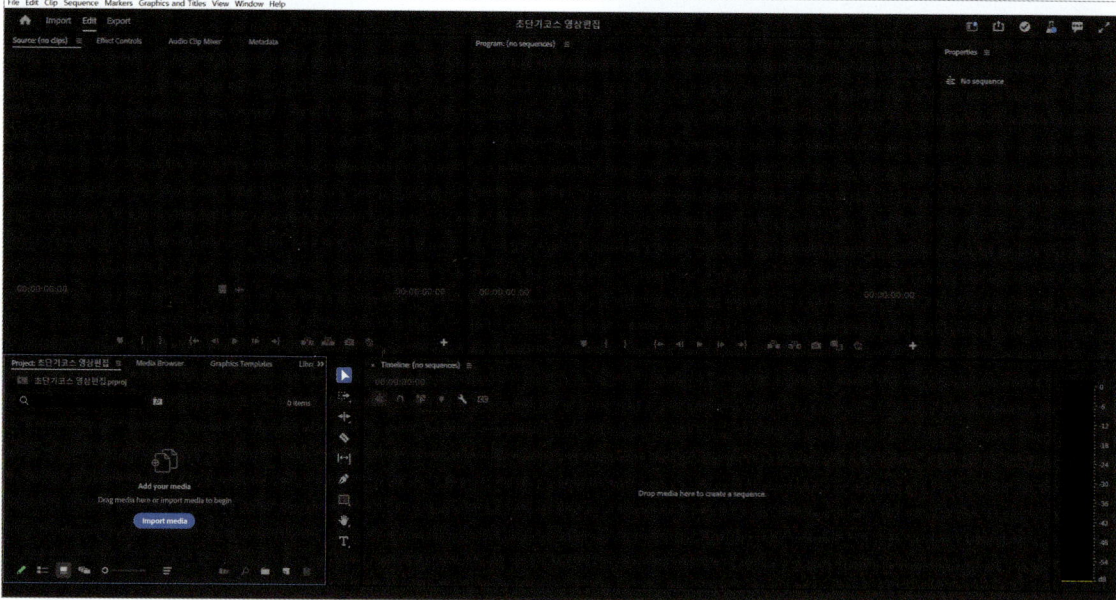

05 ❶ 예제 폴더 내의 [Videos] 폴더에서 ❷ Cook_01~Cook_04.mp4 동영상 파일을 드래그해 모두 선택합니다. ❸ 선택된 동영상 파일을 프리미어 프로의 [Project] 패널로 드래그합니다.

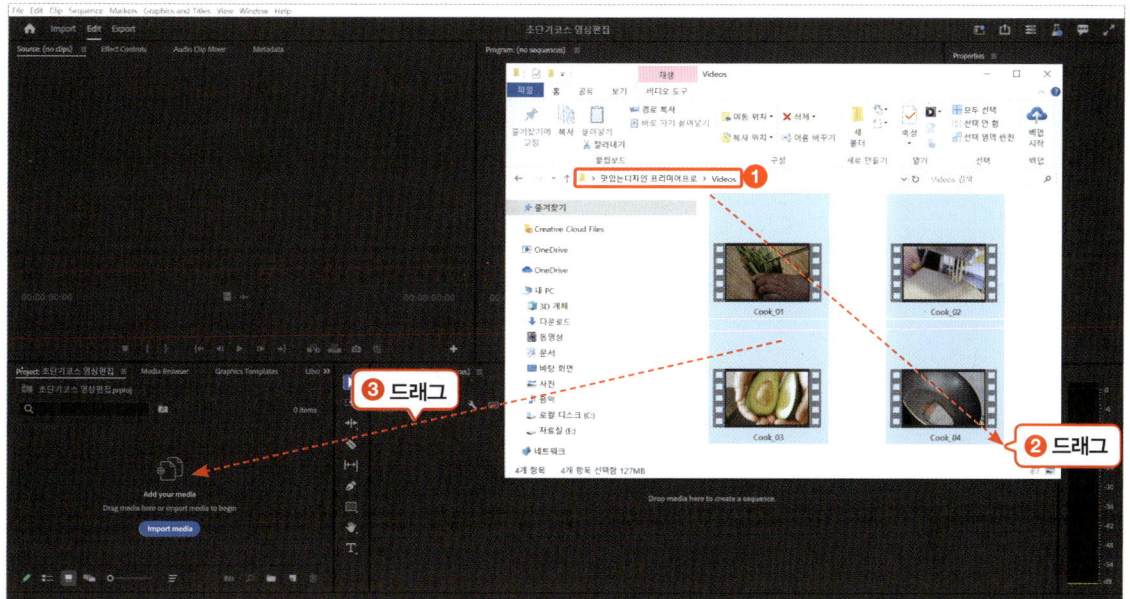

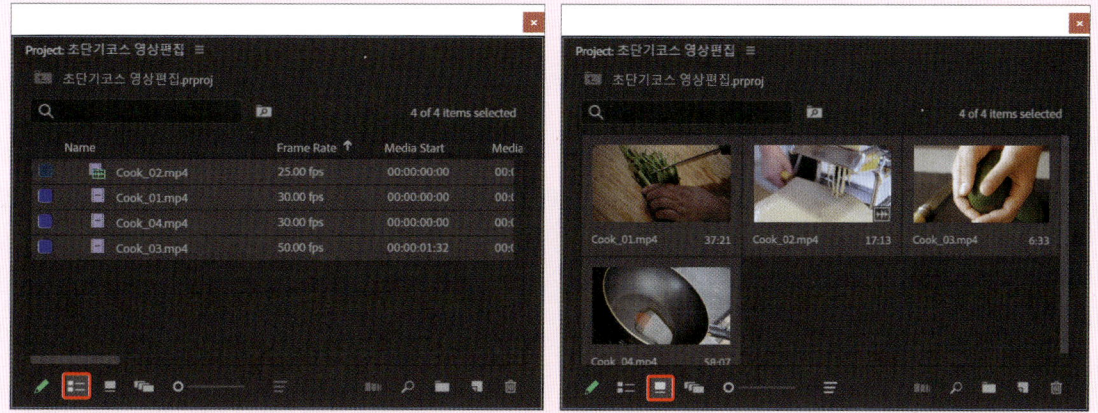

[Project] 패널의 기본 보기 형식은 리스트 뷰(List View) 로 되어 있습니다. [Project] 패널 왼쪽 아래의 아이콘 뷰(Icon View) 를 클릭하면 미디어 파일을 미리 보기 형식으로 바꿀 수 있습니다. 이번 실습에서는 리스트 뷰(List View)를 사용합니다.

06 ❶ [Project] 패널의 동영상 파일 중 **Cook_01.mp4** 파일을 클릭합니다. ❷ 마우스 오른쪽 버튼을 클릭하고 ❸ [New Sequence From Clip]을 클릭하면 해상도와 프레임 레이트가 동영상 파일과 동일한 새 시퀀스가 생성됩니다.

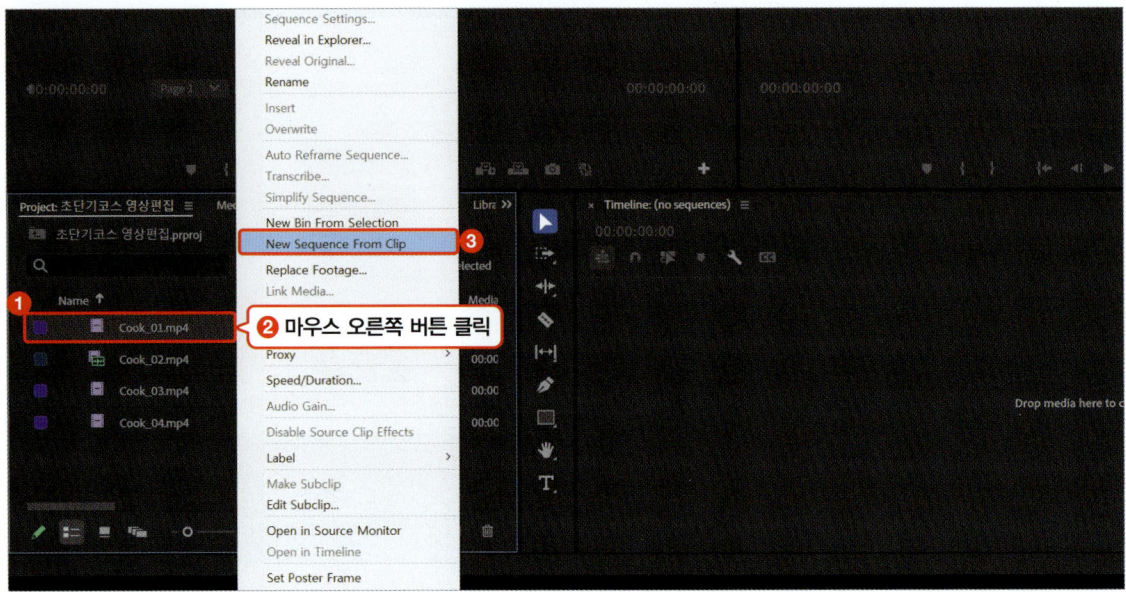

07 Cook_01.mp4 파일이 [Timeline] 패널에 클립으로 삽입되며 [Program] 패널에 나타납니다. 영상을 편집할 수 있는 기본적인 준비가 완료되었습니다.

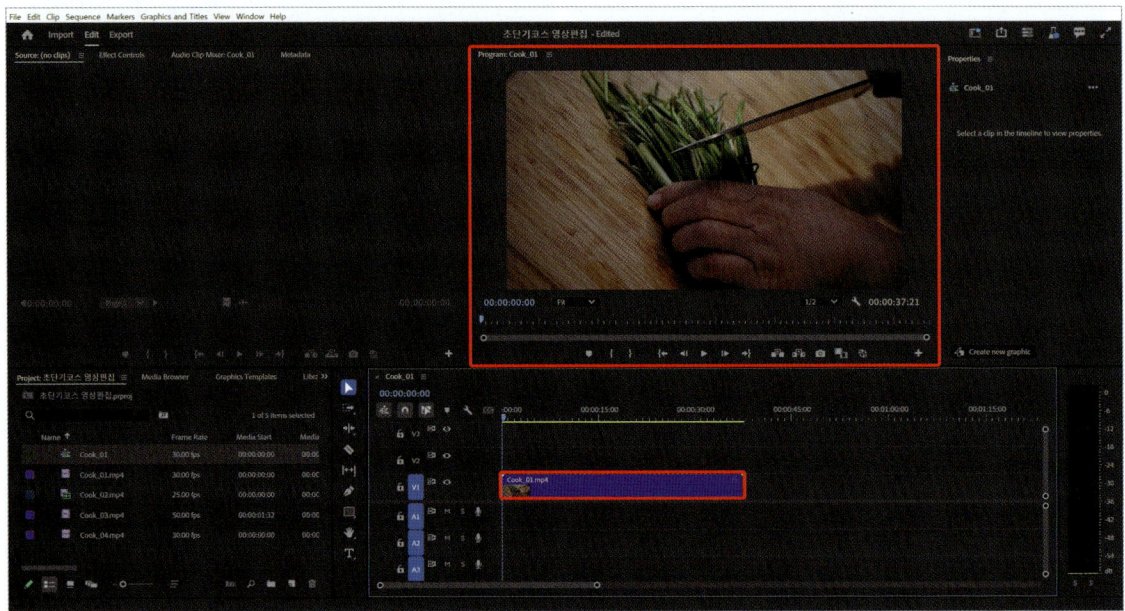

세련된 이미지의 사선 줄무늬 배경 만들기 457

구불구불한 곡선 효과 만들기 458

네 가지 색상의 그레이디언트 적용하기 461

LESSON 02 색보정에 활용하는 필수 효과   462
애프터 이펙트 색보정 효과 실습하기

비디오 클립 흑백으로 바꾸기 463

비디오 클립 색상에 [Tint] 효과 적용하기 464

세 가지 색상으로 연출하는 [Tritone] 효과 만들기 465

한 가지 색상만 남겨두고 흑백으로 만들기 467

LESSON 03 감각적인 로고 디자인 효과   469
드롭 섀도우와 빛이 흐르는 효과로 만드는 로고 디자인

가장 많이 활용되는 기본형 그림자 효과 만들기 470

가장자리에 부드럽게 퍼지는 그림자 효과 만들기 471

글자에 붙어 있는 그림자 만들기 472

아주 긴 그림자 만들기 474

그림자 색상 어둡게 만들기 477

그림자 페이드 아웃 효과 만들기 478

로고를 따라서 빛이 흐르는 효과 만들기 479

LESSON 04 모션 디자인을 위한 핵심 효과   482
애프터 이펙트 핵심 효과로 다양한 디자인 만들기

모션에 잔상을 표현하는 에코 효과 만들기 483

모션을 반복적으로 보여주는 모션 타일 효과 만들기 485

퍼펫 도구로 캐릭터 애니메이션 만들기 487

LESSON 05	**매력적인 스타일을 더하는 필수 효과**	493
	이미지와 영상에 독특한 시각적 스타일 연출하기	

불빛을 표현하는 글로우 효과 만들기 494

두 가지 컬러로 연출하는 글로우 효과 만들기 496

십자 모양의 글로우 효과 만들기 496

가장자리가 지글지글해 보이는 효과 만들기 498

위글(wiggle) 표현식(expression) 적용하기 500

CHAPTER 06
애프터 이펙트 고급 기능 익히기

LESSON 01	**3D 레이어 개념 학습하고 실습하기**	504
	3D 공간에 3D 레이어, 카메라, 라이트 추가하기	

`간단 실습` 3D 레이어로 변환하기 504

`간단 실습` 3D 공간에서 레이어 이동하거나 회전하기 505

`간단 실습` 다양한 카메라 도구 알아보기 507

`간단 실습` 새로운 카메라 만들기 512

`간단 실습` 조명(Light) 알아보기 515

`간단 실습` Cinema 4D 렌더러 알아보기 517

LESSON 02	**3D 레이어, 카메라, 라이트로 인트로 애니메이션 만들기**	520
	3D 기능을 모두 활용한 애니메이션 종합 실습	

aep 파일 열고 프로젝트 시작하기 521

레이어들을 앞뒤로 배치하기 521

카메라 만들고 애니메이션하기 523

스포트 라이트(Spot Light) 만들고 애니메이션하기 524

포인트 라이트(Point Light) 만들기 526

너구리 레이어 인 점 수정하고 [별] 컴포지션 활성화하기 526

08 ① [Timeline] 패널의 [Cook_01] 탭을 마우스 오른쪽 버튼으로 클릭하고 ② [Work Area Bar]를 클릭해서 활성화합니다. 작업 영역바가 활성화되면 [Timeline] 패널 상단에 표시됩니다. 이 작업 영역바의 시작과 끝을 드래그해 조절하여 완성 영상의 시작과 끝을 설정할 수 있습니다.

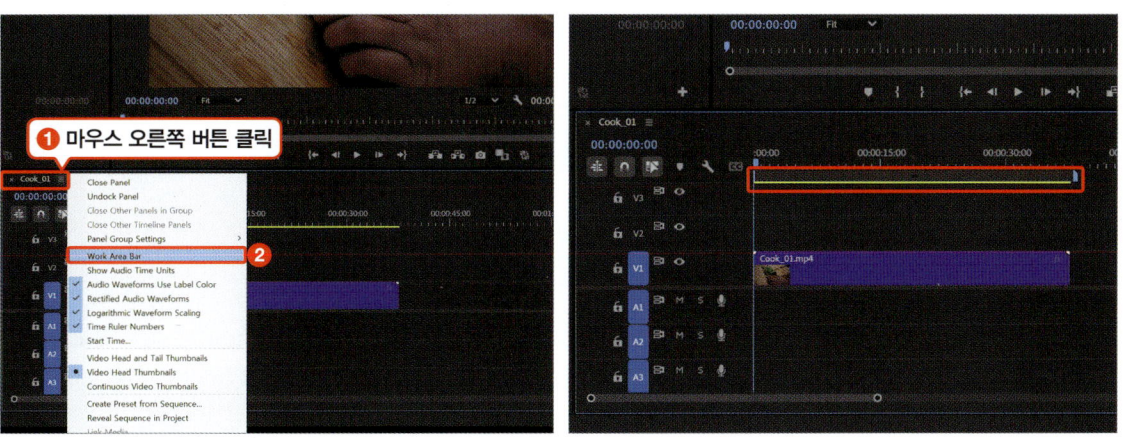

기능 꼼꼼 익히기 **[Timeline] 패널 확대, 축소해서 보기**

[Timeline] 패널에 삽입된 클립이 제대로 보이지 않는다면 타임라인을 확대해서 자세히 볼 수 있습니다. 반대로 타임라인을 축소하면 전체 클립의 배치를 한눈에 볼 수도 있습니다. 타임라인을 확대, 축소해서 보려면 단축키 + , - 를 눌러 조절합니다.

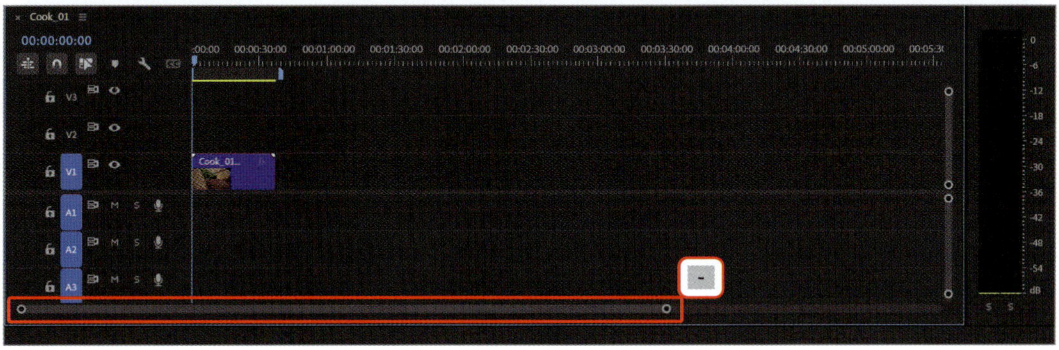

STEP ② 영상 컷 편집하기

09 ❶ [Project] 패널에서 **Cook_02.mp4** 파일을 클릭하고 ❷ [Timeline] 패널로 드래그하여 [Cook_01.mp4] 클립 뒷부분에 연결되도록 배치합니다. ❸❹ **Cook_03.mp4, Cook_04.mp4** 파일도 이어서 배치합니다. 총 네 개의 클립이 비디오 1번 트랙(V1)에 나란히 배치되었습니다.

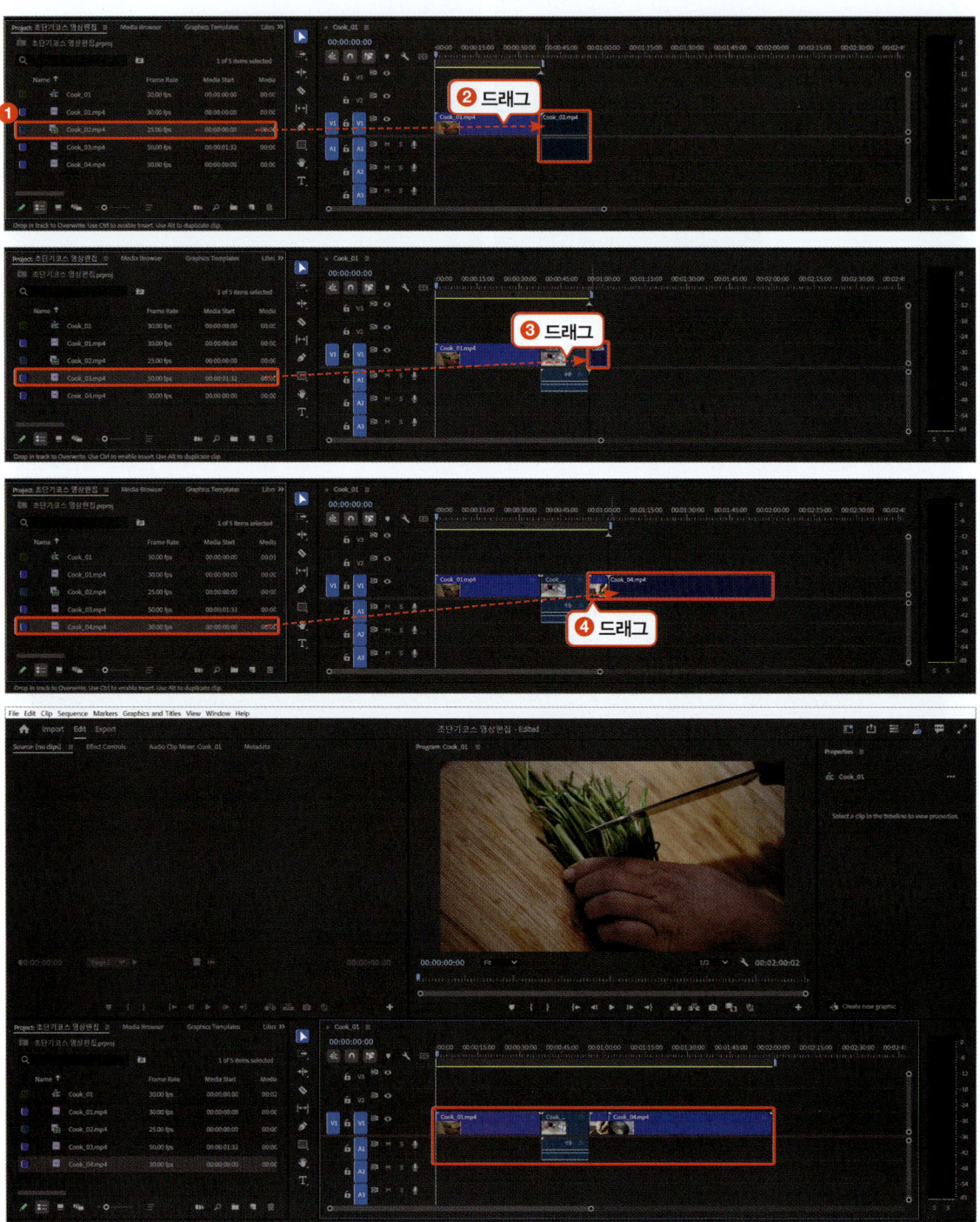

10 ❶ [Timeline] 패널에서 편집 기준선을 **00:00:05:16** 지점에 위치합니다. ❷ C 를 누르면 마우스 포인터가 자르기 도구 모양으로 바뀝니다. ❸ 이때 편집 기준선의 영상 클립을 클릭하면 영상이 잘립니다. ❹ V 를 눌러 선택 도구를 선택합니다. ❺ 뒤쪽의 잘린 클립을 클릭한 후 Delete 를 눌러 삭제합니다.

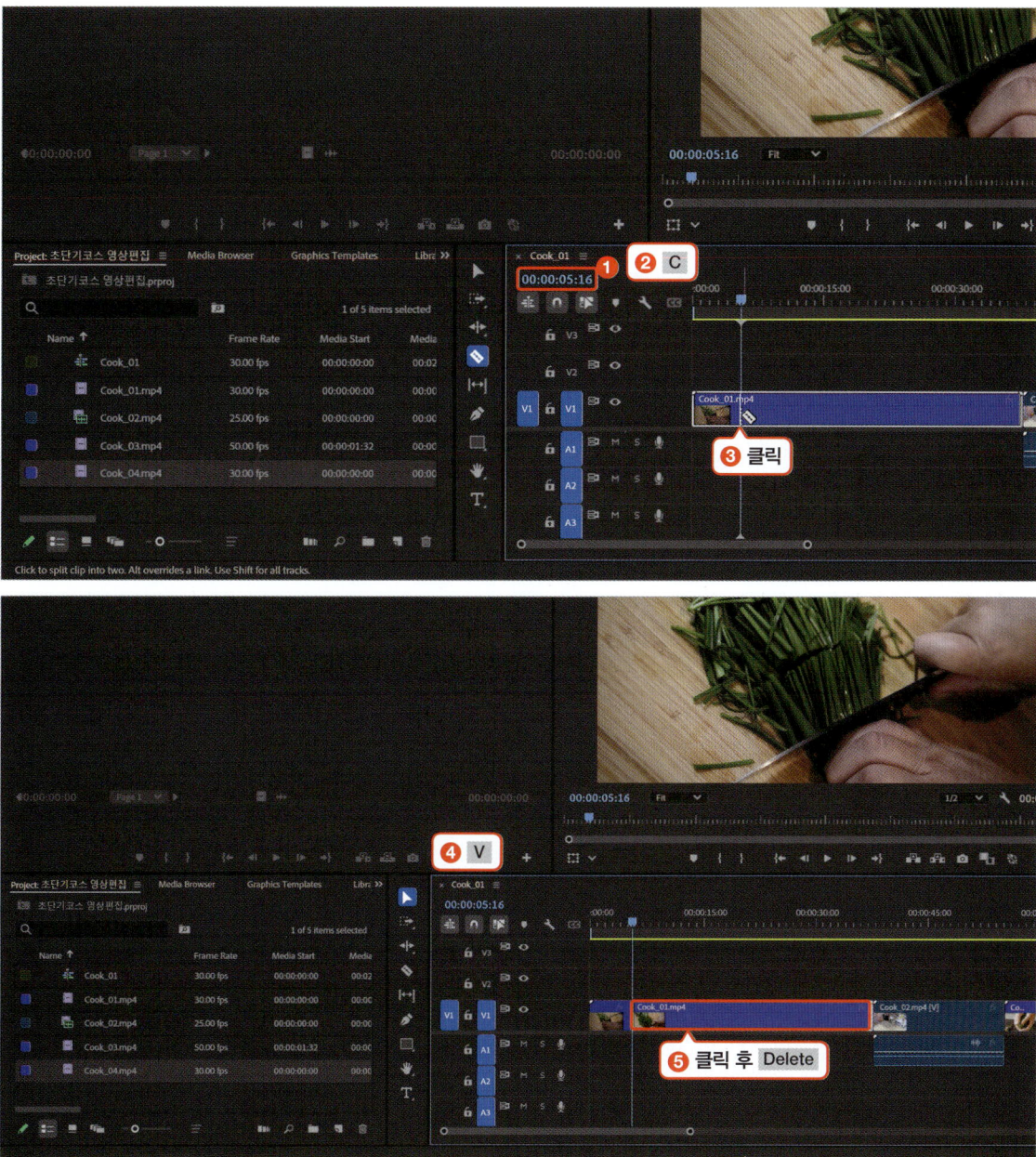

C 는 자르기 도구의 단축키입니다. 편집 기준선은 타임라인의 시간 표시자 부분을 클릭해도 되고 [Timeline] 패널 왼쪽 위의 [00:00:00:00] 형식으로 된 타임코드 영역을 클릭해 직접 입력해도 됩니다. 타임코드는 '시:분:초:프레임' 형식입니다. [Timeline] 패널이 선택된 상태에서 ←, →를 누르면 1프레임 단위로 이동할 수 있습니다.

11 ❶ 클립이 삭제된 부분의 공백을 마우스 오른쪽 버튼으로 클릭합니다. ❷ [Ripple Delete]를 클릭해서 클립 사이 공백을 지워줍니다.

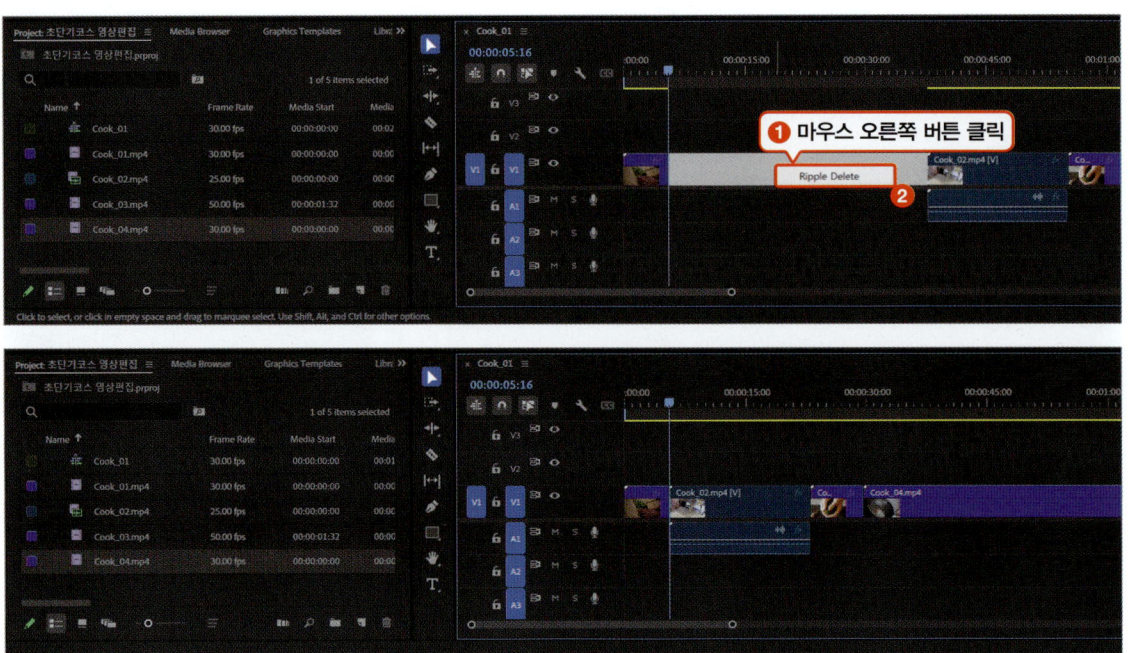

12 ❶ 편집 기준선을 00:00:10:19 지점에 위치합니다. ❷ C 를 눌러 자르기 도구를 선택한 후 ❸ 편집 기준선의 영상 클립을 클릭해서 자릅니다.

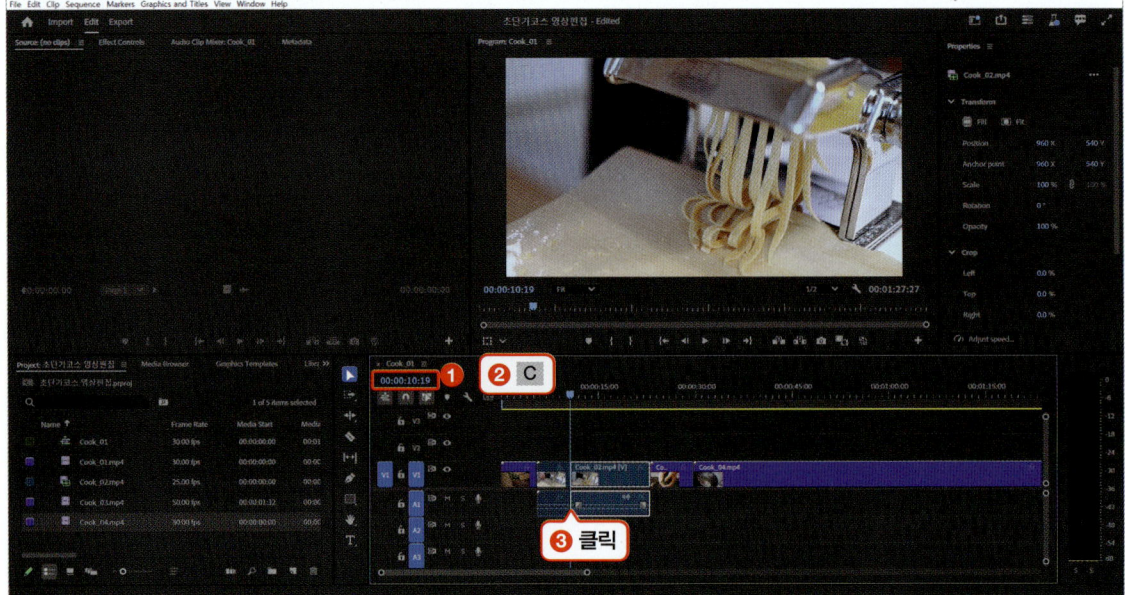

13 ❶ 다시 V 를 눌러 선택 도구 ▶ 를 선택합니다. ❷ 뒤쪽의 잘린 클립을 클릭한 후 Delete 를 눌러 삭제합니다. ❸ 뒷부분에 배치된 [Cook_03.mp4] 클립과 ❹ [Cook_04.mp4] 클립을 각각 드래그하여 영상을 공백 없이 이어줍니다.

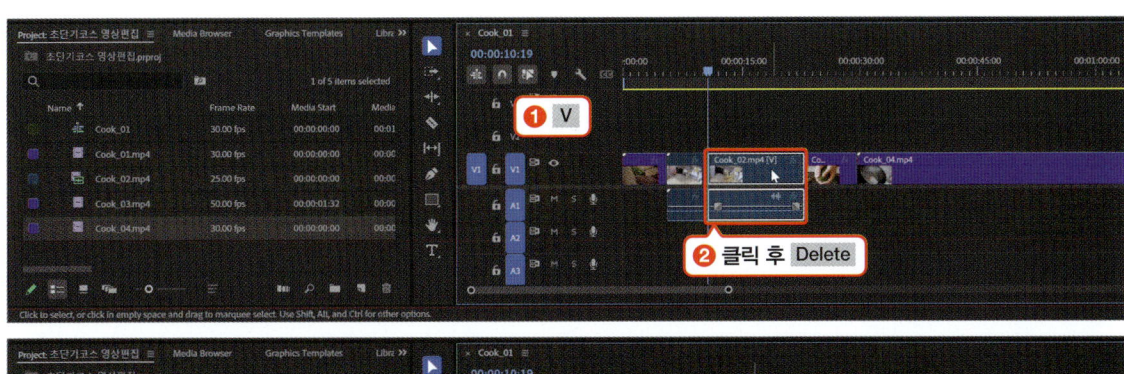

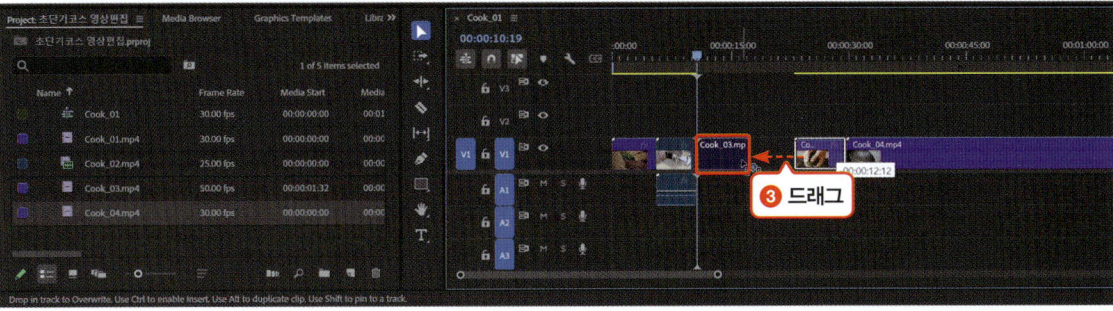

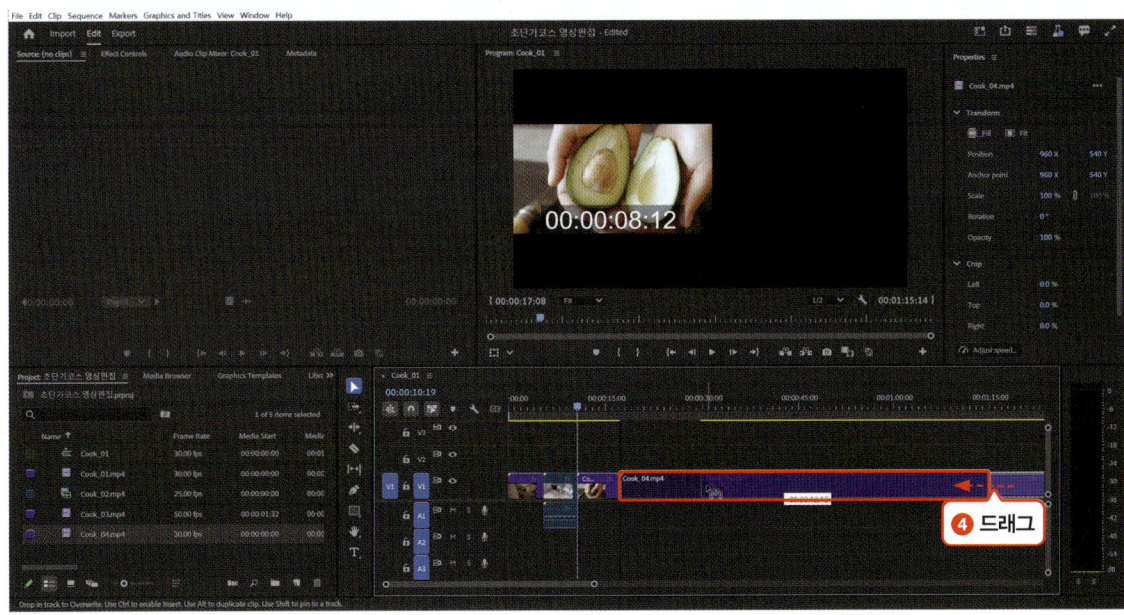

14 ❶ 편집 기준선을 **00:00:29:20** 지점에 위치합니다. ❷ [Cook_04.mp4] 클립의 앞부분을 편집 기준선까지 드래그해 영상의 앞부분을 삭제합니다.

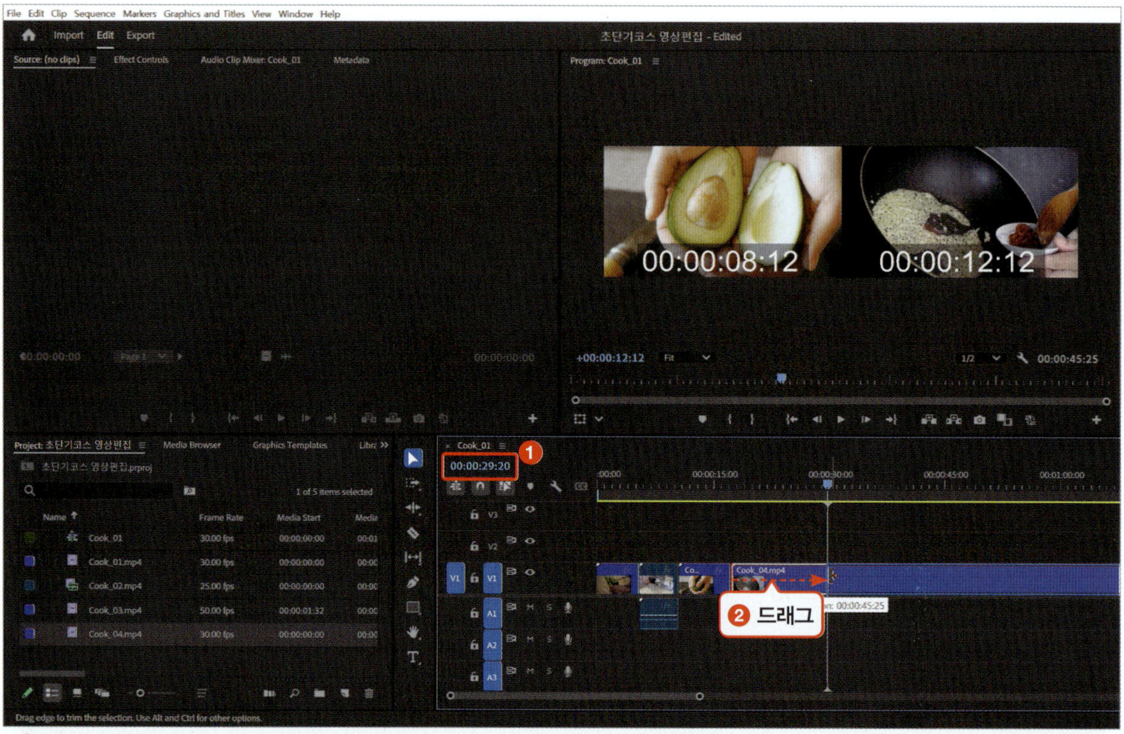

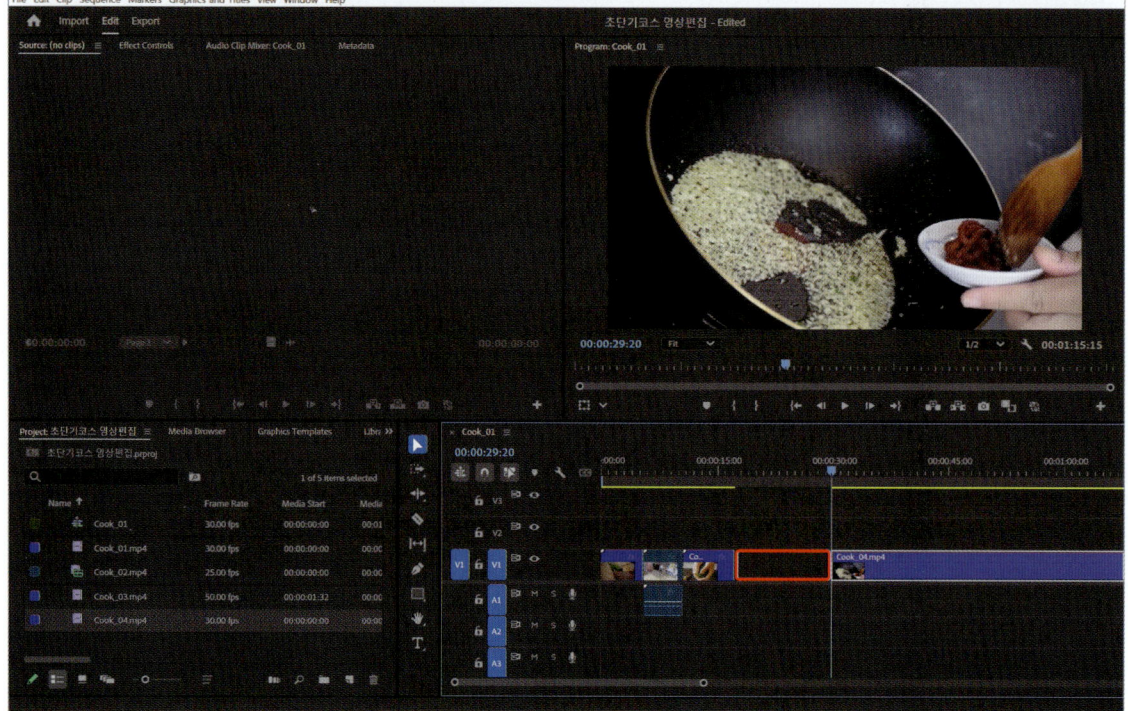

15 ❶ 편집 기준선을 **00:00:36:03** 지점에 위치합니다. ❷ [Cook_04.mp4] 클립의 뒷부분을 편집 기준선까지 드래그해 영상의 뒷부분을 삭제합니다.

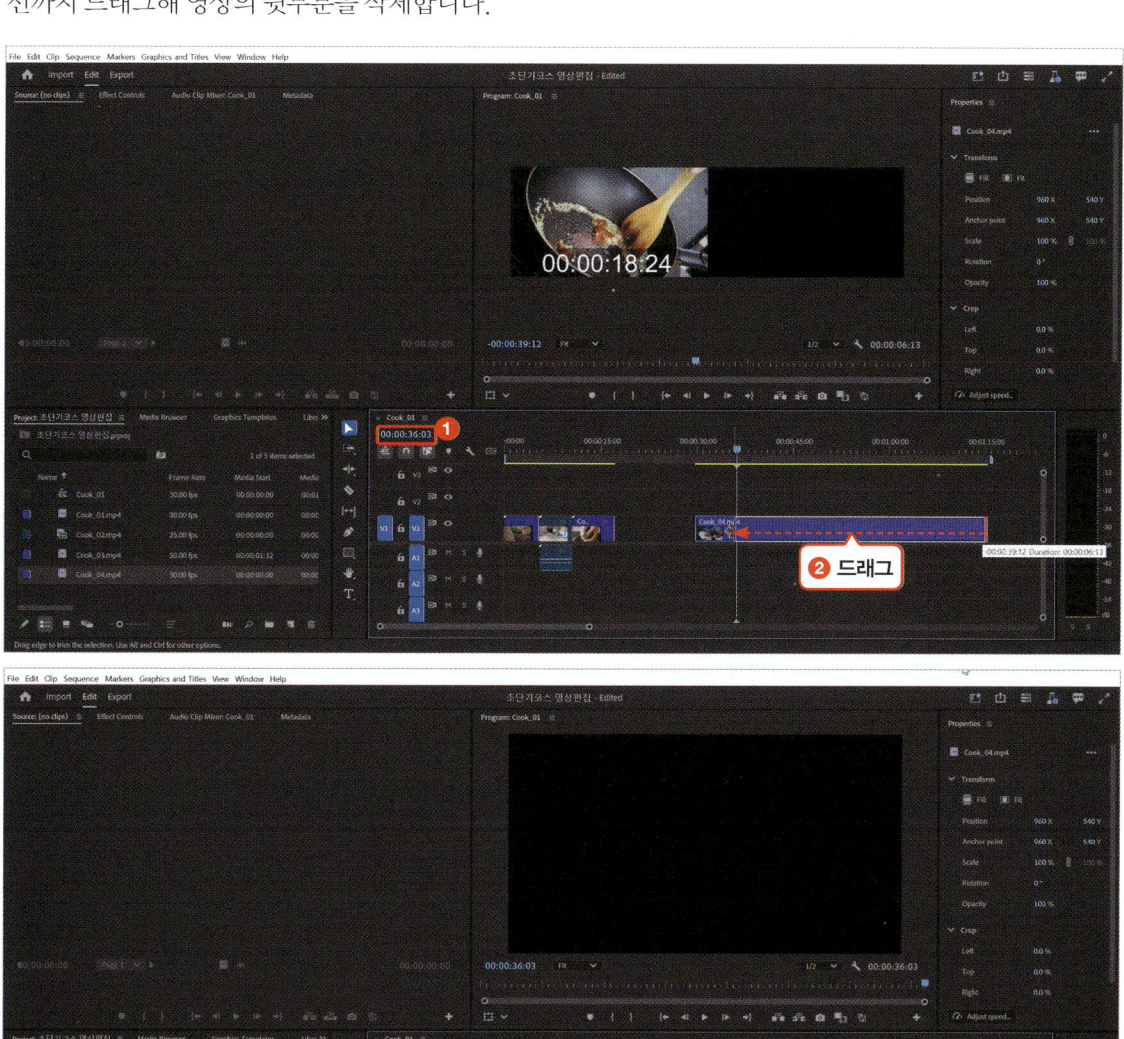

16 ❶ [Cook_03.mp4] 클립과 [Cook_04.mp4] 클립 사이의 공백을 마우스 오른쪽 버튼으로 클릭합니다. ❷ [Ripple Delete]를 클릭해 공백을 지워줍니다.

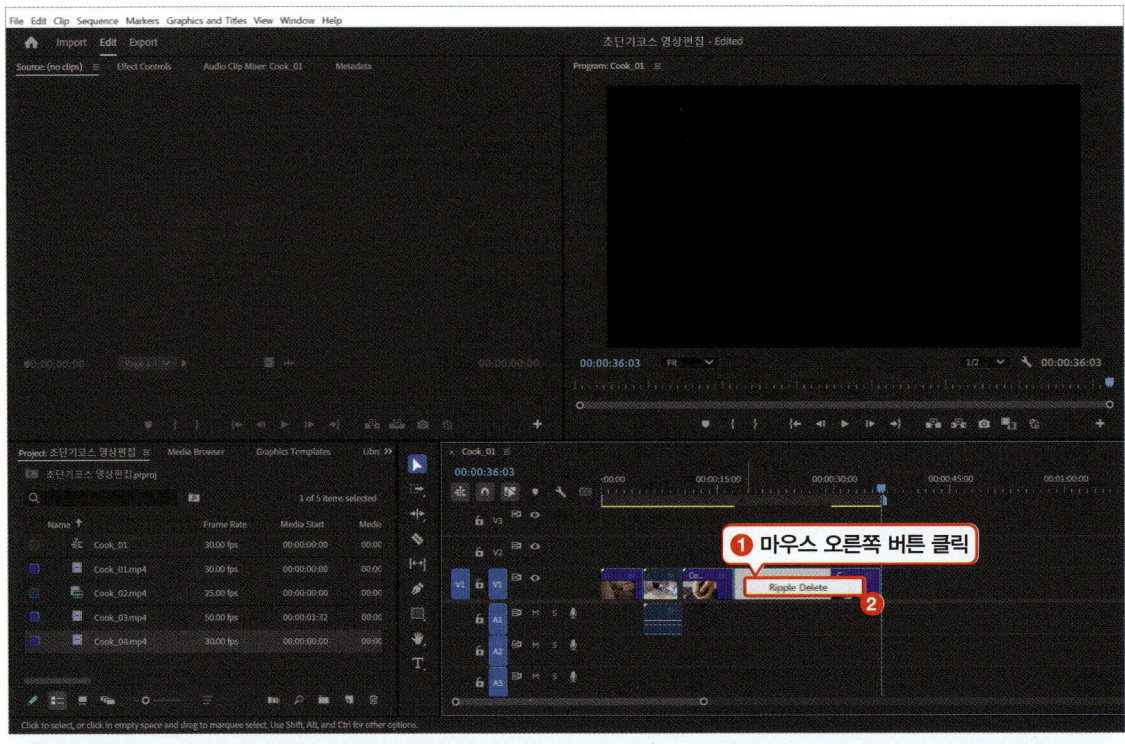

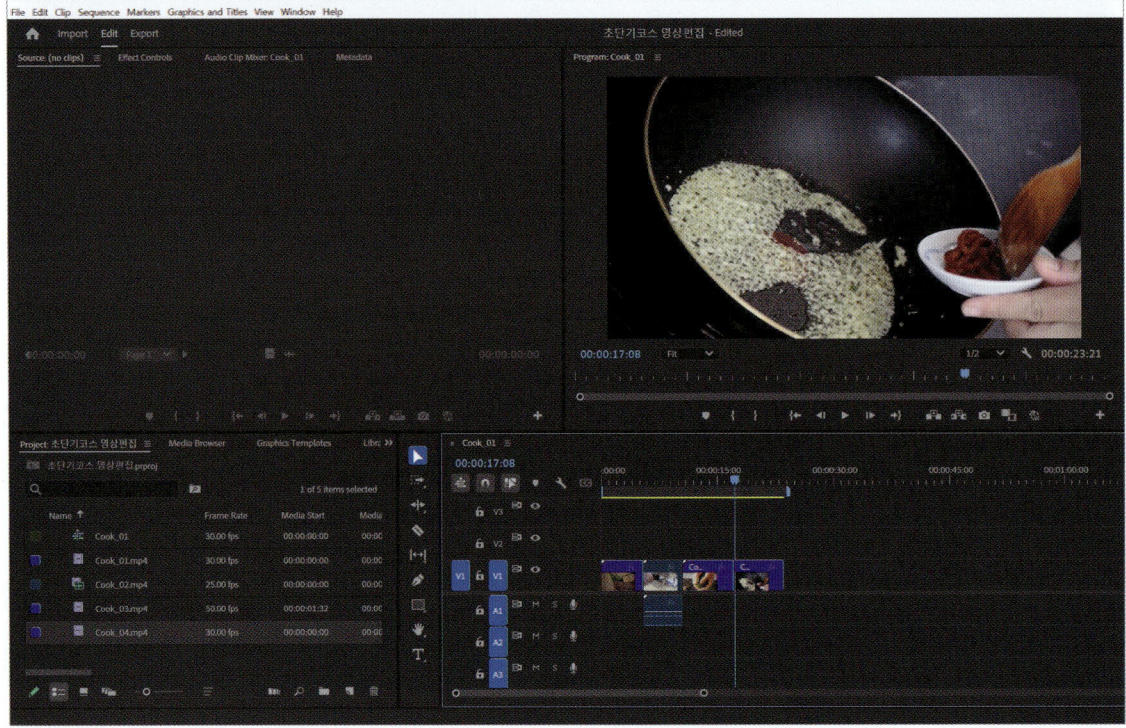

STEP ③ 기본 자막과 효과 넣기

17 ❶ 편집 기준선을 영상의 시작점(00:00:00:00)에 위치합니다. ❷ 도구 패널에서 타입 도구 T 를 클릭합니다. 타입 도구는 [Program] 패널에서 자막을 입력할 때 사용합니다. 단축키는 T 입니다.

18 [Program] 패널에 마우스 포인터를 가져가면 모양으로 바뀐 것을 알 수 있습니다. ❶ 자막을 삽입할 위치를 클릭하고 ❷ **맛있는 디자인 프리미어 프로**를 입력합니다.

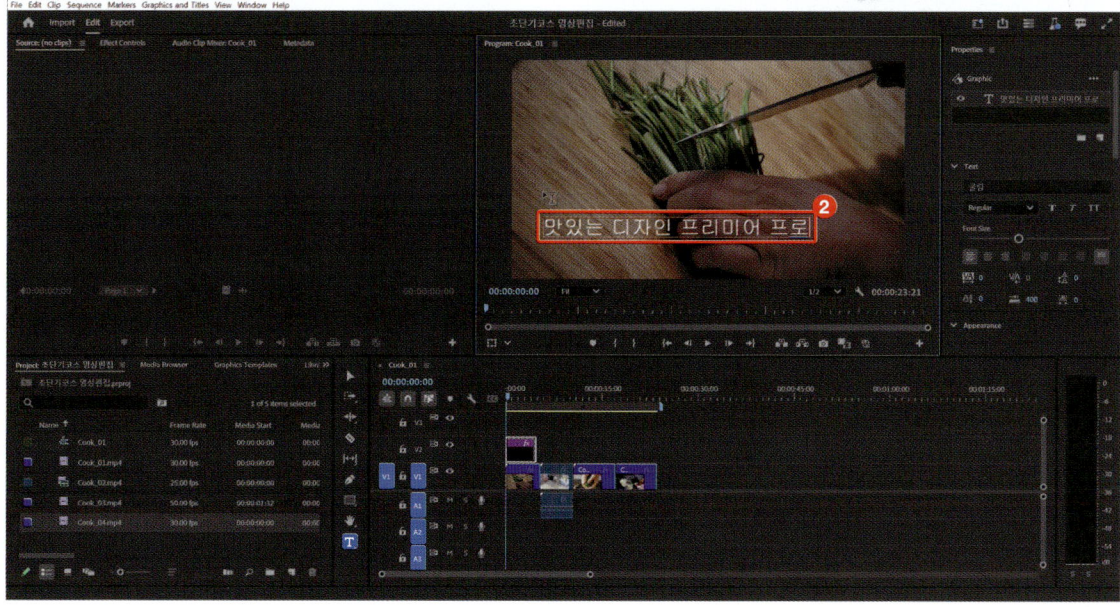

19 ❶ [Timeline] 패널을 클릭하고 ❷ 자막 클립의 뒷부분을 드래그해 전체 영상 클립의 길이와 같도록 조절합니다.

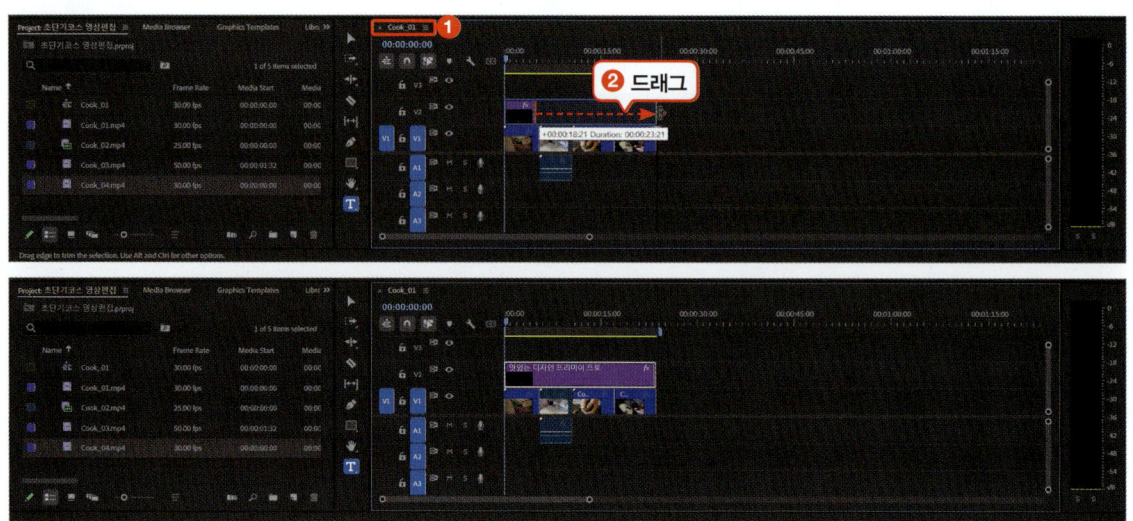

20 ❶ 자막 클립을 클릭한 후 ❷ [Effect Controls] 패널에서 [Text] 항목을 클릭합니다. ❸ [Source Text]에서 원하는 폰트와 옵션을 선택합니다. 여기서는 [Noto Sans KR]을 선택하고 [Bold] 옵션을 선택했습니다.

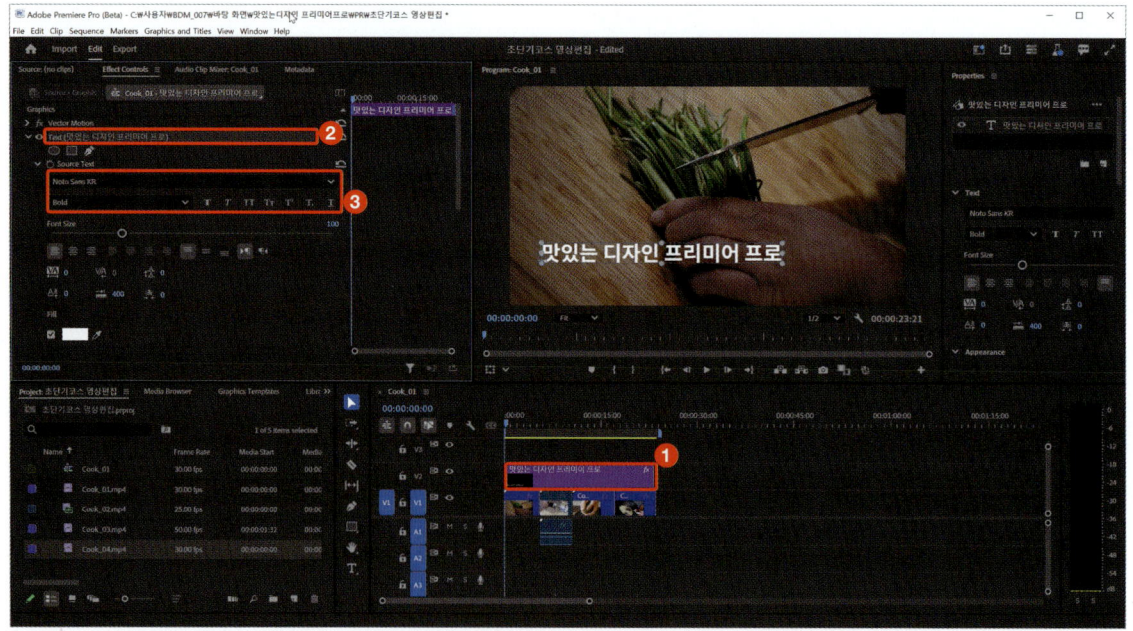

[Effect Controls] 패널에서 선택한 클립의 여러 가지 효과를 조절할 수 있습니다.

어도비 크리에이티브 클라우드에 로그인되어 있고, Adobe 유료 플랜을 구독했다면 어도비 폰트 서비스에서 Noto Sans KR 폰트를 다운로드 할 수 있습니다. 자세한 내용은 '맛있는 디자인 CC 2025 헬프 페이지'를 참고해주세요.

21 ❶ [Stroke]와 [Shadow]에 각각 체크합니다. ❷ [Stroke] 항목에서 [Stroke Width]를 8로 설정합니다. ❸ 각각의 항목 및 그림자 설정은 아래 표를 참고합니다.

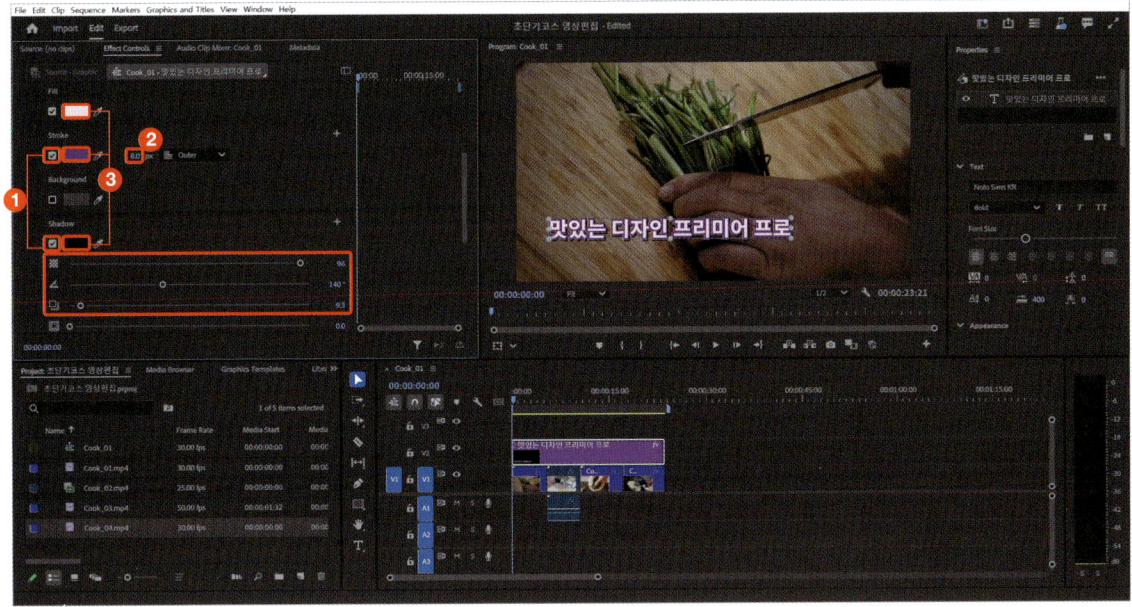

텍스트를 더블클릭하면 수정 모드가 활성화되므로 도구 패널에서 선택 도구를 다시 클릭해서 수정 모드를 해제하면 텍스트의 위치를 다시 옮길 수 있습니다.

항목	설정값
Fill	색 : FAE9FF
Stroke	두께 : 8 색 : 9D5E94
Shadow	색 : 000000(검은색)
Opacity	96
Angle	140
Distance	9.3

22 [Program] 패널에서 자막을 드래그하여 위치를 옮겨줍니다. 효과가 적용된 기본 자막이 완성되었습니다.

STEP ④ 배경음악과 오디오 효과 추가하기

23 ❶ 예제 폴더 내의 [Audio] 폴더에서 **sample music.mp3** 파일을 프리미어 프로의 [Project] 패널로 드래그합니다. ❷ [Project] 패널에서 **sample music.mp3** 파일을 [Timeline] 패널로 드래그해 오디오 2번 트랙(A2)에 배치합니다.

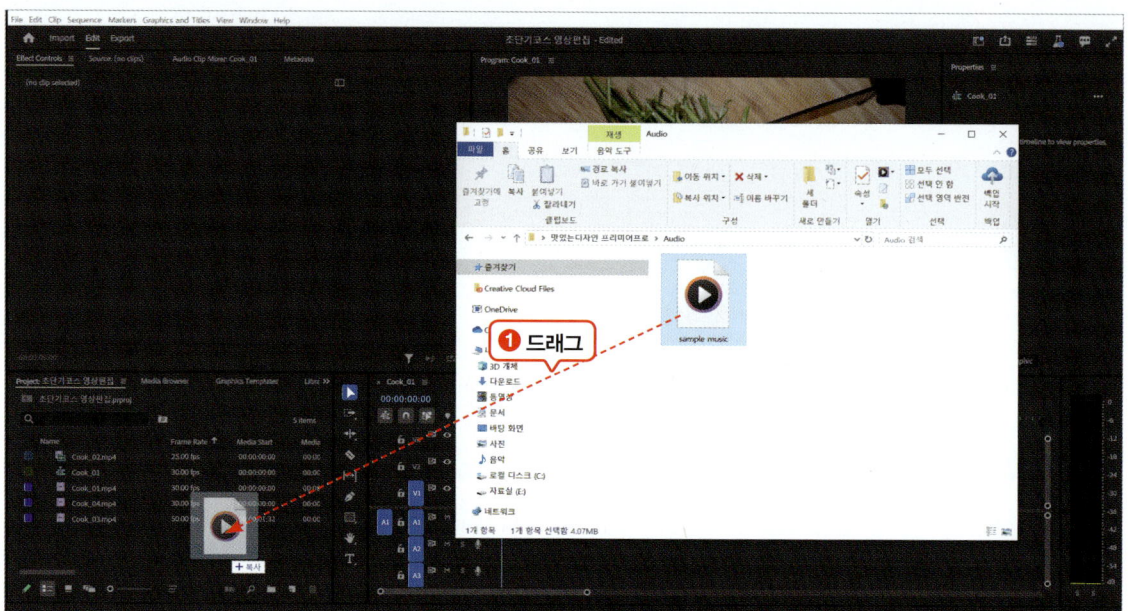

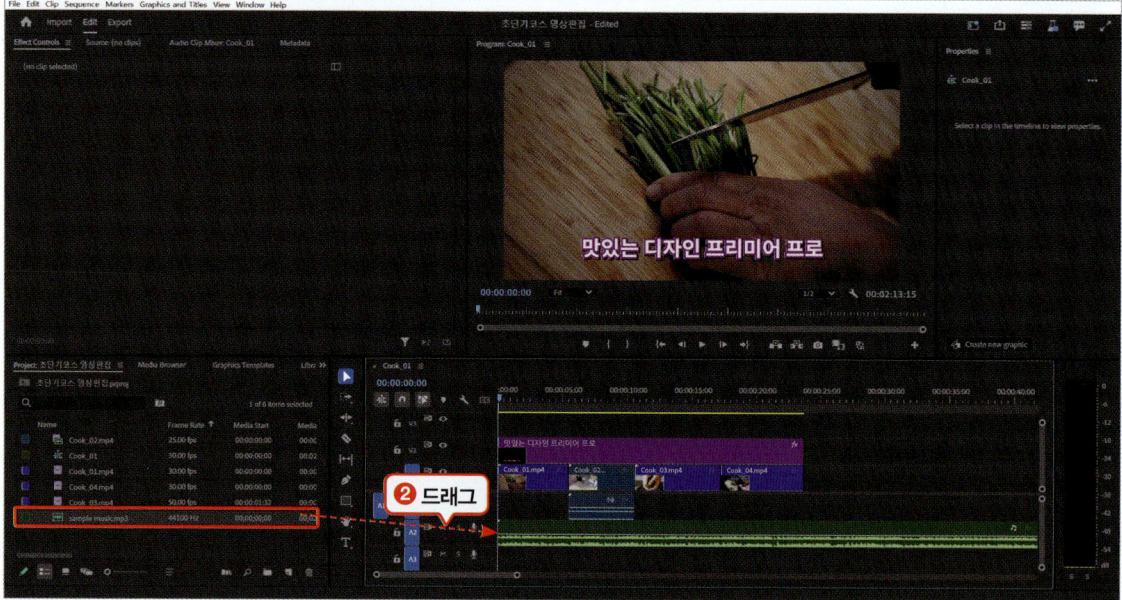

24 ❶ 편집 기준선을 동영상 클립의 끝부분인 00:00:23:21 지점에 위치한 후 ❷ C 를 눌러 자르기 도구 를 선택합니다. ❸ 편집 기준선에서 클릭하여 오디오 클립의 남은 뒷부분을 자릅니다. ❹ 잘린 오디오 클립의 뒷부분을 클릭한 후 Delete 를 눌러 삭제합니다.

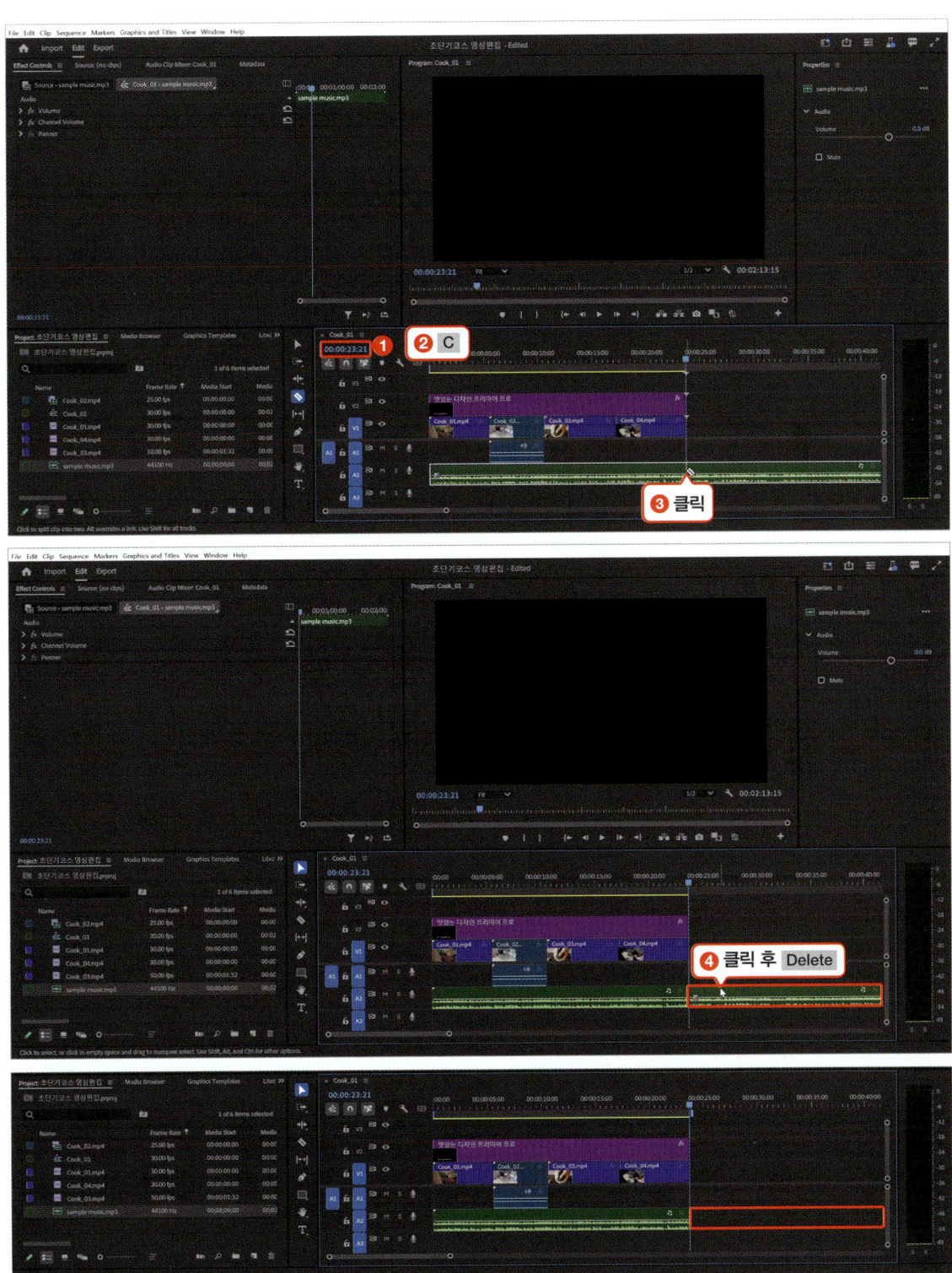

25 ❶ 오디오 1번 트랙(A1)에서 Mute Track M을 클릭하고 ❷ Spacebar 를 눌러 미리 보기를 재생합니다. [Cook_02.mp4] 클립의 오디오가 음소거되었습니다.

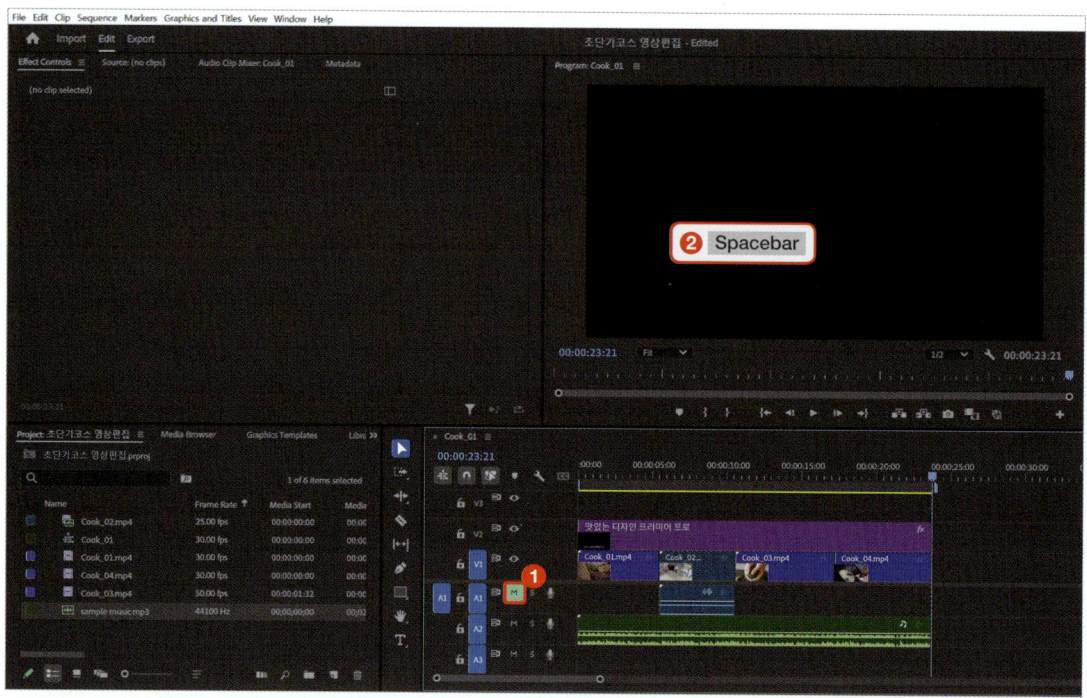

26 오디오 효과를 추가하기 위해 ❶ [Project] 패널에서 ≫를 클릭한 후 ❷ [Effects]를 클릭해 [Effects] 패널을 엽니다.

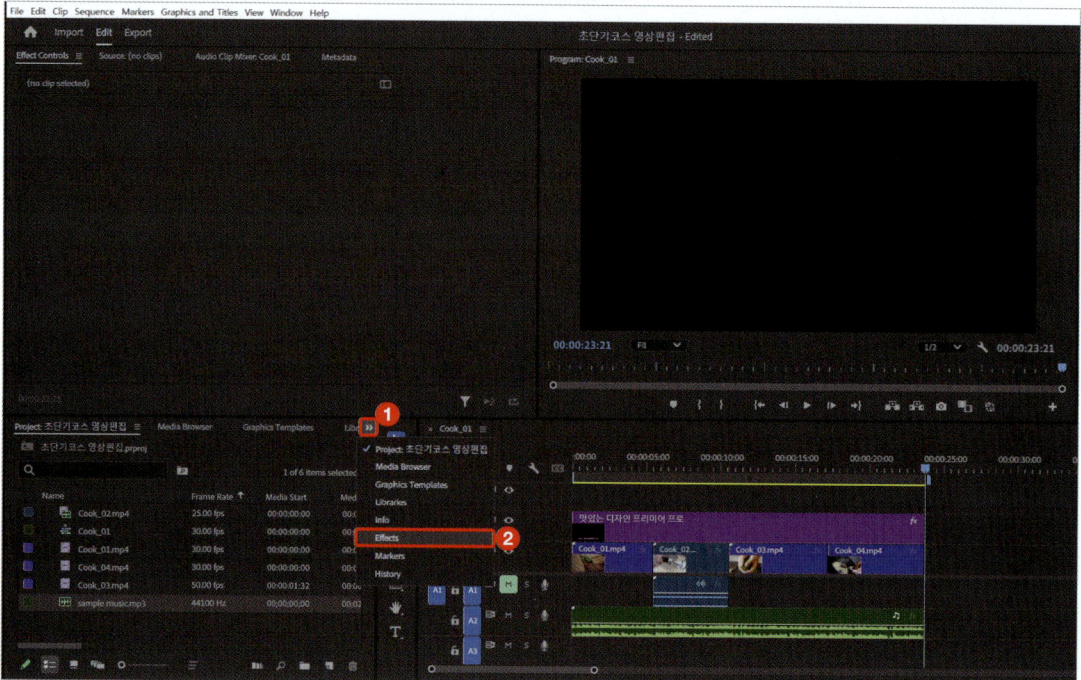

27 [Audio Transitions] - [Crossfade] - [Constant Power]를 [sample music.mp3] 클립의 뒷부분에 드래그합니다.

28 ① 효과 영역의 앞부분을 왼쪽으로 드래그하여 효과가 적용되는 영역을 넓게 설정합니다. ② `Spacebar` 를 눌러 미리 보기를 재생합니다. 오디오 볼륨이 서서히 작아지는 효과가 추가되었습니다.

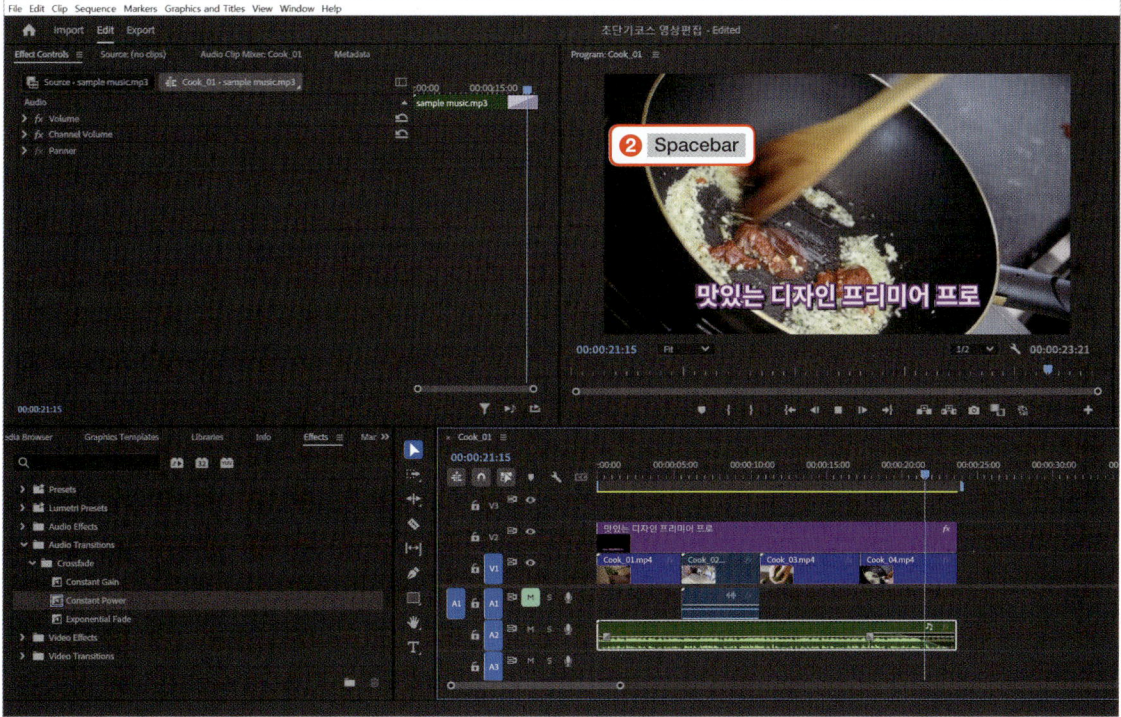

STEP ⑤ MP4 파일로 출력해서 완성하기

29 [Sequence] - [Render Entire in Work Area] 메뉴를 선택합니다. [Rendering] 대화상자가 나타나며 렌더링이 진행됩니다. 영상이 매끄럽게 재생되고, 이상이 없는지 확인합니다.

렌더링할 만큼 무겁고 복잡한 프로젝트라면 작업 영역바 상단이 빨간색이 되며, [Rendering] 대화상자가 나타납니다. 렌더링이 완료되면 작업 영역바의 하단이 초록색 또는 노란색으로 변경됩니다.

30 영상 출력을 위한 내보내기 설정을 위해 ❶ 프리미어 프로 상단의 [Export] 탭을 클릭합니다. ❷ [File Name]에 **연습영상**을 입력하고 ❸ [Location]에서 경로를 클릭합니다.

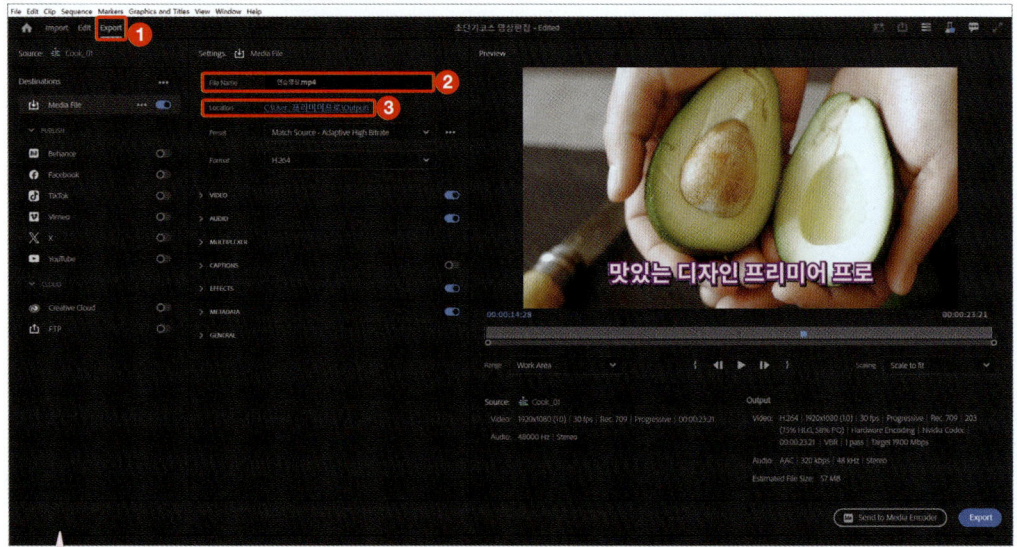

상단 메뉴바의 [File]-[Export]-[Media] 메뉴를 선택해도 내보내기 설정을 할 수 있습니다.

31 ❶ 예제 폴더 내의 [Output] 폴더로 경로를 설정하고 ❷ [저장]을 클릭합니다.

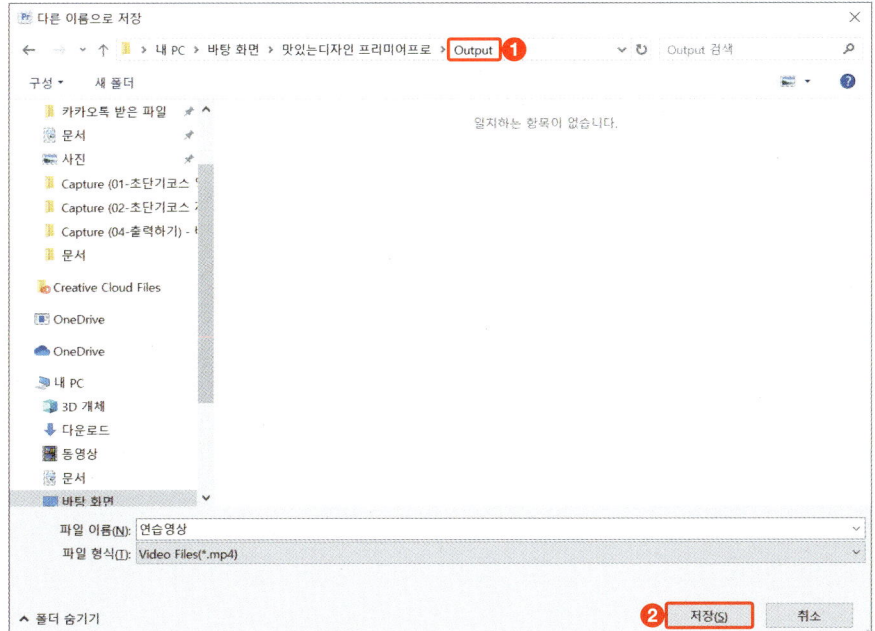

32 ❶ [Format] 항목을 클릭하고 ❷ [H.264]를 클릭합니다.

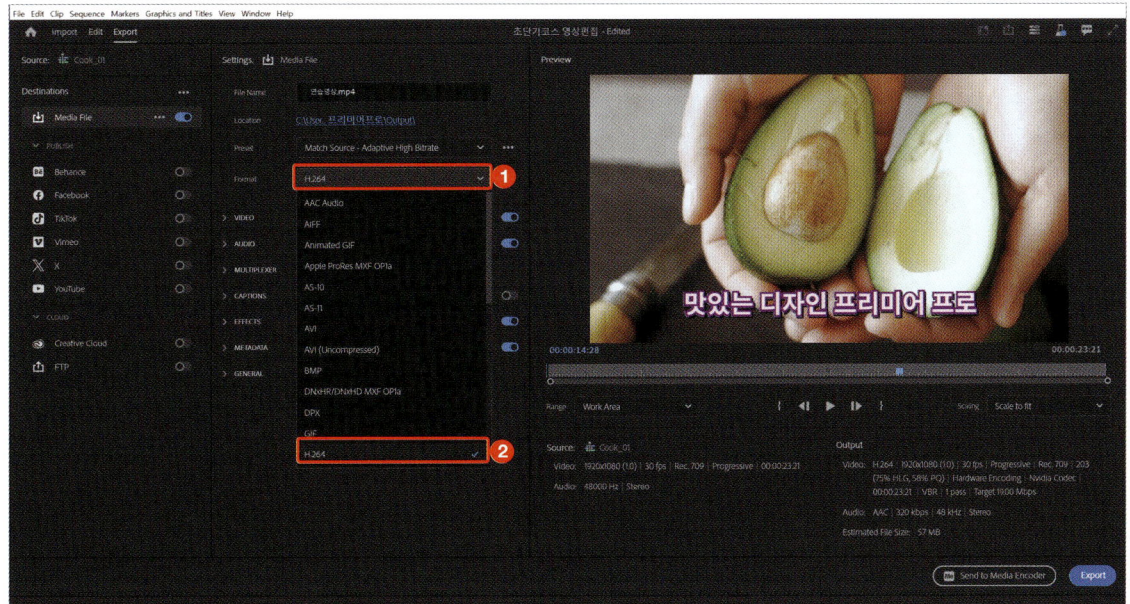

33 ❶ [Preset] 항목을 클릭하면 다양한 설정이 나타납니다. ❷ 유튜브 영상에 적합한 설정을 찾기 위해 [More presets]를 클릭합니다.

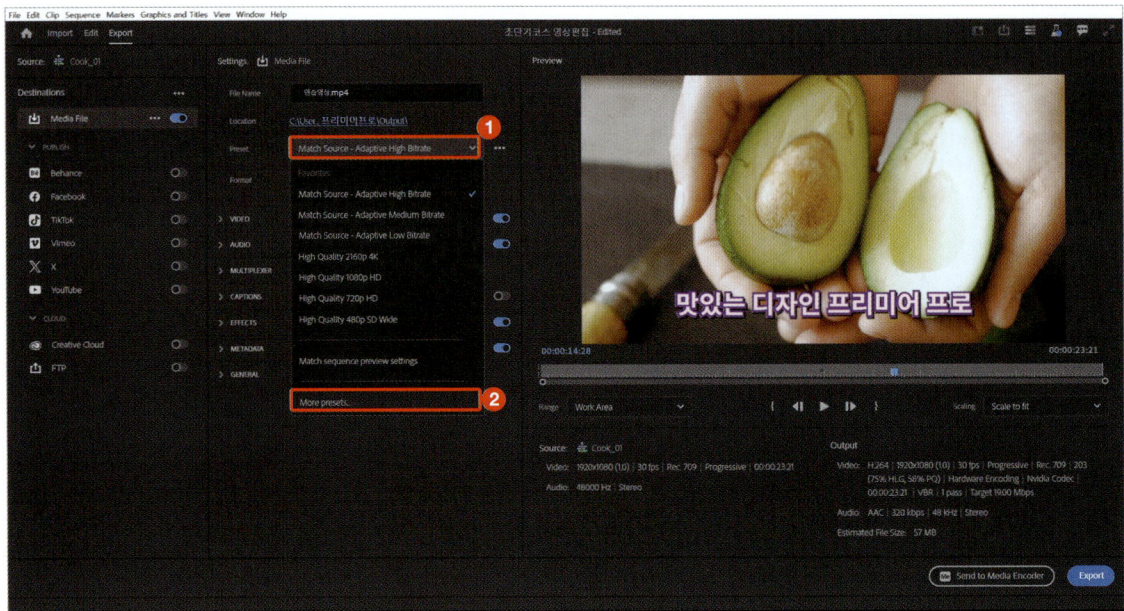

34 ❶ [Preset Manager] 대화상자가 나타나면 YouTube를 입력하여 프리셋을 검색하고 ❷ [YouTube 1080p Full HD] 프리셋을 클릭한 후 ❸ [OK]를 클릭합니다.

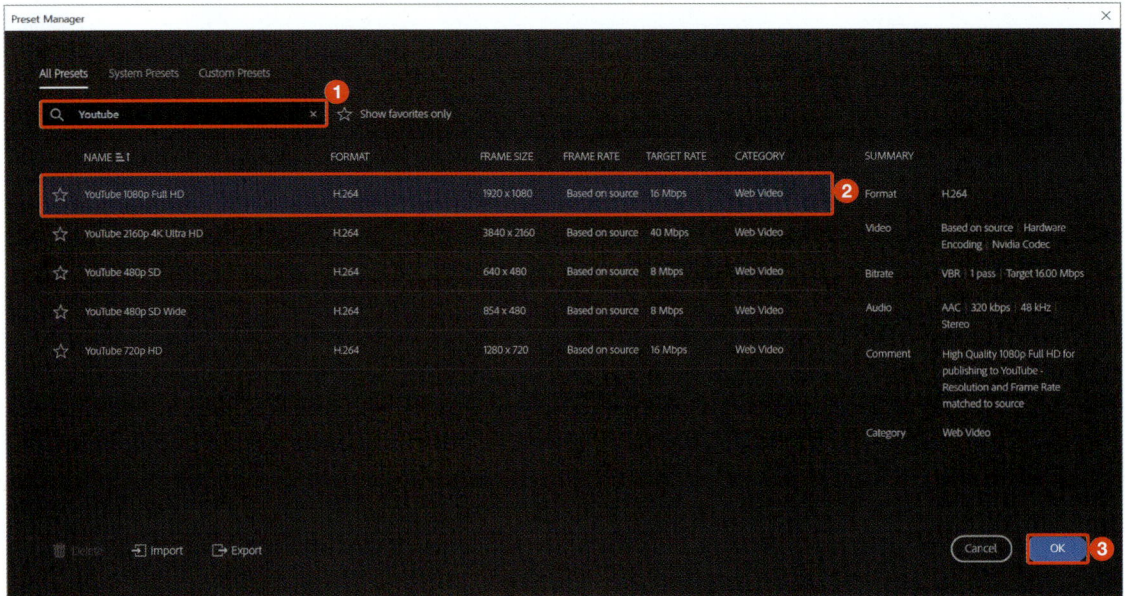

35 모든 설정이 완료된 후 [Export]를 클릭하면 영상 출력을 시작합니다.

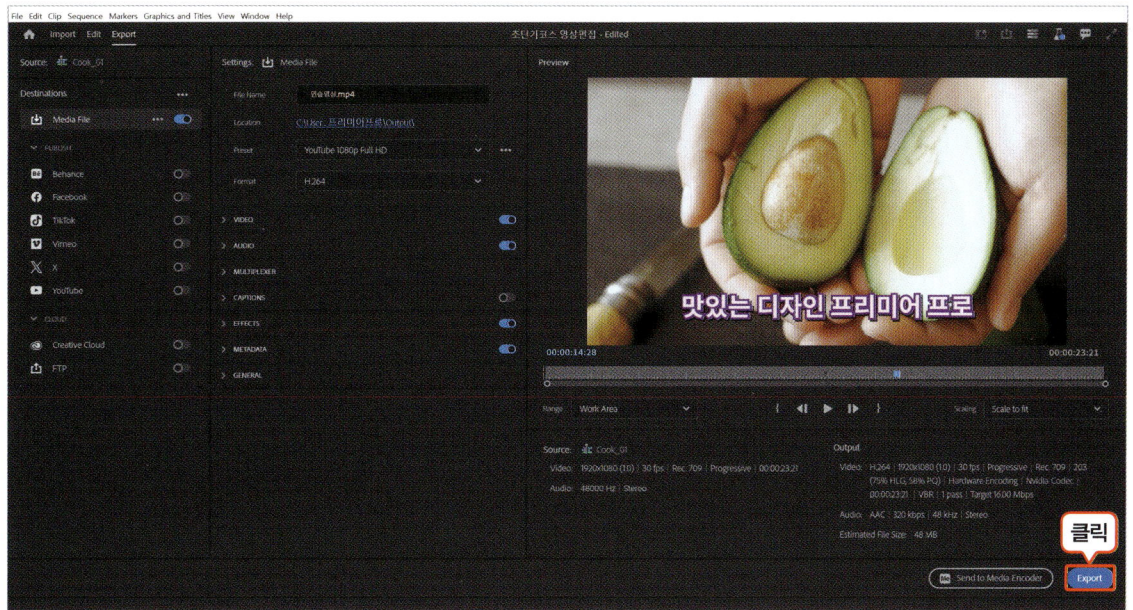

36 출력이 완료되면 [Output] 폴더에서 완성 파일을 더블클릭하여 잘 재생되는지 확인합니다.

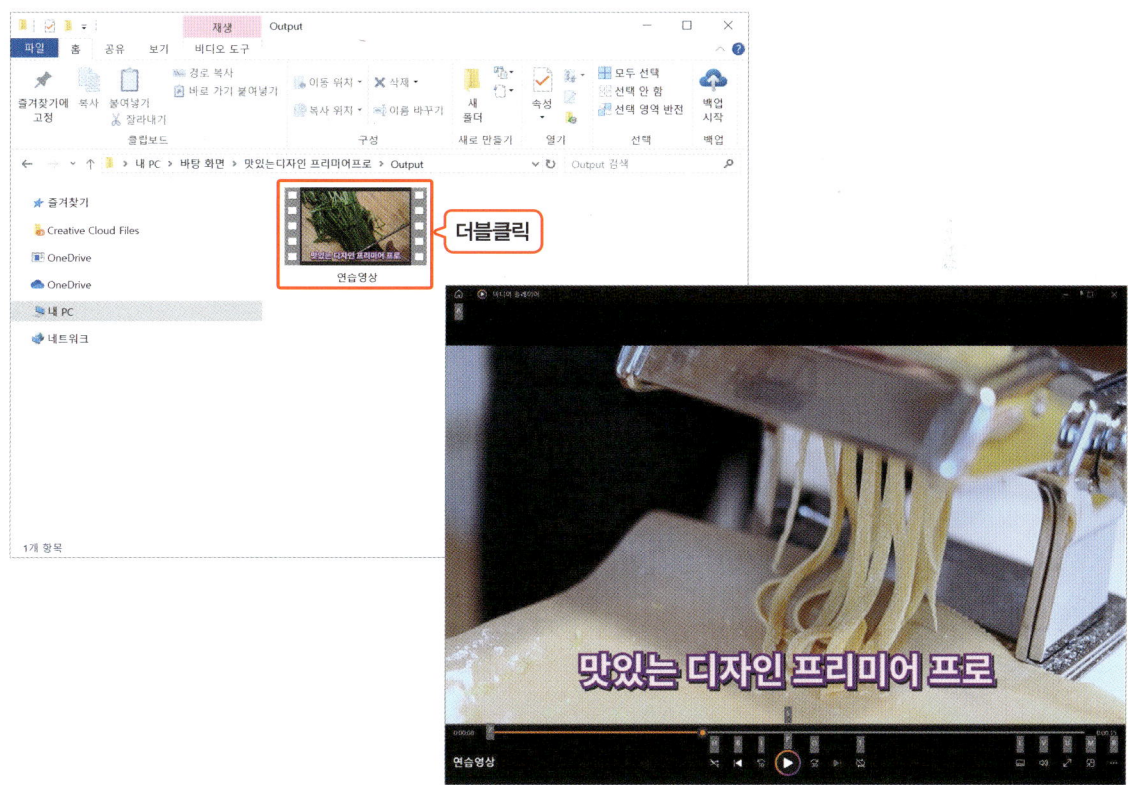

프리미어 프로 시작하기
프로젝트 시작하고 저장하기

영상 편집 과정 초단기 코스에서 핵심 내용만 간단하게 배웠다면, 이번에는 작업 환경을 설정하고 저장하는 방법을 익혀봅니다. 프리미어 프로를 실행한 후 영상 편집과 프로젝트 저장 등 기본적인 과정들을 하나씩 학습하면서 공들인 작업물이 유실되지 않도록 차근차근 진행해보겠습니다.

프리미어 프로의 프로젝트 파일은 작업 중 모든 정보를 데이터 형식으로 저장하며, 파일 확장자는 '.prproj'입니다. 영상 편집 시 사용한 모든 동영상 파일은 프로젝트 파일과 함께 있어야 원활하게 실행할 수 있으므로 파일 관리를 철저히 하는 것이 중요합니다.

간단 실습 | 시퀀스 만들고 설정하기

새 프로젝트가 실행된 상태에서 먼저 시퀀스를 만들어보겠습니다. 아래의 그림처럼 프리미어 프로의 작업 영역이 나타납니다. 하지만 영상을 편집하려면 시퀀스를 만들어야 합니다.

01 `Ctrl` + `N` 을 눌러 새 시퀀스를 만듭니다.

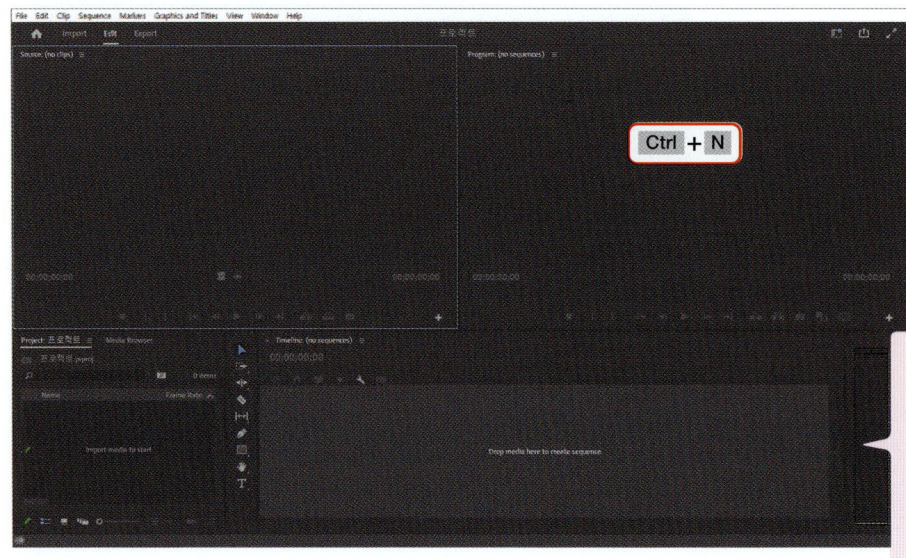

> 시퀀스는 [File]-[New]-[Sequence] 메뉴를 선택해 만들 수도 있습니다. 프리미어 프로를 능숙하게 다루려면 단축키를 사용하여 편집 작업 시간을 줄이도록 연습하는 것이 좋습니다.

02 [New Sequence] 대화상자가 나타나면 ❶ 아래에 있는 [Sequence Name] 항목에 원하는 이름을 입력합니다. 예제에서는 **시퀀스**로 입력했습니다. [DSLR 1080p30] 프리셋은 일반적인 Full HD 크기를 제공하는 프리셋이므로 ❷ 바로 [OK]를 클릭해 시퀀스를 생성합니다.

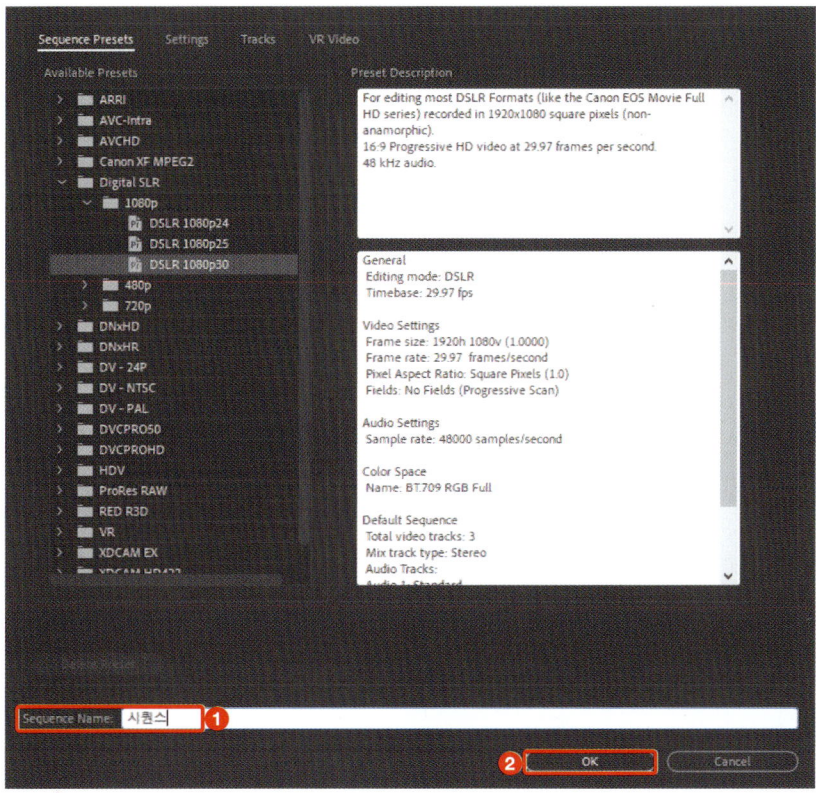

기본으로 활성화되어 있는 [Sequence Presets] 탭은 다양한 코덱의 프리셋을 지원합니다. 스마트폰이 아닌 다른 코덱을 사용하는 카메라로 촬영했을 때 카메라 코덱과 동일한 프리셋을 선택하여 사용할 수 있습니다.

03 생성한 시퀀스는 [Project] 패널에서 확인할 수 있습니다. 프리미어 프로의 영상 편집은 시퀀스에서 진행합니다.

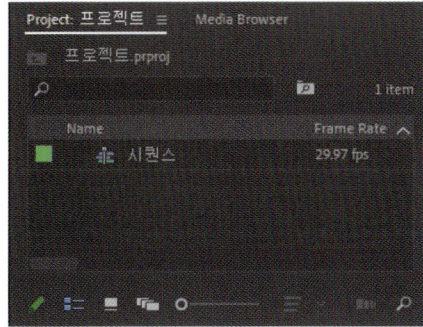

기능 꼼꼼 익히기 | 시퀀스 설정 옵션 알아보기

[New Sequence] 혹은 [Sequence Settings] 대화상자의 [Settings], [General] 탭에는 시퀀스 설정에 필요한 다양한 옵션이 있습니다. 다 외울 필요 없이 필수로 알아야 하는 옵션인 [Video] 항목을 살펴보겠습니다. [Sequence Settings] 대화상자의 [Video] 항목은 최종적으로 완성될 영상의 시각적인 요소를 설정하는 공간입니다.

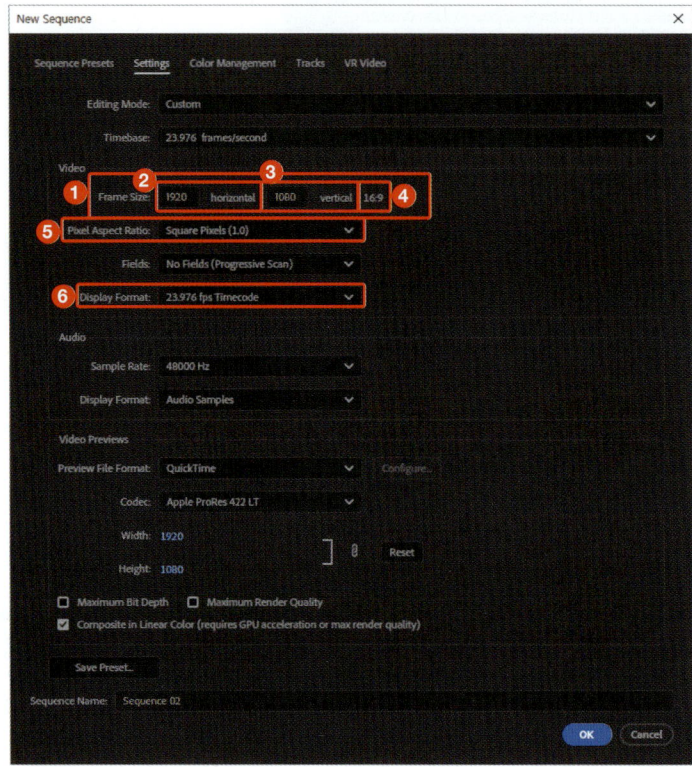

❶ **Frame Size** | 영상 완성본의 규격을 설정하는 공간입니다.

❷ **horizontal** | 영상 최종 완성본의 가로 너비입니다.

❸ **vertical** | 영상 최종 완성본의 세로 높이입니다.

❹ **비율 표시** | 영상 가로와 세로의 비율입니다. 너비, 높이에 따라 다른 비율이 해당 영역에 나타납니다.

❺ **Pixel Aspect Ratio** | 대부분의 디지털 작업(이미지, 동영상 등) 화면은 픽셀이라는 한 개의 작은 사각형이 여러 개 모인 형태로 구성되어 있습니다. 그림이나 사진을 계속 확대해보면 작은 사각형들이 모여서 하나의 화면을 구성하는 것을 확인할 수 있습니다. 이 작은 사각형을 '픽셀'이라고 부릅니다. 이 픽셀의 기본 설정값인 [Square Pixels (1.0)]으로 지정합니다. 비율은 1:1입니다. 작업 도중 이유 없이 화면이 찌그러져 보인다면, 이 설정값이 정상인지 확인해봅니다.

❻ **Display Format** | 영상의 프레임과 시간을 어떻게 표현할지 설정하는 공간입니다. 29.92fps는 영상의 프레임을 나타냅니다. Drop-Frame Timecode는 영상의 시간을 시, 분, 초 순서의 프레임으로 보여준다는 뜻입니다. 작업 도중 [Timeline] 패널에서 시, 분, 초가 아닌 알 수 없는 숫자가 나타난다면 이 옵션이 정상인지 확인해봅니다.

간단 실습 | 프로젝트 파일 저장하고 닫기

01 프로젝트 파일을 저장하려면 [File]-[Save] 메뉴를 선택합니다. 기본적으로 프로젝트 파일을 생성하면서 지정한 위치에 파일이 저장됩니다. Ctrl + S 를 눌러 저장할 수도 있습니다.

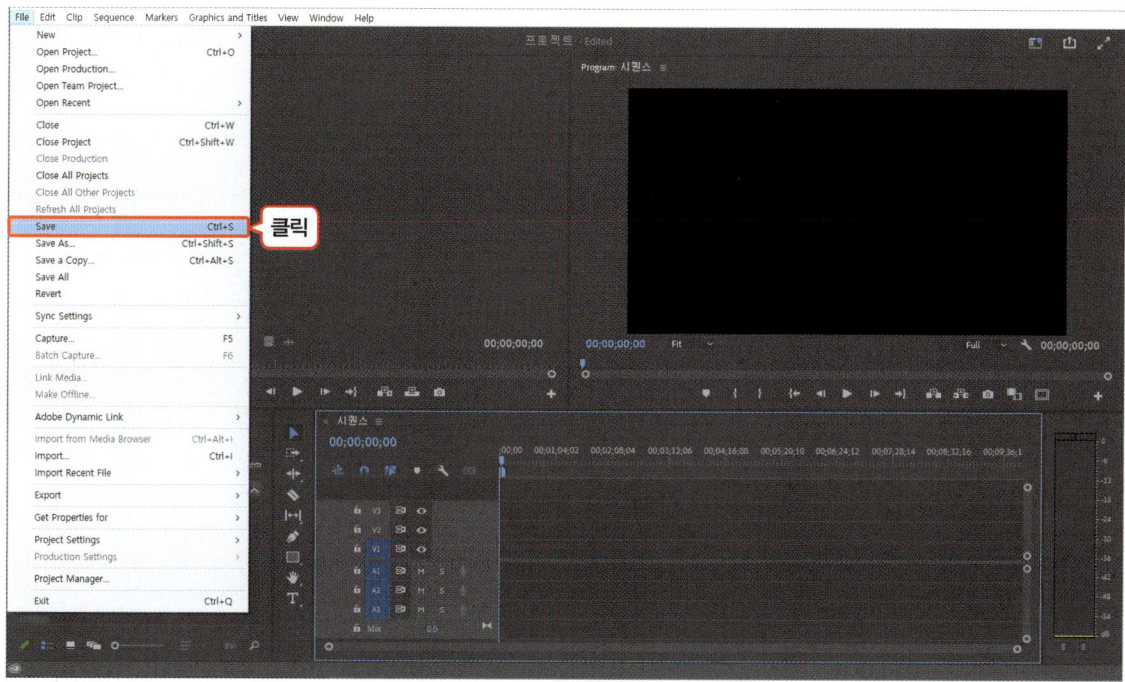

[Save As] 메뉴는 프로젝트 파일을 다른 이름으로 저장한 후 해당 프로젝트 파일에서 계속 작업을 진행하는 기능이고, [Save a Copy] 메뉴는 프로젝트의 사본을 저장하는 기능입니다.

02 [File]-[Close Project] 메뉴를 선택하면 현재 활성화된 프로젝트가 닫힙니다.

03 프로젝트 파일이 하나만 열린 상태에서 프로젝트 파일을 닫으면 [Home] 대화상자가 나타납니다. [Recent] 항목에서 가장 최근에 작업한 프로젝트 파일을 불러올 수도 있습니다. 오른쪽 위의 닫기 ☒를 클릭합니다.

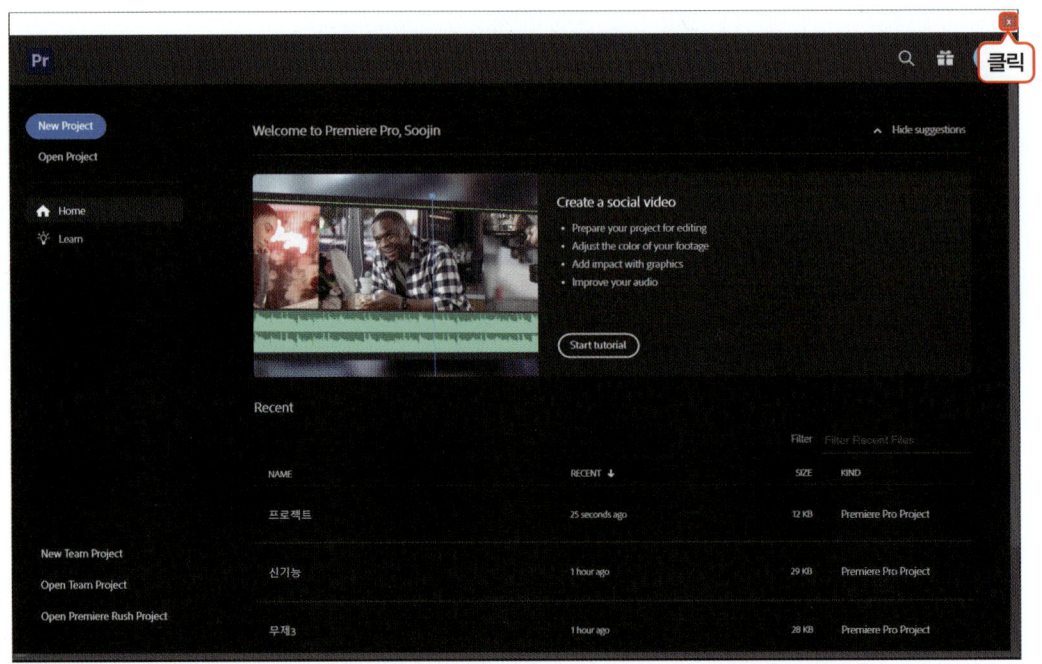

04 [File]-[Open Project] 메뉴를 선택합니다.

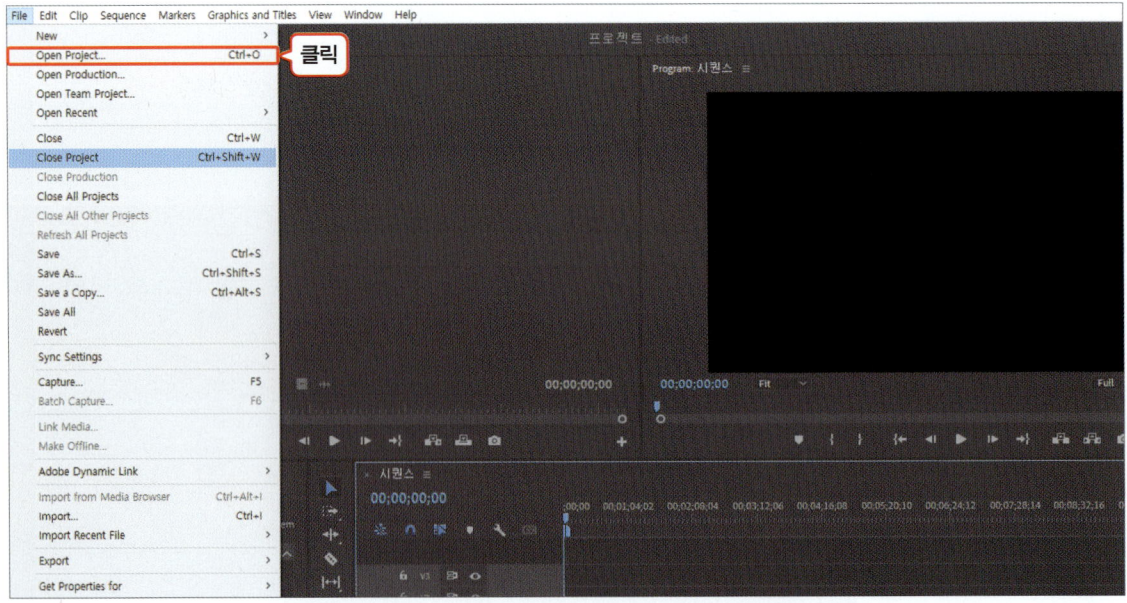

프로젝트 파일이 저장된 윈도우 탐색기에서 문서 파일을 여는 것처럼 더블클릭해 불러올 수도 있습니다. [File]-[Open Recent] 메뉴에는 가장 최근에 작업한 순서대로 프로젝트 파일의 목록이 표시되며, 바로 선택해 프로젝트 파일을 불러올 수도 있습니다.

05

❶ [Open Project] 대화상자가 나타나면 앞서 저장했던 **프로젝트.prproj** 파일을 찾아 클릭하고 ❷ [열기]를 클릭합니다. ❸ 프로젝트 파일이 열리고 가장 최근에 편집한 시퀀스의 편집이 활성화됩니다.

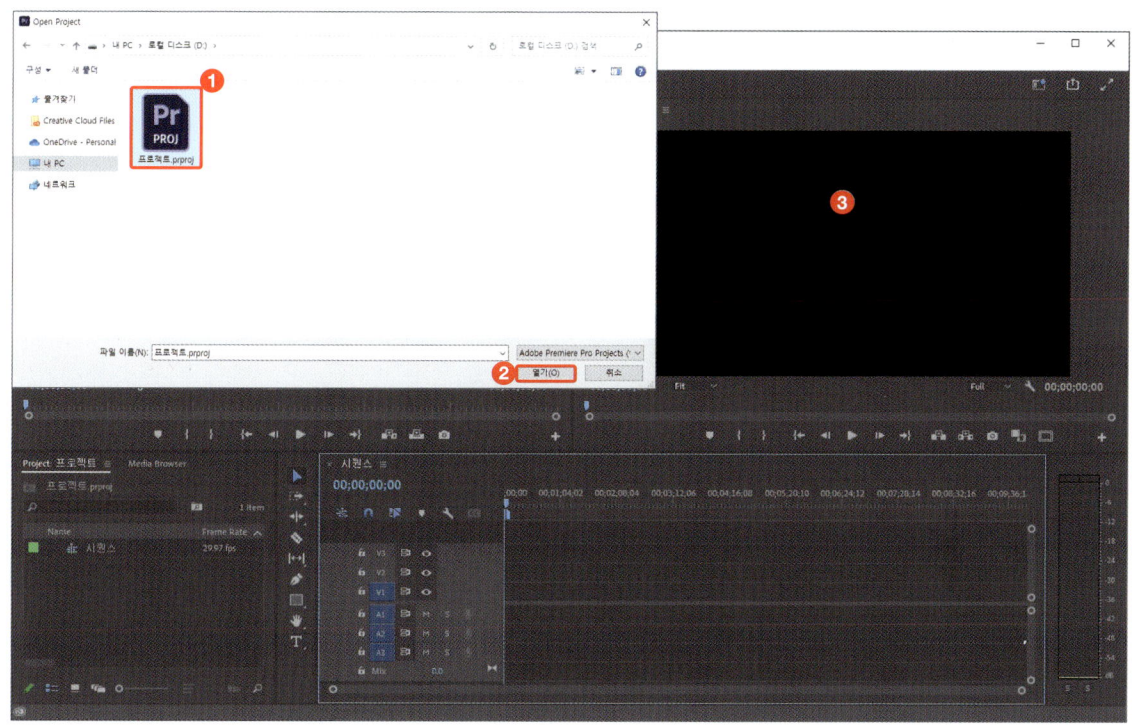

기능 꼼꼼 익히기 — 두 개 이상의 프로젝트 파일을 열었을 때

두 개 이상의 프로젝트 파일을 열면 **Project: 프로젝트** 형식으로 패널이 추가됩니다. 각각의 프로젝트를 선택해 프로젝트에 삽입된 미디어 파일 혹은 시퀀스를 편집할 수 있습니다. 만약 프로젝트 파일을 열었을 때 시퀀스가 활성화되지 않는다면 [Project] 패널에서 이 표시된 시퀀스를 더블클릭합니다.

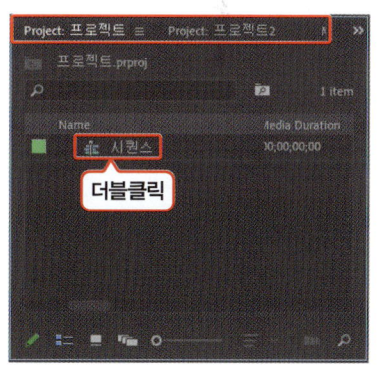

간단 실습   여러 개의 시퀀스 만들어서 활용하기

준비 파일 프리미어 프로/Chapter 01/초단기코스 영상편집.prproj

영상 편집 작업 중에는 완성본을 한 가지 버전이 아니라 두 가지, 세 가지 버전으로 관리할 필요가 있습니다. 이때는 이미 작업한 시퀀스를 복사해 여러 개의 시퀀스를 만들어서 유용하게 쓸 수 있습니다.

01 ① [Cook_01.mp4] 시퀀스를 마우스 오른쪽 버튼으로 클릭합니다. ② [Rename]을 클릭한 후 ③ Sequence 01을 입력해 이름을 바꿔줍니다.

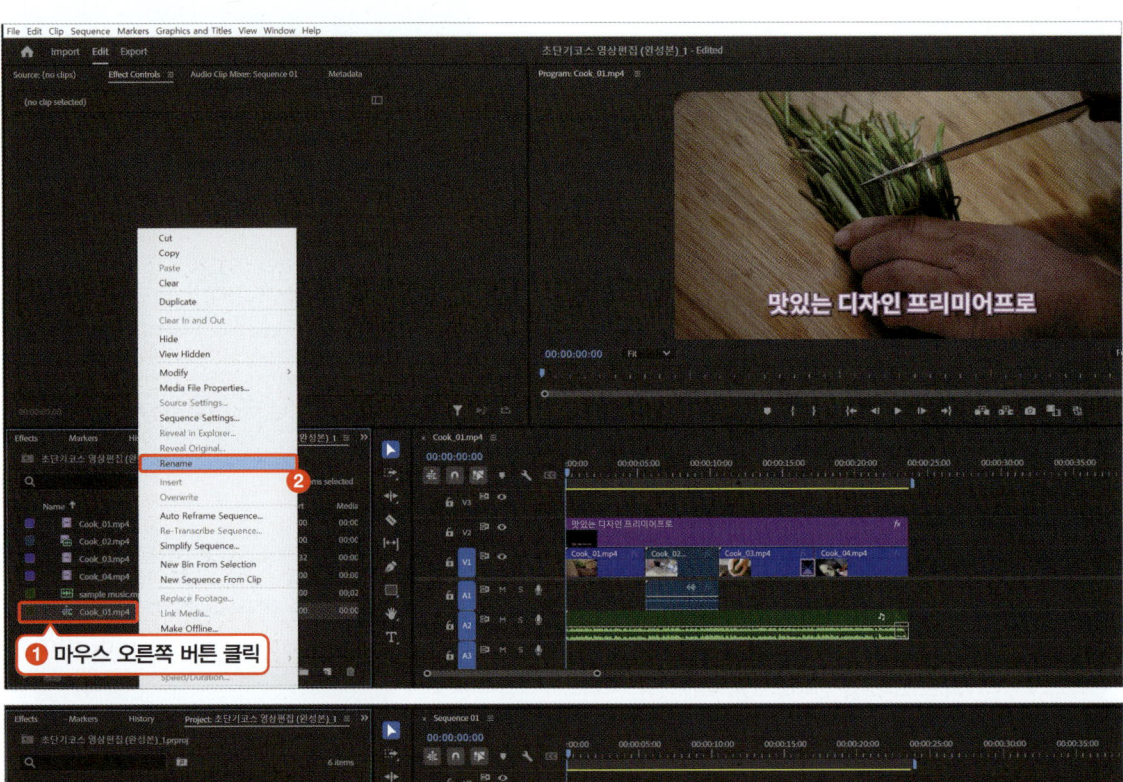

02 ❶ [Sequence 01] 시퀀스를 클릭하고 ❷ Ctrl + C, Ctrl + V 를 순서대로 눌러 시퀀스를 복제합니다. ❸ 복제한 시퀀스를 클릭한 후 Enter 를 누릅니다. ❹ Sequence 02를 입력해 이름을 바꿔줍니다.

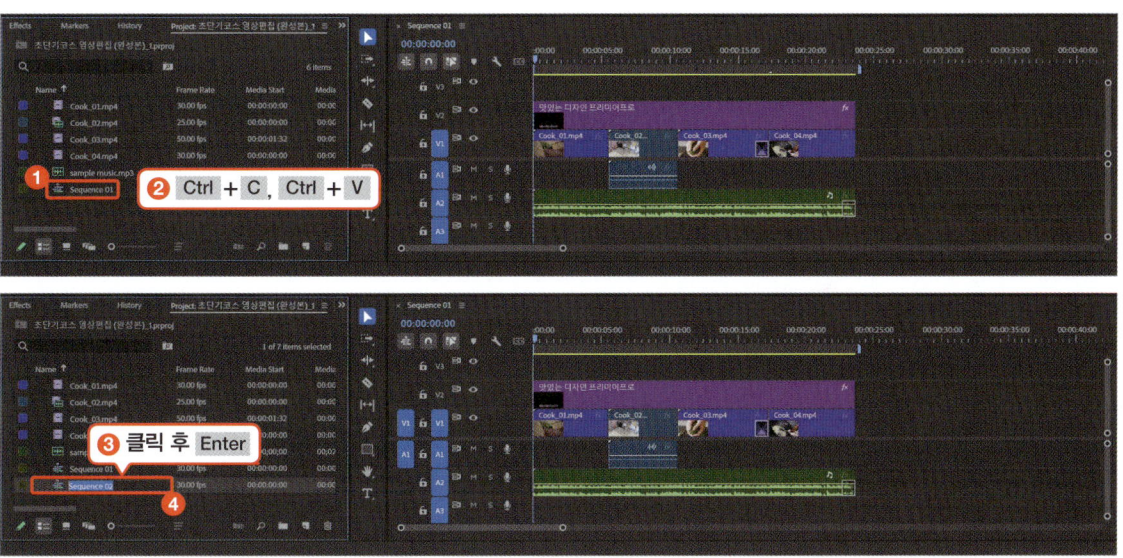

03 [Sequence 02] 시퀀스를 더블클릭해 열어줍니다. 원본이 유지된 상태에서 자유롭게 수정하여 사용할 수 있습니다.

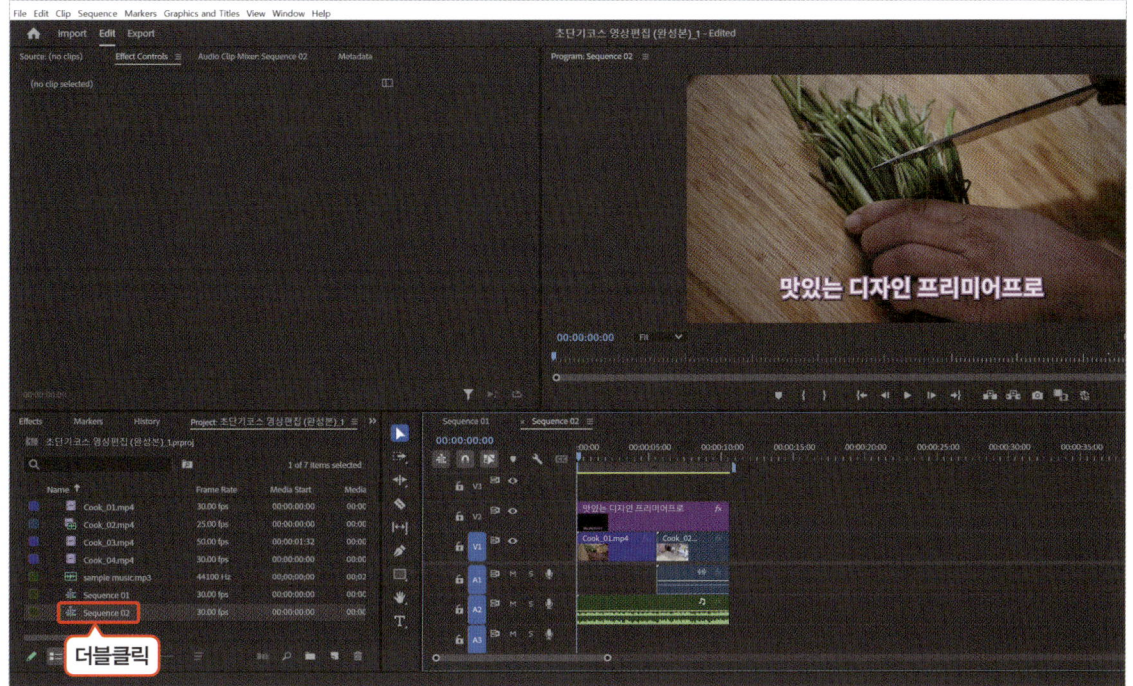

CHAPTER 02

프리미어 프로
영상 편집 마스터

영상 편집의 가장 기본이 되는 컷 편집부터 시작하여
키프레임을 활용한 모션 그래픽까지,
프리미어 프로의 핵심 기능들을 배워보겠습니다.
영상을 자르고, 크기를 조절하고, 위치를 바꾸는 등
기본적인 편집 기술부터 차근차근 익히면서
다양한 단축키와 기능들도 꼼꼼하게 알아보겠습니다.
더 나아가 키프레임을 활용한 애니메이션으로
역동적이고 세련된 영상을 만드는 방법까지,
실무에서 가장 많이 사용하는 기능들을 마스터할 수 있습니다.

영상 편집 기본기 익히기

영상 하나 자르기&두 개 동시에 자르기

영상 자르기와 이동하기

프리미어 프로의 가장 기본적인 편집 작업인 영상 자르기와 자른 영상을 원하는 위치로 이동하여 편집하는 방법을 알아보겠습니다. 사용하는 도구는 선택 및 이동에 사용하는 선택 도구 V ▶와 영상을 자를 때 사용하는 자르기 도구 C ◆입니다.

간단 실습 　영상 자르고 옮기기

준비 파일 프리미어 프로/Chapter 02/영상 편집 기본기 익히기 - 실습파일.prproj

여러 개의 영상 클립 중 원하는 영상을 자르고 이동하는 방법을 알아보겠습니다. 준비 파일을 열어줍니다. [Baking] 시퀀스에서 시작합니다.

01　영상을 자를 위치를 지정합니다. 여기서는 편집 기준선을 **00:00:04:16** 지점에 위치했습니다.

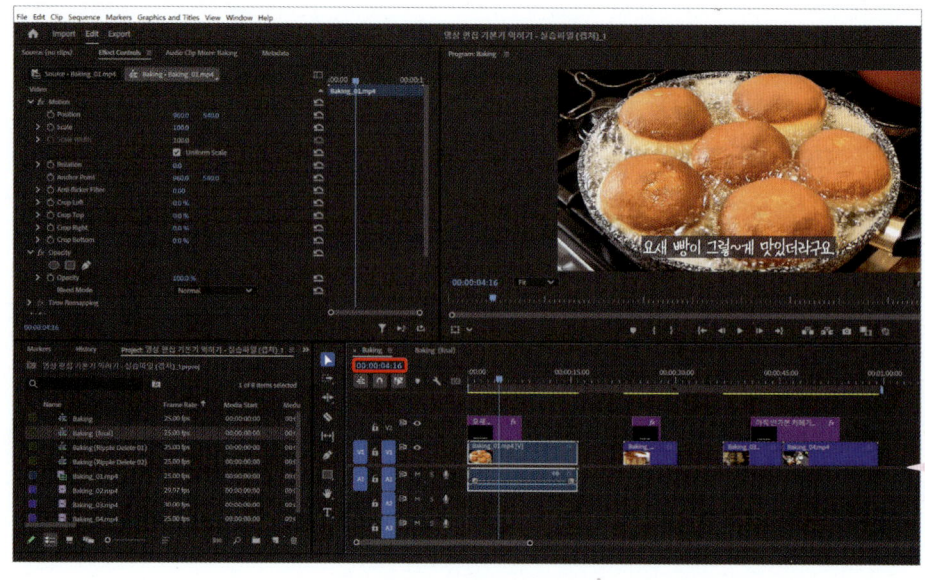

이번 예제에는 '전남교육유나체' 폰트를 사용했습니다. 자세한 내용은 '맛있는 디자인 CC 2025 헬프 페이지'를 참고해주세요.

02 ① C 를 눌러 자르기 도구 를 선택한 후 ② 편집 기준선의 영상 클립을 클릭해서 자릅니다.

편집할 영상 클립을 선택한 후 단축키 Ctrl + K 를 누르면 편집 기준선을 기준으로 영상 클립을 자를 수도 있습니다.

03 ① V 를 눌러 선택 도구 를 선택합니다. ② 뒤쪽의 잘린 클립을 클릭한 후 Delete 를 눌러 삭제합니다. ③ 비디오 2번 트랙(V2)에서 자막 클립의 뒷부분을 드래그해 영상 클립의 길이와 같도록 조절합니다.

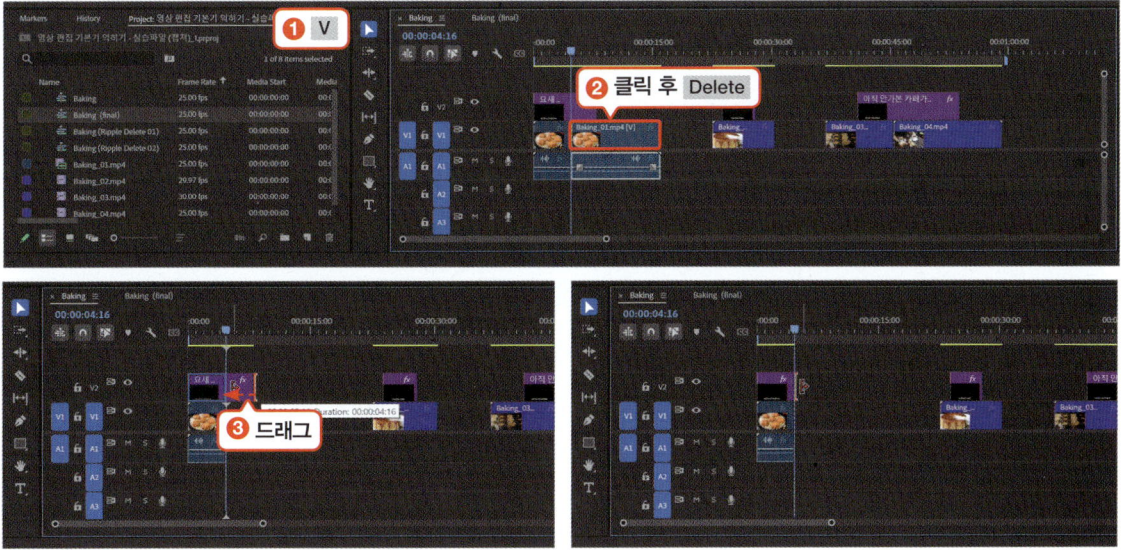

기능 꼼꼼 익히기 | 비디오 클립과 오디오 클립이 같이 움직이지 않는 문제 해결하기

클립을 이동할 때 비디오 클립과 오디오 클립이 같이 움직이지 않는다면 링크드 셀렉션 (Linked Selection) 기능이 활성화되어 있는지 확인합니다. 링크드 셀렉션 기능이 활성화되어 있지 않다면 비디오 클립과 오디오 클립이 함께 선택되지 않습니다. 또 링크드 셀렉션이 활성화되어 있더라도 Alt 를 누른 상태로 클립을 선택하면 비디오(또는 오디오) 클립을 개별적으로 선택할 수 있습니다.

기능 꼼꼼 익히기 | 스냅(Snap) 기능 알아보기

스냅(Snap) S 은 자석처럼 붙는다는 의미입니다. 스냅 기능이 활성화된 상태에서 자르기 도구로 편집 기준선의 가까운 곳을 클릭하면 편집 기준선과 마우스 포인터의 위치가 정확하게 일치하지 않아도 자동으로 편집 기준선의 위치를 자릅니다. 클립을 이동할 때도 인접한 클립의 인 점(또는 아웃 점)의 클립 사이에 공백 없이 연결되도록 검은색 가이드라인 표시와 함께 밀착되는 기능이 구현됩니다.

04 ① 편집 기준선을 00:00:50:13 지점에 위치한 후 ② C 를 눌러 자르기 도구를 선택합니다. ③ Shift 를 누르면 자르기 도구의 아이콘이 에서 로 변경됩니다. 이 상태에서 편집 기준선의 [Baking_04.mp4] 영상 클립을 클릭해 자릅니다.

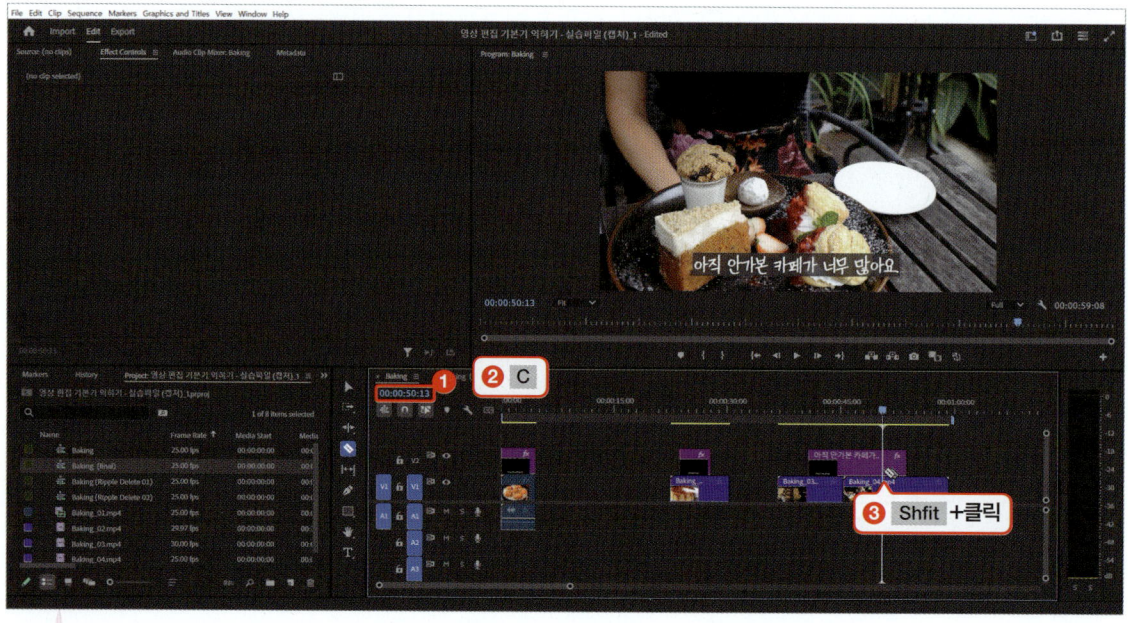

Shift 를 누른 상태에서 클립을 자르면 해당 시간대의 모든 클립이 잘립니다. 이를 활용해 여러 개의 클립을 같은 시간에서 자를 수 있습니다.

05 ❶ V 를 눌러 선택 도구 ▶를 선택합니다. ❷ 뒤쪽의 잘린 클립을 클릭한 후 Delete 를 눌러 삭제합니다.

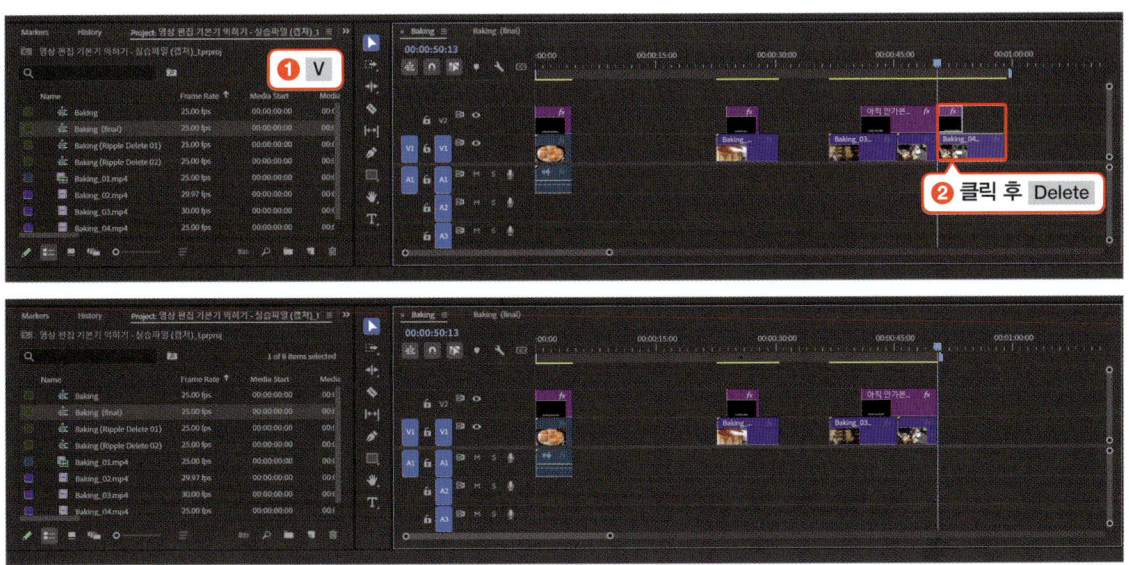

06 ❶ [Timeline] 패널에서 중간에 배치된 [Baking_02.mp4] 클립과 자막 클립을 드래그해서 모두 선택합니다. ❷ [Baking_01.mp4] 클립의 뒷부분으로 드래그해서 배치합니다.

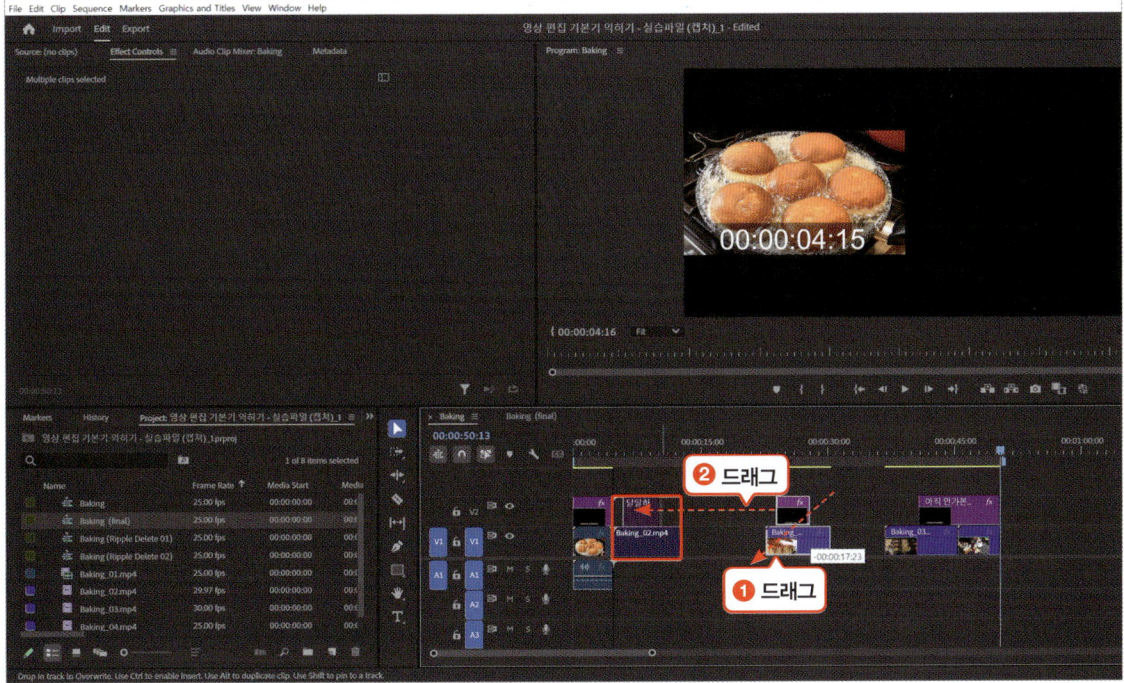

영상 클립 사이의 공백 없애기

[Ripple Delete] 기능은 영상 편집에서 클립 사이의 공백을 간단하게 제거해주는 유용한 기능입니다. 이 기능을 사용하면 개별적으로 클립을 이동할 필요 없이 빠르게 공백을 지울 수 있습니다. [Ripple Delete] 기능을 통해 공백을 하나씩 지우는 방법, 여러 공백을 한 번에 지우는 방법, 단축키를 활용하는 방법을 알아보고, 추후 이 기능을 사용할 때 문제가 생기거나 혼자 해결하기 어려운 부분에 대해서도 함께 알아보겠습니다.

간단 실습 | Ripple Delete로 공백 하나씩 지우기

준비 파일 프리미어 프로/Chapter 02/영상 편집 기본기 익히기 – 실습파일.prproj

영상 편집 기본기 익히기 – 실습파일.prproj 준비 파일에서 계속 진행합니다. 클립을 삭제하거나 이동할 때 생기는 클립 사이의 빈 공간을 지우면서, 뒤쪽 클립을 앞쪽 클립으로 자연스럽게 붙여보겠습니다.

01 ① 비디오 1번 트랙(V1)에서 클립 사이의 공백을 마우스 오른쪽 버튼으로 클릭합니다. ② [Ripple Delete]를 클릭해서 공백을 지워줍니다.

공백을 클릭한 후 단축키 Shift + Delete 를 누르거나 [Edit]–[Ripple Delete] 메뉴를 선택해 공백을 지울 수도 있습니다.

02 비디오 2번 트랙(V2)에서 두 번째 자막 클립과 세 번째 자막 클립 사이 공백을 마우스 오른쪽 버튼으로 클릭합니다. [Ripple Delete] 기능이 비활성화된 것을 확인할 수 있습니다.

기능 꼼꼼 익히기 | 공백 지우기가 안 돼요! [Ripple Delete] 기능 제대로 알아보기

[Ripple Delete] 기능은 선택한 공백을 삭제하면서 뒤쪽의 모든 클립을 앞으로 끌어당깁니다. 그러나 이 기능은 모든 트랙에 영향을 미치므로, 다른 트랙에 클립이 있거나 공백이 없으면 클립을 이동할 수 없어 실행되지 않습니다. 이때는 다른 트랙을 비활성화해서 [Ripple Delete] 기능을 정상적으로 사용할 수 있습니다.

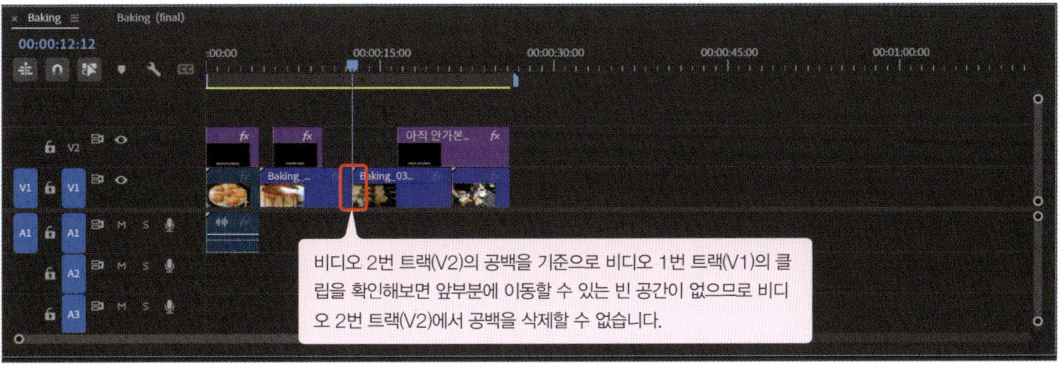

비디오 2번 트랙(V2)의 공백을 기준으로 비디오 1번 트랙(V1)의 클립을 확인해보면 앞부분에 이동할 수 있는 빈 공간이 없으므로 비디오 2번 트랙(V2)에서 공백을 삭제할 수 없습니다.

03 공백을 지우기 위해 비디오 1번 트랙(V1)을 비활성화해보겠습니다. ❶ 비디오 1번 트랙(V1)의 자물쇠 모양 아이콘 🔒 을 클릭하여 잠금 모드 🔒 로 설정합니다. ❷ 비디오 2번 트랙(V2)에서 두 번째 자막 클립과 세 번째 자막 클립 사이 공백을 마우스 오른쪽 버튼으로 클릭합니다. ❸ [Ripple Delete]를 클릭해서 공백을 지워줍니다.

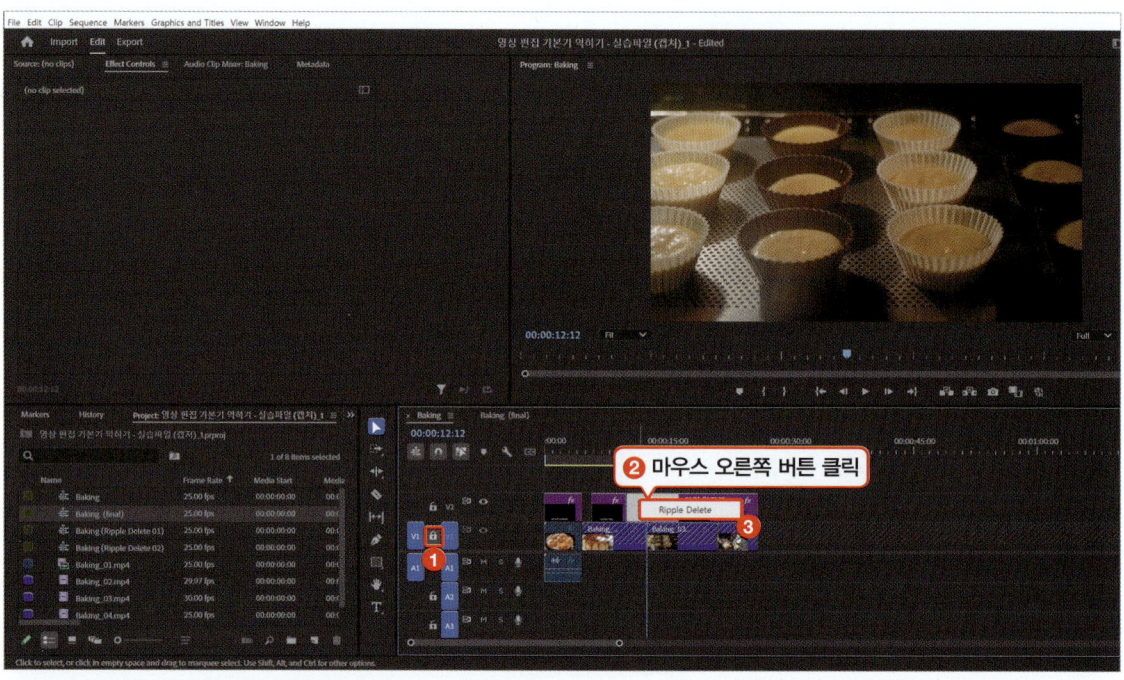

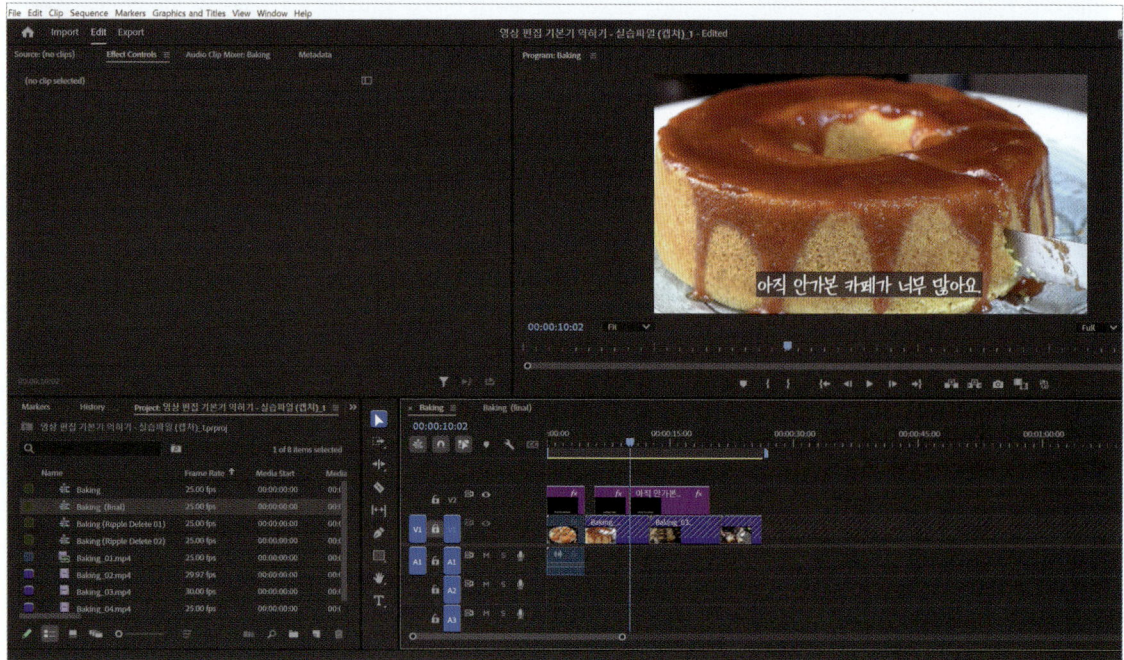

| 한눈에 실습 | **모든 공백 한번에 지우기** |

준비 파일 프리미어 프로/Chapter 02/Close_Gap_1.prproj
핵심 기능 Close Gap

[Close Gap] 기능을 사용해 여러 개의 공백을 한번에 지우는 방법을 알아보겠습니다.

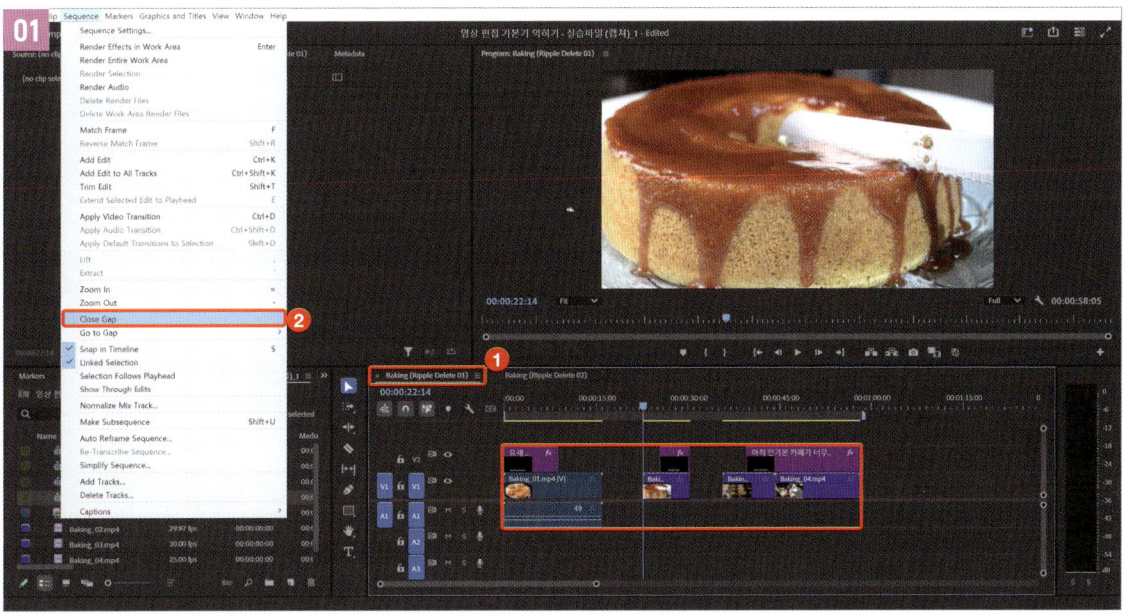

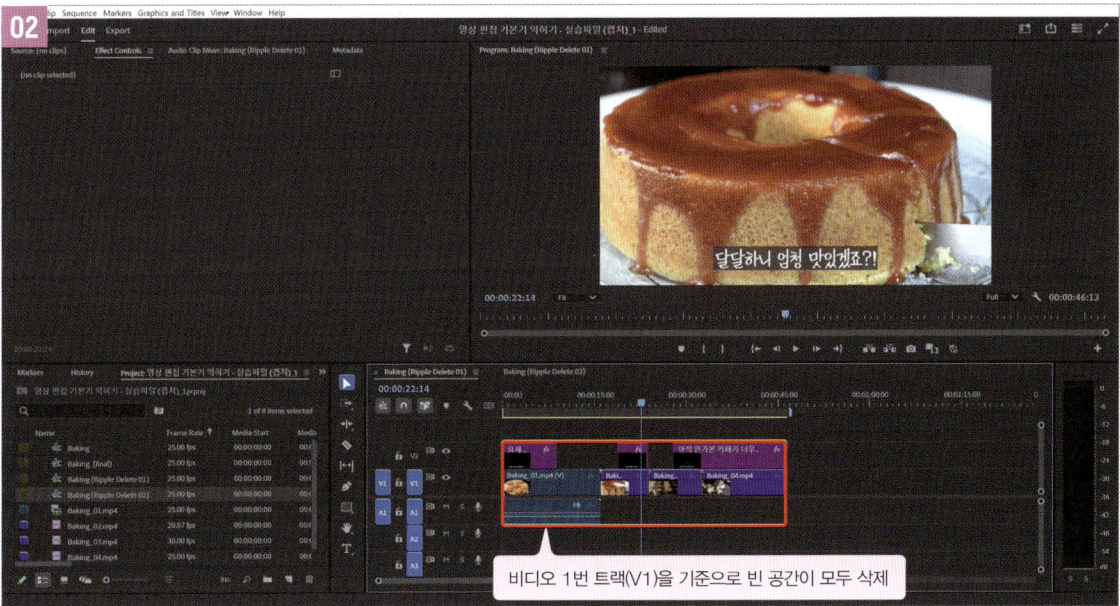

비디오 1번 트랙(V1)을 기준으로 빈 공간이 모두 삭제

| 한눈에 실습 | 선택한 영역의 공백만 지우기 |

준비 파일 프리미어 프로/Chapter 02/Close_Gap_2.prproj
핵심 기능 Close Gap

이번에는 [Close Gap] 기능을 사용해 모든 공백이 아니라 특정 영역의 공백만 없애는 방법을 알아보겠습니다.

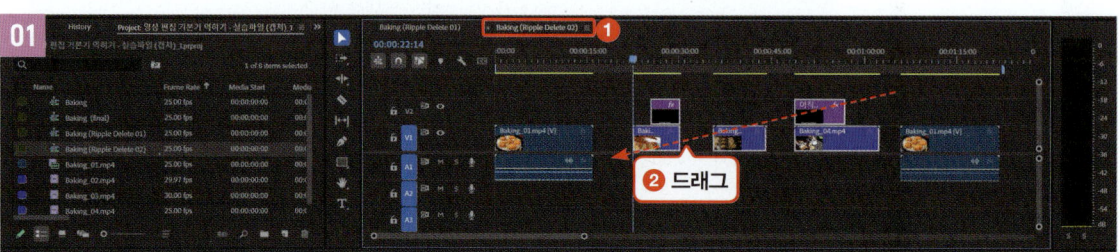

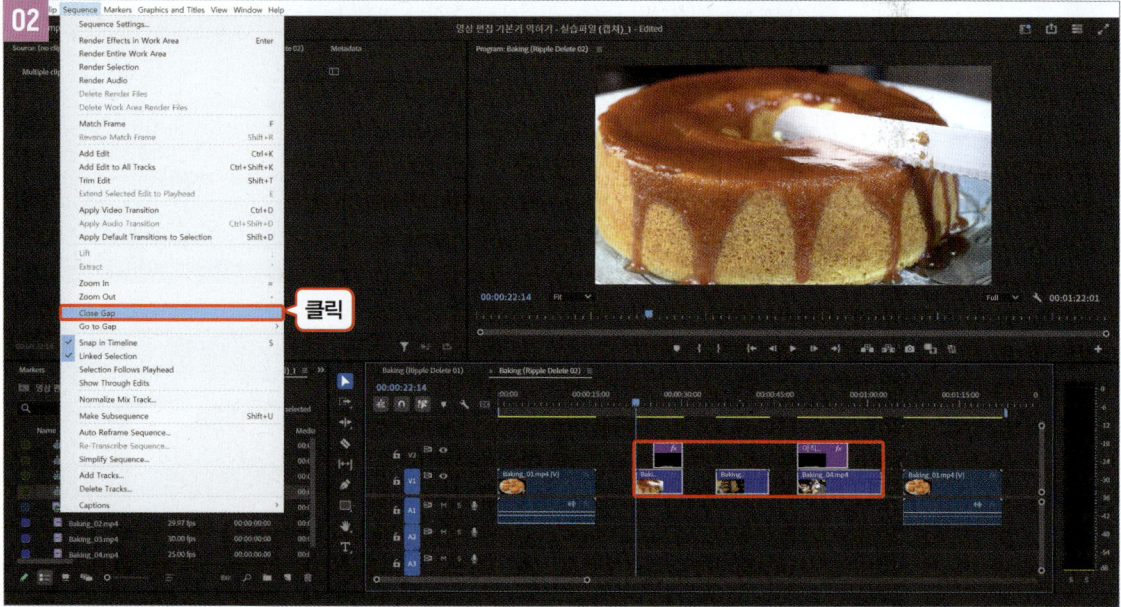

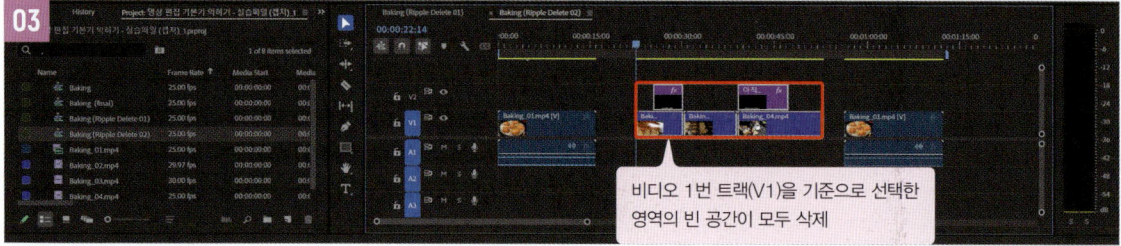

위치, 크기, 회전 다양하게 영상 가공하기

LESSON 02

모든 옵션을 조정하는 [Effect Controls] 패널 알아보기

[Effect Controls] 패널에서는 모든 영상 클립, 소스, 시퀀스 등을 다양한 방법으로 변형할 수 있습니다. 먼저 Position(위치), Scale(크기), Rotation(회전), Opacity(불투명도) 설정을 조정하여 영상을 편집해보겠습니다. 조정된 값은 [Reset Effect] 아이콘을 클릭하면 언제든지 기본값으로 되돌릴 수 있습니다.

간단 실습 | 영상 소스 크기 변경하기

준비 파일 프리미어 프로/Chapter 02/Effect controls 연습.prproj

영상 소스의 크기를 변경해보겠습니다. 준비 파일을 열어줍니다. [01_Start] 시퀀스에서 시작합니다.

01 비디오 2번 트랙(V2)를 제외한 모든 트랙은 자물쇠 🔒가 활성화되어 잠금 모드로 설정되어 있으며 비디오 1번 트랙(V1)은 보이지 않도록 눈 👁을 꺼둔 상태입니다. 먼저 비디오 2번 트랙(V2)의 [View.mp4] 클립을 클릭합니다.

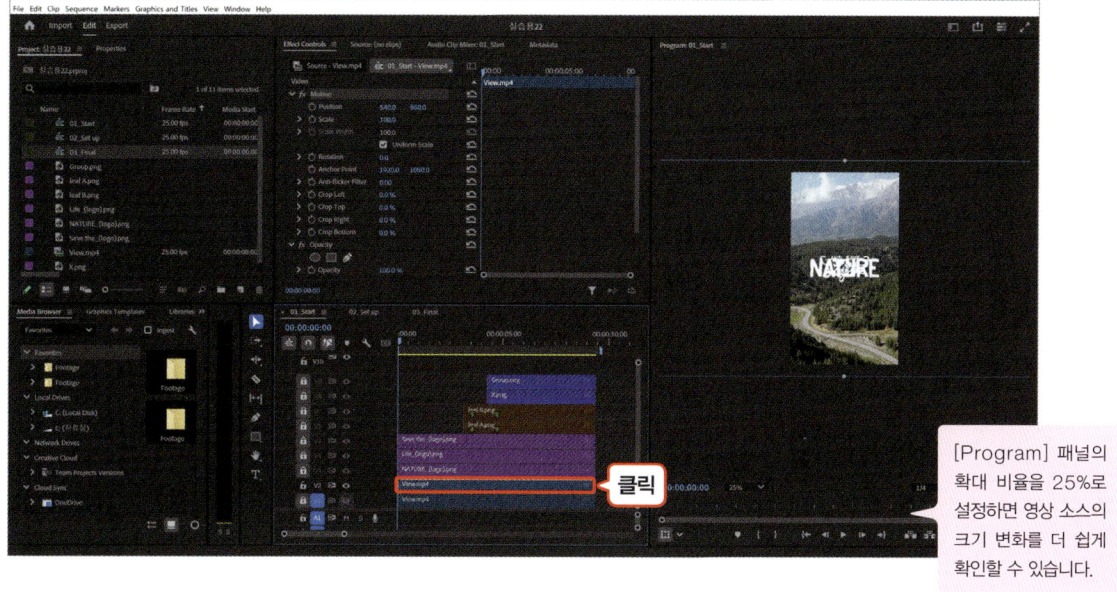

[Program] 패널의 확대 비율을 25%로 설정하면 영상 소스의 크기 변화를 더 쉽게 확인할 수 있습니다.

02 [Effect Controls] 패널 - [Scale]에 50을 입력합니다. 영상의 크기가 줄어드는 것을 확인할 수 있습니다.

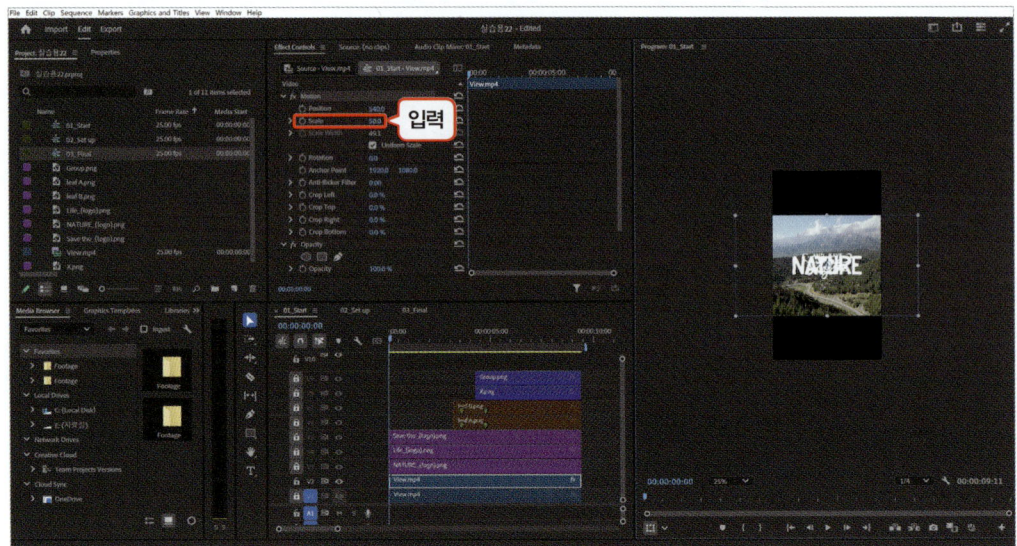

기능 꼼꼼 익히기   **가로세로 각각 다른 비율로 크기 조정하기**

가로세로를 각각 다른 비율로 조정하려면 [Uniform Scale]의 체크를 해제합니다. [Scale] 항목이 [Scale Height](높이)와 [Scale Width](넓이)로 나누어지며 각각 조정할 수 있습니다.

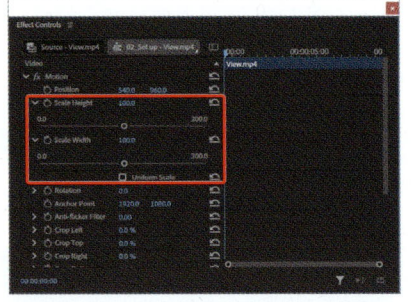

기능 꼼꼼 익히기   **[Program] 패널에서 크기 변경하기**

[Program] 패널에서 영상 및 소스의 크기를 변경하고 싶을 때는 [Program] 패널에서 소스를 더블클릭하거나 [Effect Controls] 패널에서 속성 항목(여기서는 [Scale])을 클릭한 후 [Program] 패널에서 꼭짓점을 드래그해 변경할 수 있습니다.

간단 실습 | 영상 소스 위치 변경하기

준비 파일 프리미어 프로/Chapter 02/Effect controls 연습.prproj

이번에는 영상 소스의 위치를 변경해보겠습니다. **Effect controls 연습.prproj** 준비 파일에서 계속 진행합니다.

01 ① 비디오 3번 트랙(V3), 비디오 4번 트랙(V4), 비디오 5번 트랙(V5)의 잠금을 해제합니다. ② 비디오 5번 트랙(V5)의 [Save the_(logo).png] 클립을 클릭하고 ③ [Effect Controls] 패널-[Position]의 Y값을 **749.0**으로 설정합니다.

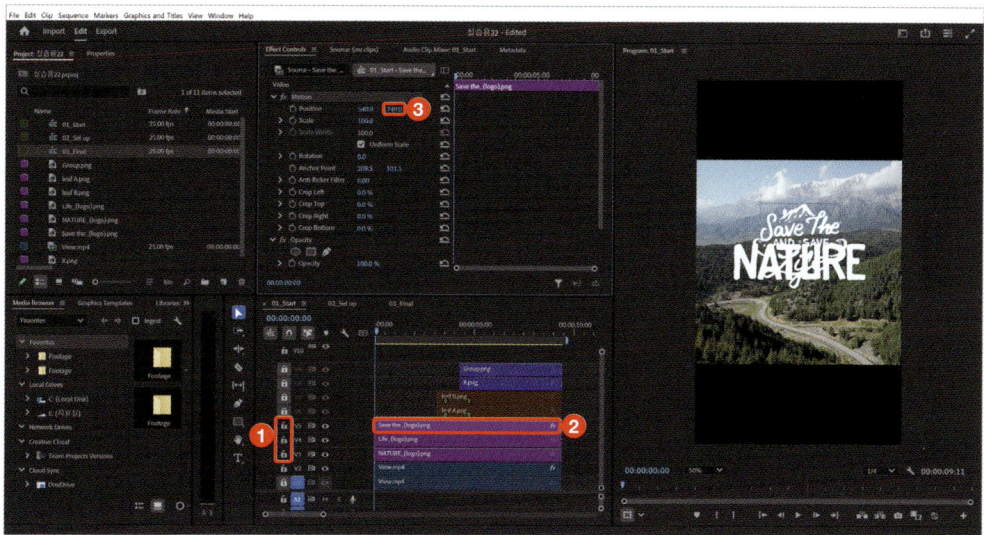

02 ① 비디오 4번 트랙(V4)의 [Life_(logo).png] 클립을 클릭하고 ② [Effect Controls] 패널-[Position]의 Y값을 **1201.0**으로 설정합니다.

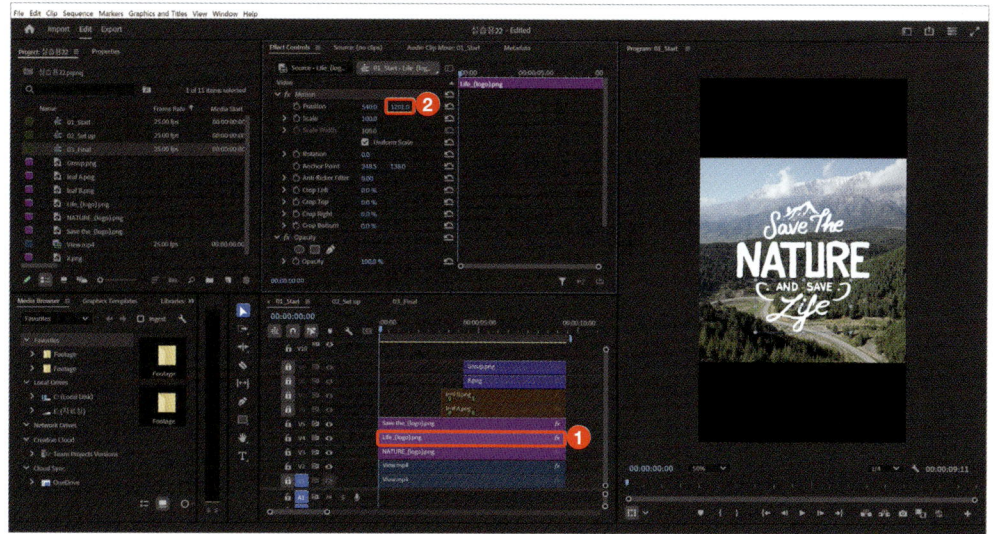

기능 꼼꼼 익히기 | 눈금자 기능 활용하기

[Program] 패널에서 를 클릭한 후 [Show Rulers]를 클릭하면 패널의 위아래로 눈금자가 나타납니다. 나타난 눈금자를 위아래 또는 좌우로 드래그하여 기준선을 만들 수 있습니다.

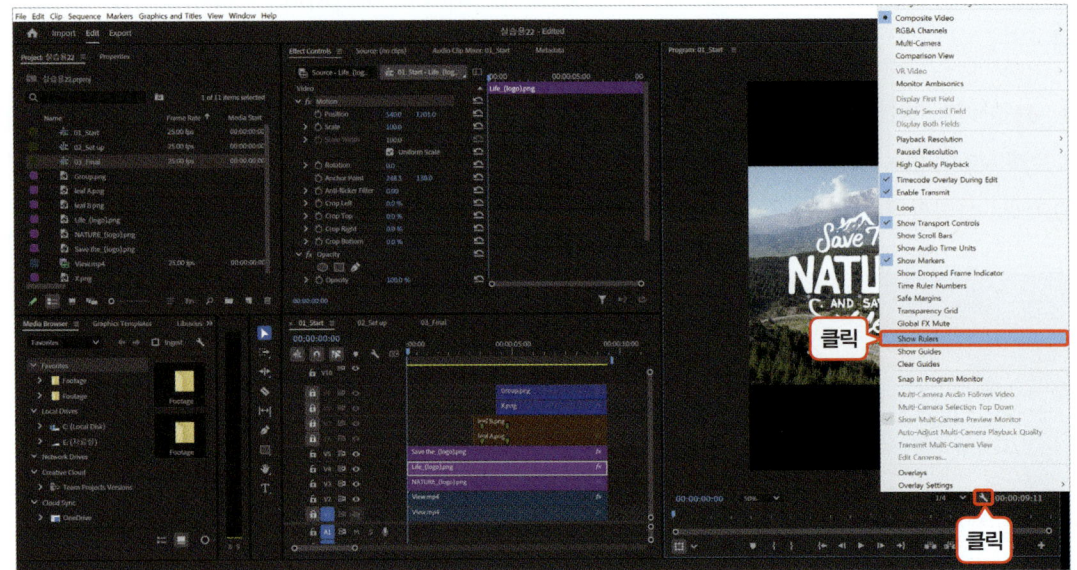

상단 눈금자에서 아래로 드래그해 기준선을 만들어서 다음과 같이 배치한 후 다음 실습 단계로 넘어갑니다.

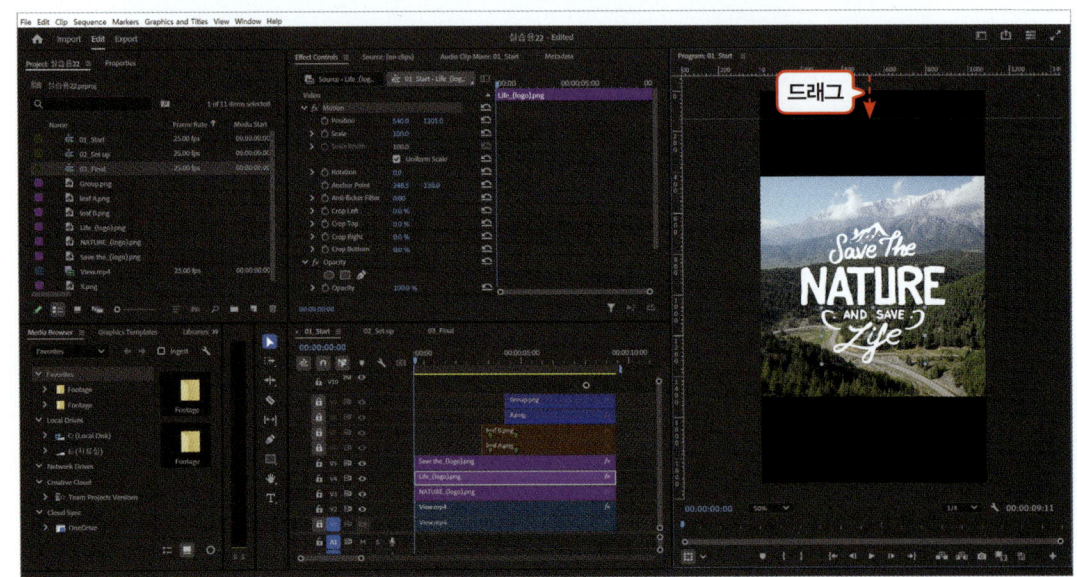

03 ❶ 편집 기준선을 00:00:06:04 지점에 위치합니다. ❷ 비디오 8번 트랙(V8), 비디오 9번 트랙(V9)의 잠금을 해제합니다. ❸ 그 외 다른 비디오 트랙은 모두 잠금 모드로 설정합니다. ❹ [X.png] 클립을 클릭한 후 ❺ [Effect Controls] 패널-[Position]을 75, 100으로 설정합니다. 영상 왼쪽 상단에 아이콘이 배치됩니다.

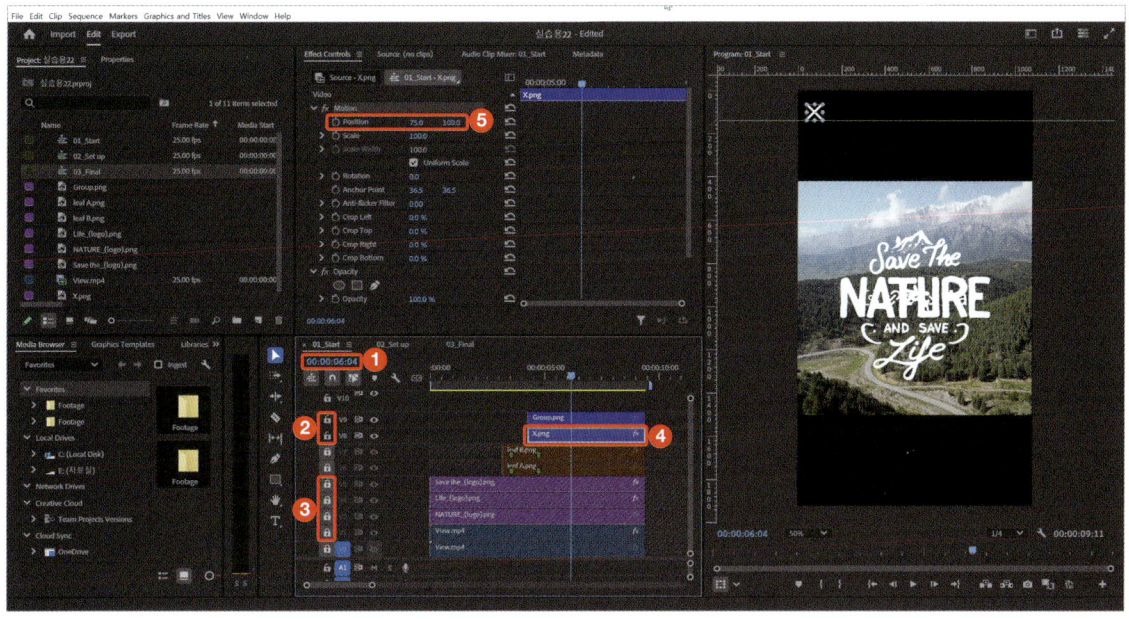

04 ❶ 비디오 9번 트랙(V9)의 [Group.png] 클립을 클릭합니다. ❷ [Effect Controls] 패널-[Position]을 806, 100으로 설정합니다. 오른쪽 상단에 아이콘이 배치됩니다.

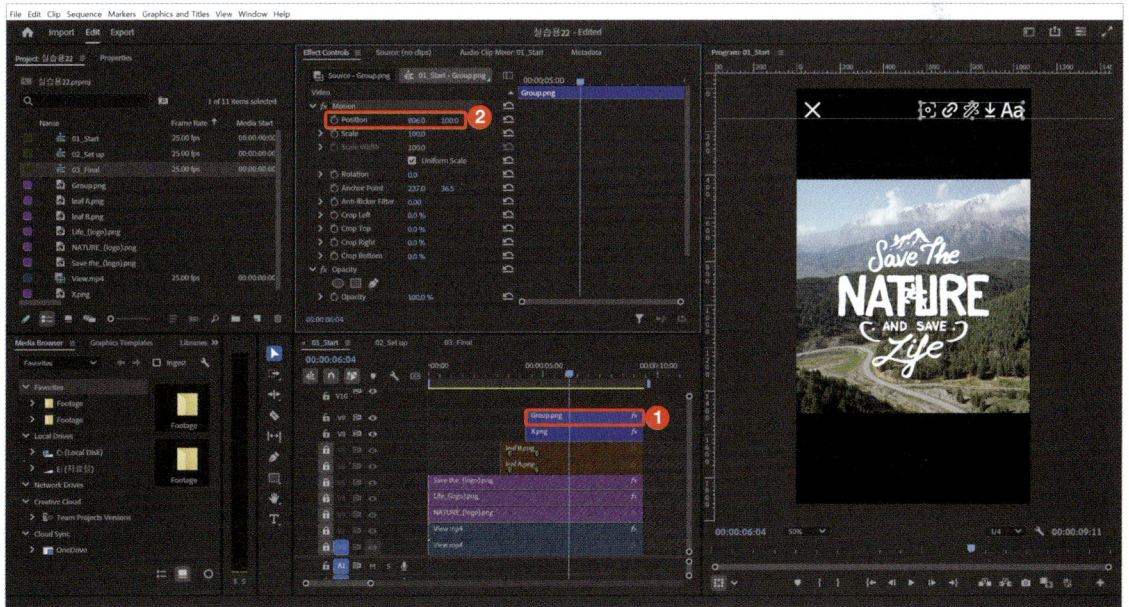

간단 실습 영상 소스 회전 변경하기

준비 파일 프리미어 프로/Chapter 02/Effect controls 연습.prproj

이번에는 영상 소스를 회전해보겠습니다. **Effect controls 연습.prproj** 준비 파일에서 계속 진행합니다.

01 ❶ 비디오 6번 트랙(V6), 비디오 7번 트랙(V7)의 잠금을 해제하고 ❷ 그 외 다른 비디오 트랙은 모두 잠금 모드로 설정합니다. ❸ [leaf A.png] 클립을 클릭한 후 ❹ [Effect Controls] 패널-[Position]을 217.6, 1122.8로 설정합니다. ❺ [Program] 패널에서 [leaf A.png] 클립을 더블클릭하여 선택합니다.

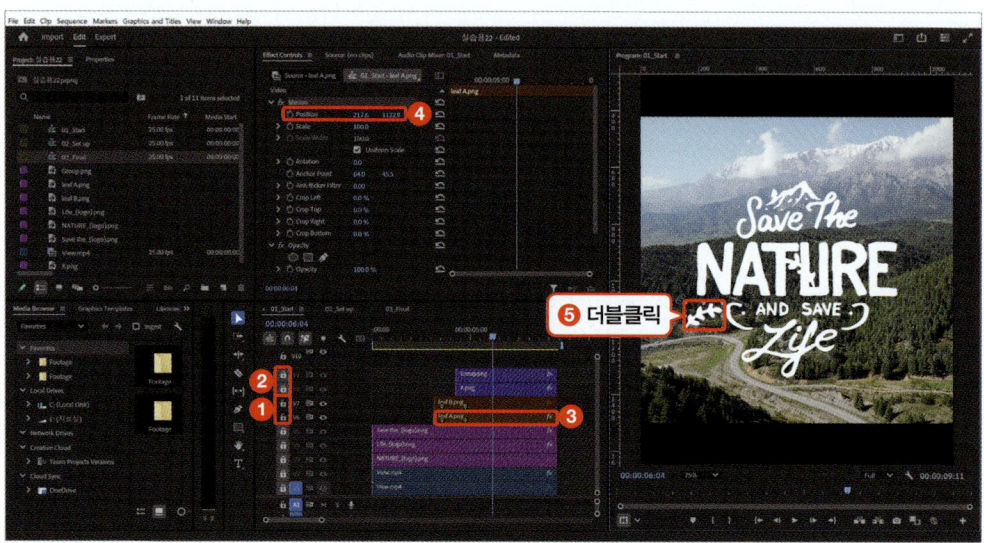

02 마우스 포인터를 이미지의 가장자리에 가져가면 으로 변경됩니다. ❶ 이미지를 드래그하여 다음과 같이 회전한 후 ❷ 로고 이미지와 가까운 위치로 드래그하여 배치합니다.

03 ❶ [leaf B.png] 클립을 클릭합니다. ❷ [Effect Controls] 패널–[Position]을 865.4, 1133.8로 설정합니다. ❸ [Program] 패널에서 [leaf B.png] 클립을 더블클릭하여 선택합니다.

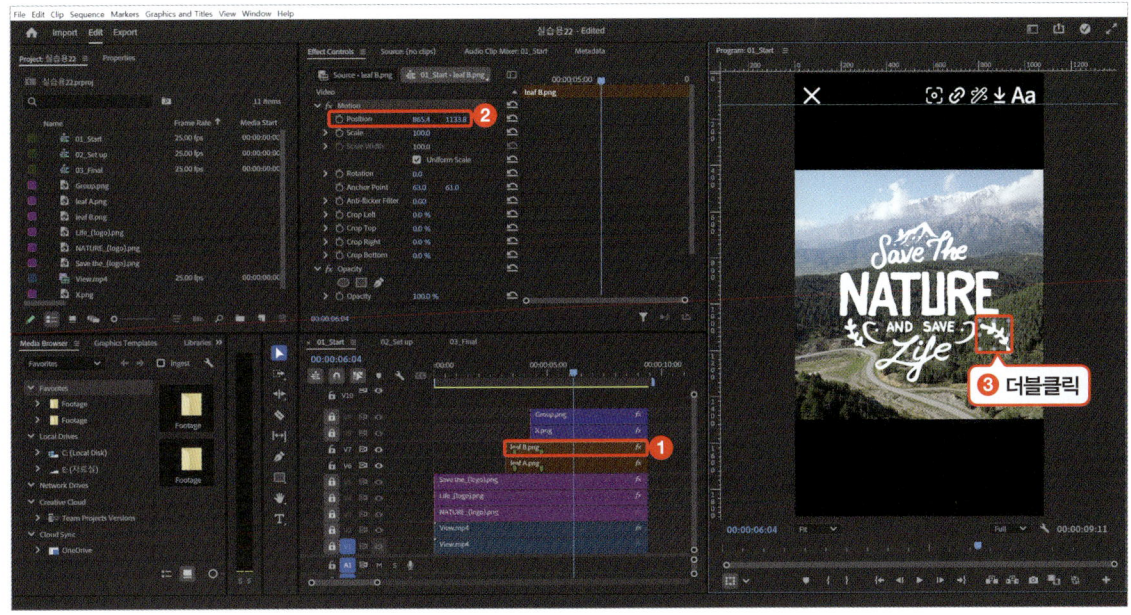

04 ❶ [Effect Controls] 패널–[Rotation]을 87.2로 설정합니다. ❷ 로고 이미지와 가까운 위치로 드래그하여 배치합니다.

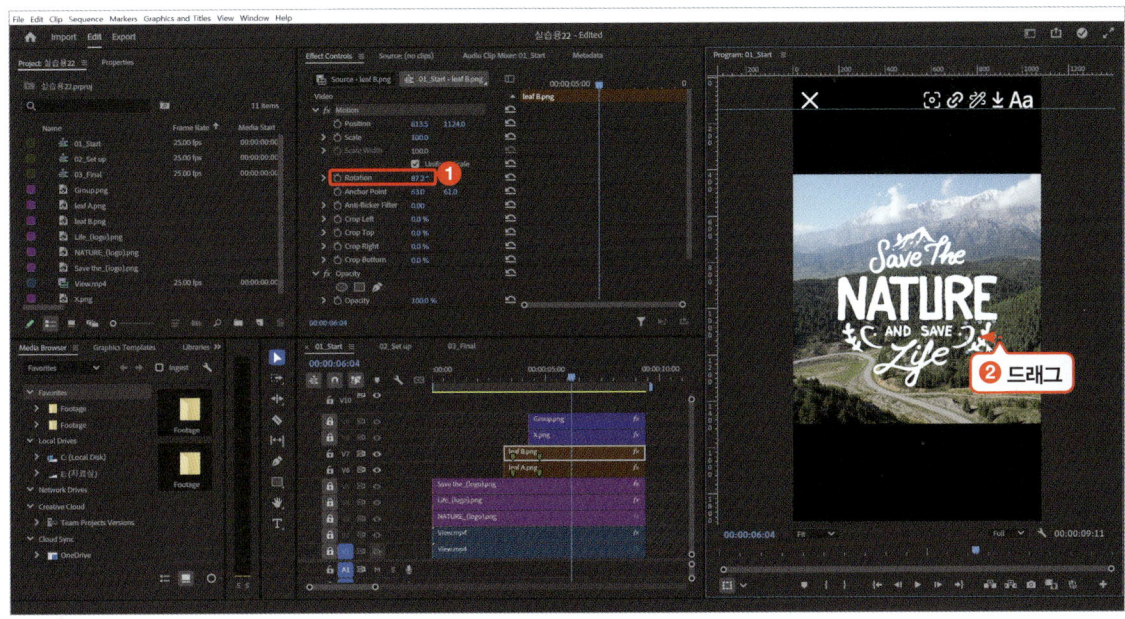

[Program] 패널에서 선택한 소스의 외곽선이 표시되지 않을 때는 [Effect Controls] 패널–[Motion]을 클릭합니다.

간단 실습 영상 소스 불투명도 변경하기

준비 파일 프리미어 프로/Chapter 02/Effect controls 연습.prproj

이번에는 영상 소스의 투명도를 변경해보겠습니다. **Effect controls 연습.prproj** 준비 파일에서 계속 진행합니다.

01 ① 비디오 1번 트랙(V1)의 잠금을 해제합니다. ② 그 외 다른 비디오 트랙은 모두 잠금 모드로 설정합니다. ③ [View.mp4] 클립을 클릭하고 ④ [Effect Controls] 패널-[Opacity]를 20으로 설정합니다.

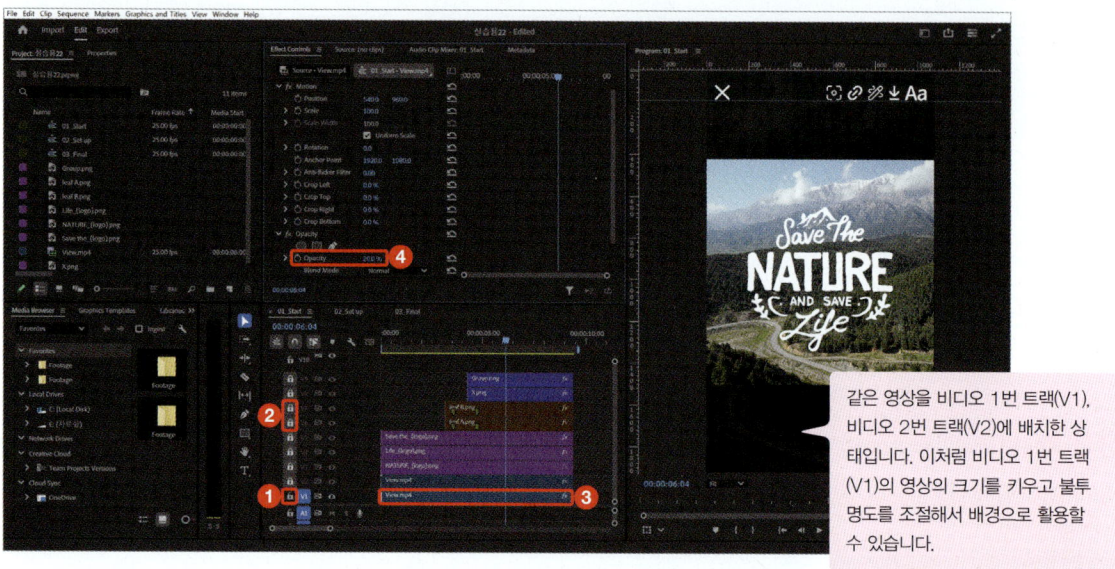

같은 영상을 비디오 1번 트랙(V1), 비디오 2번 트랙(V2)에 배치한 상태입니다. 이처럼 비디오 1번 트랙(V1)의 영상의 크기를 키우고 불투명도를 조절해서 배경으로 활용할 수 있습니다.

02 ① [Program] 패널에서 🔧를 클릭한 후 ② [Show Rulers]와 ③ [Show Guides]를 각각 클릭해 선택을 해제합니다. 눈금자와 기준선이 비활성화됩니다.

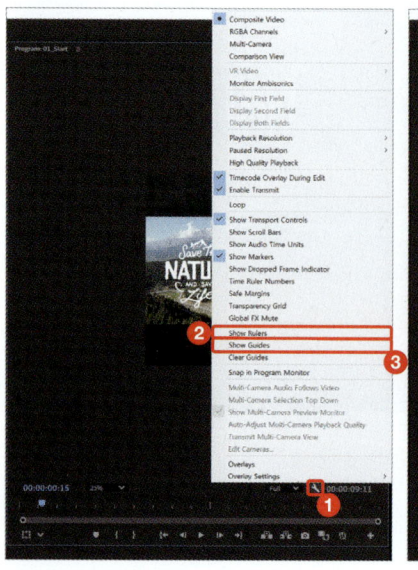 

영상에 변화를 주는 키프레임 적용하기

[Effect Controls] 패널에서 키프레임 만들기

키프레임(Keyframe)은 애니메이션 또는 영상 편집에서 속성 값이 변화하는 지점을 의미합니다. 예를 들어 이미지의 크기를 처음에는 작게 설정하고 2초 후에 크게 만들고 싶다면, 0초 시점에서는 스케일의 값을 50으로 설정하고, 2초 시점에서는 스케일의 값을 100으로 설정하는 식입니다. 이러한 방식으로 크기뿐만 아니라 위치, 투명도, 회전 등 다양한 속성과 효과(Effects)에도 키프레임을 적용할 수 있습니다.

간단 실습 키프레임 만들고 위치 이동시키기

준비 파일 프리미어 프로/Chapter 02/Effect controls 연습.prproj

이미지의 위치를 이동시키며 가장 기본적인 위치 키프레임부터 알아보겠습니다. 준비 파일을 열어줍니다. [02_Set up] 시퀀스에서 시작합니다. LESSON 02에서 이어서 진행해도 됩니다.

01 ❶ 비디오 3번 트랙(V3), 비디오 4번 트랙(V4), 비디오 5번 트랙(V5)의 잠금을 해제한 후 ❷ 편집 기준선을 **00:00:02:01** 지점에 위치합니다. ❸ 비디오 5번 트랙(V5)의 [Save the_(logo).png] 클립을 클릭하고 ❹ [Effect Controls] 패널-[Position]의 ◉를 클릭합니다.

스톱워치 모양의 아이콘 ◉은 토글 애니메이션(Toggle Animation)이라고 하며, 주로 키프레임을 활성화할 때 사용됩니다. 이 아이콘을 클릭해야만 키프레임을 여러 개 설정할 수 있으며, 이를 통해 시간에 따라 속성 값이 변화하는 애니메이션을 만들 수 있습니다.

02
❶ 편집 기준선을 00:00:00:15 지점에 위치합니다. ❷ [Effect Controls] 패널-[Position]의 Y값을 -130으로 설정합니다. 위치가 변경되어 새로운 키프레임이 생성됩니다.

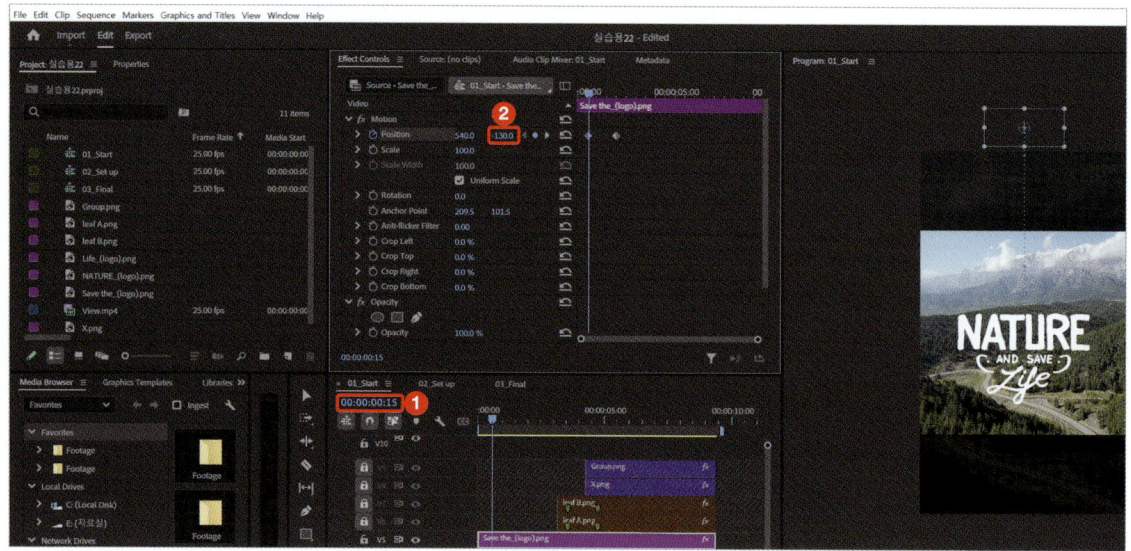

03
❶ 편집 기준선을 00:00:01:12 지점에 위치합니다. ❷ 비디오 4번 트랙(V4)의 [Life_(logo).png] 클립을 클릭하고 ❸ [Effect Controls] 패널-[Position]의 ⬤를 클릭합니다. ❹ [Position]의 Y값을 2082.7로 설정해 이미지를 화면 바깥 아래쪽으로 이동합니다.

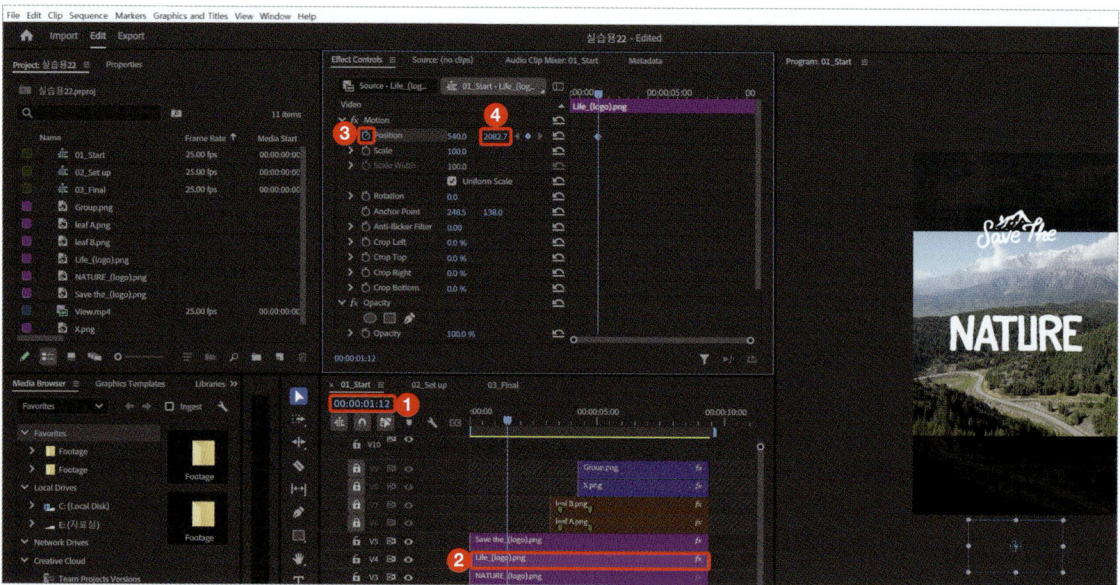

04 ❶ 편집 기준선을 **00:00:02:19** 지점에 위치합니다. ❷ [Effect Controls] 패널-[Position]의 Y값을 **1211**로 설정해 화면 가운데로 이동합니다. 위치가 변경되며 새로운 키프레임이 생성됩니다.

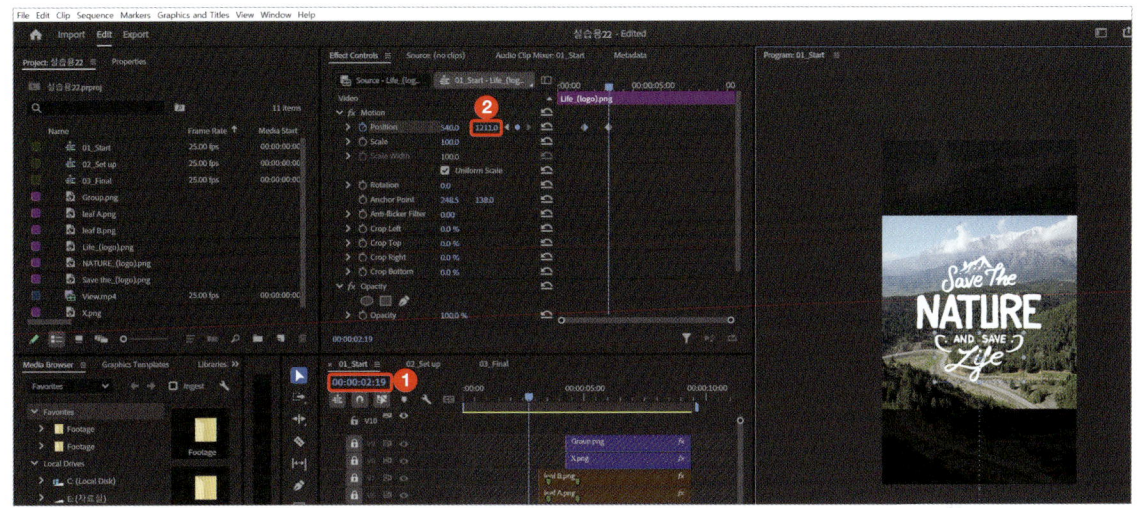

간단 실습 | 커졌다 작아지는 애니메이션 만들기(스케일 키프레임)

준비 파일 프리미어 프로/Chapter 02/Effect controls 연습.prproj

이미지가 커졌다 작아지는 스케일 키프레임 애니메이션을 만들어보겠습니다. Effect controls 연습.prproj 준비 파일에서 계속 진행합니다.

01 ❶ 편집 기준선을 **00:00:02:10** 지점에 위치합니다. ❷ 비디오 3번 트랙(V3)의 [NATURE_(logo).png] 클립을 클릭하고 ❸ [Effect Controls] 패널-[Scale]의 ⏱를 클릭합니다. ❹ 값을 **80**으로 설정합니다.

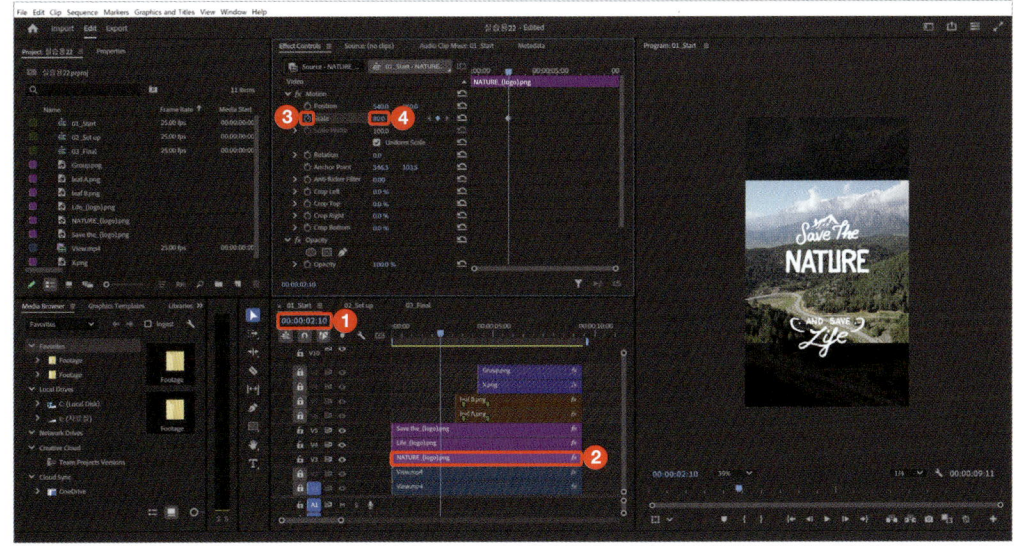

02 ❶ 편집 기준선을 00:00:03:01 지점에 위치합니다. ❷ [Effect Controls] 패널-[Scale]을 120으로 설정합니다.

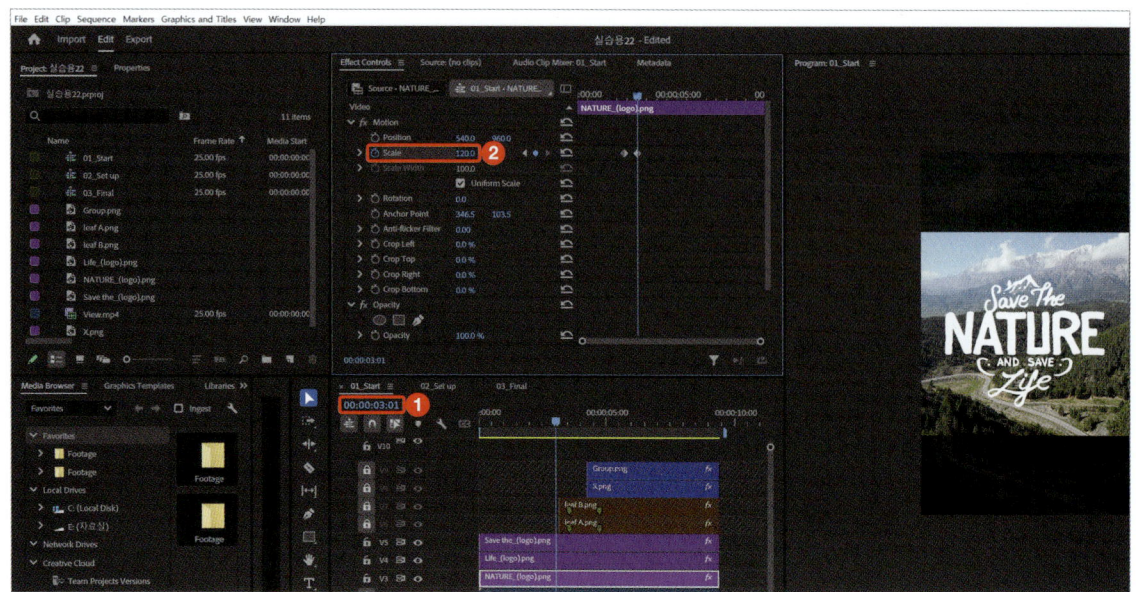

03 ❶ 편집 기준선을 00:00:03:09 지점에 위치합니다. ❷ [Effect Controls] 패널-[Scale]을 100으로 설정합니다. [NATURE_(logo).png] 클립이 커졌다가 작아지는 스케일 키프레임이 완성됩니다.

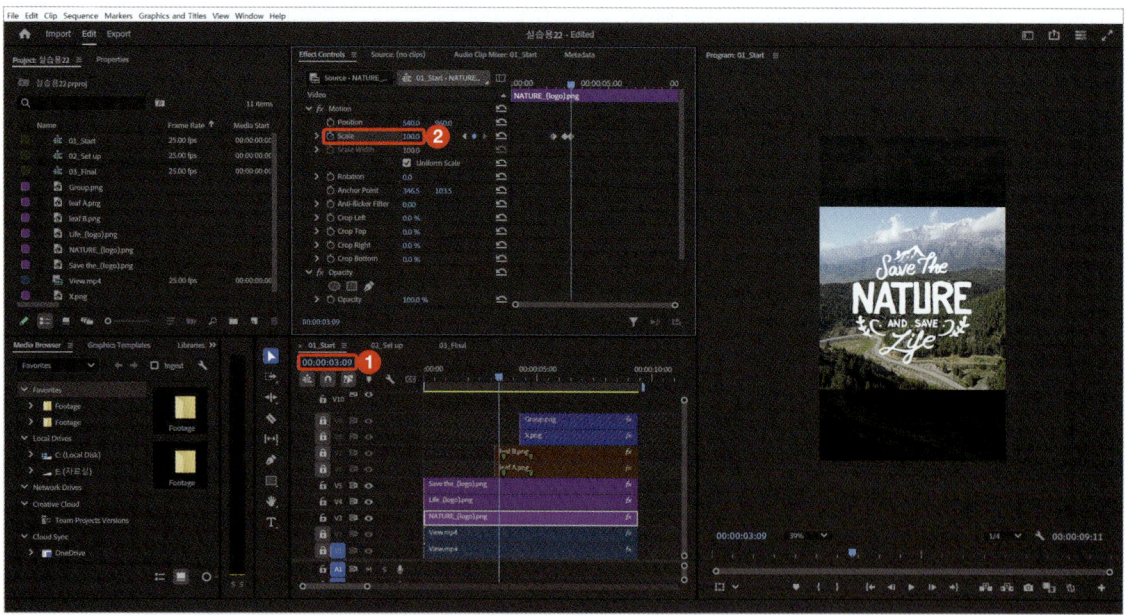

간단 실습 | 이미지가 회전하는 애니메이션 만들기(로테이션 키프레임)

준비 파일 프리미어 프로/Chapter 02/Effect controls 연습.prproj

이미지가 회전하는 로테이션 키프레임 애니메이션을 만들어보겠습니다. **Effect controls 연습.prproj** 준비 파일에서 계속 진행합니다.

01 ① 비디오 6번 트랙(V6), 비디오 7번 트랙(V7)의 잠금을 해제합니다. ② 그 외 다른 비디오 트랙은 모두 잠금 모드로 설정합니다. ③ [Program] 패널에서 마우스 휠 버튼을 스크롤해 화면을 확대하고 [leaf A.png] 클립이 잘 보이도록 설정합니다.

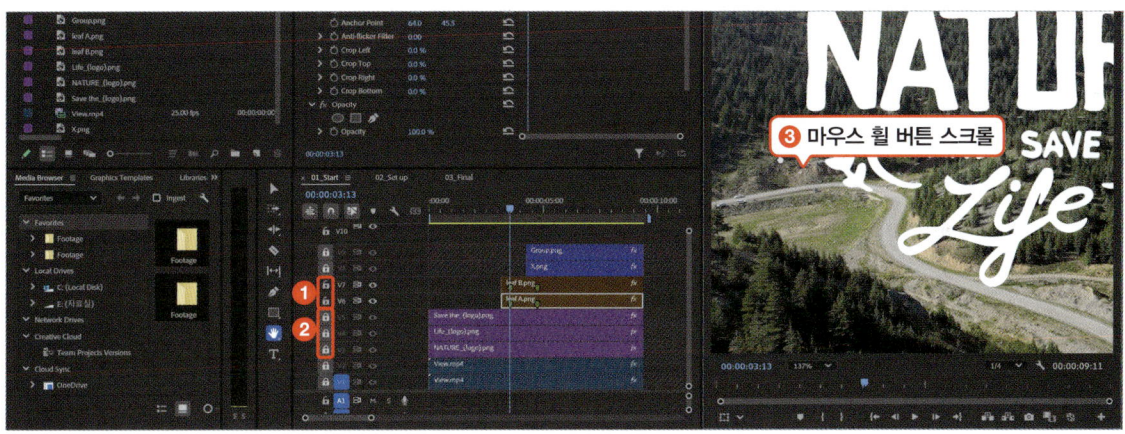

02 ① [Program] 패널에서 [leaf A.png] 클립을 더블클릭해 선택하고 ② 앵커 포인트를 잎사귀의 오른쪽 아래 끝부분으로 옮깁니다. ③ 편집 기준선을 00:00:03:13 지점에 위치한 후 ④ [Effect Controls] 패널-[Rotation]의 ◎를 클릭합니다. ⑤ [Rotation]을 -109.9로 설정합니다.

> 앵커 포인트란 클립이 회전하거나 확대/축소될 때 기준이 되는 지점을 말합니다.

CHAPTER 02 프리미어 프로 영상 편집 마스터　**093**

03 ❶ 편집 기준선을 00:00:04:18 지점에 위치합니다. ❷ [Rotation]을 −90.9로 설정합니다.

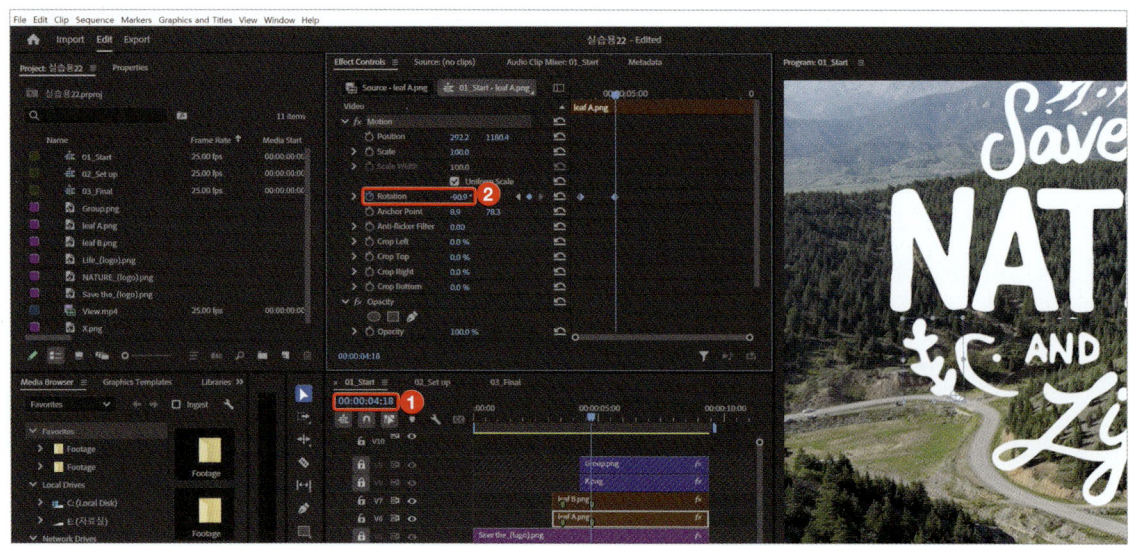

04 ❶ 편집 기준선을 00:00:03:13 지점에 위치합니다. ❷ [Program] 패널에서 [leaf B.png] 클립을 더블클릭해 선택하고 ❸ 앵커 포인트를 잎사귀의 왼쪽 아래 끝부분으로 옮깁니다.

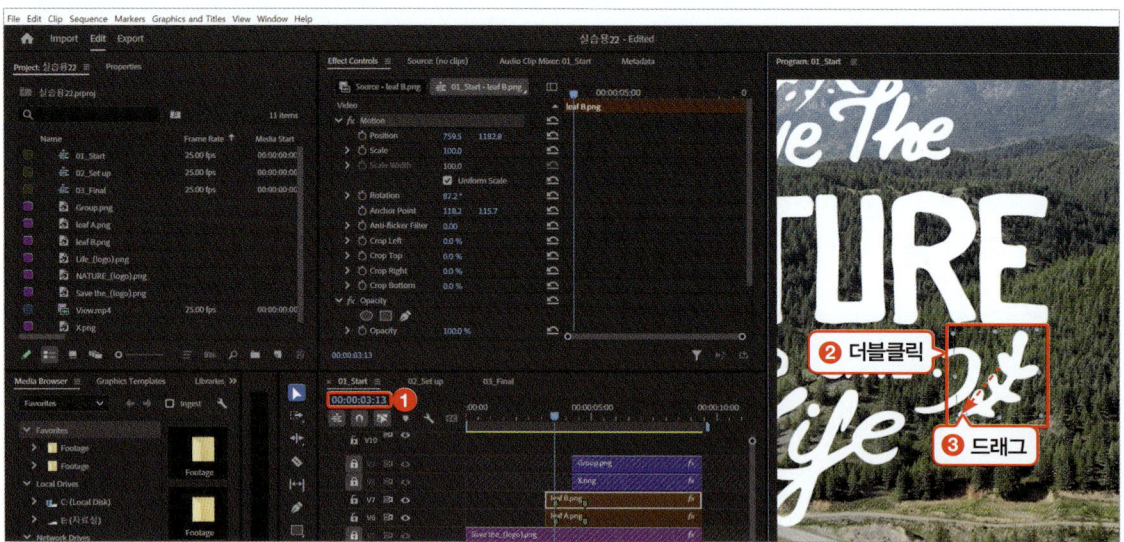

05 ❶ [Effect Controls] 패널-[Rotation]의 아이콘을 클릭해 키프레임을 활성화하고 ❷ [Rotation]을 101.2로 설정합니다. ❸ 편집 기준선을 00:00:04:18 지점에 위치합니다. ❹ [Rotation]을 87.2로 설정합니다.

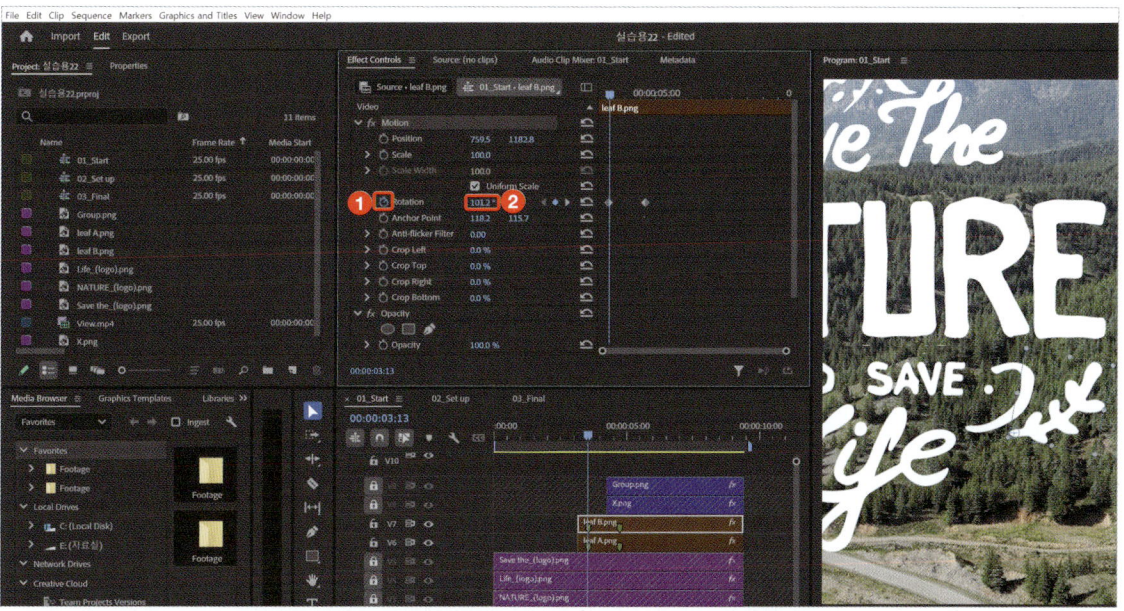

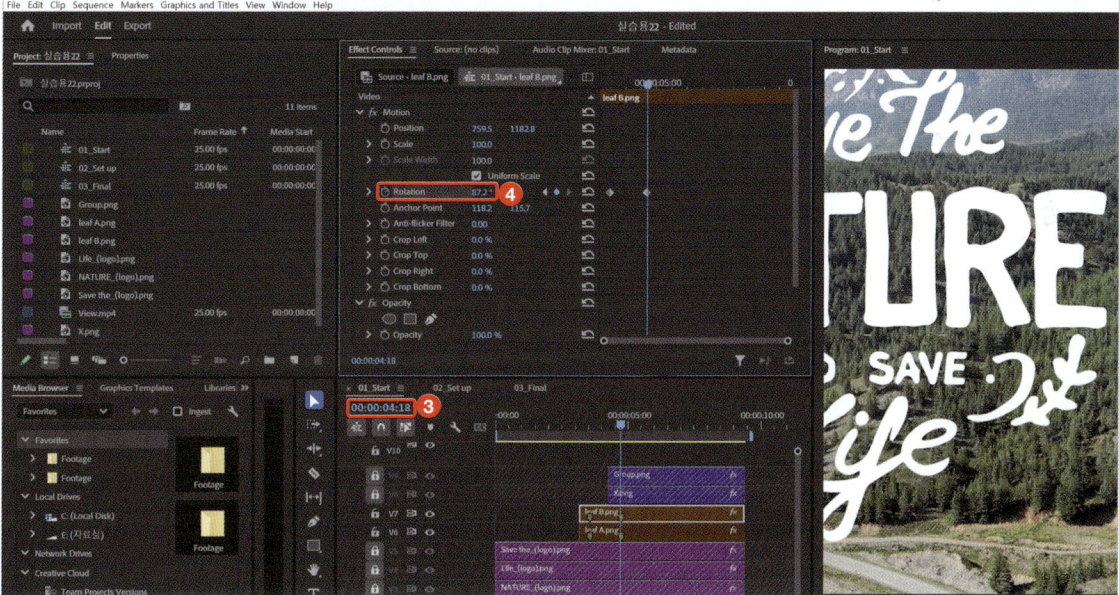

간단 실습 이미지가 서서히 나타나는 애니메이션 만들기(불투명도 키프레임)

준비 파일 프리미어 프로/Chapter 02/Effect controls 연습.prproj

이미지가 서서히 나타나는 불투명도 키프레임 애니메이션을 만들어보겠습니다. Effect controls 연습.prproj 준비 파일에서 계속 진행합니다.

01 ① 비디오 8번 트랙(V8), 비디오 9번 트랙(V9)의 잠금을 해제하고 ② 그 외 다른 비디오 트랙은 모두 잠금 모드로 설정합니다. ③ 편집 기준선을 00:00:04:09 지점에 위치한 후 ④ 비디오 8번 트랙(V8)의 [X.png] 클립을 클릭합니다. ⑤ [Effect Controls] 패널-[Opacity]의 ⏱를 클릭해 키프레임을 생성하고 ⑥ 값을 0으로 설정합니다. ⑦ 편집 기준선을 00:00:04:21 지점에 위치한 후 ⑧ [Opacity]를 100으로 설정합니다.

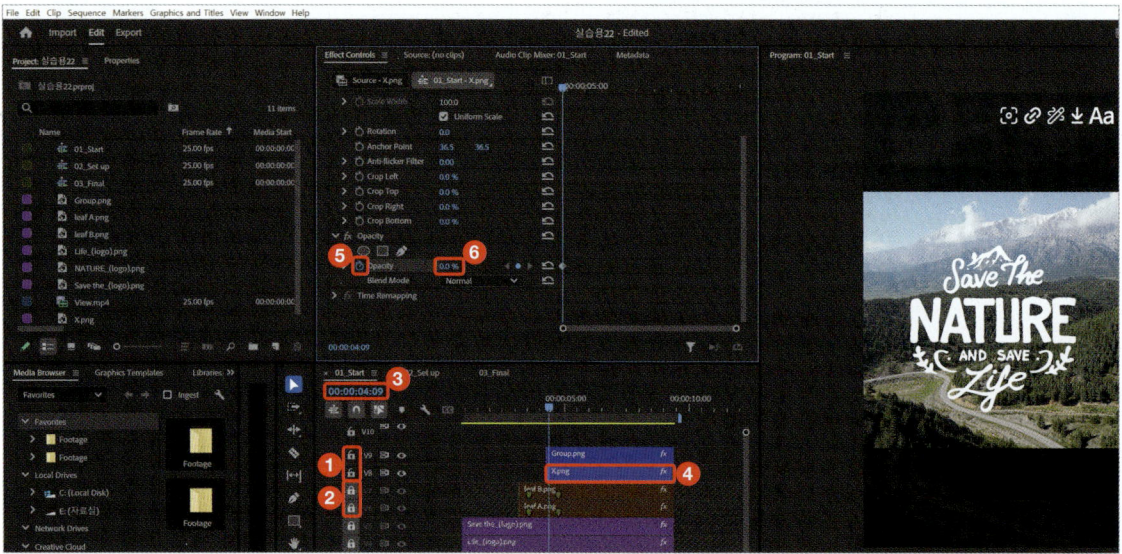

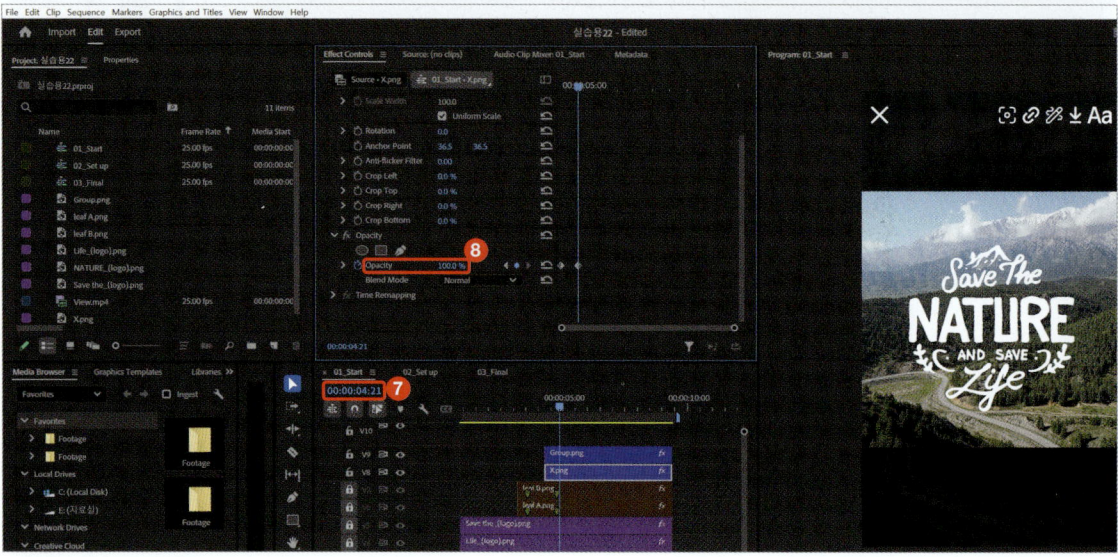

02 ① [Opacity]의 키프레임을 드래그하여 모두 선택한 후 ② Ctrl + C 를 눌러 복사합니다. ③ 편집 기준선을 **00:00:04:09** 지점에 위치합니다. ④ [Group.png] 클립을 클릭한 후 ⑤ [Effect Controls] 패널-[Opacity]를 클릭합니다. ⑥ Ctrl + V 를 눌러 키프레임을 붙여 넣습니다.

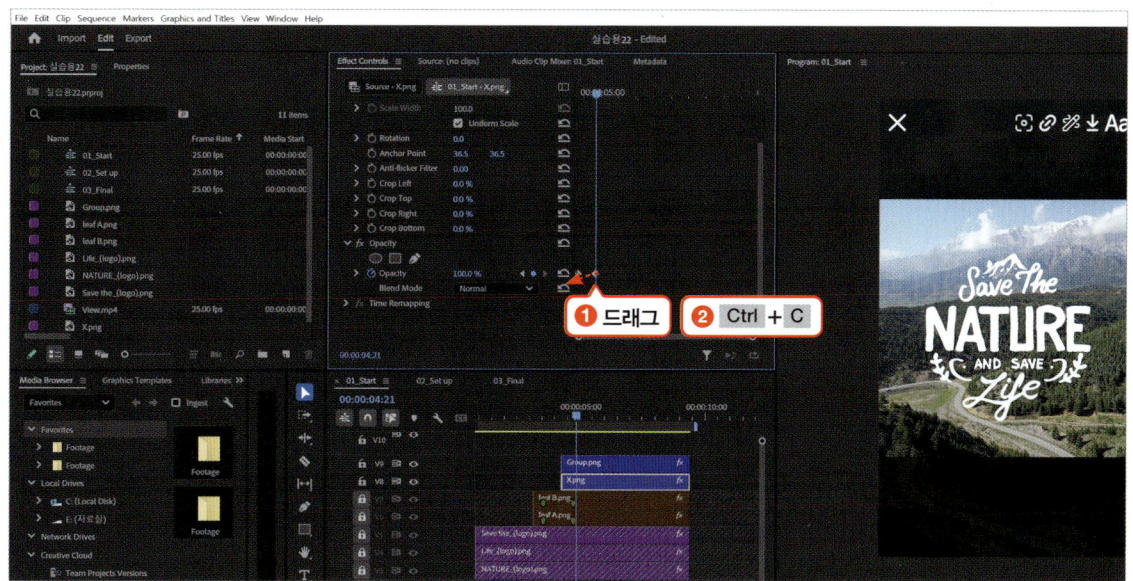

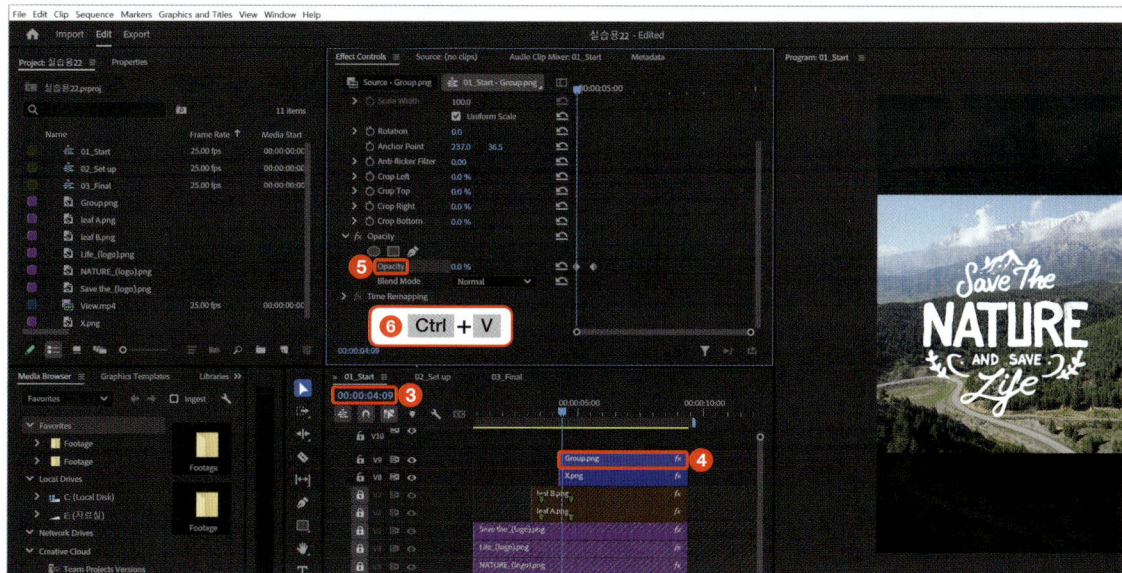

간단 실습 키프레임 보간하기

준비 파일 프리미어 프로/Chapter 02/Effect controls 연습.prproj

위에서 아래로 이동하는 애니메이션의 키프레임을 보간하여 더욱 매력적으로 완성할 수 있습니다. 두 키프레임 사이의 움직임을 부드럽게 연결하거나 탄력 있고 생동감 넘치는 움직임을 만들기 위한 작업을 키프레임 보간이라고 합니다. 준비 파일을 열어줍니다. [03_animation] 시퀀스에서 시작합니다.

01 ❶ 비디오 5번 트랙(V5)의 [Save the_(logo).png] 클립을 클릭합니다. ❷ [Effect Controls] 패널-[Position]에 적용된 키프레임을 모두 선택합니다. ❸ 마우스 오른쪽 버튼을 클릭한 후 ❹ [Temporal Interpolation]-[Bezier]를 클릭합니다.

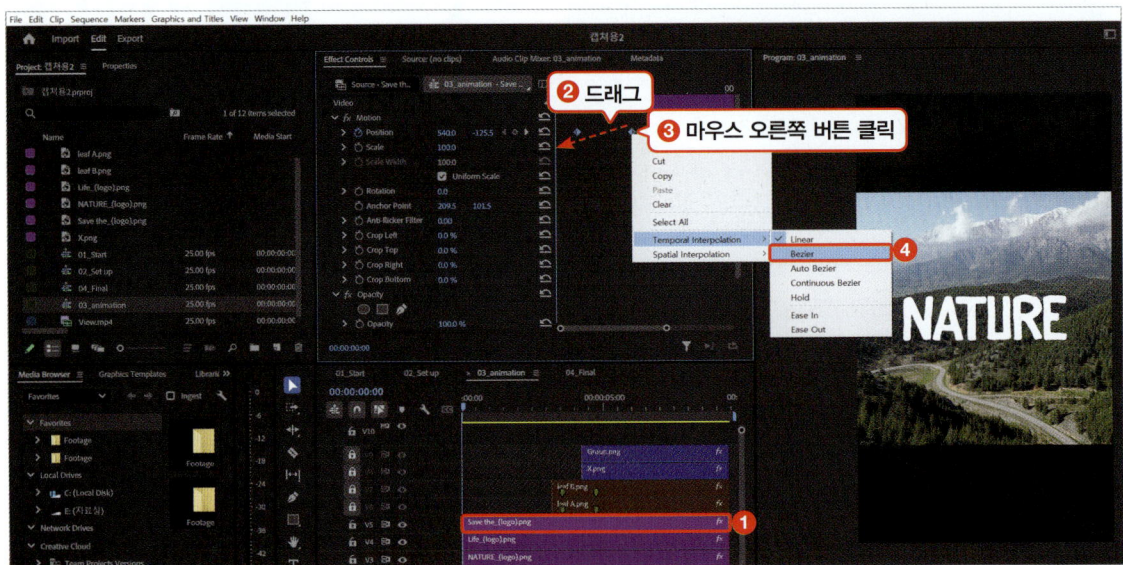

02 ❶ [Position]을 펼칩니다. ❷ 키프레임의 오른쪽 핸들을 먼저 조절해 앞부분의 경사가 급한 형태로 만듭니다. ❸ 왼쪽 핸들도 아래와 비슷하게 조절합니다. 처음에는 빠르다가 점점 느려지는 애니메이션을 만들었습니다.

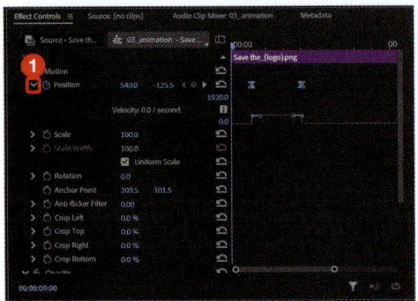 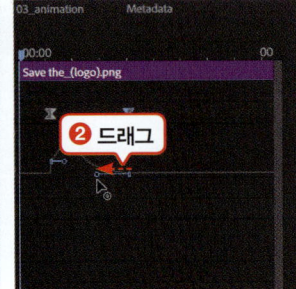 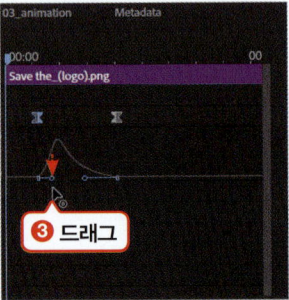

[Effect Controls] 패널에서 키프레임이 적용된 옵션을 펼치면 키프레임에 포인트 점과 핸들이 나타납니다. 이 파란색 핸들을 드래그하여 그래프의 모양을 조절할 수 있습니다.

03
① 비디오 4번 트랙(V4)의 [Life_logo).png] 클립을 클릭합니다. ② [Effect Controls] 패널-[Position]에 적용된 키프레임을 모두 선택합니다. ③ 마우스 오른쪽 버튼을 클릭한 후 ④ [Temporal Interpolation]-[Bezier]를 클릭합니다.

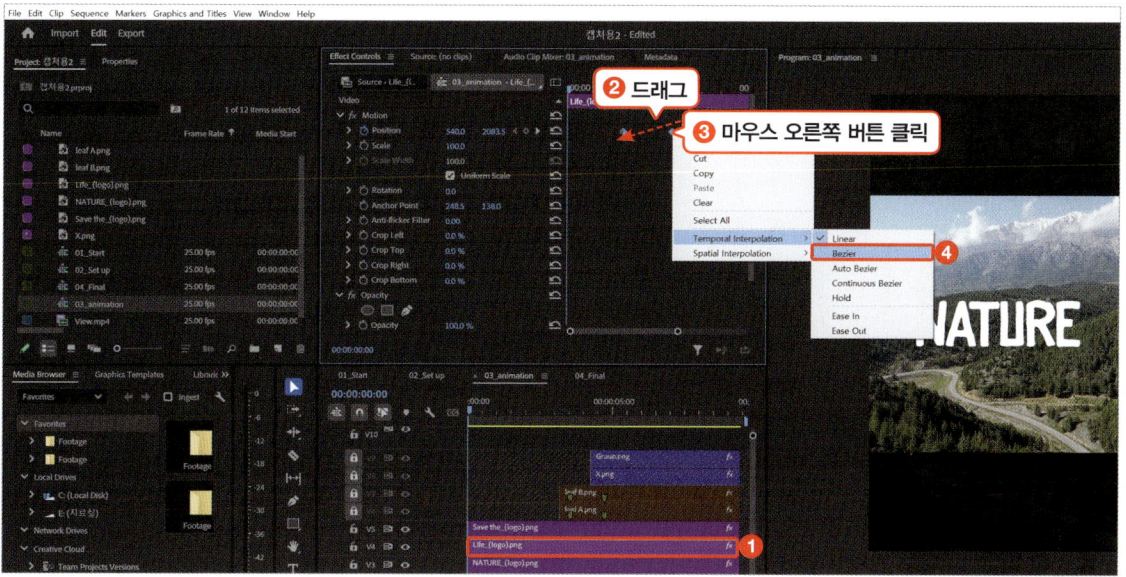

04
① [Position]을 펼칩니다. ② 키프레임의 왼쪽 핸들을 조정하여 이번에는 뒤로 갈수록 급한 경사의 그래프를 만들어줍니다. ③ 같은 방법으로 오른쪽 핸들도 조정합니다. 처음에는 느리다가 점점 빨라지는 애니메이션을 만들었습니다.

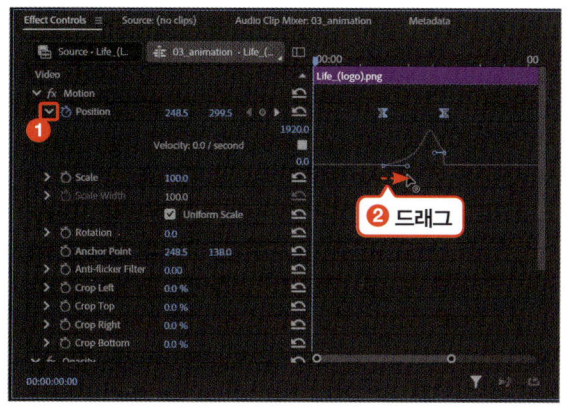 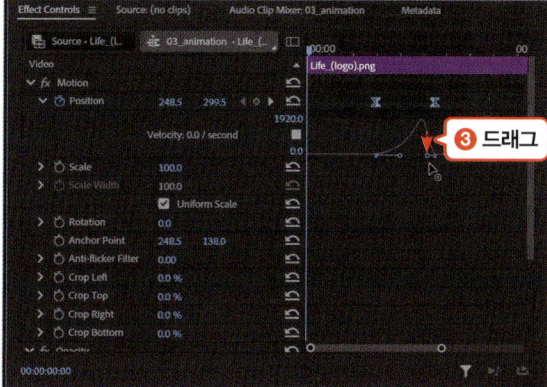

CHAPTER 03

비디오 이펙트로
CG 만들기

비디오 이펙트로 시작하는 영상 디자인의 세계!
단순한 컷 편집을 넘어 트렌디한 영상미를 만들어보겠습니다.
블러 효과로 드라마틱한 장면을 연출하고,
화면 전환 효과로 감각적인 영상의 흐름을 만들어봅니다.
더 나아가 마스크 기능으로 예능 프로그램에서 자주 보이는
영화적인 연출까지 도전해볼 수 있습니다.
기본적인 이펙트부터 실무에서 활용되는
다양한 테크닉까지 한번에 배워보세요.

Pr LESSON 01

영상 트랙에 컬러매트 레이어 배치하기

트랙에 컬러매트로 배경색 채우기

간단 실습 컬러매트 레이어 만들기

준비 파일 프리미어 프로/Chapter 03/Color matte.prproj

Color Matte(컬러매트) 레이어를 생성하고 영상 클립의 상단 또는 하단 트랙에 배치하여 다양하게 활용하는 방법을 알아보겠습니다. 준비 파일을 열어줍니다.

01 ① 컬러매트는 [File]-[New]-[Color Matte] 메뉴를 선택하여 생성하거나 ② [Project] 패널에서  를 클릭한 후 ③ [Color Matte]를 클릭해 생성합니다.

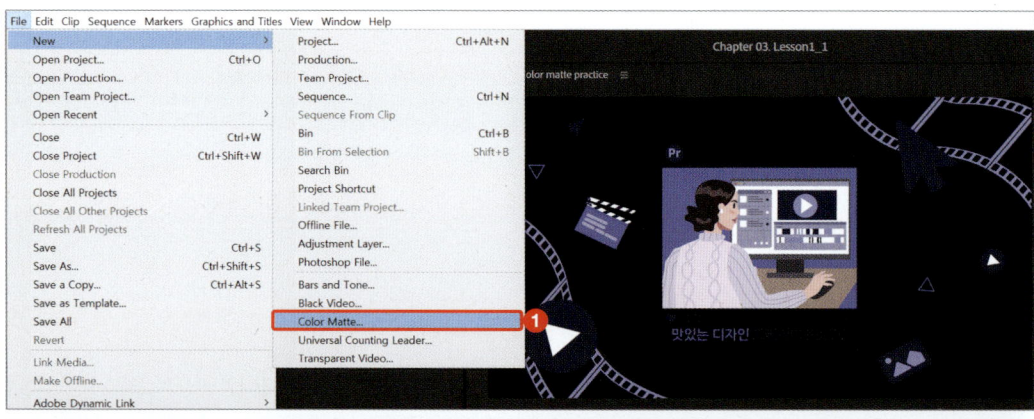

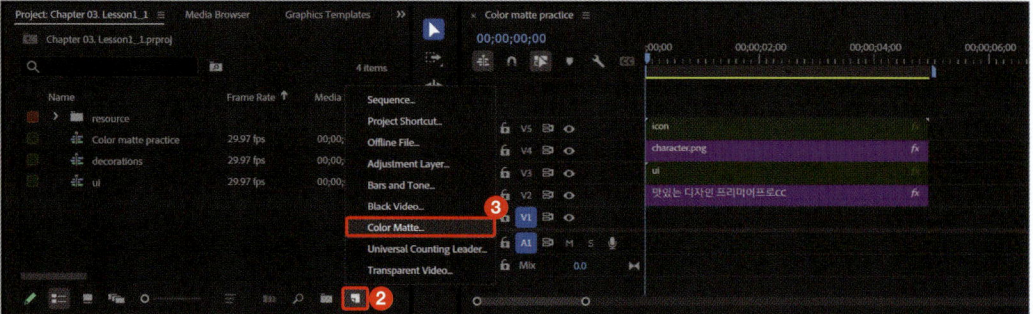

이 예제에는 태백시의 감탄로드 돋움체 폰트가 사용되었습니다. Adobe 유료 플랜을 구독하면 지원하는 폰트를 자동으로 찾고, 설치해줍니다. 자동으로 설치되지 않는다면 눈누(https://noonnu.cc), Google Fonts(https://fonts.google.com), DaFont(https://dafont.com) 등에서 다운로드할 수 있습니다.

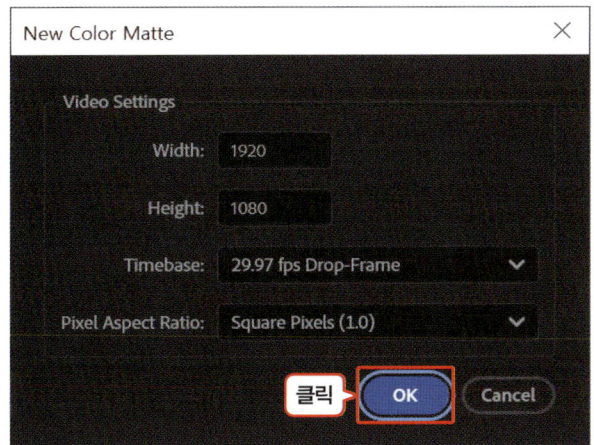

02 [New Color matte] 대화상자가 나타나면 컬러매트의 기본 설정을 확인할 수 있습니다. 현재 작업중인 시퀀스와 해상도, 프레임 레이트, 픽셀 비율이 동일한 값으로 설정되어 있습니다. [OK]를 클릭합니다.

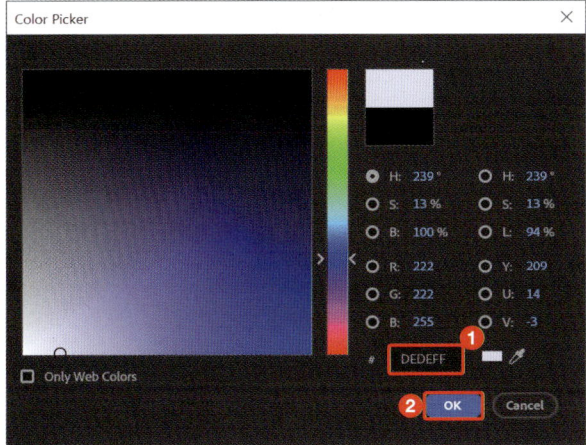

03 [Color Picker] 대화상자가 나타납니다. ❶ 컬러코드(#)에 **DEDEFF**를 입력해 색을 선택한 후 ❷ [OK]를 클릭해 색을 결정합니다. 원하는 색을 선택해도 됩니다.

04 ❶ [Choose Name] 대화상자가 나타나면 컬러매트의 이름을 **Background**로 입력합니다. ❷ [OK]를 클릭해 컬러매트를 생성합니다. [Project] 패널을 확인하면 컬러매트가 생성된 것을 확인할 수 있습니다.

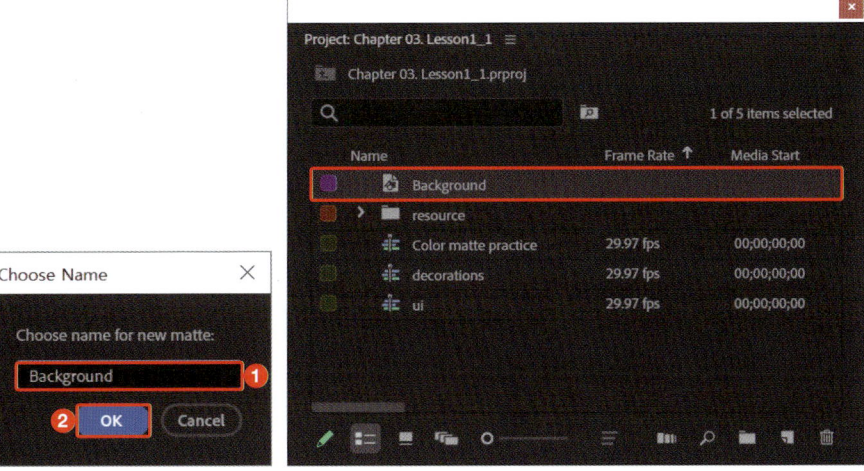

05 [Project] 패널에서 Background 컬러매트를 더블클릭한 후 [Color PIcker] 대화상자가 나타나면 다른 색으로 변경할 수도 있습니다.

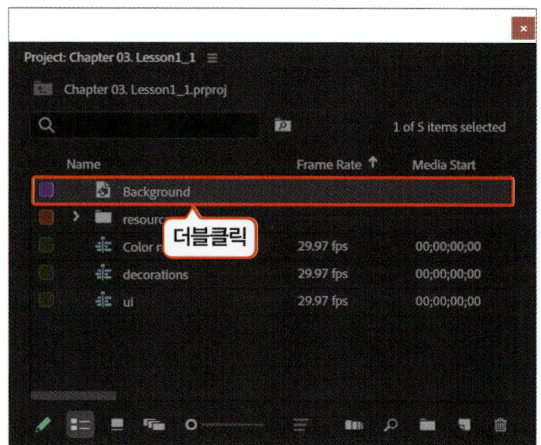 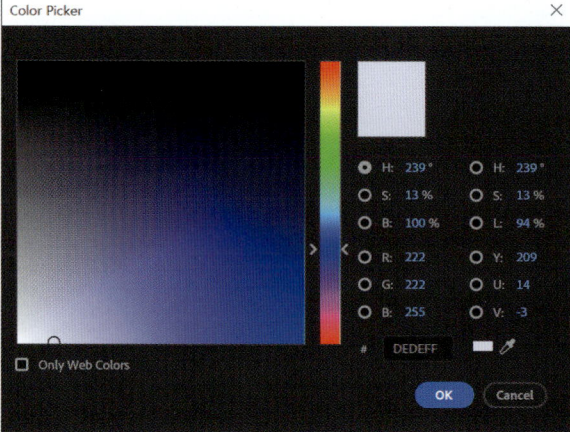

간단 실습 | 컬러매트 레이어를 배경으로 사용하기

준비 파일 프리미어 프로/Chapter 03/Color matte.prproj

프리미어 프로에서 다양한 색상의 컬러매트를 만들어서 예쁜 배경 이미지로 사용할 수 있습니다. 앞서 실습한 Color matte.prproj 준비 파일에서 계속 진행합니다.

01 [Project] 패널에서 Background 컬러매트를 [Timeline] 패널의 비디오 1번 트랙(V1)으로 드래그해 배치합니다. 앞서 만든 컬러매트가 비디오 트랙의 가장 아래에 배치되어 디자인이 완성되었습니다.

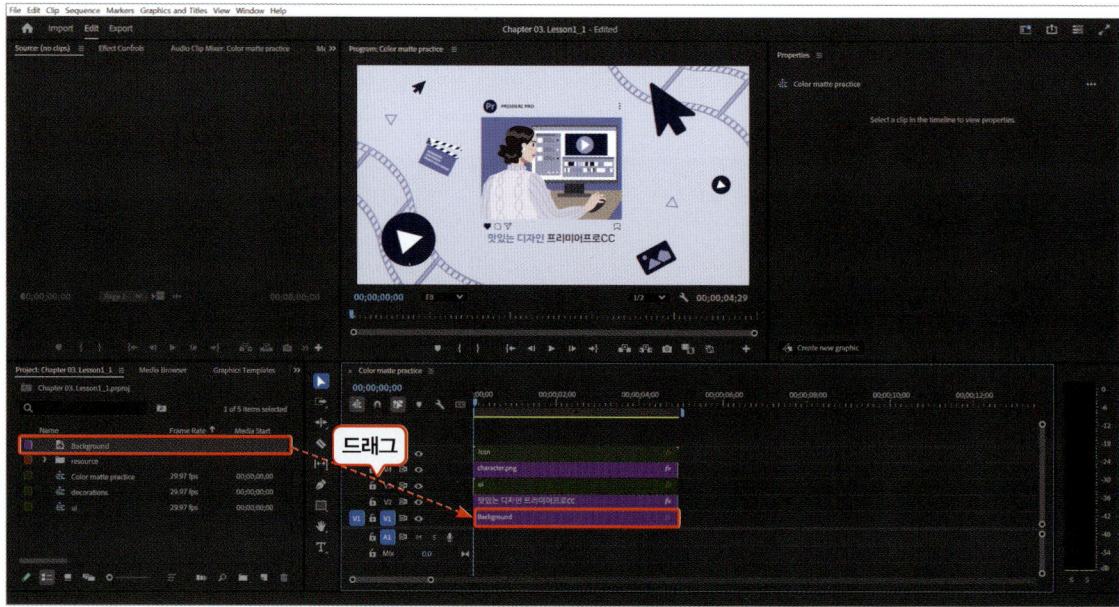

| 간단 실습 | **컬러매트로 블랙 디졸브 효과 적용하기** |

준비 파일 프리미어 프로/Chapter 03/Color matte.prproj

영상 편집 업계에서는 여러 개의 레이어를 쌓은 상태에서 한번에 검은 화면으로 디졸브되는 효과를 자주 사용합니다. 간단하지만 효과적으로 사용할 수 있는 블랙 디졸브 효과를 만들어보겠습니다. 앞서 실습한 **Color matte.prproj** 준비 파일에서 계속 진행합니다.

01 [File]-[New]-[Black Video] 메뉴를 선택해 **Black Video** 레이어를 생성합니다. 컬러매트를 생성할 때 검은 색상을 선택해서도 생성할 수 있습니다.

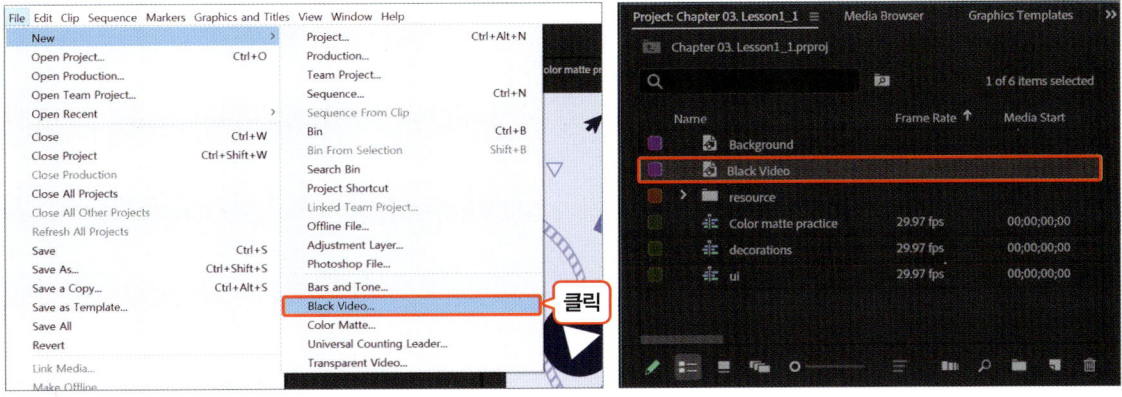

[Black Video]는 영상 편집 시 많이 사용되는 기능으로, 검은 화면을 빠르게 만들 수 있는 기능입니다.

02 ❶ **Black Video** 레이어를 비디오 6번 트랙(V6)으로 드래그해 배치합니다. ❷ 00:00:02:27 지점에서 시작하고 다른 클립과 같이 끝나도록 배치합니다.

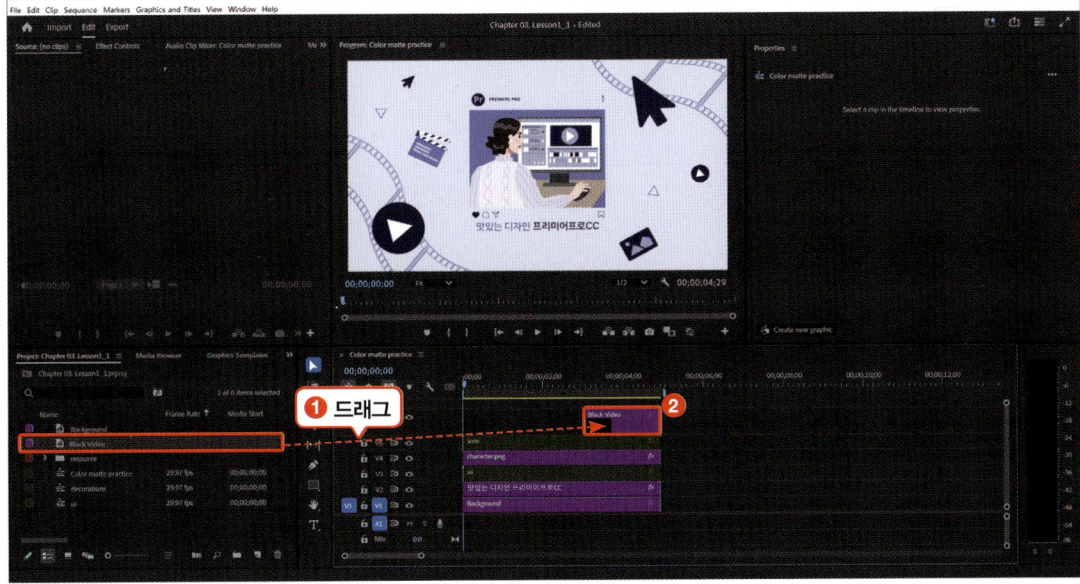

CHAPTER 03 비디오 이펙트로 CG 만들기

03   ① 편집 기준선을 00:00:03:17 지점에 위치합니다. ② [Black vide] 클립을 클릭하고 ③ [Effect Controls] 패널-[Opacity]의 ⬛를 클릭합니다. ④ 값을 0으로 설정합니다.

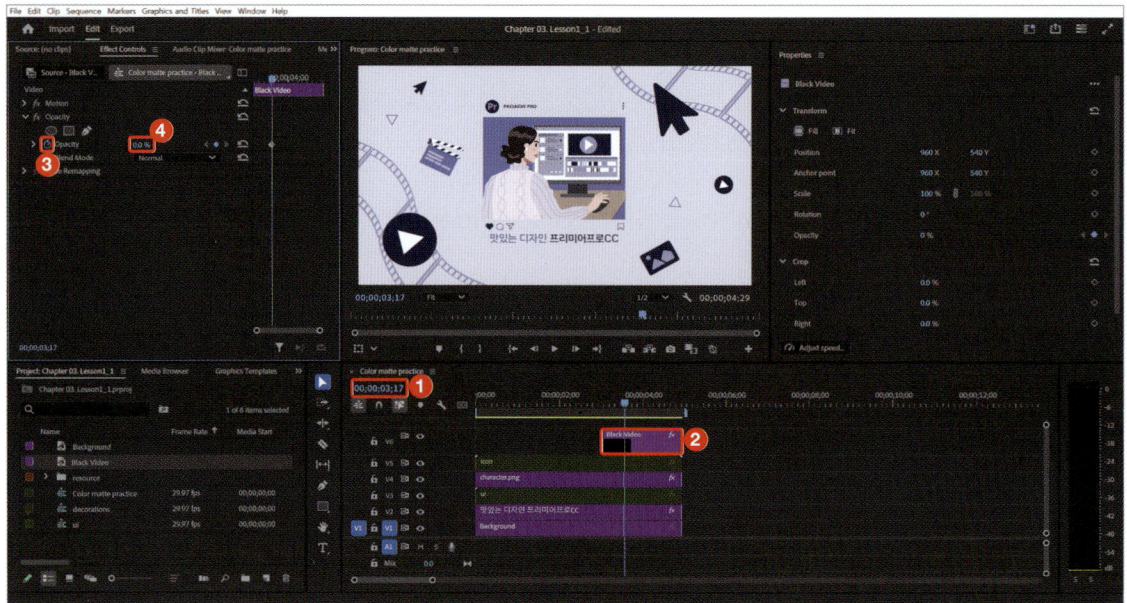

04   ① 편집 기준선을 00:00:04:15 지점에 위치합니다. ② [Effect Controls] 패널-[Opacity]를 100으로 설정합니다. 불투명도 키프레임이 생성되며 검은 화면으로 디졸브되는 블랙 디졸브 효과가 적용되었습니다.

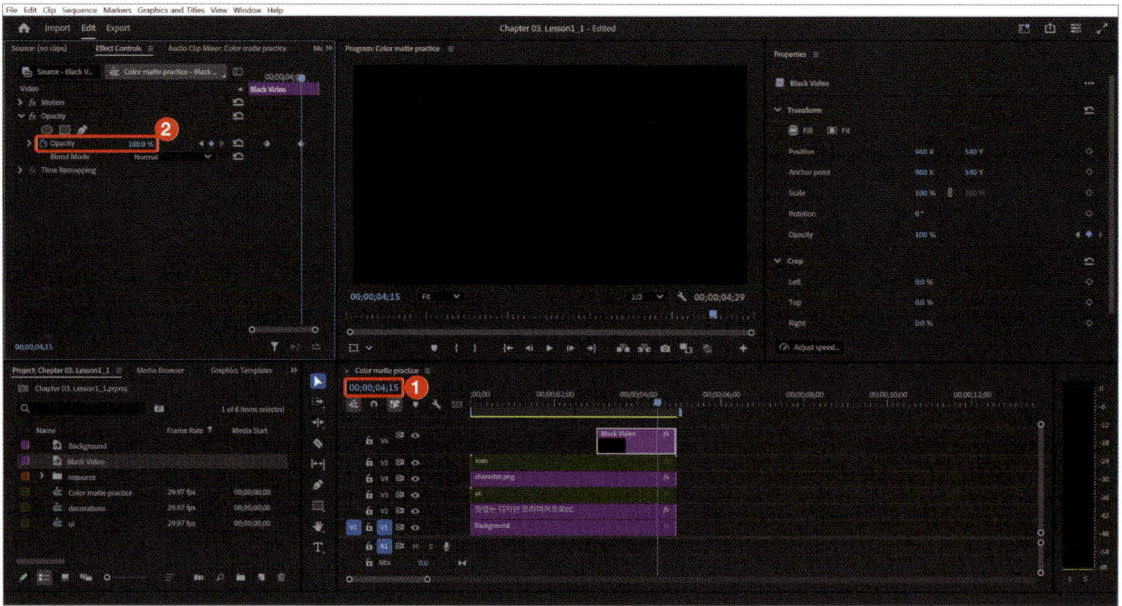

LESSON 02
비디오 이펙트 알아보기

다양한 비디오 이펙트 알아보기

비디오 이펙트 활용하기

프리미어 프로에서는 제공되는 이펙트의 종류와 개수가 매우 다양합니다. 이번 레슨에서는 기본적인 이펙트를 몇 가지 추가하여 영상을 편집하는 연습을 진행합니다. 이펙트 사용 방법을 제대로 익히면 이펙트의 종류가 달라져도 새로운 튜토리얼을 따라가는 데 큰 어려움이 없을 것입니다.

비디오 이펙트 한눈에 살펴보기

비디오 이펙트는 [Effects] 패널의 [Video Effects]에서 확인할 수 있으며 원하는 이펙트를 [Timeline] 패널의 클립으로 드래그하여 간단하게 적용할 수 있습니다.

① **Adjust(효과 보정)** | 클립의 색상, 콘트라스트, 레벨, 밝기 등을 보정하기

② **Blur & Sharpen(흐림 및 선명 효과)** | 화면을 흐리게 또는 선명하게 조정하여 이미지를 강조하기

③ **Channel(채널 효과)** | 색상에 있는 채널(Red, Green, Blue, Alpha)을 분리하여 채널 별로 색상을 보정하거나 다른 트랙과 합성하여 효과를 연출하기

④ **Color Correction(색상 교정 효과)** | 색상을 보정하기

⑤ **Distort(왜곡 효과)** | 이미지를 왜곡하여 다양한 효과를 연출

⑥ **Generate(생성 효과)** | 기존의 이미지를 사용하여 만드는 것이 아닌 새로운 효과 생성하기

⑦ **Image Control(이미지 제어 효과)** | 이미지 효과 조정하기

⑧ **Immersive Video** | VR 영상에 효과 적용하기

⑨ **Keying(키잉 효과)** | 크로마키 촬영 등 합성을 전제로 촬영한 영상에서 배경 화면이나 불필요 부분 제거하기

⑩ **Noise & Grain(노이즈, 그레인 효과)** | 이미지에 노이즈 추가 효과 적용하기

⑪ **Perspective(원근 효과)** | 이미지에 원근 적용하기
⑫ **Stylize(스타일화 효과)** | 시각적 효과 적용하기
⑬ **Tim(시간 효과)** | 클립의 시간 조정하기
⑭ **Transform(변형 효과)** | 이미지 변형과 관련된 효과 적용하기
⑮ **Transition(전환 효과)** | 장면 전환과 관련된 효과, 영상 보다는 이미지에 적용하여 주로 사용함
⑯ **Utility** | 작업에 필요한 유틸리티 카테고리
⑰ **Video** | 비디오 정보를 표기함

실무에 주로 사용하는 Adjust 이펙트

- **Level** | 화면의 전체와 각 색상 채널(Red, Green, Blue)별 인풋/아웃풋 레벨과 감마(Gamma)의 값을 조절하여 밝고 어두운 부분을 보정합니다.

- **Lighting Effects** | 광원의 크기, 색상, 형태 등을 설정하여 조명을 비춘 효과를 표현합니다. 최대 다섯 개까지 조명을 추가할 수 있습니다.

실무에 주로 사용하는 Blur 이펙트

- **Camera Blur** | 카메라의 초점이 벗어난 효과를 표현합니다. 키프레임 애니메이션으로 포커스 인/아웃 효과를 연출할 수 있습니다.
- **Gaussian Blur** | 이미지 전반에 걸쳐 부드러운 흐림 효과를 표현하며 노이즈를 제거합니다.

실무에 주로 사용하는 Color Correction 이펙트

- **Brightness & Contrast** | 명도와 대비를 조정하여 이미지를 보정합니다. 이미지의 모든 픽셀값을 동시에 조정하며 간단한 이미지 색상을 보정할 때 간편하게 사용할 수 있습니다.

- **Lumetri Color** | 다양한 스타일로 색상을 보정합니다. 210쪽에서 더 자세히 알아볼 수 있습니다.

- **Tint** | 이미지의 블랙 영역과 화이트 영역을 설정한 색상의 혼합 결과로 나타냅니다.

실무에 주로 사용하는 Distort 이펙트

- **Corner Pin** | 이미지의 각 모서리에 생성되는 핀(Pin)으로 이미지를 비틀거나 확대/축소하며 자유롭게 변형합니다.
- **Magnify** | 이미지의 부분 또는 전체 영역을 원이나 사각형 형태로 확대합니다.

- **Warp Stabilizer** | 촬영할 때 발생한 카메라의 미세한 흔들림을 보정합니다.

실무에 주로 사용하는 Generate 이펙트

- **Lens flare** | 카메라 렌즈로 발행하는 빛의 굴절 효과인 플레어를 생성합니다.

> [Generate] 이펙트는 대부분 새로운 이미지를 생성하므로 영상에 바로 적용하지 않고 새 레이어를 만들어 효과를 적용한 후 원본 레이어와 블렌딩 모드로 연출하는 것이 더욱 효율적입니다.

실무에 주로 사용하는 Keying 이펙트

- **Color Key** | 지정한 색상의 픽셀을 지웁니다. 녹색 혹은 파란색 배경에서 촬영되는 크로마키 영상의 배경색을 지우는 작업에 사용합니다.

- **Track Matte Key** | 매트로 사용하려는 클립이 있는 트랙을 지정하여 결과를 나타냅니다. 텍스트 영역에만 영상이 보이는 효과 등 다양한 연출에 많이 사용합니다.

실무에 주로 사용하는 Perspective 이펙트

- **Drop Shadow** | 이미지에 그림자를 추가합니다.

실무에 주로 사용하는 Stylize 이펙트

- **Mosaic** | 이미지를 모자이크 처리합니다.

기능 꼼꼼 익히기 — 알파 매트(Alpha Matte), 루마 매트(Luma Matte)

매트(Matte) | 레이어의 투명도를 결정하는 데 사용되는 소스입니다.

▲ 원본 이미지

알파(Alpha) | 일반적으로 화면은 빨간색(Red), 초록색(Green), 파란색(Blue) 세 개의 빛을 합성하여 이미지를 만듭니다. RGB 세 개의 채널 외에 흑백으로 구성된 네 번째 채널이 있습니다. 이를 알파(Alpha) 또는 알파 채널이라고 합니다. 알파 채널에서의 하얀색(White) 영역은 채널의 정보값이 있음(보이는)을 의미하고, 검은색(Black) 영역은 채널의 정보값이 없는 투명한 영역임을 의미합니다. 알파 채널을 가지고 있는 이미지는 RGB 세 개의 채널 외에 알파 채널의 정보를 가지고 있으므로 채널별로 8비트, 총 32비트 이미지가 됩니다. 흔히 쓰이는 .png, .tga, .tif 확장자의 파일 형식은 알파 채널을 포함하는 이미지 저장 방식입니다.

▲ 알파 매트 소스

▲ 알파 매트 적용

루마(Luma) | 흑백이나 색이 없는 부분의 밝기차에 대한 정보를 말합니다. 검은색 영역은 정보가 없는 것으로 처리하고 하얀색은 정보가 있는 것으로 처리하는 것은 알파 채널과 동일합니다. 그러나 루마 채널의 경우 흑과 백의 중간 단계인 회색(Gray) 영역까지 표현합니다. 이미지의 불투명도는 이 회색 영역의 명도에 따라 결정됩니다.

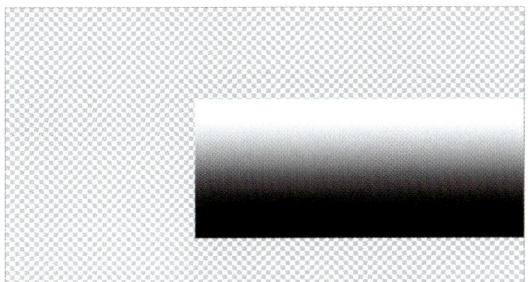

▲ 루마 매트 소스

▲ 루마 매트 적용

실무에 주로 사용하는 Transform 이펙트

- **Auto Reframe** | 영상 속에 움직이는 피사체를 자동으로 추적하여 영상 비율에 맞춰 중앙에 고정되도록 해줍니다.

> **기능 꼼꼼 익히기** — **피사체를 자동으로 추적하기**
>
> [Auto Reframe] 이펙트는 16:9 비율의 영상을 9:16 혹은 1:1 비율과 같이 조절할 때 피사체를 자동으로 인식하여 화면의 정중앙에 오도록 맞춰줍니다. 일반적으로 비율이 다른 영상을 사용할 때는 영상 상하에 검은 여백이 생기지만 [AutoReframe] 이펙트를 적용하면 분석을 진행하여 자동으로 영상 비율을 조정해줍니다. 분석이 완료된 후 [Effect Controls] 패널을 확인하면 [Motion] 항목이 비활성화되며 [Auto Refreme] 항목에서 영상의 크기나 위치, 회전을 조정할 수 있게 됩니다.
>
>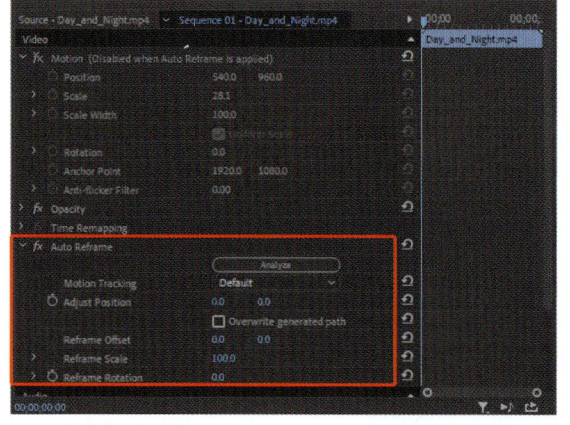

비디오 이펙트 자세히 알아보기

❶ [Effect Controls] 패널에서 비디오 이펙트 항목의 Set Up ▣을 클릭하면 해당 이펙트를 조정할 수 있는 별도의 대화상자가 나타납니다. 미리 보기 화면과 속성값 정보가 이미지나 히스토그램으로 표시되어 직관적으로 속성을 컨트롤할 수 있습니다. ❷ Reset ▣은 이펙트의 값을 기본값으로 되돌릴 때 사용합니다.

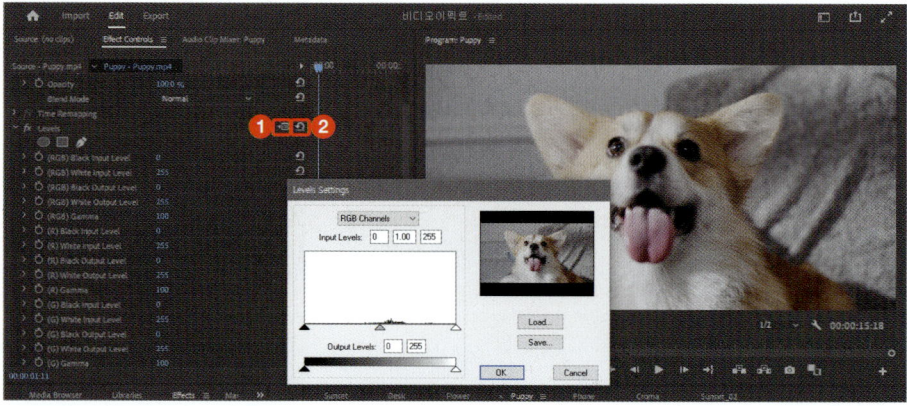

> **간단 실습** 자주 사용되는 흐림 효과 적용하기

준비 파일 프리미어 프로/Chapter 03/Blur.prproj

가장 자주 사용하는 효과 중 하나인 Blur Effects를 적용하고 효과를 복사하여 응용해보겠습니다. 준비 파일을 열어줍니다.

01 ❶ [Project] 패널에서 ▶▶를 클릭한 후 ❷ [Effects]를 클릭해 [Effects] 패널을 열어줍니다.

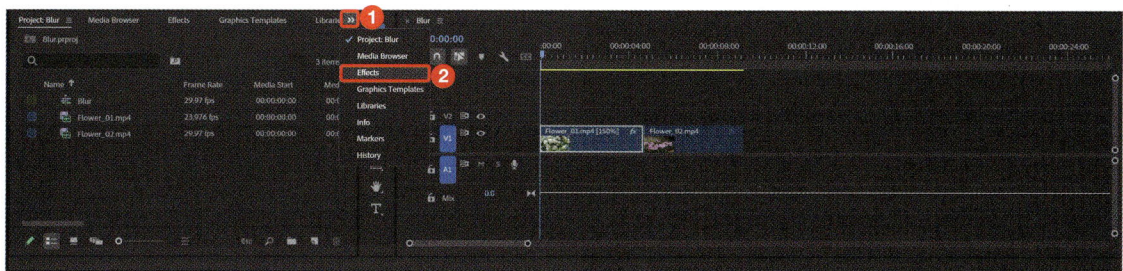

02 ❶ [Timeline] 패널에서 비디오 1번 트랙(V1)의 [Flower_01.mp4] 클립을 클릭합니다. ❷ [Effects] 패널에서 [Video Effects]-[Blur & Sharpen]-[Gaussian Blur]를 더블클릭하면 선택한 효과가 추가됩니다. 이때 효과를 클릭하여 드래그해도 동일하게 적용됩니다.

03 ❶ 편집 기준선을 **00:00:00:00** 지점에 위치합니다. ❷ [Effect Controls] 패널-[Blurriness]의 ◯ 를 클릭합니다. ❸ 값은 **120**으로 설정합니다.

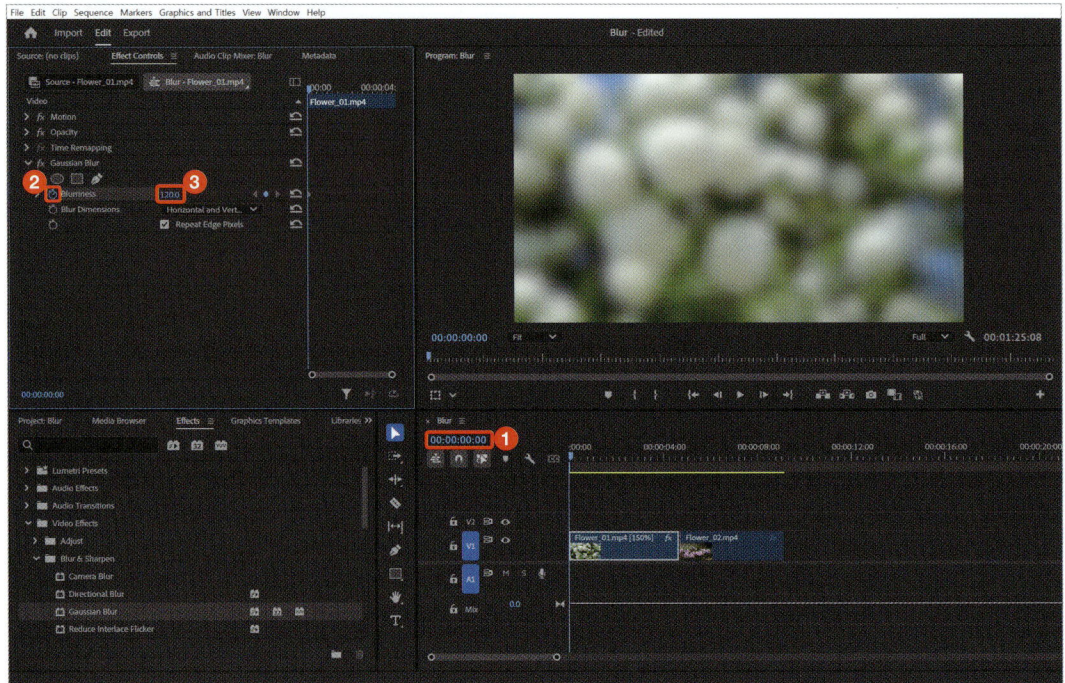

04 ❶ 편집 기준선을 **00:00:01:18** 지점에 위치합니다. ❷ [Effect Controls] 패널-[Blurriniess]의 값을 **0**으로 설정합니다. 바뀐 값으로 키프레임이 생성됩니다.

> **간단 실습** 완성된 이펙트 속성 복사하여 다른 클립에 붙여넣기

준비 파일 프리미어 프로/Chapter 03/Blur.prproj

이번에는 완성된 효과 키프레임을 그대로 복사해서 다른 클립에 붙여 넣는 방법을 알아보겠습니다. **Blur.prproj** 준비 파일에서 계속 진행합니다.

01 ❶ [Effect Controls] 패널-[Gaussian Blur]를 마우스 오른쪽 버튼으로 클릭합니다. ❷ [Copy]를 클릭해서 효과 전체를 복사합니다.

02 ❶ 비디오 1번 트랙(V1)의 [Flower_02.mp4] 클립을 클릭한 후 ❷ [Effect Controls] 패널의 빈 영역을 마우스 오른쪽 버튼으로 클릭합니다. ❸ [Paste]를 클릭해 [Gaussian Blur]를 그대로 붙여 넣습니다.

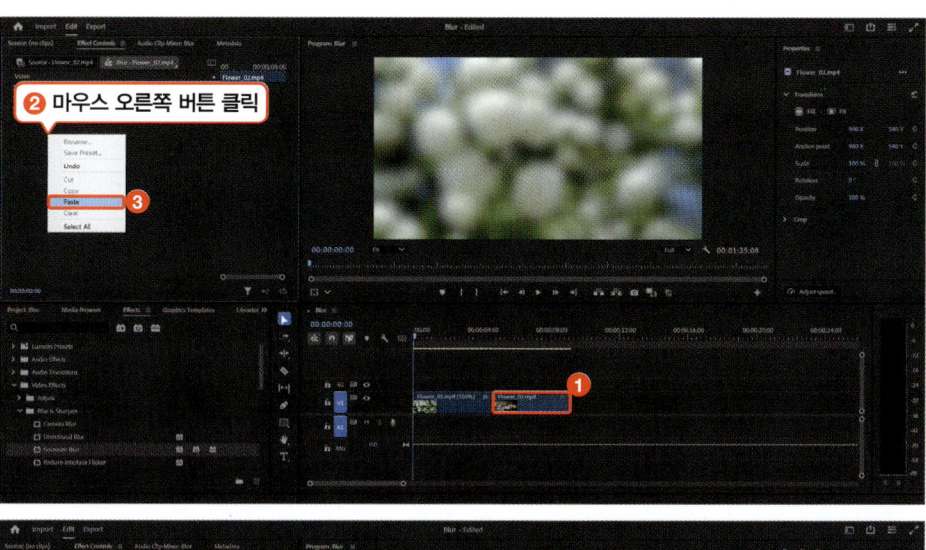

비디오 트랜지션 알아보기

비디오 트랜지션 알아보고 적용하기

트랜지션은 두 클립 간의 장면 전환 효과를 의미하며 장면 A에서 장면 B로 넘어갈 때 다양한 스타일로 전환 효과를 연출할 수 있도록 도와줍니다. 프리미어 프로에서는 트랜지션을 과도하게 사용하는 것보다 필요에 따라 적절히 활용하는 것이 영상의 완성도를 높이고 세련된 느낌을 줄 수 있습니다. 트랜지션의 기본적인 사용법과 이를 이미지에 응용하는 방법에 대해 알아보겠습니다.

비디오 트랜지션과 클립 핸들 다루기

비디오 트랜지션은 비디오 클립이 연결되는 부분에 적용하며 두 개의 클립을 이어주도록 사용합니다. 이때 트랜지션이 적용되는 구간만큼 비디오 클립의 인 점 앞부분과 아웃 점 뒷부분의 여유 길이가 필요한데, 이 구간을 클립 핸들이라고 합니다.

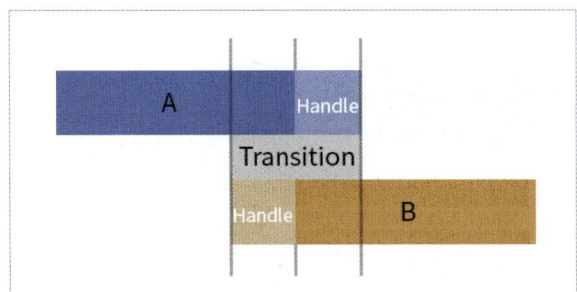

▲ 비디오 트랜지션의 기본 형태

만약 트랜지션 적용 구간에 핸들의 길이가 충분하지 않을 경우 경고 메시지가 나타납니다. 핸들 영역에 영상 길이가 충분하지 않고 텅 빈 상태라면 사선 표시가 나타납니다.

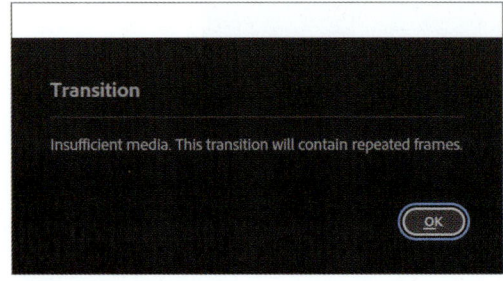
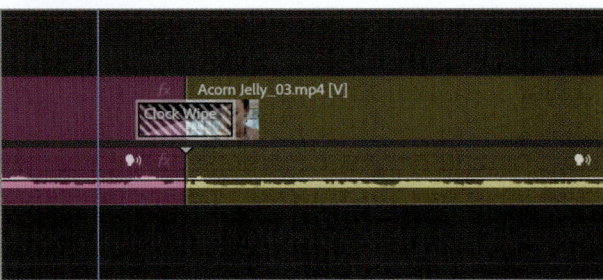

비디오 트랜지션 종류 한번에 살펴보기

프리미어 프로에서 기본적으로 제공하는 비디오 트랜지션은 [Effects] 패널-[Video Transitions]에서 확인할 수 있습니다.

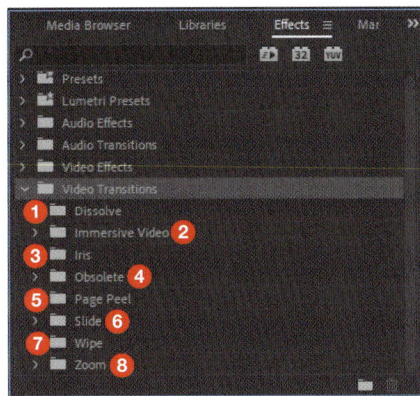

① **Disslove** | 두 개의 영상이 겹쳐지면서 장면 전환
② **Immersive Video** | VR 영상에 적용하는 트랜지션
③ **Iris** | 영상이 열리거나 닫히며 장면 전환
④ **Obsolete** | 별도의 카테고리에 편성되지 않은 트랜지션
⑤ **Page Peel** | 종이를 넘기듯이 장면 전환
⑥ **Slide** | 영상이 밀리면서 장면 전환
⑦ **Wipe** | 영상이 닦이는 느낌으로 장면 전환
⑧ **Zoom** | 영상을 확대/축소하며 장면 전환

장면을 겹쳐 전환하는 Dissolve 트랜지션

① **Additive Dissolve** | 두 영상의 밝은 부분이 더 밝게 겹쳐지면서 장면을 전환합니다. ★중요

② **Cross Dissolve** | 두 영상의 불투명도가 변하면서 장면을 전환합니다. 일반적으로 가장 많이 사용하는 트랜지션으로, 프리미어 프로의 기본 트랜지션으로 설정되어 있습니다. ★중요

③ **Dip to Black** | 화면이 점점 어두워졌다가 밝아지면서 장면을 전환합니다.
④ **Dip to White** | 화면이 점점 밝아졌다가 어두워지면서 장면을 전환합니다.
⑤ **Film Dissolve** | 필름이 교차되는 것처럼 장면을 전환합니다.

⑥ **Morph Cut** | 이어지는 두 장면의 대응점을 찾아 연산하여 자연스러운 모핑 효과로 전환합니다. 인터뷰 영상 등 배경이 고정된 영상에 적합합니다.

⑦ **Non-Additive Dissolve** | 불규칙한 디졸브 효과가 적용되면서 장면을 전환합니다.

비디오에 트랜지션 적용하기

트랜지션을 적용할 때는 앞뒤로 충분한 영상 길이가 필요합니다. 그러나 트랜지션을 위해 억지로 클립의 길이를 조정할 필요는 없습니다. 프리미어 프로가 자동으로 이를 인식하여 적절히 적용하기 때문입니다.

간단 실습 트랜지션 적용에 알맞은 영상 편집하기

준비 파일 프리미어 프로/Chapter 03/Transition_1.prproj

간단한 컷 편집과 트랜지션 효과를 활용하여 장면 전환을 추가하는 방법을 알아보겠습니다. 준비 파일을 열어줍니다. [Transition] 시퀀스에서 시작합니다.

01 ❶ C 를 눌러 자르기 도구를 선택한 후 ❷ 편집 기준선을 **00:00:05:11** 지점에 위치합니다. ❸ 편집 기준선의 [Acorn Jelly_01.mp4] 클립을 클릭해서 자릅니다.

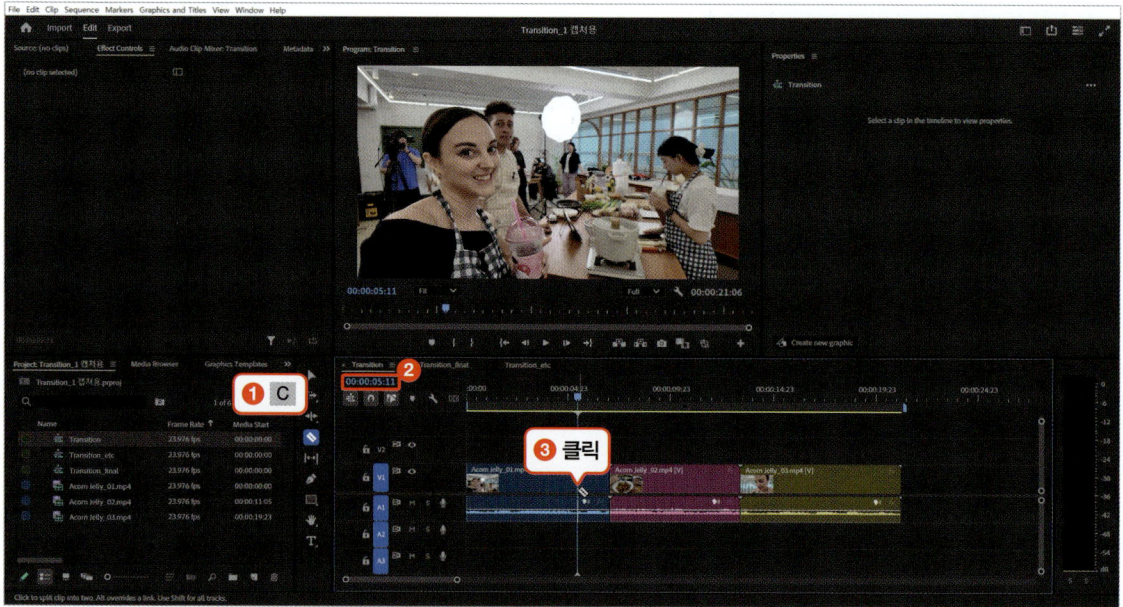

02

❶ 편집 기준선을 00:00:07:19 지점에 위치합니다. ❷ 편집 기준선의 [Acorn Jelly_02.mp4] 클립을 클릭하여 자릅니다. ❸ 편집 기준선을 00:00:10:05 지점에 위치한 후 ❹ 한 번 더 [Acorn Jelly_02.mp4] 클립을 클릭하여 자릅니다.

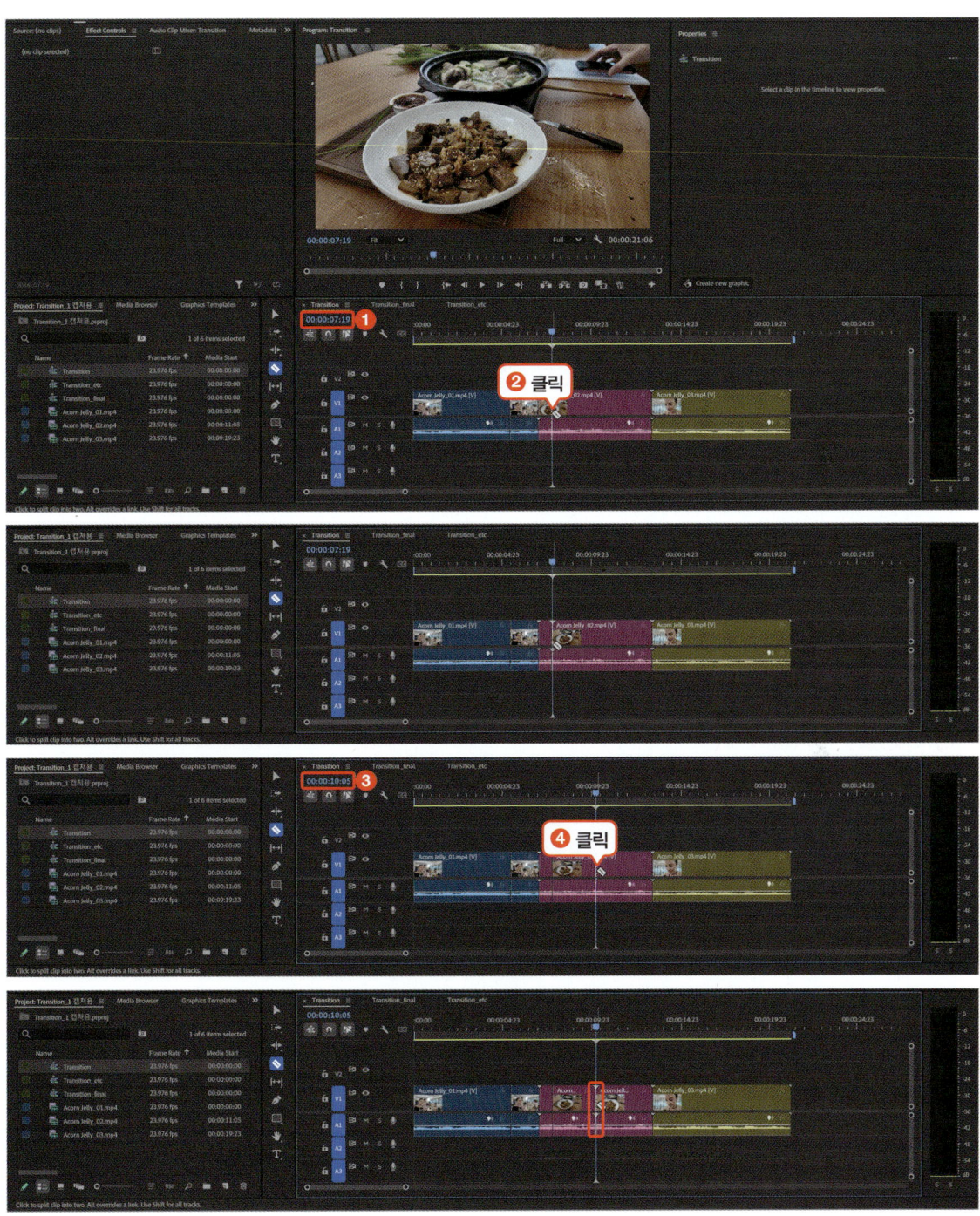

03

❶ 편집 기준선을 **00:00:14:19** 지점에 위치합니다. ❷ 편집 기준선의 [Acorn Jelly_03.mp4] 클립을 클릭하여 자릅니다. ❸ 편집 기준선을 **00:00:19:18** 지점에 위치한 후 ❹ 한 번 더 [Acorn Jelly_03.mp4] 클립을 클릭하여 자릅니다.

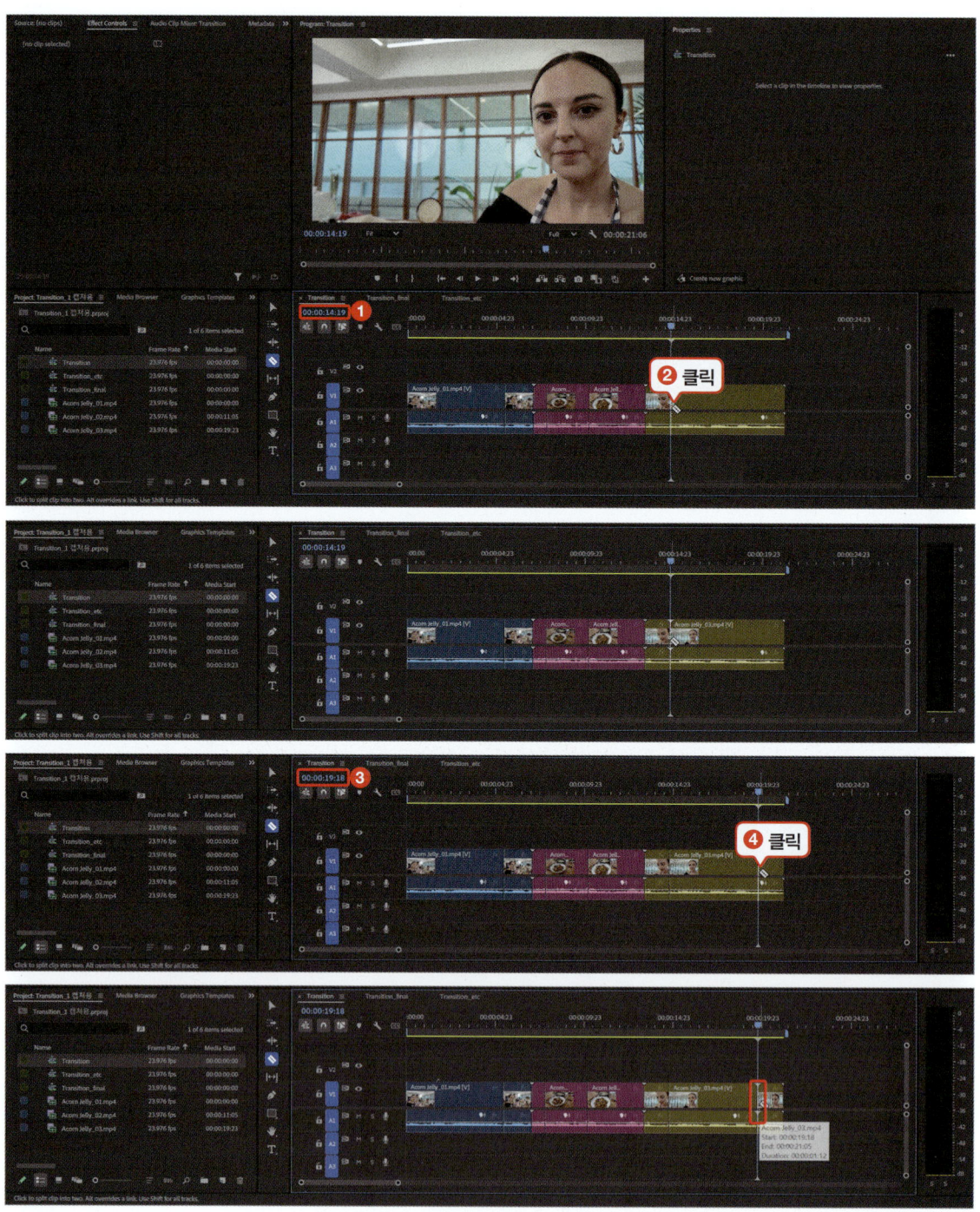

04 컷 편집이 완료되었습니다. ❶ V 를 눌러 선택 도구 ▶ 를 선택한 후 ❷ 필요 없는 부분은 Shift 를 누른 상태에서 모두 클릭합니다. ❸ Delete 를 눌러 삭제합니다.

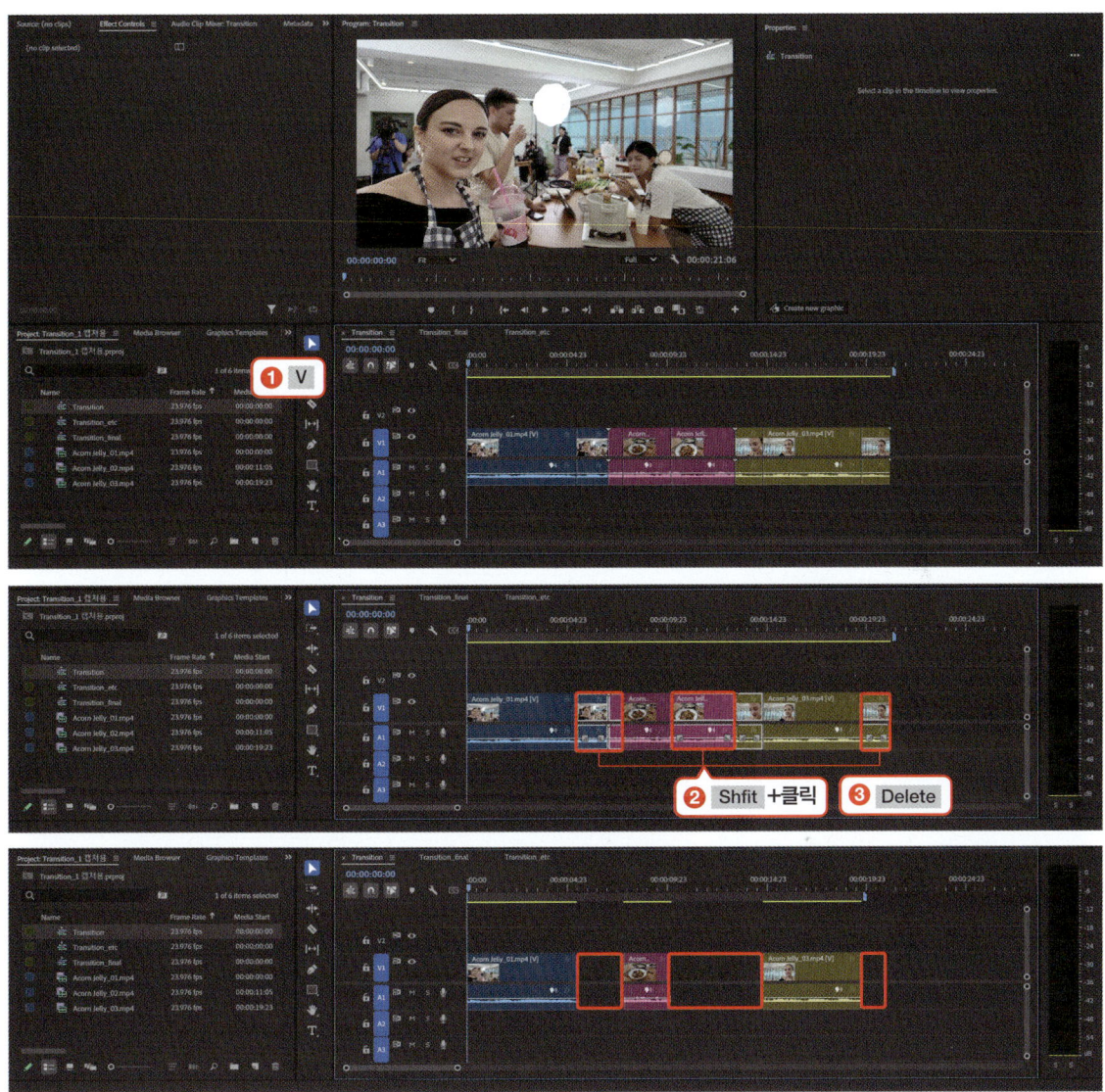

05 ❶ 앞쪽 영상 사이의 공백을 마우스 오른쪽 버튼으로 클릭합니다. ❷ [Ripple Delete]를 클릭하여 공백을 지워줍니다. ❸ ❹ 같은 방법으로 뒤쪽 영상 사이 공백도 지워줍니다.

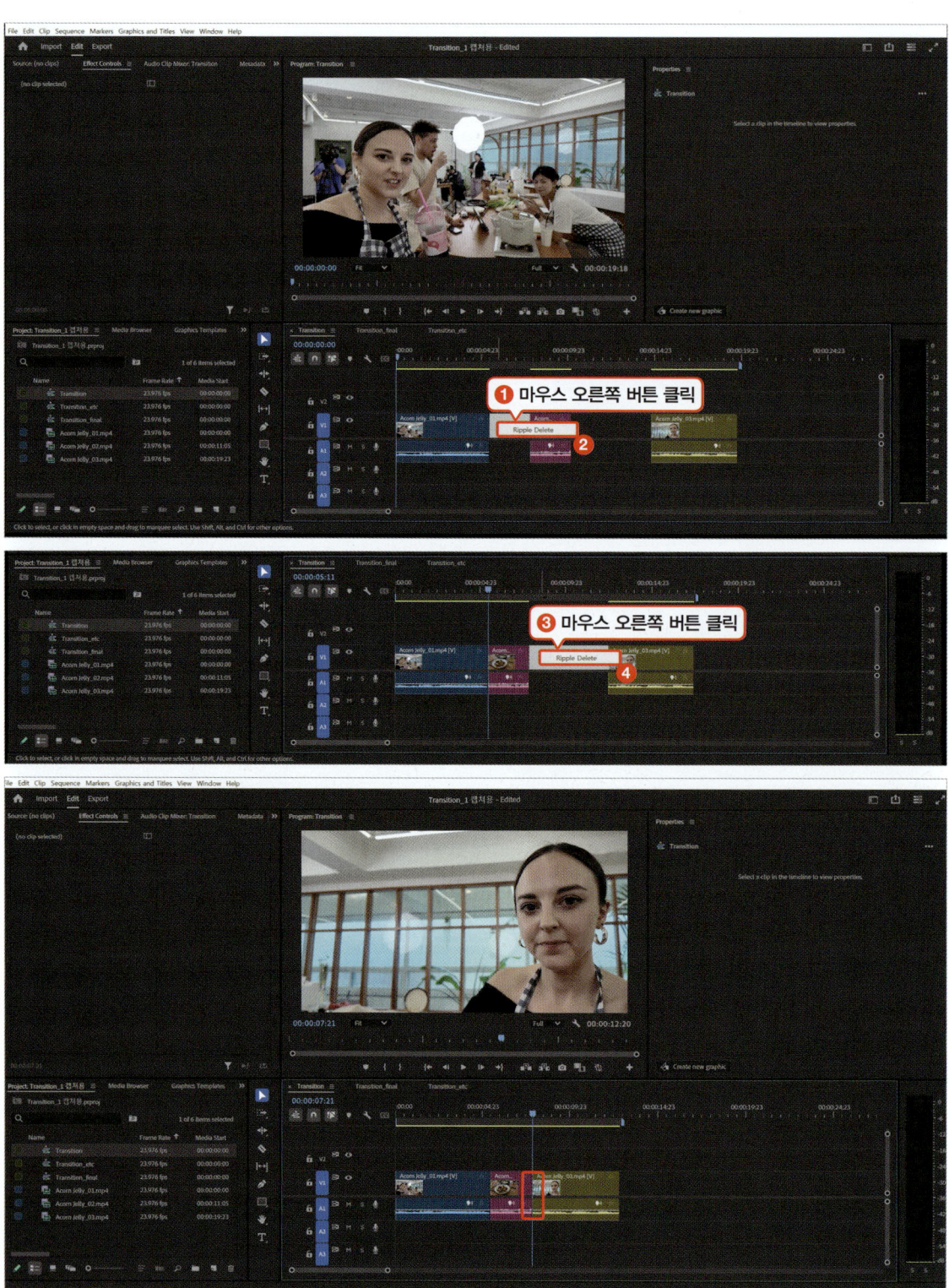

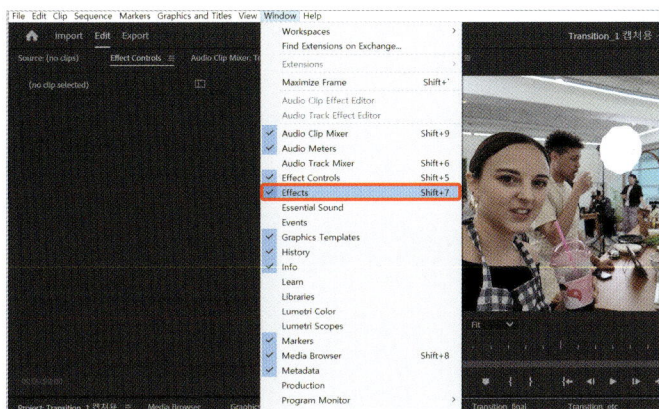

06 [Window]-[Effects] 메뉴를 선택해서 [Effects] 패널을 엽니다.

07 ❶ [Effects] 패널의 [Video Transition]을 더블클릭합니다. 종류별로 트랜지션이 정리되어 있습니다. ❷ [Dissolve]-[Cross Dissolve] 트랜지션 효과를 드래그하여 [Acorn Jelly_01.mp4] 클립과 [Acorn Jelly_02.mp4] 클립 사이에 추가합니다.

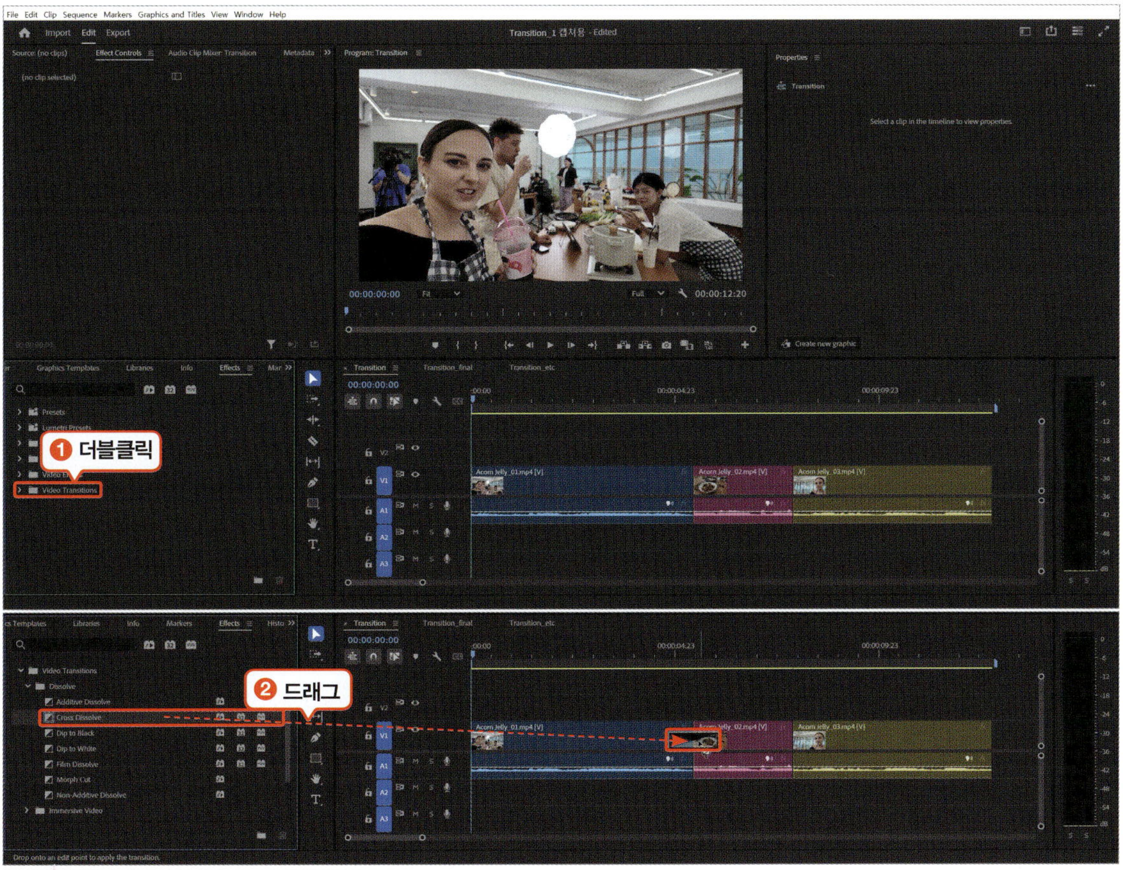

Dissolve 트랜지션 효과는 장면A와 B가 겹치면서 자연스럽게 변화하는 스타일의 트랜지션입니다.

08 ❶ [Effects] 패널에서 [Video Transition]-[Wipe]-[Clock Wipe] 트랜지션을 드래그하여 [Acorn Jelly_02.mp4] 클립과 [Acorn Jelly_03.mp4] 클립 사이에 추가합니다. ❷ 추가한 트랜지션의 끝부분을 드래그해 트랜지션 핸들의 길이를 줄입니다. ❸ 등장 인물의 얼굴이 더 길게 노출되도록 트랜지션의 위치를 왼쪽으로 이동합니다.

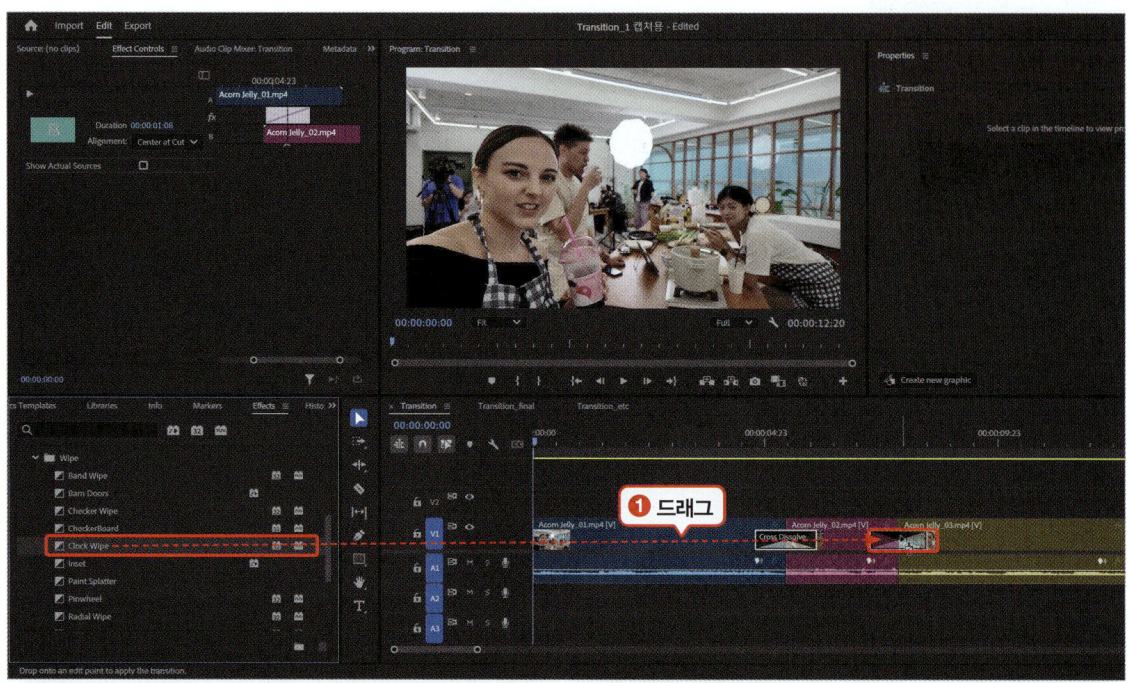

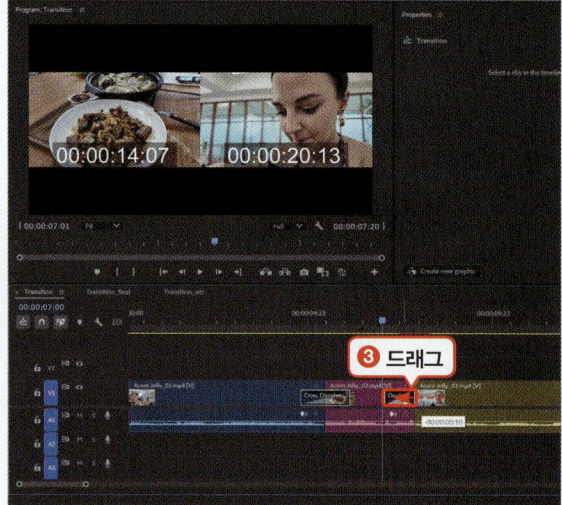

트랜지션의 길이, 위치는 자유롭게 조절할 수 있습니다.

기능 꼼꼼 익히기 — 트랜지션의 세부 설정 수정하기

트랜지션은 종류가 매우 다양하며, 각각의 조정 방법도 다릅니다. 트랜지션 핸들을 클릭한 후 [Effect Controls] 패널을 확인하면 세부 설정을 변경할 수 있는 다양한 옵션이 나타납니다. 여러 설정을 시도해보며 원하는 효과를 찾아보는 것을 추천합니다.

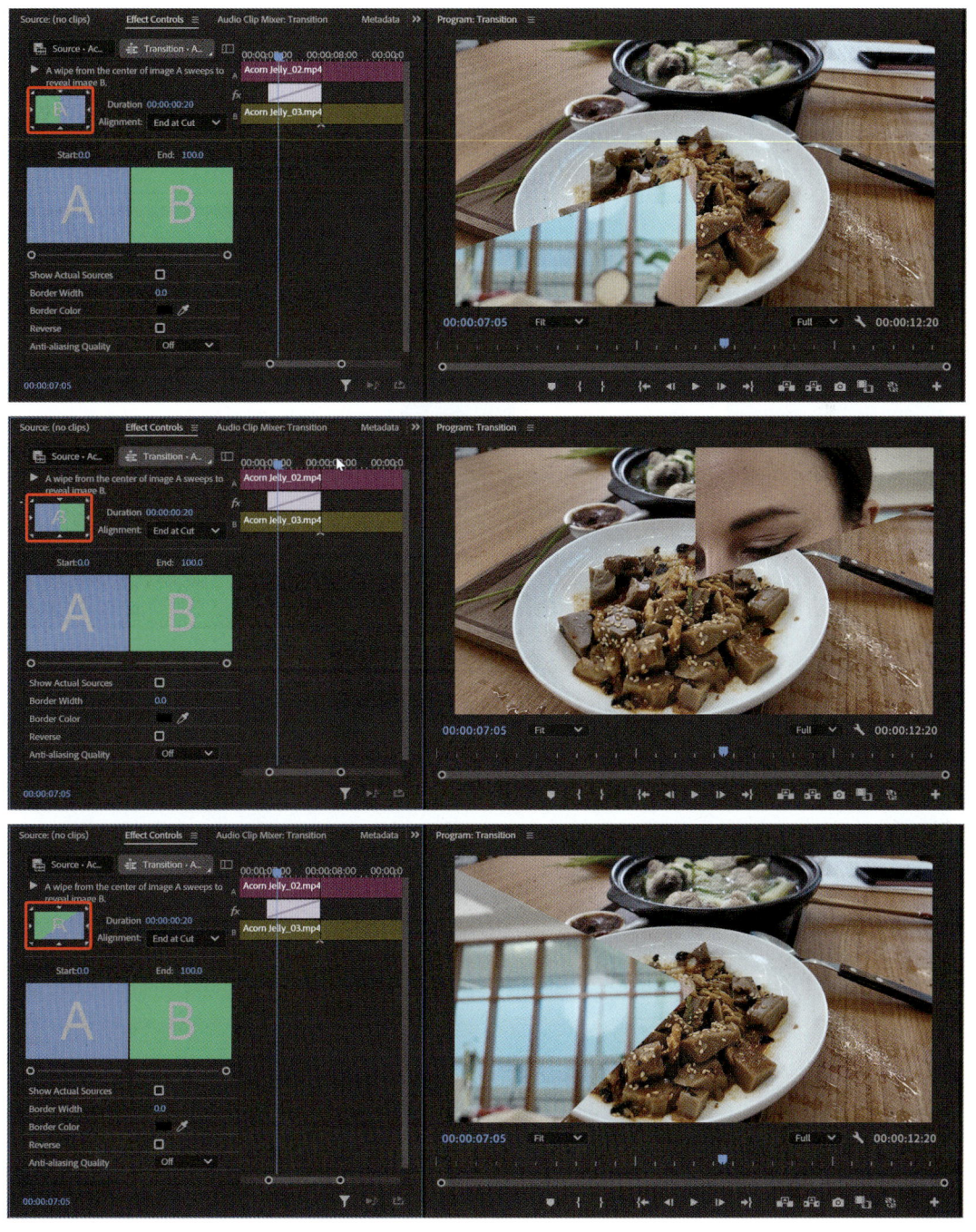

간단 실습 | 이미지 소스에 비디오 트랜지션 적용하기

준비 파일 프리미어 프로/Chapter 03/Transition_2.prproj

트랜지션은 기본적으로 영상 클립 사이에 적용되지만, 이미지 소스의 시작과 끝부분에 적용하면 영상을 더욱 다채롭게 연출할 수 있습니다. 트랜지션을 적절히 활용해 이미지 전환을 부드럽게 만들면서 시각적 흥미를 더해보세요. 준비 파일을 열어줍니다. [Transition_Practice] 시퀀스에서 시작합니다.

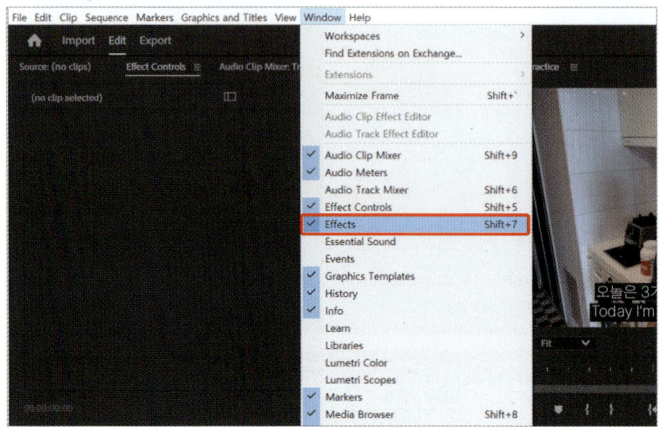

01 [Window]-[Effects] 메뉴를 선택해서 [Effects] 패널을 엽니다.

이 예제에는 프리텐다드 폰트가 사용되었습니다. Adobe 유료 플랜을 구독하면 지원하는 폰트를 자동으로 찾고, 설치해줍니다. 자동으로 설치되지 않는다면 눈누(https://noonnu.cc), Google Fonts(https://fonts.google.com), DaFont(https://dafont.com) 등에서 다운로드할 수 있습니다.

02 ❶ [Effects]-[Video Transition]-[Slide]-[Push] 트랜지션을 드래그하여 비디오 3번 트랙(V3)의 [Wraps.png] 클립 앞부분에 추가합니다. ❷ 트랜지션 핸들을 드래그하여 길이를 조금 줄여줍니다.

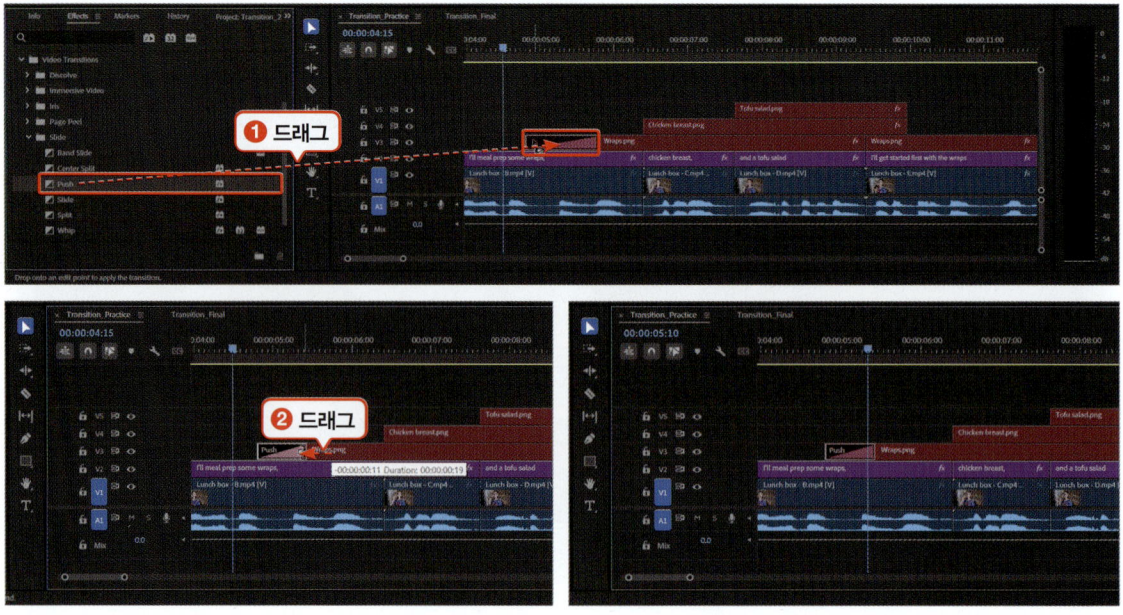

03 Spacebar 를 눌러 적용된 트랜지션 효과를 확인합니다.

04 ❶ [Effects]-[Video Transition]-[Slide]-[Split] 트랜지션을 드래그하여 비디오 4번 트랙(V4)의 [Chicken breast.png] 클립 앞부분에 추가합니다.

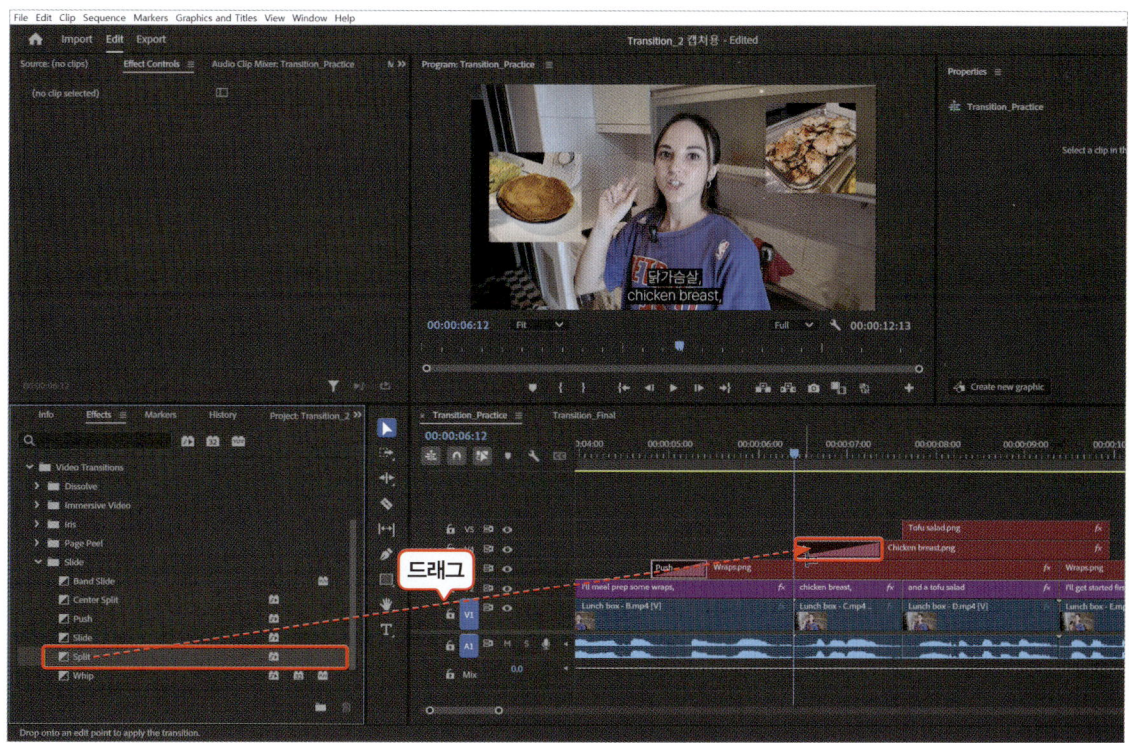

05 [Effects]-[Video Transition]-[Page Peel]-[Page Turn] 트랜지션을 드래그하여 비디오 5번 트랙(V5)의 [Tofu salad.png] 클립 앞부분에 추가합니다.

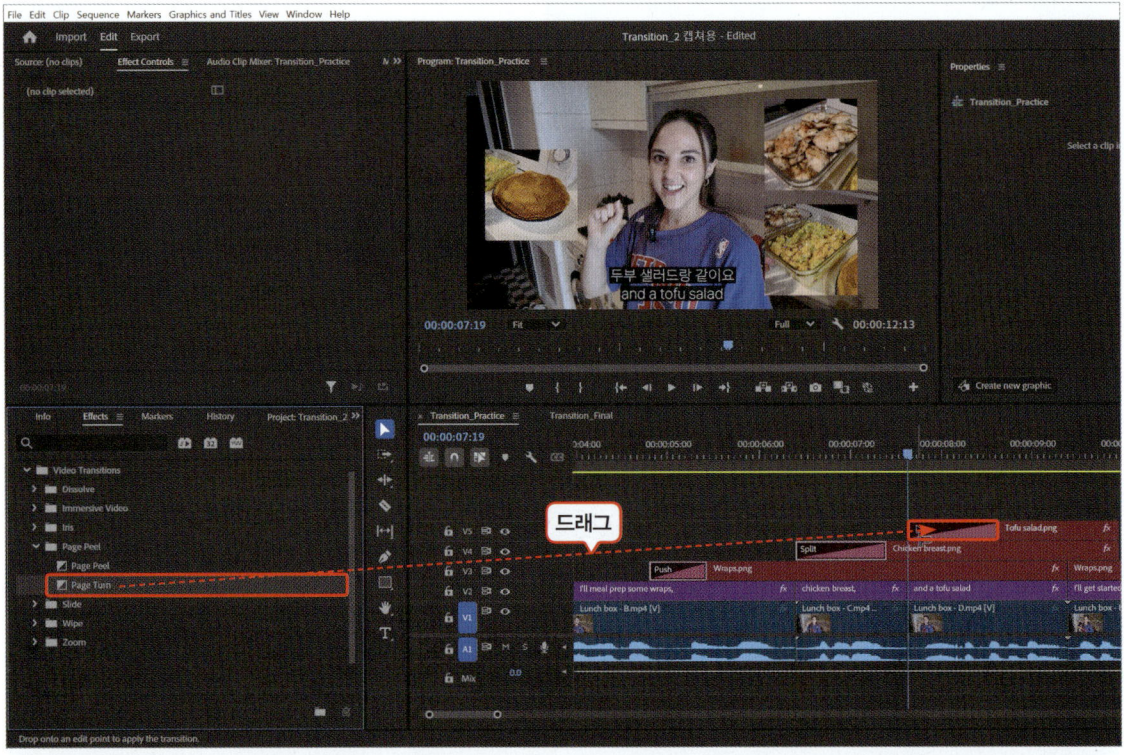

06 ①② [Effects]-[Video Transition]-[Dissolve]-[Cross Dissolve] 트랜지션을 드래그하여 비디오 4번 트랙(V4)과 비디오 5번 트랙(V5)의 이미지 클립 끝부분에 각각 추가합니다. ③④ 추가된 트랜지션 핸들의 앞부분을 각각 드래그하여 [Lunch box-E.mp4] 클립이 시작되는 지점과 맞춥니다.

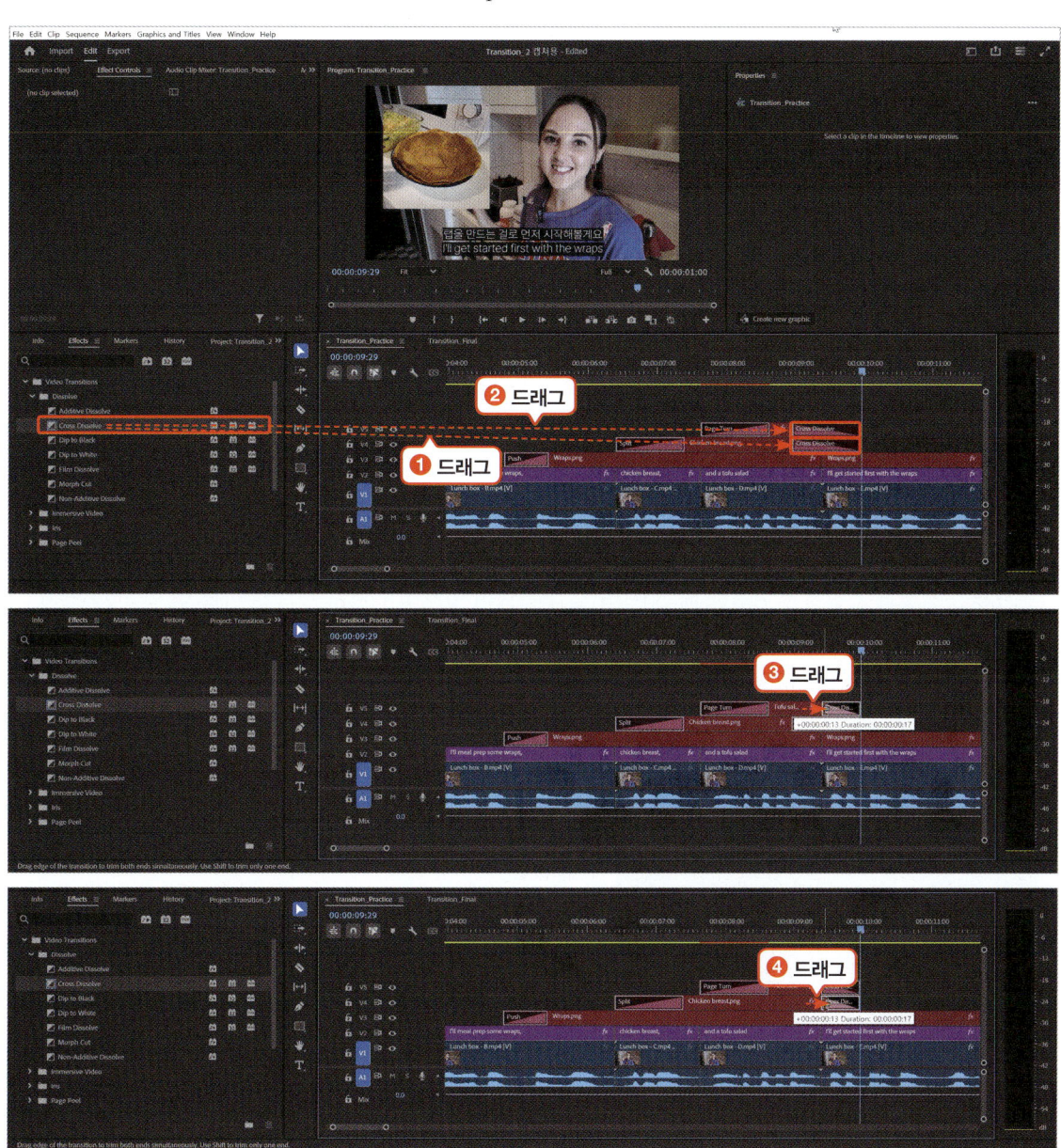

CHAPTER 03 비디오 이펙트로 CG 만들기 129

LESSON 04 영상 크롭 효과 만들기

마스크와 크롭으로 예능, 영화 효과 연출하기

마스크는 조절점과 조절점을 연결한 패스(Path)로 구성됩니다. 프리미어 프로에서는 원형, 사각형, 자유 곡선 형태의 모양으로 마스크를 생성할 수 있습니다. 이는 원하는 영역만 보이도록 잘라내는 작업으로 이해하면 쉽습니다. 또한 크기, 모양, 마스크 경계선의 부드러움 등 세부 옵션을 디테일하게 조정할 수도 있습니다.

마스크의 기본 옵션 알아보기

마스크는 조절점과 조절점을 연결한 패스(Path)로 구성되어 있으며 원하는 형태를 만들 수 있는 세 가지 기본 형태(원형, 사각형, 자유 곡선)를 지원합니다. 마스크를 생성하면 생성된 패스 안쪽이 보이며 [Inverted] 옵션에 체크하여 노출되는 영역을 반전할 수 있습니다. 마스크의 크기와 모양은 다양하게 변경할 수 있으며 마스크의 크기가 변하는 애니메이션을 구성하거나 다른 소스와 합성하는 등 재미있는 효과를 연출할 수 있습니다.

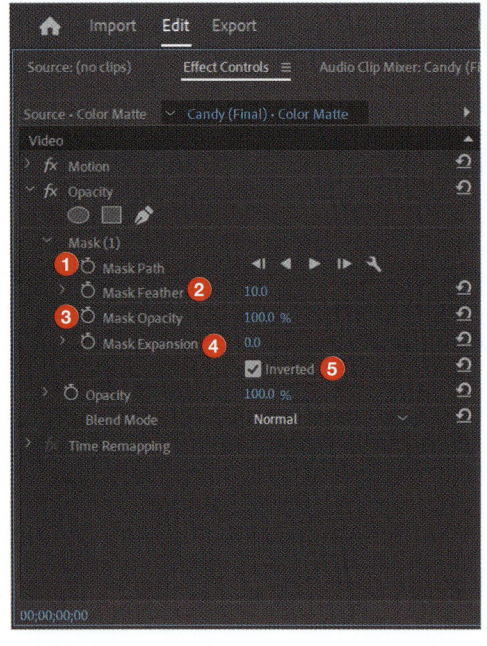

① **Mask Path** | 마스크 패스를 제어하는 부분입니다. [Program] 패널에서 작업한 마스크에 키프레임을 적용하거나 트래킹(Tracking, 추적) 작업을 할 수 있습니다.

② **Mask Feather** | 마스크 패스 경계 부분의 부드러운 정도를 조절합니다.

③ **Mask Opacity** | 마스크 영역의 불투명도를 조절합니다.

④ **Mask Expansion** | 마스크 영역의 보이는 정도를 조절합니다. 0일 경우 마스크 패스와 1:1 비율로 노출되고, 0보다 커지면 패스 영역보다 노출 영역이 커집니다. 0보다 작아지면 패스 영역보다 노출 영역이 작아집니다.

⑤ **Inverted** | 마스크 패스의 노출 영역을 반전시킵니다.

간단 실습 | 마스크로 예능 스타일 편집하기

준비 파일 프리미어 프로/Chapter 03/Mask.prproj

마스크를 활용해 얼굴을 강조하는 귀여운 브릿지를 만들어보겠습니다. 준비 파일을 열어줍니다. [Practice] 시퀀스에서 시작합니다.

01 ❶ 비디오 1번 트랙(V1)의 [Cat.mov] 클립을 클릭합니다. ❷ [Effect Controls] 패널-[Opacity]에서 ⬤를 클릭하면 영상 클립에 동그란 모양의 마스크가 생성됩니다.

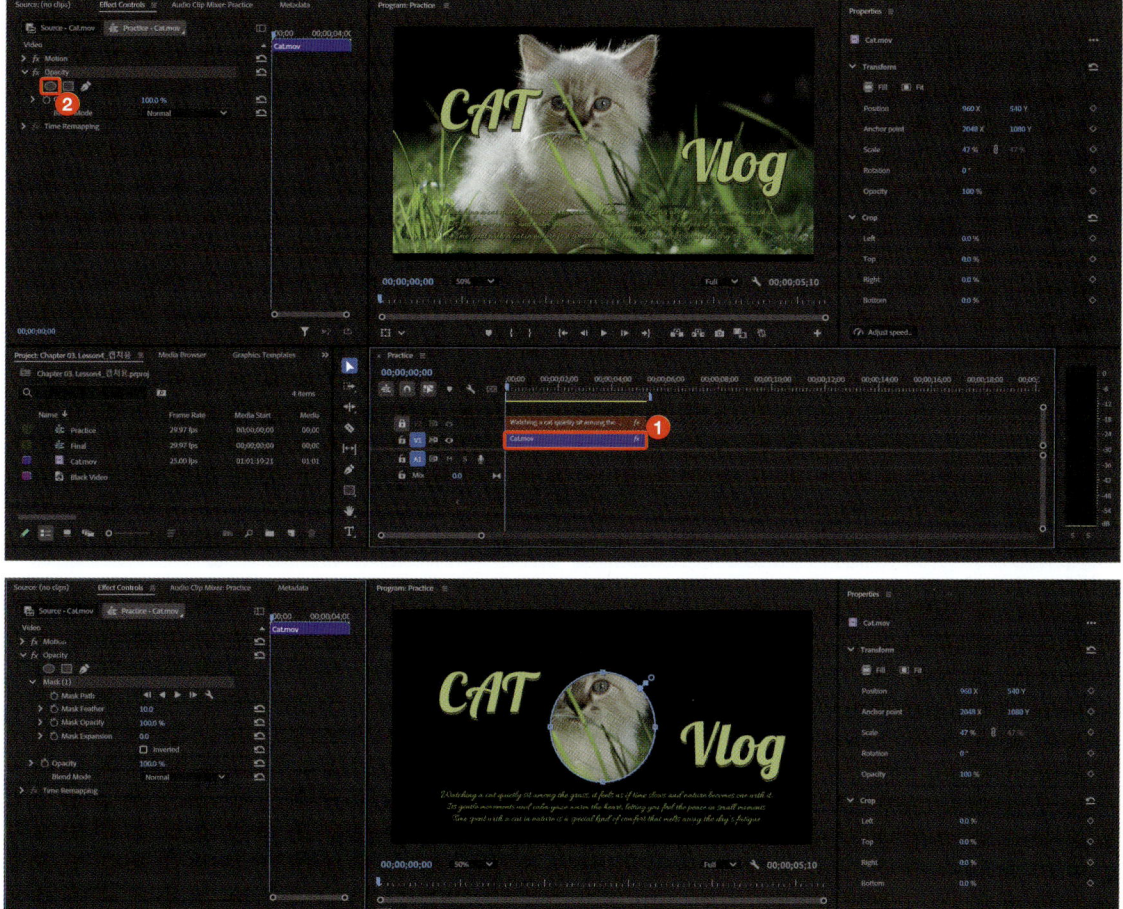

이 예제에는 Lobster, Allura 폰트가 사용되었습니다. Adobe 유료 플랜을 구독하면 지원하는 폰트를 자동으로 찾고, 설치해줍니다. 자동으로 설치되지 않는다면 눈누(https://noonnu.cc), Google Fonts(https://fonts.google.com), DaFont(https://dafont.com) 등에서 다운로드할 수 있습니다.

02 [Program] 패널에서 패스의 네 조절점을 드래그해 마스크의 형태와 크기를 변경할 수 있습니다. ❶ 마스크 왼쪽 조절점을 클릭한 후 드래그해 모양을 조절합니다. ❷❸❹ 같은 방법으로 오른쪽, 위, 아래의 조절점을 각각 드래그해 마스크를 동그란 모양으로 만들어줍니다.

> 조절점을 클릭하여 마스크 패스의 모양을 변경하는 중 Shift + Alt 를 눌러보세요. 마스크의 조절점을 클릭한 상태에서 드래그하면 마스크를 정원형으로 변경할 수 있습니다.

03 [Effect Controls] 패널-[Mask]-[Mask Feather]의 값을 100으로 설정합니다. 마스크 패스 경계 부분분이 부드럽게 변했습니다.

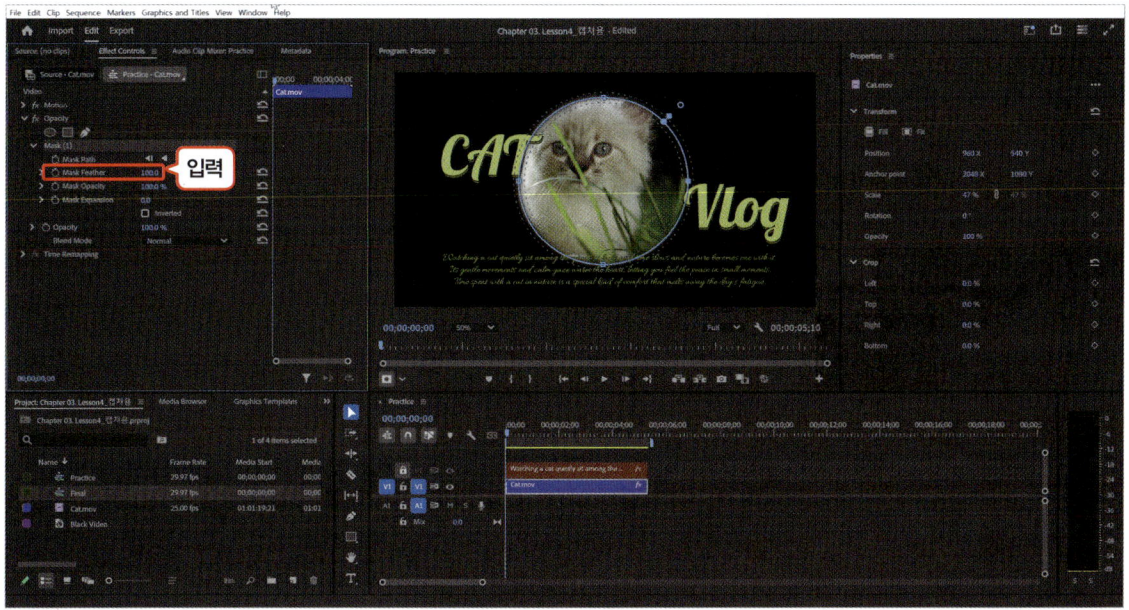

▲ [Mask Feather]가 0일 때 : 부드러움 효과가 없이 반듯한 형태

▲ [Mask Feather]가 100일 때 : 경계선이 부드럽게 퍼지는 형태

기능 꼼꼼 익히기 | 마스크 핸들을 사용하는 방법

[Effect Controls] 패널에서 값을 조절하는 방법 외에도 [Program] 패널에서 마스크 옵션을 직관적으로 조절할 수 있습니다. [Effect Controls] 패널에서 [Mask]를 클릭하면 [Program] 패널에 [Mask Feather]의 조절점이 함께 표시됩니다.

04 고양이가 잘 보이도록 영상 클립의 크기, 위치를 조정하겠습니다. [Effect Controls] 패널에서는 마스크 옵션을 계속 볼 수 있게 열어두고 오른쪽의 [Properties] 패널에서 클립의 속성을 수정합니다. [Properties] 패널 - [Transform]에서 [Scale]을 **35**로 설정합니다.

05 Shift + Alt 를 누른 상태에서 마스크의 위쪽 조절점을 드래그하여 마스크가 정원형이 되도록 수정합니다. 고양이의 귀와 몸통이 충분히 보이게 마스크를 수정하면 됩니다.

06 ❶ 편집 기준선을 00;00;01;14 지점에 위치합니다. ❷ 마스크 영역 안쪽을 드래그하여 마스크 내의 영상을 약간 왼쪽으로 옮겨줍니다. 고양이 얼굴과 풍경이 골고루 보입니다. ❸ [Properties] 패널 – [Transform]에서 [Position]의 X값을 830으로 설정하여 영상의 위치를 왼쪽으로 옮겨줍니다.

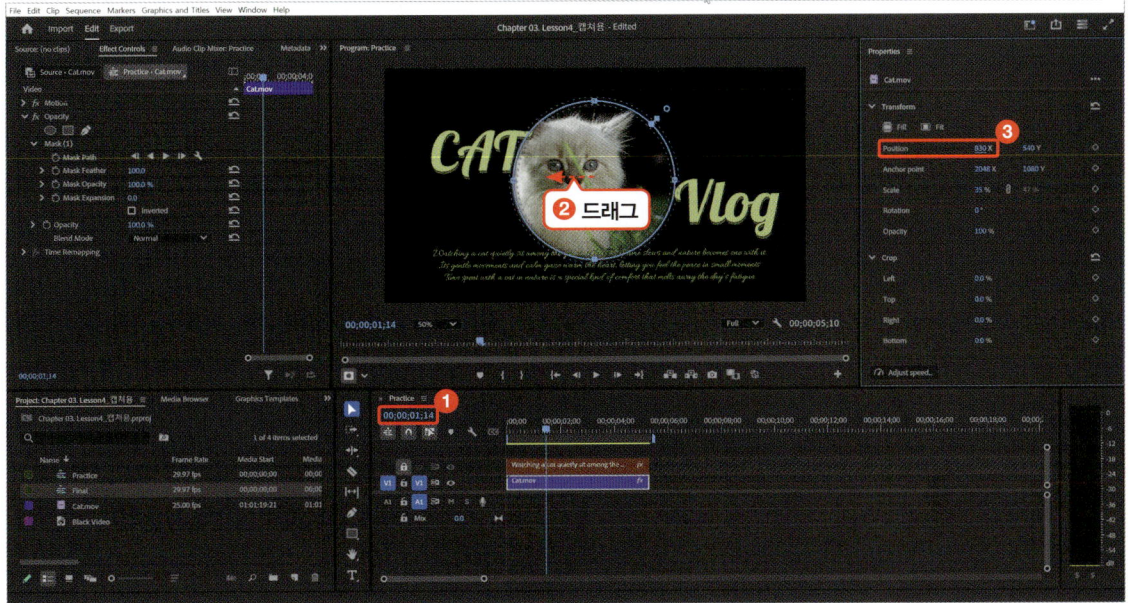

07 Spacebar 를 눌러 재생하여 완성된 결과물을 확인합니다.

> 간단 실습 **영상 크롭으로 영화 분위기 연출하기**

준비 파일 프리미어 프로/Chapter 03/Crop.prproj

영상의 위 아래를 크롭하여 영화 분위기를 연출해보겠습니다. 준비 파일을 열어줍니다.

01 ❶ 비디오 1번 트랙(V1)에서 [Vdeo.mp4] 클립을 클릭한 후 ❷ [Properties] 패널에서 [Crop]을 펼칩니다.

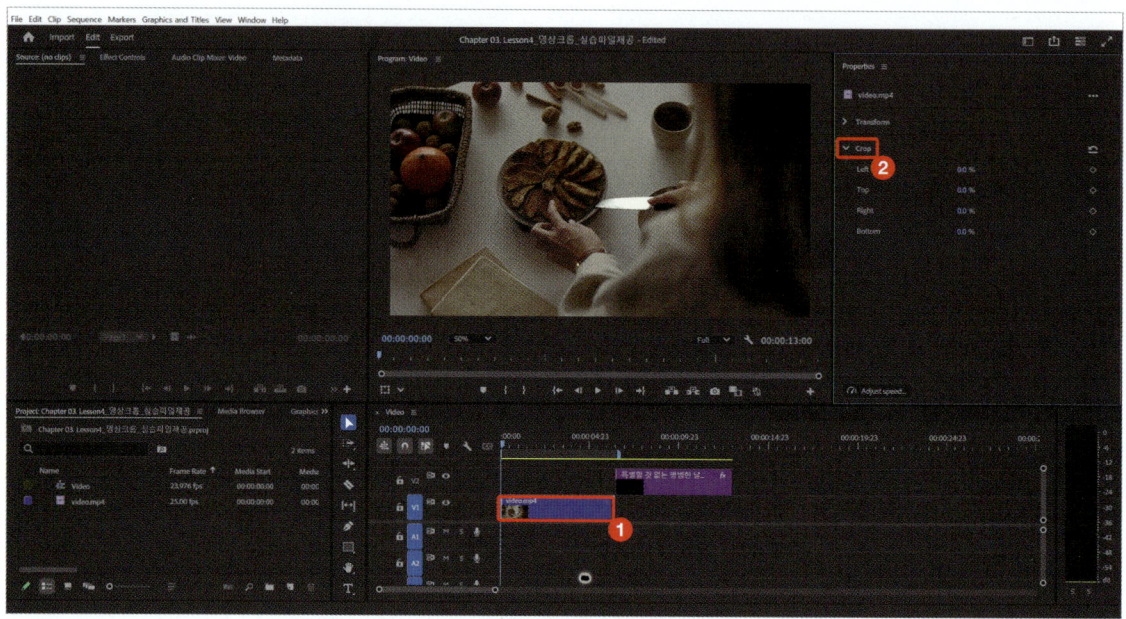

02 ❶❷ [Top], [Bottom]을 **16%**로 각각 설정하여 영상의 위아래를 자르고 가운데만 남도록 크롭합니다.

이 예제에는 전라남도교육청의 전남교육바른체 폰트가 사용되었습니다. Adobe 유료 플랜을 구독하면 지원하는 폰트를 자동으로 찾고, 설치해줍니다. 자동으로 설치되지 않는다면 눈누(https://noonnu.cc/), Google Fonts(https://fonts.google.com/), DaFont(https://dafont.com) 등에서 다운로드할 수 있습니다.

03 비디오 2번 트랙(V2)에 준비된 자막 클립을 시작 지점으로 드래그하여 영상 꾸미기를 마무리합니다.

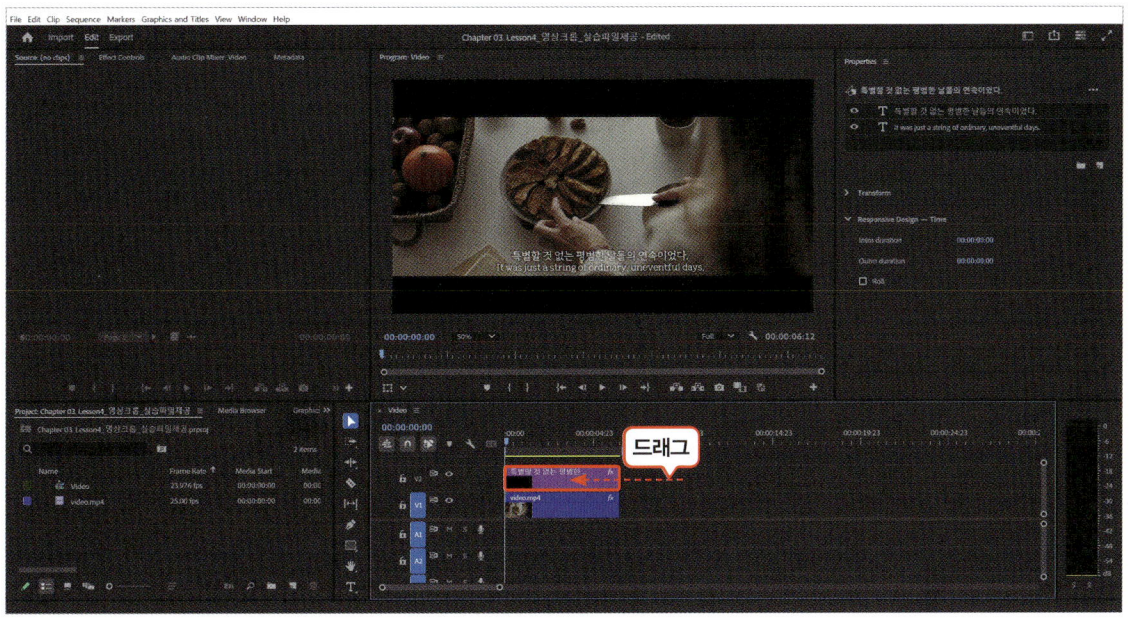

04 Spacebar 를 눌러 재생하여 완성된 결과물을 확인합니다.

CHAPTER 04

색보정으로
영상 퀄리티 올리기

촬영한 영상의 색감이 마음에 들지 않거나,
혹은 영상의 분위기를 바꾸고 싶을 때 색보정 기능을 사용합니다.
프리미어 프로는 일반적인 색보정 기능은 물론,
각종 프리셋을 활용한 간단한 색보정부터
루메트리 컬러와 블렌드 모드를 이용한
고급 색보정 기능까지 모두 제공합니다.
간단한 색보정을 통해 영상의 분위기를 바꾸고,
다양한 느낌을 연출하는 방법에 대해 알아보겠습니다.

프리미어 프로 색보정 완전 정복

루메트리 컬러로 색보정하기

루메트리 컬러(Lumetri Color)는 프리미어 프로에서 전문가 수준의 색보정을 가능하게 해주는 강력한 도구입니다. 최근에는 한 번의 터치로 색보정을 완료할 수 있는 간단한 프로그램들이 많이 등장했지만, 프리미어 프로에서도 어셋을 선택하는 것만으로도 손쉽게 아름다운 색보정을 구현할 수 있습니다.

이 기능을 활용하면 채도와 밝기 조절은 물론, 영상의 노출, 하이라이트 등 다양한 요소를 세밀하게 조정할 수 있습니다. 이를 통해 사용자는 자신의 영상에 맞는 최적의 색감을 구현할 수 있으며, 전문적인 결과물을 손쉽게 얻을 수 있습니다.

간단 실습 | Basic Correction으로 기본 색보정하기

준비 파일 프리미어 프로/Chapter 04/Lumetri Color.prproj

루메트리 컬러를 활용한 색보정 방법을 자세히 살펴보겠습니다. 준비 파일을 열어줍니다. [01.Basic correction] 시퀀스에서 시작합니다.

01 색보정을 할 때는 작업 영역 모드를 [Color] 모드로 변경해서 진행하는 것이 좋습니다. [Window]-[Workspaces]-[Color] 메뉴를 선택합니다.

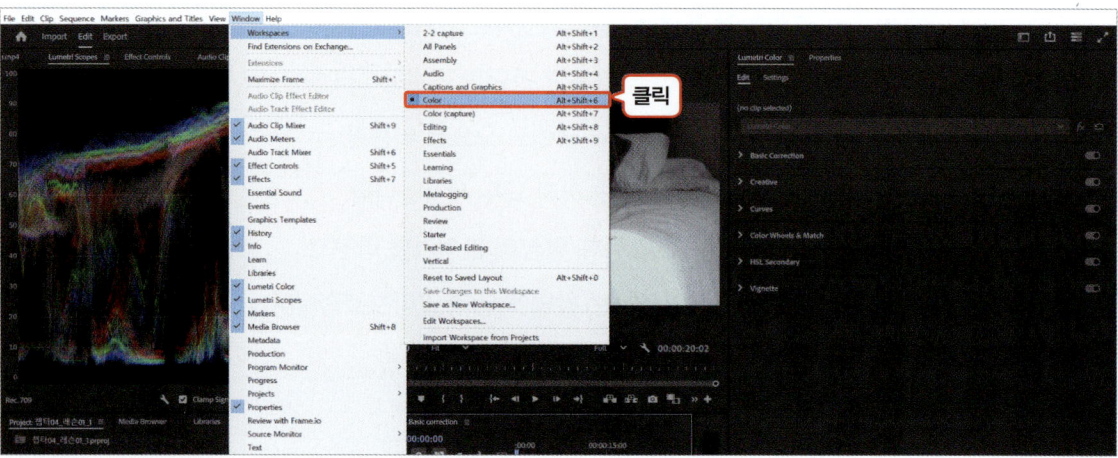

| 기능 꼼꼼 익히기 | 패널 사이즈 조절하기

각 패널의 크기를 자유롭게 조정할 수 있습니다. 패널의 테두리를 드래그하여 색보정 작업을 하기에 가장 좋은 나만의 패널 설정을 찾아보세요.

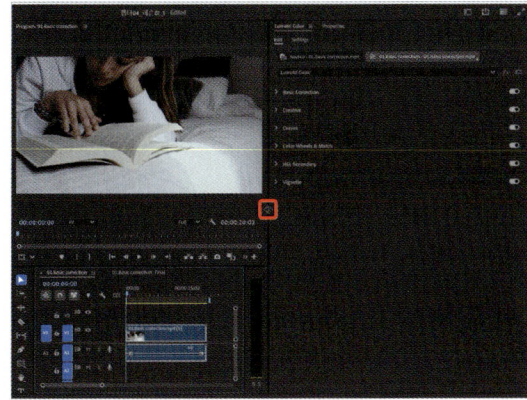

02 ❶ [Timeline] 패널에서 [01.Basic correction.mp4] 클립을 클릭합니다. [Lumetri Color] 패널이 활성화됩니다. ❷ [Basic Correction]을 클릭합니다.

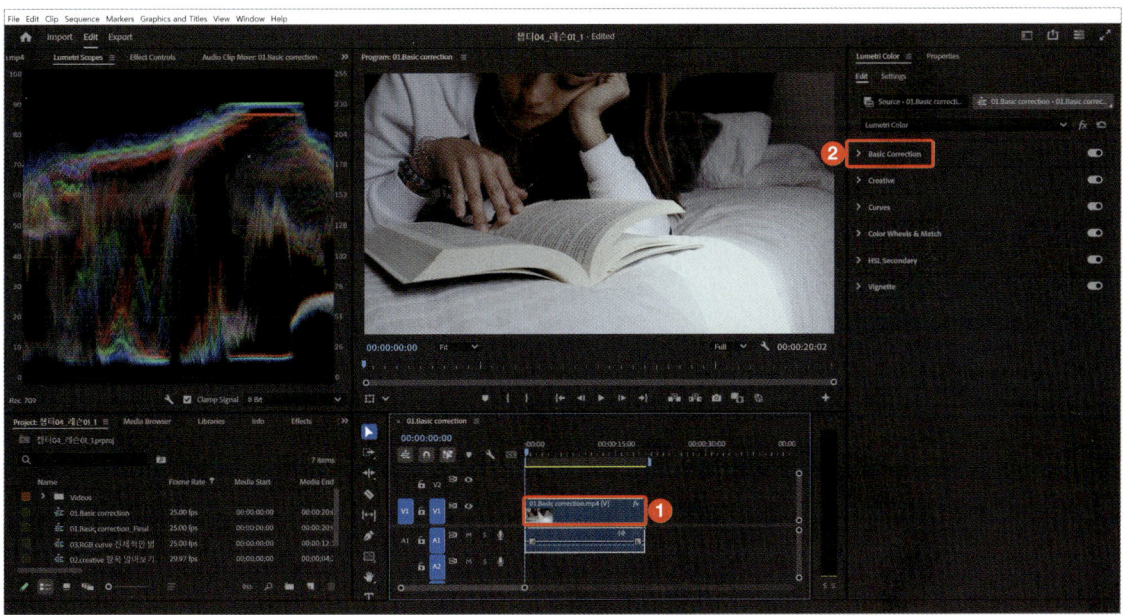

[Lumetri Color] 패널은 색보정할 클립을 선택해야 활성화됩니다.

03 ❶ [Lumetri Color] 패널-[Basic Correction]-[Input LUT]를 클릭합니다. 기본적인 색보정 옵션을 선택할 수 있습니다. ❷ [Phantom_Rec709_Gamma]를 클릭하여 적용합니다.

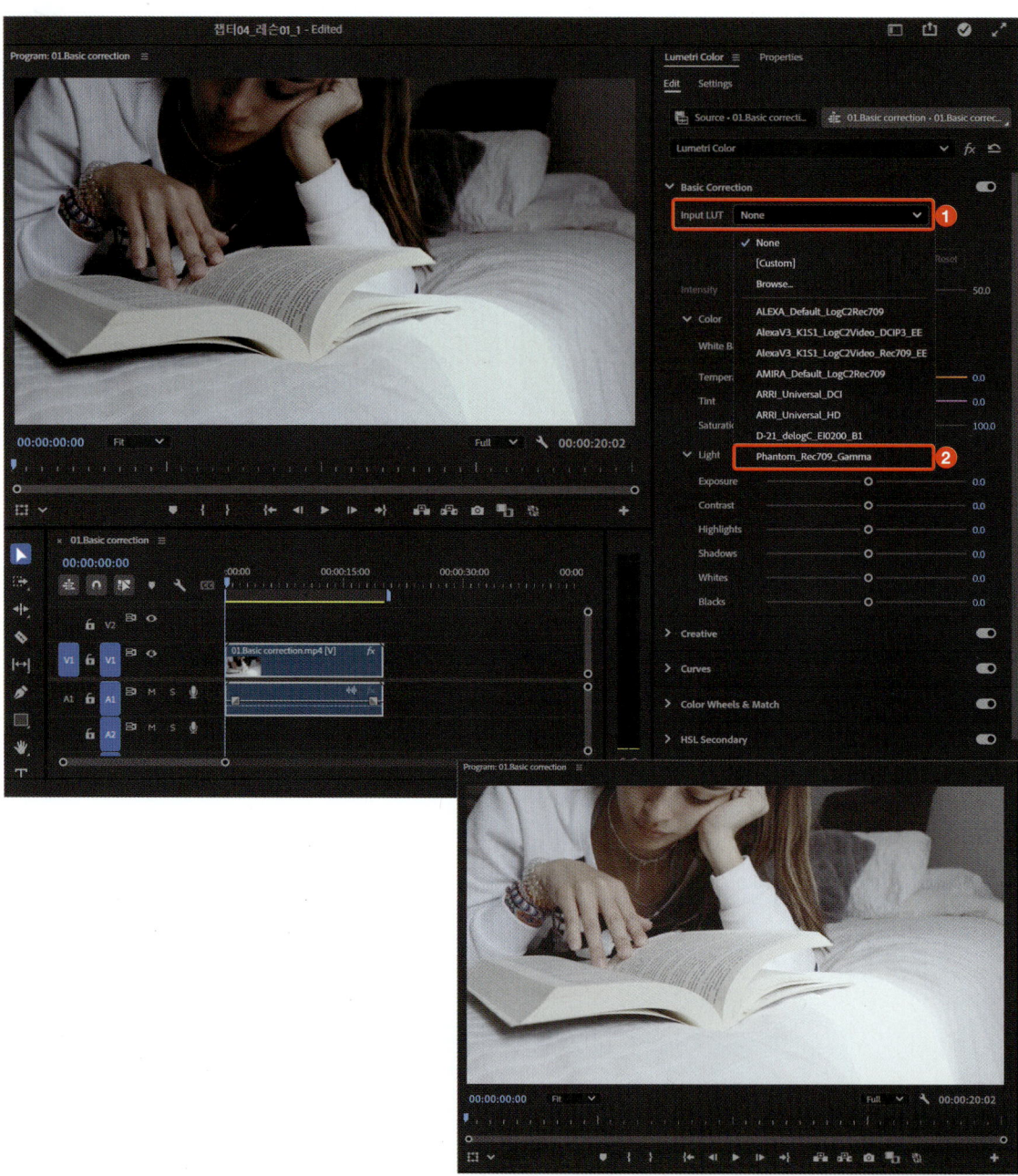

04 [Color]와 [Light]에서 각각의 항목을 아래 표와 같이 설정하여 기본 색보정 작업을 완료합니다.

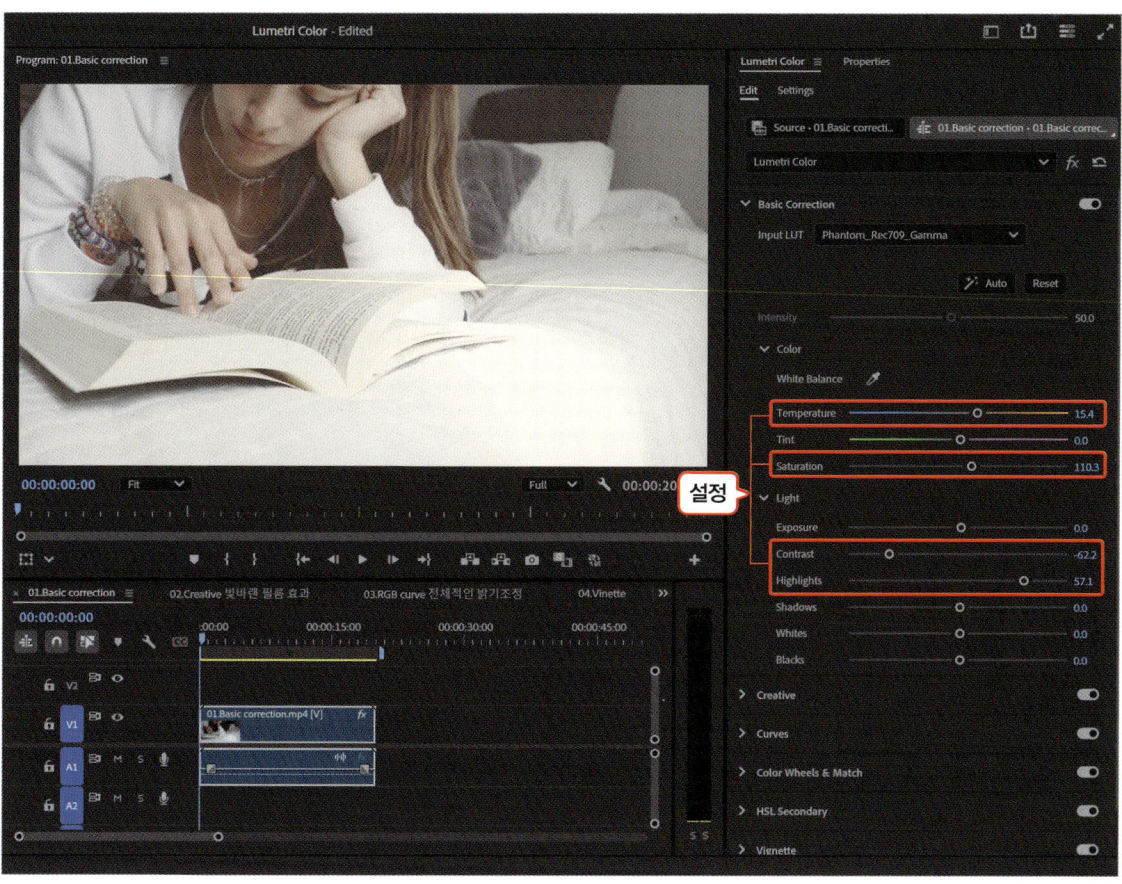

항목	설정값
Temperature	15.4
Saturation	110.3
Contrast	-62.2
Highlights	57.1

Creative 항목 알아보기

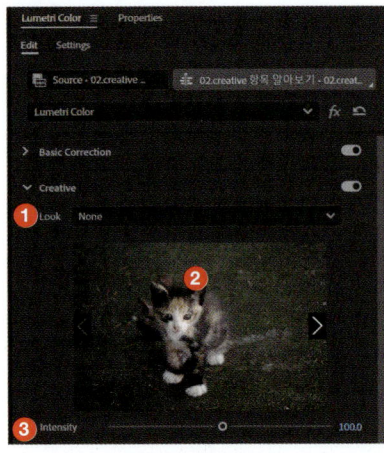

프리미어 프로에서 제공하는 색보정 프리셋을 골라서 적용할 수 있습니다. 각 프리셋을 설정한 후에도 [Adjustments] 메뉴에서 세부 설정이 가능합니다.

① **Look** | 원하는 색보정 프리셋을 목록에서 선택합니다.

② **미리 보기** | 좌우 화살표를 넘기면서 프리셋을 미리 확인하며 선택할 수 있고, 화면을 클릭하면 현재 선택된 비디오 클립 혹은 보정 레이어, 이미지에 바로 적용할 수 있습니다.

③ **Intensity(강도)** | 프리셋의 적용 강도를 조절합니다.

기능 꼼꼼 익히기 — 컬러 캐스트 알아보기

컬러 캐스트는 화면에 원하지 않은 특정 색상이 전체적으로 나타나는 현상을 말합니다. 컬러 캐스트 보정은 물체 본래의 색에 맞도록 불필요한 색을 선택하고 색 조합을 줄여가며 보정합니다. 아래 예시는 주황색 빛이 영상 전체에 컬러 캐스트된 상황에서 [WB Selector]의 스포이트로 하늘을 선택한 후 최대한 주황색이 줄어들도록 조정한 예입니다.

▲ 컬러 캐스트 보정 전

▲ 컬러 캐스트 보정 후

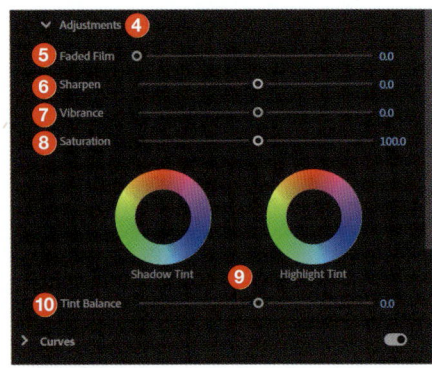

④ **Adjustments(조정)** | 프리셋이 적용된 상태에서 채도나 색조 균형을 세부적으로 조정하는 메뉴입니다.

⑤ **Faded Film(빛바랜 필름)** | 비디오에 빛이 바랜 필름 효과를 적용합니다.

⑥ **Sharpen(선명)** | 영상을 선명하게 만들거나 흐리게 조정합니다.

⑦ **Vibrance(활기)** | 채도가 낮은 색의 채도를 조정합니다. 높은 채도의 색은 거의 영향을 받지 않습니다.

⑧ **Saturation(채도)** | 비디오의 전반적인 채도를 조정합니다.

⑨ **Shadow Tint & Highlight Tint(색조 원반)** | 어두운 영역과 밝은 영역의 색조값을 조정합니다.

⑩ **Tint Balance(색조 균형)** | 비디오 색조의 균형을 맞춥니다.

| 간단 실습 | **Creative로 빛바랜 필름 효과 만들기** |

준비 파일 프리미어 프로/Chapter 04/Lumetri Color.prproj

스마트폰에서 손쉽게 사진을 보정하는 앱처럼 프리미어 프로에도 자동으로 다양한 색보정을 도와주는 프리셋이 있습니다. 프리셋을 선택하는 간단한 방법으로 빛바랜 필름 효과를 만들며 색보정을 해보겠습니다. 준비 파일을 열어줍니다. [02.Creative 빛바랜 필름 효과] 시퀀스에서 시작합니다.

01 ❶ [Timeline] 패널에서 [02.Creative항목 빛바랜 필름 효과.mp4] 클립을 클릭합니다. [Lumetri Color] 패널이 활성화됩니다. ❷ [Creative]를 클릭합니다.

02 ❶ [Lumetri Color] 패널-[Creative]-[Look]을 클릭합니다. 다양한 보정 프리셋을 선택할 수 있습니다. ❷ [Kodak 5205 Fuju 3510 (by Adobe)]를 클릭합니다.

CHAPTER 04 색보정으로 영상 퀄리티 올리기 **145**

기능 꼼꼼 익히기 | 프리셋 미리 확인하기

보정 프리셋이 적용되었을 때의 모습을 미리 확인하고 싶다면 미리 보기 양 쪽에 있는 화살표를 클릭해서 프리셋이 적용된 모습을 확인할 수 있습니다.

03 [Adjustments]에서 각각의 항목을 아래 표와 같이 적용하여 기본 색보정 작업을 완료합니다.

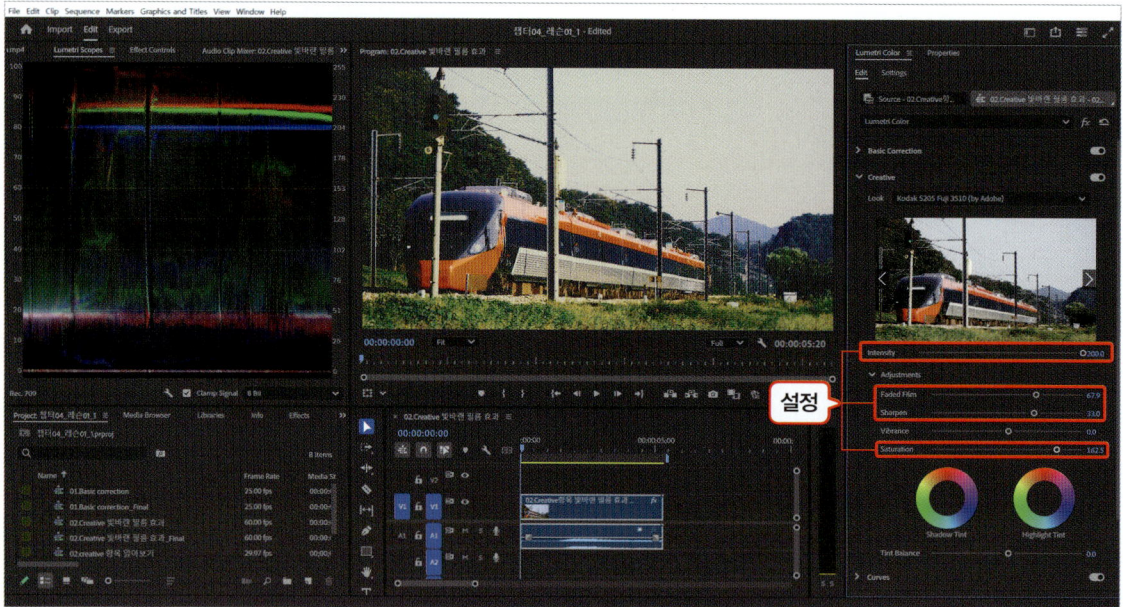

항목	설정값
Intensity	200
Faded Film	67.9
Sharpen	33
Saturation	162.5

04 ❶ [Shadow Tint] 휠의 중심에서 가까운 파란색 영역을 클릭하여 영상의 어두운 영역을 파란색 톤으로 설정합니다. ❷ [Highlight Tint] 휠의 중심에서 가까운 자주색 영역을 클릭하여 영상의 밝은 영역을 분홍색 톤으로 설정합니다.

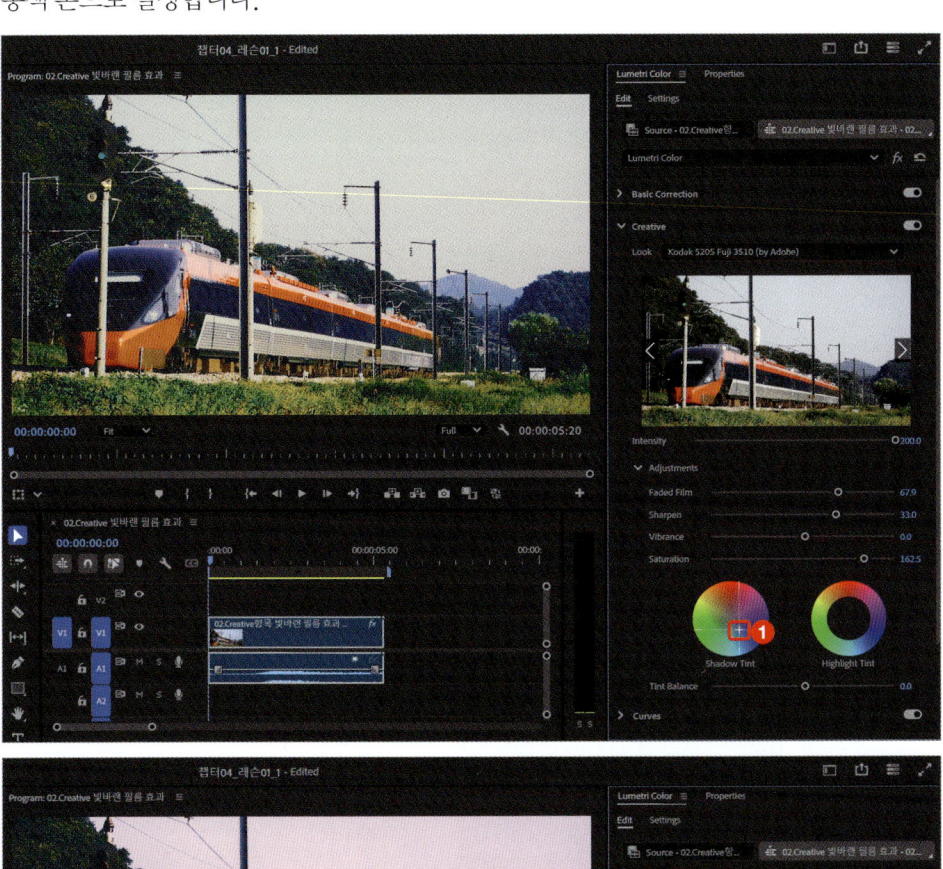

색상 휠에서 색상을 선택한 후 다시 취소하고 싶다면 색상 휠을 더블클릭합니다.

Curves 알아보기

Curves는 색보정을 할 수 있는 곡선입니다. 직접 곡선의 모양을 변형시켜서 이미지의 밝기, 채도 등을 다양하게 조절할 수 있습니다.

사용자가 직접 색보정과 관련된 곡선을 조정해 색이나 밝기를 조절합니다. 곡선을 클릭하고 조절점을 드래그하여 조정하고, Ctrl 을 누른 상태에서 조절점을 클릭해 삭제합니다. 곡선 영역에서 상단은 밝은 영역을, 하단은 어두운 영역을 나타냅니다.

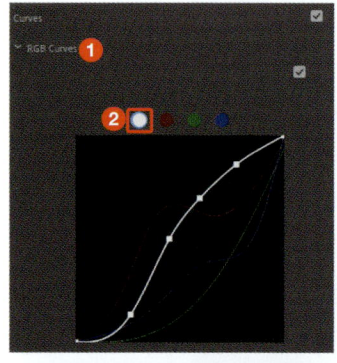
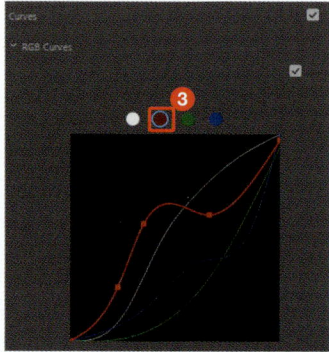

① **RGB Curves(RGB 곡선)** | 각 색감마다 정해진 곡선을 편집하여 영상의 밝기나 색조 범위를 조정합니다. 체크하거나 해제하여 [RGB Curves]의 적용 전후를 확인할 수 있습니다.

② **White** | 마스터 곡선이며 전체 영상의 명도를 조절합니다.

③ **Red** | 붉은색 계열의 명도를 조절합니다.

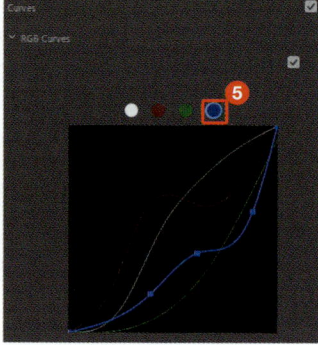

④ **Green** | 녹색 계열의 명도를 조절합니다.

⑤ **Blue** | 파란색 계열의 명도를 조절합니다.

⑥ **Hue Saturation Curves(색조 채도 곡선)** | 다양한 유형의 곡선을 기반으로 더욱 디테일한 색보정을 할 수 있습니다. 스포이트를 활용하면 특정 색을 선택해 해당 색만 조정할 수 있습니다. 선택하지 않으면 영상 전체의 색조를 조절합니다.

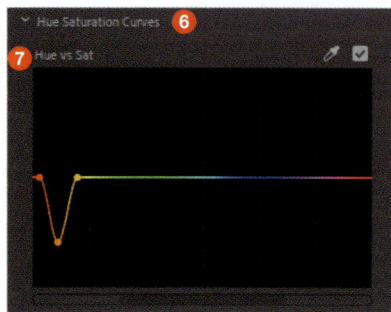

⑦ **Hue vs Sat(색조 대 채도)** | 특정 색을 선택하고 채도를 조절하는 곡선입니다.

▲ 은행잎의 노란색을 선택하고 노란색의 채도만 낮췄습니다.

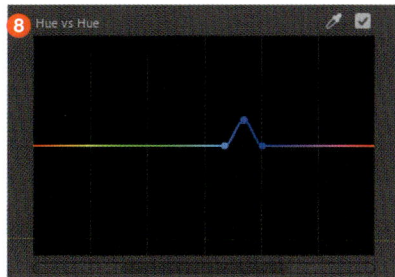

⑧ **Hue vs Hue(색조 대 색조)** | 특정 색을 선택하고 색조를 조절하는 곡선입니다.

▲ 하늘의 파란색을 선택하고 색조 조절로 초록색 하늘을 만들었습니다.

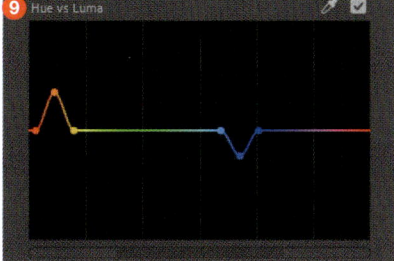

⑨ **Hue vs Luma(색조 대 루마)** | 특정 색을 선택하고 그 색의 밝기(명도)를 조절하는 곡선입니다.

▲ 하늘의 파란색은 명도를 낮추고, 은행잎의 노란색은 명도를 높였습니다.

⑩ **Luma vs Sat(루마 대 채도)** | 특정 명도를 선택하고 그 명도에 해당되는 부분의 채도를 조정하는 곡선입니다.

▲ 상대적으로 어두운 명도 범위를 선택하고 채도를 조금 높였습니다.

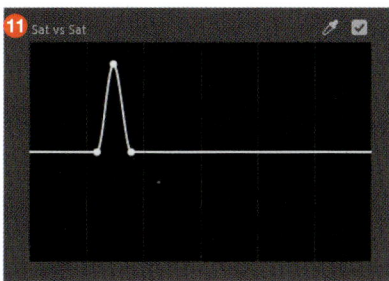

⑪ **Sat vs Sat(채도 대 채도)** | 채도 범위을 선택하고 그 채도를 조정하는 곡선입니다.

▲ 채도가 높지 않은 하늘을 선택해 채도를 높여 푸른 하늘을 구현했습니다.

곡선을 만들 수 있는 조절점은 직접 클릭해 추가하거나 스포이트로 특정 영역을 선택하여 추가합니다. 그 밖에도 다양한 조정 방법이 있습니다. ❶ Shift 를 누른 상태에서는 조절점을 위, 아래로만 이동할 수 있습니다. ❷ 조절점을 제거하려면 Ctrl 을 누른 상태에서 클릭합니다. ❸ 모든 조절점을 제거하고 싶다면 조절점 하나를 선택하고 더블클릭합니다. ❹ 해당 곡선의 색보정 전후를 확인하려면 오른쪽 위에 ☑를 체크하거나 해제합니다.

간단 실습 | Curves로 밝기와 색감 조정하기

준비 파일 프리미어 프로/Chapter 04/Lumetri Color.prproj

RGB Curves의 기본옵션을 활용하여 영상의 밝기와 색감의 따뜻함과 차가움을 전반적으로 조절해보겠습니다. 준비 파일을 열어줍니다. [03.RGB curve 전체적인 밝기조정] 시퀀스에서 시작합니다.

01 ❶ [Timeline] 패널의 [03.RGB curve 전체적인 밝기조정.mp4] 클립을 클릭합니다. [Lumetri Color] 패널이 활성화됩니다. ❷ [Curves] - [RGB Curves]를 클릭합니다.

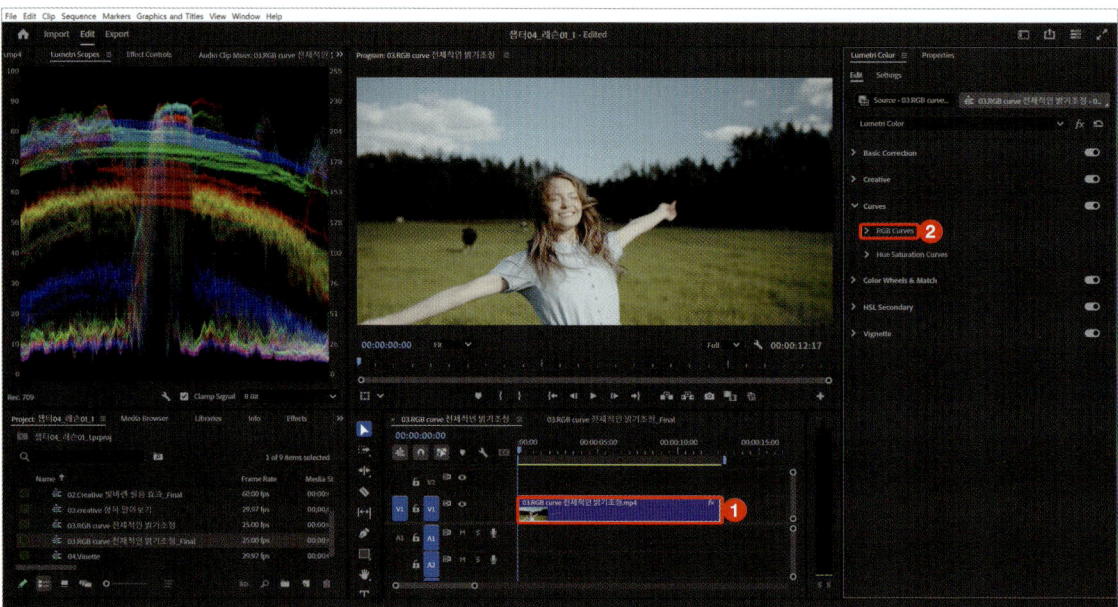

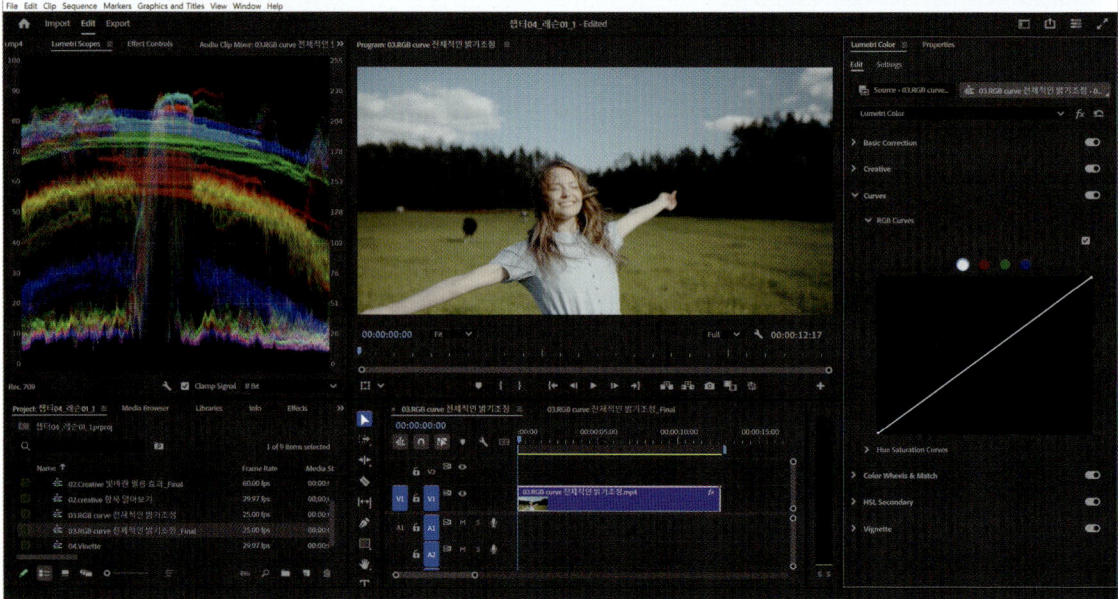

02 흰 선은 White 곡선 또는 마스터 곡선입니다. 전체 영상의 밝고 어두움을 조절합니다. ❶ 마스터 곡선에서 왼쪽 하단의 어두운 영역을 클릭해서 조절점을 추가합니다. ❷ 조절점을 위쪽으로 드래그합니다. 어두운 영역이 상대적으로 더 화사하게 보정됐습니다.

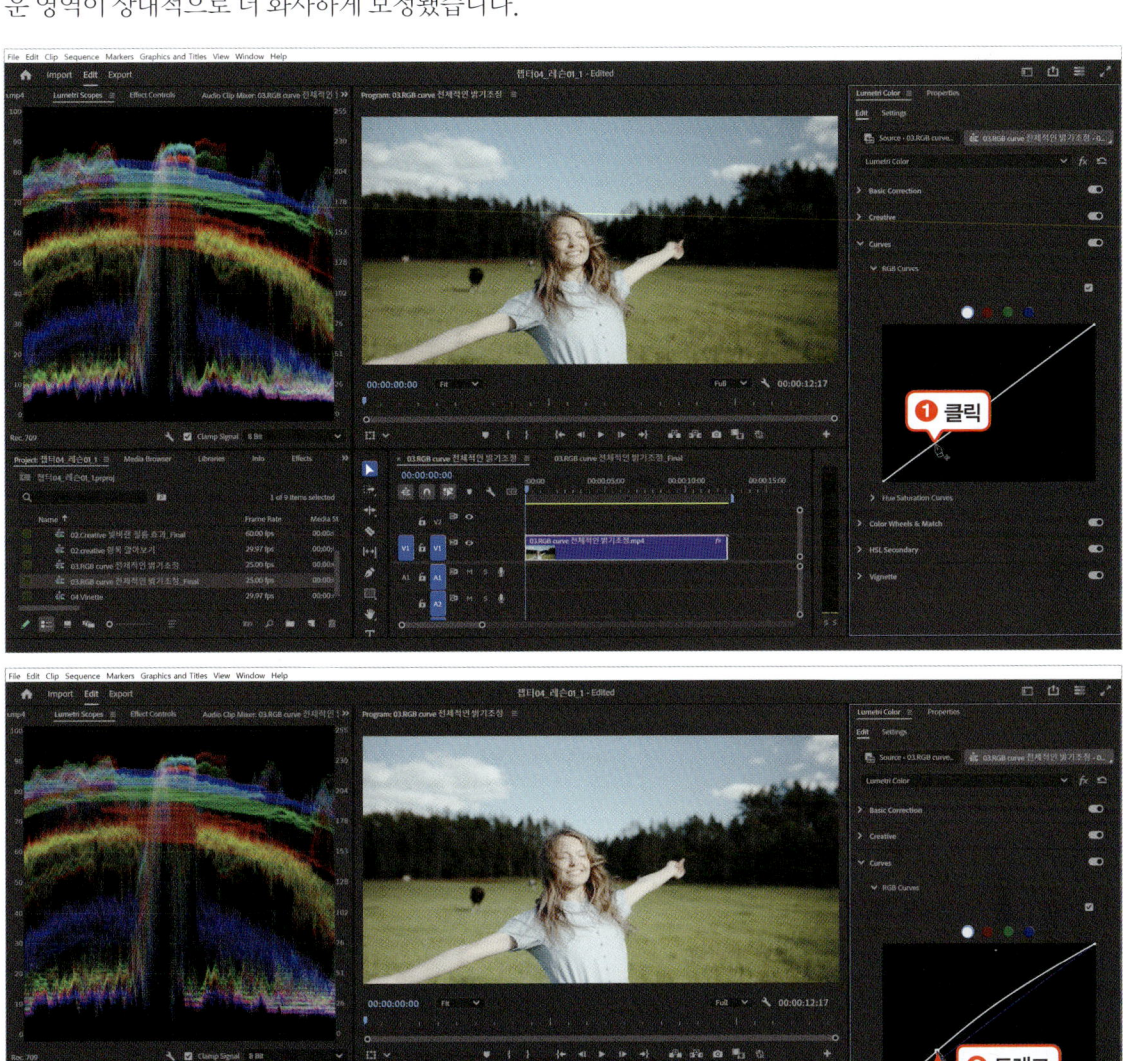

03 ① 같은 방법으로 이번에는 마스터 곡선 오른쪽 상단의 밝은 영역을 클릭해 조절점을 추가합니다. ② 조절점을 위쪽으로 드래그합니다. 기본적으로 밝은 영역도 더 밝게 바꿔줍니다.

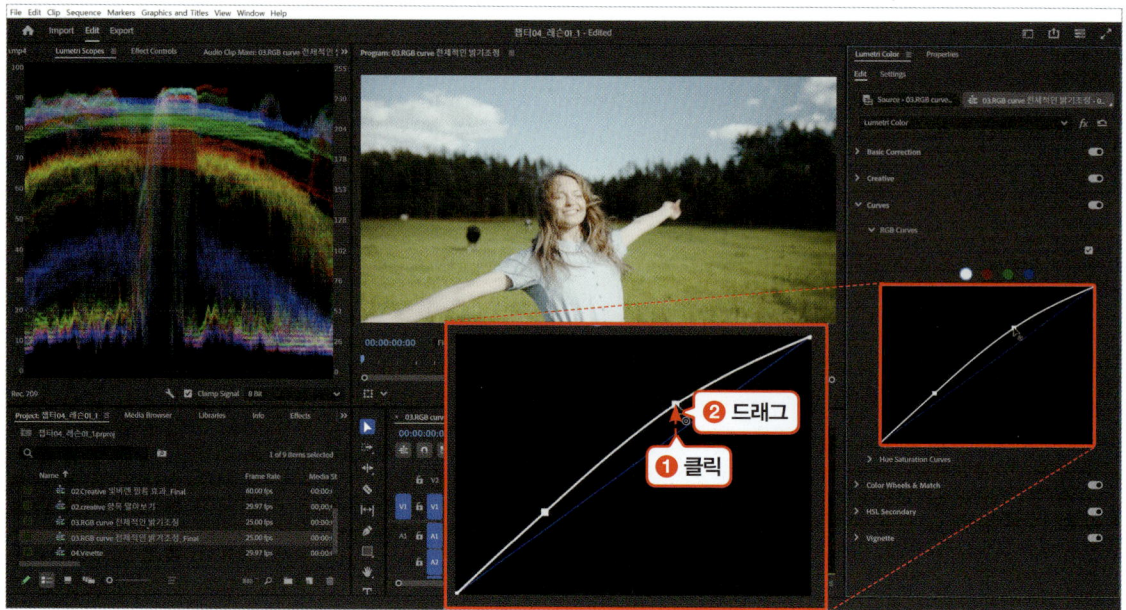

04 ① [RGB Curves] - [Blue]를 클릭해 Blue 곡선을 표시합니다. ② Blue 곡선의 어두움, 중간, 밝음 영역을 클릭해 조절점을 추가한 후 위쪽으로 각각 드래그해 전반적으로 파란색 톤이 더 돋보이도록 색보정합니다.

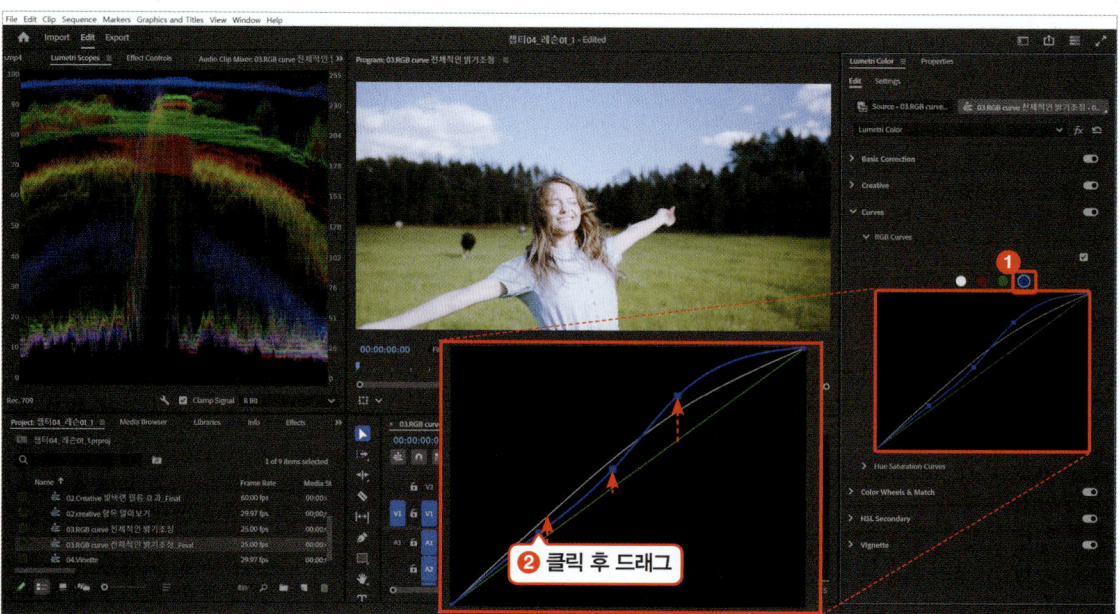

> **기능 꼼꼼 익히기** | **곡선의 조절점을 하나만 삭제하기**

곡선에 추가한 조절점을 삭제하는 두 가지 방법을 알아보겠습니다. 두 가지 방법을 경우에 따라 사용해보세요. 먼저 곡선의 포인트를 하나만 삭제하고 싶을 때는 Ctrl 을 누른 채 삭제하려는 조절점을 클릭하는 방법입니다.

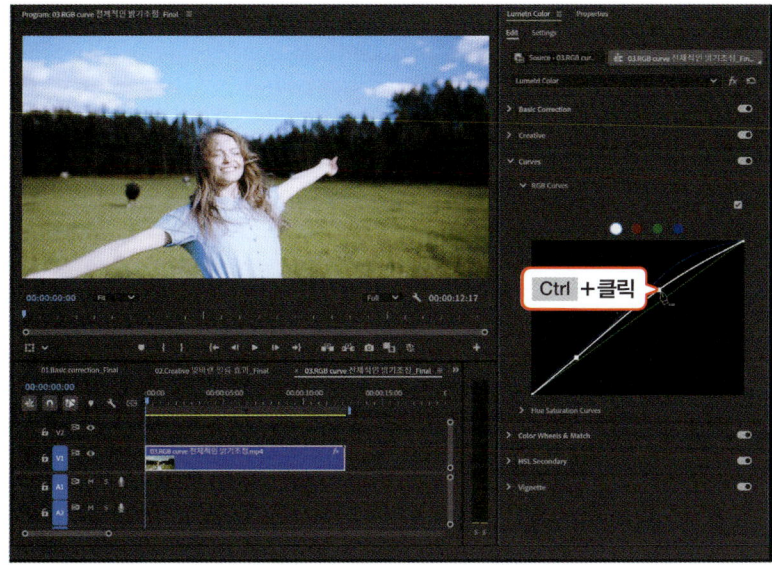

곡선의 포인트를 모두 삭제할 때는 곡선에 있는 아무런 포인트나 더블클릭하면 모든 포인트가 사라집니다.

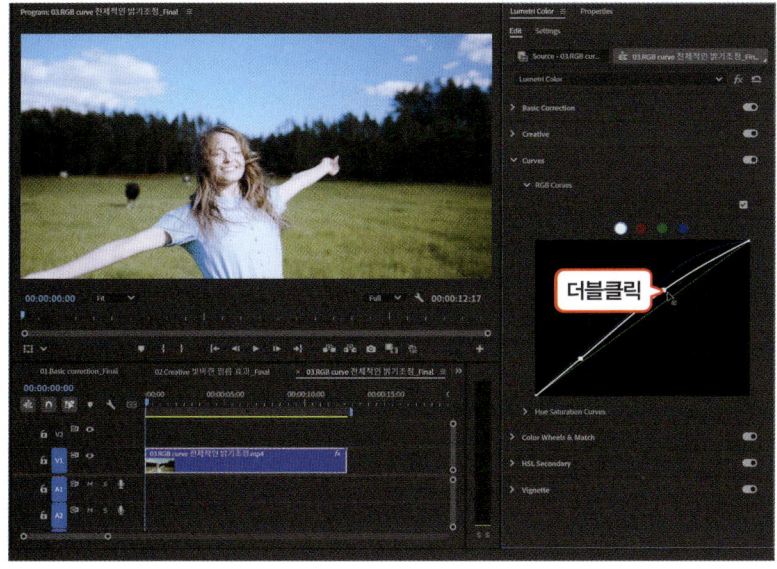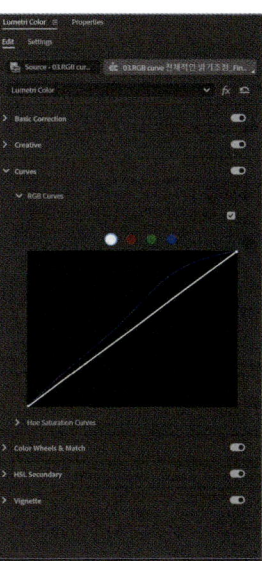

간단 실습 | Hue Saturation Curves로 특정 컬러의 채도 조정하기

준비 파일 프리미어 프로/Chapter 04/Lumetri Color.prproj

Curves의 Hue Saturation Curves에서는 채도와 색감을 조절합니다. 탁한 빨간색을 선명하고 진한 빨간색으로 만들거나, 빨간색을 파란색으로 만드는 작업을 할 수 있습니다. 준비 파일을 열어줍니다. [03.RGB curve 전체적인 밝기보정] 시퀀스에서 이어서 진행합니다.

01 ❶ [Timeline] 패널의 [03.RGB curve 전체적인 밝기조정.mp4] 클립을 클릭합니다. [Lumetri Color] 패널이 활성화됩니다. ❷ [Lumetri Color]-[Curves] - [Hue Saturation Curves]를 클릭합니다.

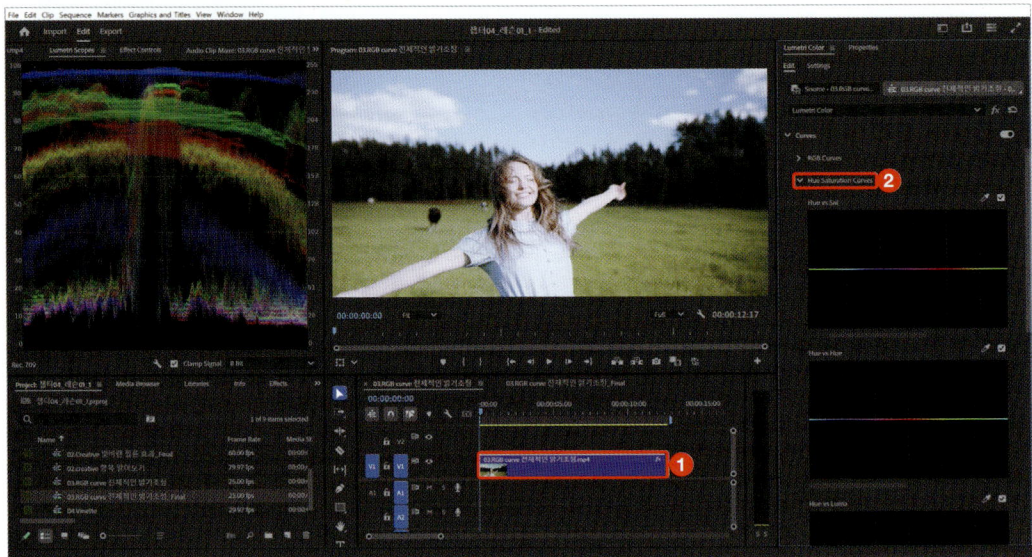

02 Hue vs Sat 곡선의 파란색 영역 근처에서 네 개의 조절점을 각각 클릭하여 추가합니다.

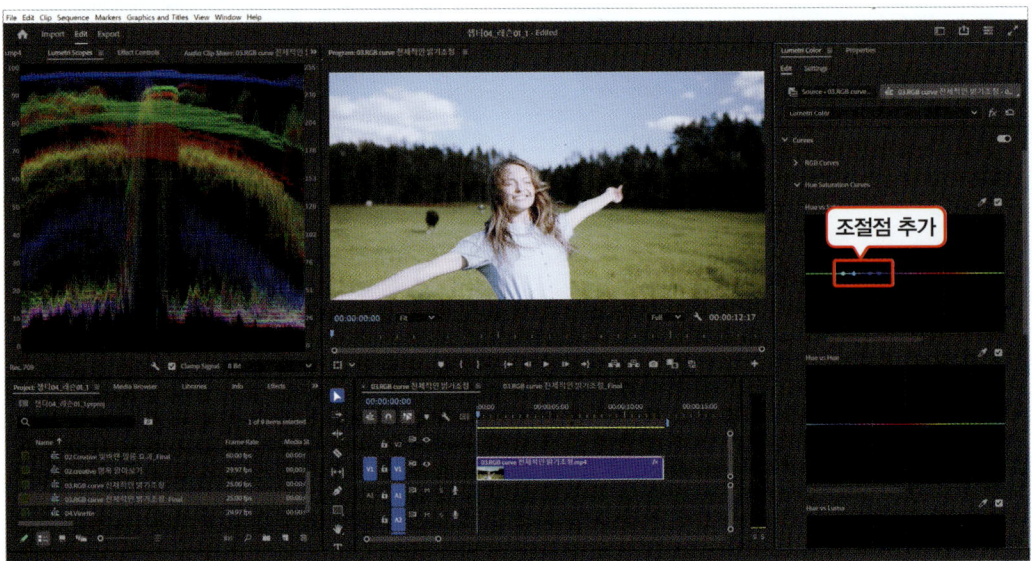

03 가운데 두 개의 조절점을 위쪽으로 다음과 같이 드래그합니다. 하늘이 더 선명한 파란색으로 보정됩니다.

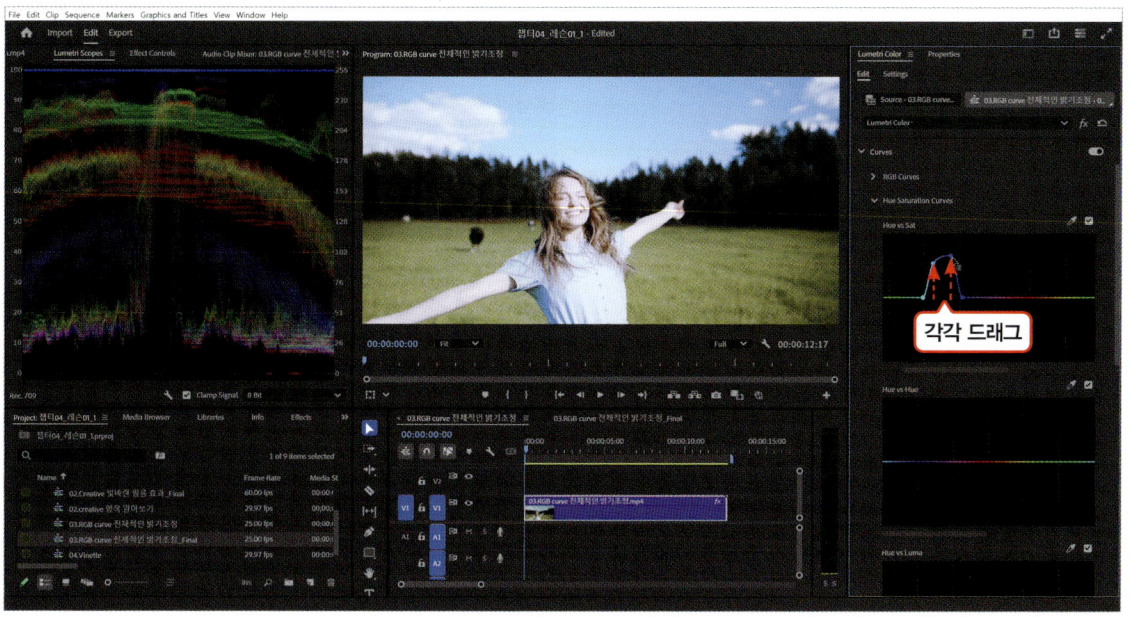

기능 꼼꼼 익히기 — Hue vs Sat 곡선과 Hue vs Hue 곡선의 차이점 알아보기

Hue vs Sat 곡선은 화면의 채도를 조절합니다. 선을 아래쪽으로 조절하면 색감이 빠져서 탁하고 어두운 색이, 위쪽으로 조절하면 채도가 더해져서 선명하고 진한 색으로 보정됩니다.

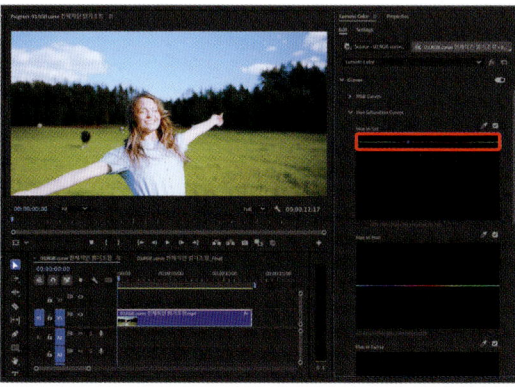 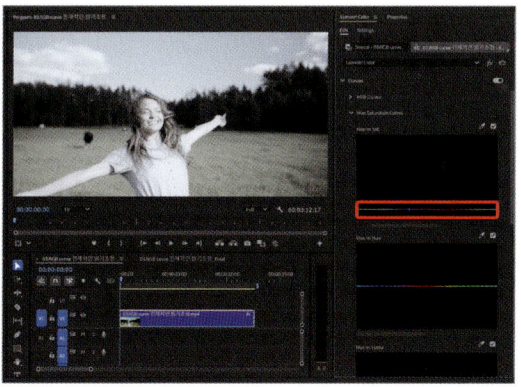

CHAPTER 04 색보정으로 영상 퀄리티 올리기

Hue vs Hue 곡선은 화면에 보이는 색을 다른 색으로 바꿉니다. 선을 위쪽 또는 아래쪽으로 조절하여 파란색 하늘을 노란색 하늘로, 또는 분홍색 하늘로 바꿀 수 있습니다.

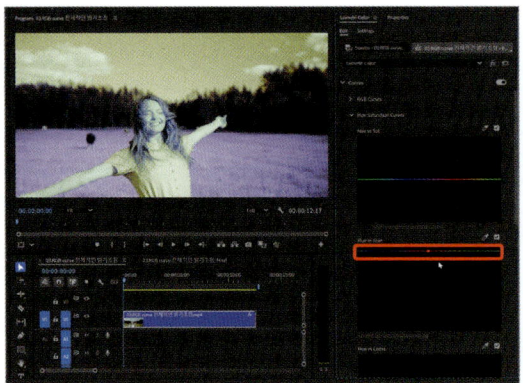 

Vignette 알아보기

비네트(Vignette)는 사진이나 영상의 외곽, 모서리를 어둡게 감싸는 현상을 말합니다. 가장자리 비네트의 크기, 모양, 밝기의 양을 조절할 수 있습니다. 간단한 비네트 색보정과 응용하는 방법을 함께 알아보겠습니다.

▲ 비네팅 적용 전   ▲ 비네팅 적용 후

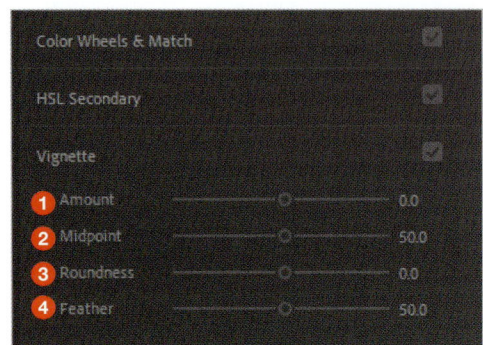

① **Amount(양)** | 비네팅의 밝기 또는 어둡기의 양을 조정합니다.

② **Midpoint(중간점)** | 비네팅이 적용될 범위의 너비를 조정합니다.

③ **Roundness(원형률)** | 비네팅 영역 가장자리에 나타난 원 범위의 크기를 조정합니다.

④ **Feather(페더)** | 비네팅 영역의 가장자리를 흐리게 하거나 선명하게 조정합니다.

한눈에 실습 | Vignette로 화면을 감싸는 효과 만들기

준비 파일 프리미어 프로/Chapter 04/Lumetri Color.prproj
핵심 기능 비네팅, Vignette

비네트를 활용해서 화면을 감싸는 효과를 만들어보겠습니다. 기본적인 효과 외에도 여러 가지 디자인을 응용하여 만들 수 있습니다. 준비 파일을 열어줍니다. [04.Vignette] 시퀀스에서 [04.Vinette.mp4] 클립을 클릭하고 시작합니다. 표를 참고해 다양한 설정값을 적용해봅니다.

항목	설정값
Amount	−2.7
Midpoint	15.1
Roundness	1.2
Feather	82.2

항목	설정값
Amount	−2.5
Midpoint	1.2
Roundness	−97.6
Feather	12.3

항목	설정값
Amount	3
Midpoint	0
Roundness	−100
Feather	0

항목	설정값
Amount	−3
Midpoint	2
Roundness	−58.7
Feather	7.1

조정 레이어로 색보정하기

조정 레이어에 루메트리 컬러 적용하기

조정 레이어 알아보기

영상 색보정 작업 시 색보정 효과를 개별 클립에 바로 적용할 수도 있습니다. 그러나 편집 과정에서는 클립을 삭제하거나 추가하는 일이 빈번하기 때문에, 색보정을 위한 레이어를 별도로 생성하여 한번에 색보정을 적용하는 방식이 더욱 효율적입니다. 이때 사용하는 레이어가 바로 조정 레이어(Adjustment Layer)입니다.

간단 실습 | 조정 레이어 추가하고 색보정하기

조정 레이어를 추가하여 여러 개의 영상 클립을 한번에 색보정해보겠습니다. 준비 파일을 열어줍니다. [Adjustment layer] 시퀀스에서 시작합니다.

준비 파일 프리미어 프로/Chapter 04/Adjustment layer.prproj

01 ① [Project] 패널에서 ■를 클릭한 후 ② [Adjustment Layer]를 클릭합니다. [Adjustment Layer] 대화상자가 나타납니다. 조정 레이어는 작업 중인 시퀀스와 같은 설정으로 생성됩니다. ③ [OK]를 클릭합니다.

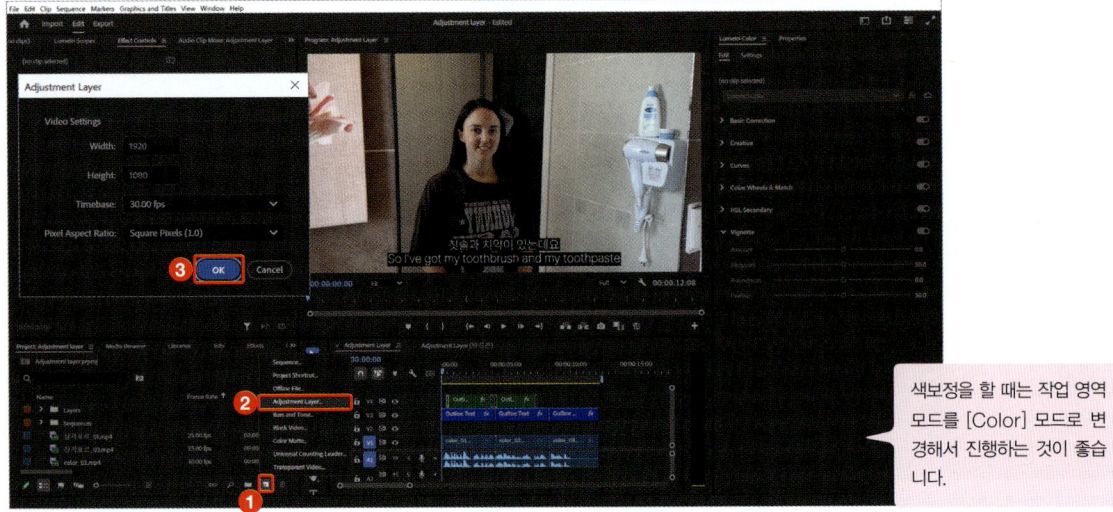

색보정을 할 때는 작업 영역 모드를 [Color] 모드로 변경해서 진행하는 것이 좋습니다.

02
[Program] 패널에 **Adjustment Layer** 소스가 생성되었습니다. ❶ 생성된 소스를 비디오 2번 트랙(V2)으로 드래그해 배치합니다. 조정 레이어는 항상 색을 보정하려는 비디오 트랙 위에 배치해야 합니다. ❷ [Timeline] 패널에 배치된 [Adjustment Layer] 클립의 끝부분을 드래그해 비디오 1번 트랙(V1)의 영상 클립과 길이를 맞춥니다.

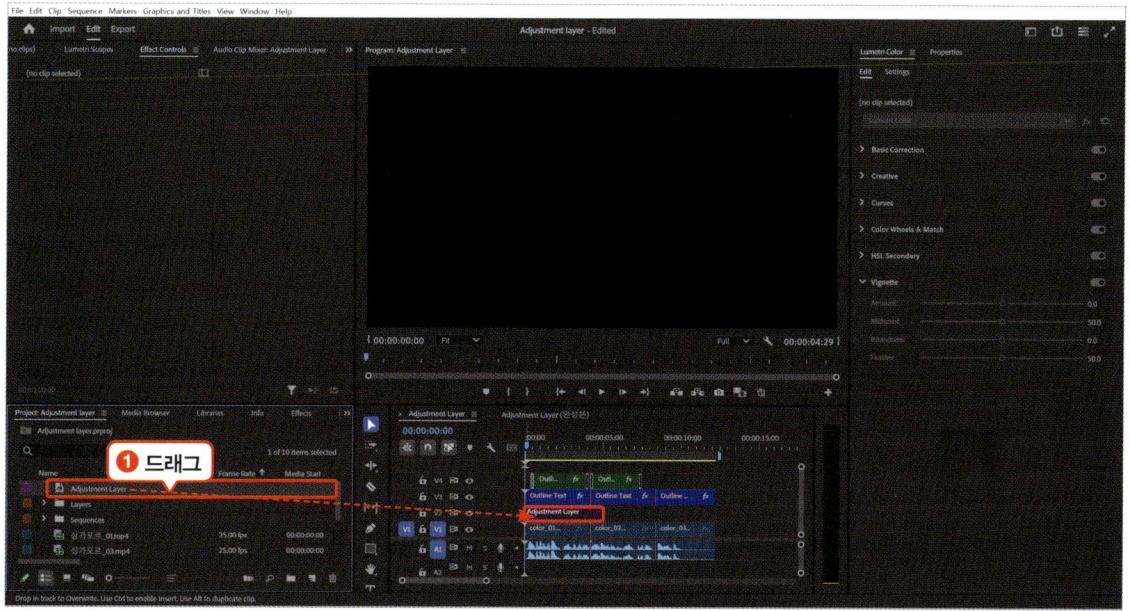

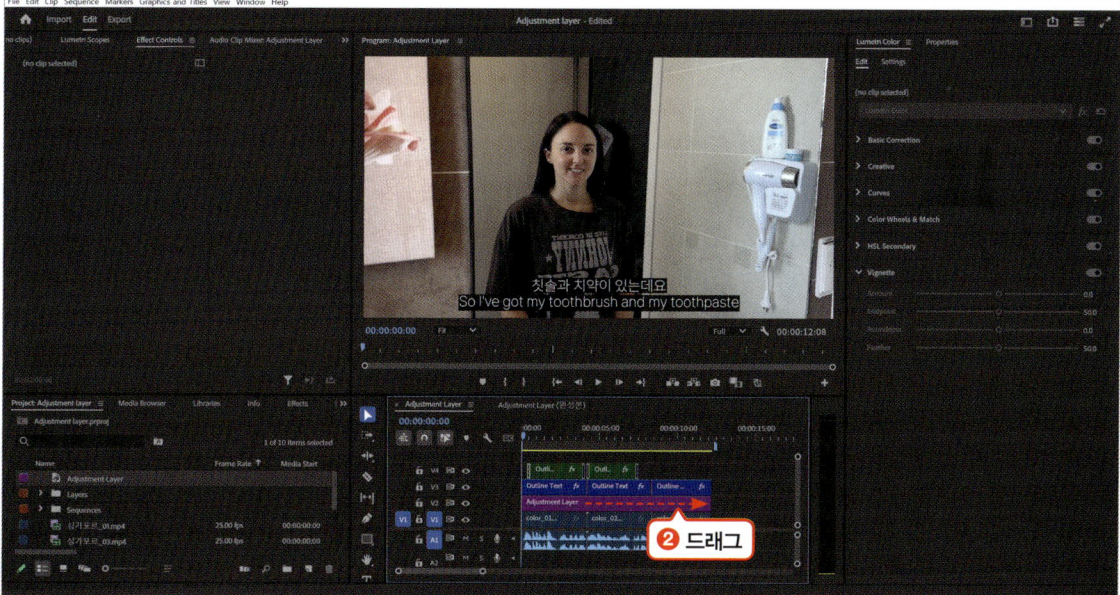

비디오 3번 트랙(V3)과 비디오 4번 트랙(V4)의 자막 클립은 조정 레이어보다 위에 배치되어 있습니다. 따라서 색보정이 적용되지 않습니다. 만약 자막도 함께 색보정을 하려면 조정 레이어보다 아래에 배치해야 합니다.

이 예제에는 프리텐다드 폰트가 사용되었습니다. Adobe 유료 플랜을 구독하면 지원하는 폰트를 자동으로 찾고, 설치해줍니다. 자동으로 설치되지 않는다면 눈누(https://noonnu.cc), Google Fonts(https://fonts.google.com), DaFont(https://dafont.com) 등에서 다운로드 할 수 있습니다.

03 ① [Timeline] 패널에서 [Adjustment Layer] 클립을 클릭합니다. [Lumetri Color] 패널이 활성화됩니다. ② [Basic Correction]을 클릭하고 ③ [Color]와 [Light]에서 각각의 항목을 아래 표와 같이 설정합니다.

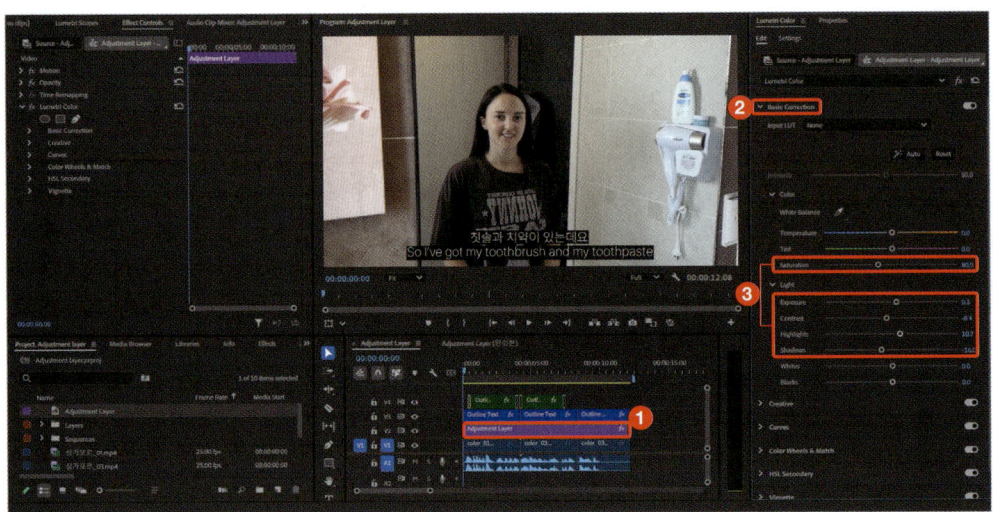

항목	설정값
Saturation	80
Exposure	0.3
Contrast	-8.4
Highlights	10.7
Shadows	-16

04 ① [Lumetri Color] 패널-[Curves]-[RGB Curves]를 클릭하고 ② 마스터 곡선의 어두운 영역과 중간 영역을 다음과 같이 조절합니다.

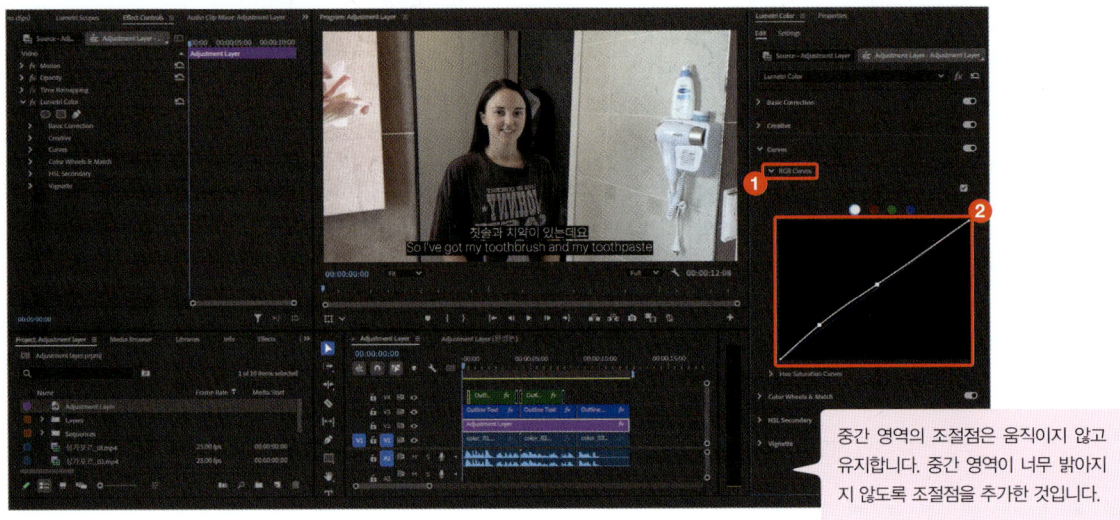

중간 영역의 조절점은 움직이지 않고 유지합니다. 중간 영역이 너무 밝아지지 않도록 조절점을 추가한 것입니다.

05 ❶ [Lumetri Color] 패널-[Vignette]를 클릭한 후 ❷ 각각의 항목을 아래 표와 같이 적용하여 조정 레이어의 색보정을 완료합니다. ❸ `Spacebar` 를 눌러 재생해봅니다.

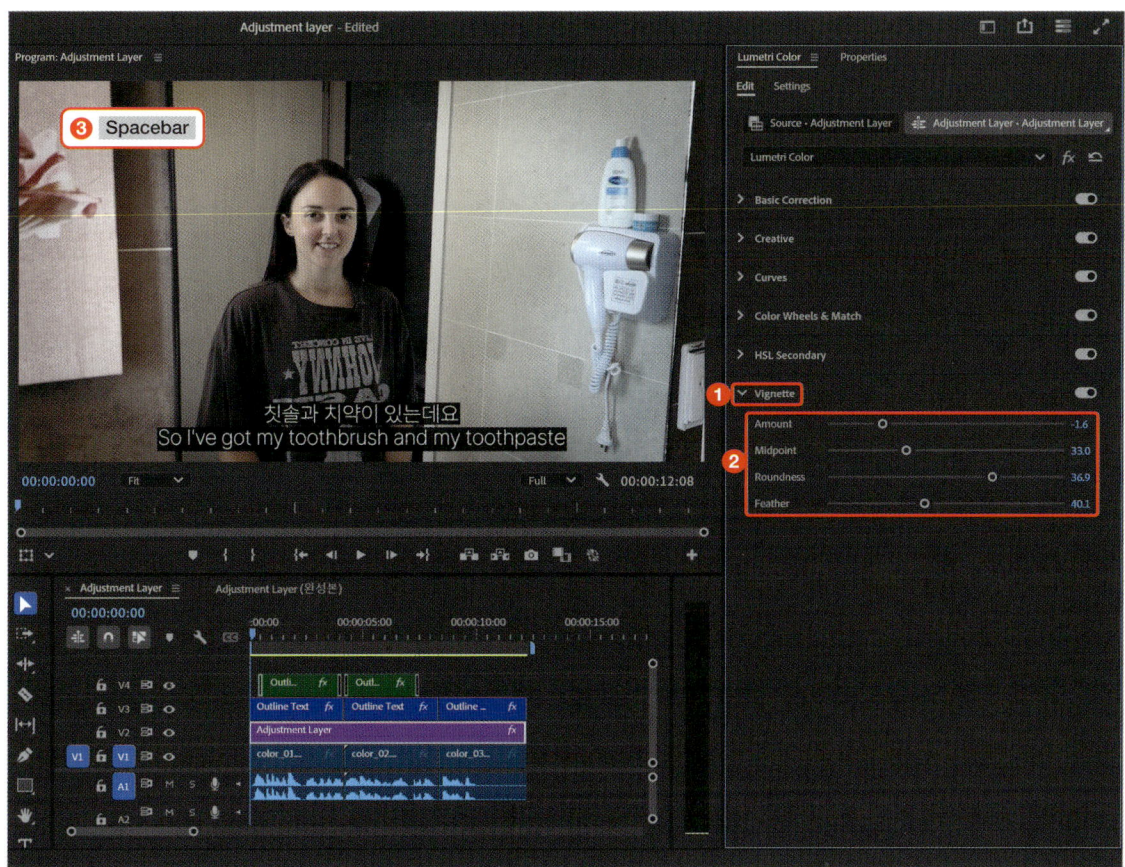

항목	설정값
Amount	-1.6
Midpoint	33
Roundness	36.9
Feather	40.1

색보정이 적용된 상태에서 영상 미리 보기를 실행하면 재생 속도가 느려질 수 있습니다. 이를 방지하려면 조정 레이어를 비활성화하거나 해당 트랙을 꺼둔 상태로 미리 보기를 실행하는 것이 좋습니다.

기능 꼼꼼 익히기 | 일부 클립만 색보정하기

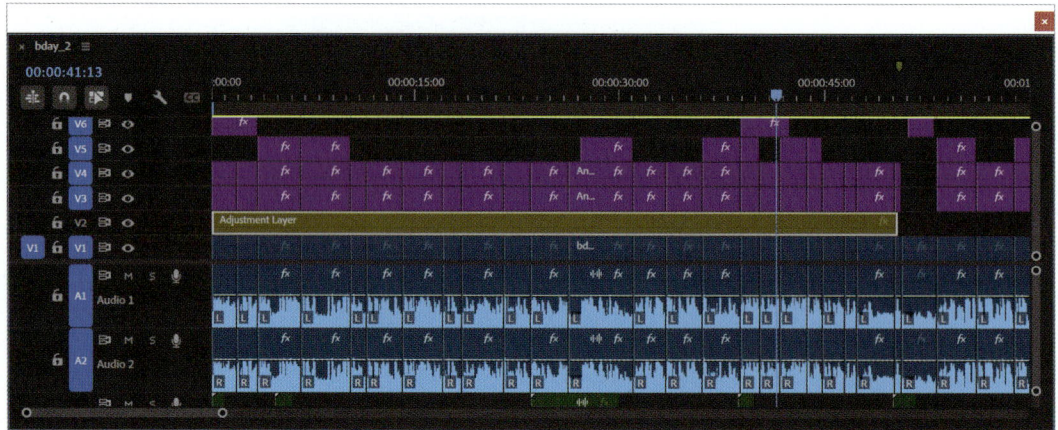

위의 이미지처럼 클립의 개수가 많을 때는 색보정 작업을 하나하나 하기가 어렵습니다. 이때 조정 레이어를 활용해 하나의 레이어에만 색보정을 추가하여 전체 클립에 동일한 효과를 손쉽게 적용할 수 있습니다. 하지만 색감이 다른 특정 영상 클립이 있을 때는 별도의 색보정이 더 필요할 수도 있습니다. 이때는 특정 클립만 선택해서 추가로 색보정을 진행합니다. 전체 색보정의 영향을 받은 상태에서 진행되므로 이를 감안해야 합니다.

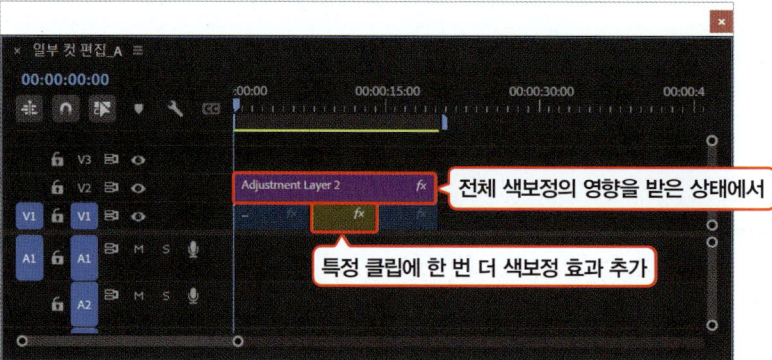

또는 색보정이 필요한 클립을 조정 레이어의 위에 배치하여 전체 색보정의 영향을 받지 않은 상태에서 클립의 색을 보정할 수 있습니다.

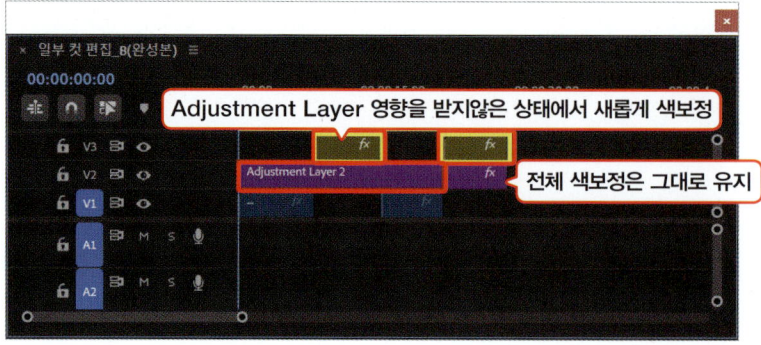

| 간단 실습 | 일부 클립만 선택하여 색보정하기 |

준비 파일 프리미어 프로/Chapter 04/Adjustment layer.prproj

여러 개의 클립 중 노란색으로 표시된 일부 클립만 선택하여 색보정하는 방법과 여러 개의 클립 중 조정 레이어의 영향을 받지 않도록 색보정하는 방법을 알아보겠습니다. 준비 파일을 열어줍니다. [일부 컷 편집_A] 시퀀스에서 시작합니다.

01 ❶ [Timeline] 패널에서 비디오 1번 트랙(V1)의 노란색으로 표시된 [싱가포르_03.mp4] 클립을 클릭합니다. ❷ [Lumetri Color] 패널 – [Basic Correction]을 클릭합니다. ❸ 아래 표와 같이 적용하여 일부 클립만 색보정을 완료합니다.

항목	설정값
Temperature	-30.2
Saturation	140
Exposure	-0.3
Contrast	47

02

❶ [일부 컷 편집_B] 시퀀스를 열어줍니다. ❷❸ [Timeline] 패널에서 Shift 를 누른 채 비디오 1번 트랙(V1)의 노란색 [싱가포르_03.mp4], [싱가포르_04.mp4] 클립을 각각 클릭하여 동시에 선택합니다. ❹ 비디오 3번 트랙(V3)으로 드래그합니다.

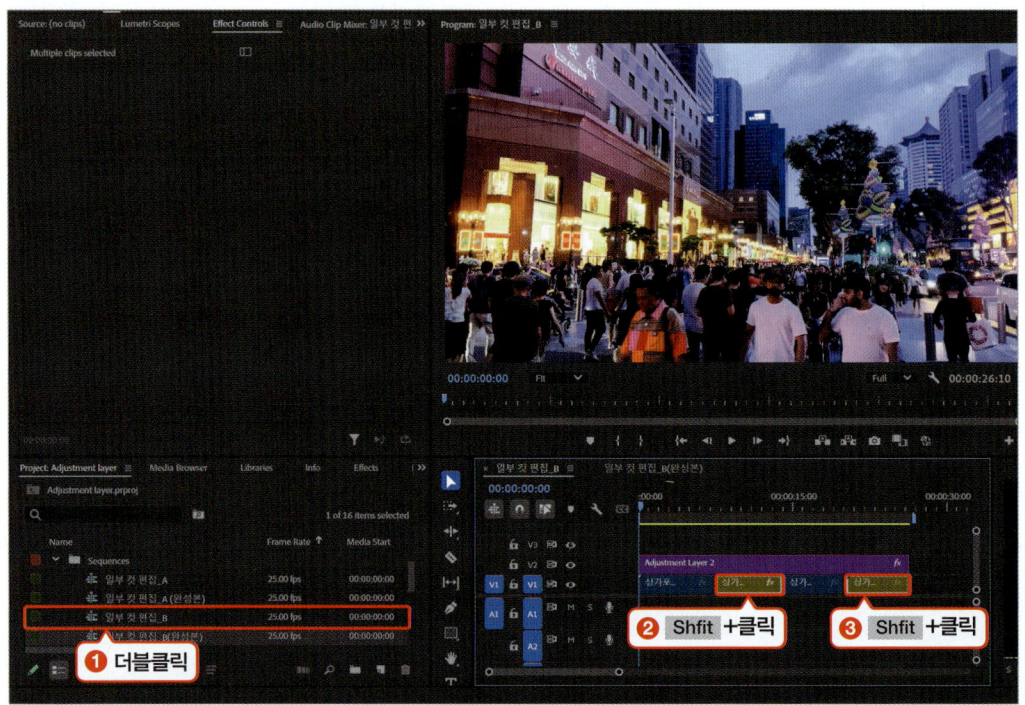

조정 레이어의 영향을 받지 않도록 위쪽 트랙으로 옮기는 작업입니다.

03 ① 비디오 3번 트랙(V3)의 [싱가포르_03.mp4] 클립을 클릭합니다. ② [Lumetri Color] 패널의 [Creative]를 클릭한 후 ③ 아래 표와 같이 적용하여 색보정합니다.

항목	설정값
Look	Fuji F125 Kodak 2393 (by Adobe)
Intensity	131
Highlight Tint	파란색과 보라색 사이

04 ① 비디오 3번 트랙(V3)의 [싱가포르_04.mp4] 클립을 클릭합니다. ② [Lumetri Color] 패널-[Creative]를 클릭한 후 ③ [Look]을 [Fuji ETERNA 250D Fuji 3510 (by Adobe)]로 설정합니다.

CHAPTER 04 색보정으로 영상 퀄리티 올리기 165

| 기능 꼼꼼 익히기 | 영상의 색감이 탁해질 때 대처하는 방법

조정 레이어의 아래쪽 트랙에 배치된 클립에 추가로 색보정한 경우 색보정이 두 가지 겹쳐서 적용된다는 것을 기억해야 합니다. 이때 내가 색보정한 클립이 어떤 것인지 확인하려면 [Effect Controls] 패널에서 [Lumetri Color] 효과가 추가되어 있는지 살펴보면 됩니다. 만약 영상의 색감이 탁해졌다면 색보정이 여러 가지 겹쳐 있는 것이 아닌지 먼저 확인해봅니다. 색보정이 겹치면 내가 원하는 색감이 안 나올 수도 있고, 색감이 탁해지거나 화질이 안 좋아질 수 있습니다.

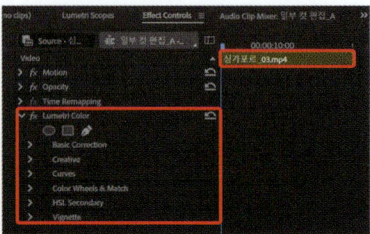
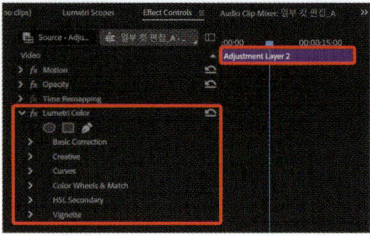

▲ [싱가포르_03.mp4] 클립과 조정 레이어 클립 모두 [Lumetri Color]가 적용되어 색감이 이상해진 경우

▲ 색보정 전

▲ 조정 레이어로 전체 클립에 색보정(조정 레이어 한 개만 있는 상태)

▲ 원하는 클립만 선택해서 추가로 색보정
  (조정 레이어+클립 자체 색보정)

▲ 개별 클립 단독 색보정

LESSON 03
블렌드 모드로 색보정하기
보케 효과, 노이즈 효과로 영상 분위기 바꾸기

블렌드 모드를 활용한 영상 분위기 반전

프리미어 프로에서 기본 제공되는 보정 효과로 색보정을 할 수도 있지만 다양한 영상 소스와 블렌드 모드를 이용해 창의적으로 색보정을 할 수도 있습니다. 이번에는 다양한 빛이 흐릿하게 표현된 보케(Bokeh) 영상과 1990년대 비디오테이프 효과 영상을 원본 영상에 블렌딩하여 색보정을 해보겠습니다. 블렌딩하는 데 활용하는 다양한 효과 영상은 네이버나 구글 등 검색 사이트에서 Bokeh, Light, Noise, Video tape effects 등을 검색해서 찾아볼 수도 있습니다.

▲ 보케(Bokeh) 영상을 블렌딩

▲ 비디오테이프 효과 영상을 블렌딩

| 간단 실습 | **보케 영상 블렌드 모드 적용하기** |

준비 파일 프리미어 프로/Chapter 04/Blend mode.prproj

원본 소스에 보케 영상을 적용해보겠습니다. 준비 파일을 열어줍니다.

01 [Project] 패널에서 [Videos] 폴더의 **Bokeh.mp4** 소스를 [Timeline] 패널의 비디오 2번 트랙(V2)으로 드래그해 배치합니다. 이때 클립의 길이는 비디오 1번 트랙(V1)의 앞쪽 [book.mp4] 클립의 길이에 맞춰줍니다.

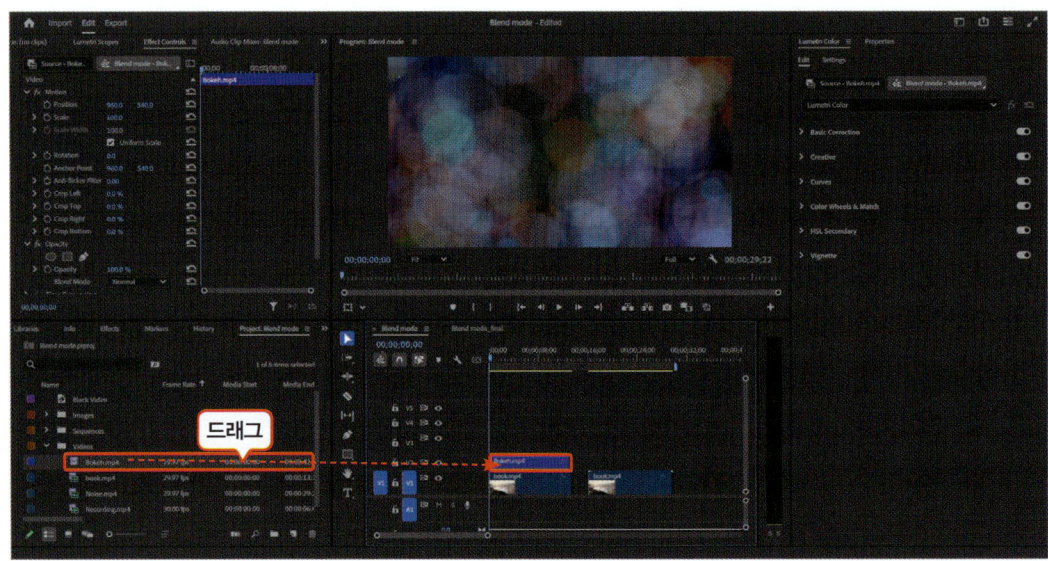

02 ❶ [Bokeh.mp4] 클립을 클릭하고 ❷ [Effect Controls] 패널-[Blend Mode]를 [Screen]으로 설정하여 보케 효과를 완성합니다.

> **기능 꼼꼼 익히기**   색보정 효과 중첩하기

[Bokeh.mp4] 클립으로 블렌드 모드 효과를 적용한 후 추가적으로 루메트리 컬러 효과를 적용할 수 있습니다.

▲ 블렌드 모드로 효과를 적용한 상태

▲ [Lumetri Color] 효과를 추가로 적용한 상태

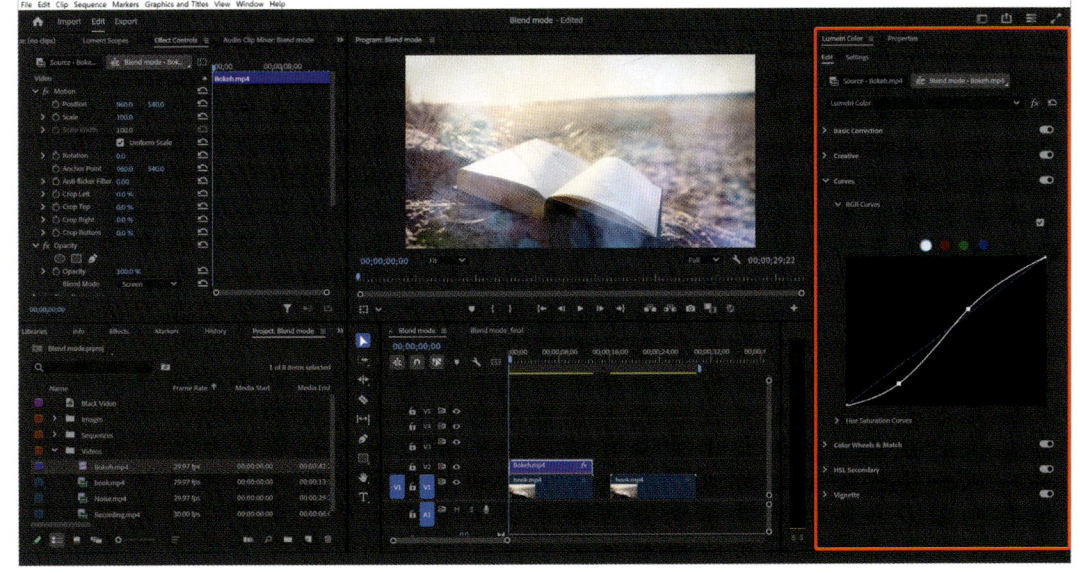

CHAPTER 04   색보정으로 영상 퀄리티 올리기

간단 실습   노이즈 영상 블렌드 모드 적용하기

준비 파일 프리미어 프로/Chapter 04/Blend mode.prproj

원본 소스에 노이즈 영상을 적용해보겠습니다. **Blend mode.prproj** 준비 파일에서 계속 진행합니다.

01 [Project] 패널에서 [Videos] 폴더의 **Noise.mp4** 소스를 [Timeline] 패널의 비디오 2번 트랙(V2)에 드래그해서 배치합니다. 이때 클립의 길이는 비디오 1번 트랙(V1)의 뒤쪽 [book.mp4] 클립의 길이에 맞춰줍니다.

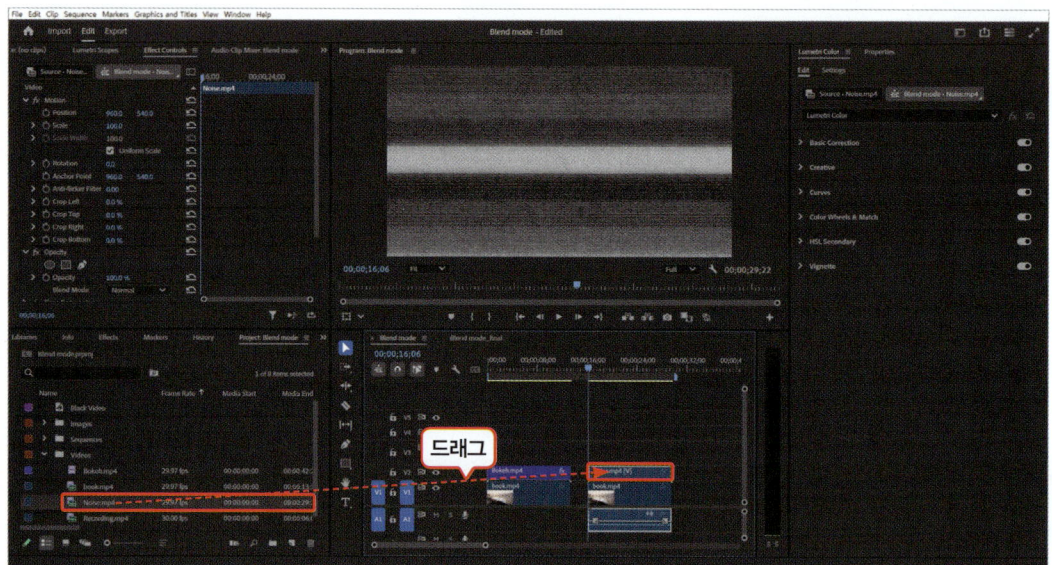

02 ❶ [Bokeh.mp4] 클립을 클릭하고 ❷ [Effect Controls] 패널-[Blend Mode]를 [Hard Light]로 설정합니다. ❸ [Opacity]-[Opacity]는 **40**으로 설정하여 노이즈 효과를 완성합니다.

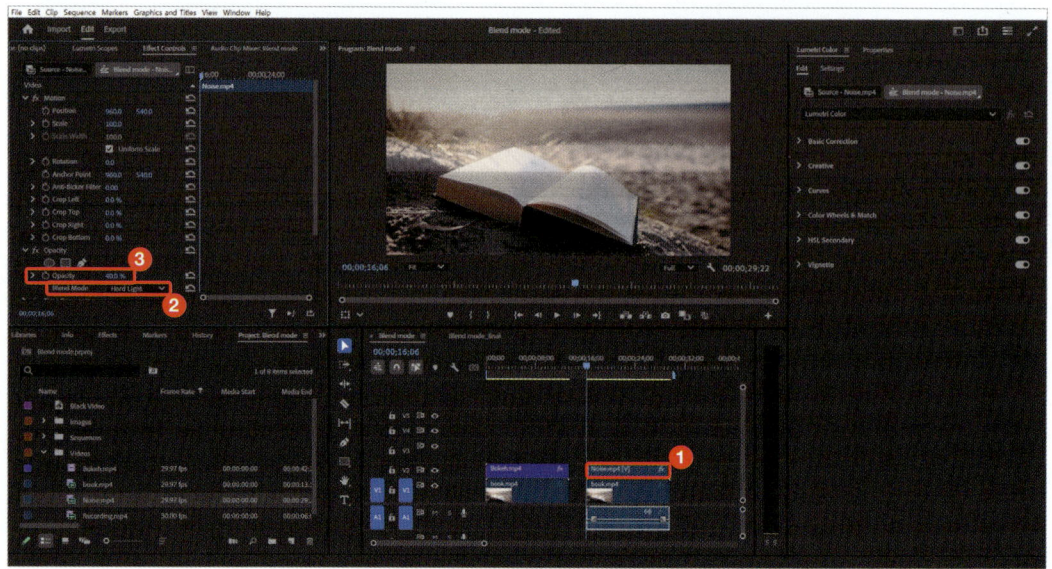

다양한 소스로 활용하는 블렌드 모드

검색 사이트를 활용하면 블렌드 모드로 활용할 수 있는 무료 이펙트 효과를 많이 찾아볼 수 있습니다. 일반적인 영상 클립 외에도 이미지 파일로도 블렌드 모드를 적용할 수 있습니다.

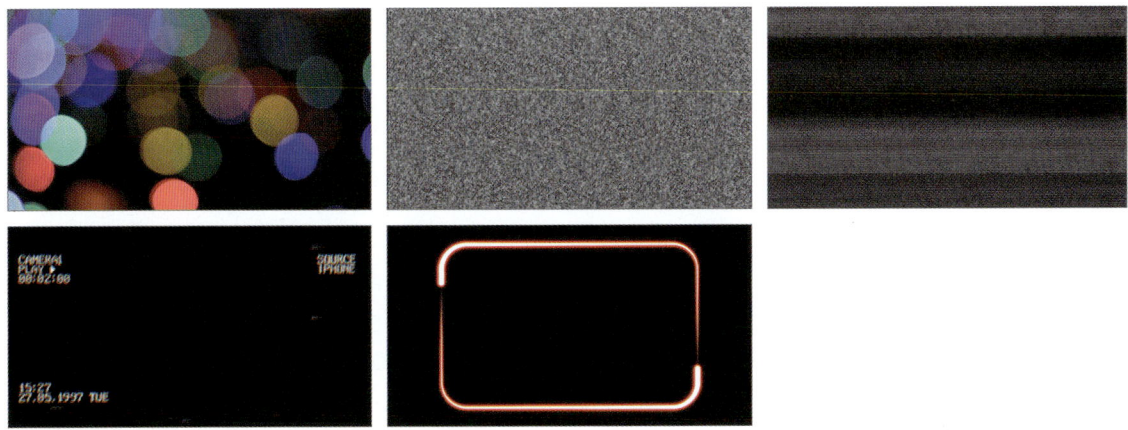

▲ 블렌드 모드로 활용할 수 있는 다양한 효과들

간단 실습 | 여러 가지 소스에 블렌드 모드 적용하기

준비 파일 프리미어 프로/Chapter 04/Blend mode.prproj

다양한 분위기를 연출할 수 있도록 여러 가지 소스를 응용해보겠습니다. 준비 파일을 열어줍니다. [Old tape] 시퀀스에서 시작합니다.

01 [Project] 패널에서 [Images] 폴더의 **Texture.jpg** 소스를 [Timeline] 패널의 비디오 4번 트랙(V4)으로 드래그해 배치합니다. 길이는 다른 트랙의 클립과 맞춰줍니다.

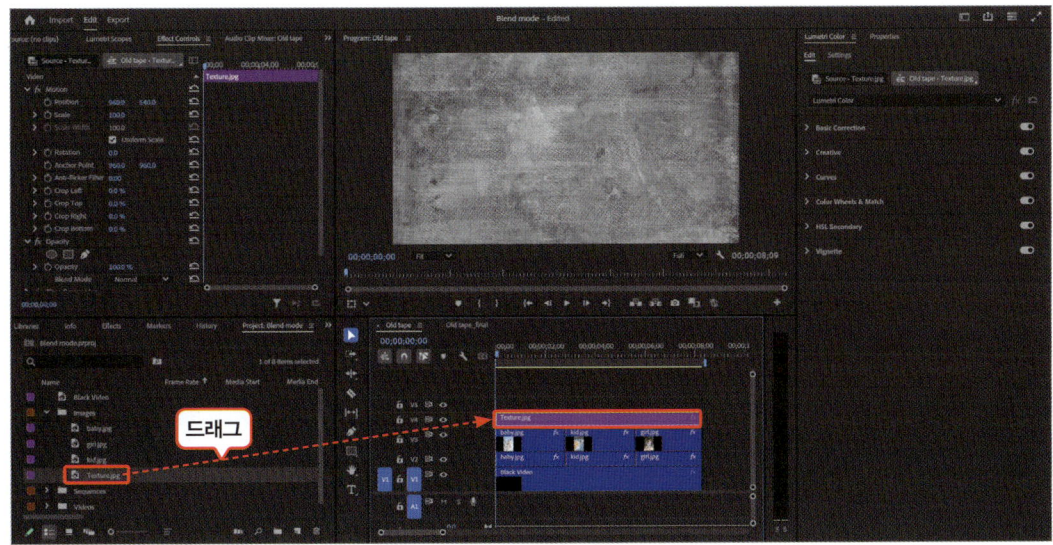

02 ① [Texture.jpg] 클립을 클릭하고 ② [Effect Controls] 패널에서 [Blend Mode]를 [Soft Light]로 설정합니다.

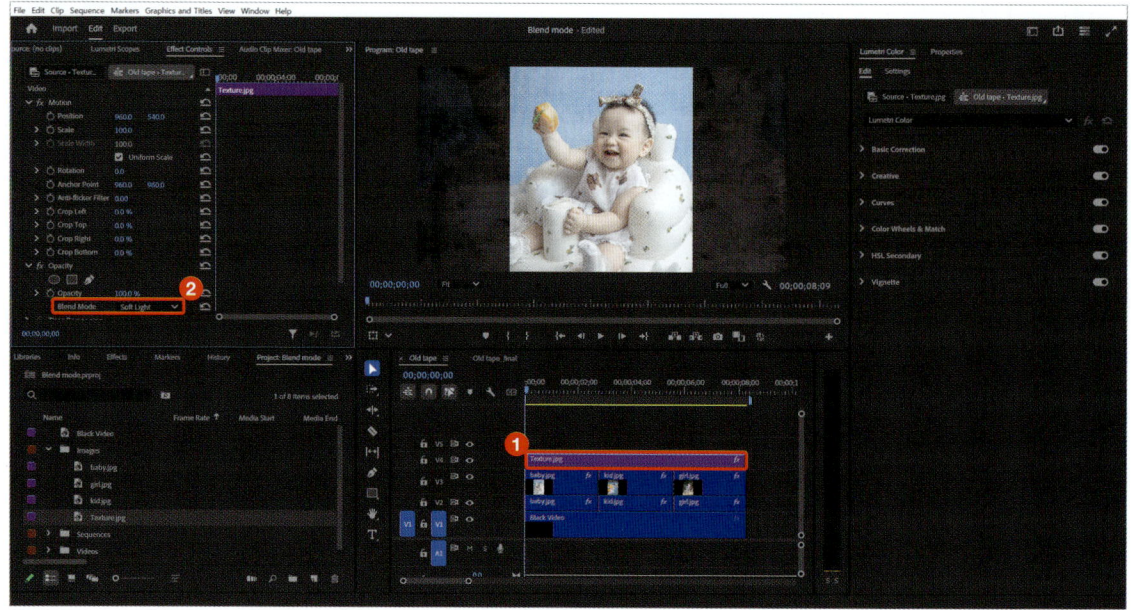

03 ① [Project] 패널에서 [Videos] 폴더의 Recording.mp4 소스를 [Timeline] 패널의 비디오 5번 트랙(V5)으로 드래그해 배치합니다. ② 오디오 1번 트랙(A1)에서 [Recording.mp4] 클립의 오디오 부분을 Alt 를 누른 채 클릭합니다. ③ Delete 를 눌러 삭제해줍니다.

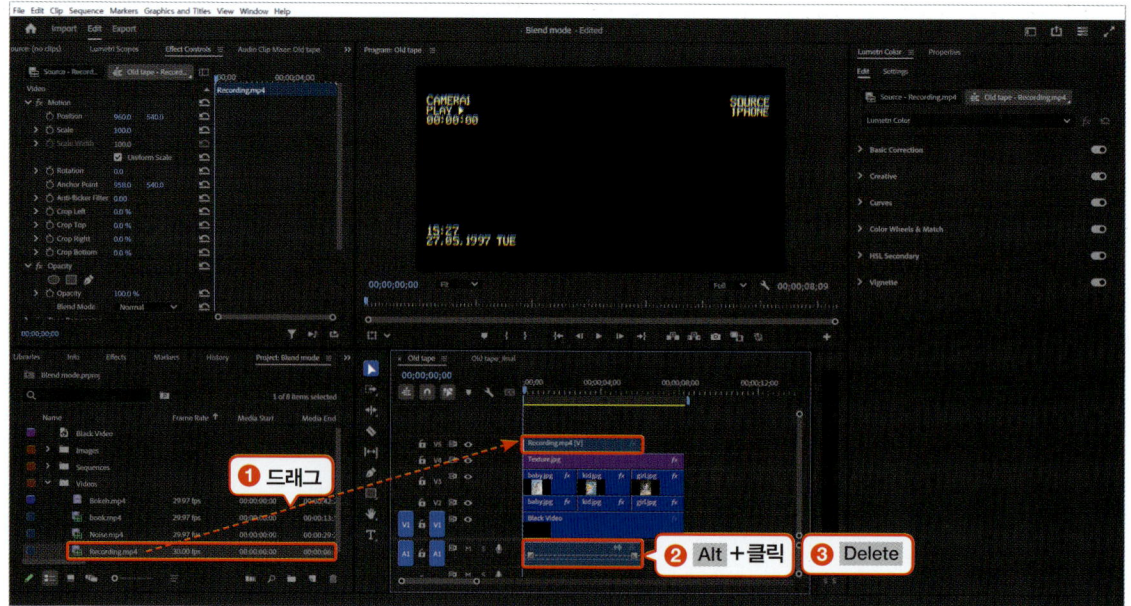

영상 소스를 배치할 때 오디오가 있다면 오디오는 2번 트랙(A2), 오디오 3번 트랙(A3) 등 다양한 위치에 배치될 수 있습니다.

04 비디오 5번 트랙(V5)에서 Alt 를 누른 채 [Recording.mp4] 클립을 옆으로 드래그하여 복제합니다.

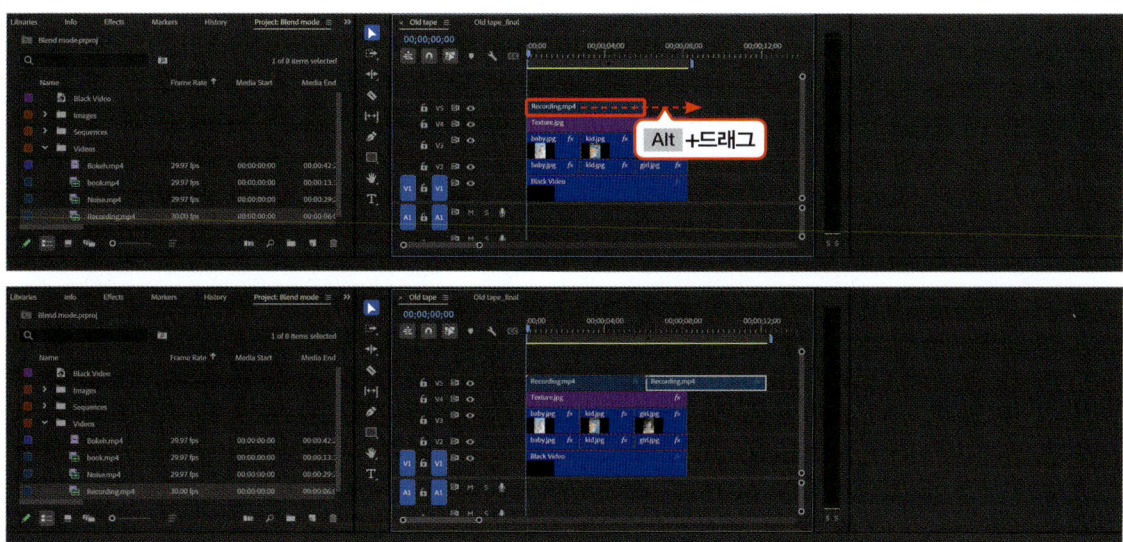

05 ❶❷ 비디오 5번 트랙 (V5)에서 Shift 를 누른 채 두 개의 [Recording.mp4] 클립을 각각 클릭하여 동시에 선택합니다. ❸ 마우스 오른쪽 버튼을 클릭한 후 ❹ [Nest]를 클릭합니다. ❺ [Nested Sequence Name] 대화상자가 나타나면 [Name]에 **Recording frame**를 입력한 후 ❻ [OK]를 클릭합니다. 시퀀스가 생성되며 하나의 시퀀스 안에 선택한 클립이 다 포함되도록 그룹화됩니다.

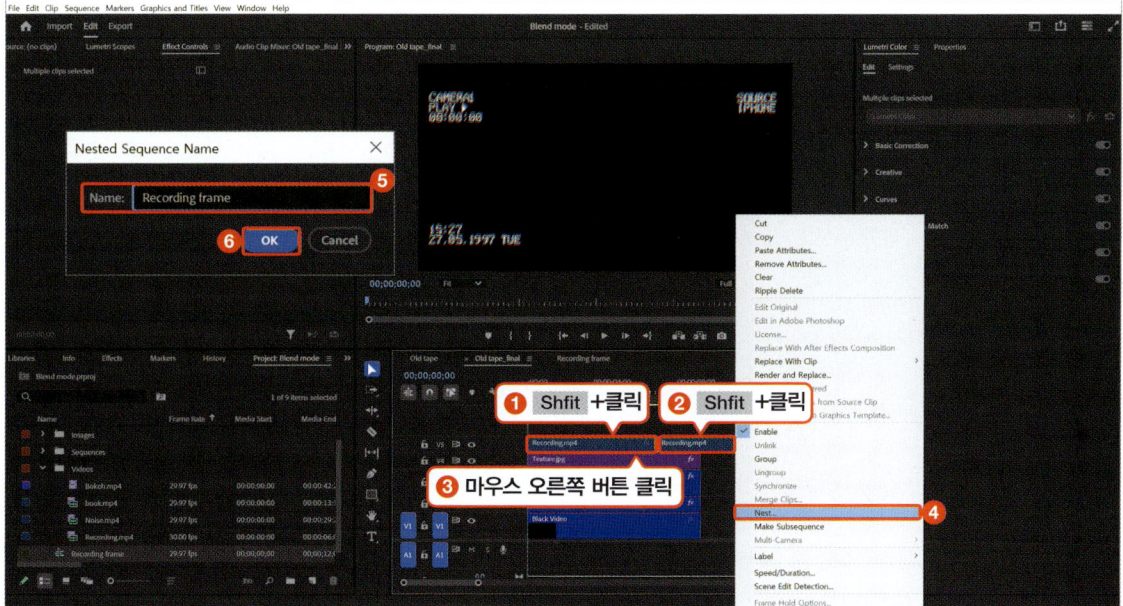

06 ① [Recording frame] 시퀀스를 클릭하고 ② [Effect Controls] 패널에서 [Opacity] - [Blend Mode]를 [Linear Dodge (Add)]로 설정합니다.

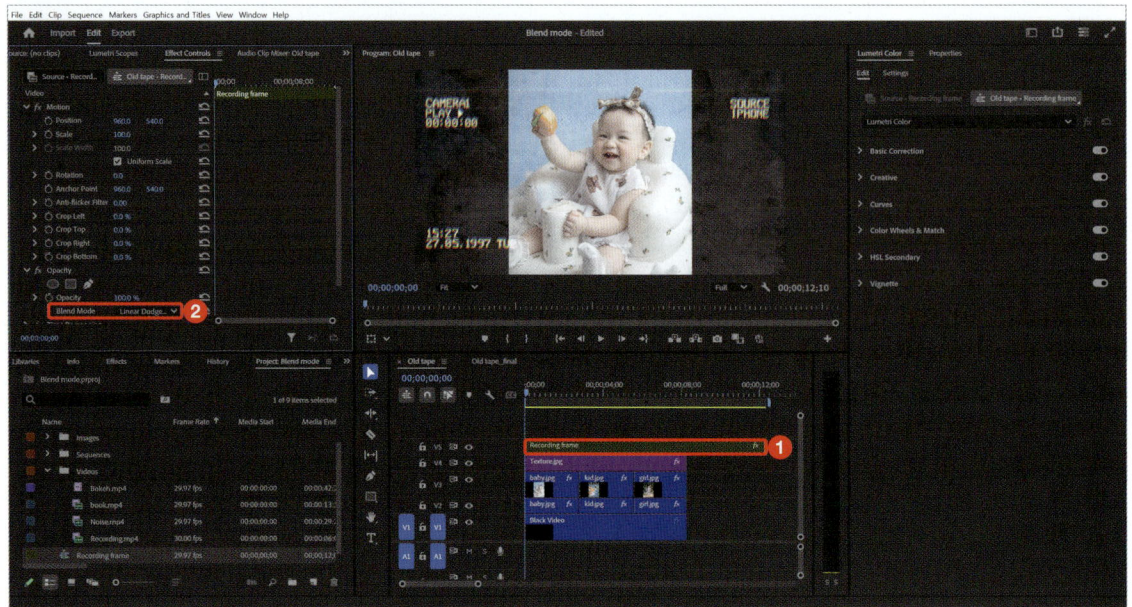

07 마스크 기능을 활용하여 불필요한 텍스트를 삭제해보겠습니다. ① [Recording frame] 시퀀스를 클릭하고 ② [Effect Controls] 패널-[Opacity]의 ■를 클릭합니다. ③ [Program] 패널에서 마스크를 왼쪽 하단의 불필요한 텍스트 크기만큼 설정합니다.

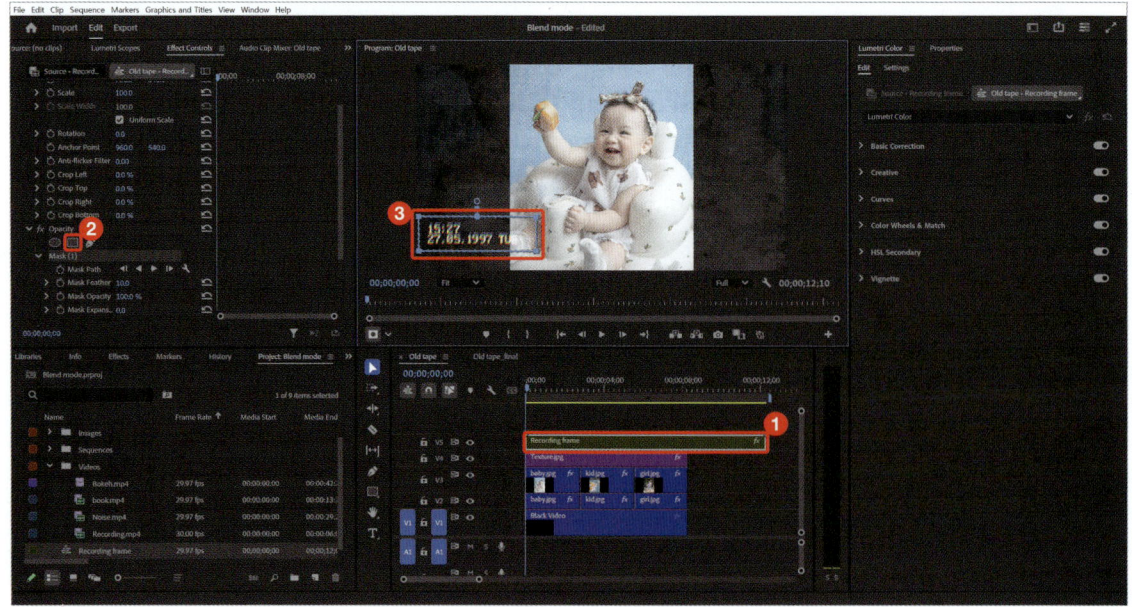

웹사이트에서 다운로드한 소스나 템플릿에는 수정할 수 없는 텍스트가 포함되어 있을 수도 있습니다. 이때 마스크를 사용하면 불필요한 텍스트를 가릴 수 있습니다.

08 ❶ [Opacity] - [Mask (1)] - [Mask Expansion]에서 [Inverted]를 클릭합니다. ❷ [Recording frame] 시퀀스의 길이를 조정하고 완성합니다.

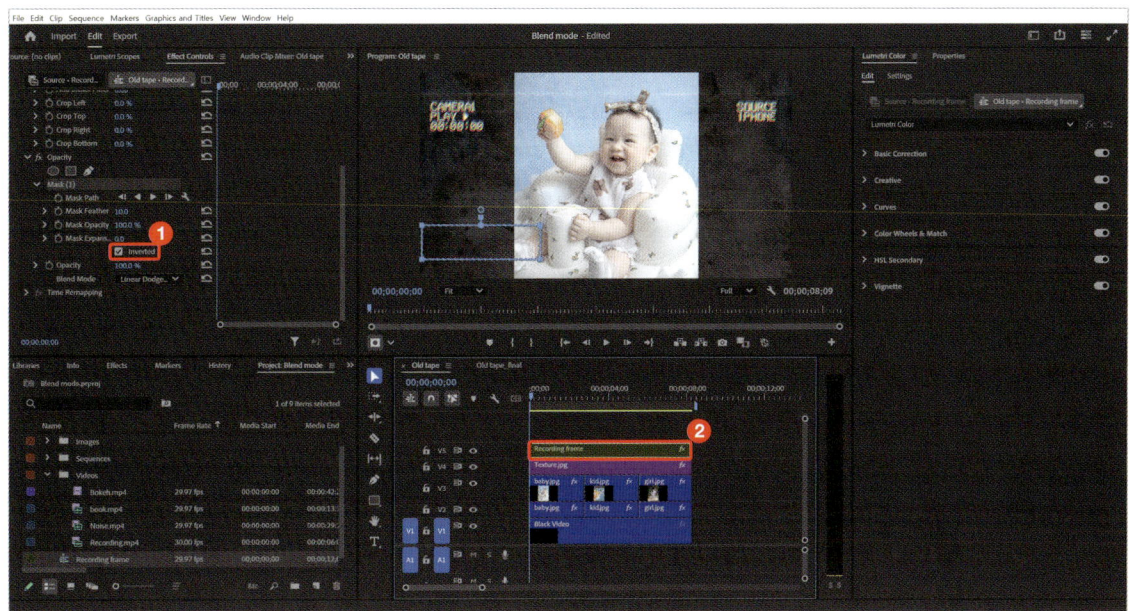

CHAPTER 05

다양한 형태의 자막 만들기

유튜브 영상이나 TV 프로그램에서 빼놓을 수 없는 요소가 바로 자막입니다.
자막은 영상에 삽입된 음성을 눈으로 볼 수 있도록 하는 기능은 물론
부가적인 정보를 전달하거나, 영상 전체의 분위기를 좌우하는 등
자막만으로도 영상이 전달하는 정보와 분위기를 크게 바꿀 수 있습니다.
영상에 어울리는 적절한 자막을 만드는 방법과
자동 자막 기능을 활용하는 방법에 대해 알아보겠습니다.

방송 스타일 자막 만들기

타이프 도구로 자막 만들고 감각적으로 꾸미기

프리미어 프로에서는 여러 가지 형태의 다양한 자막을 영상에 추가할 수 있습니다. 일반적으로 타이프 도구를 활용해 직접 자막을 추가하거나 [Properties] 패널의 기능을 활용해 생성합니다. 타이프 도구를 활용하면 [Program] 패널에서 실시간으로 자막을 입력하며 수정할 수 있어서 빠르고 편리합니다. 자막을 자유롭게 디자인할 수도 있습니다.

간단 실습 | 타이프 도구로 기본 자막 만들기

준비 파일 프리미어 프로/Chapter 05/자막 디자인.prproj

타이프 도구의 기본 활용 방법을 배워보겠습니다. 준비 파일을 열어줍니다. [01_자막디자인] 시퀀스에서 시작합니다.

01 ❶ Workspaces를 클릭하고 ❷ 작업 영역 모드를 [Caption and Graphics] 모드로 설정합니다.

02 ❶ **T**를 눌러 타이프 도구 **T**를 선택하면 마우스 포인터가 📝 모양으로 변경됩니다. ❷ [Program] 패널에서 텍스트를 삽입할 위치에 클릭합니다. 여기서는 '감탄이 절로 나오는 아름다운 풍경'이라는 자막을 만들어보겠습니다. ❸ 우선 **감탄**을 입력합니다.

이 예제에는 전남교육바른체, 학교안심 알림장 폰트가 사용되었습니다. Adobe 유료 플랜을 구독하면 지원하는 폰트를 자동으로 찾고, 설치해줍니다. 자동으로 설치되지 않는다면 눈누(https://noonnu.cc), Google Fonts(https://fonts.google.com), DaFont(https://dafont.com) 등에서 다운로드할 수 있습니다.

03 ❶ 입력한 텍스트를 더블클릭하여 모두 선택합니다. [Properties] 패널에서 폰트와 크기를 조정해보 겠습니다. ❷ [학교안심 알림장 OTF]로 폰트를 설정하고 두께를 [R], 크기는 **110**으로 설정합니다.

옵션을 똑같이 설정해도 크기가 다르게 느껴질 수 있습니다. 작업 환경에 따라 차이가 생길 수 있는 것이니 더 크거나 작게 원하는 만큼 수정해서 진행해도 괜찮습니다.

04 ❶ [Appearance]에서 [Fill]과 [Stroke]에 각각 체크한 후 ❷ [Fill]의 색상칩을 더블클릭합니다. ❸ [Color Picker] 대화상자가 나타나면 [#]에 **FFF841**을 입력해 자막의 색을 지정합니다. ❹ [OK]를 클릭합니다.

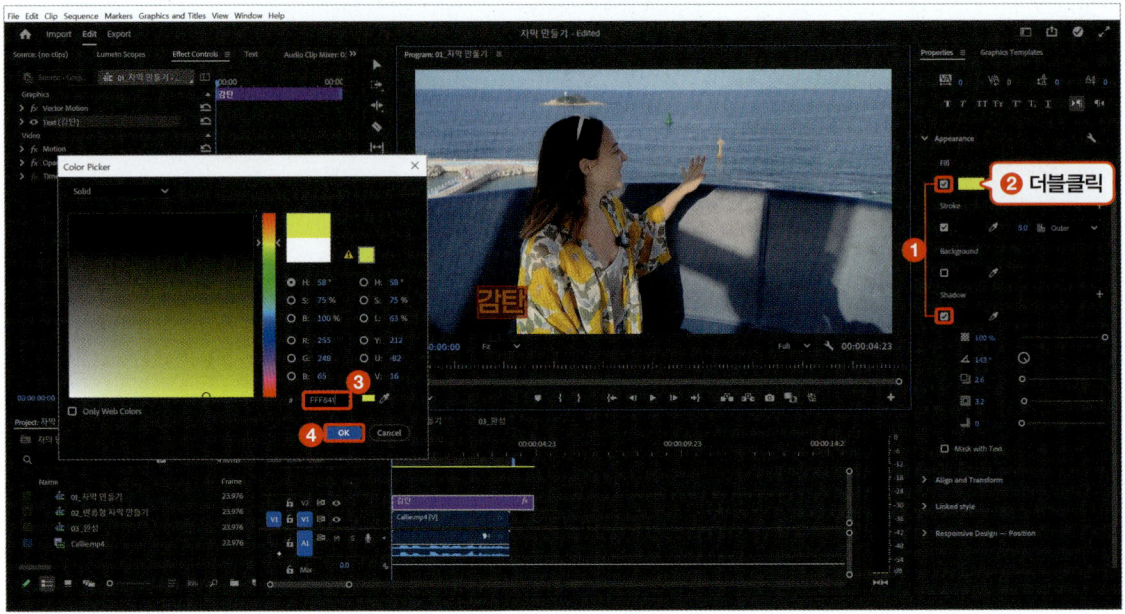

05 ❶ 도구 패널에서 ▶를 클릭해 선택 도구를 선택합니다. ❷ [Properties] 패널에서 [감탄] 레이어를 마우스 오른쪽 버튼으로 클릭합니다. ❸ [Duplicate]를 클릭해 레이어를 복제합니다.

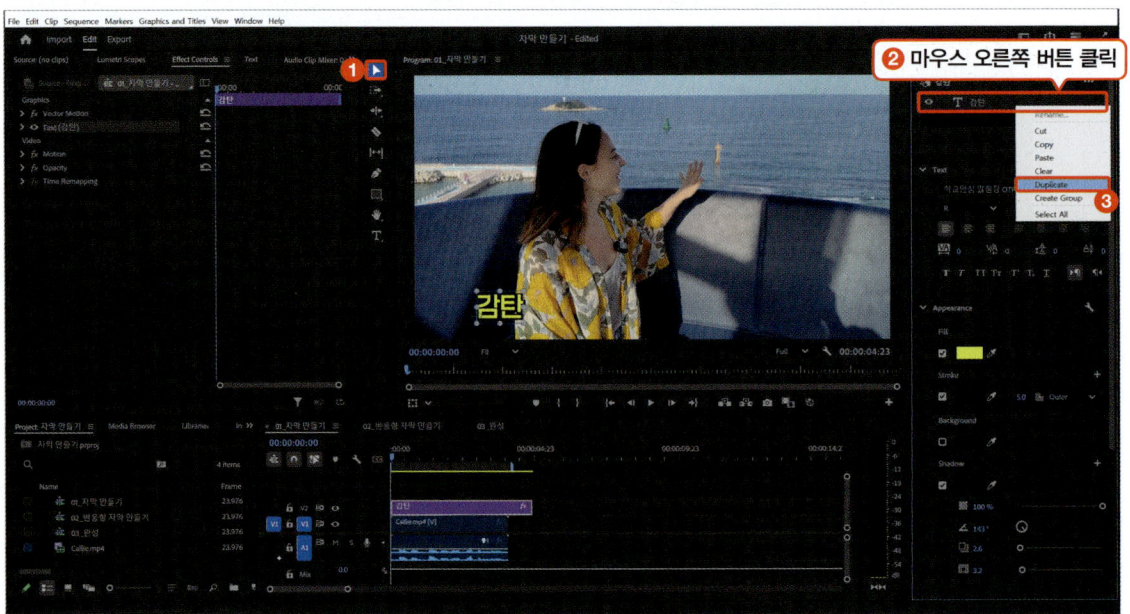

06 ❶ [Properties] 패널에서 복제된 [감탄] 레이어를 클릭하고 ❷ [Program] 패널에서 복제된 텍스트를 오른쪽으로 드래그합니다.

07 ❶ T를 눌러 타이프 도구 T를 선택합니다. ❷ **감탄** 텍스트를 **이 절로 나오는** 텍스트로 수정합니다. ❸ 텍스트의 크기는 **86**으로 설정하고 ❹ [Fill]에서 색을 **FFFFFF**로 지정합니다.

08

❶ [Properties] 패널에서 같은 방법으로 레이어를 한 번 더 복제하여 **아름다운 풍경** 텍스트를 만들고 배치합니다. ❷ [아름다운 풍경] 레이어를 더블클릭하면 텍스트가 전체 선택됩니다. ❸ [Fill]에서 색을 6EECFF로 지정합니다.

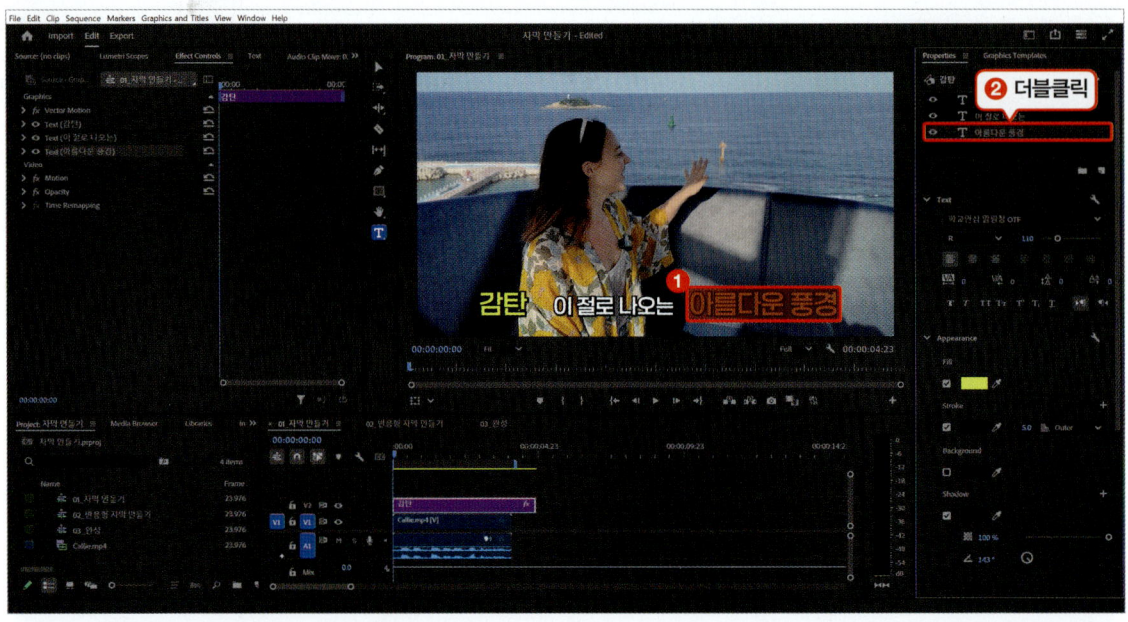

09 ❶ [Properties] 패널에서 [감탄] 레이어를 클릭하고 ❷ [Align and Transform]의 아이콘을 클릭합니다. [Program] 패널에서 텍스트가 영상 하단에 붙어 정렬되는 것을 확인할 수 있습니다.

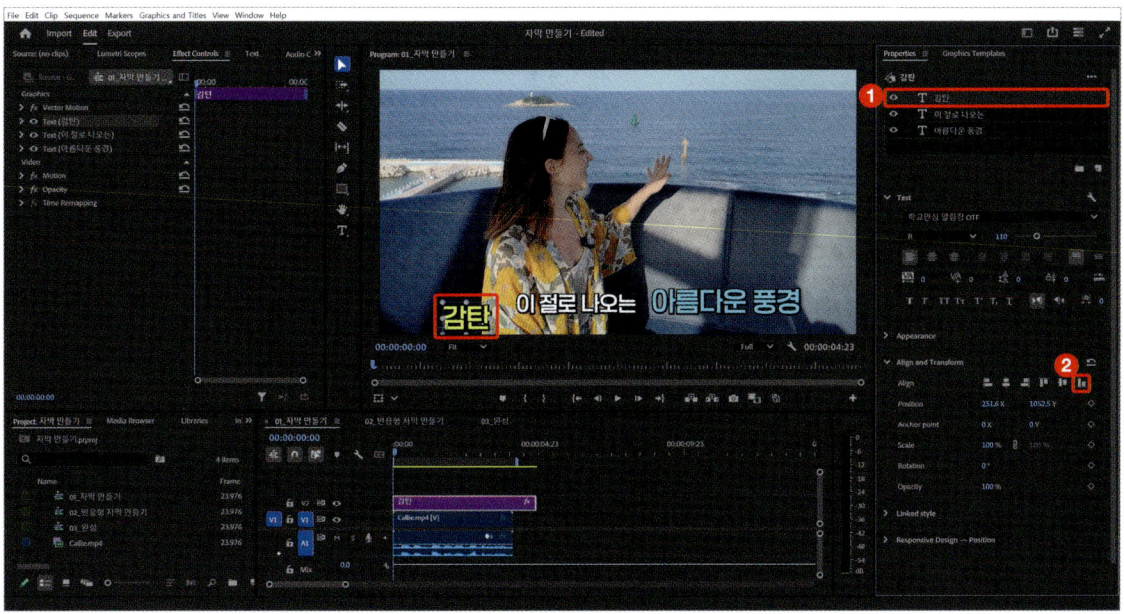

10 ❶ [Properties] 패널에서 [이 절로 나오는] 레이어를 클릭하고 ❷ Shift 를 누른 채 [아름다운 풍경] 레이어를 클릭합니다. ❸ [Align and Transform]의 아이콘을 클릭합니다.

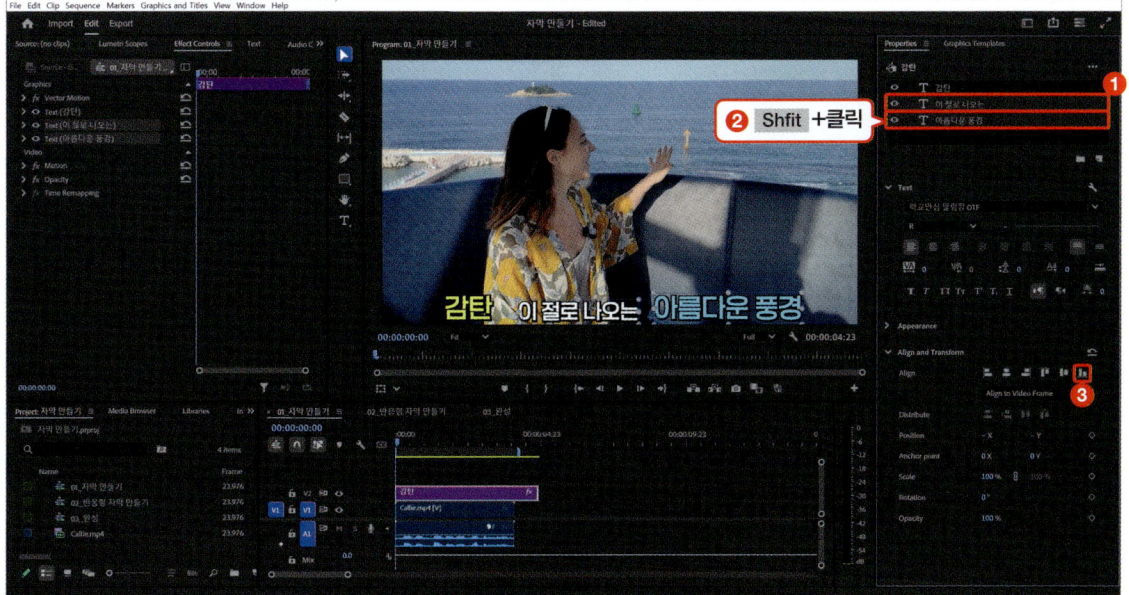

CHAPTER 05 다양한 형태의 자막 만들기

11 ① V 를 눌러 선택 도구 ▶를 선택한 후 ② [Program] 패널에서 텍스트의 간격을 알맞게 조정합니다.
③ 🔧를 클릭한 후 ④ [Safe Margins]를 클릭해 기준선을 표시합니다.

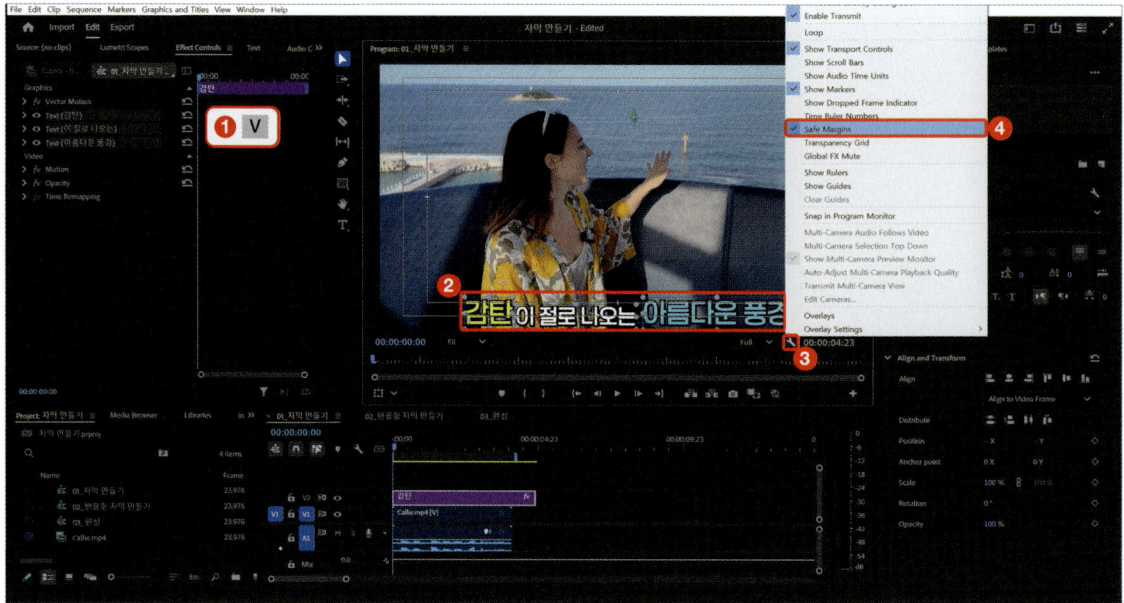

12 ① 드래그하여 모든 텍스트를 선택합니다. ② 가장 안쪽 기준선 위로 드래그해 배치합니다.

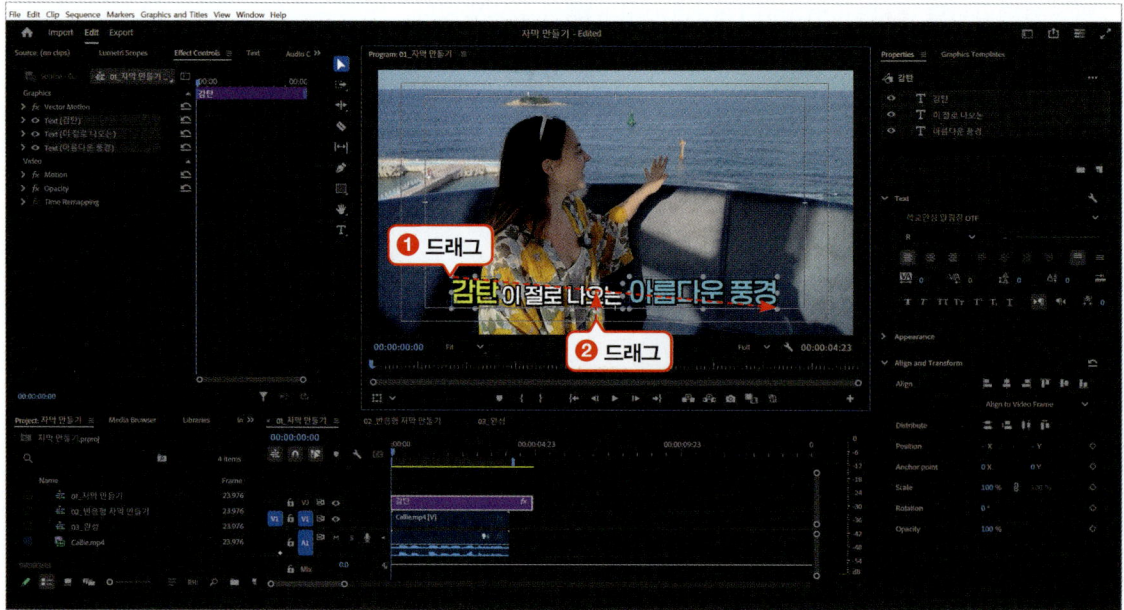

13 ❶ ▰를 클릭한 후 ❷ [Safe Margins]를 클릭해 기준선을 해제합니다. 기본 자막 만들기가 완료되었습니다.

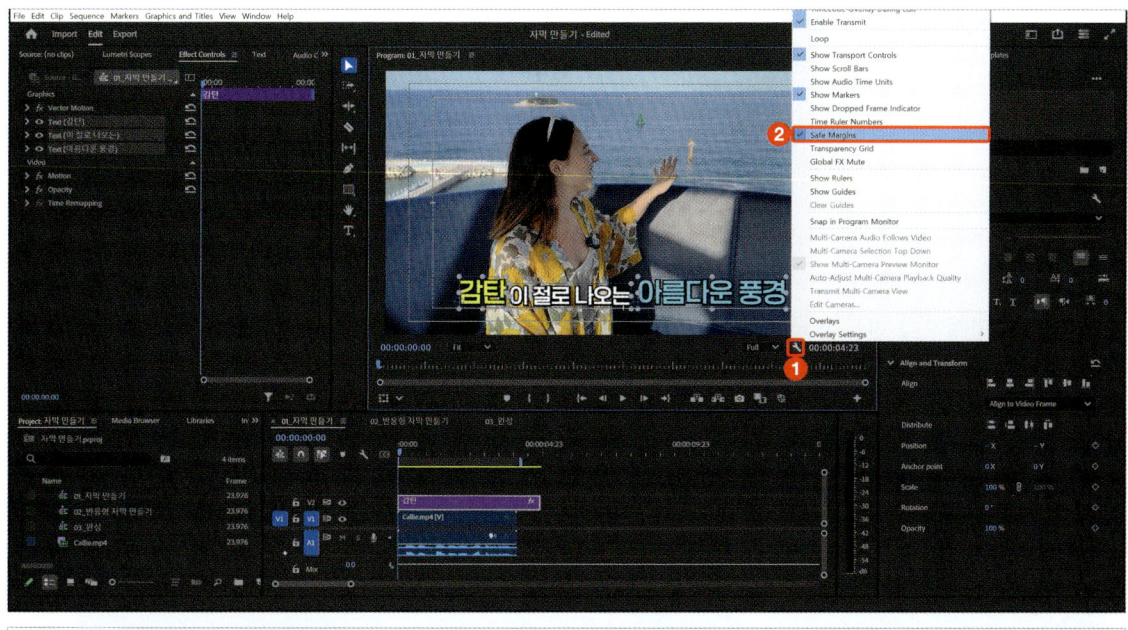

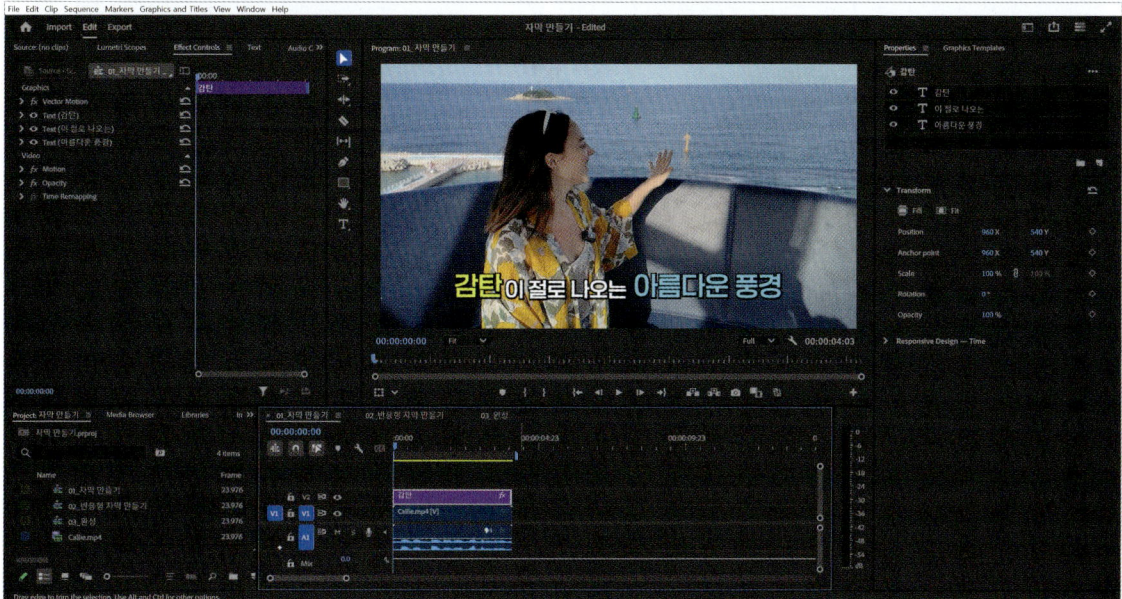

| 간단 실습 | **반응형 자막 만들기** |

준비 파일 프리미어 프로/Chapter 05/자막 디자인.prproj

이번에는 텍스트의 내용이 늘어나면 텍스트를 감싸는 도형이 함께 늘어나는 반응형 자막을 만들어보겠습니다. 준비 파일을 열어줍니다. 앞선 예제에서 이어서 진행하거나 [02_반응형 자막 만들기] 시퀀스에서 시작합니다.

01 ❶ [Timeline] 패널에서 비디오 2번 트랙(V2)의 텍스트 클립을 클릭합니다. ❷ [Properties] 패널에서 ▣를 클릭한 후 ❸ [Rectangle]을 클릭하여 사각형 도형을 추가합니다. ❹ [Program] 패널에서 가로로 긴 직사각형으로 만들어 배치한 후 ❺ [Fill]에서 색을 **FFFEC4**로 지정합니다. ❻ [Stroke]에 체크한 후 ❼ 색은 검은색, 두께는 **3**, [Inner]로 지정합니다. ❽ ✚를 클릭해 새로운 외곽선을 추가한 후 ❾ 색은 **FFFEC4**, 두께는 **3**, [Outer]로 지정합니다.

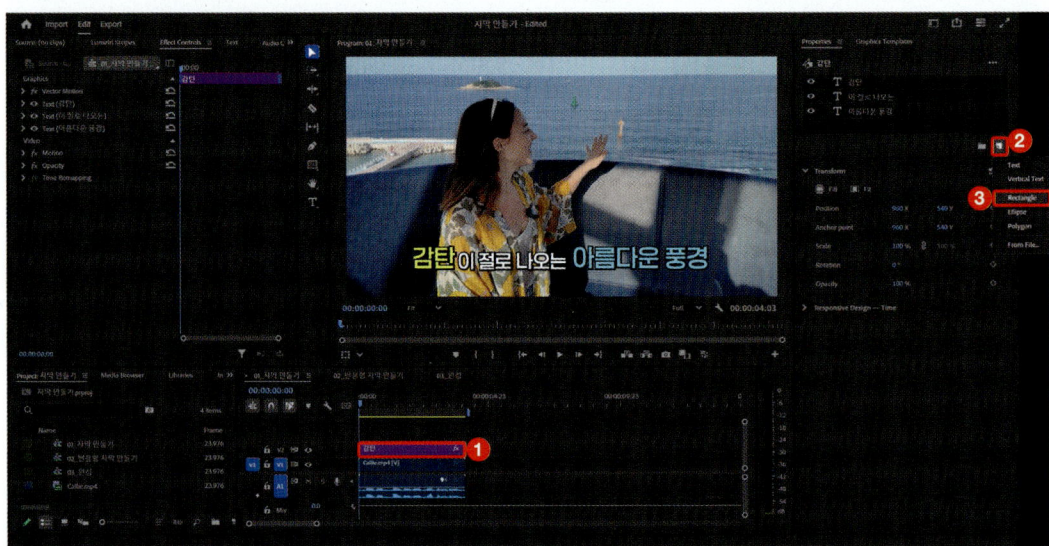

02 ① T를 눌러 타이프 도구 T를 선택합니다. ② [Program] 패널에서 클릭한 후 ③ **깊은 감동..!**을 입력합니다.

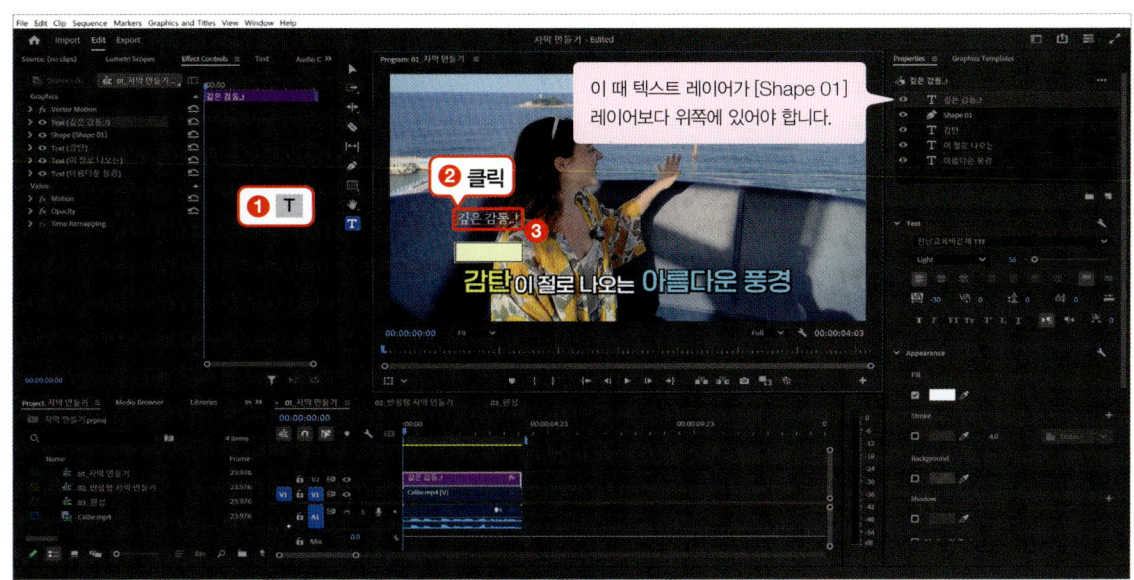

03 ① V를 눌러 선택 도구 ▶를 선택한 후 ② 텍스트를 앞서 배치한 사각형 위로 드래그합니다. ③ [전남교육바른체 TTF]로 폰트를 설정하고 두께를 [Light], 크기는 사각형과 텍스트가 조화롭게 배치되도록 자유롭게 설정합니다.

04

❶ [Shape 01] 레이어를 클릭한 후 ❷ [Resonsive Design – Position]를 클릭해 열어줍니다. 선택된 [Shape 01] 레이어가 다른 개체를 따라서 커지고 작아지도록 설정하는 옵션입니다. ❸ [Pin to]에서 [깊은 감동..!] 레이어로 설정합니다. ❹ 상하좌우 모두 [깊은 감동..!] 레이어를 따라서 조절되도록 ■를 클릭해 모든 방향을 활성화합니다.

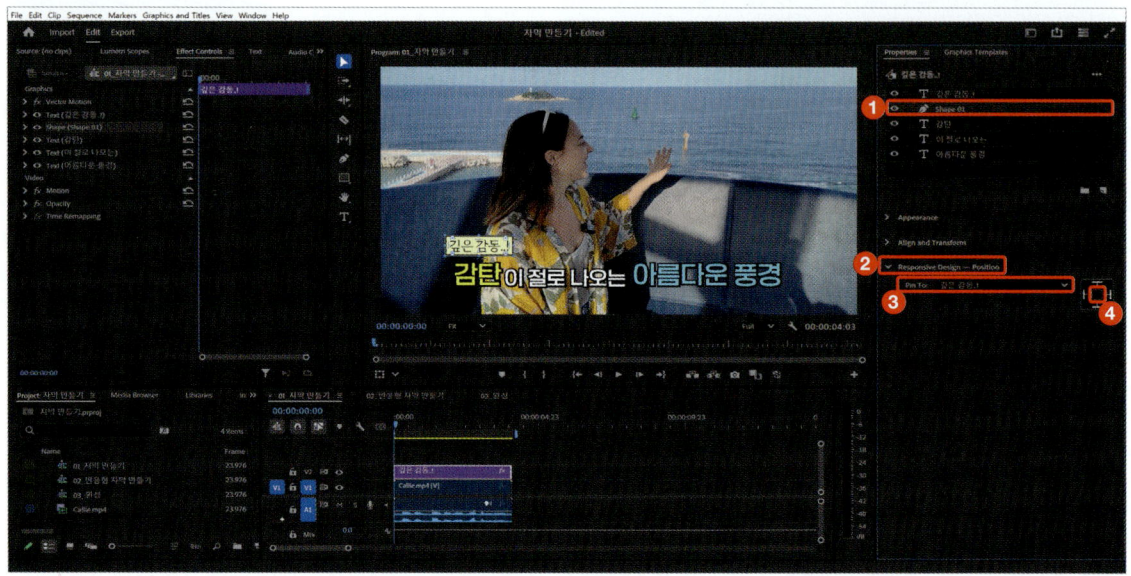

상하좌우를 개별로 조절되도록 설정할 수도 있습니다.

05

[깊은 감동..!] 레이어를 더블클릭하면 [Program] 패널에서 텍스트가 전체 선택됩니다. 이때 텍스트를 수정하면 텍스트 뒤의 사각형 도형이 텍스트가 늘어남에 따라 반응하여 크기도 늘어납니다. 반응형 자막이 완성되었습니다.

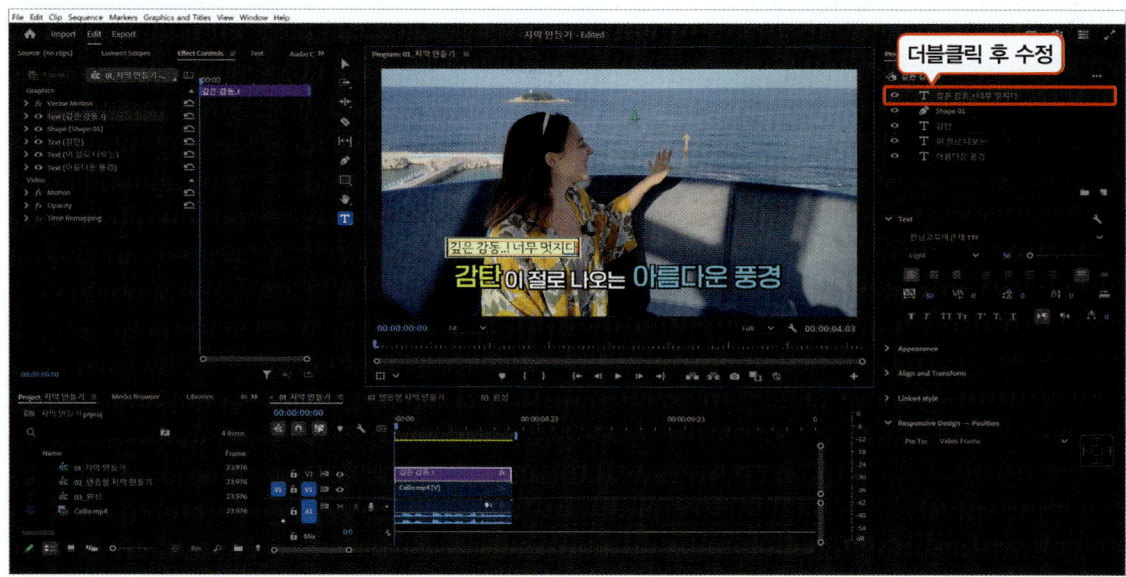

음성 인식으로 자동 자막 만들기

AI 기능으로 자동 음성 인식 자막 생성하기

프리미어 프로의 작업 영역 모드인 [Captions and Graphics] 모드는 영상에 자막을 적용하기 편리하게끔 패널이 구성되어 있습니다. 이 작업 영역 모드에서 클립에 포함된 음성 파일을 인식하여 자막을 자동으로 손쉽게 생성할 수 있습니다.

간단 실습 자동으로 자막 생성하기

준비 파일 프리미어 프로/Chapter 05/자동자막.prproj

음성 인식을 사용하여 자동으로 자막을 만든 후 예쁘게 디자인하는 작업까지 함께해보겠습니다. 준비 파일을 열어줍니다.

01 ❶ [Timeline] 패널에서 자막을 생성하려는 오디오 클립을 클릭합니다. ❷ [Text] 패널이 활성화되면 [Create captions from transcript]를 클릭합니다.

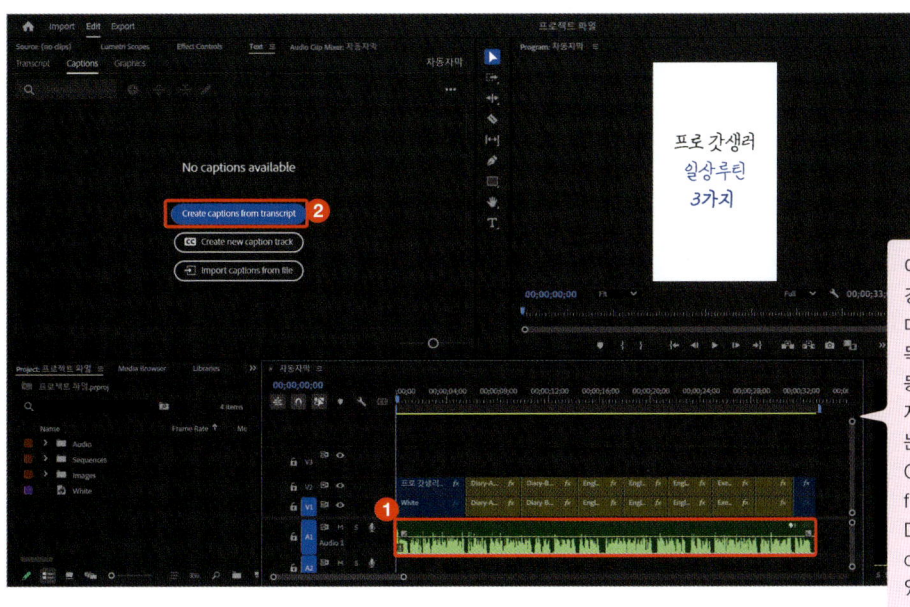

이 예제에는 흥국생명의 심경하체 폰트가 사용되었습니다. Adobe 유료 플랜을 구독하면 지원하는 폰트를 자동으로 찾고, 설치해줍니다. 자동으로 설치되지 않는다면 눈누(https://noonnu.cc), Google Fonts(https://fonts.google.com), DaFont(https://dafont.com) 등에서 다운로드할 수 있습니다.

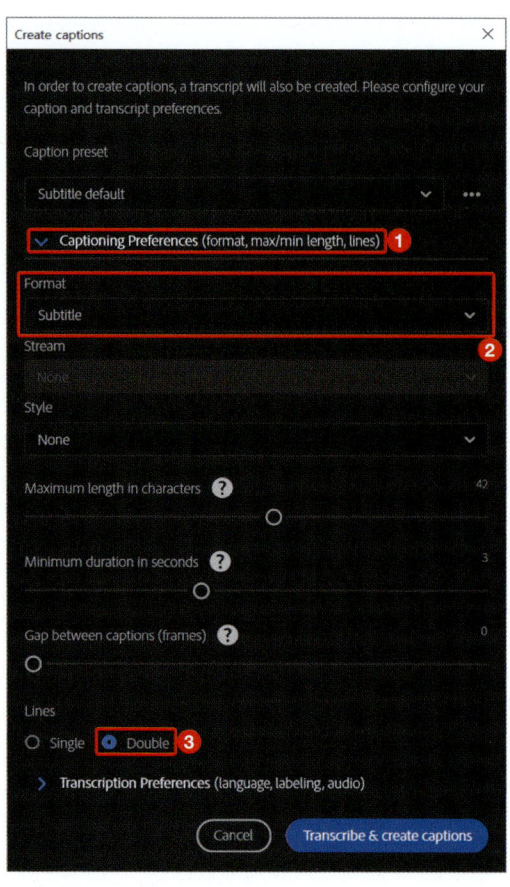

02 [Crate captions] 대화상자가 나타나면 ❶ [Captioning Preferences] 항목을 열어줍니다. ❷ [Format]은 [Subtitle]로 선택하여 자막으로 설정합니다. ❸ [Lines] - [Double]을 클릭하여 자막이 두 줄이 되도록 설정합니다.

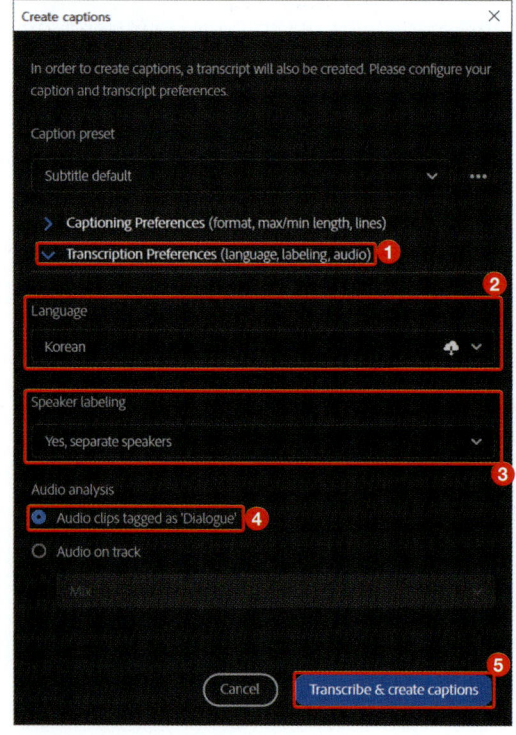

03 ❶ [Transcription Preferences] 항목을 열어줍니다. ❷ [Language]는 [Korean]으로 설정하고 ❸ [Speaker labeling]를 [Yes, separate speakers]로 설정하면 다른 소리에 방해받지 않고 말하는 사람의 목소리만 인식됩니다. ❹ [Audio analysis] - [Audio clips tagged as 'Dialogue']를 클릭하여 오디오의 목소리가 대화(사람 목소리)로 인식되도록 설정합니다. ❺ [Transcribe & create captions]를 클릭해 자막 생성을 시작합니다.

04 [Text] 패널에서 자막이 생성되기 시작합니다. 자막 생성이 완료된 후 [Timeline] 패널을 확인하면 캡션 1번 트랙(C1)이 생성된 것을 확인할 수 있습니다.

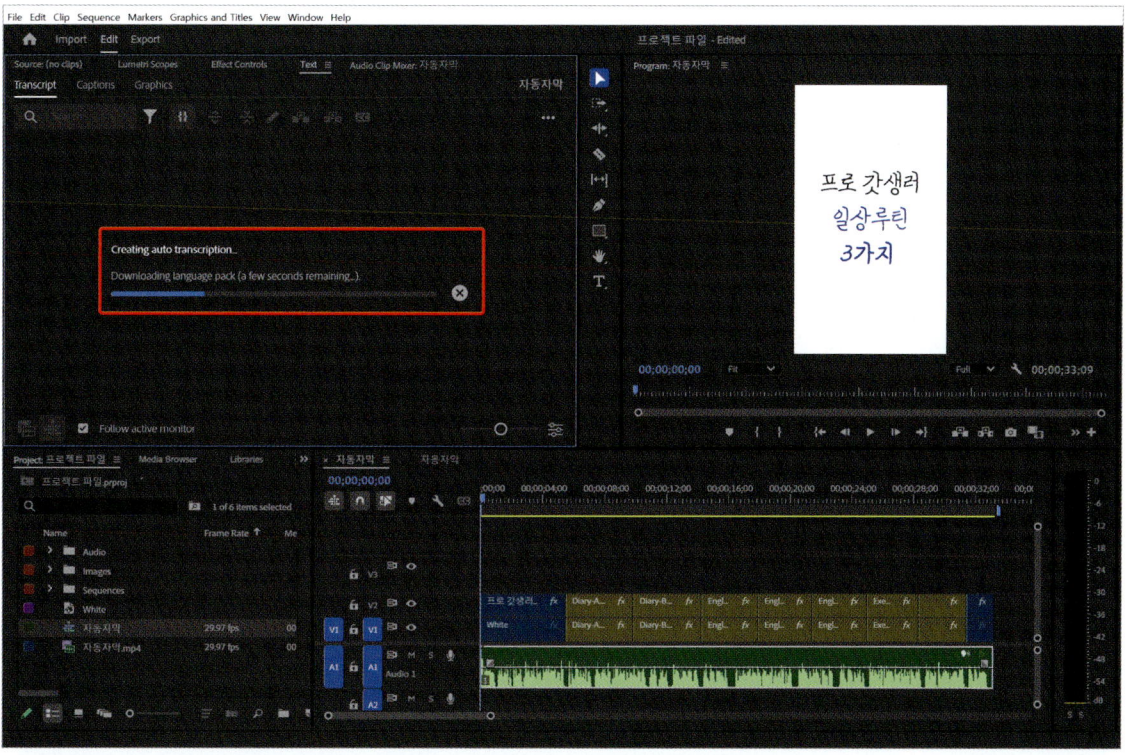

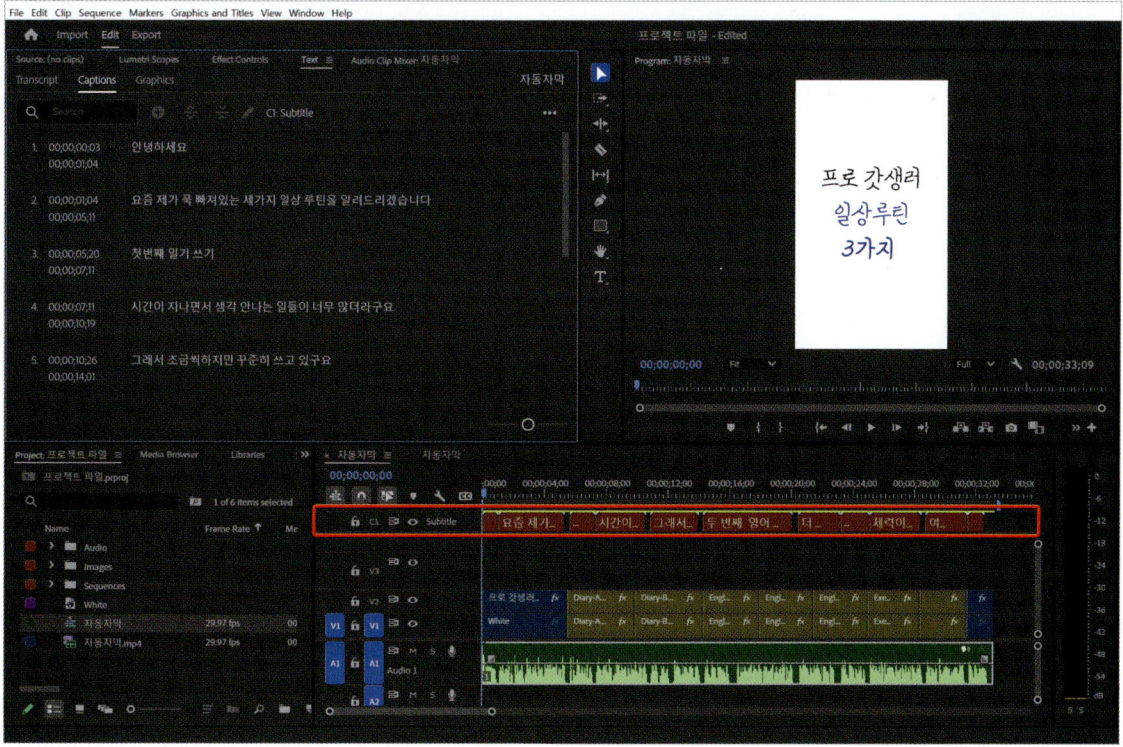

05 [Text] 패널에서 자동 생성된 자막을 확인해보면 띄어 쓰기 등 정확성이 부족한 부분을 쉽게 찾을 수 있습니다. 이런 부분은 직접 수정이 필요합니다. 실제 음성과 다른 부분이나 오탈자 등 디테일한 부분을 직접 수정합니다.

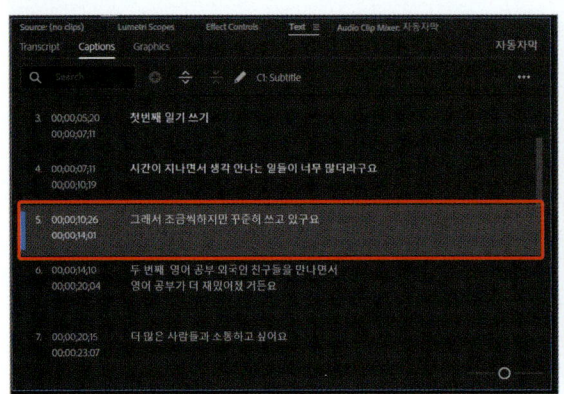 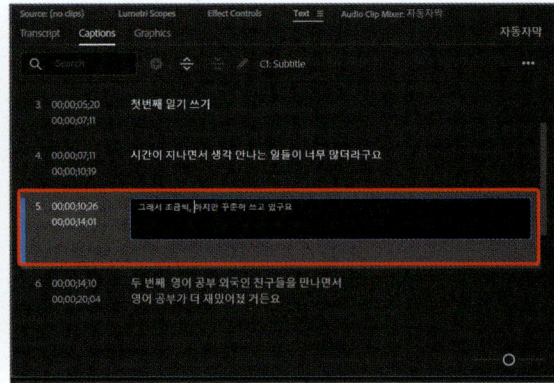

06 너무 긴 자막은 두 개로 나누는 것이 좋습니다. ❶ 먼저 [Timeline] 패널에서 두 개로 나눌 자막 클립을 클릭합니다. 여섯 번째 자막 클립인 [두 번째 영어공부~재밌어 졌거든요]를 클릭합니다. ❷ [Text] 패널에서 [Split caption]을 클릭하면 자막 클립이 두 개로 분리됩니다.

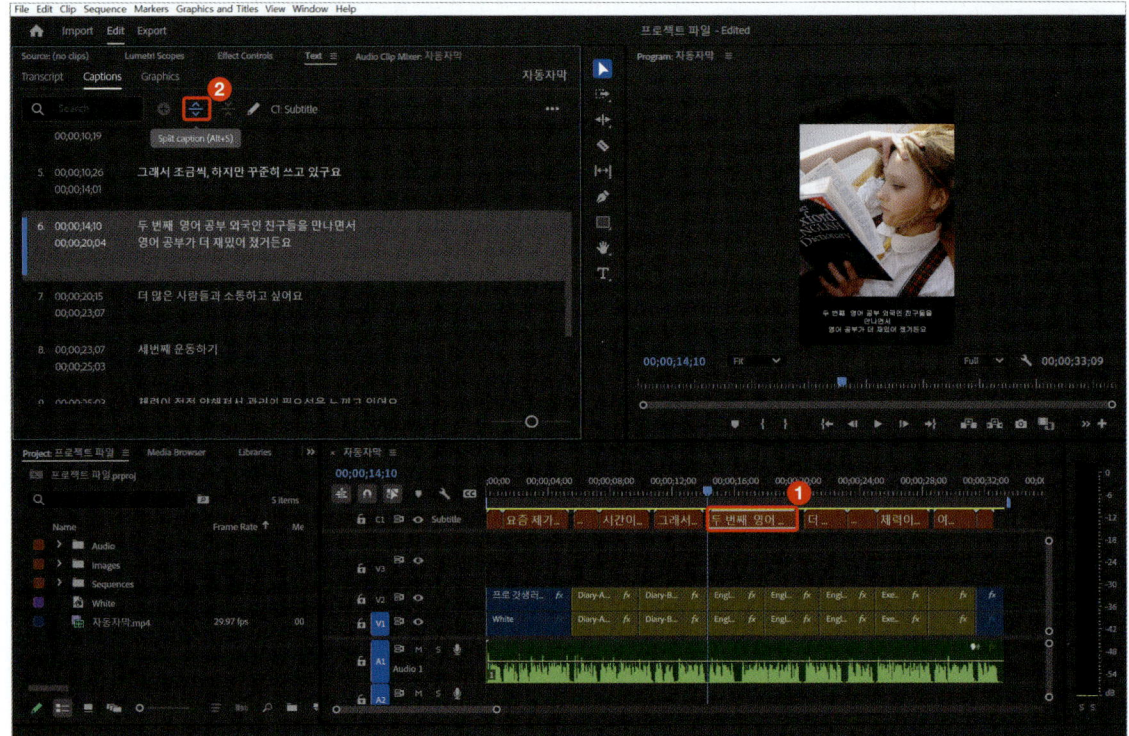

07 같은 자막이 두 개이므로 하나씩 수정하여 자막을 나눕니다. ❶ 위쪽 자막을 더블클릭한 후 ❷ 영어 공부가 더 재밌어 졌거든요 텍스트를 삭제합니다. ❸ 같은 방법으로 두 번째 자막을 더블클릭해 수정해서 완성합니다.

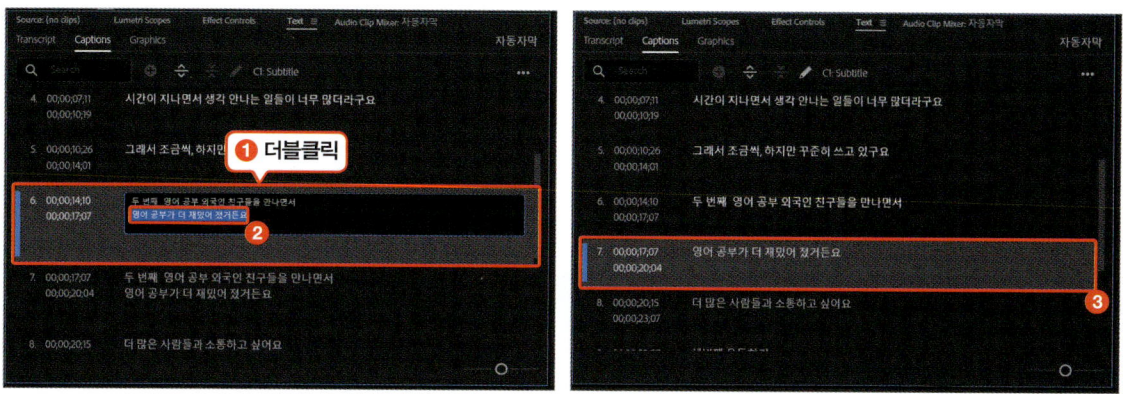

08 Spacebar 를 눌러 재생하면서 자막 클립의 길이를 조정해봅니다. 음성과 자막이 등장하는 타이밍을 알맞게 조절하면 됩니다. 이때 단축키 N 을 눌러서 롤링 에디트 도구를 선택해 사용하면 편리하게 작업할 수 있습니다.

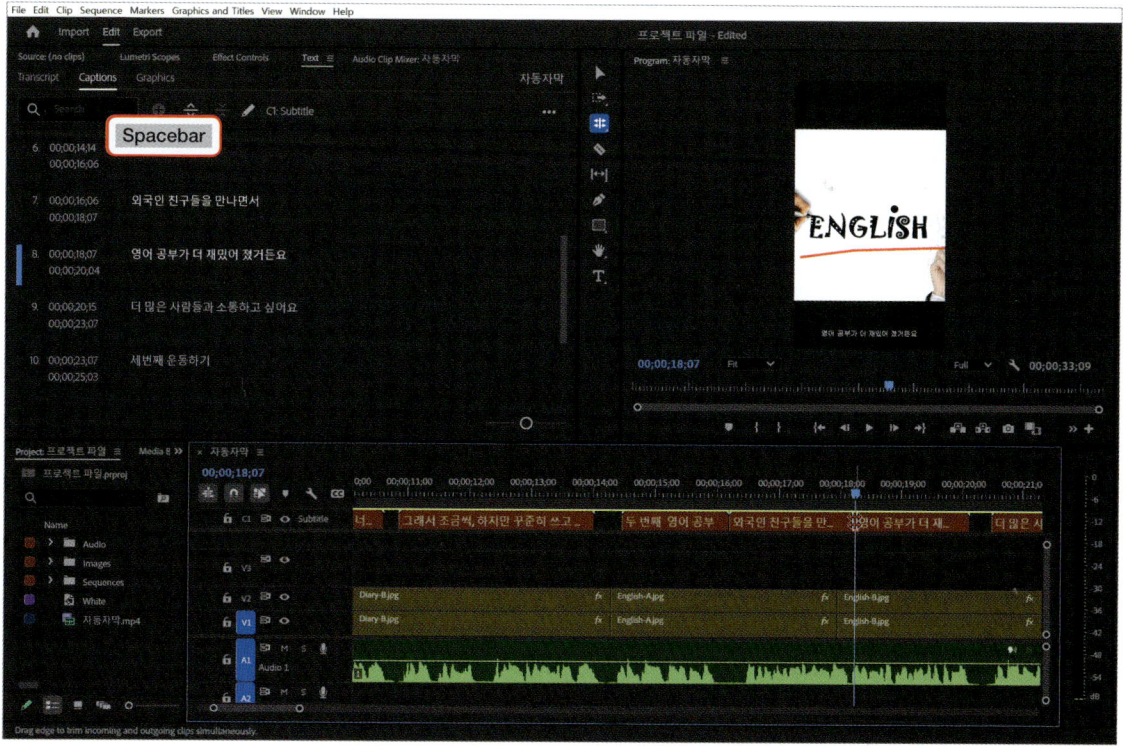

간단 실습   자동 자막 디자인하기

준비 파일 프리미어 프로/Chapter 05/자동자막.prproj

자동 자막으로 생성되는 자막은 아무런 디자인이 되어 있지 않아 가독성이 부족합니다. 생성 자막의 디자인 스타일을 수정하여 더 잘 보이고 예쁜 자막을 만들어보겠습니다. 준비 파일을 열어줍니다. 앞선 예제에서 이어서 진행합니다.

01 ① Workspaces■를 클릭한 후 ② 작업 영역 모드를 [Vertical] 모드로 설정합니다. [Program] 패널이 세로로 표시되며 [Properties] 패널은 중앙에 표시됩니다.

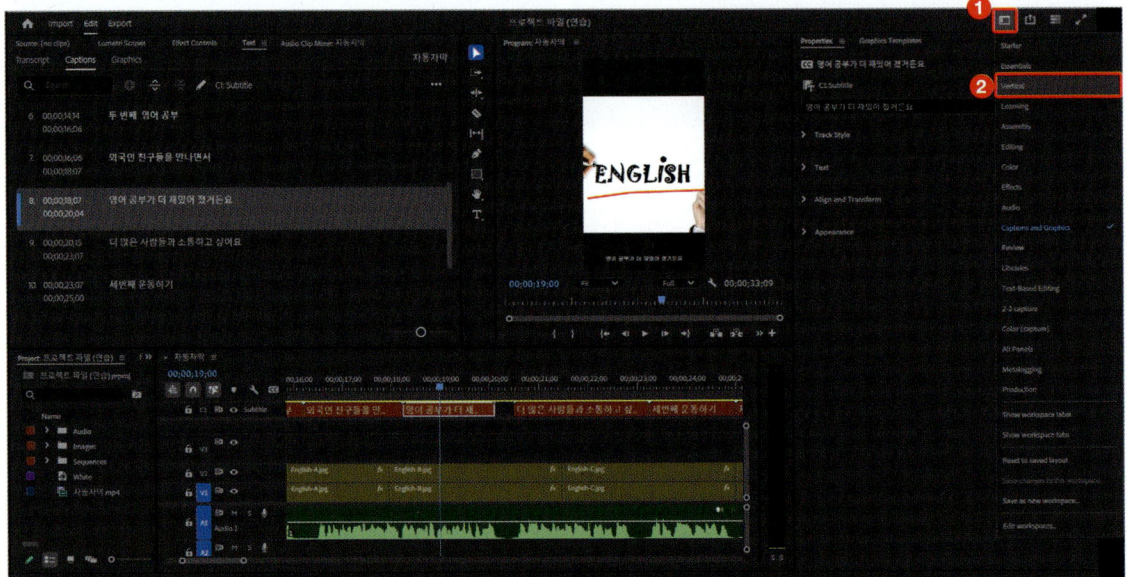

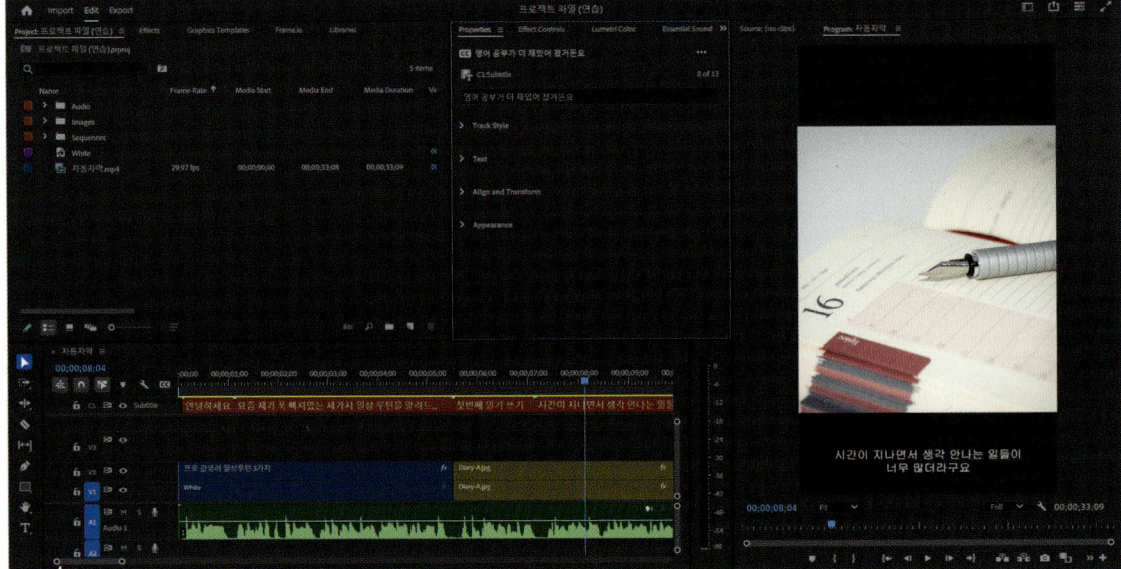

세로 영상에 자막을 넣을 때는 세로 영상이 잘 보이는 작업 영역 모드인 [Vertical] 모드를 사용하는 것이 좋습니다.

02 ① [Timeline] 패널에서 편집 기준선을 **00:00:08:04** 지점에 위치합니다. ② 디자인하려는 자막 클립을 클릭합니다. 여기서는 [시간이 지나면서~] 클립을 클릭했습니다. ③ [Properties] 패널-[Text]에서 [전남교육유나체 TTF]로 폰트를 설정하고 크기는 **112**로 설정합니다.

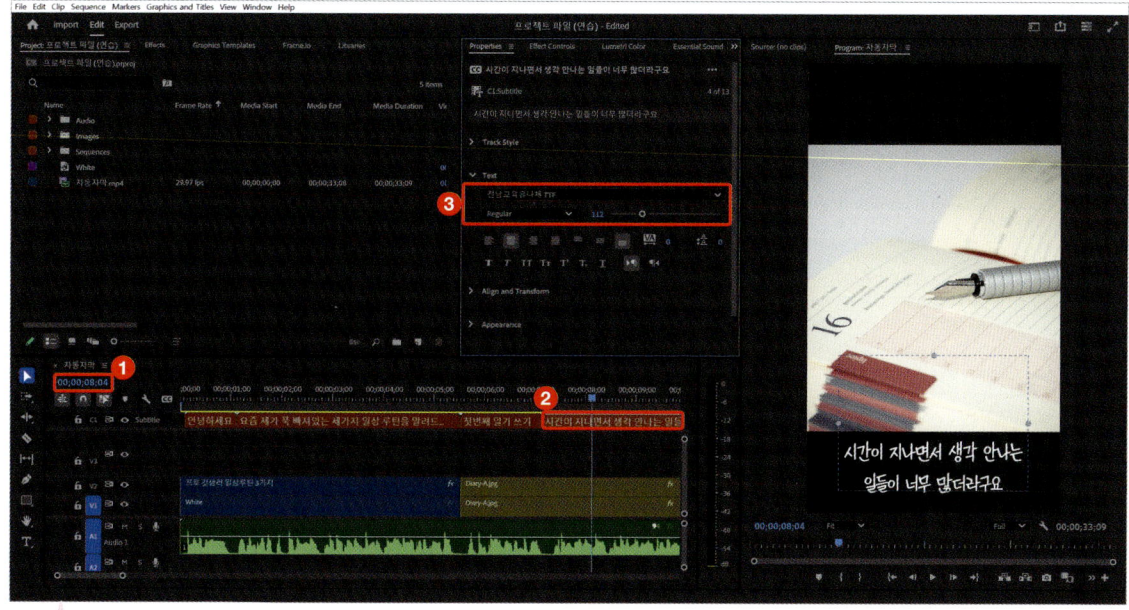

> 이 예제에는 전남교육유나체 폰트가 사용되었습니다. Adobe 유료 플랜을 구독하면 지원하는 폰트를 자동으로 찾고, 설치해줍니다. 자동으로 설치되지 않는다면 눈누(https://noonnu.cc), Google Fonts(https://fonts.google.com), DaFont(https://dafont.com) 등에서 다운로드할 수 있습니다.

03 ① [Appearance]-[Fill]에서 색을 **FFFFFF**로 지정하고 ② [Storke]에 체크한 후 ③ 색을 **636363**으로 지정합니다.

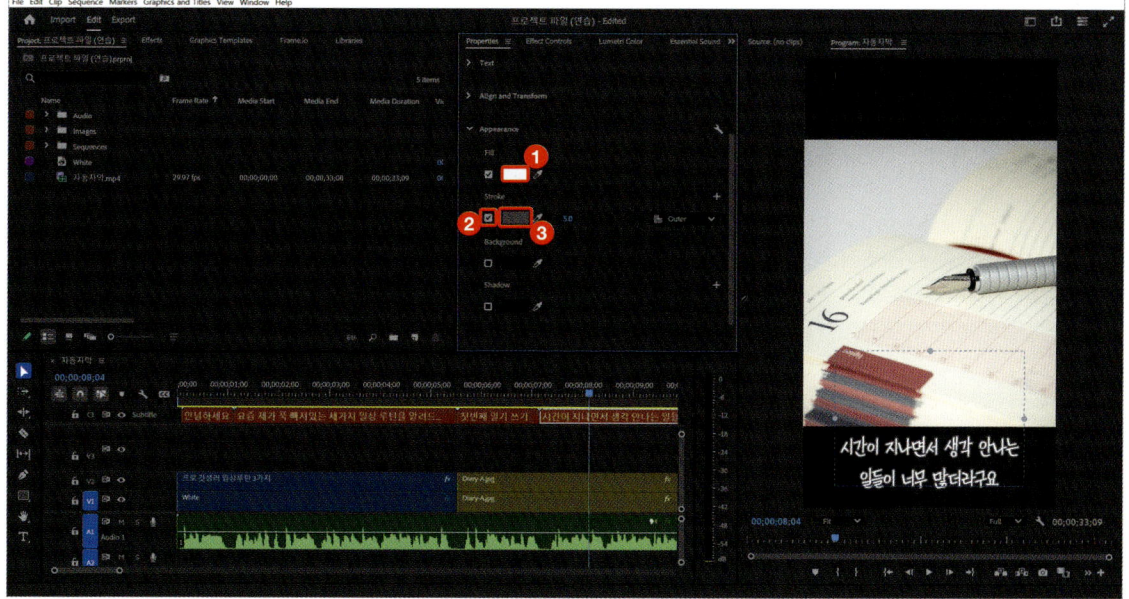

CHAPTER 05 다양한 형태의 자막 만들기

04 ① 자막 디자인이 완료되면 [Properties] 패널의 [Track Style]에서 ➕를 클릭합니다. ② [Create style]을 클릭합니다. [New Text Style] 대화상자가 나타나면 ③ 스타일의 이름을 **세로 자막**으로 입력하고 ④ [OK]를 클릭합니다.

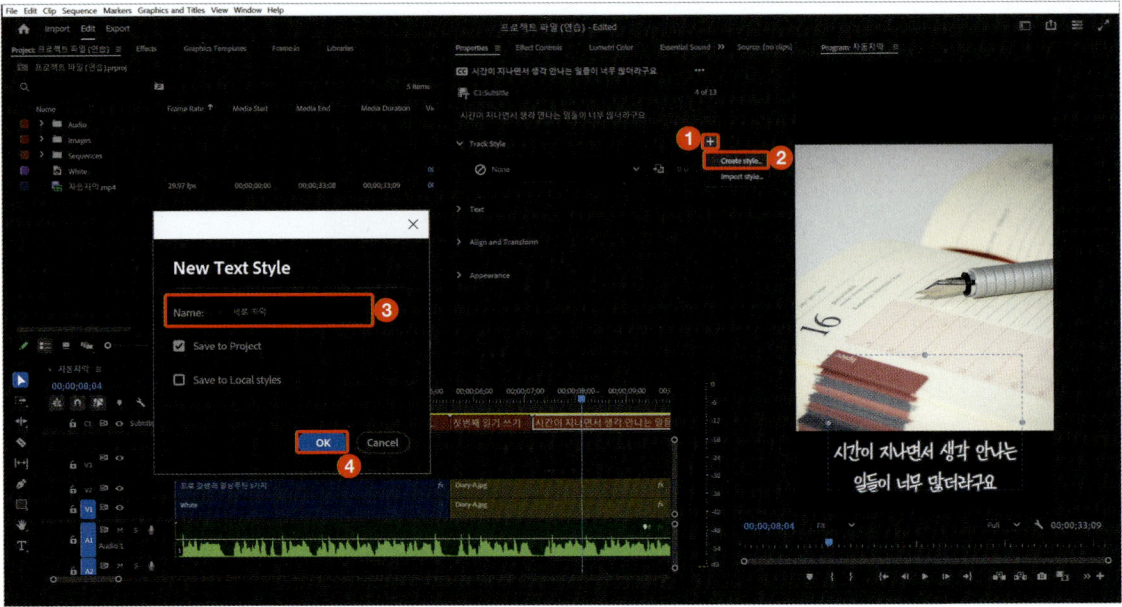

05 트랙 스타일로 저장되면서 캡션 1번 트랙(C1)의 모든 자동 자막에 디자인이 적용됩니다.

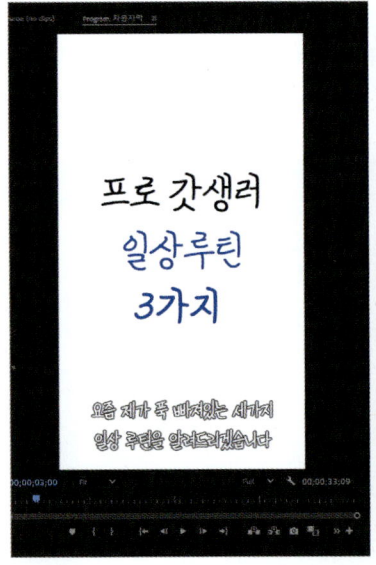

예쁜 자막을 디자인하는 방법

감각적인 자막 디자인 레퍼런스 확인하기

영상 편집에서 자막 디자인은 매우 중요하며, 화려하지 않더라도 가독성이 좋고 정보 전달이 잘 되도록 디자인해야 합니다. 유튜브 영상을 직접 찾아보며 자막 디자인의 레퍼런스를 찾을 수도 있지만, 관련된 레퍼런스를 직관적으로 제공하는 다양한 웹사이트를 활용하는 것이 좋습니다.

레퍼런스를 사용할 때는 레퍼런스가 참고 자료라는 점을 주의합니다. 레퍼런스와 100% 똑같이 만들어서는 안 됩니다. 색감을 바꾸거나, 다른 폰트를 사용하는 등 참고 자료를 응용하여 새로운 디자인을 만들어야 합니다. 색상이나 폰트, 느낌 등 참고하고 싶은 부분을 인지한 후 내 작업에 일부분만 응용해야 합니다. 또한, 사용되는 폰트의 저작권 문제에도 주의를 기울여야 합니다. 무료 폰트를 제공하는 웹사이트를 소개하고 각 폰트의 저작권에 대한 상세한 설명도 함께 알아보겠습니다. 모든 폰트는 저작권법에 따라 보호되므로 각 웹사이트에서 제공하는 라이선스를 반드시 확인해야 합니다.

디자인 레퍼런스 찾기

Pinterest / 핀터레스트

다양한 비주얼 아이디어와 디자인 레퍼런스를 찾기 좋은 웹사이트입니다. 자막 디자인 관련 키워드로 검색하면 많은 스타일과 아이디어를 한눈에 확인할 수 있습니다.

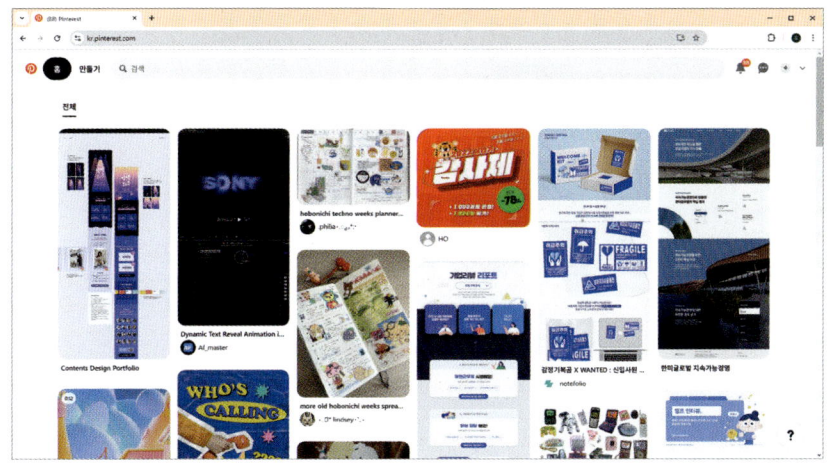

▲ https://kr.pinterest.com

Behance / 비핸스

전 세계 디자이너들이 작품을 공유하는 플랫폼으로, 자막 디자인이나 타이포그래피 관련 레퍼런스를 많이 볼 수 있습니다. 다양한 키워드를 검색하여 자막 디자인에 관련된 참고 자료를 찾아보기 바랍니다.

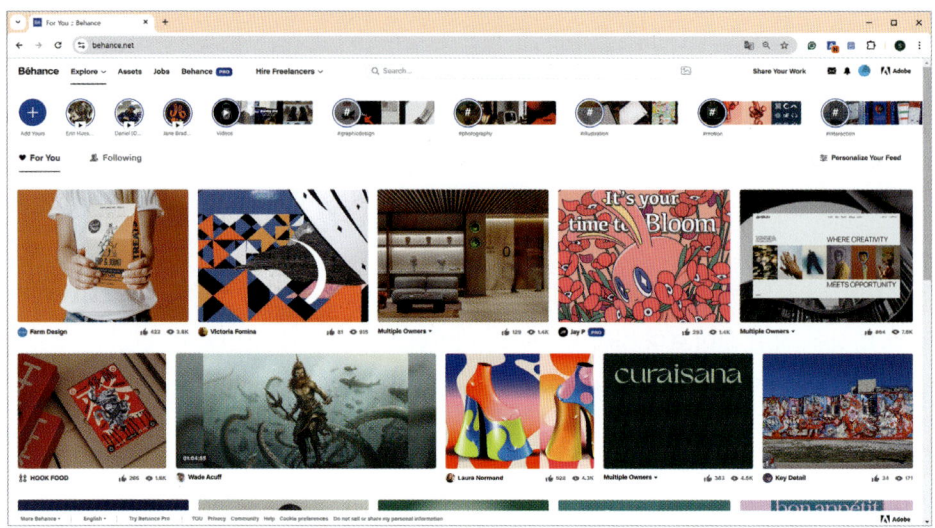

▲ https://www.behance.net

Freepik / 프리픽

다양한 디자인 애셋을 무료/유료로 제공하는 플랫폼입니다. 소스를 직접 사용할 수도 있지만 최신 업데이트 되는 이미지를 참고하여 디자인 작업에 응용할 수 있습니다.

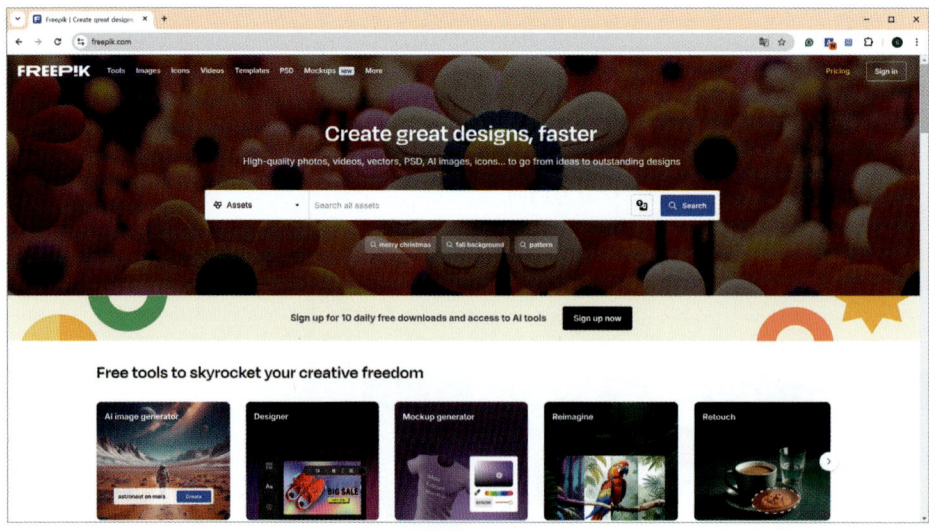

▲ https://www.freepik.com

무료 폰트 웹사이트 찾기

상업적인 목적으로 디자인을 하거나 영상을 만들 때는 폰트의 저작권에 주의해야 합니다. 사용하려는 폰트가 상업적 이용이 허가된 것인지, 폰트의 라이선스 문서에 상업적으로 100% 이용 가능하다는 내용이 포함되어 있는지를 확인해야 해당 폰트를 안전하게 사용할 수 있습니다. 이를 확인하지 않는다면 저작권에 관련된 문제가 생길 수 있습니다. 따라서 상업적으로 무료 이용이 가능한 폰트를 찾을 수 있는 웹사이트 두 곳을 알아보겠습니다.

눈누

눈누는 다양한 무료 폰트를 제공하는 웹사이트입니다. 사용자들이 손쉽게 폰트를 찾아볼 수 있도록 다양한 필터와 검색 기능을 제공하고, 사용자가 원하는 스타일의 폰트를 쉽게 찾을 수 있도록 돕습니다.

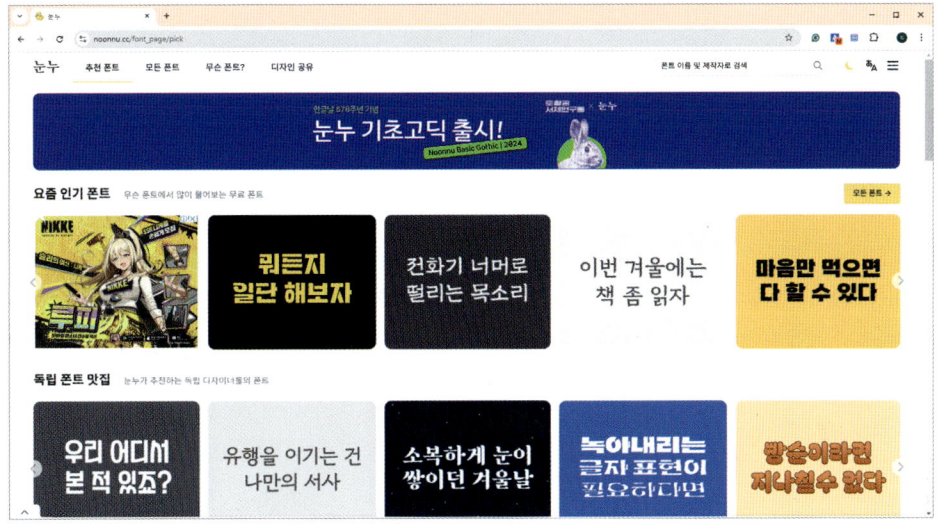

▲ https://noonnu.cc

눈누에서 폰트를 찾을 때는 폰트의 소개 페이지에서 라이선스 본문 또는 라이선스 요약표를 보고 무료로 사용 가능한 범위, 저작권 내용을 확인해야합니다. 더 정확한 확인을 위해 눈누가 아닌 폰트의 공식 홈페이지에서 저작권을 다시 한 번 체크한 후 사용하는 것이 가장 안전합니다.

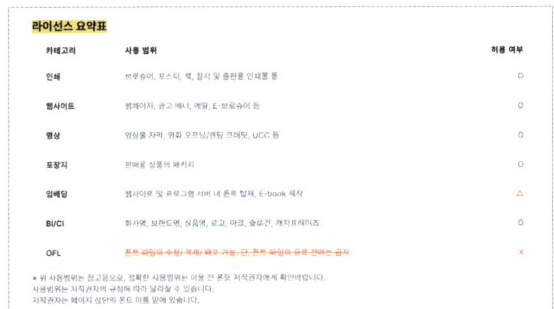

▲ 쿠키런 폰트 소개 페이지의 라이선스 요약표

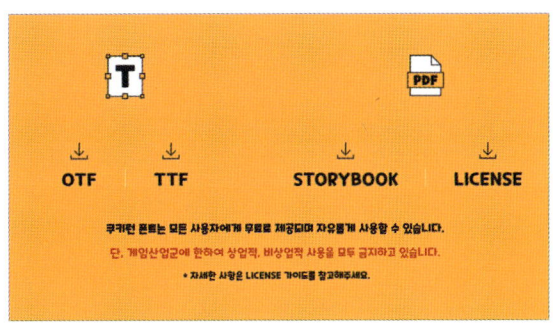

▲ 쿠키런 폰트 공식 홈페이지의 저작권 표기

Google Fonts

구글에서 제공하는 Google Fonts는 상업적 이용이 가능한 무료 폰트를 소개해주는 웹사이트입니다. Google Fonts에서는 다양한 스타일과 언어의 폰트를 무료로 다운로드하여 사용할 수 있으며, 상업적 프로젝트에도 자유롭게 활용할 수 있는 라이선스를 제공합니다. 또한 Google Fonts는 웹 폰트 형식으로도 제공돼서 웹사이트에 사용하기에도 적합합니다.

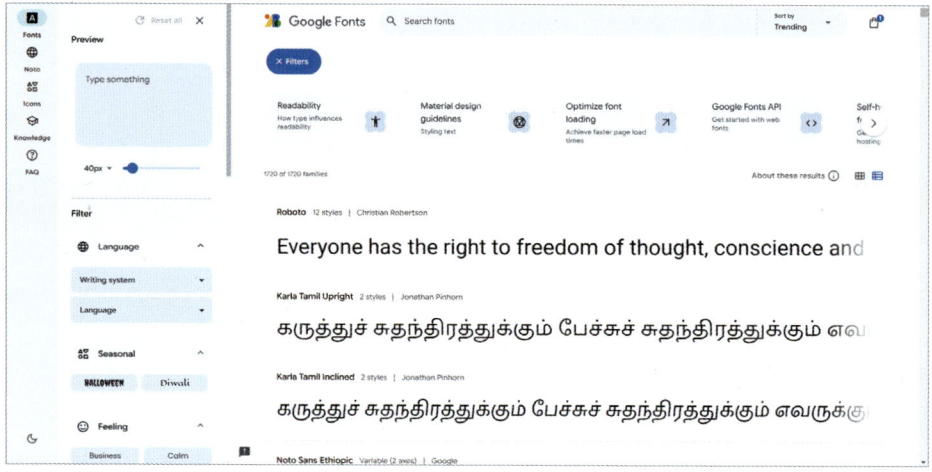

▲ https://fonts.google.com

Google Fonts에서 제공하는 폰트는 대부분 상업적 허용되어 있지만 만약의 상황을 대비하기 위해 항상 세부 라이선스를 꼭 확인해야 합니다. 폰트 세부 페이지에서 [특허] 또는 [License] 항목을 확인하면 됩니다.

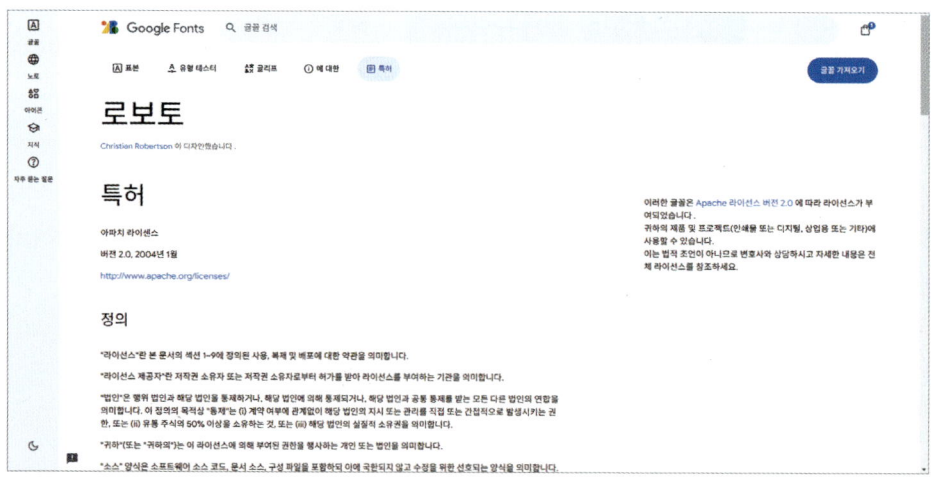

▲ Google Fonts의 폰트 세부 페이지(한글)

영상 제작 추천 폰트 : Noto Sans

Google Fonts에서 제공하는 Noto Sans 폰트는 상업적 이용이 가능하면서 다양한 외국어 버전의 폰트를 지원하기 때문에 영상 제작 시 매우 편리합니다. 다만 폰트를 재배포할 경우 같은 라이선스를 함께 포함해야 한다는 조건이 있습니다. 폰트 세부 페이지에서 관련 정보를 확인할 수 있습니다.

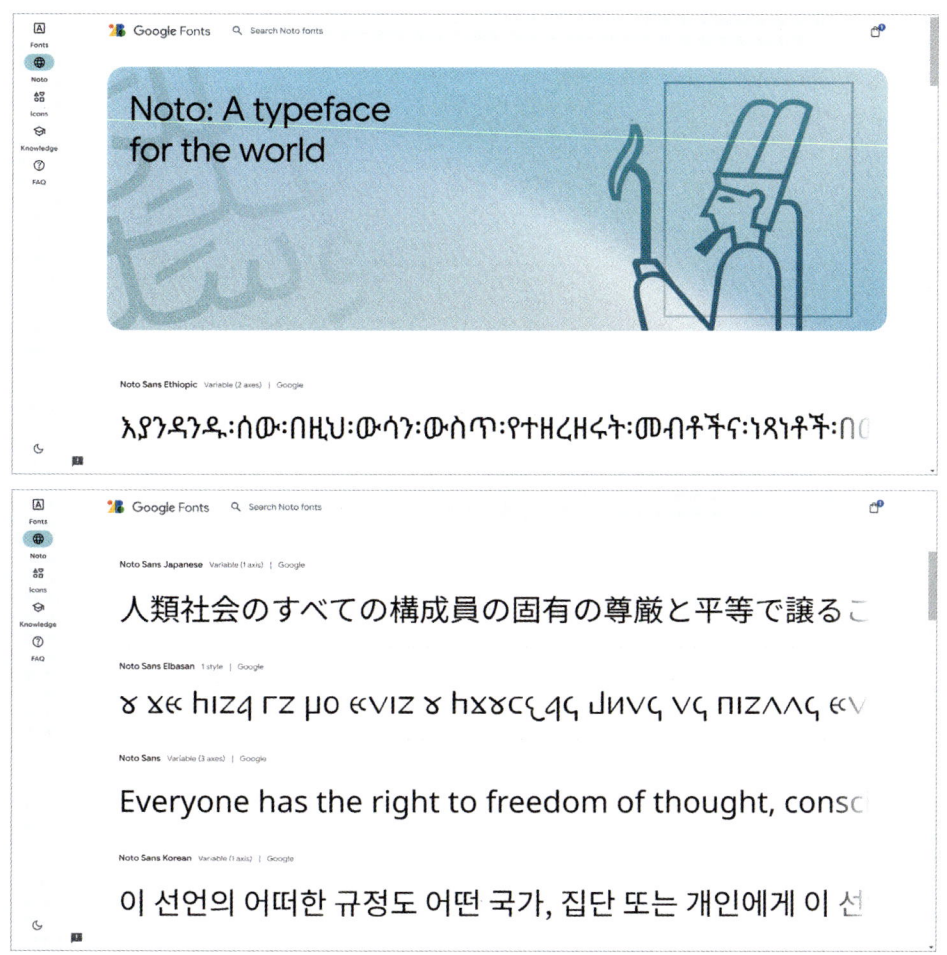

무료 폰트와 상업적 무료 폰트

폰트를 사용할 때 무료 폰트와 상업적 무료 폰트는 사용 범위에 큰 차이가 있으므로 폰트 라이선스를 자세히 알아보아야 합니다. 무료 100% 폰트의 경우 일반적으로 개인적인 용도로 무료로 사용할 수 있는 폰트를 의미합니다. 주로 개인 프로젝트나 비상업적 목적으로 사용될 수 있으며, 상업적 용도에는 제한이 있을 수 있습니다.

반대로 상업적 무료 100% 폰트는 상업적 프로젝트에서도 자유롭게 사용할 수 있는 폰트를 의미합니다. 제품 패키징, 광고, 웹사이트 등에서 상업적으로 이용할 수 있으며, 라이선스에 따라 수정하거나 배포하는 것도 허용되는 경우가 많습니다.

CHAPTER 06

사운드 편집하기

오디오는 잘 구성된 영상이라면 빠질 수 없는 요소입니다.
프리미어 프로는 영상 편집에 최적화된 오디오 편집 기능을 통해
영상의 느낌을 한껏 살려볼 수 있는 다양한 기능을 지원합니다.
오디오 효과를 이용해 영상에 녹음된 소리를 더욱 잘 들리도록 만들거나,
영상에 배경음악과 효과음을 삽입해 분위기를 연출할 수 있습니다.
오디오를 잘 활용하면 영상의 퀄리티를 높일 수 있습니다.

오디오 볼륨 조정하기

프리미어 프로 오디오 기본 속성, 편집 기능 알아보기

오디오 클립의 기본 속성 알아보기

프리미어 프로에서 오디오 클립을 다루는 작업은 단순히 소리를 자르고 붙이는 편집뿐만 아니라 볼륨을 조절하거나, 전반적인 밸런스를 조절하는 중요한 작업입니다. 오디오 클립을 클릭하고 [Effect Controls] 패널을 확인하면 [Audio Effects] 항목에서 오디오를 조절할 수 있는 여러 가지 기본 속성을 확인할 수 있습니다.

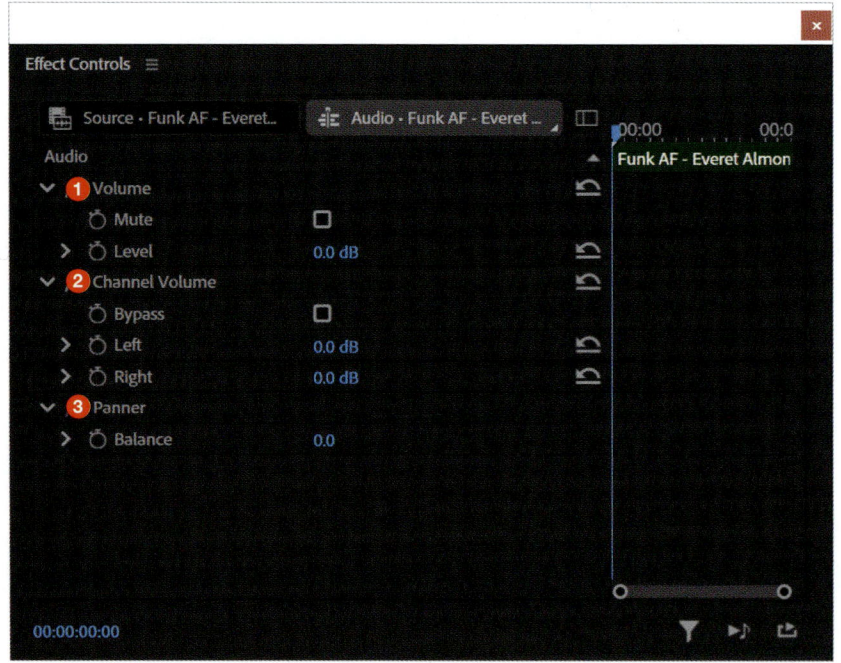

① **Volume** | 오디오 클립의 레벨값을 설정합니다. 소리를 더 크거나 작게 들을 수 있도록 설정합니다. 최저 −281.1dB ~ 최고 15dB까지 설정할 수 있습니다.

② **Channel Volume** | 왼쪽/오른쪽 양쪽 채널에서 레벨값을 설정합니다. 갑자기 오디오가 오른쪽에서만 들리거나 균형이 맞지 않다고 느껴지면 이 영역을 확인합니다.

③ **Panner** | [Balance] 항목에서 왼쪽/오른쪽 채널의 밸런스를 조절합니다.

간단 실습 | 오디오 클립 볼륨 조절하기

준비 파일 프리미어 프로/Chapter 06/Audio_01.prproj

오디오 클립의 볼륨을 조절하는 방법을 알아보겠습니다. 준비 파일을 열어줍니다. [Audio] 시퀀스에서 시작합니다.

01 ❶ [Timeline] 패널에서 오디오 2번 트랙(A2)의 [Funk AF - Everet Almond.mp3] 오디오 클립을 클릭합니다. ❷ [Effect Controls] 패널에서 [Audio] - [Volume] - [Level]을 **15**로 설정합니다.

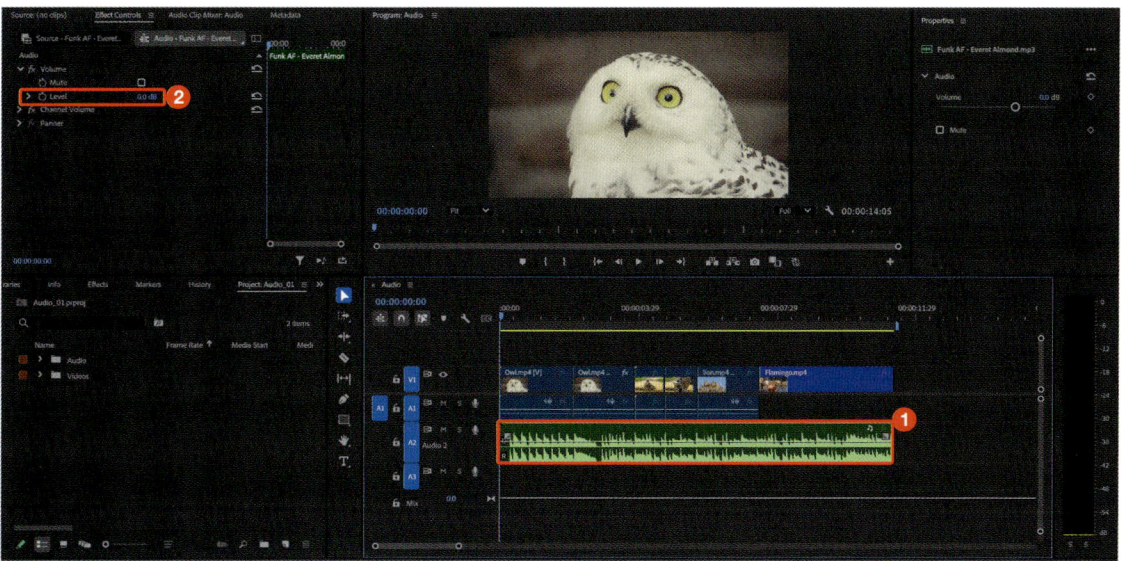

02 [Timeline] 패널에서 [Funk AF - Everet Almond.mp3] 오디오 클립을 살펴보면 클립 중앙의 라인이 위쪽에 위치하여 오디오 볼륨이 높아진 것을 확인할 수 있습니다.

03 ❶ 다시 한 번 [Effect Controls] 패널에서 [Audio] - [Volume] - [Level]을 **0**으로 설정한 후 ❷ 클립의 라인을 살펴보면 처음 상태로 돌아온 것을 확인할 수 있습니다. 이처럼 [Effect Controls] 패널에서 [Level]의 값을 조절하여 볼륨을 높이고 낮출 수 있습니다.

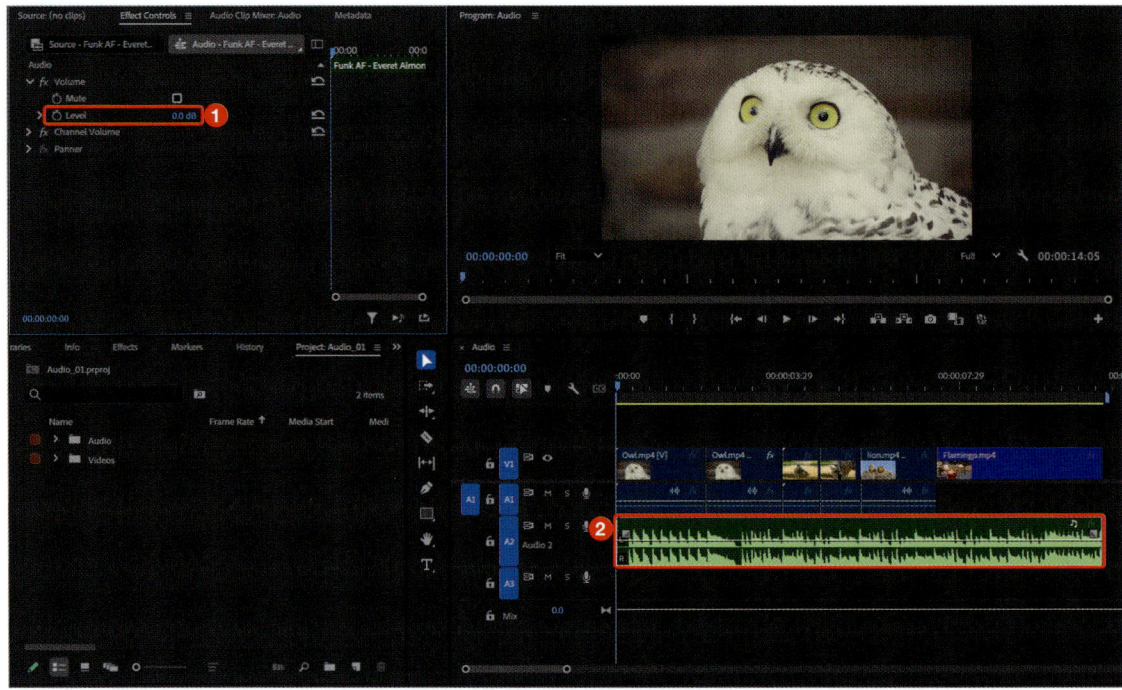

기능 꼼꼼 익히기 | 오디오 클립의 라인 알아보기

오디오 클립의 가로선은 기본값이 [Level]로 설정되어 있습니다. 이 라인에서 오디오 클립의 또 다른 기본 속성을 설정할 수 있으며 라인을 드래그하는 방법으로 [Timeline] 패널에서 직접 [Level]의 값을 조절할 수도 있습니다.

라인을 다른 기본 속성으로 설정하려면 오디오 클립의 ■를 마우스 오른쪽 버튼으로 클릭해서 설정하면 됩니다. 하지만 오디오 클립의 다른 기본 속성은 잘 사용하지 않으므로 기본값 상태로 사용하는 것을 추천합니다. 다른 기본 속성이 선택되어 있다면 ■을 마우스 오른쪽 버튼으로 클릭하고 [Volume]-[Level]을 클릭하여 기본값으로 되돌립니다.

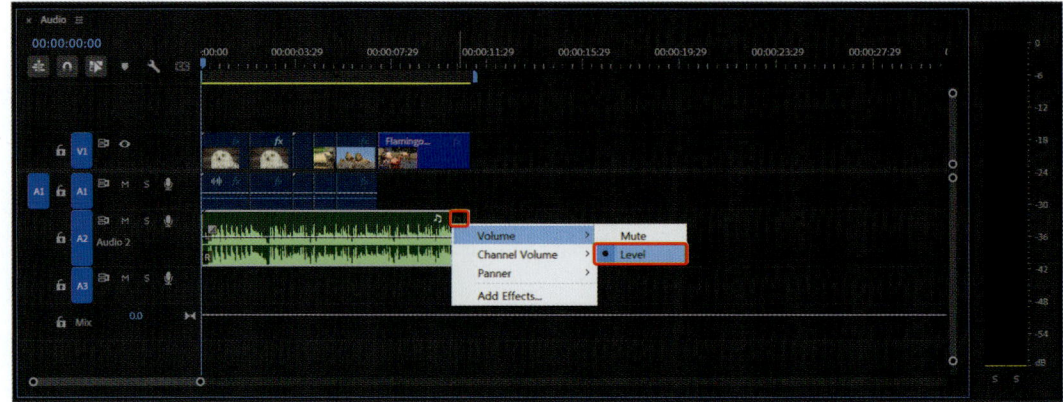

라인을 위로 드래그하면 볼륨이 높아지고, 아래로 드래그하면 볼륨이 낮아집니다. 이때 [Effect Controls] 패널을 살펴하면 [Level]의 값이 드래그한 위치에 따라 오르내리는 것을 확인할 수 있습니다.

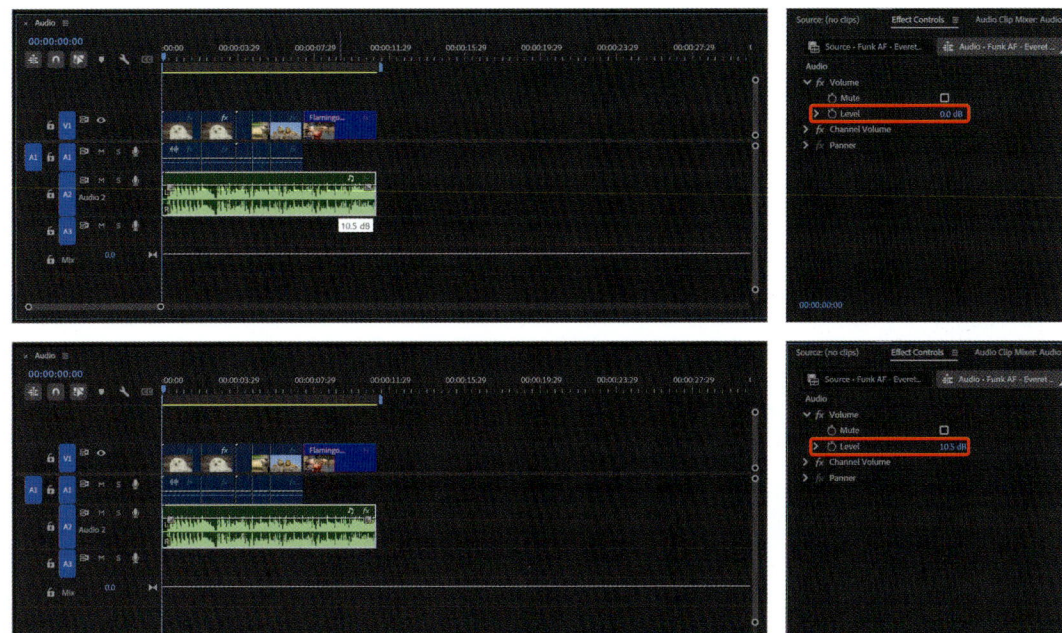

오디오를 원래대로 되돌리려면 [Effect Controls] 패널에서 [Audio]-[Volume]-[Level]을 **0**으로 설정하면 됩니다.

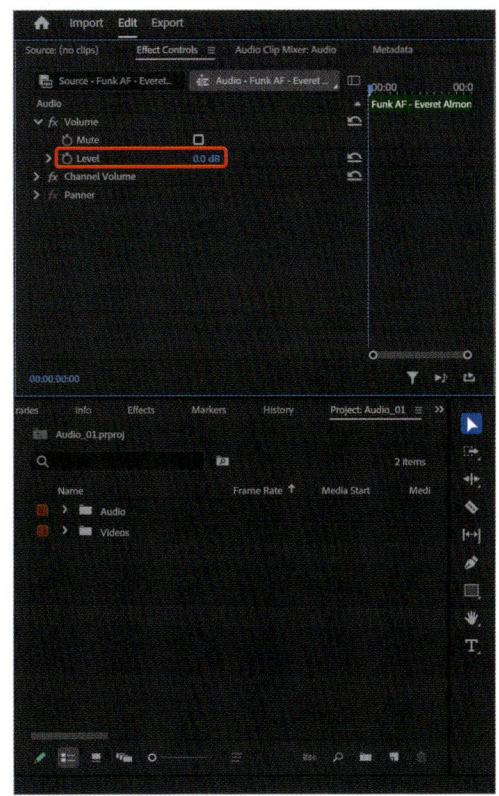

CHAPTER 06 사운드 편집하기 **207**

> **간단 실습** 오디오 게인(Audio Gain)으로 파형 조절하기
>
> **준비 파일** 프리미어 프로/Chapter 06/Audio_01.prproj

오디오 게인(Audio Gain)은 원본 오디오 볼륨 자체를 높이는 역할을 합니다. 원본 오디오의 볼륨이 낮아서 볼륨 레벨을 아무리 높여도 잘 들리지 않을 때 원본 오디오의 볼륨 자체를 높여 문제를 해결할 수 있습니다. 앞선 예제에서 이어서 진행합니다.

01 ❶ [Timeline] 패널에서 볼륨을 조절하려는 오디오 클립을 클릭합니다. ❷ 마우스 오른쪽 버튼을 클릭한 후 ❸ [Audio Gain]을 클릭합니다. ❹ [Audio Gain] 대화상자가 나타나면 [Adjustment Gain by]의 값을 7로 설정합니다. ❺ [OK]를 클릭합니다.

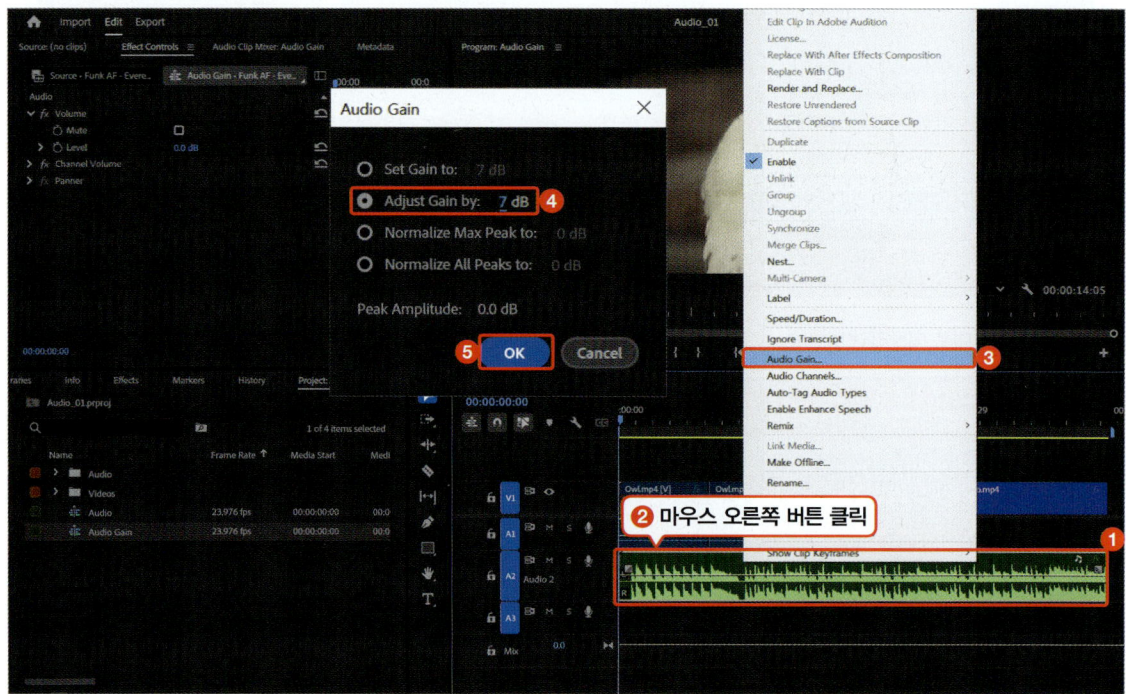

02 오디오 클립 원본의 볼륨이 7dB 더 크게 보정되어 파형이 변화한 것을 확인할 수 있습니다.

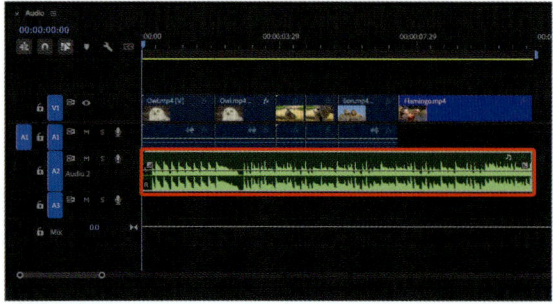
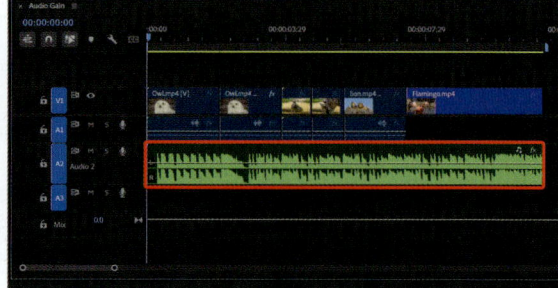

03 ❶ 다시 한 번 오디오 클립을 마우스 오른쪽 버튼으로 클릭하고 ❷ [Audio Gain]을 클릭합니다. ❸ [Audio Gain] 대화상자가 나타나면 [Adjustment Gain by]의 값을 -3으로 설정하고 ❹ [OK]를 클릭합니다.

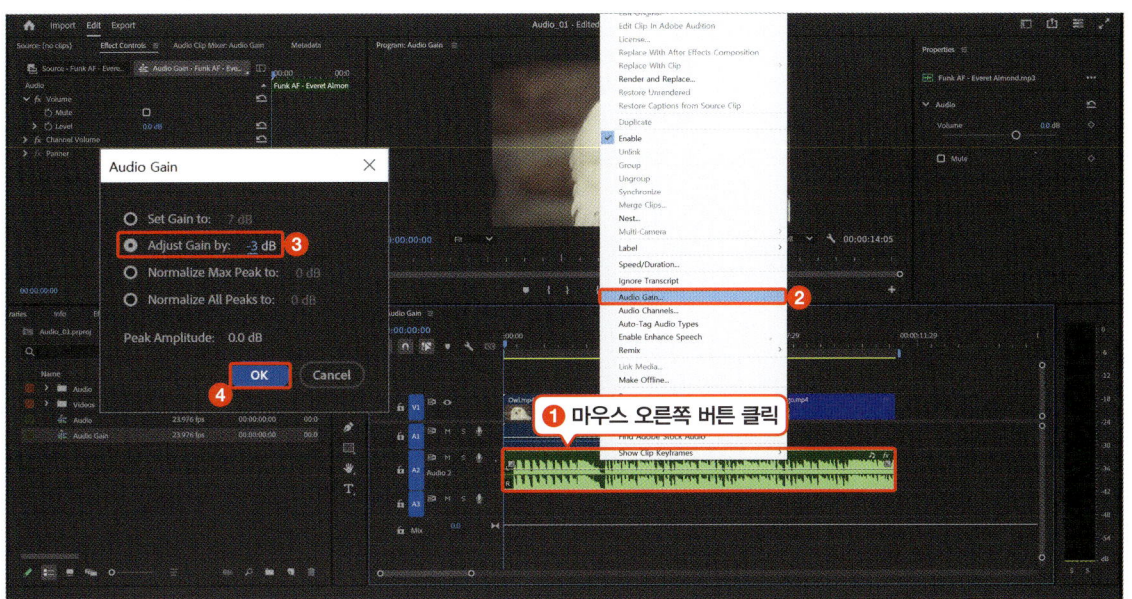

기능 꼼꼼 익히기 | 오디오 게인 확인하기

[Audio Gain] 대화상자의 [Set Gain to]는 현재 이 오디오가 오디오 게인을 통해 어떻게 조절되었는지 보여줍니다. [Adjust Gain by]의 값을 7로 설정하면 현재 [Set Gain to]는 7dB입니다. 오디오 게인을 적용한 후 다시 한 번 오디오 게인을 적용하여 [Adjust Gain by]의 값으로 -3을 설정한다면 [Set Gain to]는 -3dB로 설정되는 것이 아닌 7에서 -3을 뺀 4dB가 됩니다.

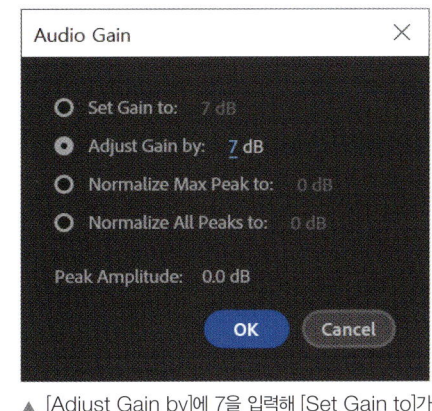 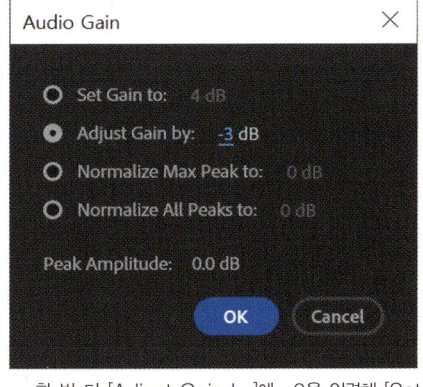

▲ [Adjust Gain by]에 7을 입력해 [Set Gain to]가 7dB인 상태

▲ 한 번 더 [Adjust Gain by]에 -3을 입력해 [Set Gain to]가 4dB인 상태

오디오 편집의 기초 이해하기

오디오 클립 편집하기

오디오 편집과 비디오 편집

프리미어 프로에서 오디오를 편집하는 방법은 비디오를 편집하는 방법과 큰 차이가 없습니다. 오디오 클립을 [Timeline] 패널에 배치한 후 자르기 도구로 자르고 선택 도구로 원하는 위치로 이동하는 등 거의 동일합니다.

간단 실습 오디오 클립 기본 편집하기

준비 파일 프리미어 프로/Chapter 06/Audio_02 (keyframe).prproj

오디오 클립을 편집하는 기본적인 방법을 학습해보겠습니다. 준비 파일을 열어줍니다. [Audio Editing] 시퀀스에서 시작합니다.

01 ❶ [Timeline] 패널에서 편집 기준선을 **00:00:05:21** 지점에 위치합니다. ❷ [Timeline] 패널의 빈 영역을 클릭한 후 ❸ 단축키 M 을 눌러서 마커를 찍습니다.

마커는 편집 시 수정 위치를 기록하기 위한 기준점입니다. 오디오 편집 시 포인트가 되는 편집 타이밍에 마커를 찍어 활용합니다. 마커를 더블클릭하면 [Marker] 대화상자가 나타나며 마커에 대한 정보를 편집하거나 [Delete]를 클릭해 삭제할 수 있습니다.

02

❶ 오디오 2번 트랙(A2)에서 [Candy Apple Town – National Sweetheart.mp3] 클립을 클릭합니다. ❷ 클립의 뒷부분을 드래그하여 오디오 클립이 마커의 위치보다 조금 더 뒤에서 끝나도록 줄여줍니다.

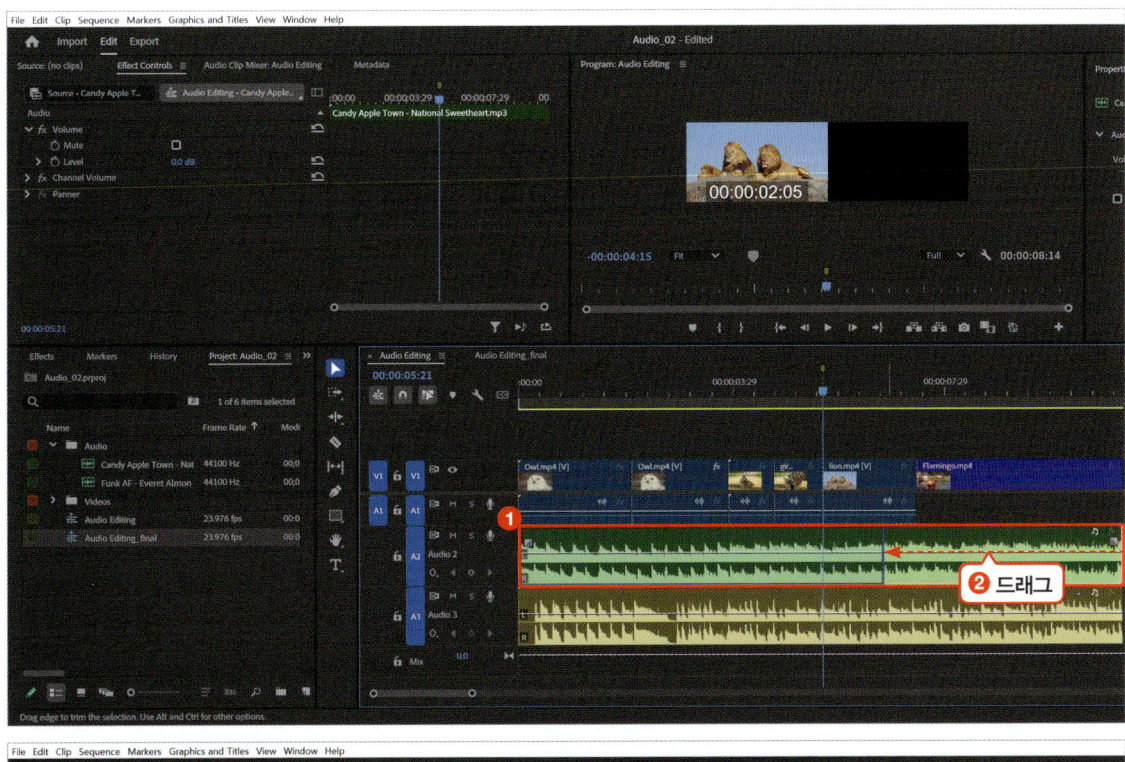

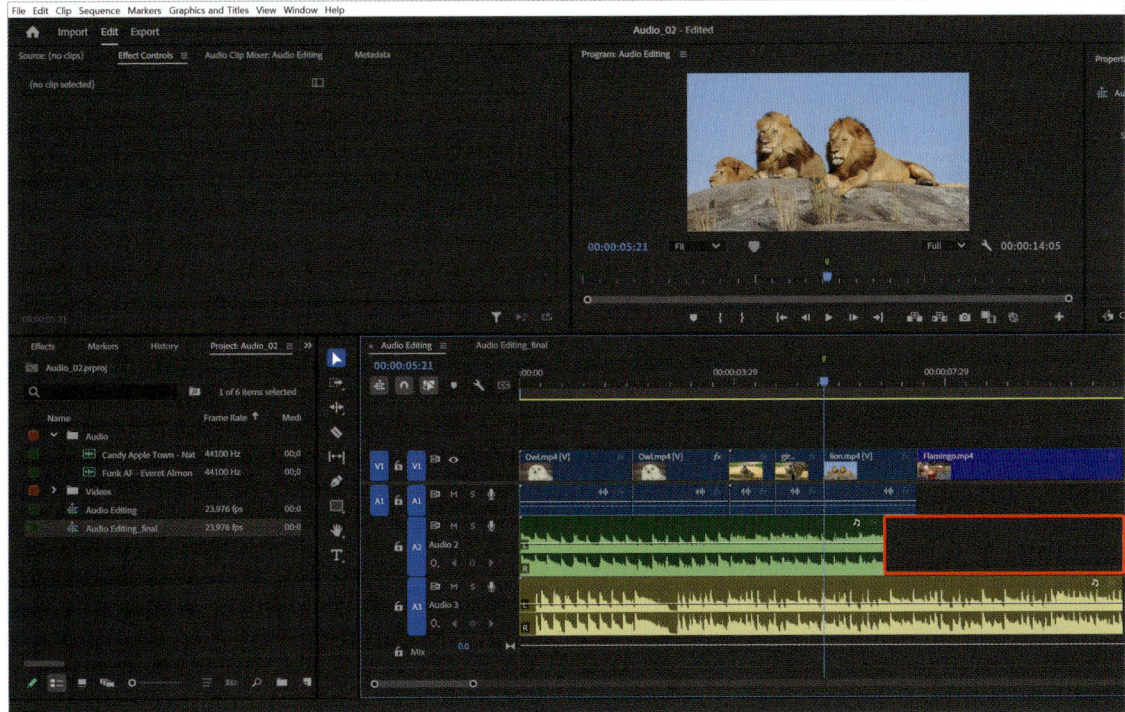

03 ① 오디오 3번 트랙(A3)에서 [Funk AF – Everet Almond.mp3] 클립을 클릭합니다. ② 편집 기준선을 00:00:02:28 지점에 위치합니다. ③ 단축키 + 를 몇 번 눌러 [Timeline] 패널을 확대한 후 ④ 단축키 C 를 눌러 자르기 도구 를 선택합니다. ⑤ 오디오 파형이 크게 시작되는 지점을 클릭해 잘라줍니다.

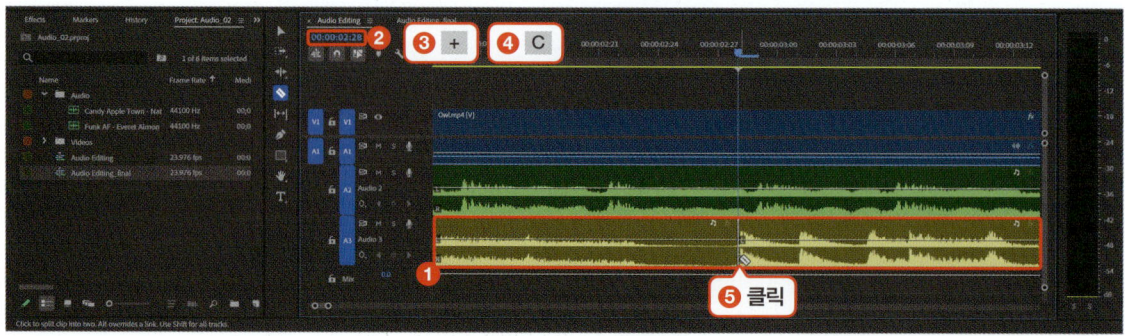

04 ① 단축키 V 를 눌러 선택 도구 를 선택합니다. ② 자른 클립의 앞부분을 클릭한 후 Delete 를 눌러 삭제합니다.

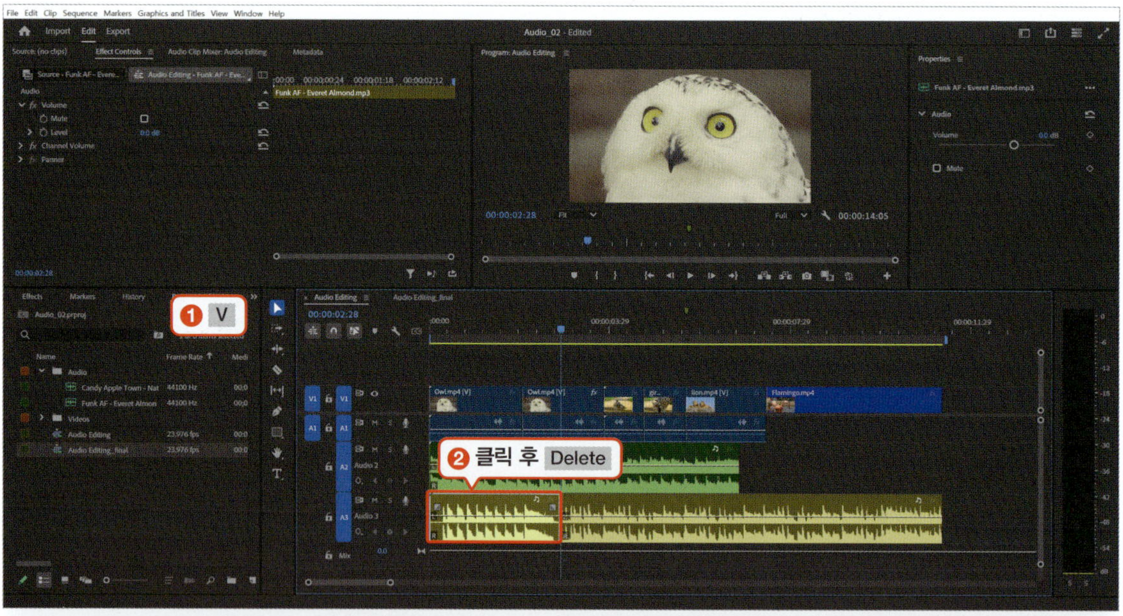

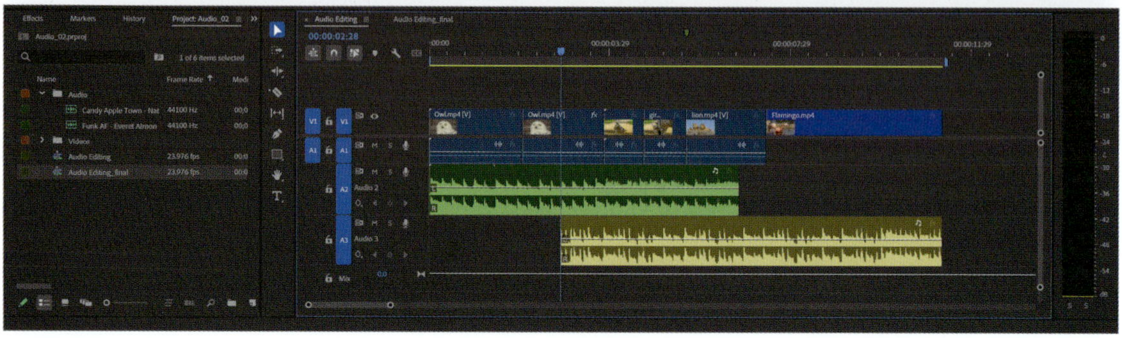

05 ❶ 남은 뒷부분 클립을 드래그해 마커 위치에서 시작하도록 옮겨줍니다. ❷ 클립의 앞부분을 드래그해 마커의 위치보다 조금 더 앞에서 시작하도록 늘려줍니다. 기본적인 오디오 편집이 완료되었습니다.

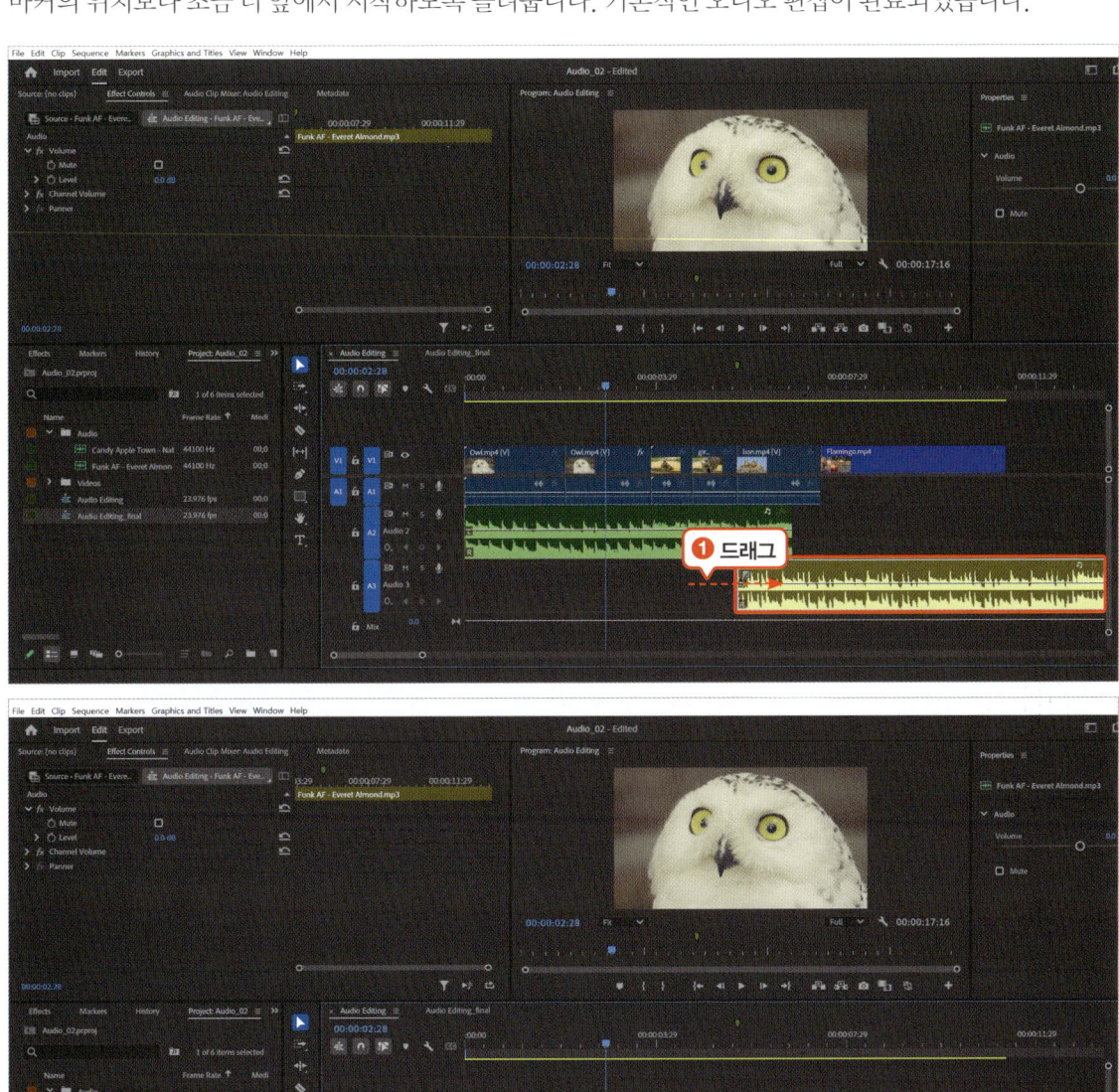

| 간단 실습 | 점점 커지거나 작아지는 소리 만들기 |

준비 파일 프리미어 프로/Chapter 06/Audio_02 (keyframe).prproj

오디오 효과 중 페이드인은 볼륨이 점점 높아지는 효과이며, 페이드아웃은 볼륨이 점점 낮아지며 끝나는 효과입니다. 가장 기본적이면서 많이 사용되는 두 개의 효과를 사운드 키프레임을 활용하여 만들어보겠습니다. 앞선 예제에서 이어서 진행합니다.

01 ① [Timeline] 패널에서 편집 기준선을 **00:00:05:21** 지점에 위치합니다. ② 오디오 2번 트랙(A2)에서 [Candy Apple Town – National Sweetheart.mp3] 클립을 클릭합니다. ③ [Effect Controls] 패널에서 [Volume] – [Level]의 ◎를 클릭하여 키프레임을 추가합니다.

02 ① 편집 기준선을 **00:00:06:03** 지점에 위치합니다. ② [Effect Controls] 패널에서 [Volume] – [Level]의 값을 **–40**으로 수정해 키프레임을 추가합니다.

03 ① 편집 기준선을 **00:00:05:21** 지점에 위치합니다. ② 오디오 3번 트랙(A3)에서 [Funk AF − Everet Almond.mp3] 클립을 클릭합니다. ③ [Effect Controls] 패널에서 [Volume] − [Level]의 ◉를 클릭하여 키프레임을 추가합니다.

04 ① 편집 기준선을 **00:00:04:23** 지점에 위치합니다. ② [Effect Controls] 패널에서 [Volume] − [Level]의 값을 **−50**으로 수정해 키프레임을 추가합니다.

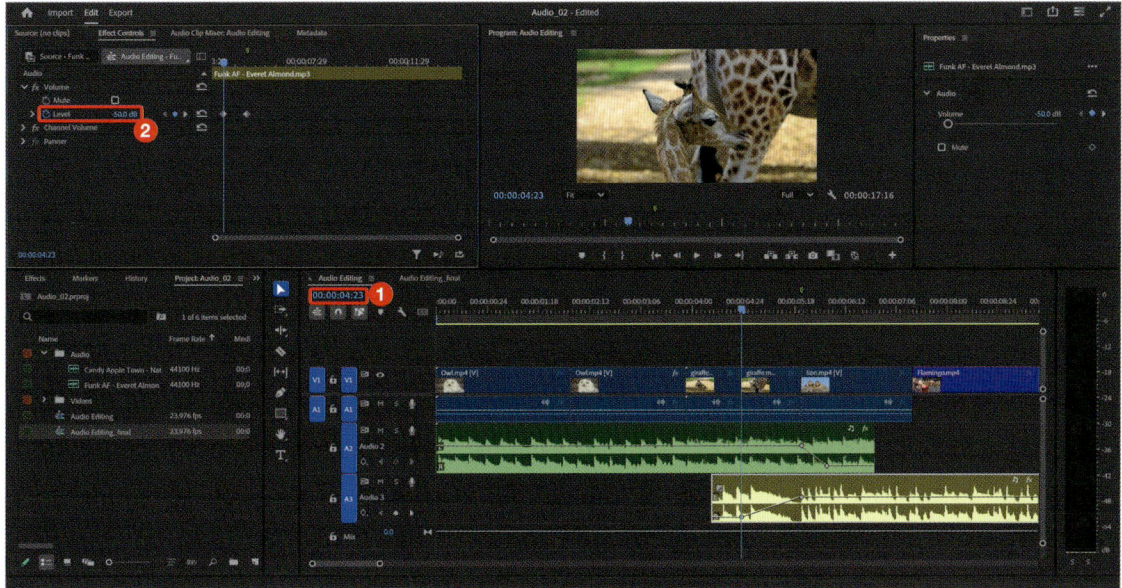

CHAPTER 06 사운드 편집하기   **215**

05
❶ 편집 기준선을 00:00:10:01 지점에 위치합니다. ❷ [Effect Controls] 패널에서 두 번째 오디오 키프레임을 마우스 오른쪽 버튼으로 클릭한 후 ❸ [Copy]를 클릭하여 복사합니다. ❹ 편집 기준선에서 마우스 오른쪽 버튼을 클릭한 후 ❺ [Paste]를 클릭하여 키프레임을 붙여 넣습니다.

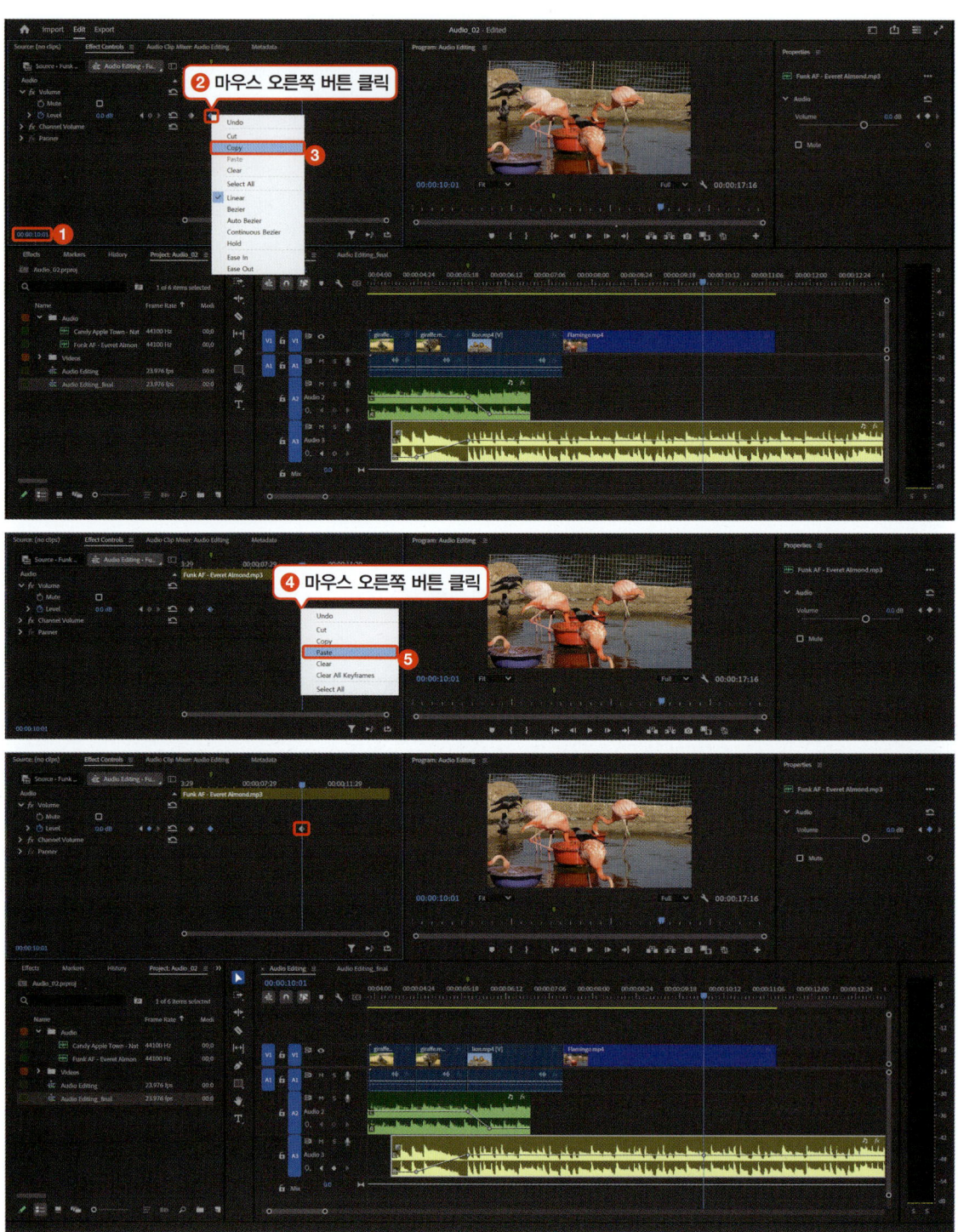

06 ❶ [Timeline] 패널에서 편집 기준선을 **00:00:11:04** 지점에 위치합니다. ❷ [Effect Controls] 패널에서 맨 앞의 −50dB 키프레임을 클릭한 후 ❸ `Ctrl` + `C` 를 눌러 복사합니다. ❹ 편집 기준선을 **00:00:11:04** 지점에 위치합니다. ❺ `Ctrl` + `V` 를 눌러 키프레임을 붙여 넣습니다.

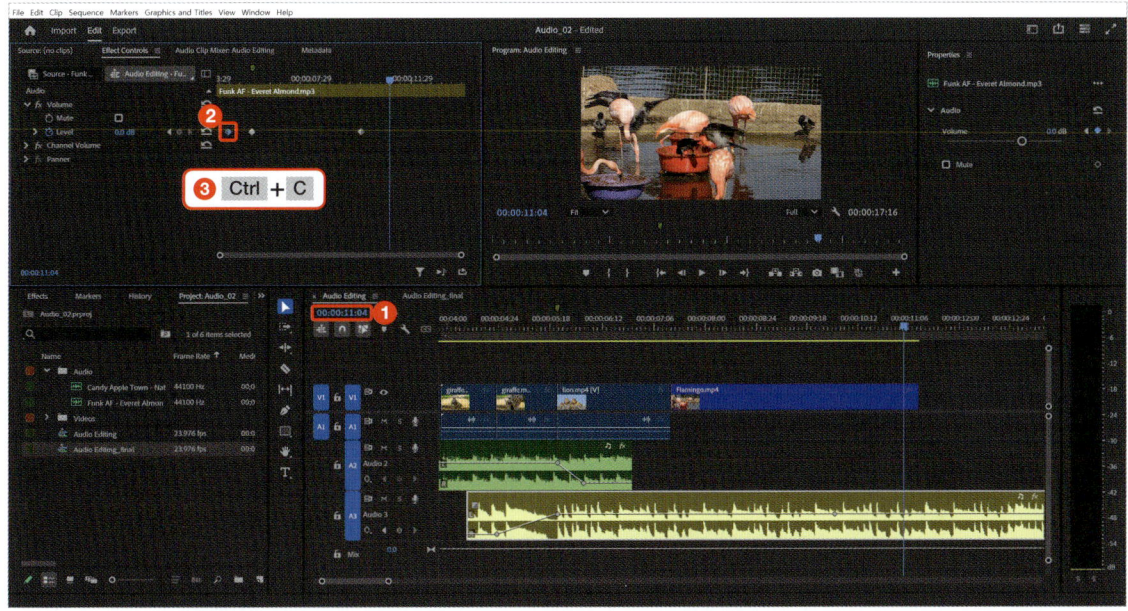

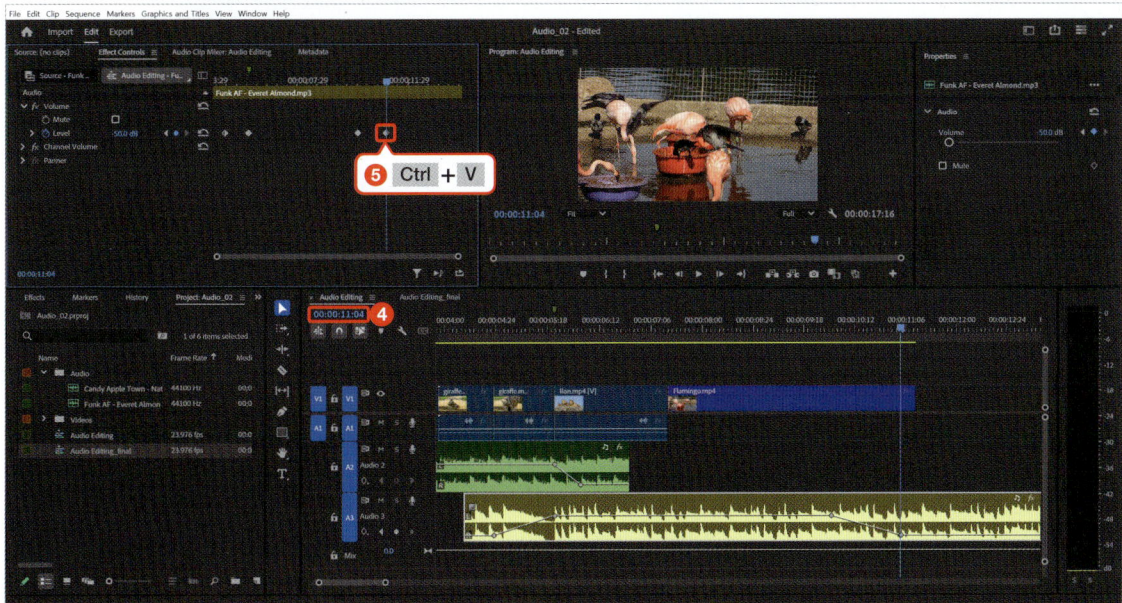

한눈에 실습 | 클립과 클립 사이 오디오 트랜지션 적용하기

준비 파일 프리미어 프로/Chapter 06/Audio_03 (transition).prproj
핵심 기능 오디오 트랜지션

두 개 이상의 오디오 클립을 연결하여 사운드 편집을 진행할 때 오디오를 자연스럽게 전환하려면 오디오 트랜지션을 적용합니다. 준비 파일을 열어줍니다. [Transition] 시퀀스에서 시작합니다.

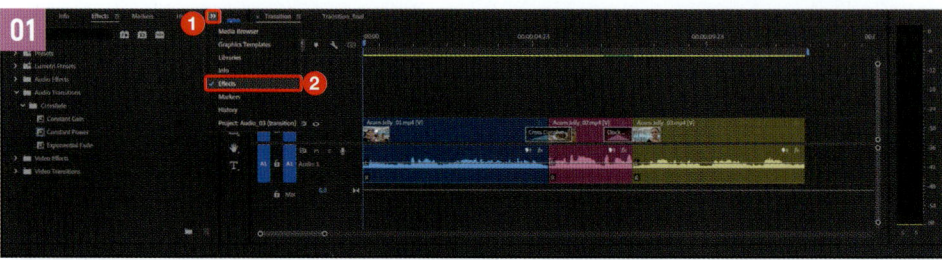

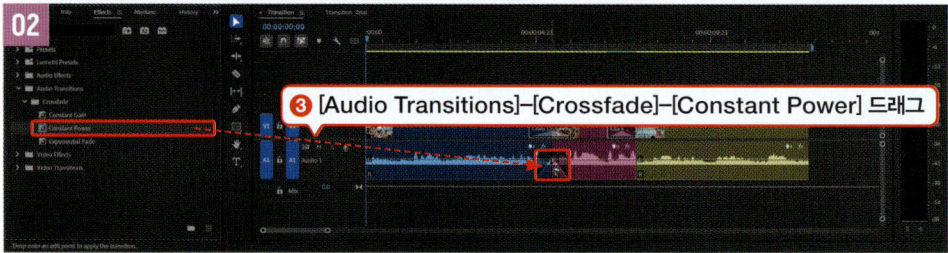

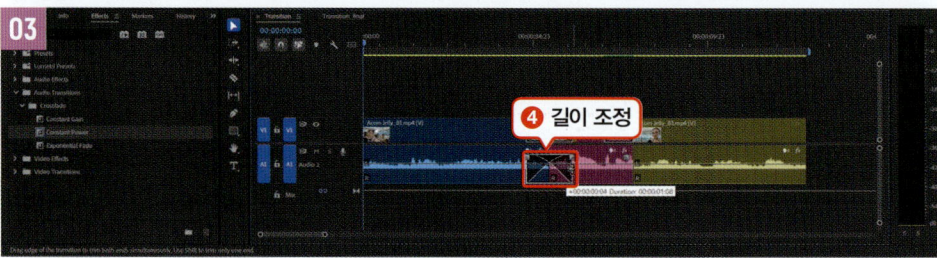

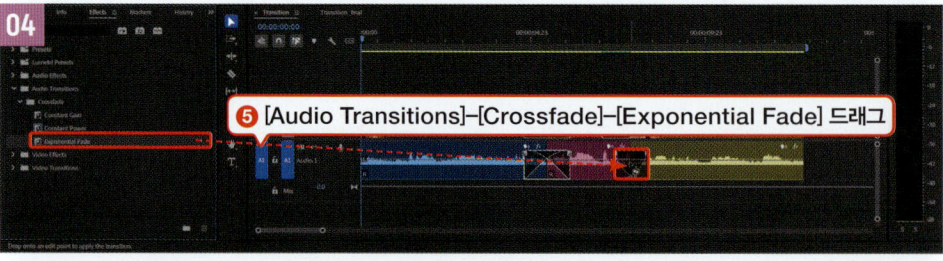

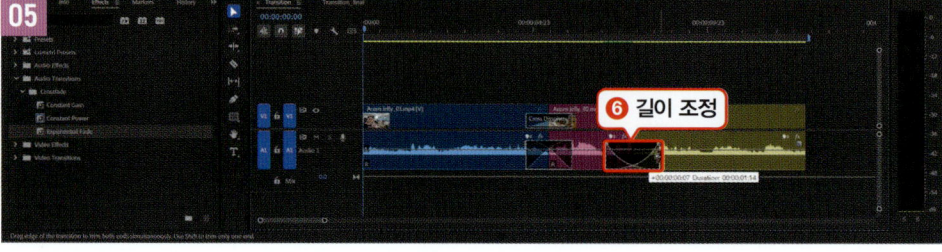

한눈에 실습 — 오디오 페이드인, 오디오 페이드아웃 효과 만들기

준비 파일 프리미어 프로/Chapter 06/Audio_03 (transition).prproj
핵심 기능 오디오 트랜지션, 오디오 페이드인, 오디오 페이드아웃

트랜지션 효과를 적용해 오디오 전환이 자연스러워진 상태입니다. 이번에는 트랜지션을 전체 시퀀스의 시작과 끝부분에 적용해서 점점 소리가 커지는 페이드인과 점점 소리가 작아지는 페이드아웃 효과를 적용해봅니다. 앞선 예제에서 계속 진행합니다.

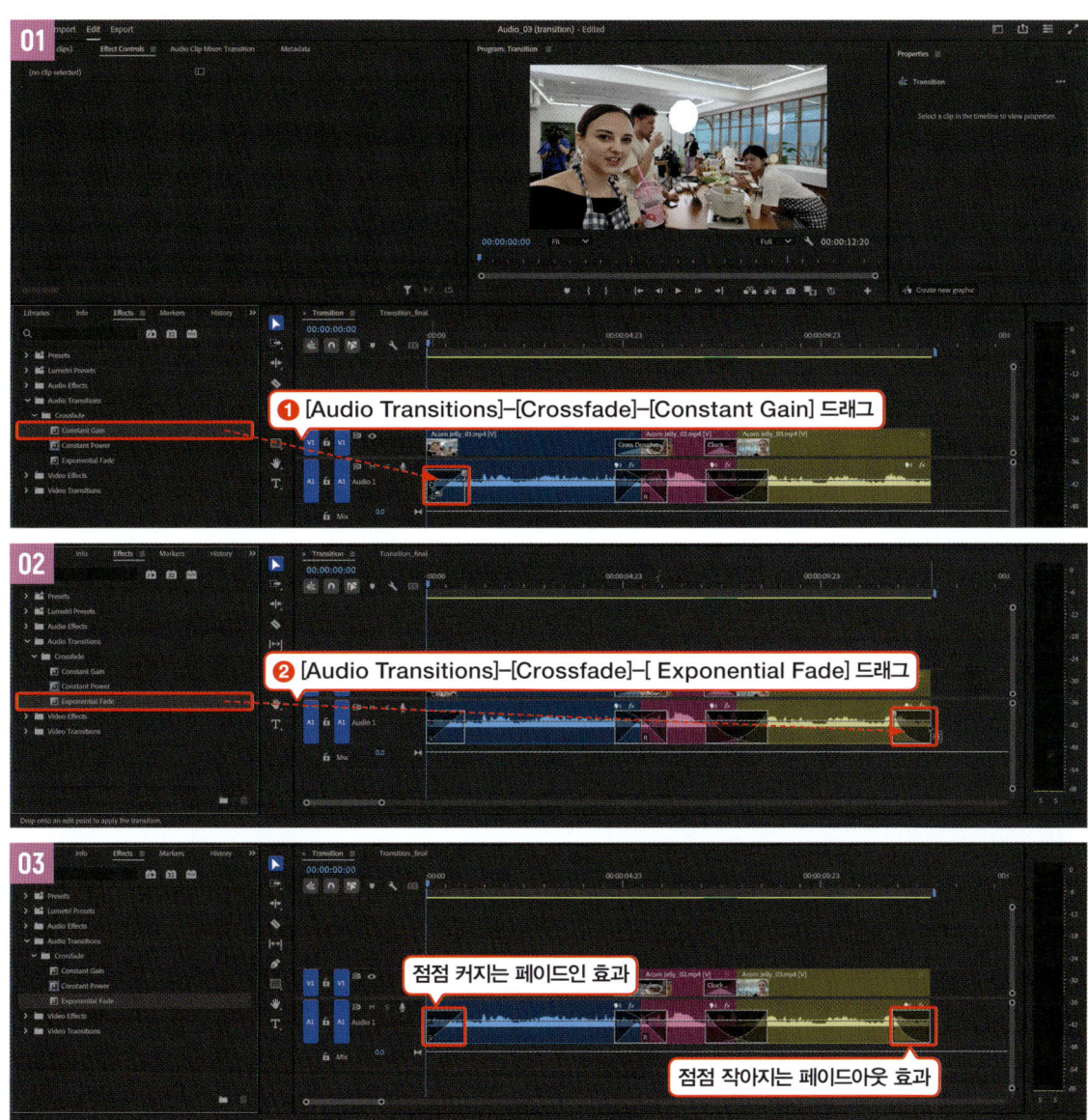

01 ❶ [Audio Transitions]–[Crossfade]–[Constant Gain] 드래그

02 ❷ [Audio Transitions]–[Crossfade]–[Exponential Fade] 드래그

03 점점 커지는 페이드인 효과 / 점점 작아지는 페이드아웃 효과

[Timeline] 패널에서 클립에 적용한 오디오 트랜지션을 클릭해보세요. [Effect Controls] 패널에서 적용된 오디오 트랜지션의 길이와 위치 등의 세부 사항을 수정할 수 있습니다. 오디오 트랜지션 효과에 따라 트랜지션에 표시되는 그래프의 형태가 다르게 나타납니다. 그래프의 형태는 오디오 트랜지션 효과가 일정한 속도로 적용되거나, 점점 더 빠르게 적용되는 등 속도감을 나타냅니다.

오디오 리믹스하기

03 영상 클립 길이에 맞춰 오디오 클립 자동으로 조정하기

[Remix]는 오디오 클립의 길이를 영상 클립의 길이에 맞춰 자동으로 조정해주는 기능입니다. 이 기능을 잘 활용하면 오디오 편집에 너무 많은 시간을 쓰지 않아도 됩니다.

간단 실습 자동으로 오디오 리믹스하기

준비 파일 프리미어 프로/Chapter 06/Audio_04.prproj

영상 클립의 길이보다 긴 오디오 클립을 자동으로 조정해보겠습니다. 준비 파일을 열어줍니다. [Remix] 시 퀀스에서 시작합니다.

01 ❶ [Timeline] 패널에서 오디오 2번 트랙(A2)의 오디오 클립을 마우스 오른쪽 버튼으로 클릭합니다. ❷ [Remix]-[Enable Remix]를 클릭합니다.

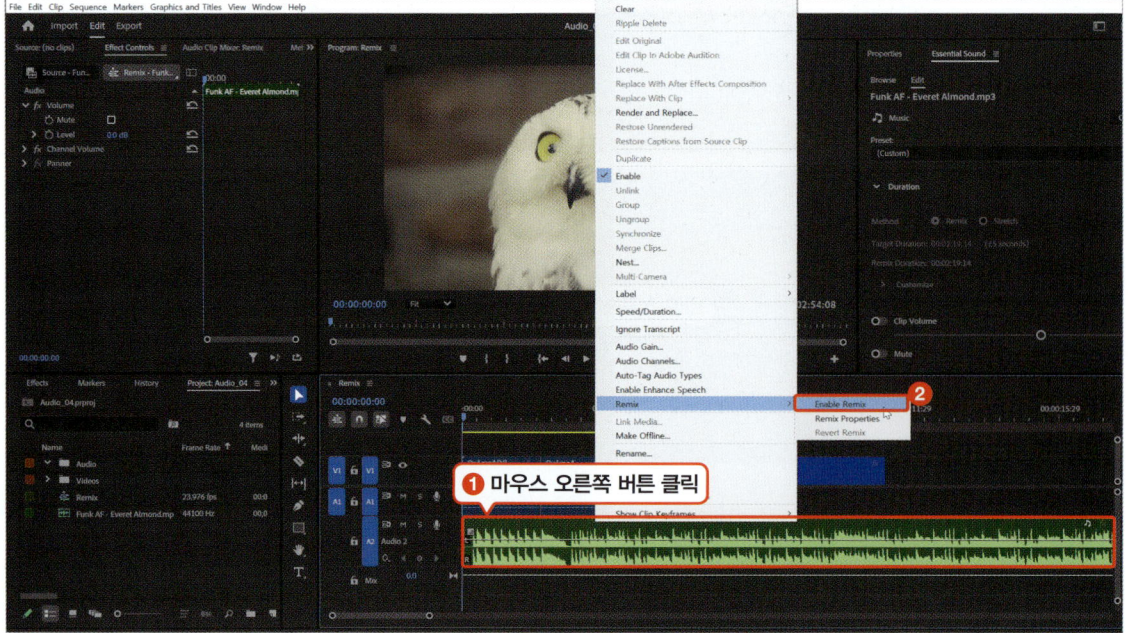

02 오디오 클립이 리믹스가 가능하도록 변경되면서 [Essential Sound] 패널이 활성화됩니다. [Edit] - [Duration] - [Target Duration]에서 오디오 클립의 리믹스 길이를 설정할 수 있습니다. **00:00:08:05**로 설정합니다. 오디오 클립이 자동으로 편집되며 영상 길이에 최적화된 상태로 리믹스됩니다.

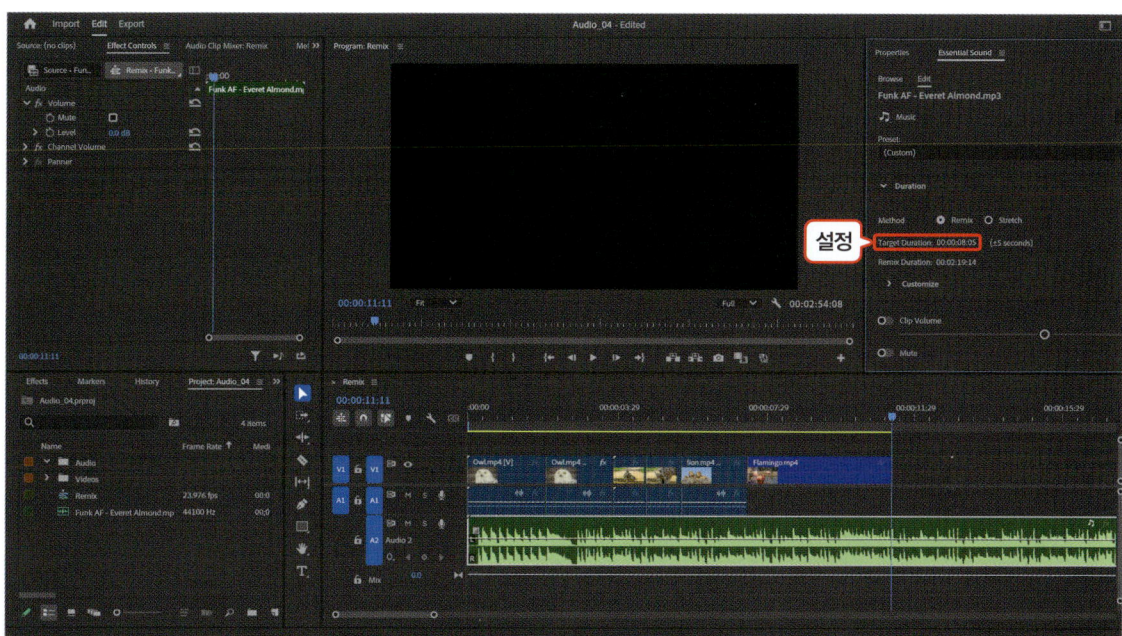

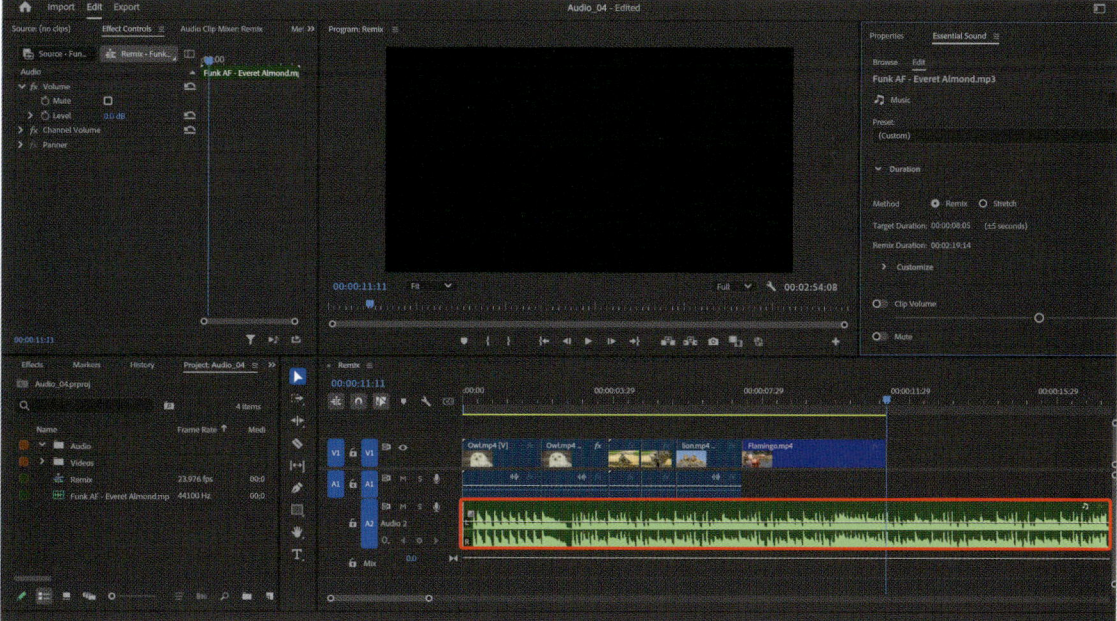

(±5 seconds) 표시를 확인해보면 오디오 리믹스 시 앞뒤로 5초의 차이가 생길 수 있음을 확인할 수 있습니다. 이를 감안하여 여유 시간을 주고 리믹스 길이를 설정합니다.

03 오디오 클립을 리믹스 도구로 직접 드래그해 오디오 리믹스를 적용해봅니다. ❶ 도구 패널에서 리플 에디트 도구 를 길게 클릭합니다. ❷ 하위 메뉴가 나타나면 리믹스 도구 를 클릭합니다. ❸ 클립의 뒷부분을 드래그해 길이를 늘여줍니다.

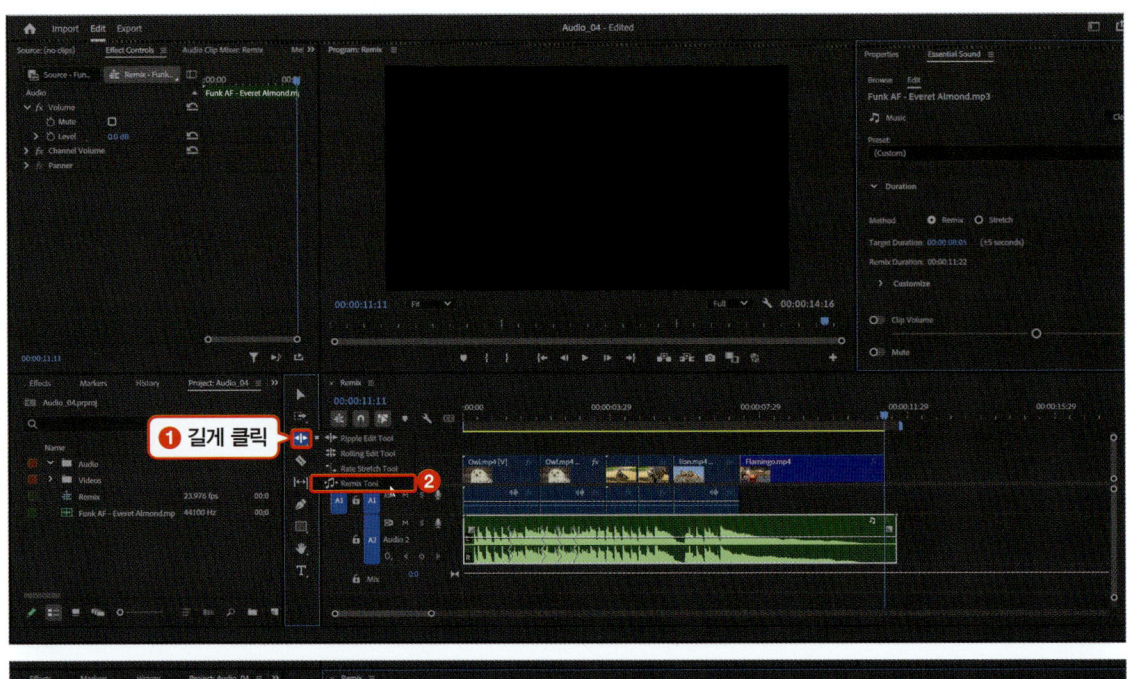

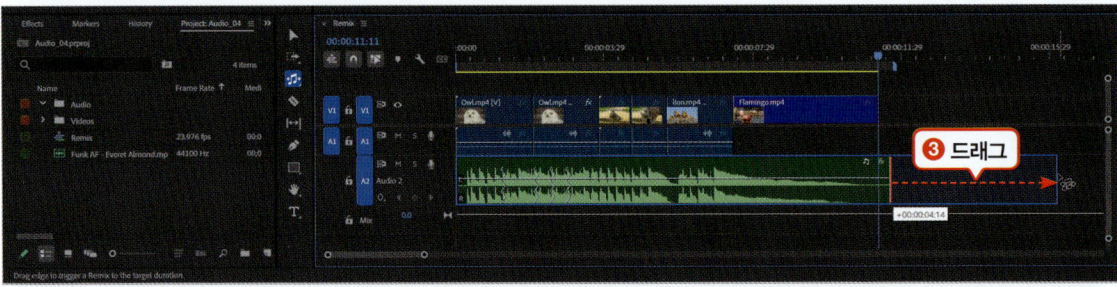

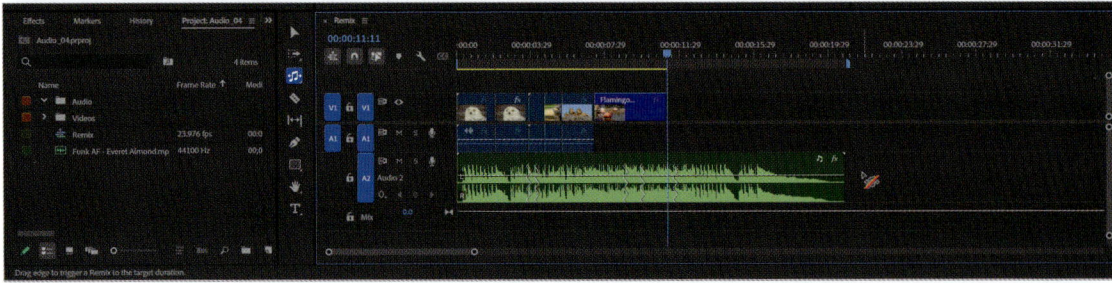

클립에 나타난 지그재그 모양의 표시는 오디오를 리믹스 편집했다는 표시입니다.

기능 꼼꼼 익히기 — [Duration] 항목의 옵션 알아보기

사운드 클립의 길이를 조정하는 [Duration] 항목의 옵션을 알아보겠습니다.

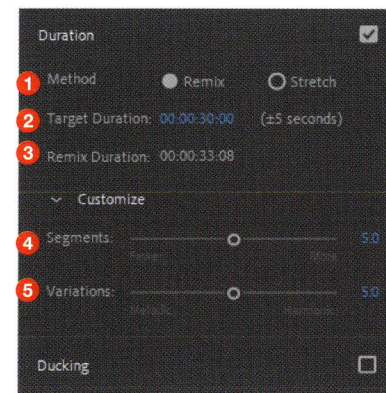

❶ **Method** | 오디오 클립의 길이 줄이거나 늘이기(Remix) 또는 길이 늘이기(Stretch)를 선택합니다.

❷ **Target Duration** | 오디오 클립의 길이를 타임코드로 설정합니다.

❸ **Remix Duration** | 최종적으로 리믹스된 오디오 클립의 길이를 표시합니다.

❹ **Segments** | 오디오 클립을 리믹스할 때 사용되는 세그먼트 조각 길이를 설정합니다. [More]에 가까울수록 많은 조각을 사용하고 [Fewer]에 가까울수록 적은 조각을 사용하여 리믹스합니다. 오디오 클립의 스타일과 분위기에 맞춰 조절하면 보다 효과적으로 리믹스할 수 있습니다.

❺ **Variations** | 오디오 파일의 특색에 따라 리믹스합니다. [Melodic(음색)]과 [Harmonic(배음)] 중 가깝게 설정하는 위치에 따라 리믹스된 사운드의 분위기가 달라집니다.

기능 꼼꼼 익히기 — 무료 음원 다운로드하기

다음의 웹사이트는 무료로 음원 다운로드 서비스를 제공합니다. 무료 음원은 개인 소장 용도나 비상업적 용도로 사용할 경우 대부분 자유롭게 사용할 수 있습니다. 하지만 음원을 상업적 용도로 사용하거나 웹사이트 정책에 따라 라이선스가 필요한 곳에 사용할 경우 비용이 발생합니다. 음원을 사용할 때는 항상 저작권에 주의하기 바랍니다.

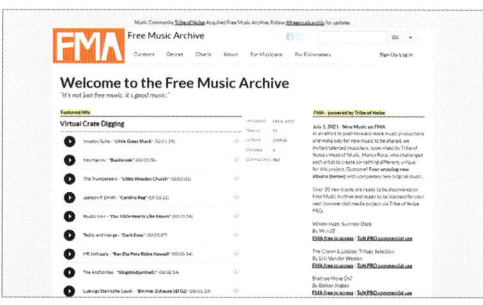

▲ Free Music Archive(https://freemusicarchive.org)

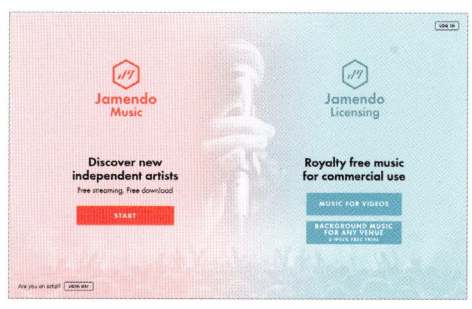

▲ 자멘도(https://www.jamendo.com)

▲ 유튜브 오디오 라이브러리(https://www.youtube.com/audiolibrary)

유튜브에 로그인해야 사용할 수 있습니다.

CHAPTER 07

고수의 편집 테크닉과
노하우 학습하기

프리미어 프로에서는 작업 효율을 높이기 위한
다양한 도구와 기능들을 제공합니다.
트랙 셀렉트 도구와 롤링/리플 에디트 도구를 활용하면
복잡한 편집 작업도 손쉽게 처리할 수 있으며,
여러 트랙을 활용한 레이어 작업과 Nest 기능으로
체계적인 영상 관리가 가능합니다.
이번 CHAPTER에서는 프로페셔널한 워크플로의
실무자들의 편집 노하우와 핵심 기술을 배워보겠습니다.

빠른 영상 편집을 위한 프리미어 프로 편집 도구

실무 특화 편집 도구 가이드

도구 패널 기본 기능 알아보기

도구 패널은 편집 작업을 진행할 때 사용되는 도구들이 모여 있는 패널입니다. 대부분 [Timeline] 패널에서 사용하지만 일부 도구는 [Program] 패널에서 사용되기도 합니다. 편집 작업에 유용하게 사용되는 도구들인 만큼 각 도구의 기능을 충분히 이해하고 숙지해야 합니다.

도구 패널 한눈에 살펴보기

도구 패널에 있는 각 도구의 기능을 알아보겠습니다. 표시되어 있는 도구가 많은 양은 아니지만 영상을 다루는 프로그램의 특성상 도구의 기능을 정확하게 이해하고 익숙해져야 편집 작업이 빠르고 쉬워집니다.

이동, 선택

① **선택 도구(Selection Tool)** `V` | 클립을 선택, 이동하거나 키프레임 조정하기 ★중요

② **트랙 셀렉트 포워드 도구(Track Select Forward Tool)** `A` | 선택한 클립을 포함하여 맨 뒤쪽 클립까지 모두 선택하기 ★중요

자르기, 편집

③ **리플 에디트 도구(Ripple Edit Tool)** `B` | 인접한 클립에 영향을 주지 않으면서 선택한 클립의 길이를 자유롭게 조절하기

④ **자르기 도구(Razor Tool)** `C` | 원하는 부분을 클릭하여 클립 자르기 ★중요

편집점 조정

⑤ **슬립 도구(Slip Tool)** `Y` | 인접한 클립에 영향을 주지 않고 선택한 클립의 인 점과 아웃 점을 조정하기

그리기 요소

⑥ **펜 도구(Pen Tool)** `P` | [Program] 패널에서 자유 곡선을 이용해 패스(Path)로 이루어진 그래픽 요소 생성하기

	⑦ 사각형 도구(Rectangle Tool)	[Program] 패널에 사각형의 그래픽 요소 생성하기
화면 조작	⑧ 핸드 도구(Hand Tool) `H`	[Timeline] 패널의 전체 시퀀스 스크롤하기
텍스트 요소	⑨ 타이프 도구(Type Tool) `T`	[Program] 패널에 텍스트 그래픽 요소 생성하기 ★중요

이동, 선택 도구

① **선택 도구(Selection Tool)** `V` | 편집 작업의 기본 도구입니다. [Timeline] 패널에서 클립을 선택하고 이동하거나 [Effect Controls] 패널에서 키프레임을 조정하는 등 가장 많은 작업에 사용합니다. ★중요

② **트랙 셀렉트 포워드 도구(Track Select Forward Tool)** `A` | 선택한 클립을 포함해 맨 뒤쪽 클립까지 모두 선택합니다. `Shift`를 누른 상태에서 클릭하면 해당 클립이 배치된 트랙의 클립만 선택합니다. ★중요

- **트랙 셀렉트 백워드 도구(Track Select Backward Tool)** `Shift` + `A` | 선택한 클립을 포함하여 맨 앞쪽의 클립까지 모두 선택합니다.

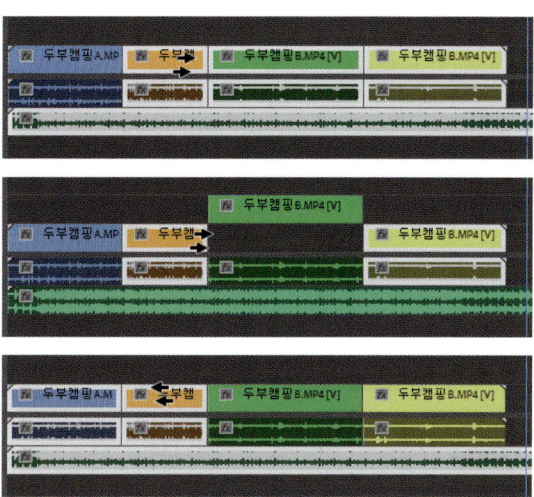

자르기, 편집 도구

③ **리플 에디트 도구(Ripple Edit Tool)** `B` | 인접한 클립에 영향을 주지 않으면서 선택한 클립의 길이를 자유롭게 조절합니다. 시퀀스 전체 길이에 영향을 주며 빈 공간 없이 클립의 길이를 조절할 수 있습니다.

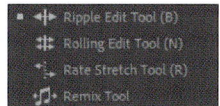

- **롤링 에디트 도구(Rolling Edit Tool)** `N` | 인접한 클립에 영향을 주면서 선택한 클립의 길이를 자유롭게 조절합니다. 시퀀스 전체 길이에 영향을 주지 않습니다.
- **레이트 스트레치 도구(Rate Stretch Tool)** `R` | 클립을 늘이거나(슬로우 모션) 줄여서(패스트 모션) 재생 속도를 자유롭게 조절합니다.

- **리믹스 도구(Remix Tool)** | 오디오 클립의 길이를 자유롭게 조절하고 길이에 맞도록 자동으로 리믹스를 진행합니다.

④ **자르기 도구(Razor)** C | 원하는 부분을 클릭하여 클립을 자릅니다. Shift 를 누른 상태에서 클릭하면 해당 위치의 모든 트랙에 있는 클립을 자릅니다. ★중요

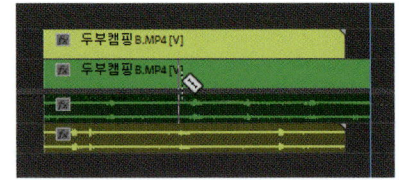

편집점 조정 도구

⑤ **슬립 도구(Slip Tool)** Y | 인접한 클립에 영향을 주지 않고 선택한 클립의 인 점과 아웃 점을 조정합니다.

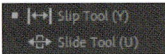

- **슬라이드 도구(Slide Tool)** U | 선택한 클립의 길이를 유지한 상태로 클립의 위치를 조정합니다. 인접한 클립의 길이에 영향을 줍니다.

그리기 요소 도구

⑥ **펜 도구(Pen Tool)** P | [Program] 패널에서 자유 곡선을 이용하여, 수정 가능한 패스(Path)로 이루어진 그래픽 요소를 생성합니다.

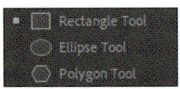

- **사각형 도구(Rectangle Tool)** | [Program] 패널에 사각형의 그래픽 요소를 생성합니다.
- **타원 도구(Ellipse Tool)** | [Program] 패널에 원형의 그래픽 요소를 생성합니다.
- **다각형 도구(Polygon Tool)** | [Program] 패널에 다각형의 그래픽 요소를 생성합니다.

화면 조작 도구

⑦ **핸드 도구(Hand Tool)** H | [Timeline] 패널의 전체 시퀀스를 스크롤할 때 사용합니다. 왼쪽과 오른쪽으로 이동하면서 시퀀스의 내용을 확인합니다. 또한 [Source] 패널과 [Program] 패널의 화면 확대 상태에서 화면을 이동할 때 사용합니다.

- **줌 도구(Zoom Tool)** Z | [Timeline] 패널의 작업 화면을 확대(클릭) 또는 축소(Alt +클릭)합니다. 화면의 일부분을 드래그하면 해당 부분을 자세히 볼 수 있습니다.

텍스트 요소 도구

⑧ **타이프 도구(Type Tool)** T | [Program] 패널에 텍스트 그래픽 요소를 생성합니다.

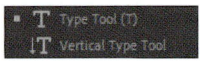

- **세로 타이프 도구(Vertical Type Tool)** | [Program] 패널에 세로 형태 텍스트(세로 쓰기) 그래픽 요소를 생성합니다.

실무에서의 편집 도구

적은 양의 영상 편집이라면 어느 도구를 써도 상관이 없으나 편집해야 할 영상 클립이 많은 실제 영상 회사 실무에서는 유용하게 쓰이는 단축키와 도구가 따로 있습니다. 지금부터 실무에 특화된 편집 도구를 함께 알아보겠습니다. 필요할 때마다 이 레슨을 다시 찾아서 적용해보는 것을 추천합니다.

간단 실습 | 많은 클립을 한번에 옮기기

준비 파일 프리미어 프로/Chapter 07/도구 패널 정복하기.prproj

실무에서는 한번에 많은 클립을 옮기거나 원하는 트랙의 클립만 옮겨야 할 때가 있습니다. 이때 활용하기 좋은 트랙 셀렉트 포워드 도구를 학습해보겠습니다. 준비 파일을 열어줍니다. [클립 한 번에 옮기기] 시퀀스에서 시작합니다.

01 ① 편집 기준선을 00:00:09:04 지점에 위치합니다. ② 단축키 A 를 눌러 트랙 셀렉트 포워드 도구를 선택합니다. ③ 편집 기준선 바로 뒤의 클립을 클릭합니다. 클릭한 클립을 포함하여 뒤에 있는 모든 클립이 한번에 선택됩니다.

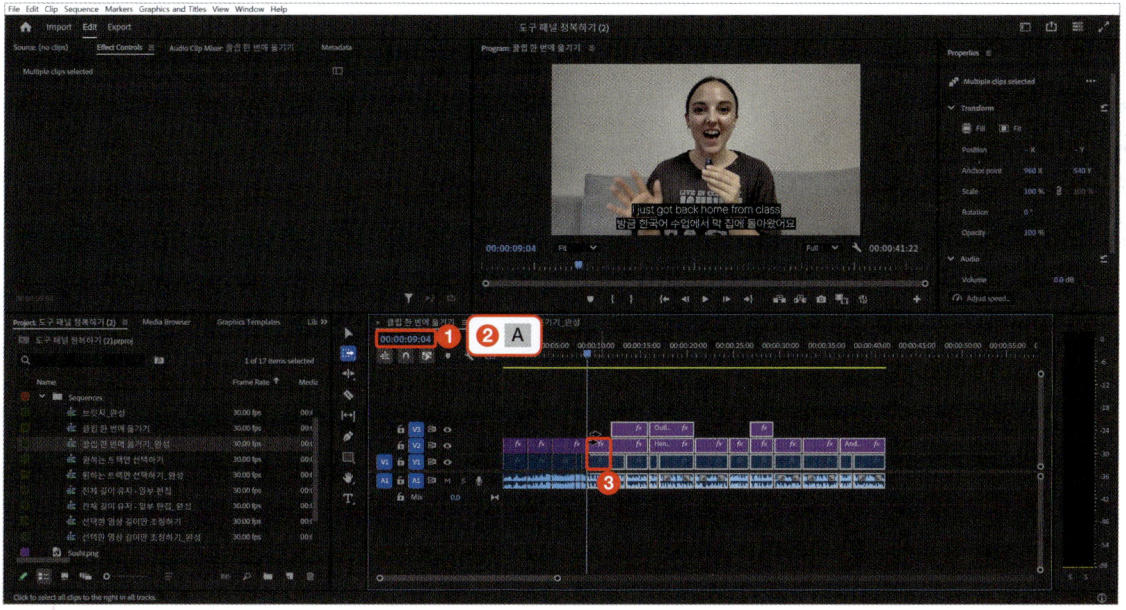

도구 패널에서 트랙 셀렉트 포워드 도구를 클릭해도 됩니다.

이 예제에는 넥슨 Lv.1 고딕 폰트가 사용되었습니다. Adobe 유료 플랜을 구독하면 지원하는 폰트를 자동으로 찾고, 설치해줍니다. 자동으로 설치되지 않는다면 눈누(https://noonnu.cc), Google Fonts(https://fonts.google.com), DaFont(https://dafont.com) 등에서 다운로드할 수 있습니다.

02 그대로 뒤쪽으로 드래그하여 모든 클립의 위치를 옮겨줍니다.

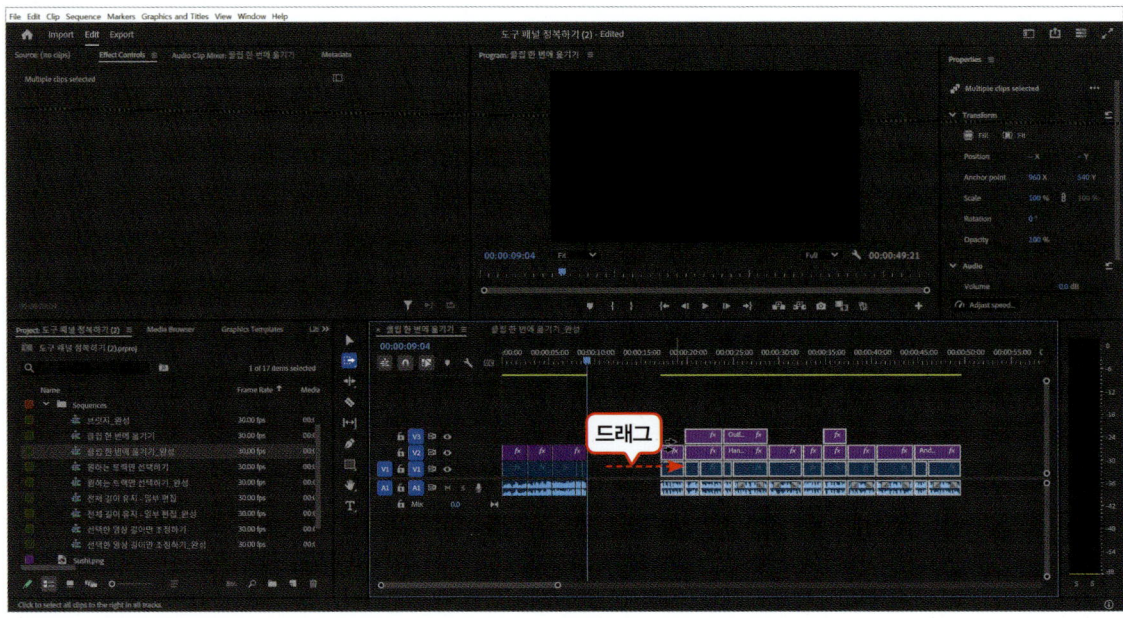

03 [Project] 패널의 [Sequences] 폴더에서 [브릿지_완성] 시퀀스를 비디오 1번 트랙(V1)의 빈 공간으로 드래그하여 추가해줍니다.

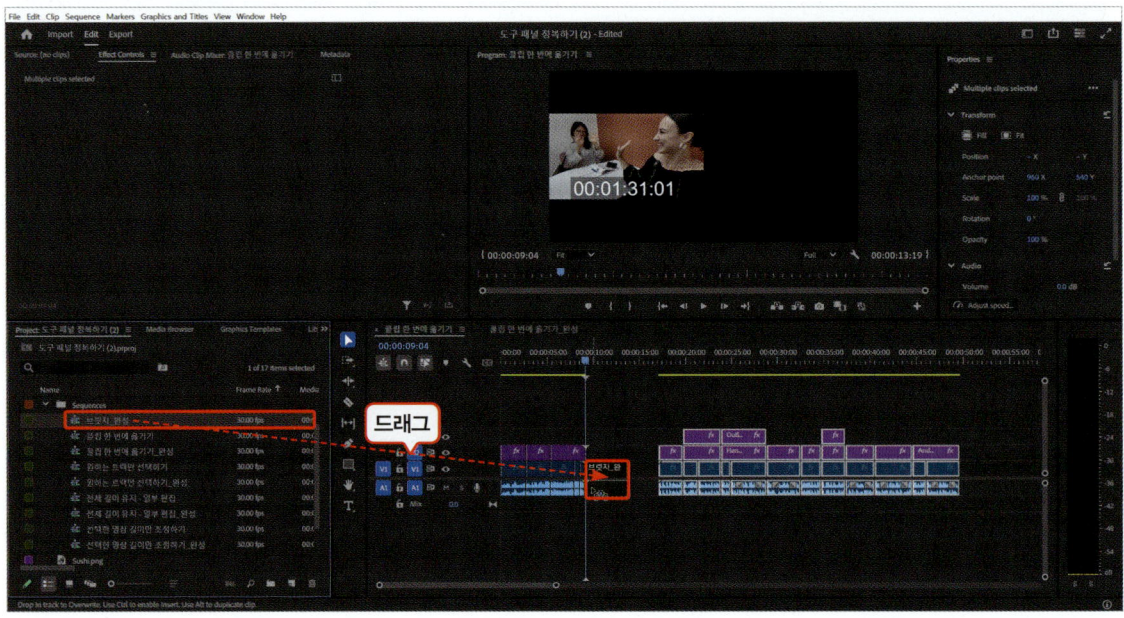

04 ❶ 클립 사이 빈 공간은 마우스 오른쪽 버튼으로 클릭한 후 ❷ [Ripple Delete]를 클릭하여 지워줍니다. 이처럼 실무에서는 여러 클립을 한번에 옮기거나 클립 사이에 새로운 내용을 추가해야 할 때 트랙 셀렉트 포워드 도구를 자주 사용합니다.

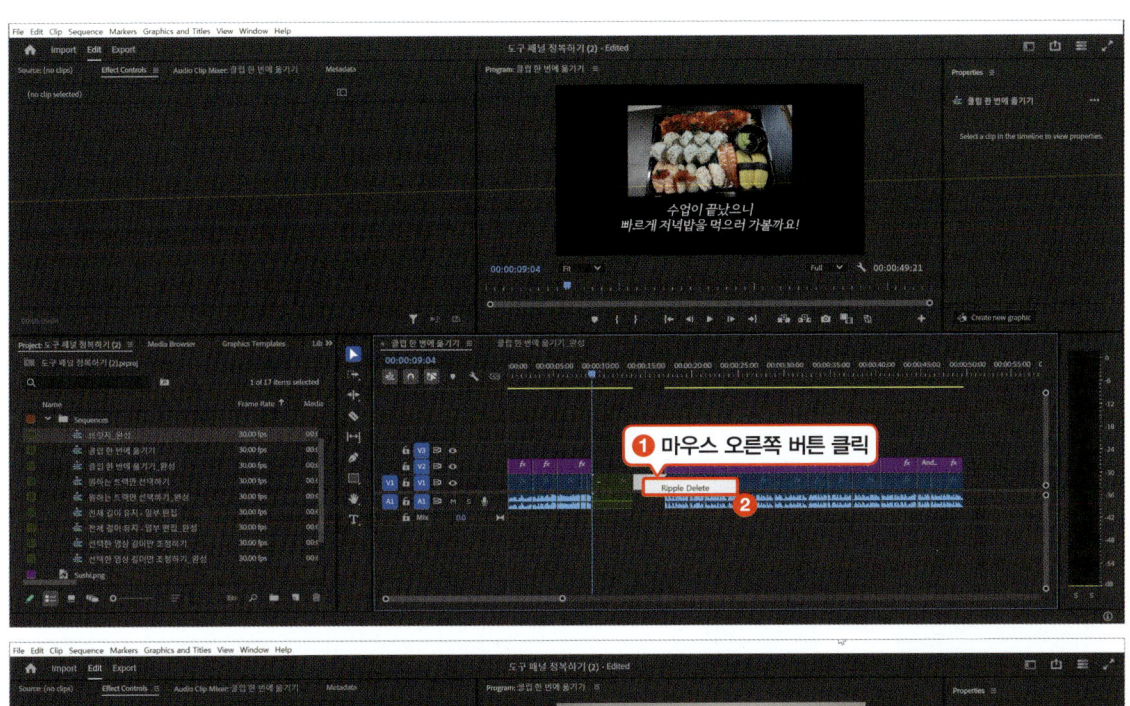

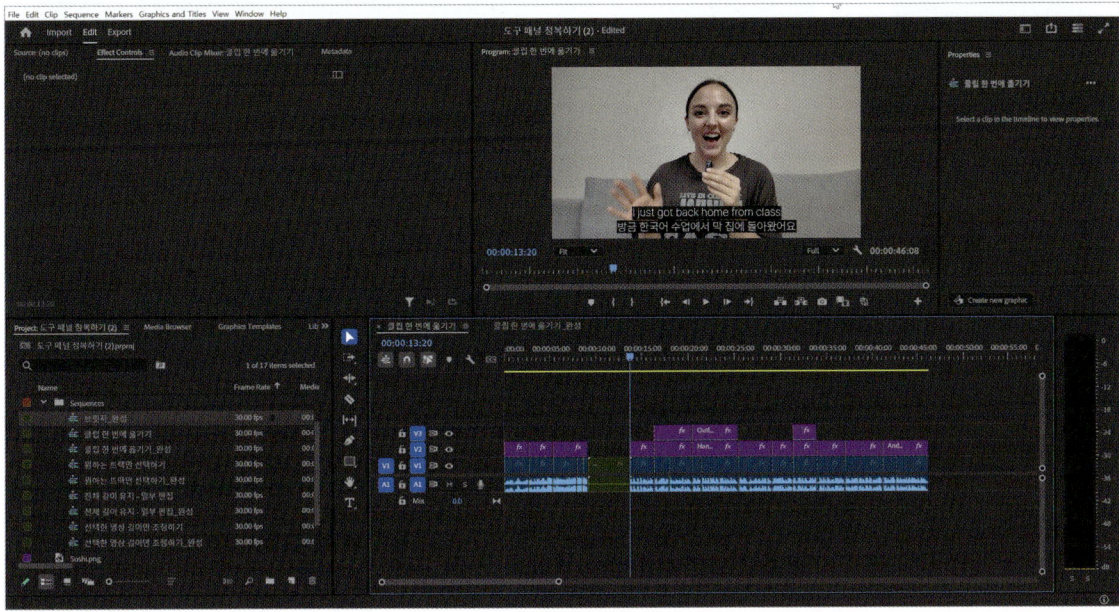

간단 실습 | 원하는 트랙만 선택해서 옮기기

준비 파일 프리미어 프로/Chapter 07/도구 패널 정복하기.prproj

이번에는 여러 개의 트랙 중 원하는 트랙의 클립을 다른 트랙으로 한번에 옮겨보겠습니다. 준비 파일을 열어줍니다. [원하는 트랙만 선택하기] 시퀀스를 열어서 진행합니다.

01 ① 단축키 A 를 눌러 트랙 셀렉트 포워드 도구 를 선택합니다. ② Shift 를 누르면 마우스 포인터가 화살표 한 개인 모양으로 바뀝니다. 이 상태로 비디오 3번 트랙(V3)의 앞쪽 빈공간을 클릭합니다. 해당 트랙의 클립이 모두 선택됩니다.

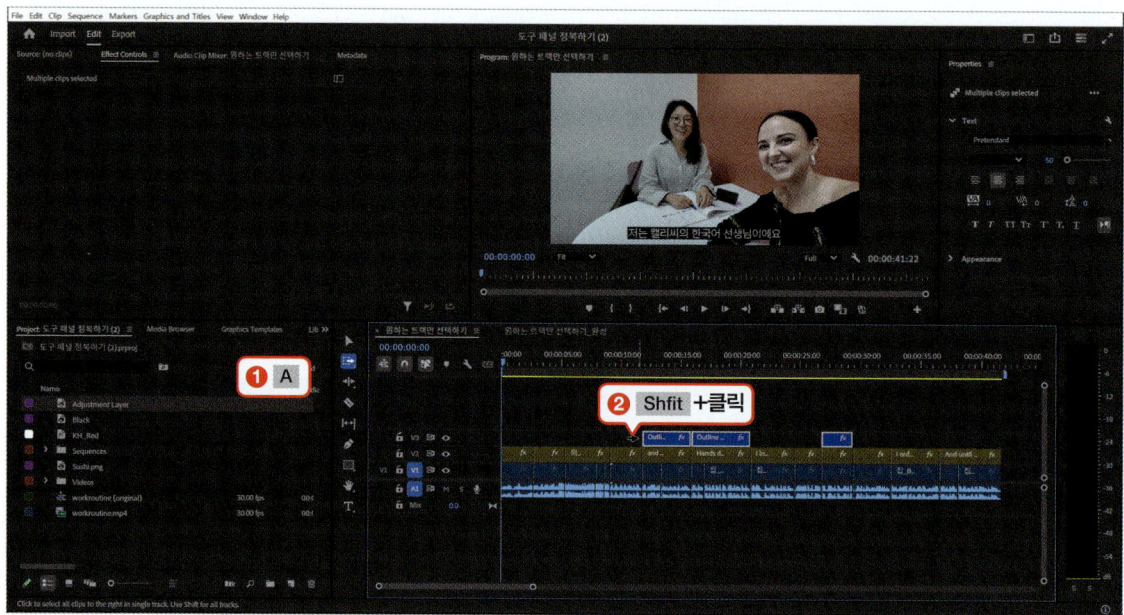

02 Shift 를 누른 상태에서 선택된 모든 클립을 비디오 4번 트랙(V4)으로 드래그합니다.

03 ① Shift 를 누른 상태에서 비디오 2번 트랙(V2)의 첫 번째 클립을 클릭합니다. ② Shift 를 계속 누르고 있는 상태에서 선택된 모든 클립을 비디오 3번 트랙(V3)으로 드래그합니다.

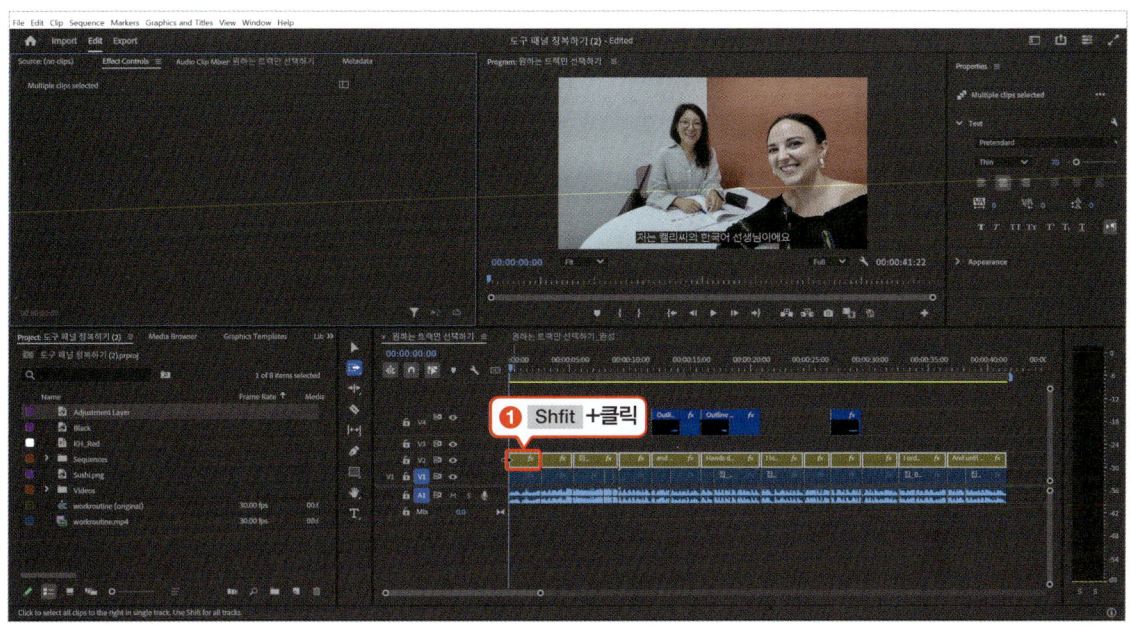

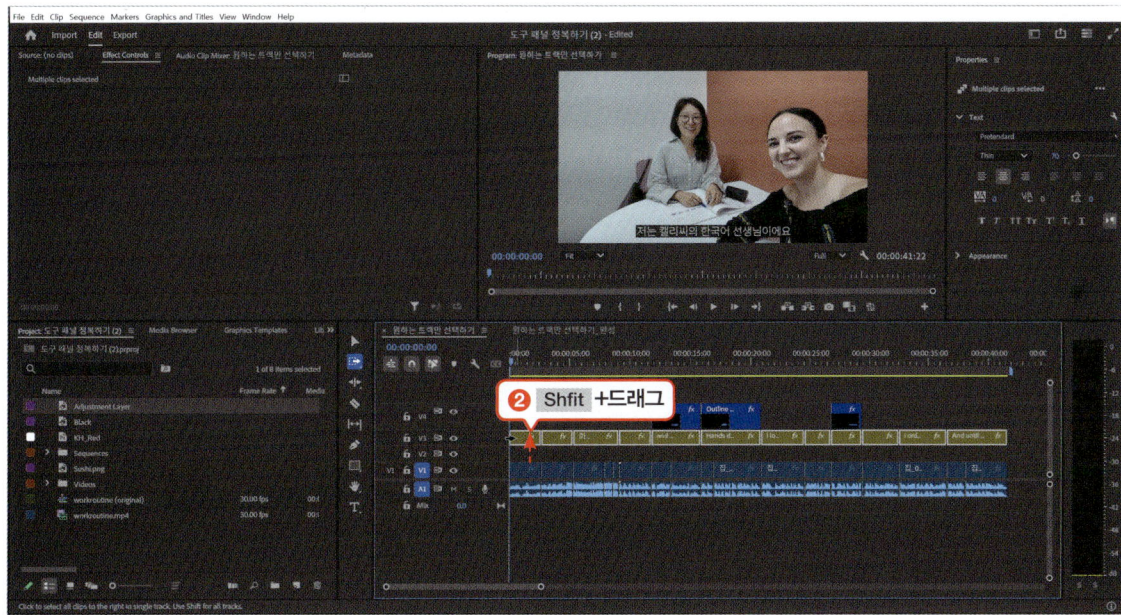

04 비어 있는 트랙에 조정 레이어와 같은 새로운 레이어를 배치하여 색보정이나 효과를 추가하면 편리합니다. [Project] 패널에서 **Adjustment Layer** 소스를 비어 있는 비디오 2번 트랙(V2)으로 드래그해 배치합니다.

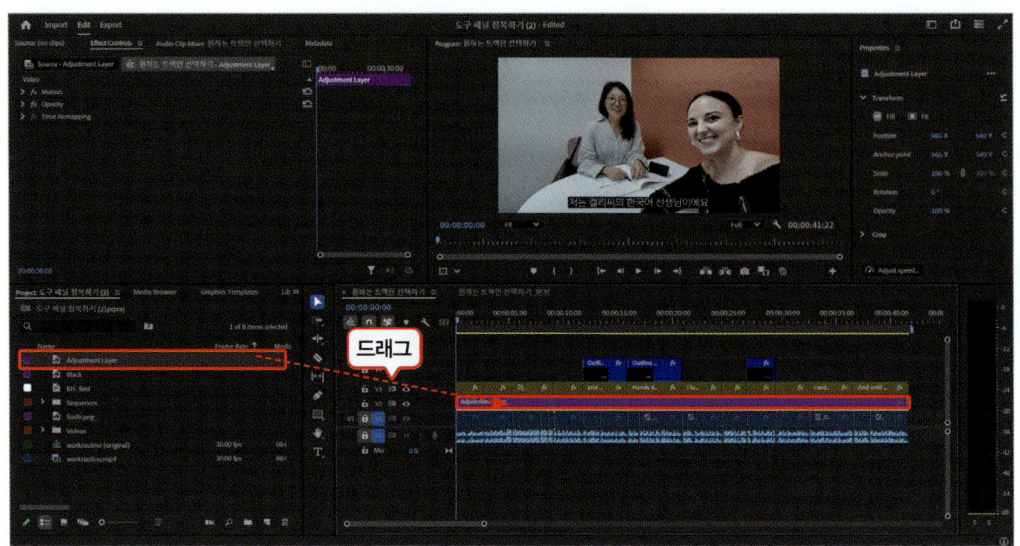

기능 꼼꼼 익히기 │ 잠금 기능을 활용하여 원하는 트랙만 쉽게 선택하기

영상 편집을 다 완료한 후 자막 클립들만 다른 트랙으로 옮겨서 새로운 레이어를 추가해야 하거나 특정 트랙에 있는 클립들을 제외한 나머지를 선택해야 하는 상황이 있습니다. 이때는 고정할 비디오 트랙과 오디오 트랙을 모두 잠근 후, 트랙 셀렉트 포워드 도구를 사용해 나머지 클립들을 선택해주면 됩니다.

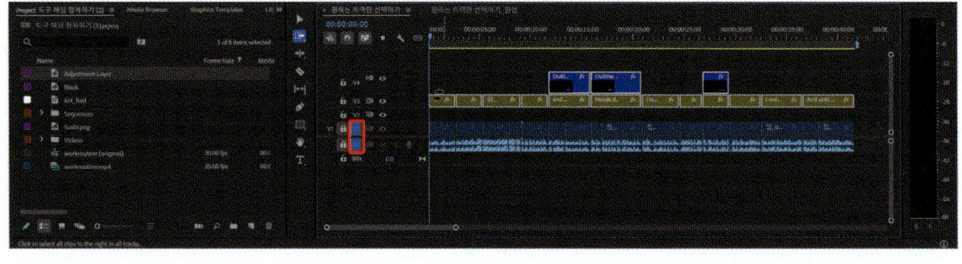

간단 실습 │ 전체 편집 길이를 유지하며 일부만 편집하기

준비 파일 프리미어 프로/Chapter 07/도구 패널 정복하기.prproj

영상 편집을 다 완료한 후 전체 영상 길이가 3분일 때, 그 길이를 유지한 상태에서 일부분만 수정이 필요할 경우가 있습니다. 실무에서는 주로 자막의 길이를 수정하거나 중간에 특정 클립의 길이를 조정하는 경우입니다. 이때 활용되는 롤링 에디트 도구를 학습해보겠습니다. 준비 파일을 열어줍니다. [전체 길이 유지 –

일부 편집] 시퀀스에서 시작합니다.

01 ❶ 편집 기준선을 **00:00:14:25** 지점에 위치합니다. ❷ 단축키 N 을 눌러 롤링 에디트 도구 를 선택합니다.

02 [Timeline] 패널의 비디오 1번 트랙(V1)에서 두 개의 [클래스_02.mp4] 클립 사이 경계선에 마우스 포인터를 가져가면 모양으로 바뀝니다. 경계선에서 오른쪽 편집 기준선까지 드래그하면 노란색 클립의 길이가 늘어나고 파란색 클립은 반대로 길이가 줄어듭니다. 전체 편집 길이 내에서 두 클립의 길이가 변경됩니다.

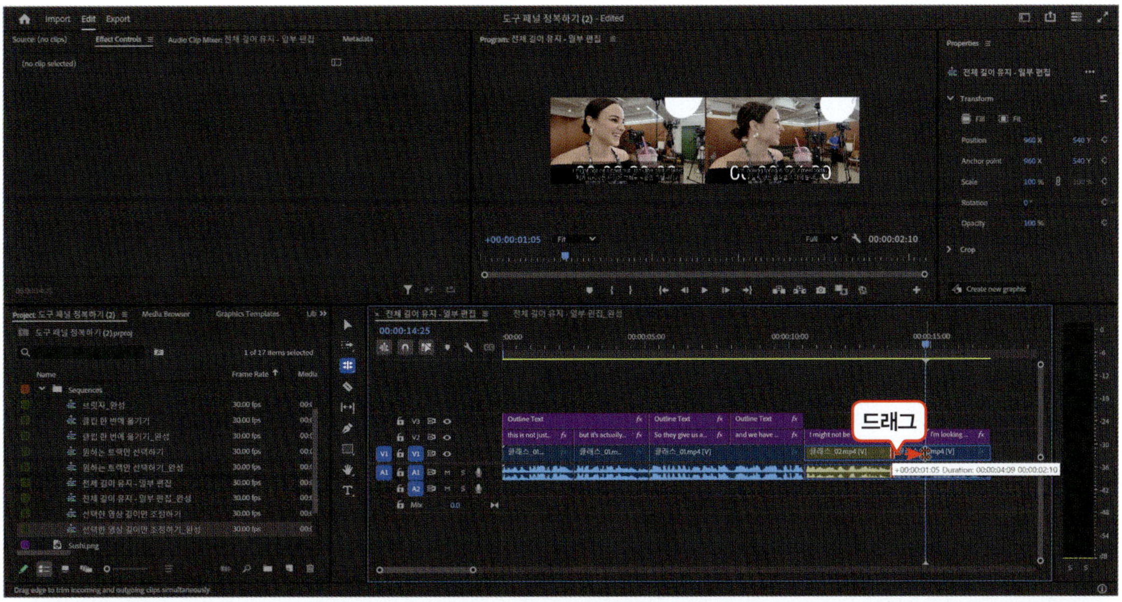

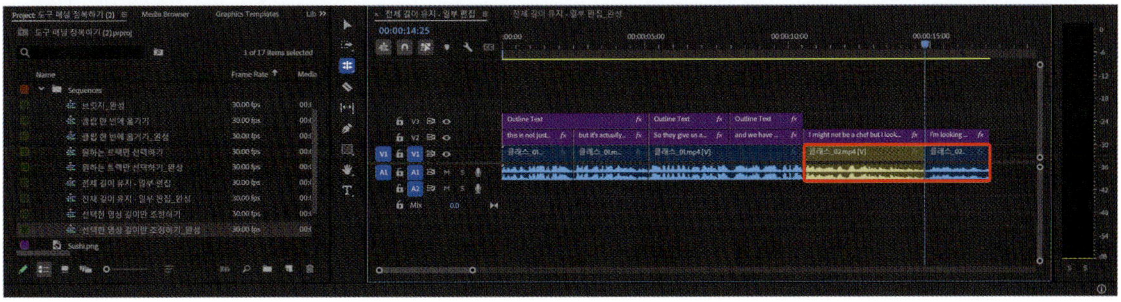

| 한눈에 실습 | **선택한 클립의 길이만 조정하기** |

준비 파일 프리미어 프로/Chapter 07/도구 패널 정복하기.prproj
핵심 기능 리플 에디트 도구

롤링 에디트 도구와 반대로 리플 에디트 도구를 사용해도 클립의 길이를 조정할 수 있습니다. 다만 리플 에디트 도구는 선택한 클립의 길이만 조정되어 다른 클립에 영향을 주지 않기 때문에 영상의 전체 길이가 늘어납니다. 준비 파일을 열어줍니다. [선택한 영상 길이만 조정하기] 시퀀스에서 시작합니다.

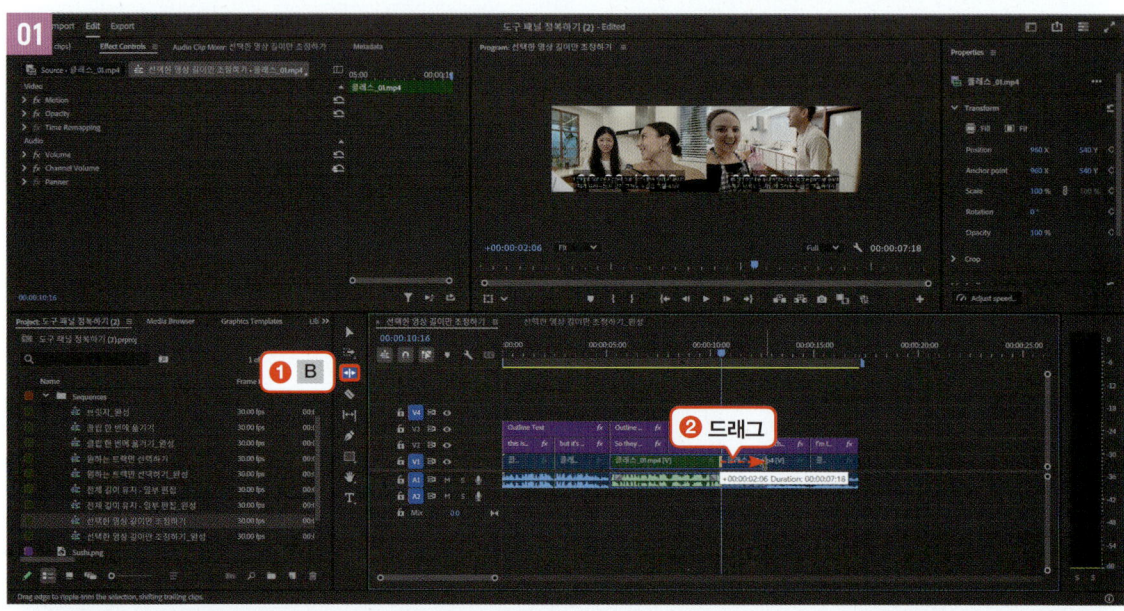

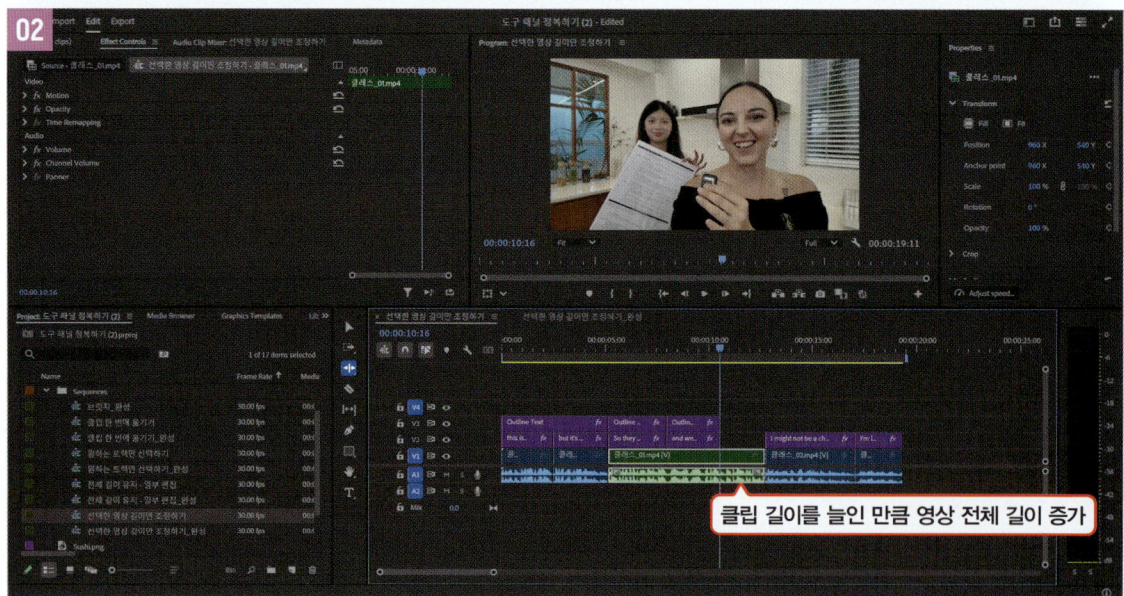

기능 꼼꼼 익히기 — 도구 패널에서 숨겨진 메뉴 찾기

처음부터 모든 도구의 단축키를 다 기억하기는 어렵습니다. 원하는 기능 단축키를 모를 때는 도구 패널에서 필요한 도구를 직접 찾아 선택합니다. 도구 패널의 도구 아이콘 중 오른쪽 아래에 하얀색 삼각형 포인트가 있다면 해당 도구의 아이콘을 길게 클릭해보세요. 해당 그룹의 다른 도구가 나타납니다.

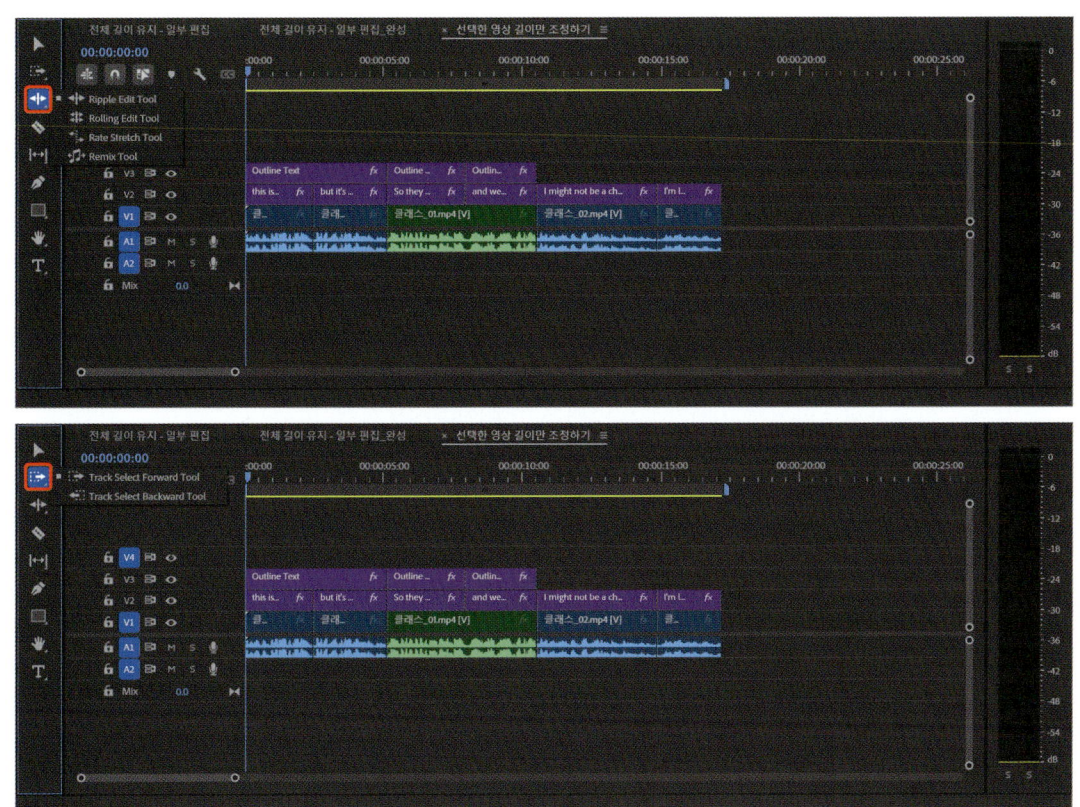

프리미어 프로 트랙 완전 정복

트랙을 층층이 쌓아 올리기

트랙을 추가하고 제거하기

프리미어 프로에서는 트랙(Track) 구조를 잘 이해하는 것이 중요합니다. 트랙은 [Timeline] 패널에서 비디오, 오디오 클립을 배치하는 공간으로 1층, 2층 등의 층 개념이나 포토샵 등의 레이어 개념으로 이해하면 좋습니다. 트랙을 자유자재로 추가하고 제거하는 방법을 함께 연습해보겠습니다.

간단 실습 | 트랙과 트랙 사이에 새로운 트랙 만들기

준비 파일 프리미어 프로/Chapter 07/멀티트랙.prproj

트랙과 트랙 사이에 하나 또는 여러 개의 트랙을 새롭게 추가해보겠습니다. 준비 파일을 열어줍니다. [멀티트랙 연습] 시퀀스에서 시작합니다.

01 ① [Timeline] 패널의 비디오 1번 트랙(V1)에서 👁의 오른쪽 빈 공간을 마우스 오른쪽 버튼으로 클릭한 후 ② [Add track]을 클릭합니다. 선택한 비디오 트랙 위로 새로운 비디오 트랙이 추가됩니다.

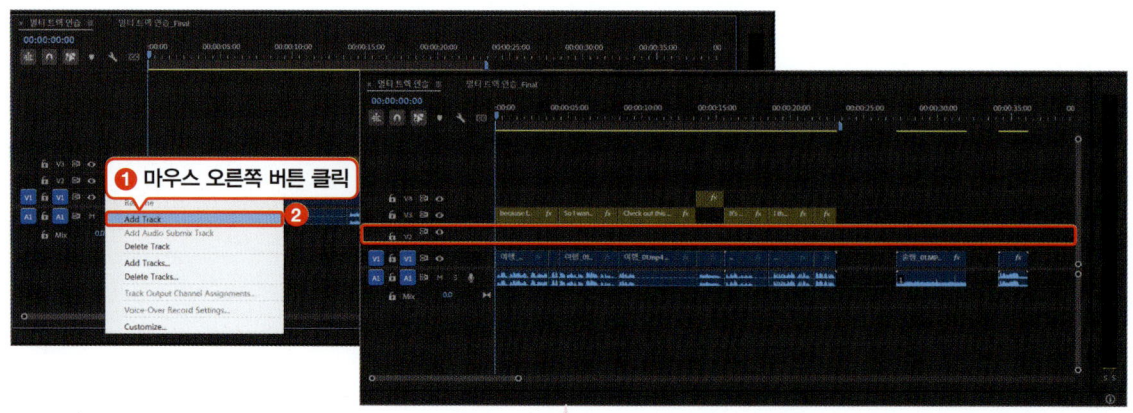

비디오 트랙은 마우스 오른쪽 버튼을 클릭한 트랙을 기준으로 위쪽에 새로운 트랙이 추가됩니다. 오디오 트랙이라면 아래로 새로운 트랙이 추가됩니다. 오디오 트랙은 트랙 순서에 영향을 받지 않습니다.

02

❶ [Timeline] 패널의 비디오 2번 트랙(V2)에서 ◉의 오른쪽 빈공간을 마우스 오른쪽 버튼으로 클릭한 후 ❷ [Add Tracks]를 클릭합니다. ❸ [Add Tracks] 대화상자가 나타나면 [Add video tracks]-[Amount]를 3, [Placement]를 [After Video 2]로 설정합니다. ❹ [Add audio tracks]-[Amount]는 2, [Placement]는 [After Audio 1]로 설정합니다. ❺ [OK]를 클릭합니다.

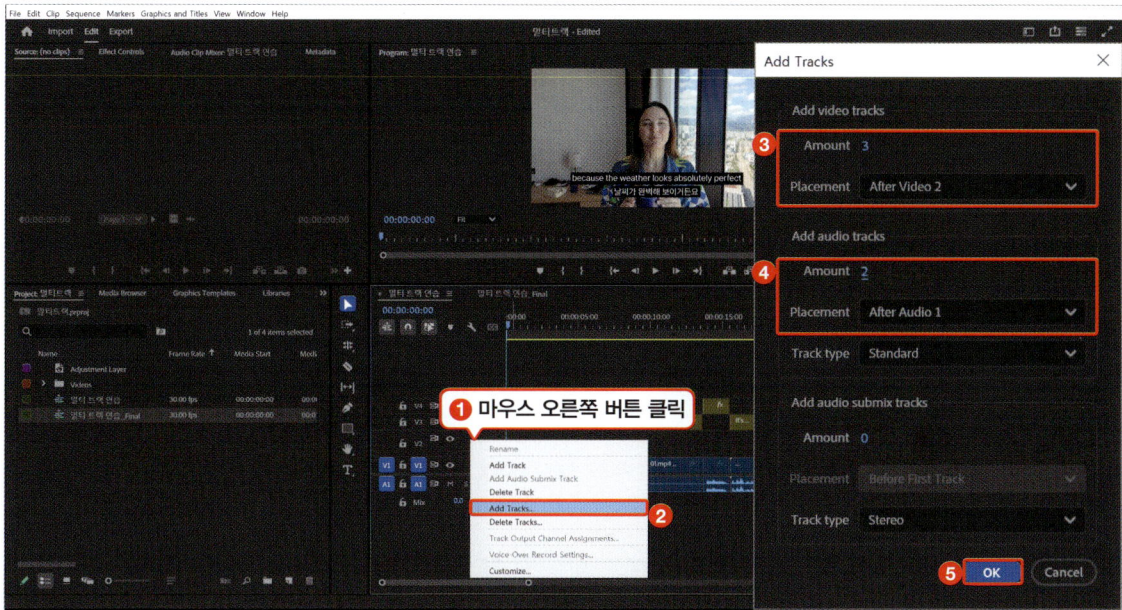

[Add video tracks]와 [Add audio tracks] 항목의 [Amount]는 각각 추가할 비디오, 오디오 트랙의 개수를 의미하며 [Placement]는 비디오 트랙이 추가될 기준점을 의미합니다. 비디오 2번 트랙(V2)을 선택했다면 비디오 2번 트랙 위로 새로운 트랙이 추가되며, 오디오 1번 트랙을 선택했다면 오디오 1번 트랙 아래로 새로운 트랙이 추가됩니다.

03
비디오 2번 트랙(V2) 위로 세 개의 비디오 트랙이, 오디오 1번 트랙(A1) 아래로 두 개의 오디오 트랙이 추가되었습니다.

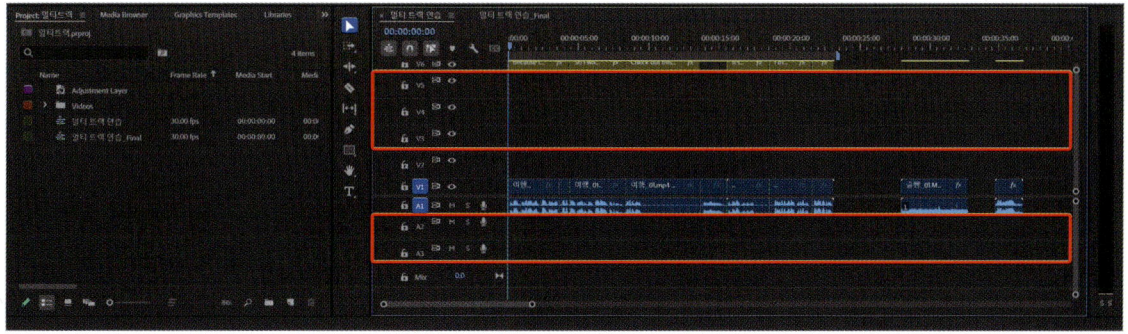

한눈에 실습 | 필요 없는 트랙 삭제하기

준비 파일 프리미어 프로/Chapter 07/멀티트랙.prproj
핵심 기능 Delete Track

트랙을 삭제하면 트랙에서 작업한 영상 클립도 모두 삭제됩니다. 따라서 트랙을 삭제할 때는 주의를 기울여야 합니다. 앞선 예제에서 계속 진행합니다.

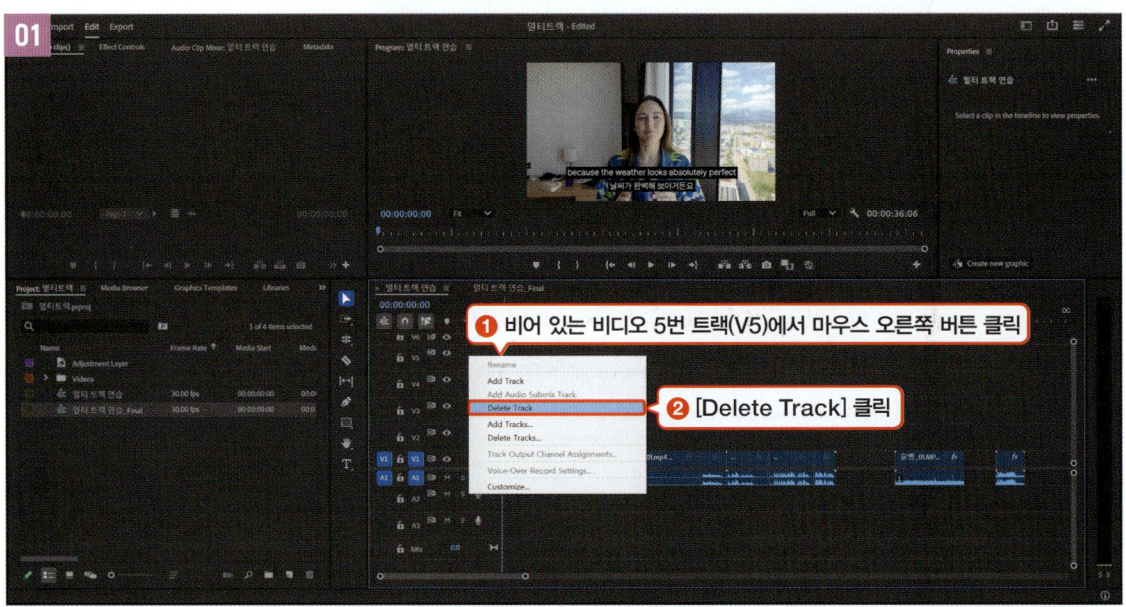

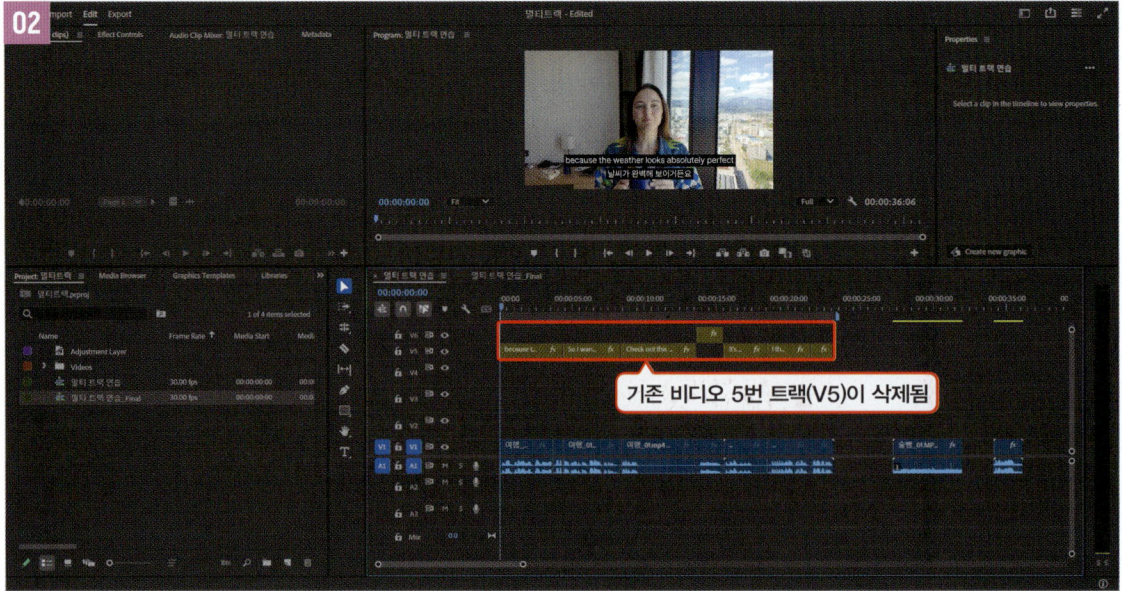

| 한눈에 실습 | **트랙 여러 개를 동시에 삭제하기** |

준비 파일 프리미어 프로/Chapter 07/멀티트랙.prproj
핵심 기능 Delete Tracks

트랙 여러 개를 한번에 추가한 것처럼 한번에 삭제할 수도 있습니다. 이때는 비어 있는 트랙만 삭제할 수 있으므로 보다 안전하지만 여전히 주의를 기울여야 합니다.

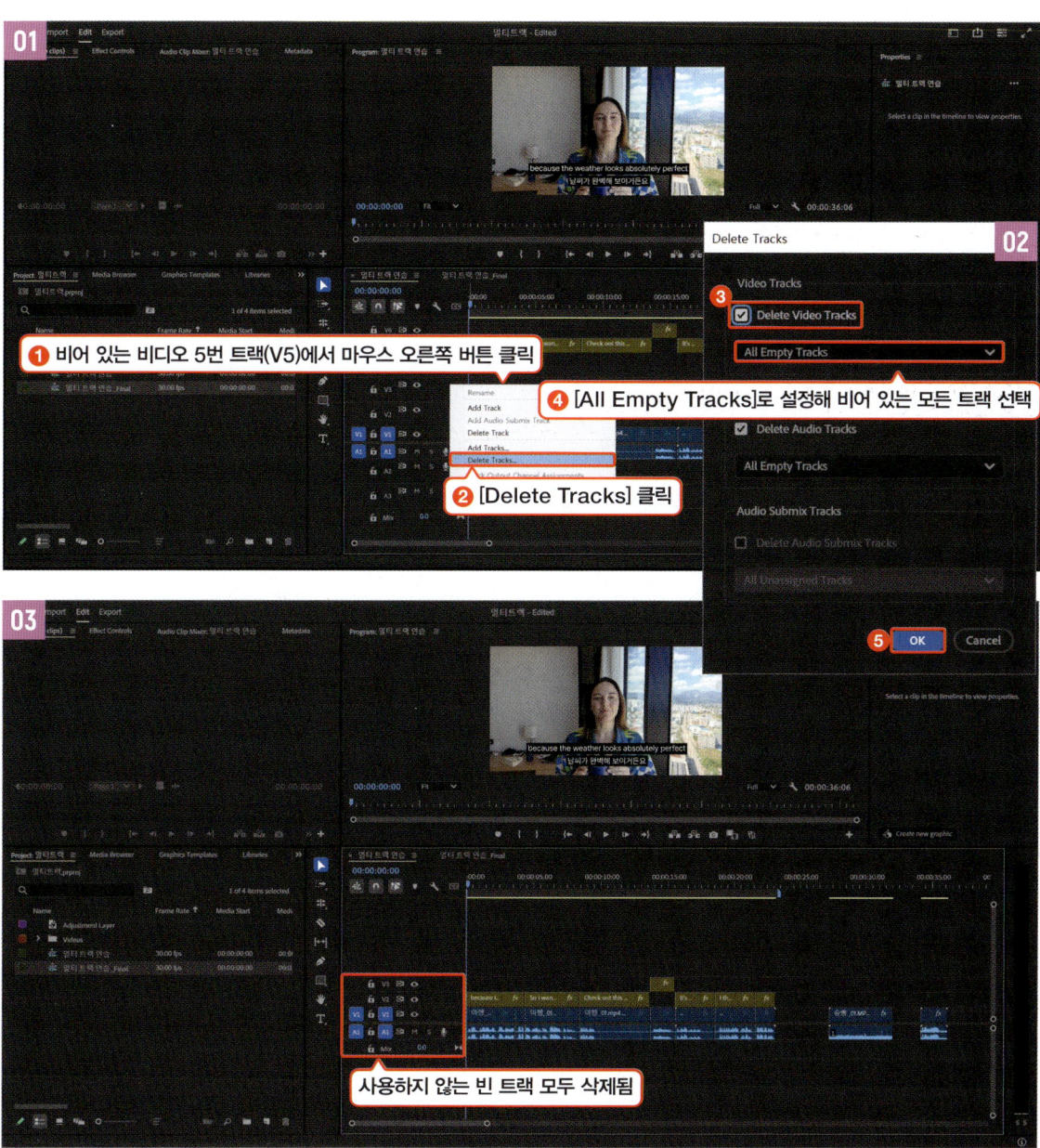

멀티 트랙에서 영상 편집하기

이번에는 여러 개의 클립을 이용하여 영상 편집을 진행할 때 트랙을 효과적으로 활용하는 방법을 알아보겠습니다. [Timeline] 패널에서 클립을 이동하는 경우 클립이 겹칠 때 기존의 클립 위에 이동한 클립이 덮어씌워지는 현상이 발생합니다. 이때 멀티 트랙 편집 방법을 사용하면 이러한 현상을 방지하여 영상 편집을 수월하게 진행할 수 있습니다.

간단 실습 멀티 트랙 사용법 익히기

준비 파일 프리미어 프로/Chapter 07/멀티트랙.prproj

멀티 트랙 사용 방법을 학습하면 두 개의 영상 클립을 번갈아 연출하거나 하나의 영상 클립 위에 사진과 영상을 추가하여 동시에 나타낼 수 있습니다. 멀티 트랙을 사용하는 방법을 알아보겠습니다. 앞선 예제에서 계속 진행합니다.

01 ① 비디오 1번 트랙(V1)을 마우스 오른쪽 버튼으로 클릭한 후 ② [Add Tracks]를 클릭합니다. ③ [Add Tracks] 대화상자가 나타나면 [Add video tracks]-[Amount]를 3, [Placement]는 [After Video 1]로 설정합니다. ④ [Add audio tracks]-[Amount]는 1, [Placement]는 [After Audio 1]로 설정합니다. ⑤ [OK]를 클릭합니다. 비디오 트랙을 세 개, 오디오 트랙을 하나 더 추가했습니다.

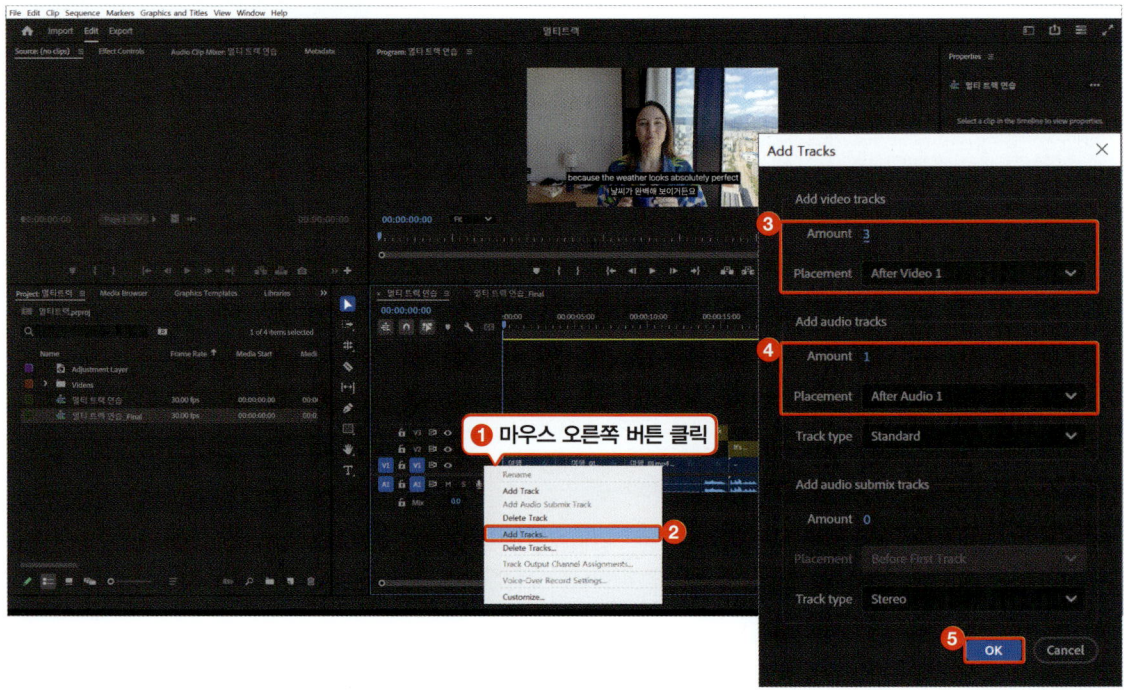

02 ❶ 편집 기준선을 **00:00:13:21** 지점에 위치합니다. ❷ 비디오 1번 트랙(V1)의 [술빵_01.mp4] 클립을 비디오 2번 트랙(V2)으로 드래그합니다. ❸ 오디오 1번 트랙(A1)의 [술빵_01.mp4] 오디오 클립은 오디오 2번 트랙(A2)으로 드래그합니다. ❹ 편집 기준선으로 드래그하여 위치를 옮겨줍니다.

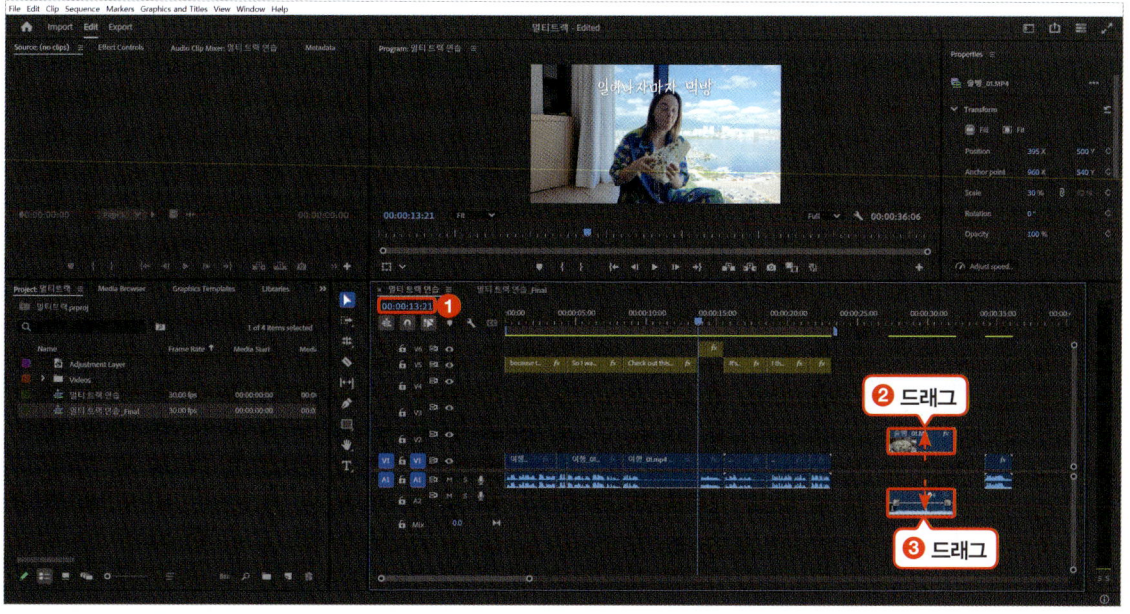

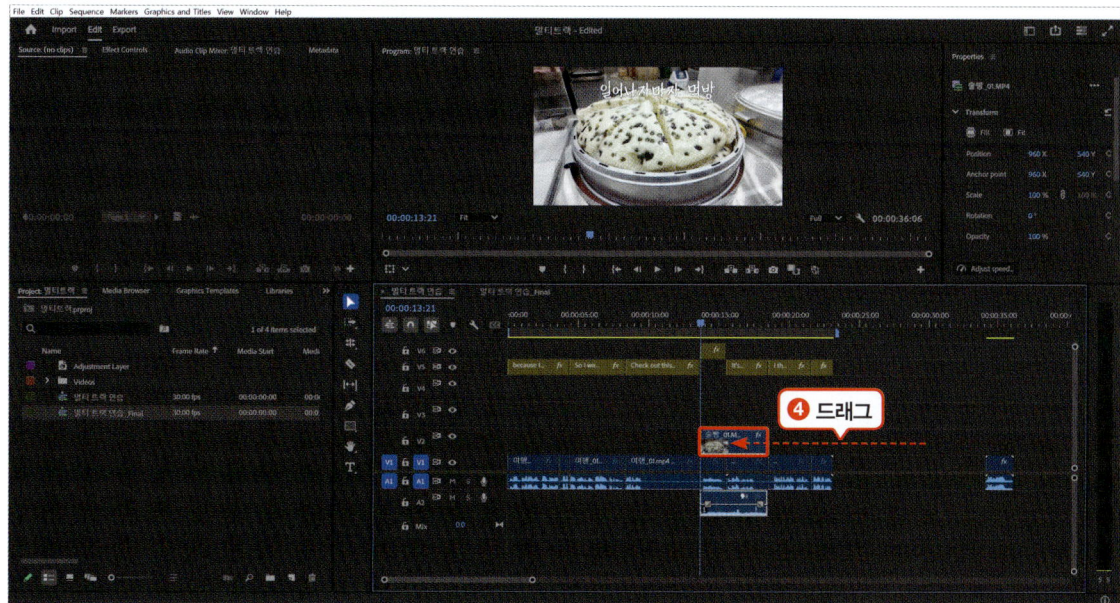

03 ❶ [술빵_01.mp4] 클립을 클릭한 후 ❷ [Effect Controls] 패널에서 [Position]의 값을 395, 500으로 설정합니다. ❸ [Scale]의 값은 30으로 설정합니다.

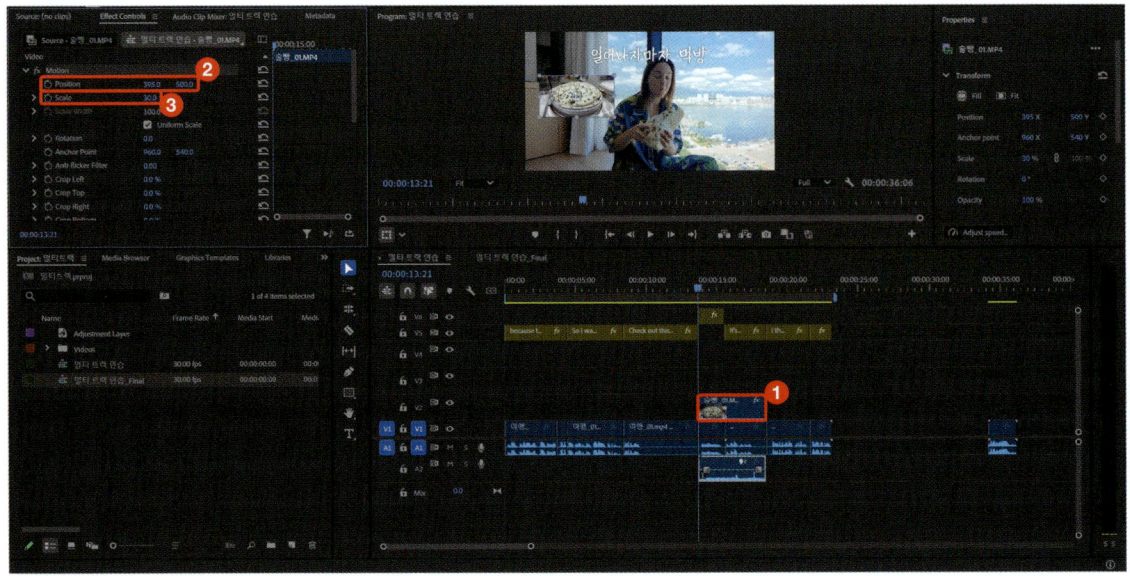

04 ❶ [Timeline] 패널에서 비디오 1번 트랙(V1) 뒤쪽에 배치된 [술빵_02.mp4] 비디오 클립을 비디오 3번 트랙(V3)로 드래그합니다. ❷ [술빵_02.mp4] 오디오 클립은 Mix 트랙 아래로 드래그합니다. 오디오 3번 트랙(A3)이 새로 추가되면서 오디오 클립이 배치됩니다.

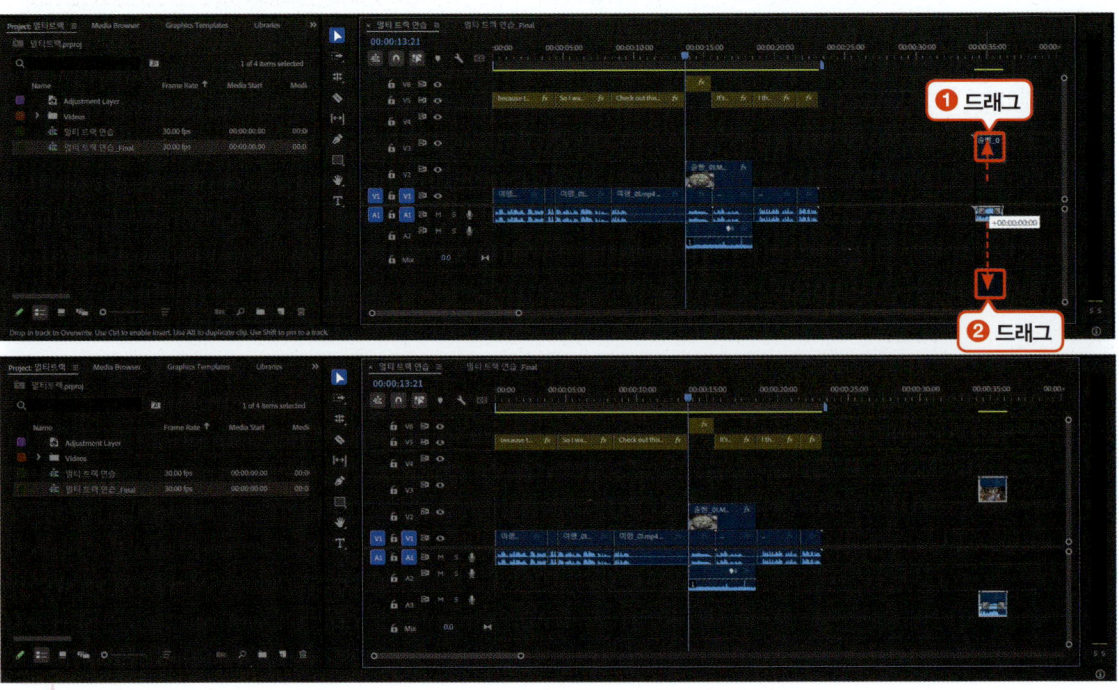

오디오 패널에서 드래그하여 새 트랙을 만들 때는 오디오 클립을 Mix 트랙보다 아래로 드래그해야 합니다. 잘 되지 않으면 Shift + − 를 눌러 트랙의 위아래를 축소한 후 드래그해봅니다.

05 ❶ 편집 기준선을 00:00:18:16 지점에 위치합니다. ❷ [술빵_02.mp4] 클립의 뒷부분이 편집 기준선에 맞도록 드래그합니다.

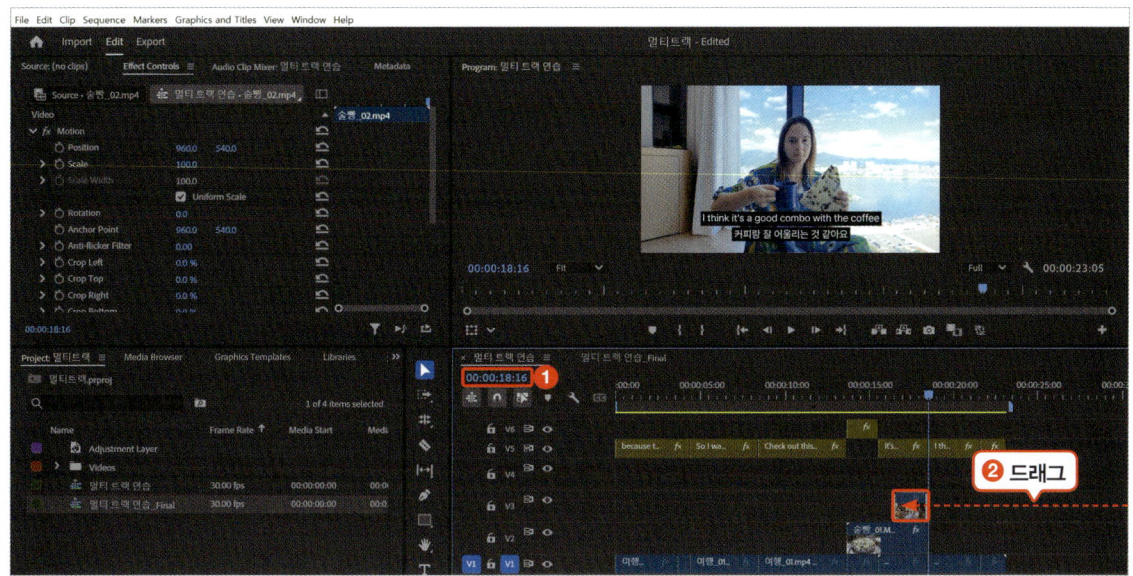

06 ❶ [술빵_02.mp4] 클립을 클릭한 후 ❷ [Effect Controls] 패널에서 [Position]의 값을 1521, 500으로 설정합니다. ❸ [Scale]의 값은 30으로 설정합니다.

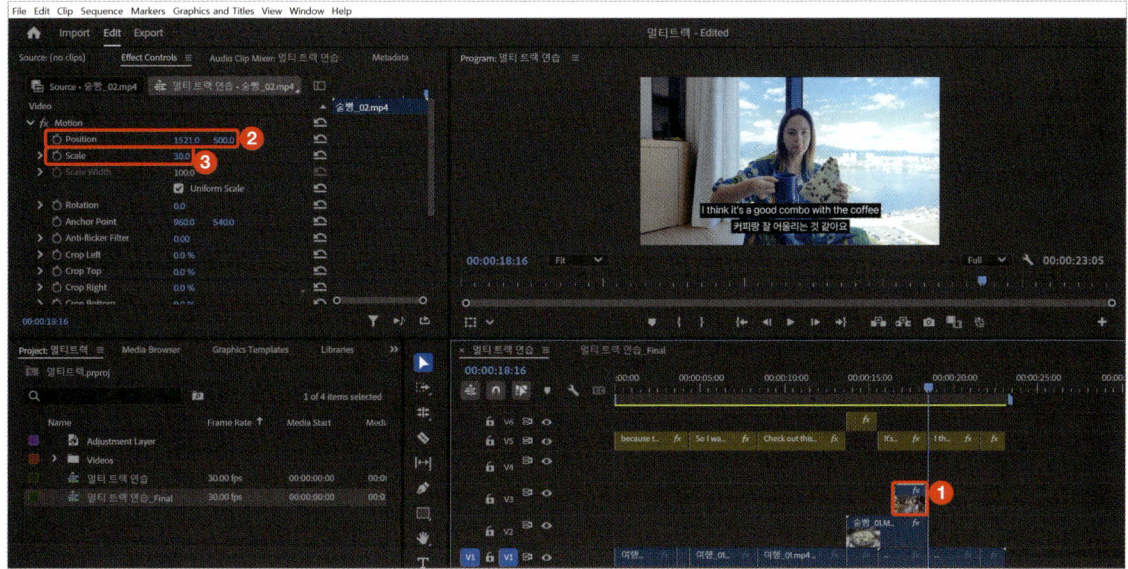

07 [Project] 패널의 **Adjustment Layer** 소스를 비디오 4번 트랙(V4)에 드래그해 추가해줍니다. 이처럼 자막과 영상 사이에 새 트랙을 추가하면 조정 레이어를 추가해 색보정할 때 활용하기 좋습니다.

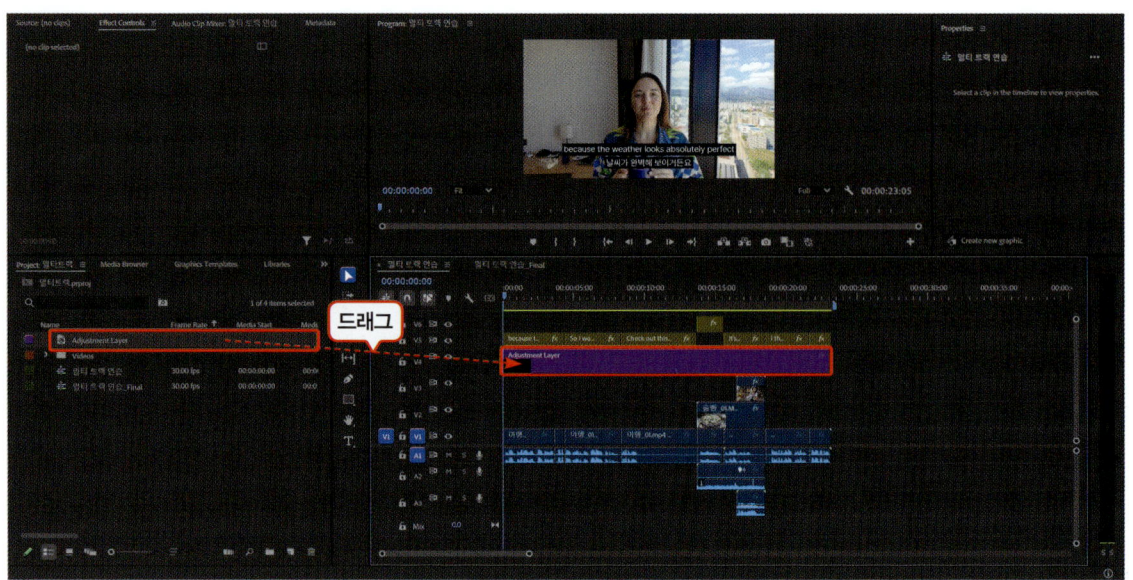

기능 꼼꼼 익히기 | 편집 구간 손쉽게 이동하기

영상 편집을 하다 보면 편집된 영상을 빠르게 이동하며 살펴봐야 할 때가 있습니다. 이때 단축키를 사용하여 편집된 구간마다 앞뒤로 빠르게 이동할 수 있습니다.

❶ Shift + ↓ | 선택한 클립의 다음 편집 지점(컷, 전환 등)으로 편집 기준선을 이동합니다.

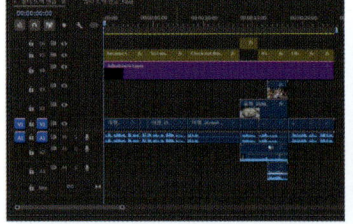 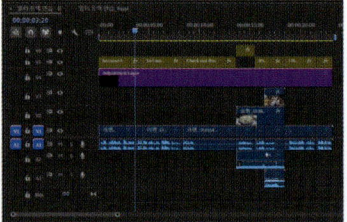 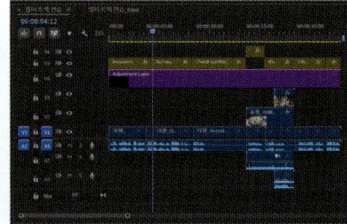

❷ Shift + ↑ | 선택한 클립의 이전 편집 지점(컷, 전환 등)으로 편집 기준선을 이동합니다.

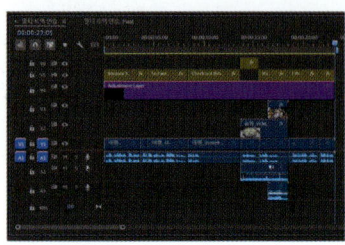 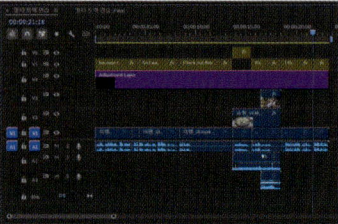 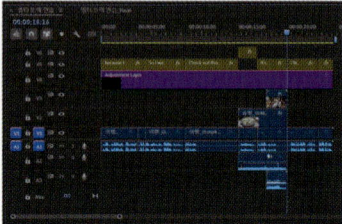

기능 꼼꼼 익히기	미리 보기 화면 확대, 축소하기

편집 작업 중 현재 영상을 재생할 때 큰 화면으로 확인하려면 [Project] 패널의 미리 보기 화면을 확대하면 됩니다. 단축키를 사용하여 손쉽게 미리 보기 화면을 확대, 축소할 수 있습니다. [Project] 패널이 선택된 상태에서 단축키 ` 를 누릅니다.

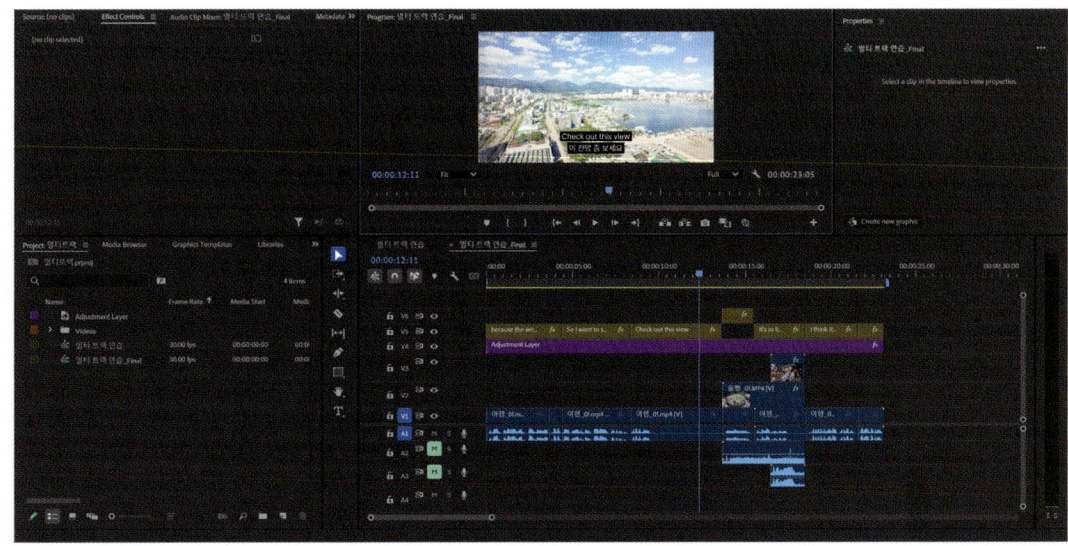

CHAPTER 07 고수의 편집 테크닉과 노하우 학습하기 **247**

LESSON 03 시퀀스 속의 시퀀스 네스트 알아보기

그룹화된 클립의 구조를 이해하고 템플릿 응용하기

클립을 그룹화하는 네스트(Nest)

프리미어 프로에서 편집을 하다 보면 클립의 개수가 너무 많아지거나 트랙이 너무 많아져서 편집이 힘들어질 수 있습니다. 이때는 몇 개의 클립을 그룹화해서 하나로 묶어 정리해주면 편리합니다. 이런 기능을 네스트(Nest, 중첩)라고 합니다. 웹사이트에서 프리미어 프로 템플릿을 다운로드해 사용할 때도 하나의 시퀀스 안에 다른 시퀀스가 중첩된 것을 쉽게 볼 수 있습니다.

간단 실습 | 시퀀스 구조 파악하기

준비 파일 프리미어 프로/Chapter 07/시퀀스_실습파일.prproj

준비 파일을 열어줍니다. [Main] 시퀀스에서 시작합니다. 시퀀스를 살펴보면 안에 [Scene 1], [Scene 2], [Scene 3] 이렇게 세 개의 시퀀스가 포함되어 있습니다. [Main] 시퀀스가 상위 시퀀스고 나머지가 하위 시퀀스입니다. 시퀀스 안에 시퀀스가 있고, 그 안에 또 시퀀스를 만들 수 있습니다. 컴퓨터 파일을 정리할 때 폴더 안에 폴더가 또 있는 것을 생각하면 이해하기 쉽습니다.

01 [Timeline] 패널의 비디오 4번 트랙(V4)에서 [Scene 1] 시퀀스를 더블클릭합니다.

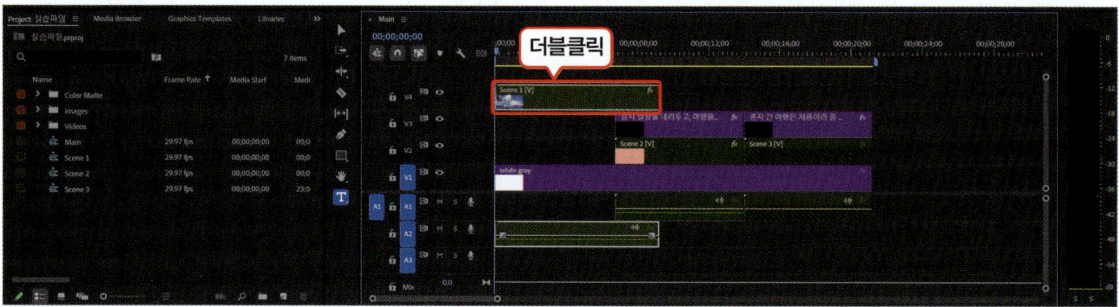

02 [Scene 1] 시퀀스 안의 다양한 클립을 확인할 수 있습니다. 노란색 클립 세 개를 시퀀스로 그룹화해보 겠습니다. ① 비디오 4번 트랙(V4), 비디오 5번 트랙(V5), 비디오 6번 트랙(V6)에 배치된 [Graphic] 클립 세 개를 Shift 를 누른 채 각각 클릭해 모두 선택합니다. ② 마우스 오른쪽 버튼을 클릭한 후 ③ [Nest]를 클릭합 니다. ④ [Nest Sequence Name] 대화상자가 나타나면 [Name]에 **play icon**을 입력하고 ⑤ [OK]를 클릭 합니다.

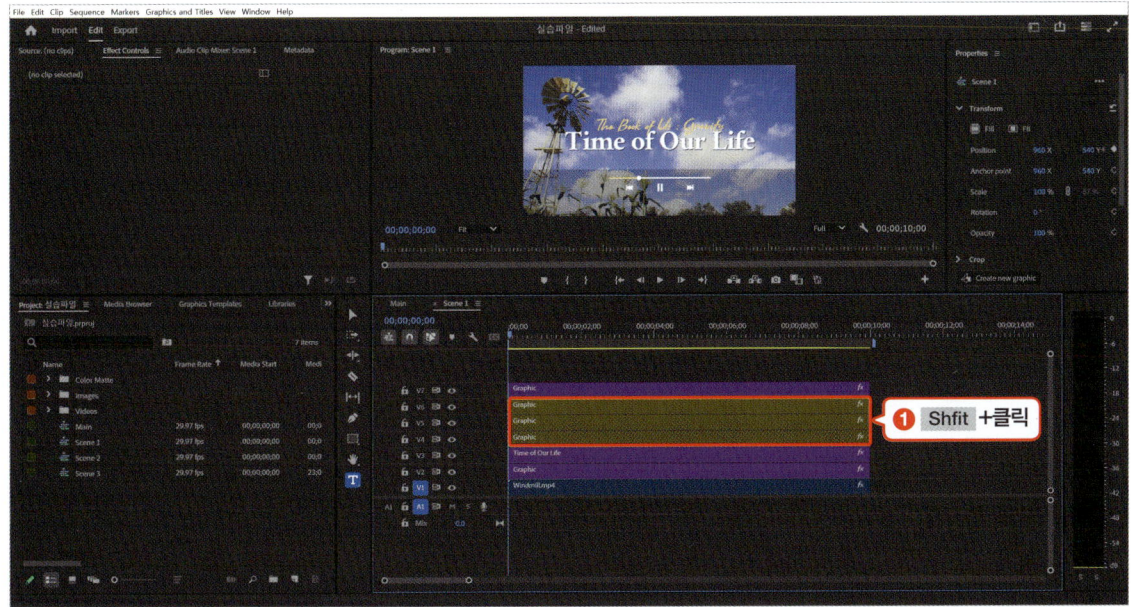

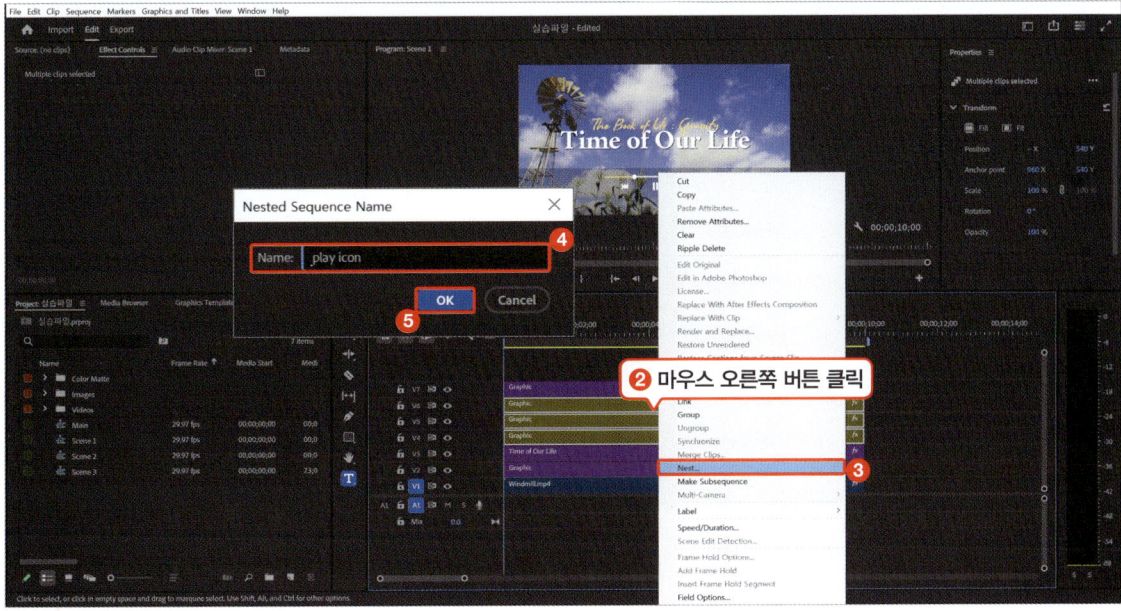

이 예제에는 Arkipelago, Ramaraja 폰트가 사용되었습니다. Adobe 유료 플랜을 구독하면 지원하는 폰트를 자동으로 찾고, 설치해줍니다. 자동으로 설 치되지 않는다면 눈누(https://noonnu.cc), Google Fonts(https://fonts.google.com), DaFont(https://dafont.com) 등에서 다운로드할 수 있 습니다.

03 [Graphic] 클립 세 개가 하나의 시퀀스로 그룹화됩니다. [play icon] 시퀀스를 더블클릭하여 시퀀스 내부를 확인합니다. 기존에 클립을 배치했던 비디오 4번 트랙(V4), 비디오 5번 트랙(V5), 비디오 6번 트랙(V6)에 [Graphic] 클립 세 개가 각각 배치된 것을 확인할 수 있습니다.

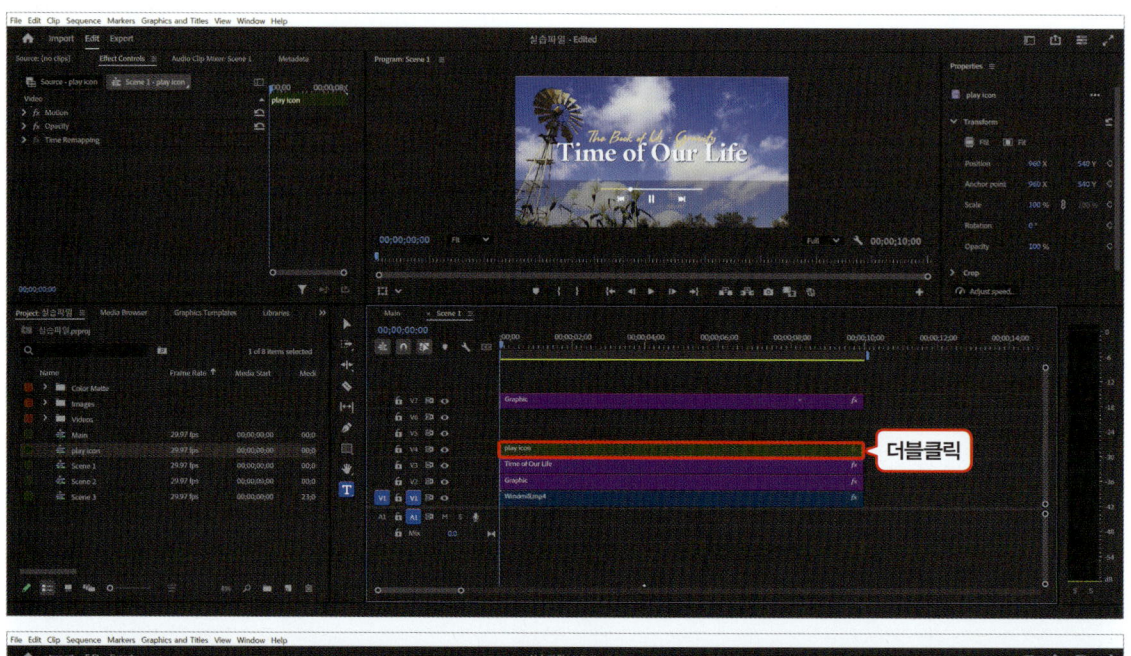

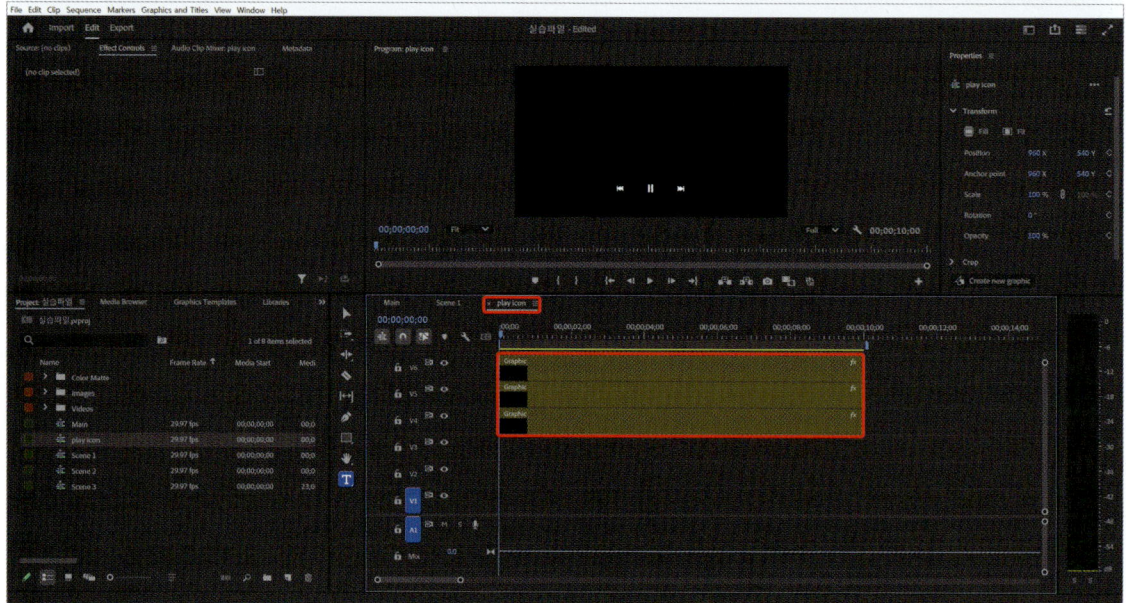

간단 실습 템플릿 수정하기

준비 파일 프리미어 프로/Chapter 07/시퀀스_실습파일.prproj

웹사이트에서 다운로드하는 템플릿은 대부분 하나의 상위 시퀀스 아래에 여러 개의 하위 시퀀스가 구성되어 있습니다. 이처럼 구조화된 템플릿의 시퀀스를 수정해서 나만의 사진과 문구를 추가해보겠습니다. 준비 파일을 열어줍니다. [Main] 시퀀스에서 시작합니다.

01 ❶ [Timeline] 패널의 비디오 2번 트랙(V2)에서 [Scene 2] 시퀀스를 더블클릭합니다. ❷ 비디오 1번 트랙(V1)에서 [Pink] 컬러매트를 클릭한 후 Delete 를 눌러서 삭제합니다.

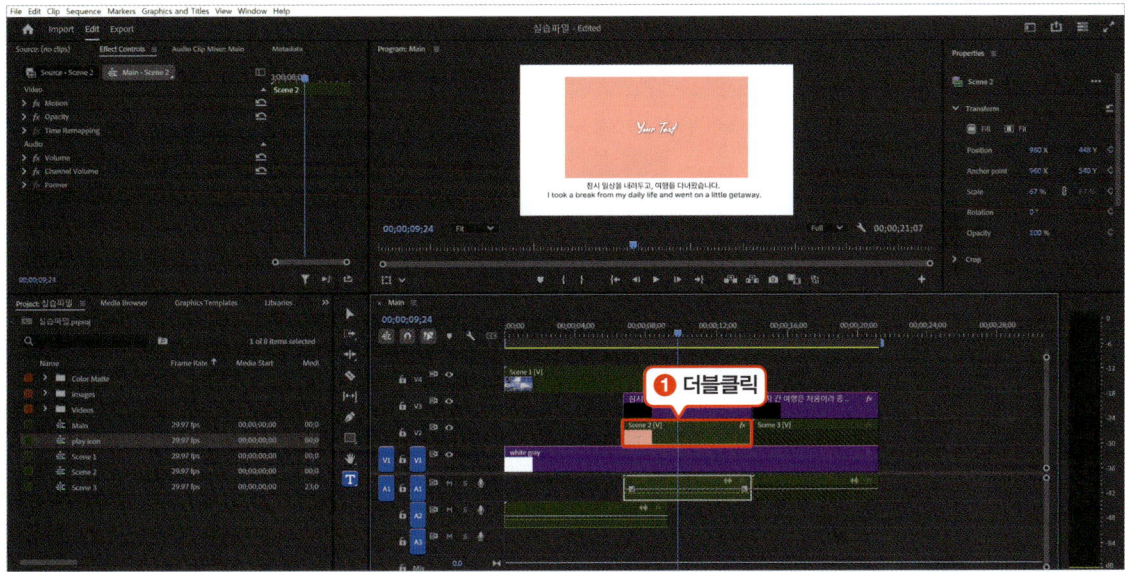

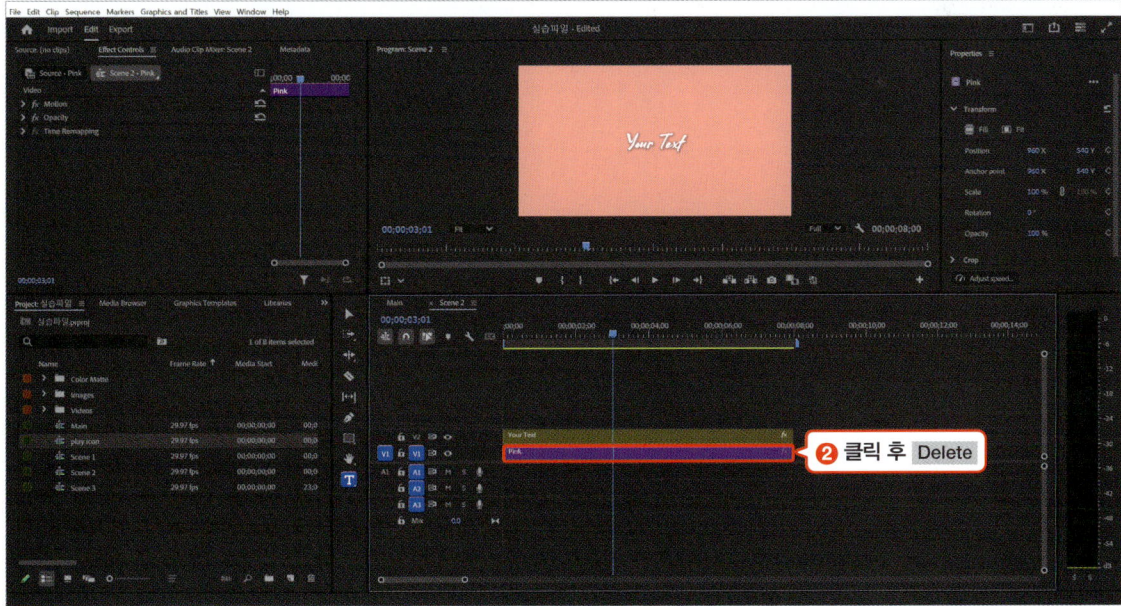

02

❶ [Project] 패널의 [Images] 폴더에서 **church.jpg, czech.jpg, europe.jpg** 이미지 파일을 비디오 1번 트랙(V1)에 드래그하여 순서대로 배치합니다. 이때 배치된 클립의 전체 길이는 비디오 2번 트랙(V2)의 [Your Text] 클립과 같게 합니다. ❷ [Program] 패널에서 자막을 더블클릭합니다. ❸ **The Europe Travel Diary**를 입력해 수정해줍니다. ❹ [Scene 2] 시퀀스를 닫습니다.

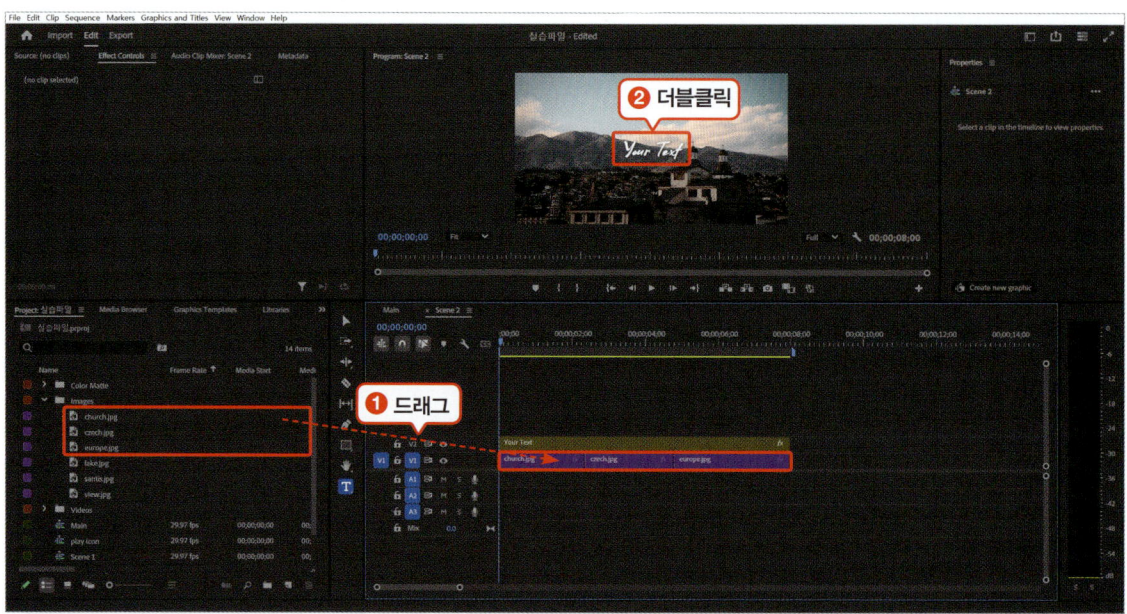

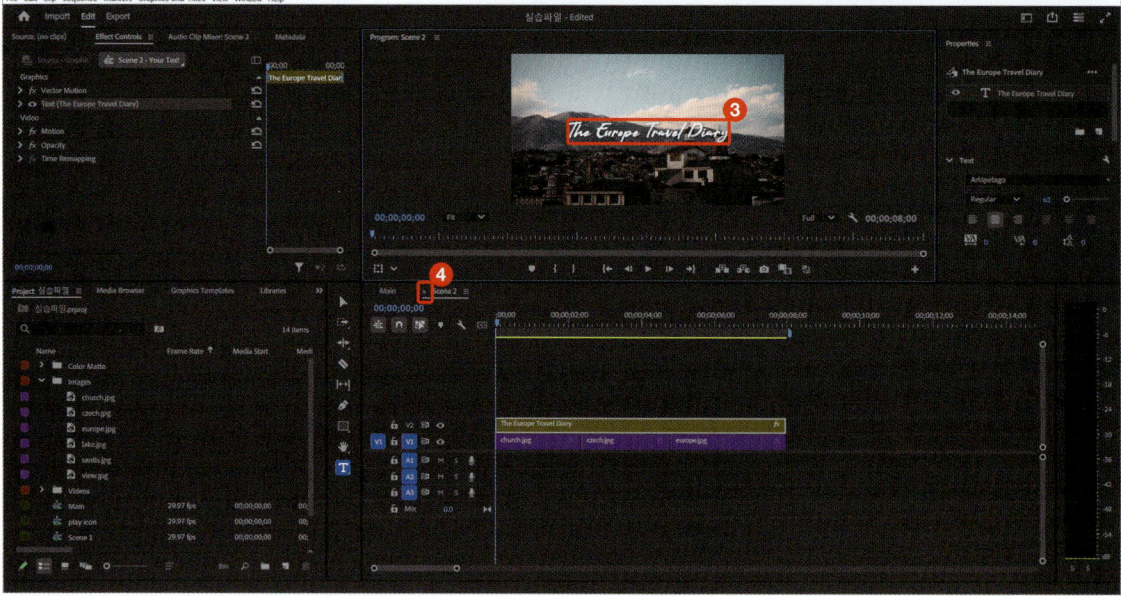

| 간단 실습 | **내용이 텅 빈 시퀀스 채우기** |

준비 파일 프리미어 프로/Chapter 07/시퀀스_실습파일.prproj

시퀀스 안에 이미지나 동영상 클립이 없는 빈 시퀀스는 [Timeline] 패널에서 사선 무늬로 표시됩니다. 이를 통해 빈 시퀀스가 있는지 파악할 수 있습니다. 준비 파일을 열어줍니다. [Main] 시퀀스에서 시작합니다.

01 ❶ [Timeline] 패널의 비디오 2번 트랙(V2)에서 사선 무늬가 표시된 [Scene 3] 시퀀스를 더블클릭해 열어줍니다. ❷ 시퀀스가 비어 있는 것을 확인할 수 있습니다.

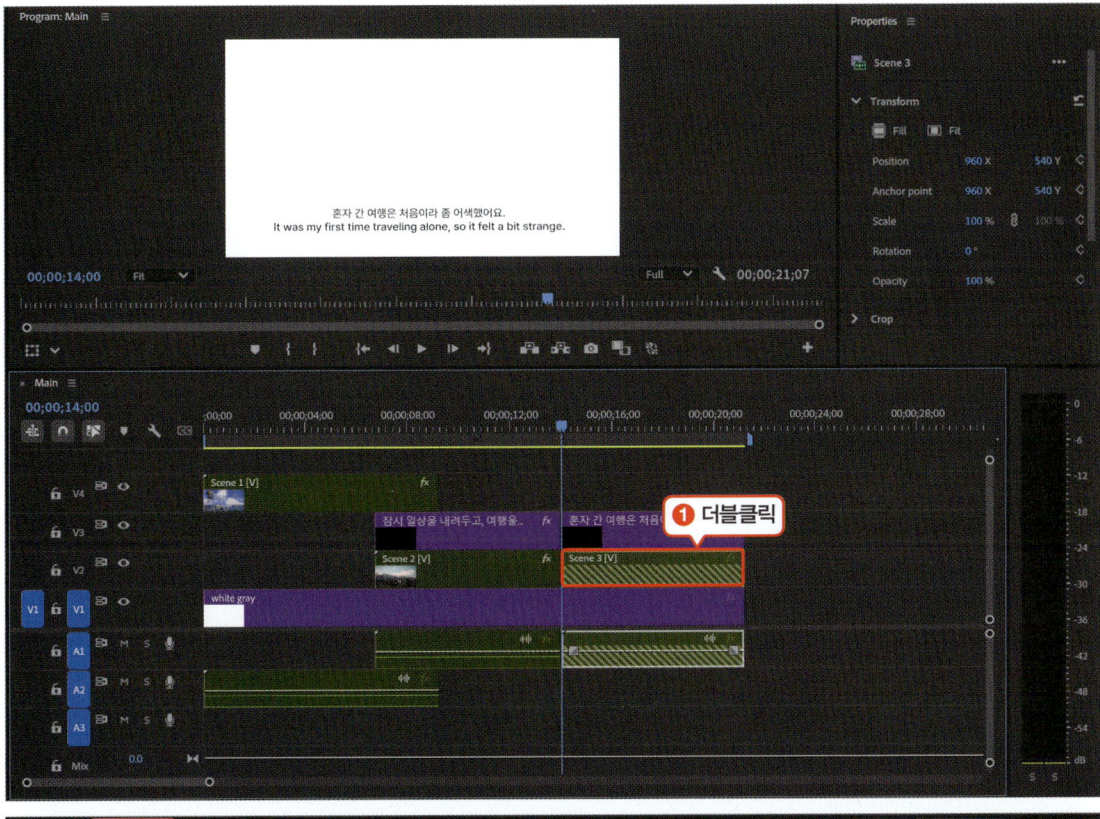

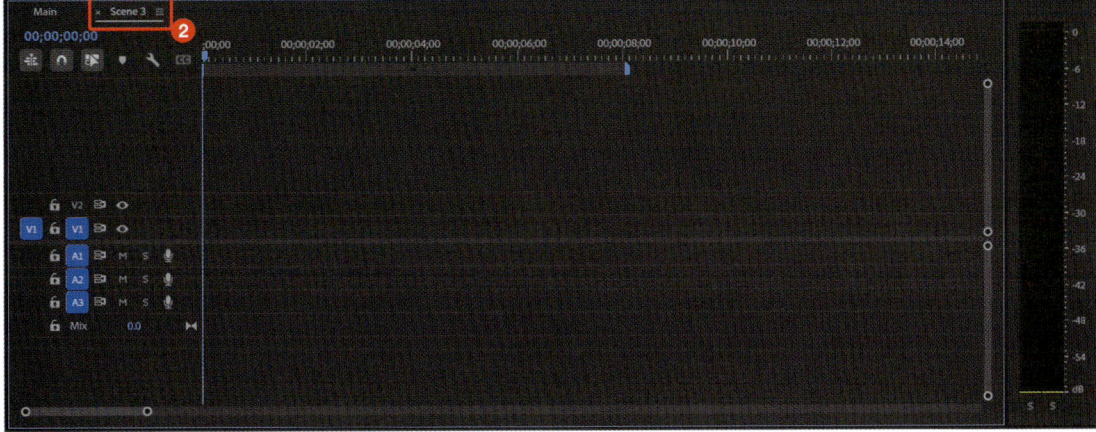

CHAPTER 07 고수의 편집 테크닉과 노하우 학습하기 **253**

02

❶ [Main] 시퀀스로 돌아옵니다. ❷ [Scene 2] 시퀀스를 더블클릭해 열어줍니다. ❸ 비디오 2번 트랙 (V2)의 텍스트 클립을 클릭한 후 Ctrl + C 를 눌러 복사합니다. ❹ [Scene 3] 시퀀스를 클릭한 후 ❺ Ctrl + V 를 눌러 텍스트 클립을 붙여 넣습니다.

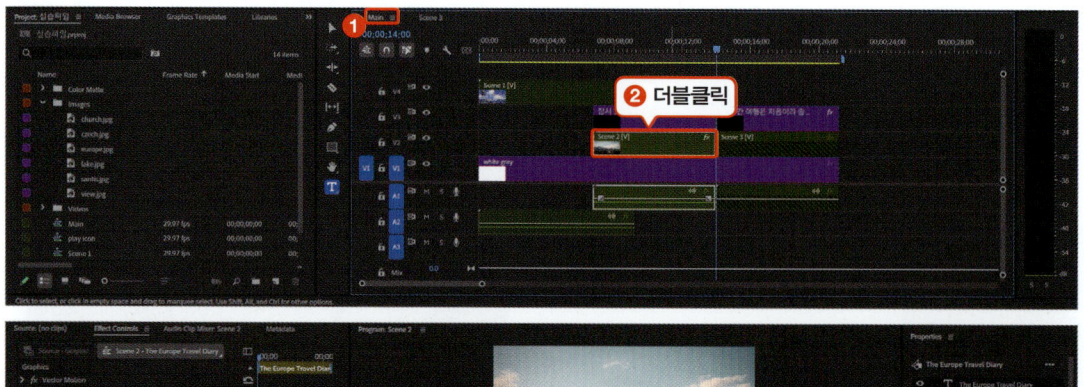

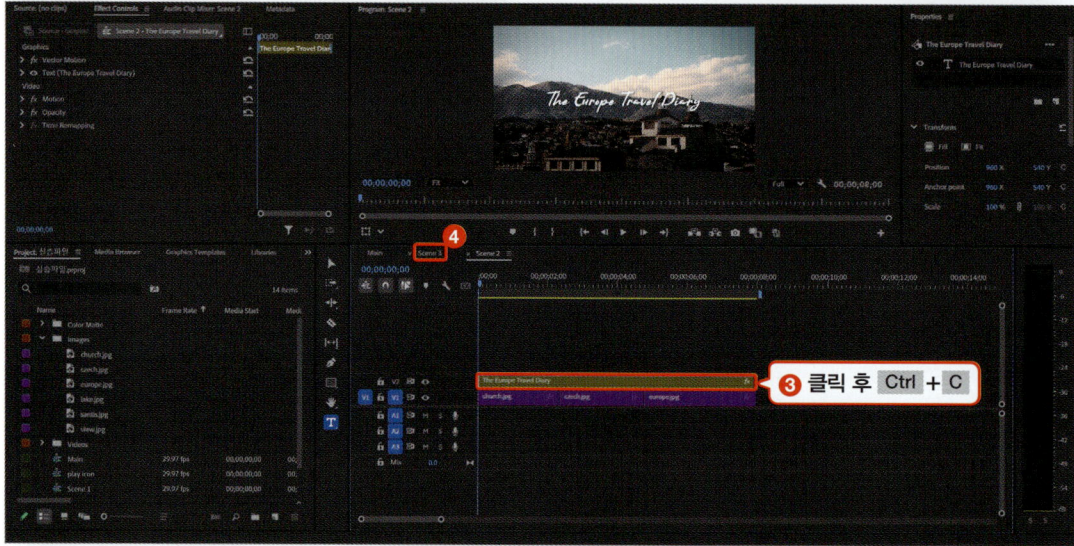

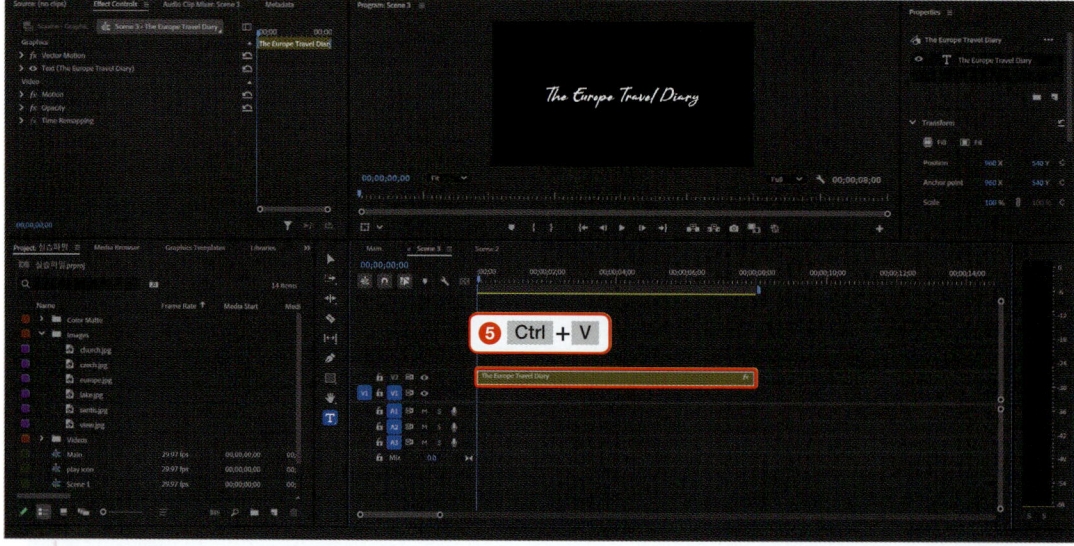

비디오 2번 트랙(V2)에 배치된 텍스트 클립의 내용을 자유롭게 바꿔서 사용해도 됩니다.

03 ❶ [Project] 패널의 [Images] 폴더에서 **lake.jpg, santis.jpg, view.jpg** 이미지 파일을 비디오 1번 트랙(V1)에 드래그하여 순서대로 배치합니다. 이때 배치된 클립의 전체 길이는 비디오 2번 트랙(V2)의 [The Europe Travel Dairy] 클립과 같게 합니다. ❷ [Scene 3] 시퀀스를 닫습니다. ❸ [Main] 시퀀스에서 [Scene 2] 시퀀스를 클릭합니다. ❹ [Effect Controls] 패널의 [Motion]을 마우스 오른쪽 버튼으로 클릭한 후 ❺ [Copy]를 클릭해 설정값을 복사합니다.

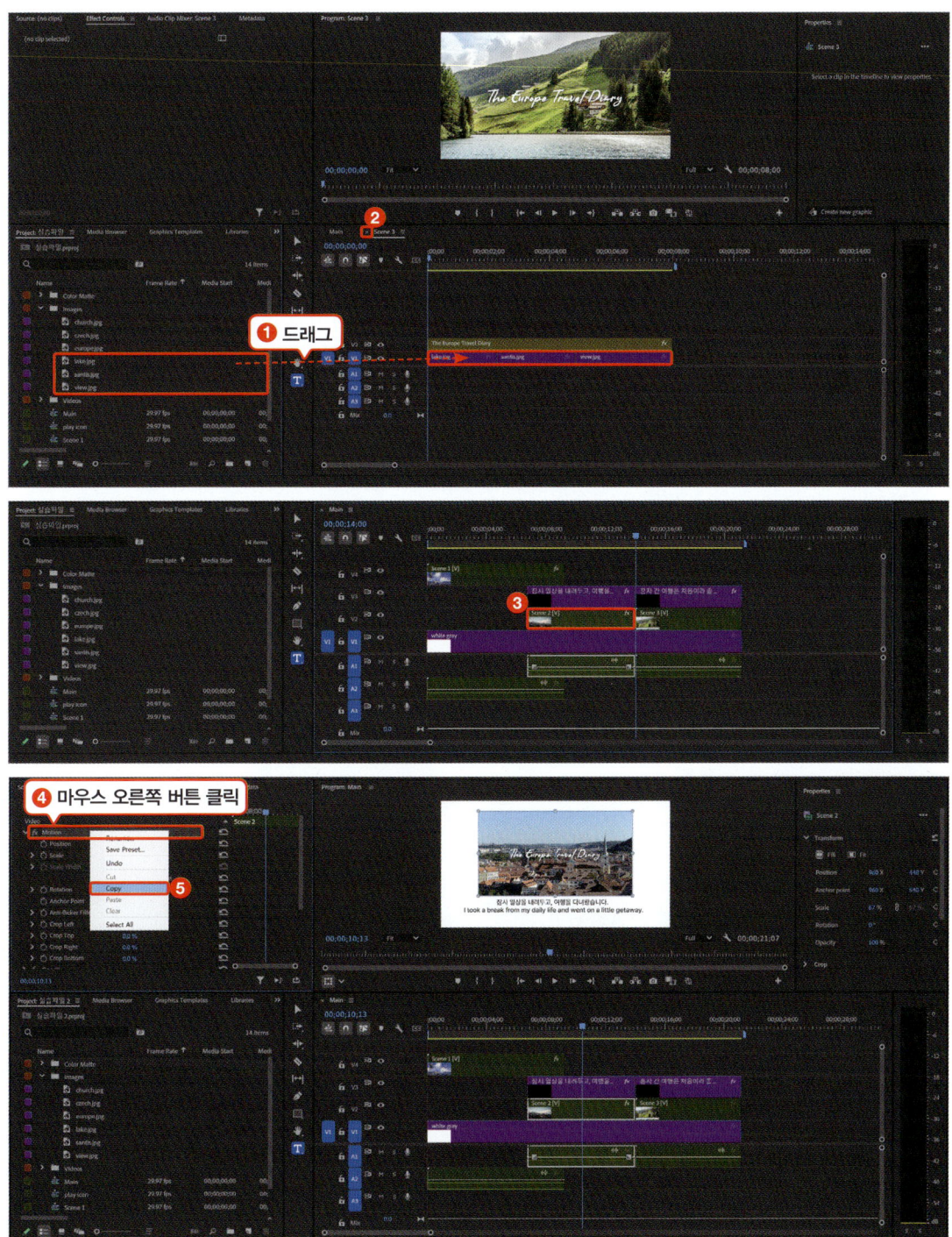

CHAPTER 07 고수의 편집 테크닉과 노하우 학습하기 **255**

04

❶ [Scene 3] 시퀀스를 클릭합니다. ❷ [Effect Controls]의 [Motion]을 마우스 오른쪽 버튼으로 클릭하고 ❸ [Paste]를 클릭하여 설정값을 붙여 넣습니다.

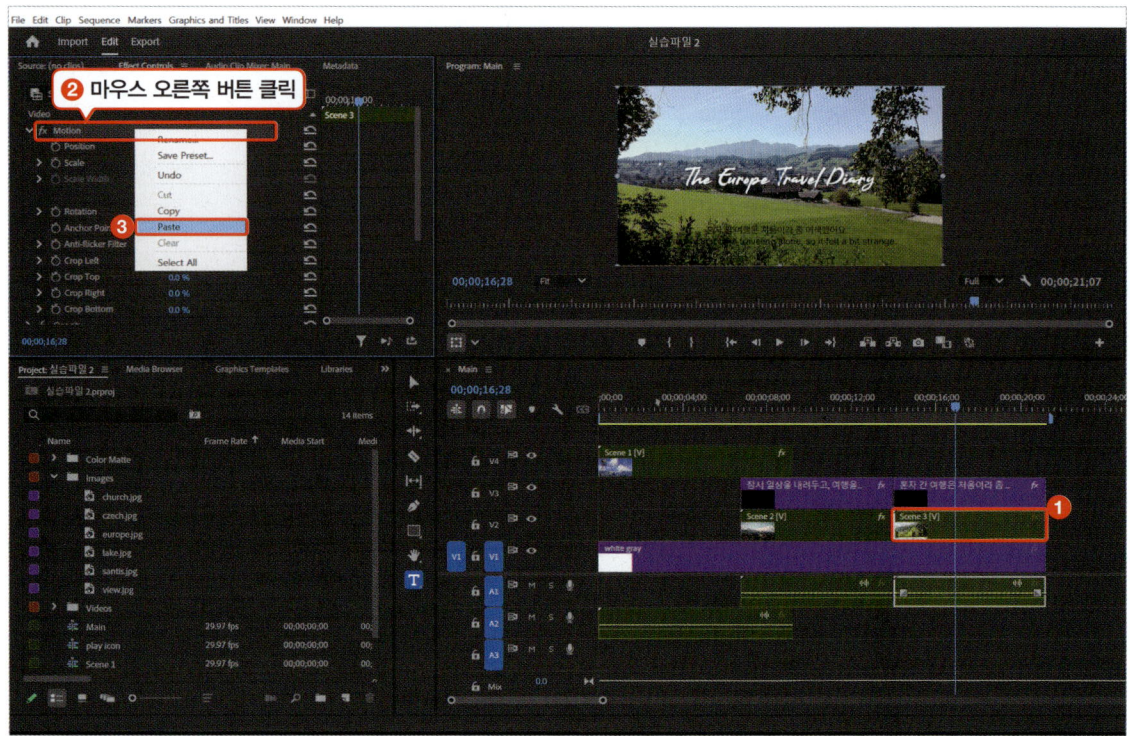

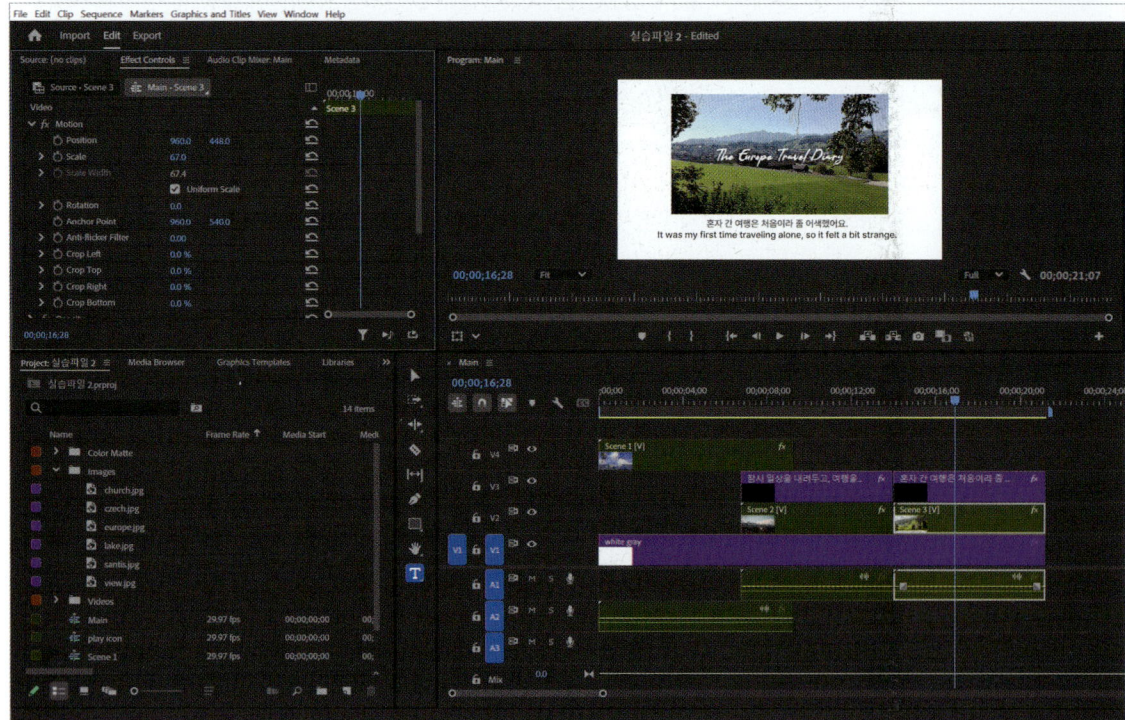

시퀀스 자체의 크기를 줄이면 그 안에 포함된 다른 클립의 크기도 함께 줄어듭니다.

| 기능 꼼꼼 익히기 | 메인 시퀀스에 서브 시퀀스 추가하기

만일 미리 작업한 시퀀스가 있다면 보다 쉬운 방법으로 메인 시퀀스에 하위 시퀀스를 추가할 수 있습니다. 일반적으로 소스 파일이나 레이어 등을 배치하는 방법과 동일합니다. [Project] 패널에서 미리 제작한 시퀀스를 [Timeline] 패널로 드래그해 배치하면 됩니다.

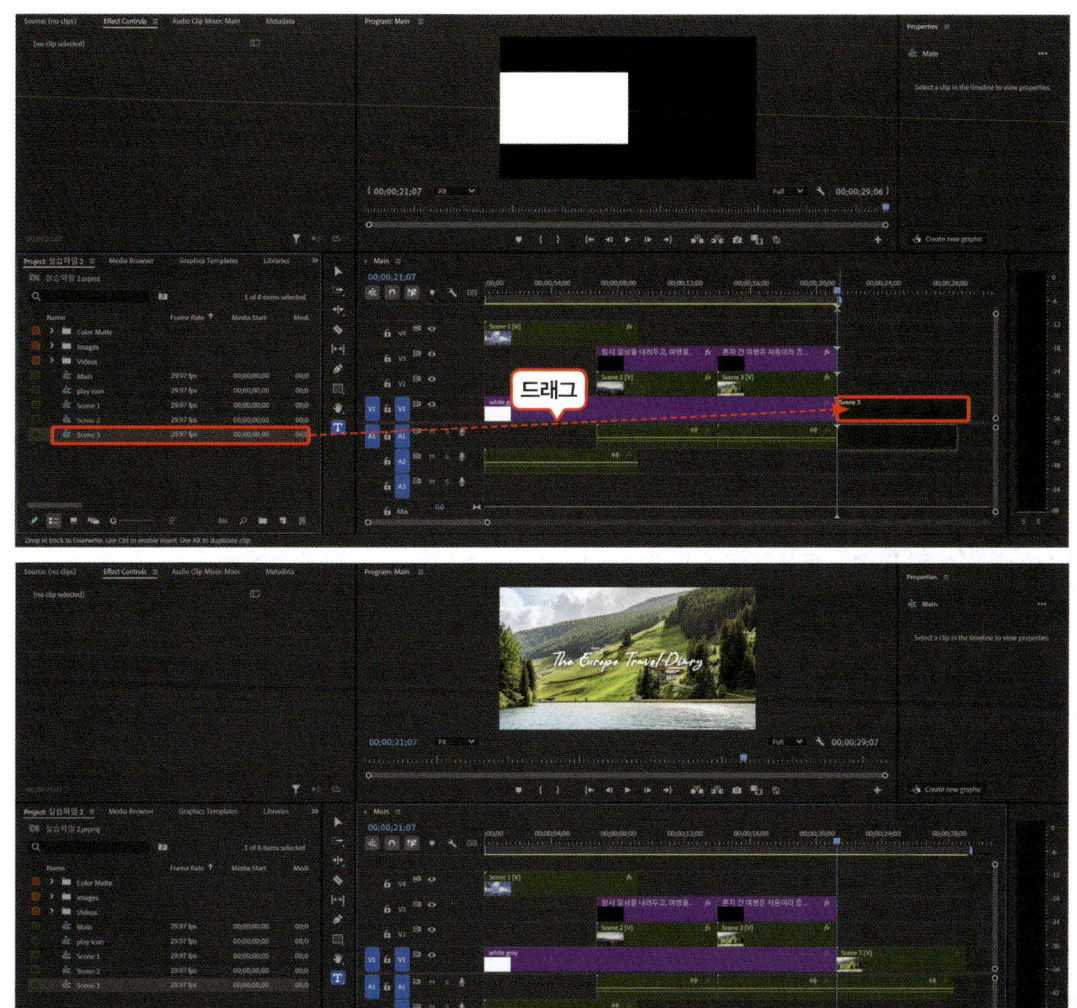

영상 사이즈 베리에이션 작업하기

LESSON 04

가로 영상을 쇼츠형 세로 영상으로 변경하기

소셜 미디어용 세로 영상 만들기

유튜브 쇼츠나 인스타그램 릴스, 틱톡 등 요즘은 세로 해상도의 영상이 많이 제작됩니다. 보통 처음에는 기본 영상을 가로 형태로 만들어서 업로드하고, 세로 형태로 사이즈를 베리에이션 하여 사용합니다. 이처럼 사이즈 베리에이션은 해상도, 즉 영상의 가로세로 너비를 바꿔서 여러 곳의 소셜 미디어에 업로드할 때 응용하면 아주 유용합니다. 프로젝트를 더 만들지 않고 하나의 프리미어 프로 프로젝트 안에서 사이즈 베리에이션을 해보겠습니다.

간단 실습 | 기존 시퀀스 복제하여 세로형 시퀀스로 만들기

준비 파일 프리미어 프로/Chapter 07/사이즈베리에이션.prproj

가로로 작업된 시퀀스를 복제하여 세로형 시퀀스로 만들어보겠습니다. 준비 파일을 열어줍니다.

01 ❶ [Project] 패널에서 [가로형(1920×1080)] 시퀀스를 마우스 오른쪽 버튼으로 클릭한 후 ❷ [Duplicate]를 클릭하여 복제합니다.

02 ❶ 복제된 시퀀스를 클릭한 후 ❷ 한 번 더 클릭합니다. ❸ 시퀀스 이름을 **세로형(1080X1920)**으로 수정합니다.

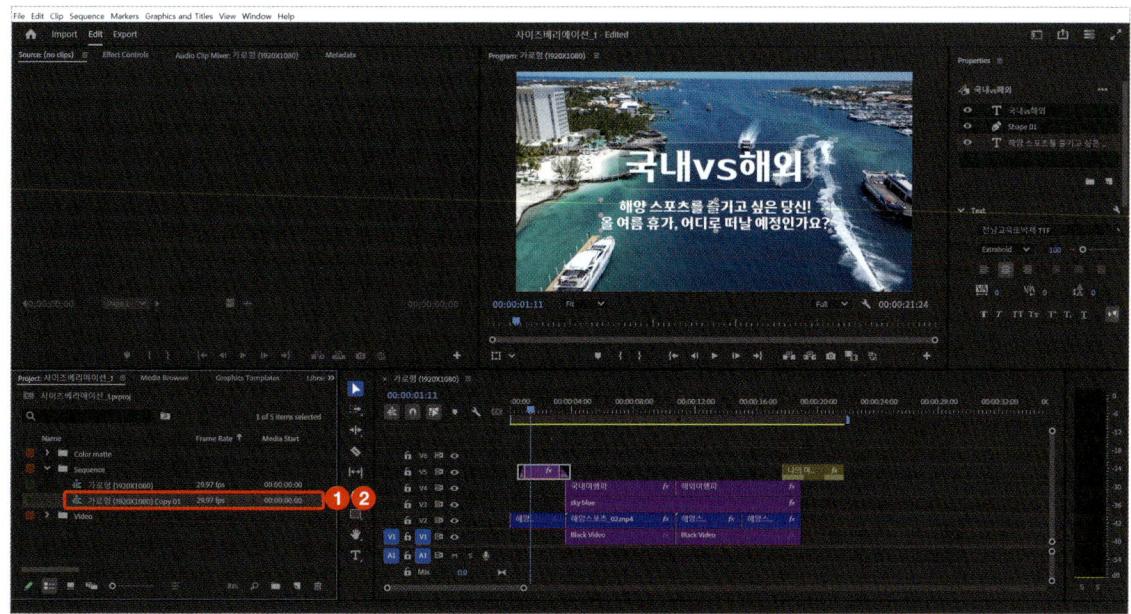

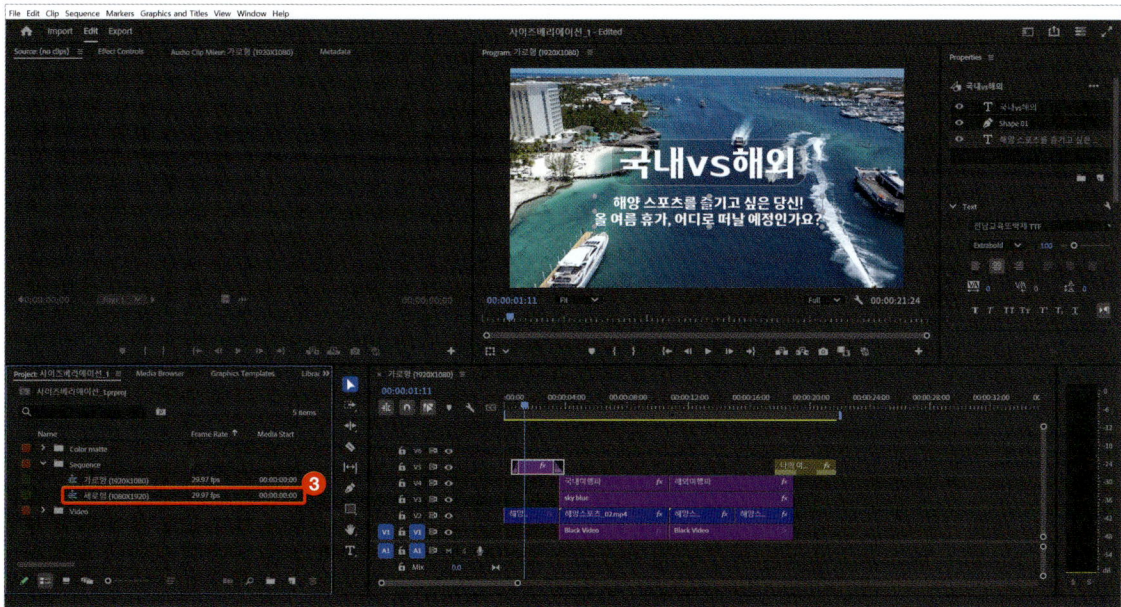

시퀀스를 클릭한 후 시간을 두고 한 번 더 클릭하면 이름을 수정할 수 있으며, 빠르게 더블클릭하면 [Timeline] 패널에서 열립니다. 마우스 오른쪽 버튼을 클릭하고 [Rename]을 클릭해 이름을 수정해도 됩니다.

이 예제에는 전남교육또박체와 강원교육튼튼체 폰트가 사용되었습니다. Adobe 유료 플랜을 구독하면 지원하는 폰트를 자동으로 찾고, 설치해줍니다. 자동으로 설치되지 않는다면 눈누(https://noonnu.cc), Google Fonts(https://fonts.google.com), DaFont(https://dafont.com) 등에서 다운로드할 수 있습니다.

03 ❶ [세로형(1080X1920)] 시퀀스를 더블클릭하여 [Timeline] 패널에서 열어줍니다. ❷ [Sequence] – [Sequence Settings] 메뉴를 선택합니다.

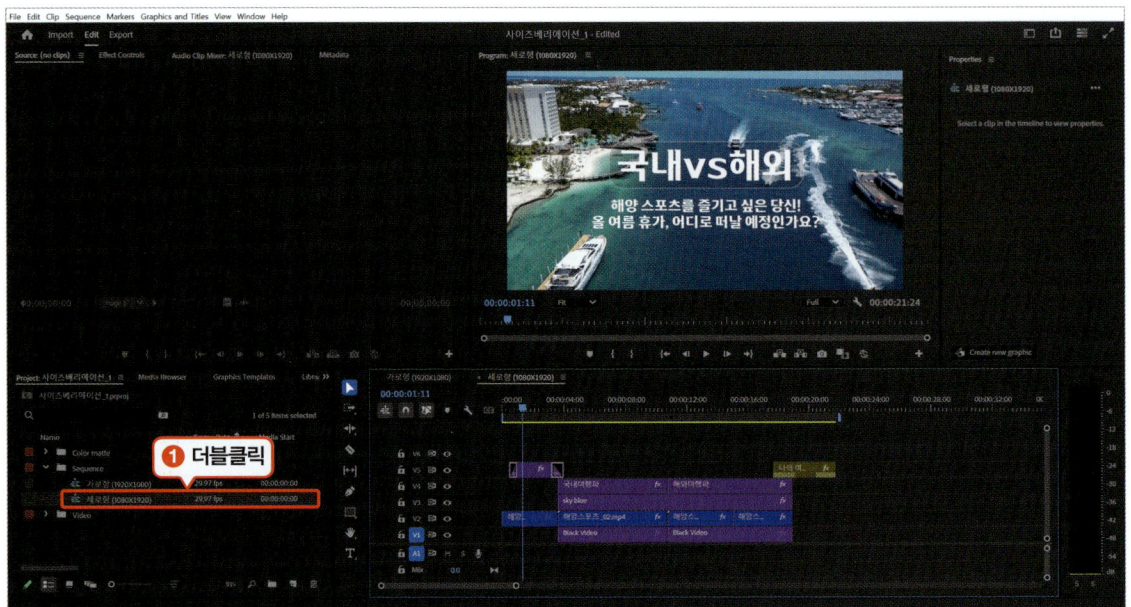

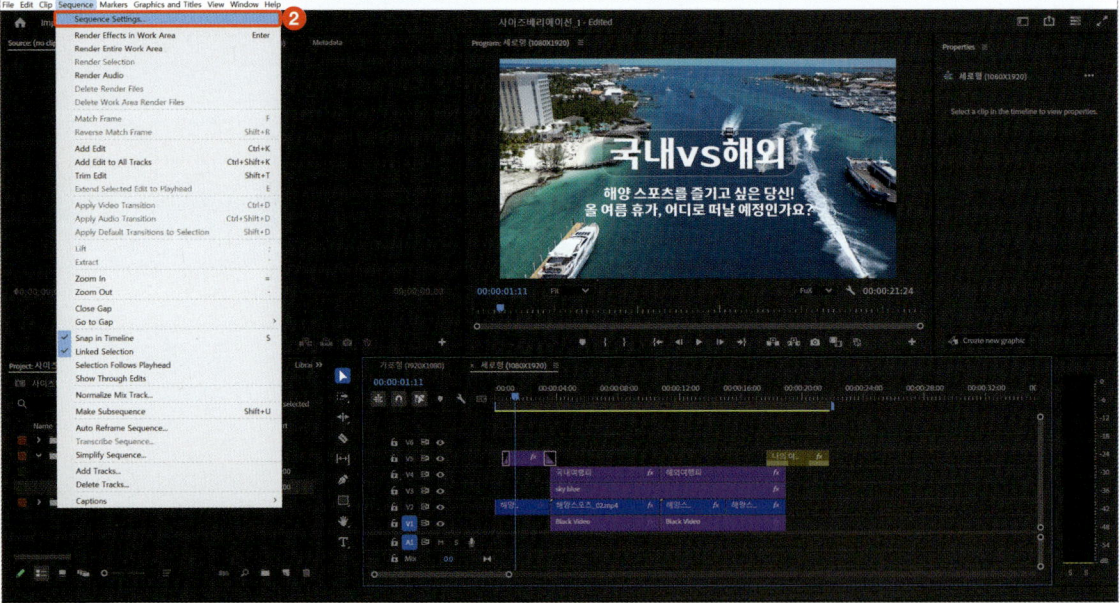

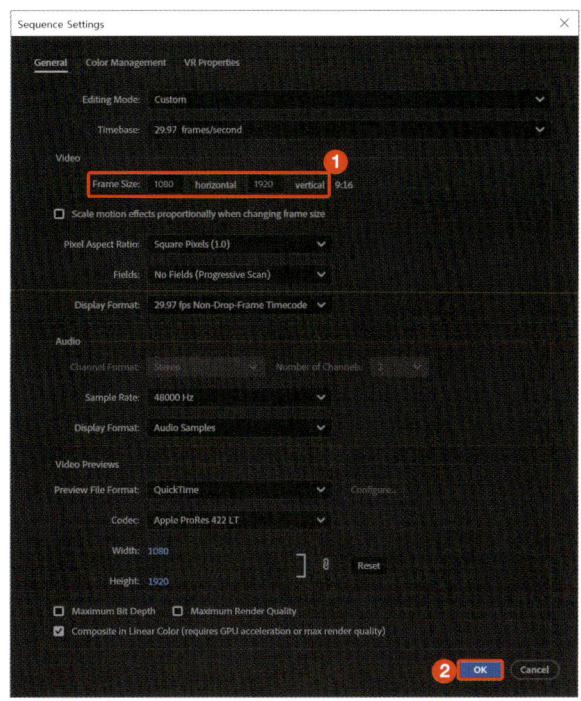

04 ❶ [Sequence Settings] 대화상자가 나타나면 [Video] – [Frame Size]에서 [horizontal]을 1080, [vertical]을 1920으로 설정한 후 ❷ [OK]를 클릭합니다. ❸ 경고가 나타나면 [OK]를 클릭합니다.

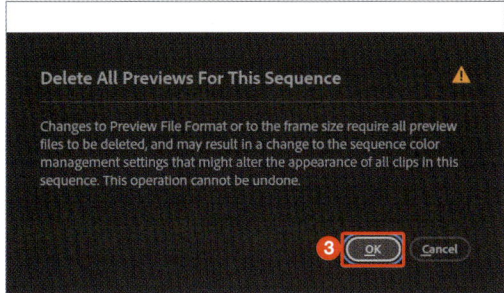

원활한 렌더를 위해 미리 보기(프리뷰 렌더)가 되어 있으나 시퀀스 설정을 변경하면 다시 미리 보기(프리뷰 렌더)를 해야 한다는 경고가 나타납니다. 기존 렌더링 기록이 사라지지만 텍스트나 영상 크기, 효과 등을 편집한다면 다시 렌더링해야 하므로 크게 신경 쓰지 않고 [OK]를 클릭해 진행해도 괜찮습니다.

05 시퀀스의 해상도가 바뀌면 다음과 같이 영상의 여백이나 글자의 크기, 비율이 어색하게 나타납니다. 해상도에 맞게 하나씩 수정해보겠습니다.

간단 실습 | **영상 비율 자동으로 맞추기**

준비 파일 프리미어 프로/Chapter 07/사이즈베리에이션.prproj

세로 시퀀스로 변경한 후 어색한 영상의 비율을 먼저 수정해보겠습니다. 앞선 예제에서 계속 진행합니다.

01 ❶ Workspaces ▦를 클릭한 후 ❷ 작업 영역 모드를 [Vertical]로 설정합니다. 세로 영상을 편집하기 좋은 작업 영역 모드입니다.

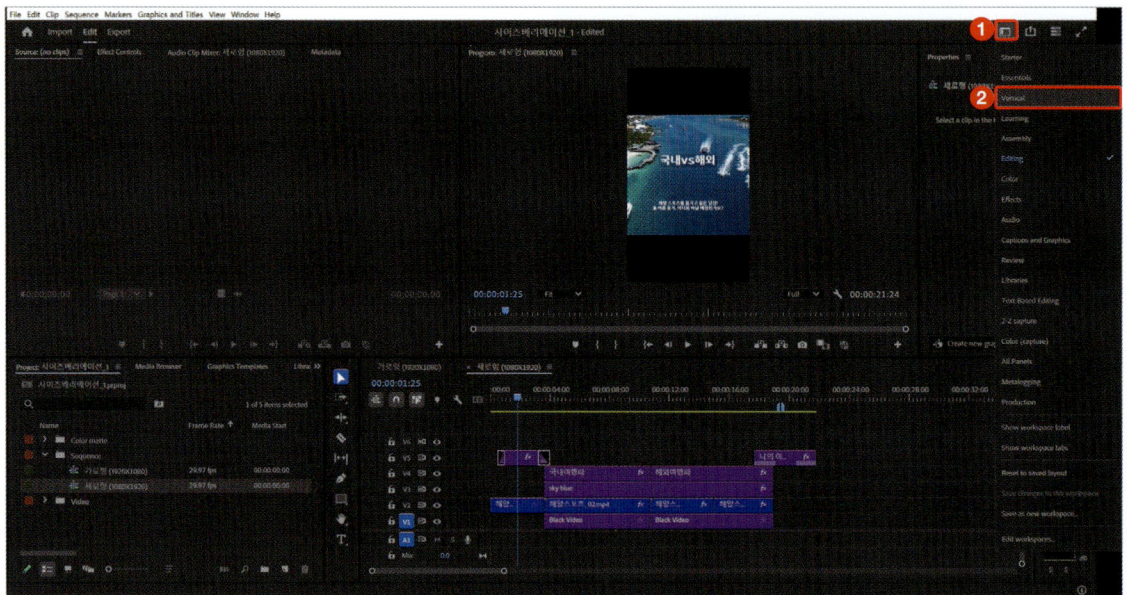

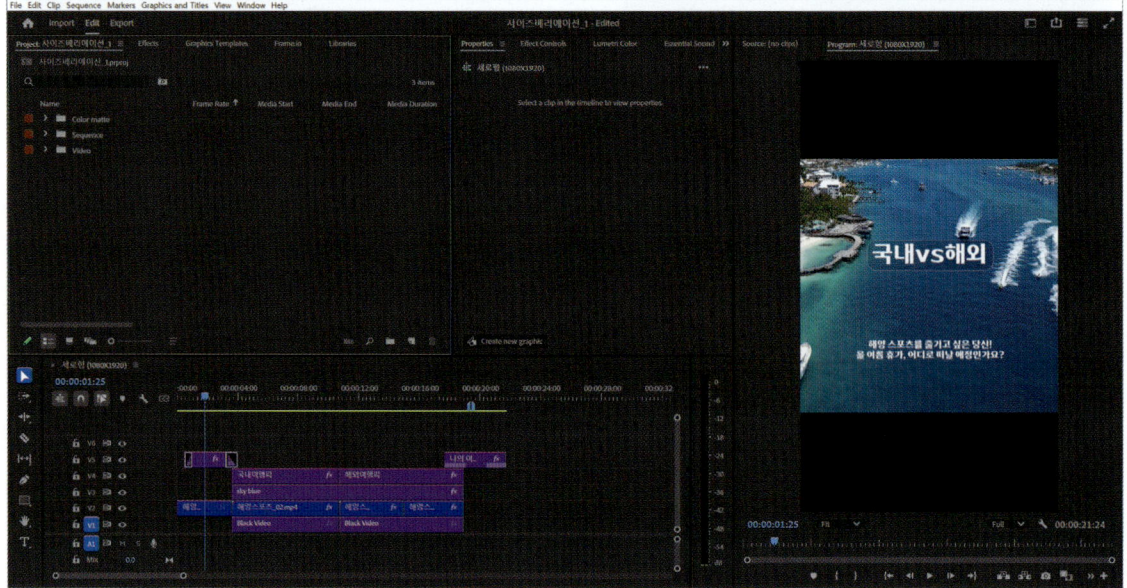

02

❶ [Timeline] 패널에서 편집 기준선을 **00:00:01:25** 지점에 위치합니다. ❷ 비디오 2번 트랙(V2)에서 [해양스포츠_01.mp4] 클립을 클릭하고 ❸ [Properties] 패널에서 ▣를 클릭하면 영상 소스가 화면 가득 채워지도록 비율이 설정됩니다.

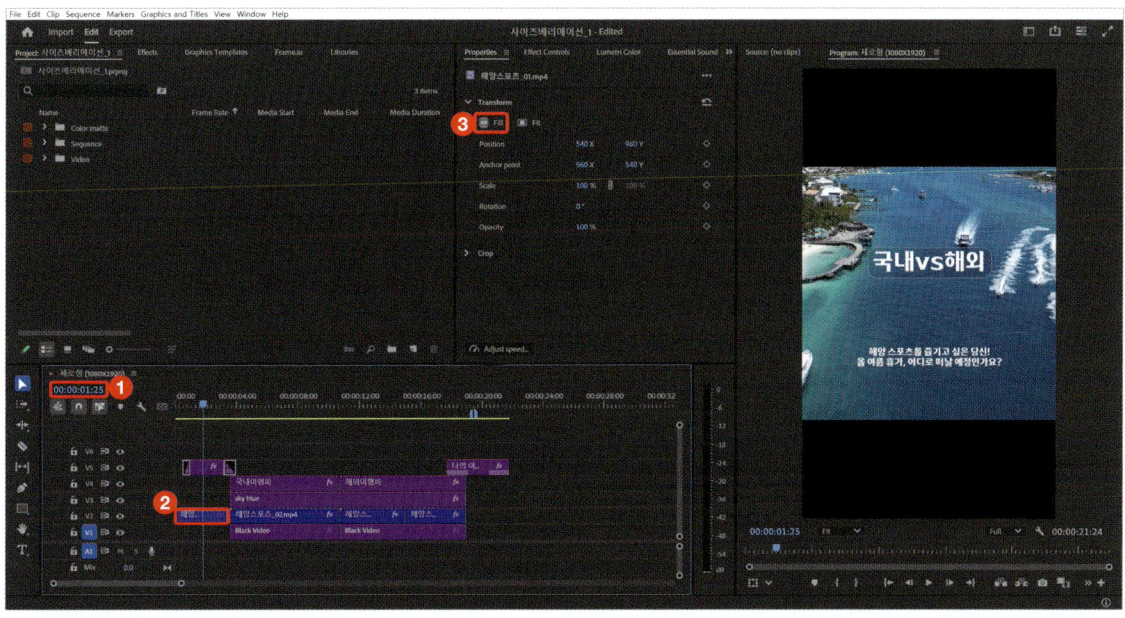

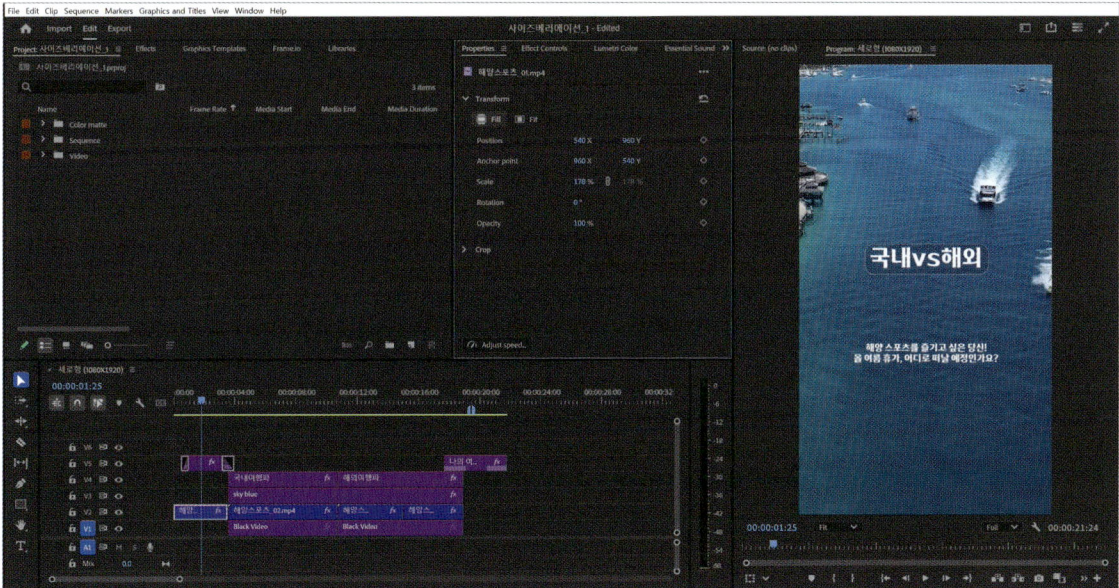

03 ❶ [Timeline] 패널의 비디오 5번 트랙 (V5)에서 앞쪽 텍스트 클립을 클릭한 후 ❷ [Properties] 패널에서 [국내vs해외] 레이어를 클릭합니다. ❸ Shift 를 누른 채 [Shape 01] 레이어를 클릭해 두 개의 레이어를 모두 선택합니다. ❹ [Program] 패널에서 선택된 개체의 모서리를 드래그하여 크기를 키워줍니다.

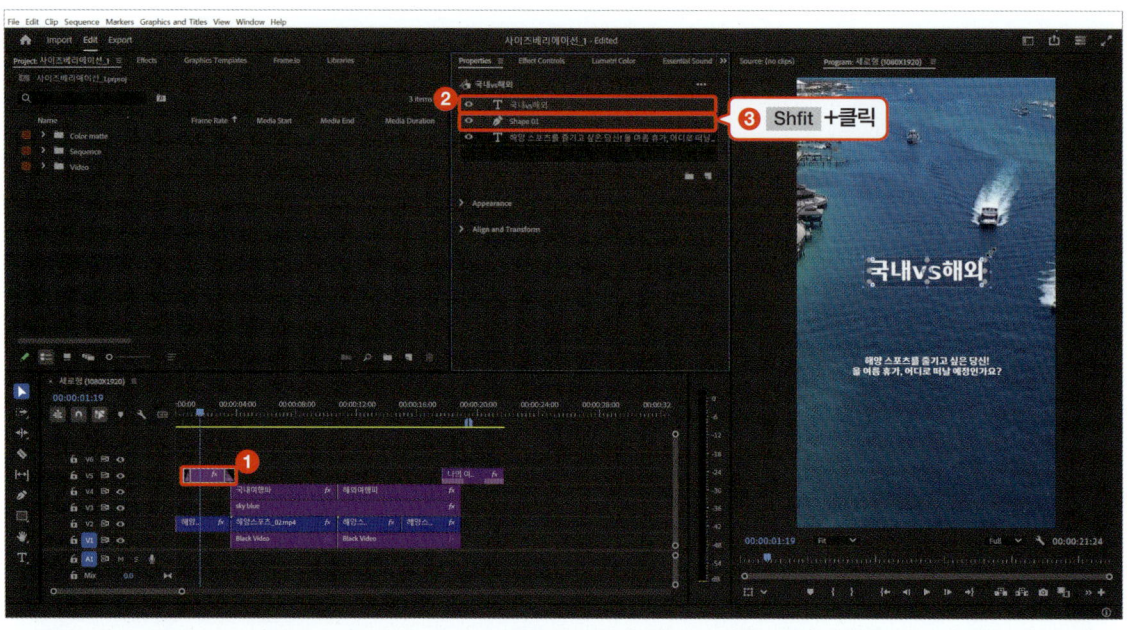

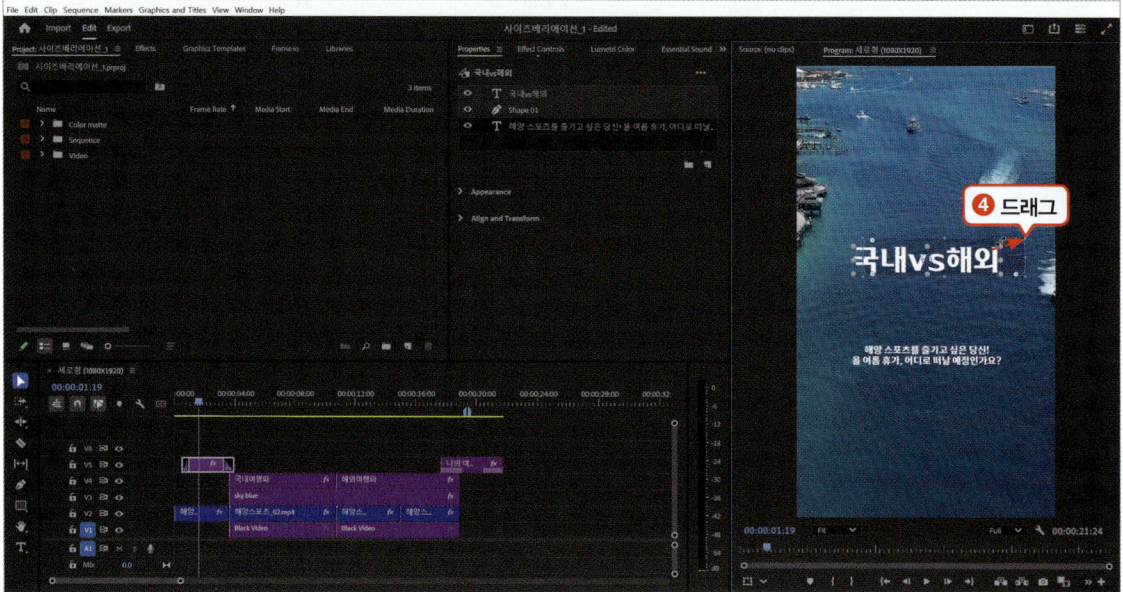

04

① [Properties] 패널에서 [Shape 01] 레이어를 클릭합니다. ② [Align and Transform]-[Align]에서 ■를 클릭하여 가운데 정렬을 맞춰줍니다. ③ [Position]의 값을 **421.1, 830.1**로 설정합니다.

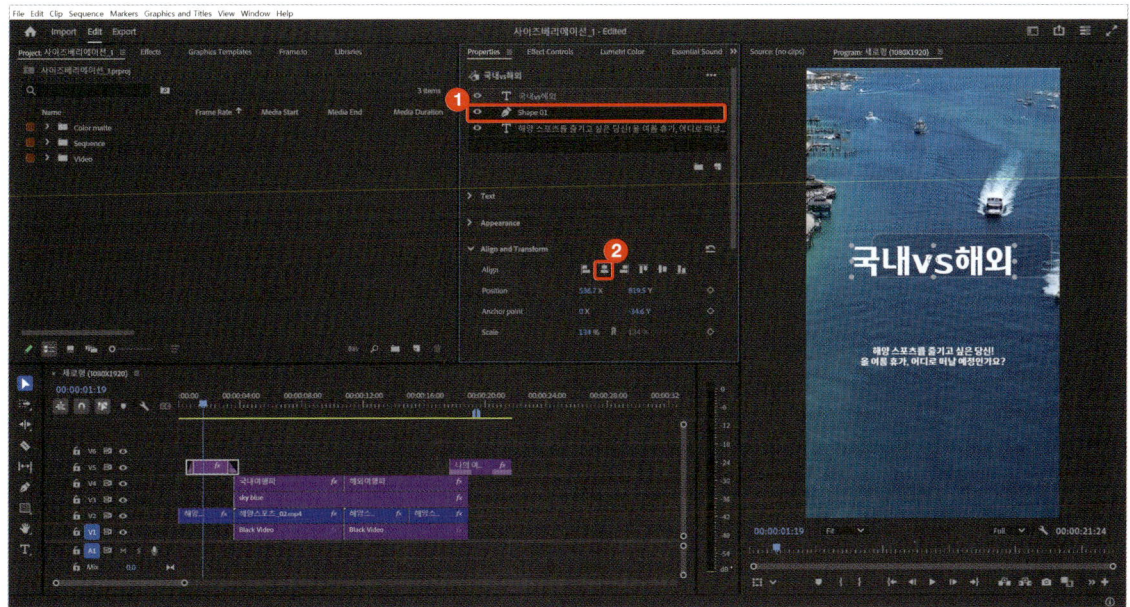

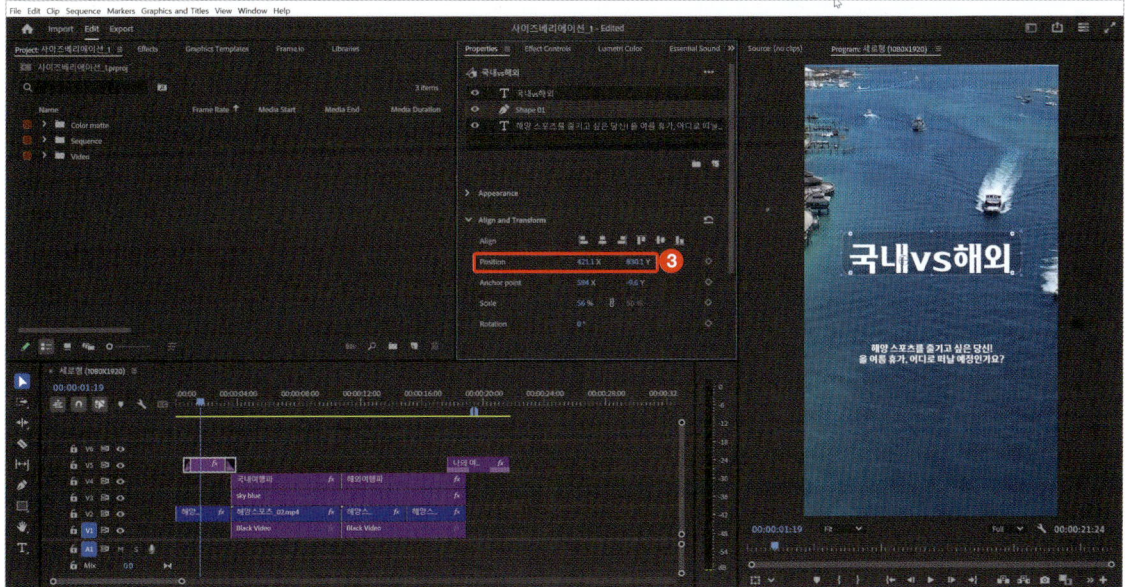

05 ❶ [Properties] 패널에서 [국내vs해외] 레이어를 클릭합니다. ❷ [Align and Transform]-[Align]에서 ■를 클릭하여 가운데 정렬을 맞춰줍니다. ❸ [Program] 패널에서 텍스트가 네모 도형 안에 잘 들어오게 정리합니다.

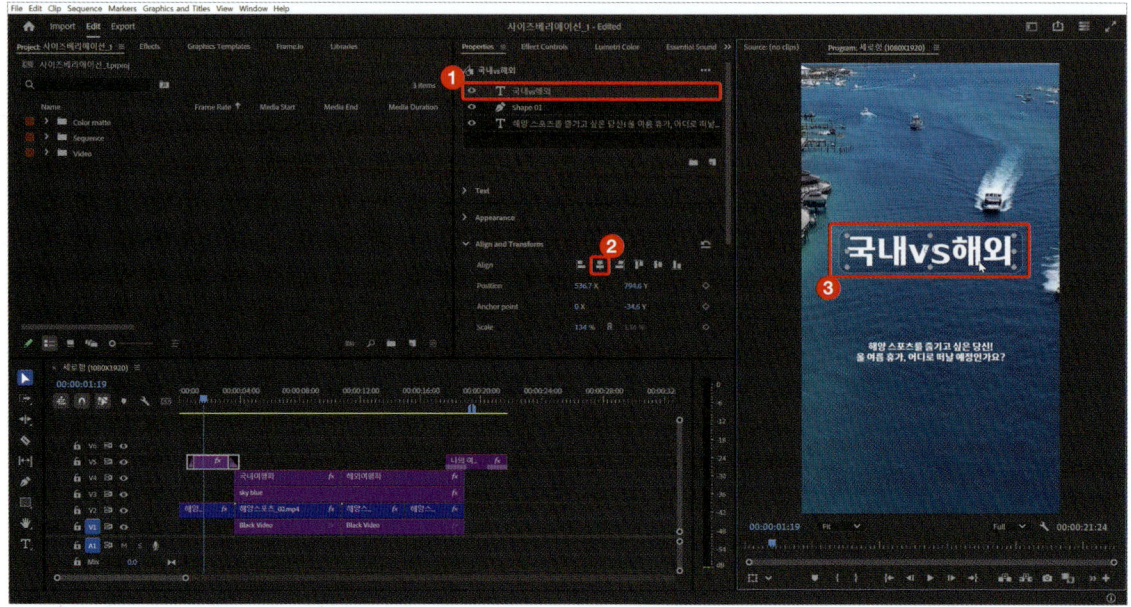

> Shift 를 누른 채 드래그 하면 위치를 반듯하게 조정할 수 있습니다.

06 ❶ [Properties] 패널에서 [해양 스포츠를 즐기고 싶은~] 레이어를 클릭합니다. ❷ [Text]에서 텍스트 크기를 200으로 설정합니다. ❸ [Program] 패널에서 텍스트 문장을 네 줄로 수정합니다.

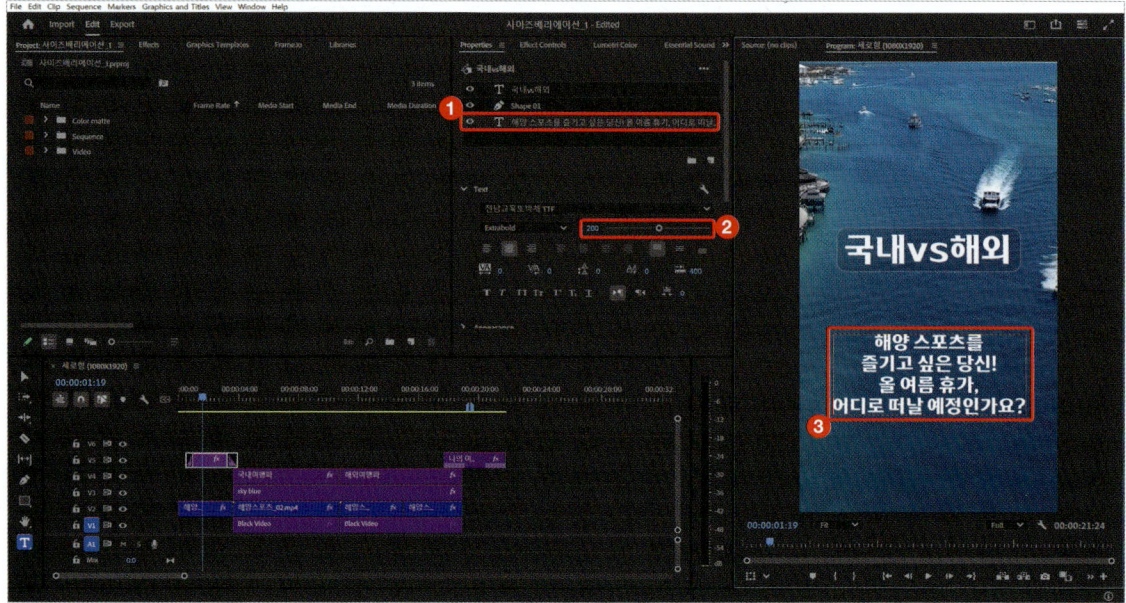

07 ❶ [Timeline] 패널에서 편집 기준선을 **00:00:08:17** 지점에 위치합니다. ❷ 비디오 2번 트랙(V2)의 [해양스포츠 02.mp4] 클립을 클릭하고 ❸ [Properties] 패널에서 ▣를 클릭하면 영상 소스가 화면 가득 채워지도록 비율이 설정됩니다.

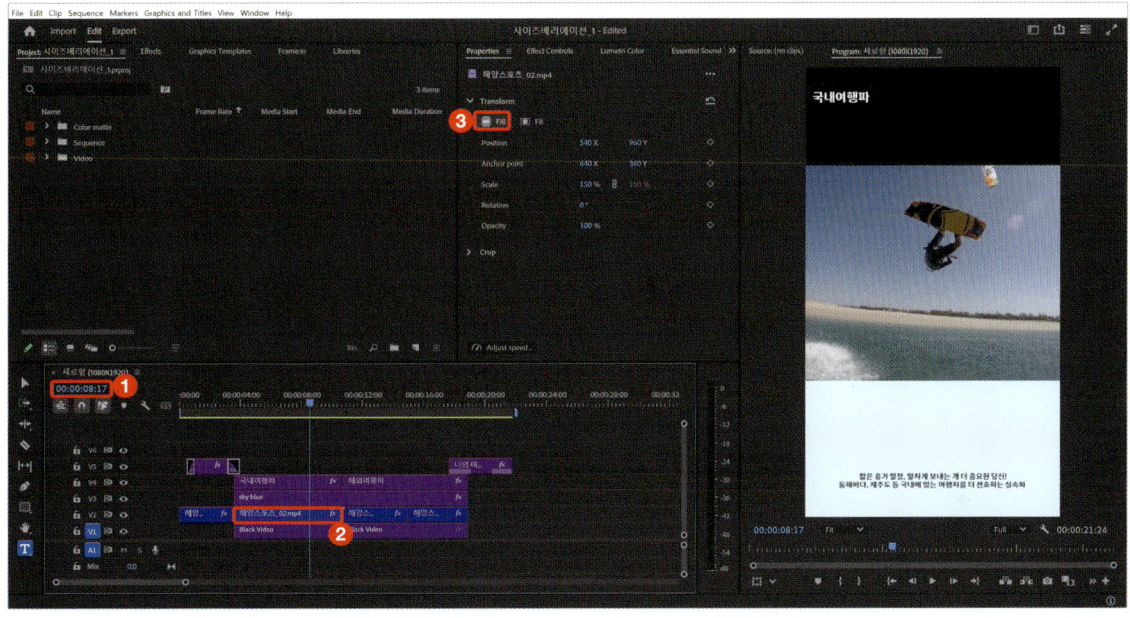

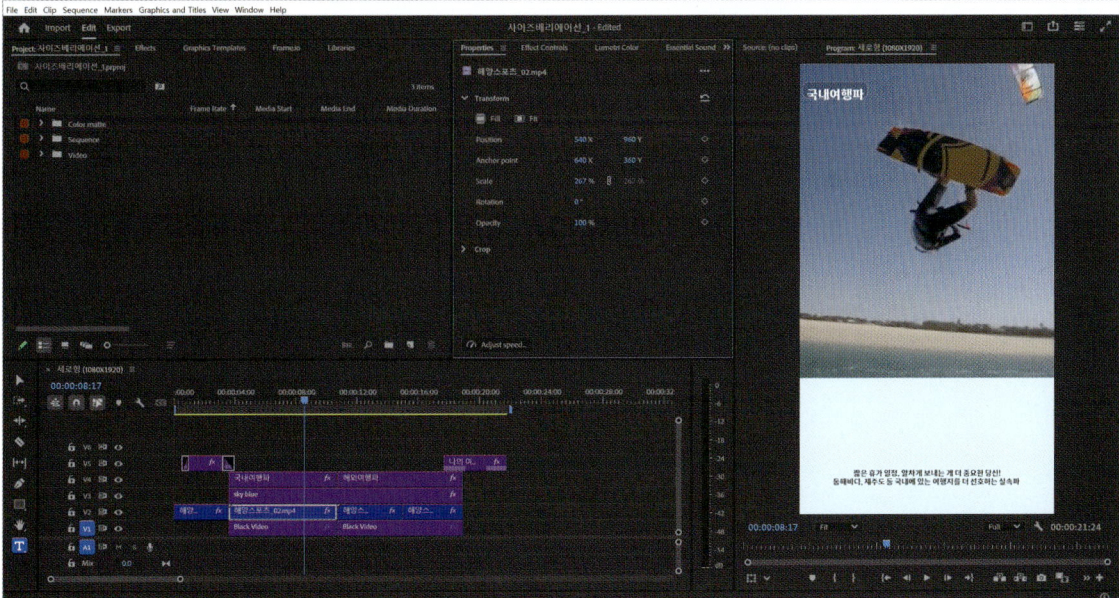

간단 실습 | 디자인 요소 수정하기

준비 파일 프리미어 프로/Chapter 07/사이즈베리에이션.prproj

이번에는 변경된 해상도에 어울리도록 디자인 요소를 수정해보겠습니다. 앞선 예제에서 계속 진행합니다.

01 ❶ [Timeline] 패널의 비디오 3번 트랙(V3)에서 [sky blue] 컬러매트를 클릭합니다. ❷ [Properties] 패널에서 [Transform]-[Position]의 값을 **540, 1970**으로 설정합니다. ❸ [Program] 패널에서 텍스트 문장을 네 줄로 수정합니다.

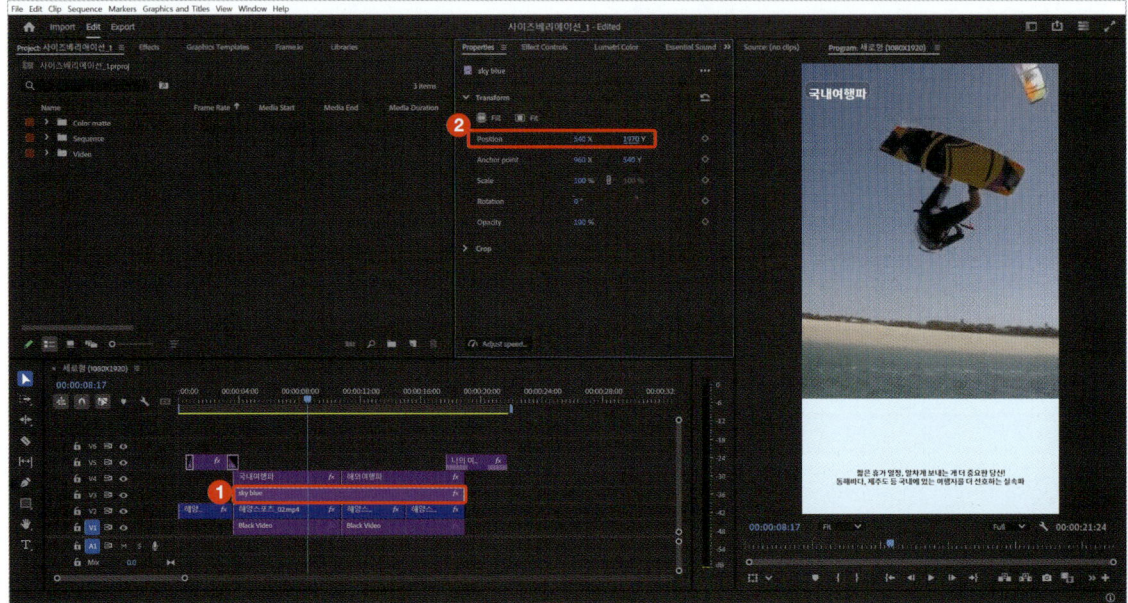

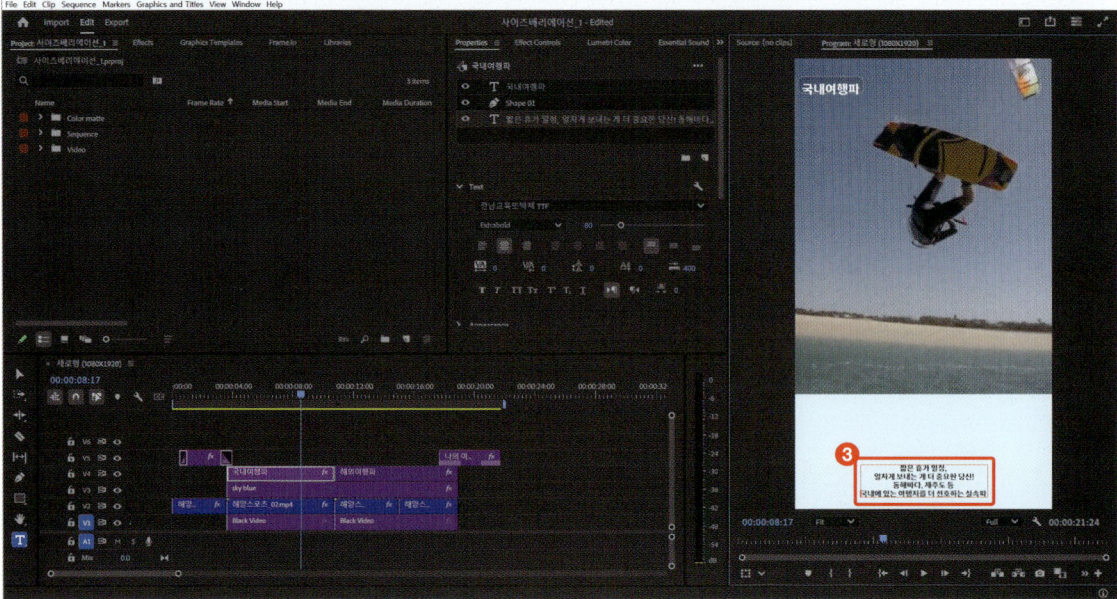

02

❶ V 를 눌러 선택 도구 ▶를 선택한 후 ❷ [Properties] 패널에서 [짧은 휴가 일정, 알차게~] 레이어를 클릭합니다. ❸ [Text]에서 텍스트 크기를 130으로 설정합니다. ❹ [Align and Transform]에서 [Position]을 539.7, 1560으로 설정합니다.

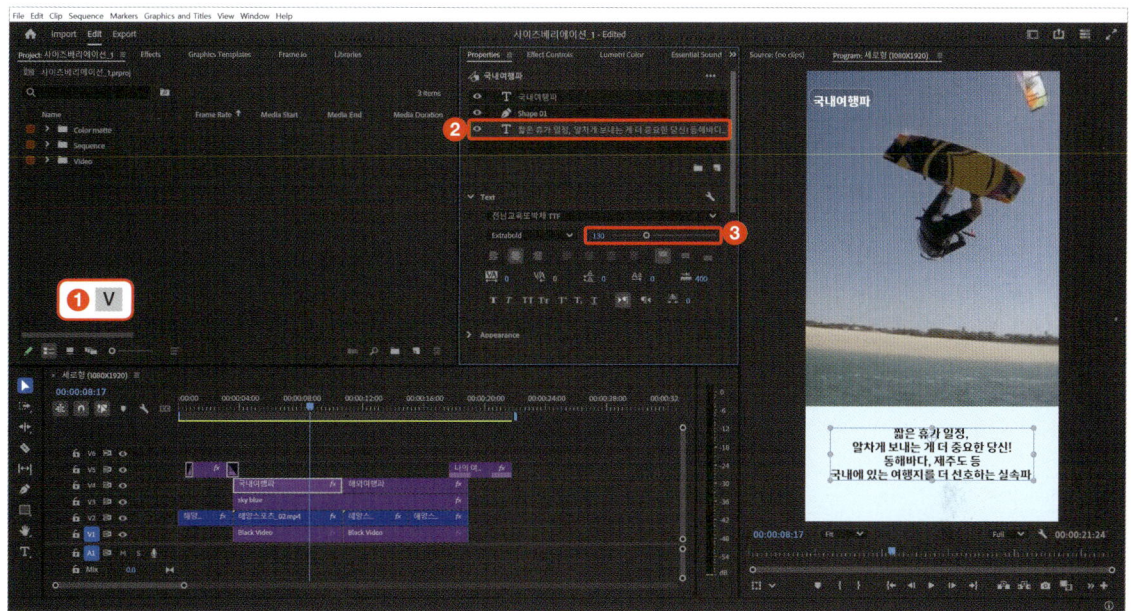

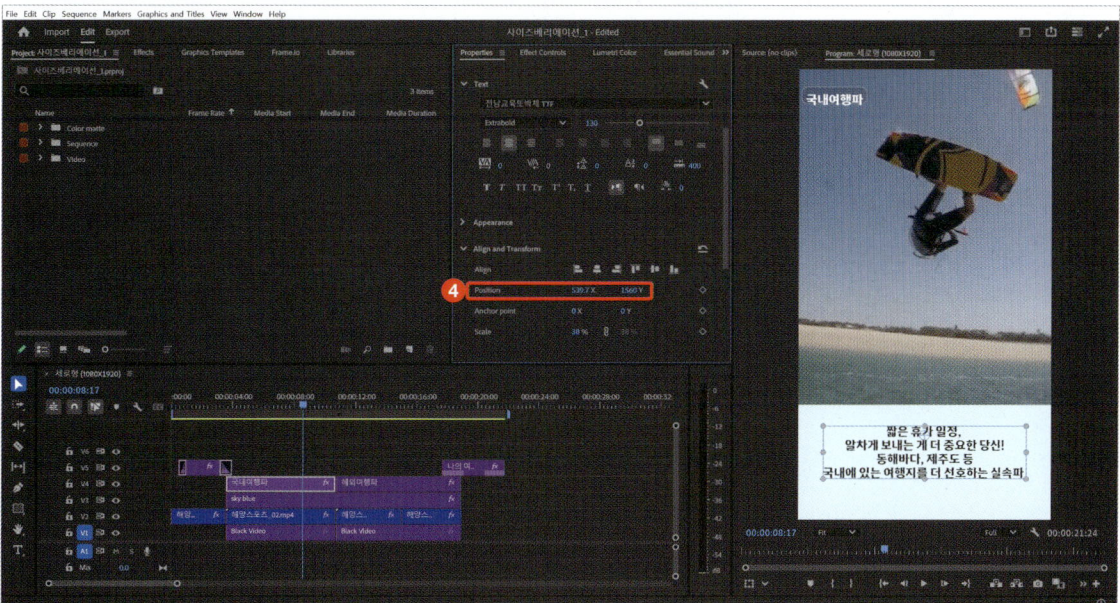

CHAPTER 07 고수의 편집 테크닉과 노하우 학습하기 **269**

03

❶ [Properties] 패널에서 [Shape 01] 레이어를 클릭합니다. ❷ [Program] 패널에서 선택된 개체의 모서리를 드래그하여 크기를 키워줍니다. 텍스트를 잘 감싸도록 수정합니다.

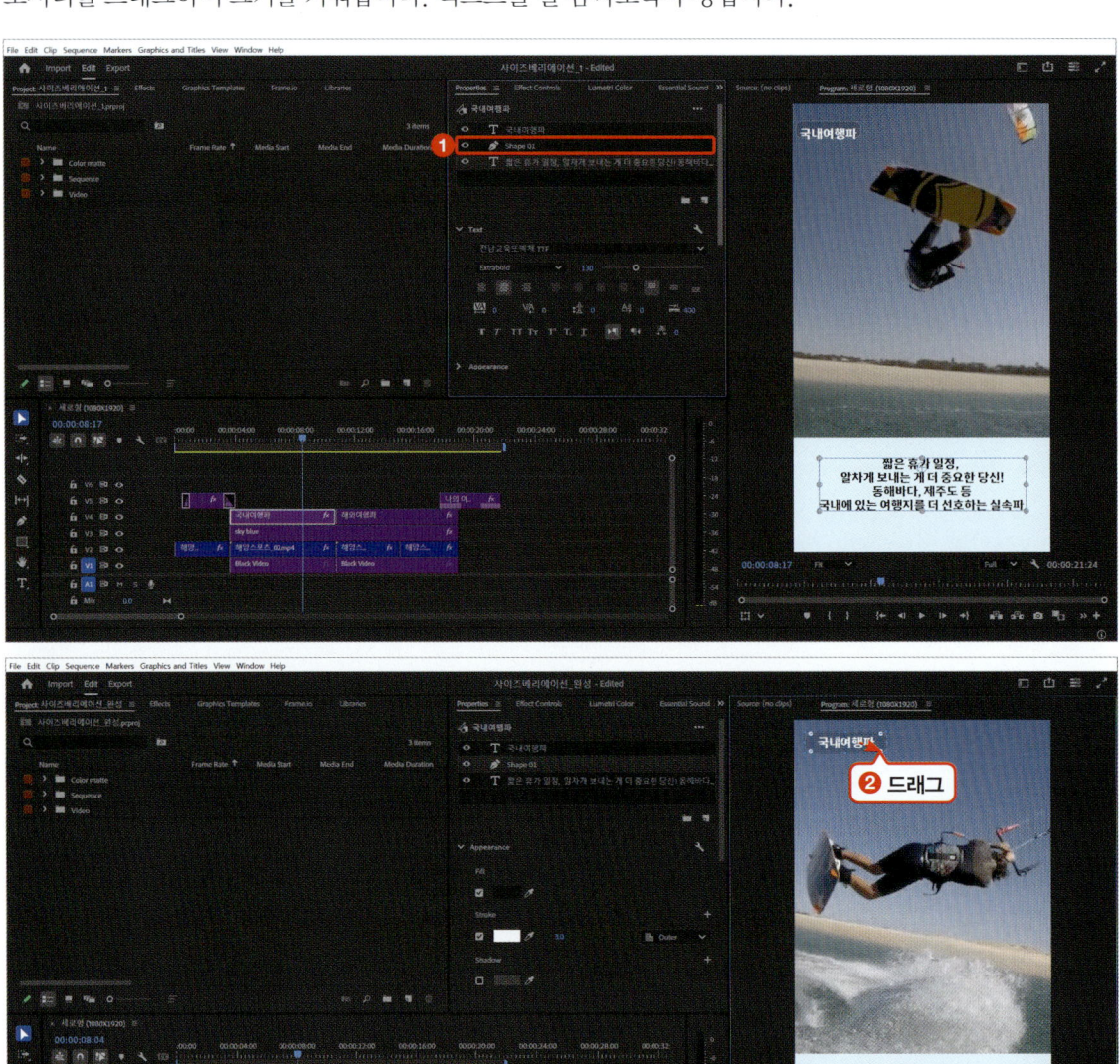

04 ❶ [Timeline] 패널에서 편집 기준선을 **00:00:13:18** 지점에 위치합니다. ❷ 비디오 2번 트랙(V2)에서 [해양스포츠_03.mp4] 클립을 클릭하고 ❸ [Properties] 패널에서 ■를 클릭하면 영상 소스가 화면 가득 채워지도록 비율이 설정됩니다.

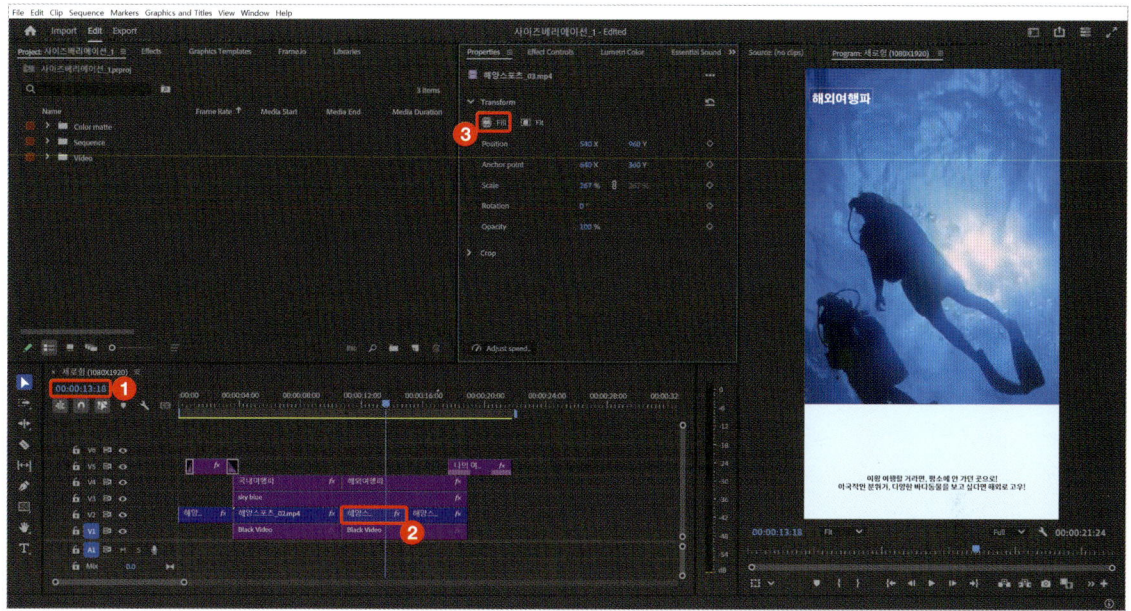

05 ❶ 편집 기준선을 **00:00:17:01** 지점에 위치합니다. ❷ [해양스포츠_04.mp4] 클립을 클릭하고 ❸ [Properties] 패널에서 ■를 클릭하면 영상 소스가 화면 가득 채워지도록 비율이 설정됩니다.

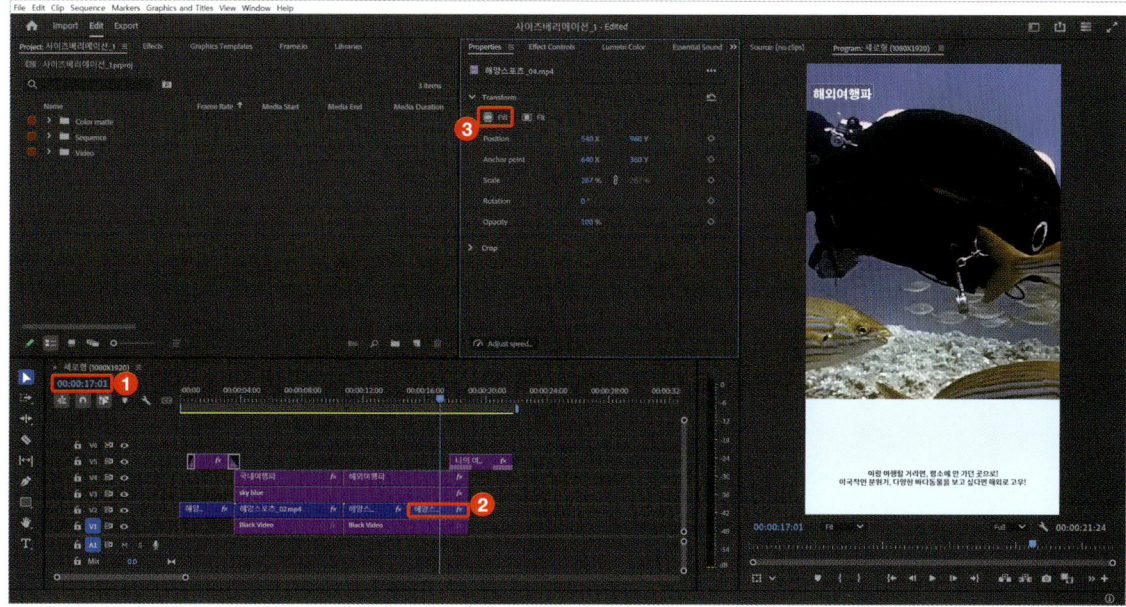

06
❶ 편집 기준선을 00:00:17:01 지점에 위치합니다. ❷ 비디오 4번 트랙 (V4)에서 [해외여행파] 클립을 클릭합니다. ❸ [Program] 패널에서 텍스트 문장을 네 줄로 수정합니다. ❹ [Properties] 패널에서 [이왕 여행할 거라면~] 레이어를 클릭합니다. ❺ [Text]에서 텍스트 크기를 130으로 설정하고 ❻ [Align and Transform]-[Position]을 539.7, 1560으로 수정합니다.

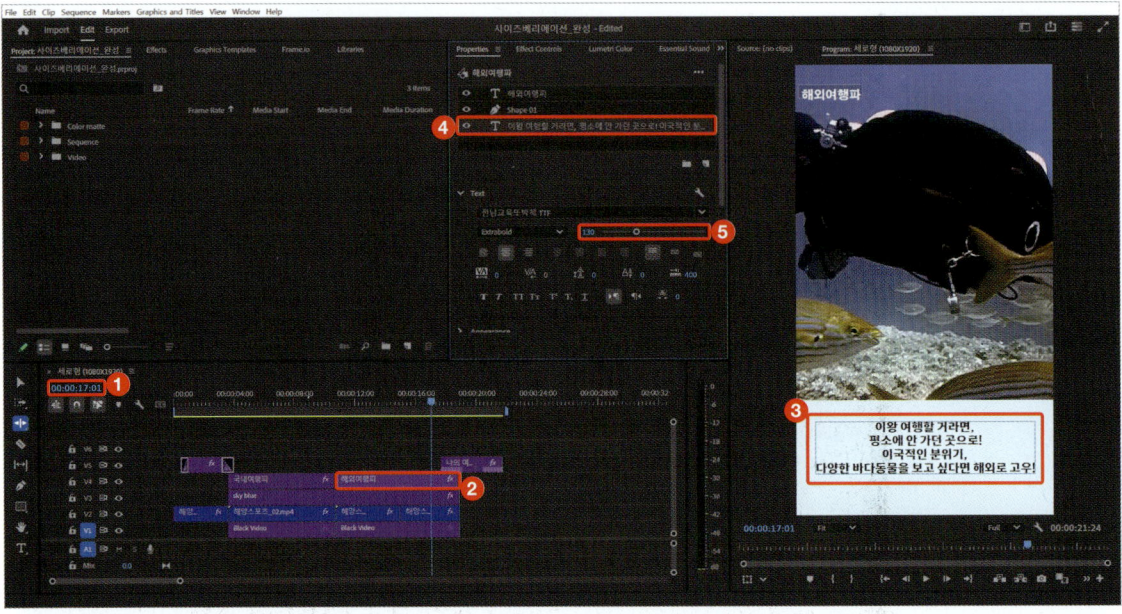

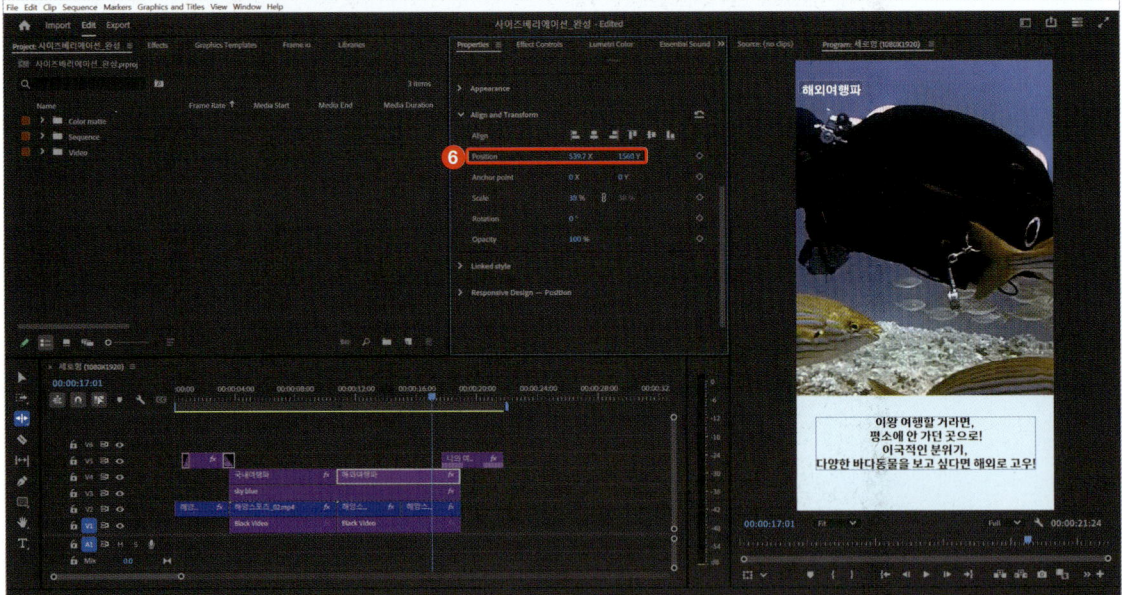

07 ① 편집 기준선을 **00:00:07:14** 지점에 위치합니다. ② 비디오 4번 트랙(V4)에서 [국내여행파] 클립을 클릭합니다. ③ [Properties] 패널에서 [국내여행파] 레이어를 클릭하고 ④ `Shift` 를 누른 채 [Shape 01] 레이어를 클릭해 모두 선택한 후 ⑤ 마우스 오른쪽 버튼을 클릭합니다. ⑥ [Copy]를 클릭해 레이어를 복사합니다.

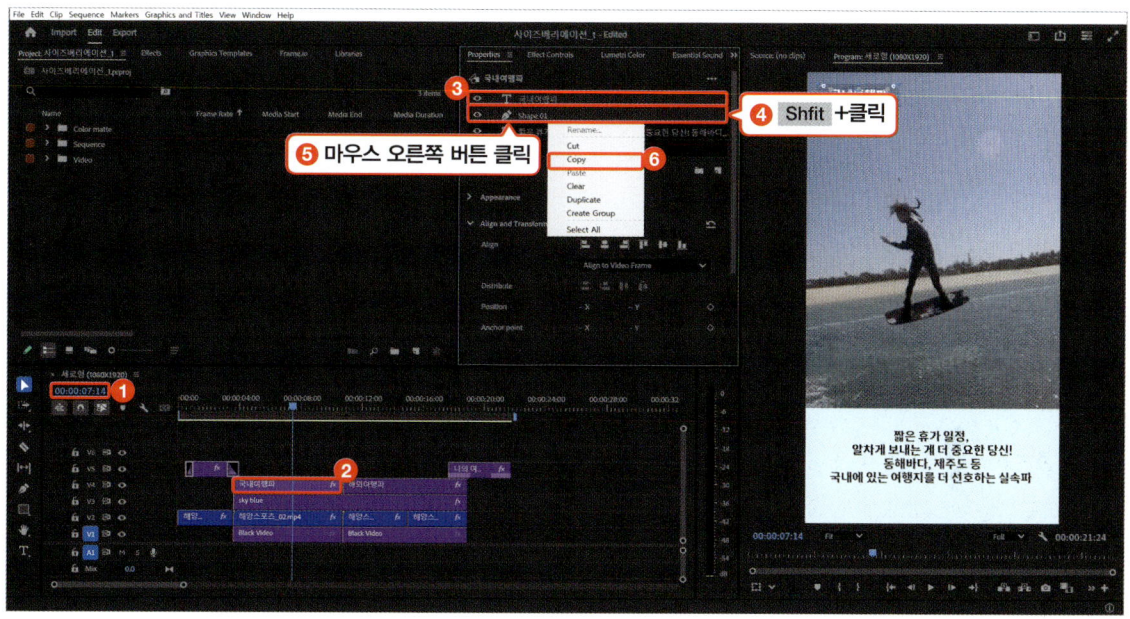

08 ① 편집 기준선을 **00:00:13:20** 지점에 위치합니다. ② 비디오 3번 트랙(V3)의 [해외여행파] 클립을 클릭한 후 ③ [Properties] 패널에서 [해외여행파] 레이어와 [Shape 01] 레이어를 삭제합니다.

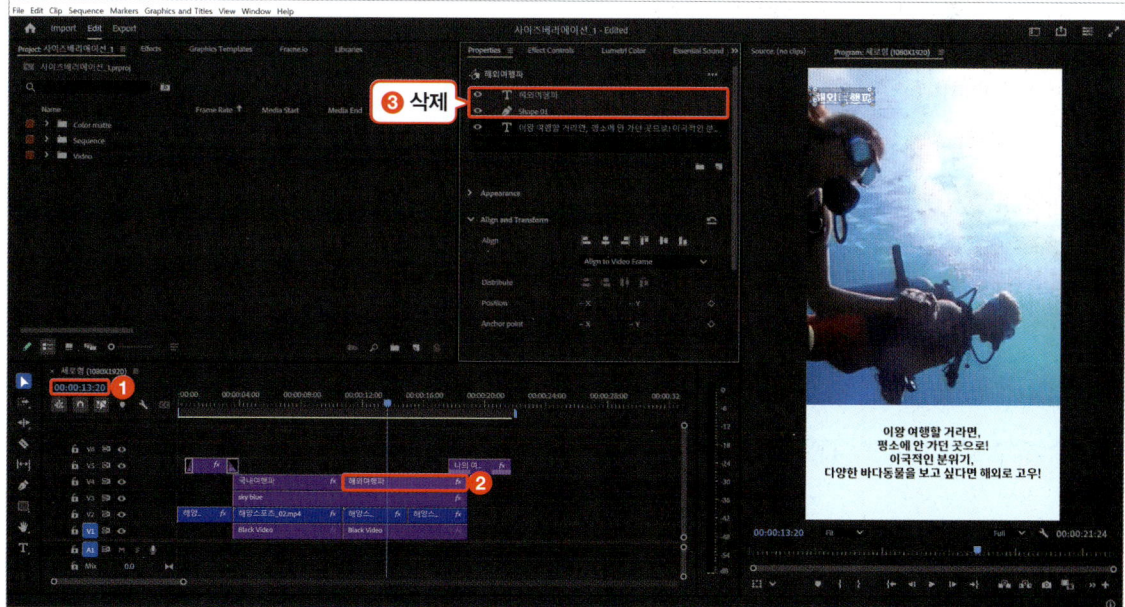

09 ① [Properties] 패널에서 [이왕 여행할 거라면~] 레이어 아래의 빈 공간을 마우스 오른쪽 버튼으로 클릭한 후 ② [Paste]를 클릭해 복사한 레이어를 붙여 넣습니다.

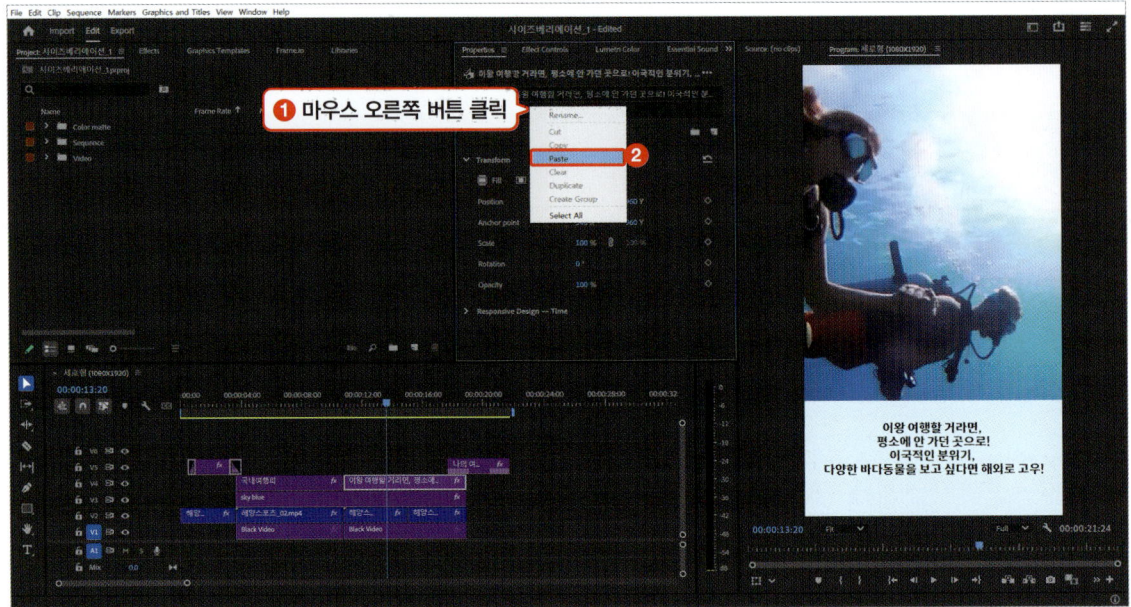

10 [Program] 패널에서 **국내여행파** 텍스트를 **해외여행파**로 수정합니다.

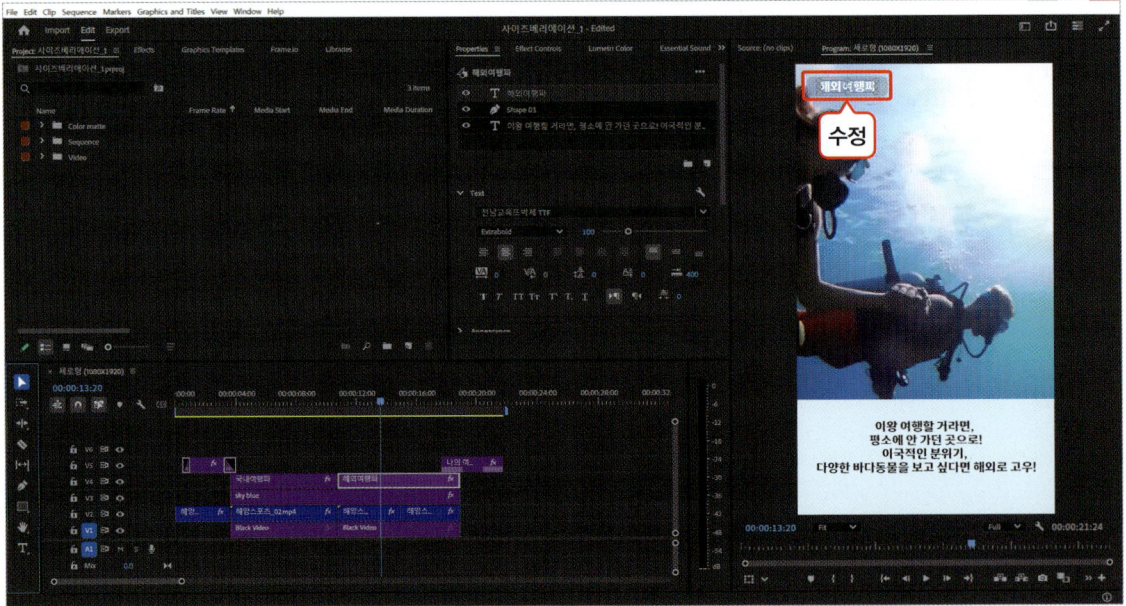

11 ❶ 편집 기준선을 00:00:20:00 지점에 위치합니다. ❷ 비디오 5번 트랙(V5)의 뒤쪽 클립을 클릭합니다. ❸ [Properties] 패널에서 [나의 여행일지 영상으로 만들기] 레이어를 클릭하고 ❹ [Text]에서 텍스트 크기를 230으로 설정합니다.

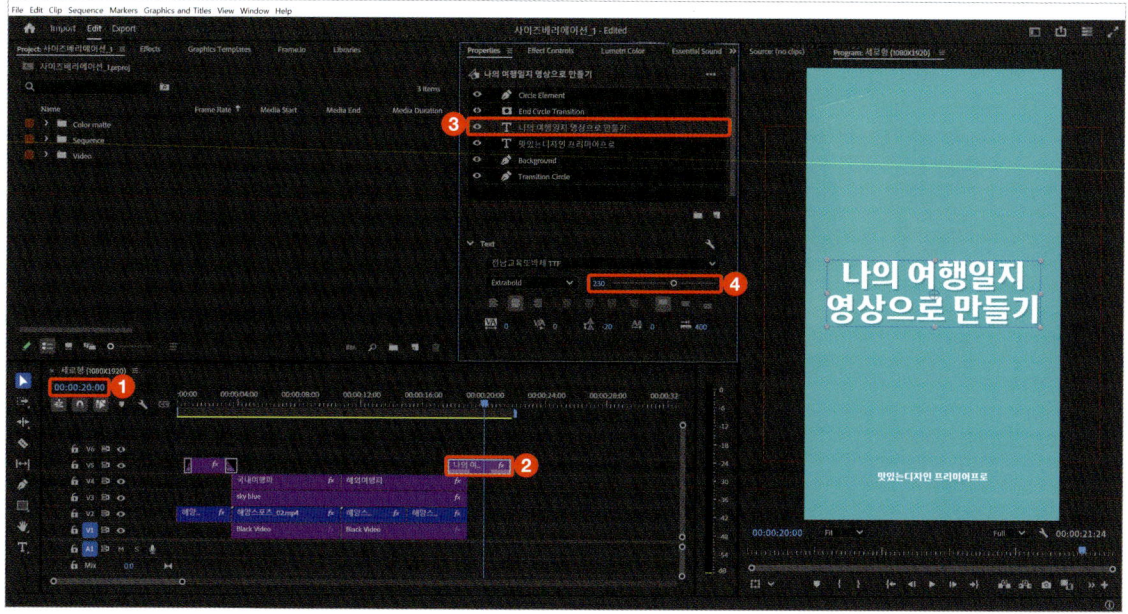

12 ❶ [맛있는디자인 프리미어프로] 레이어를 클릭하고 ❷ [Text]에서 텍스트 크기를 120으로 설정해서 완성합니다.

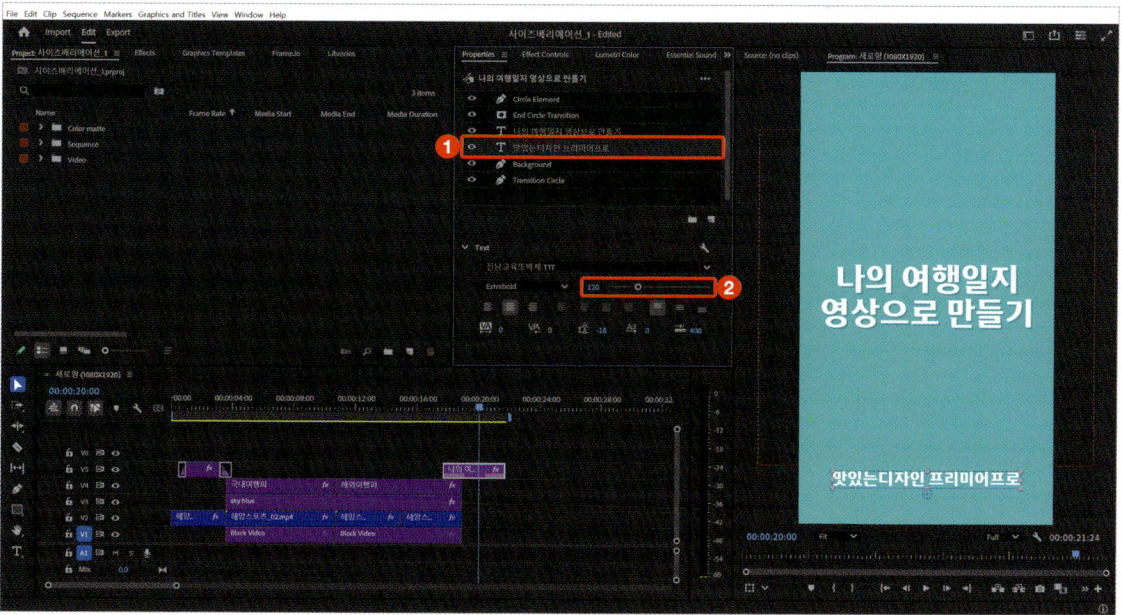

도구 관련

V	선택 도구
A	트랙 셀렉트 포워드 도구
Shift + A	트랙 셀렉트 백워드 도구
B	리플 에디트 도구
N	롤링 에디트 도구
R	레이트 스트레치 도구
C	자르기 도구
Y	슬립 도구
U	슬라이드 도구
P	펜 도구
H	핸드 도구
Z	줌 도구
T	타입 도구

프로젝트 관련

- Ctrl + Alt + N 새로운 프로젝트 만들기
- Ctrl + Alt + S 복사본 저장하기
- Ctrl + N 새로운 시퀀스 만들기
- F5 캡처하기
- F6 일괄 캡처하기
- Ctrl + O 프로젝트 파일 불러오기
- Ctrl + Alt + I 미디어 브라우저에서 가져오기
- Ctrl + Shift + W 프로젝트 닫기
- Ctrl + I 파일 가져오기
- Ctrl + M 미디어 파일로 내보내기
- Ctrl + Shift + H 선택 파일 속성 보기
- Ctrl + Shift + S 다른 이름으로 저장하기
- Ctrl + Q 프로그램 종료하기
- Ctrl + B 새로운 빈 만들기
- Ctrl + W 닫기
- Ctrl + S 저장하기

파일 관련

- Ctrl + Z 실행 취소하기
- Ctrl + Shift + Z 다시 실행하기
- Ctrl + X 잘라내기
- Ctrl + V 붙여넣기
- Ctrl + Shift + V 인서트로 붙여넣기
- Ctrl + A 모두 선택하기

`Ctrl` + `Alt` + `V` 속성 붙여넣기		`Ctrl` + `Shift` + `A` 모두 선택 해제하기	
`Delete` 삭제하기		`Ctrl` + `F` 찾기	
`Shift` + `Delete` 타임라인 빈 공간 제거(Ripple Delete)			
`Ctrl` + `Shift` + `/` 복제하기		`Ctrl` + `E` 원본 편집하기	
`Ctrl` + `C` 복사하기		`Ctrl` + `Alt` + `K` 키보드 단축키 설정하기	

클립 관련

`Ctrl` + `U` 하위 클립 만들기	`Ctrl` + `L` 링크
`Shift` + `G` 오디오 채널 수정하기	`Ctrl` + `G` 그룹 만들기
`Ctrl` + `R` 클립 속도/지속 시간	`Ctrl` + `Shift` + `G` 그룹 해제하기
`Shift` + `E` 사용	`,` / `.` 인서트/오버라이트하기

시퀀스 관련

`Enter` 작업 영역의 효과 렌더링하기	`E` 선택한 편집을 재생 헤드로 확장하기
`F` 프레임 일치시키기	`;` 리프트
`Shift` + `R` 프레임 반대로 일치시키기	`'` 익스트랙트
`Shift` + `K` 편집 추가하기	`=` 확대
`Ctrl` + `Shift` + `K` 모든 트랙에 편집 추가하기	`-` 축소
`Shift` + `T` 편집 트리밍하기	`S` 스냅
`Shift` + `D` 선택 영역에 기본 트랜지션 적용하기	
`Ctrl` + `D` 비디오 트랜지션 적용하기	
`Ctrl` + `Shift` + `D` 오디오 트랜지션 적용하기	
`Shift` + `;` 시퀀스의 다음 간격으로 이동하기	
`Ctrl` + `Shift` + `;` 시퀀스의 이전 간격으로 이동하기	

그래픽 관련

[Essential Graphics] 패널에서 `Ctrl` + `T` 타이프 도구

[Essential Graphics] 패널에서 `Ctrl` + `Alt` + `E` 원형 도구

[Essential Graphics] 패널에서 `Ctrl` + `Alt` + `R` 사각형 도구

마커 관련

- `I` 인 점 설정하기
- `O` 아웃 점 설정하기
- `X` 클립 전체 표시하기
- `/` 선택한 클립 전체 표시하기
- `Shift` + `I` 인 점으로 이동하기
- `Shift` + `O` 아웃 점으로 이동하기
- `Ctrl` + `Shift` + `I` 인 점 삭제하기
- `Ctrl` + `Shift` + `O` 아웃 점 삭제하기
- `Ctrl` + `Shift` + `X` 인 점·아웃 점 삭제하기
- `M` 마커 생성하기
- `Shift` + `M` 다음 마커로 이동하기
- `Ctrl` + `Shift` + `M` 이전 마커로 이동하기
- `Ctrl` + `Alt` + `M` 선택한 마커 삭제하기
- `Ctrl` + `Alt` + `Shift` + `M` 모든 마커 삭제하기

패널 관련

- `Alt` + `Shift` + `0` 기본 작업 영역으로 다시 설정
- `Shift` + `9` 오디오 클립 믹서 패널
- `Shift` + `6` 오디오 트랙 믹서 패널
- `Shift` + `5` 이펙트 컨트롤 패널
- `Shift` + `7` 이펙트 패널
- `Shift` + `8` 미디어 브라우저 패널
- `Shift` + `4` 프로그램 모니터 패널
- `Shift` + `1` 프로젝트 패널
- `Shift` + `2` 소스 모니터 패널
- `Shift` + `3` 타임라인 패널

오디오 트랙 믹서 패널

- `Ctrl` + `Alt` + `T` 트랙 표시하기/숨기기
- `Ctrl` + `Shift` + `I` 입력 신호만 미터에 표시하기
- `Ctrl` + `L` 반복 재생하기

캡처 패널

- `V` 비디오 기록하기
- `A` 오디오 기록하기
- `E` 꺼내기
- `F` 앞으로 감기
- `R` 되감기
- `Q` 시작 지점으로 이동하기
- `W` 끝 지점으로 이동하기
- `G` 기록하기
- `←` 이전 단계
- `→` 다음 단계
- `S` 정지

기타 편집 관련

[클립 볼륨 레벨 낮추기	Shift + ← 앞으로 5프레임 이동하기
Shift + [클립 볼륨 레벨 많이 낮추기	Shift + → 뒤로 5프레임 이동하기
] 클립 볼륨 높이기	Home 시퀀스 시작 클립으로 이동하기
Shift +] 클립 볼륨 레벨 많이 높이기	End 시퀀스 끝 클립으로 이동하기
Shift + = 모든 트랙 확장하기	Shift + Home 선택한 클립의 시작점으로 이동하기
Shift + - 모든 트랙 축소하기	Shift + End 선택한 클립의 끝점으로 이동하기
Ctrl + Shift + E 프레임 내보내기	Shift + ` 활성화되어 있는 패널 최대화·복원하기
Q 현 위치를 이전 편집 지점으로 이동하기	` 포인터가 위치한 패널 최대화·복원하기
Shift + Q 이전 편집 지점을 현 위치로 확장하기	Shift + K 미리 보기 재생하기
W 다음 편집 지점을 현 위치로 이동하기	
Shift + W 다음 편집 지점을 현 위치로 확장하기	
Ctrl + Shift + Spacebar 시작점에서 끝점까지 재생하기	
Shift + Spacebar 시작점에서 끝점까지 재생(프리롤/포스트롤 포함)하기	
↑ 클립의 시작점으로 이동하기	Shift + Spacebar 재생·정지하기
↓ 클립의 끝점으로 이동하기	프로젝트 패널에서 Ctrl + F 검색하기
← 앞으로 한 프레임 이동하기	Ctrl + 9 모든 오디오 대상 전환하기
→ 뒤로 한 프레임 이동하기	Ctrl + ` 전체 화면
D 편집 기준선 위치의 클립 선택하기	Shift + 0 멀티 카메라 뷰 켜기/끄기
소스 모니터 패널 활성화 상태에서 Ctrl + ↓ 다음 클립 선택하기	
소스 모니터 패널 활성화 상태에서 Ctrl + ↑ 이전 클립 선택하기	
K 재생 정지하기	트림 모드에서 Ctrl + ↑ 뒤로 트리밍
J 역재생하기	Shift + T 트리밍 유형 전환하기
Shift + L 느리게 재생하기	트림 모드에서 Ctrl + Shift + ← 뒤로 많이 트리밍
Shift + J 느리게 역재생하기	트림 모드에서 Ctrl + → 앞으로 트리밍
Ctrl + O 모든 비디오 대상 전환하기	트림 모드에서 Ctrl + Shift + → 앞으로 많이 트리밍

이펙트 패널

| Ctrl + / 사용자 정의 새로운 빈 만들기 | Backspace 사용자 정의 항목 삭제하기 |

미디어 브라우저 패널

`Shift` + `O` 소스 모니터 패널에서 열기

`Shift` + `←` 디렉토리 목록 선택하기

`Shift` + `→` 미디어 목록 선택하기

히스토리 패널

`←` 이전 단계

`→` 다음 단계

`Backspace` 삭제하기

타임라인 패널

`Alt` + `[` 작업 영역바 시작점 설정하기

`Alt` + `]` 작업 영역바 끝점 설정하기

`Alt` + `→` 선택한 클립을 뒤로 1프레임 이동

`Alt` + `Shift` + `→` 선택한 클립을 뒤로 5프레임 이동

`Alt` + `←` 선택한 클립을 앞으로 1프레임 이동

`Alt` + `Shift` + `←` 선택한 클립을 앞으로 5프레임 이동

`Alt` + `Shift` + `,` 선택한 클립을 앞으로 5프레임 밀기

`Alt` + `.` 선택한 클립을 뒤로 1프레임 밀기

`Alt` + `Shift` + `.` 선택한 클립을 뒤로 5프레임 밀기

`Ctrl` + `Alt` + `←` 선택한 클립을 앞으로 1프레임 밀어 넣기

`Ctrl` + `Alt` + `Shift` + `←` 선택한 클립을 앞으로 5프레임 밀어 넣기

`Ctrl` + `Alt` + `→` 선택한 클립을 뒤로 1프레임 밀어 넣기

`Alt` + `,` 선택한 클립을 앞으로 1프레임 밀기

`Ctrl` + `Alt` + `Shift` + `→` 선택한 클립을 뒤로 5프레임 밀어 넣기

프로젝트 패널

`Ctrl` + `B` 새로운 빈 만들기

`Ctrl` + `Page Up` 리스트 뷰

`Ctrl` + `Page Down` 아이콘 뷰

아이콘 뷰 상태에서 `Shift` + `H` 마우스 포인터로 미리 보기/끄기

`Shift` + `[` 화면 확대하기

`Shift` + `]` 화면 축소하기

기타

`Ctrl` + `Alt` + `K` 단축키 설정(Keyboard Shortcuts)

※ 이 책의 단축키는 IBM PC 기준입니다. MacOS 사용자는 `Ctrl` 을 `command` 로, `Alt` 를 `option` 으로 바꿔서 사용하면 됩니다.

PART 02

쉽고 빠른
애프터 이펙트 레시피

**애프터 이펙트를 시작하기 전에
꼭 알아두어야 할 완벽한 레시피**

애프터 이펙트에 처음 입문하는 독자라면 프로그램이
낯설고 생소해 막연한 두려움을 느낄 수도 있고 과연 이 프로그램을
잘 다룰 수 있을지 걱정이 앞설 수도 있습니다.
애프터 이펙트라는 프로그램을 독학으로 공부할 수 있는 건지,
어떻게, 얼마나 공부해야 잘 다룰 수 있는지
문의하는 독자들도 많습니다.
자신감을 가지고 기초부터 탄탄히 학습한다면
애프터 이펙트는 절대 어렵지 않습니다.

CHAPTER 01

애프터 이펙트 CC 2025 시작하기

애프터 이펙트와 모션 그래픽 디자인에 필요한
기초 지식을 소개하겠습니다. 프로그램의 특징과 활용 가능성,
추천 학습 사이트를 먼저 살펴본 후, 기본 인터페이스와
주요 패널, 필수 도구들을 차례로 알아보겠습니다.

애프터 이펙트와 모션 그래픽

애프터 이펙트의 개념과 모션 그래픽의 이해

애프터 이펙트는 어도비사의 대표적인 영상 제작 소프트웨어입니다. 애프터 이펙트를 활용하면 모션 그래픽, 영상 디자인, 합성 작업 등 다양한 영상 작업을 수행할 수 있습니다.

애프터 이펙트 알아보기

어도비 애프터 이펙트(Adobe After Effects)는 모션 그래픽(Motion Graphics)과 비디오 후반 작업(Visual Effects, VFX)을 위한 영상 제작 전문 소프트웨어입니다. 애프터 이펙트는 애니메이션, 합성, 다양한 비주얼 이펙트를 구현할 수 있는 강력한 도구로, 영화, TV, 광고부터 유튜브 콘텐츠까지 폭넓게 활용됩니다. 영상 제작 전문가를 위해 개발된 만큼 초기 학습 난이도가 다소 높은 것이 특징입니다.

애프터 이펙트는 1993년에 출시되어 이듬해 어도비사에 인수되었습니다. 포토샵이나 일러스트레이터에 비해 대중적 인지도는 낮았지만, 초기에는 디지털 비디오 후반 작업과 합성 작업에 주로 활용되었습니다. 1990년대 후반 모션 그래픽이 발전하면서 이 분야의 핵심 도구로 자리잡게 되었습니다.

2000년대 초반부터는 3D 기능을 도입하기 시작했으며, 현재까지도 관련 기능을 꾸준히 업데이트하고 있습니다. 또한 직관적인 인터페이스와 편리한 도구들을 지속적으로 개선하여, 전공자가 아닌 일반 사용자도 쉽게 접근할 수 있도록 발전하고 있습니다.

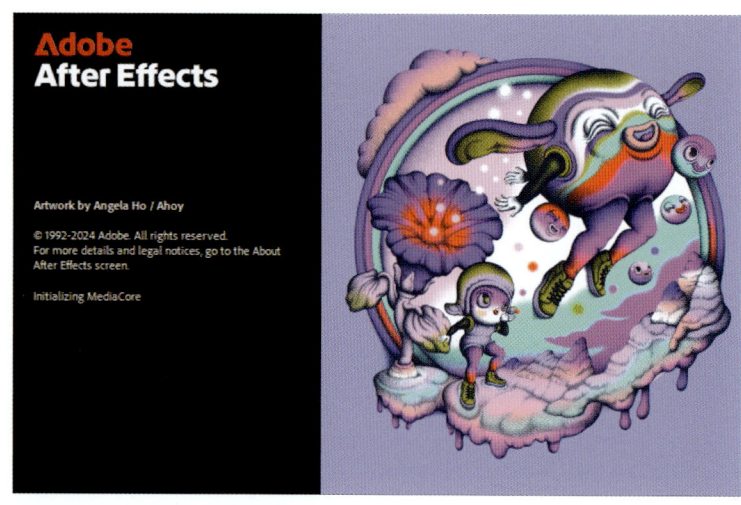

프리미어 프로와 애프터 이펙트

애프터 이펙트는 같은 어도비사의 영상 편집 프로그램인 프리미어 프로와 원활하게 호환됩니다. 두 프로그램은 서로 다른 특징을 가지고 있습니다. 프리미어 프로는 영상 클립의 편집에 특화되어 있고 애프터 이펙트는 모션 그래픽과 비주얼 이펙트 제작에 최적화되어 있습니다.

두 프로그램 모두 타임라인 기반으로 작동하지만, 프리미어는 트랙 개념을, 애프터 이펙트는 레이어 개념을 사용합니다. 이러한 차이에도 불구하고 상호 보완적인 관계로, 프로젝트의 성격에 따라 다양한 방식으로 활용됩니다. 일반적으로 프리미어에서 기본 편집을 하고 애프터 이펙트에서 고급 효과를 추가하거나, 애프터 이펙트의 템플릿을 프리미어로 가져와 편집과 효과를 동시에 작업하기도 합니다. 두 프로그램의 사용 형태는 프로젝트의 성격에 따라 달라질 수 있습니다.

모션 그래픽 이해하기

애프터 이펙트는 초기에 비디오 후반 작업과 합성을 위한 툴로 개발되었으나, 현재는 대표적인 모션 그래픽 제작 도구로 자리잡았습니다. 모션 그래픽(Motion Graphics)은 그래픽 디자인 요소와 애니메이션을 결합해 움직이는 영상을 만드는 작업으로, 텍스트, 이미지, 도형, 비디오, 오디오 등 다양한 멀티미디어를 활용해 주제를 창의적으로 표현합니다.

현재의 애프터 이펙트는 셰이프 레이어로 자체 그래픽 제작이 가능하고, 세분화된 텍스트 애니메이션 프리셋으로 형태와 문자 애니메이션을 손쉽게 만들 수 있습니다. 이러한 기능들은 비디오 프로덕션은 물론 소셜 미디어 콘텐츠, UI/UX 디자인의 인터랙티브 요소 제작에도 폭넓게 활용되고 있습니다.

애프터 이펙트 작업에 도움이 되는 플러그인과 스크립트 사이트

애프터 이펙트는 자체적으로도 강력한 효과(Effects) 기능을 제공하지만, 플러그인(Plugin)을 추가하면 더욱 창의적이고 효율적인 작업이 가능합니다. 플러그인을 통해 비주얼 이펙트, 모션 그래픽, 색 보정 등 다양한 작업을 손쉽게 처리할 수 있습니다. Red Giant Universe, Trapcode Suite, Magic Bullet 시리즈와 같은 플러그인은 영화나 드라마 제작에 필수적인 도구로 평가받고 있습니다.

Motionographer(motionographer.com) | Motionographer는 모션 그래픽, 애니메이션, 비디오 프로덕션에 관련된 디자인 및 창작 콘텐츠를 다루는 웹사이트입니다. 이 사이트는 모션 디자인과 애니메이션 산업에서 일하는 크리에이티브 전문가들을 위한 커뮤니티 중 하나입니다. 작품 사례, 업계 뉴스, 프로젝트 소개, 그리고 창작 팁과 튜토리얼을 제공할 뿐 아니라 글로벌 구인 구직 소식도 볼 수 있습니다.

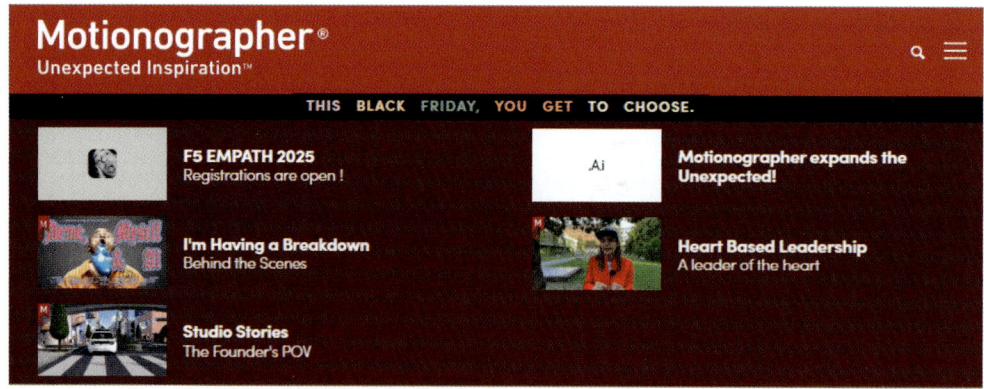

Maxon사의 Red Giant(maxon.net/en/red-giant) | Red Giant는 애프터 이펙트에서 가장 널리 사용되는 외부 플러그인으로, 비디오 편집과 모션 그래픽 작업에 필요한 다양한 도구를 제공합니다. Trapcode Particular, Magic Bullet 등이 대표적인 제품입니다.

이 플러그인은 무료 체험판을 제공하며, 정식 버전은 월간 또는 연간 구독 방식으로 이용할 수 있습니다. 일반 사용자에게는 비용 부담이 있지만, 16세 이상 대학생이라면 학생 라이선스를 신청할 수 있습니다. 단, Maxon One 학생 라이선스는 인가된 교육기관 재학생의 개인 학습 용도로만 제한되며, 상업적 사용은 불가능합니다.

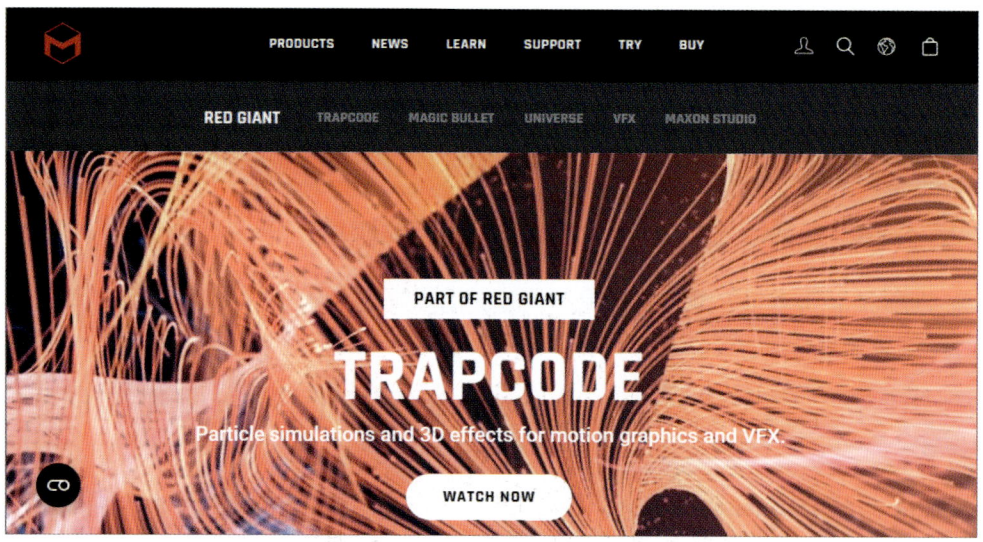

Boris사의 Sapphire(borisfx.com) | Sapphire는 Boris FX에서 제공하는 고급 비주얼 이펙트(VFX)와 모션 그래픽 플러그인 모음입니다. 고품질 시각 효과를 손쉽게 구현할 수 있어 영화, TV, 광고 등 전문 영상 제작 현장에서 널리 사용됩니다. 상용 플러그인이라 가격대가 높은 편이지만, 무료 체험판으로 기능을 테스트해볼 수 있으며 대학생이나 교육기관을 위한 할인된 라이선스도 제공됩니다.

Video copilot(videocopilot.net) | 모션 그래픽과 비주얼 이펙트를 위한 플러그인, 튜토리얼, 리소스를 제공하는 유명한 회사입니다. 주요 제품군으로는 Element 3D와 Optical Flares 가 있습니다. 제품뿐만 아니라 고품질의 튜토리얼도 제공하고 있습니다.

AE Scripts(aescripts.com) | AEScripts는 애프터 이펙트용 스크립트와 플러그인을 판매하는 최대 규모의 온라인 마켓플레이스입니다. 수백 가지의 유료 제품과 함께 일부 무료 스크립트도 제공하여 사용자가 다양한 기능을 실험해볼 수 있습니다.

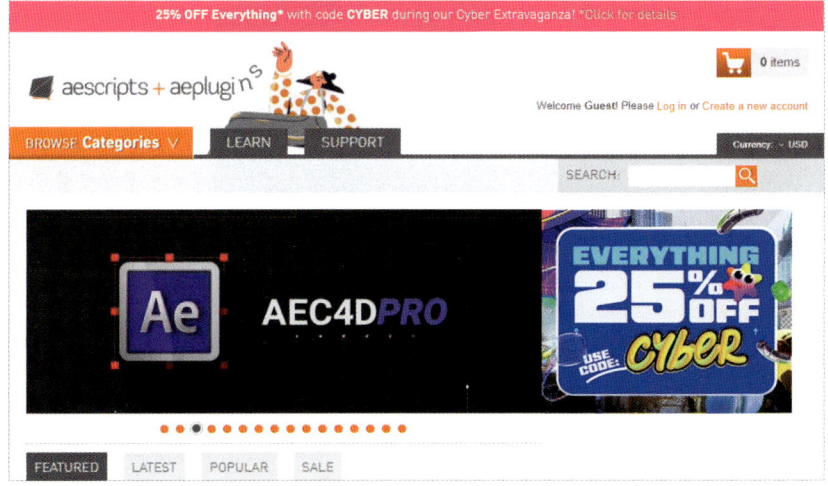

Animation Composer(misterhorse.com/animation-composer) | Animation Composer는 애프터 이펙트의 모션 그래픽 작업을 간편하게 만들어주는 플러그인입니다. 다양한 애니메이션 효과와 모션 그래픽 프리셋을 제공하여 복잡한 작업도 간단히 처리할 수 있습니다. 드래그 앤 드롭 방식으로 손쉽게 적용할 수 있지만, 세부적인 수정과 조정에는 제약이 있을 수 있습니다. 무료로 사용 가능한 몇 가지 기본 프리셋과, 구독형 유료 프리셋이 있습니다.

Duik Bassel(rxlaboratory.org/tools/duik-angela) | Duik Bassel은 애프터 이펙트에서 캐릭터 리깅과 애니메이션을 보다 효율적으로 만드는 데 사용되는 무료 스크립트 및 툴 세트입니다. 스켈레톤 리깅 시스템을 사용하여 캐릭터의 각 부분을 제어하고 애니메이션을 추가할 수 있습니다. 애프터 이펙트에서 고급 기능을 제공하는 대부분의 플러그인들이 유료인데 비해, Duik Bassel은 비용 부담 없이 사용할 수 있는 점에서 큰 인기를 끌고 있습니다.

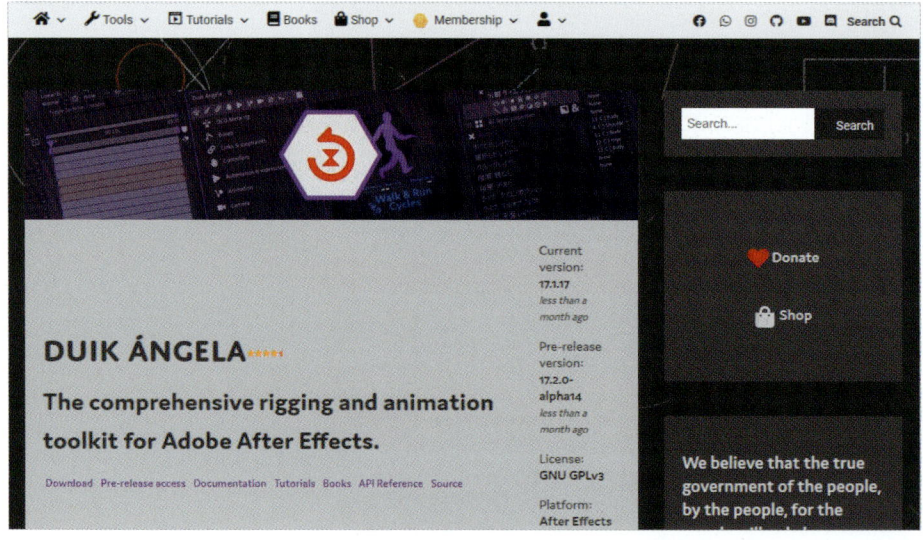

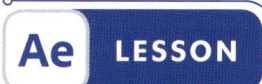

Ae LESSON

02 애프터 이펙트와의 첫 만남

인터페이스와 주요 패널 알아보기

애프터 이펙트 인터페이스

애프터 이펙트를 실행하면 ❶ 메뉴를 선택하는 메뉴바와 ❷ 도구를 선택하는 도구바, ❸ 프로젝트에 사용할 다양한 미디어 파일을 불러오고 관리하는 [Project] 패널, ❹ 컴포지션의 작업 결과를 확인하고 애니메이션 작업을 수행하는 [Composition] 패널, ❺ 레이어 형태로 배치한 미디어 파일에 키프레임을 설정하여 애니메이션 작업을 수행하는 [Timeline] 패널, ❻ 작업에 필요한 다양한 패널 등이 화면에 표시됩니다.

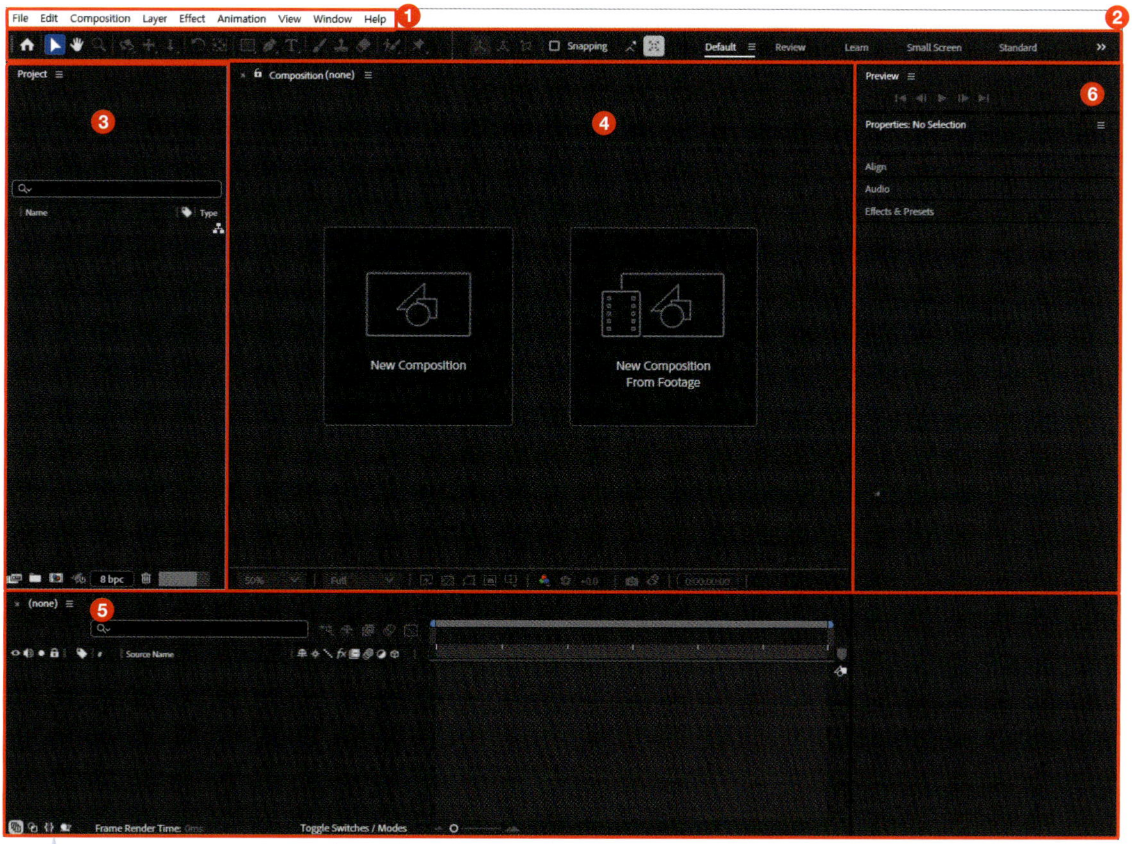

워크스페이스를 초기 설정(Default)으로 설정한 상태입니다. 다른 워크스페이스로 설정한 경우 화면과 다르게 표시될 수 있습니다. 화면과 동일하게 보려면 [Window]-[Workspace]-[Default] 메뉴를 선택합니다.

다양한 도구의 집합체, 도구바

도구바(Tools Bar)에 있는 도구 아이콘을 이용하여 오브젝트를 선택하거나 회전, 이동, 확대할 수 있으며, 마스크, 텍스트 등을 생성할 수 있습니다. 도형 도구, 펜 도구를 이용하여 마스크나 셰이프 레이어를 만들 수 있고, 문자 도구를 이용하여 [Composition] 패널에 텍스트를 입력할 수도 있습니다. 도구의 기능을 알아보겠습니다.

① **홈 도구** | 클릭하면 [Home] 대화상자가 나타납니다. 최근 파일에 대한 정보를 볼 수 있고 새로운 프로젝트를 만들거나 프로젝트를 열 수 있습니다. 또한 어도비에서 제공하는 다양한 학습 내용을 확인할 수 있습니다.

② **선택 도구(Selection Tool)** V | 기본 선택 도구이며, 레이어와 객체를 선택하고 이동할 때 사용합니다.

③ **손바닥 도구(Hand Tool)** H | [Composition] 패널에서 화면을 이동할 수 있습니다.

④ **돋보기 도구(Zoom Tool)** Z | 작업 화면을 확대/축소하여 볼 수 있습니다.

⑤ **카메라 회전 도구(Orbit Camera Tool)** 1 | 카메라가 궤도를 돌듯이 회전합니다.

- **Orbit Around Cursor Tool** | 카메라가 마우스 포인터를 중심으로 회전합니다.
- **Orbit Around Scene Tool** | 카메라가 장면을 중심으로 회전합니다.
- **Orbit Around Camera POI** | 카메라의 Point of Interest를 중심으로 회전합니다.

⑥ **카메라 이동 도구(Pan Camera Tool)** 2 | 카메라를 상하좌우로 이동합니다.

- **Pan Under Cursor Tool** | 카메라가 마우스 포인터를 기준으로 이동합니다.
- **Pan Camera POI Tool** | 카메라의 Point of Interest를 기준으로 이동합니다.

⑦ **돌리 도구(Dolly Tool)** 3 | 카메라를 돌리 인(Dolly In)하거나 돌리 아웃(Dolly Out)합니다. 줌인(Zoom In), 줌 아웃(Zoom Out)과 유사합니다.

- **Dolly Towards Cursor Tool** | 카메라가 마우스 포인터를 향하여 돌리 인, 돌리 아웃합니다.
- **Dolly to Cursor Tool** | 카메라가 마우스 포인터를 중심으로 돌리 인, 또는 돌리 아웃합니다.
- **Dolly to Camera POI Tool** | 카메라의 Point of Interest를 기준으로 돌리 인, 또는 돌리 아웃합니다.

⑧ **회전 도구(Rotation Tool)** W | 선택한 객체를 회전합니다.

⑨ **중심점 도구(Pan Behind Tool, Anchor Point Tool)** Y | 객체의 중심점(Anchor Point)을 옮깁니다.

⑩ **도형 도구(Figure Tool)** ▢ Q | 여러 가지 모양의 도형으로 마스크를 생성하거나 셰이프 레이어를 만듭니다. 사각형, 모서리가 둥근 사각형, 원형, 다각형, 별 모양 등을 만들 수 있습니다.

⑪ **펜 도구(Pen Tool)** ✐ G | 펜으로 자유롭게 모양을 그려 마스크를 생성하거나 셰이프 레이어를 만듭니다. 다음 하위 메뉴를 선택할 수 있습니다.

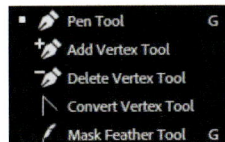

- **Add Vertex Tool** | 조절점(Vertex)을 추가합니다.
- **Delete Vertex Tool** | 조절점을 지웁니다.
- **Convert Vertex Tool** | 조절점의 베지에 핸들을 생성하거나 제거하여 조절합니다. 점과 점 사이의 선을 직선에서 곡선으로, 곡선에서 직선으로 변경할 수 있습니다.
- **Mask Feather Tool** | 마스크의 부분 영역에서 세부적으로 [Feather] 값을 조절할 수 있습니다.

⑫ **문자 도구(Type Tool)** T Ctrl + T | [Composition] 패널에서 직접 텍스트를 생성합니다. 가로 또는 세로로 텍스트를 입력할 수 있습니다.

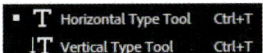

- **Horizontal Type Tool** | 가로 텍스트를 입력합니다.
- **Vertical Type Tool** | 세로 텍스트를 입력합니다.

⑬ **브러시 도구(Brush Tool)** ✎ Ctrl + B | [Layer] 패널에서 페인트 효과를 적용해 그림을 그리거나 로토 브러시 도구와 함께 사용합니다.

⑭ **스탬프 도구(Clone Stamp Tool)** ⌨ Ctrl + B | [Layer] 패널에서 복사하려는 원본 영역을 Alt 를 누른 채 클릭한 후 복사할 영역으로 드래그하면 해당 부분이 복사됩니다.

⑮ **지우개 도구(Eraser Tool)** ✐ Ctrl + B | [Layer] 패널에서 드래그하여 내용을 지웁니다.

⑯ **로토 브러시 도구(Roto Brush Tool)** ✐ Alt + W | 배경과 인물 또는 물체를 분리하여 합성할 때 유용합니다. 리파인 에지 도구(Refine Edge Tool)를 사용하면 에지의 디테일을 살릴 수 있습니다.

⑰ **퍼펫 핀 도구(Puppet Pin Tool)** ✐ Alt + P | 이미지에 관절을 추가하고 움직임을 만들 수 있습니다. 캐릭터 애니메이션을 제작하거나 휘는 동작 등을 만들 수 있습니다.

- **Puppet Position Pin Tool** | 기본형 퍼펫 기능으로 위칫값을 조절할 수 있습니다.
- **Puppet Starch Pin Tool** | 왜곡되는 부분이 있을 때 고정하는 용도로 사용합니다.
- **Puppet Bend Pin Tool** | 퍼펫 핀에 회전값이 추가되어 휘거나 비틀 수 있습니다.
- **Puppet Advanced Pin Tool** | 퍼펫 핀에 회전과 크기값이 추가되어 자유로운 형태로 변형할 수 있습니다.
- **Puppet Overlap Pin Tool** | 겹치는 영역의 앞뒤 위치를 지정할 수 있습니다.

⑱ **Snapping** | 오브젝트나 조절점 이동 시에 스냅할 수 있는 기능입니다.

3D 레이어 작업 도구

컴포지션에 3D 레이어가 포함되어 있을 경우에만 표시됩니다.

① **로컬 액시스 모드(Local Axis Mode)** | 3D 레이어의 표면에 축을 정렬합니다.

② **월드 액시스 모드(World Axis Mode)** | 컴포지션의 절대 좌표에 축을 정렬합니다.

③ **뷰 액시스 모드(View Axis Mode)** | 선택한 뷰에 축을 정렬합니다.

3D 레이어 선택 시 선택 도구의 조절 옵션입니다.

④ **유니버셜(Universal)** | 모든 방향으로 이동하거나 회전시킬 수 있습니다.

⑤ **포지션(Position)** 4 | 상하좌우로 이동할 수 있습니다. 크기 조절이나 회전은 할 수 없습니다.

⑥ **스케일(Scale)** 5 | 다양한 축으로 크기를 조절할 수 있습니다. 이동이나 회전은 할 수 없습니다.

⑦ **로테이션(Rotation)** 6 | 방향을 회전할 수 있습니다. 크기 조절이나 이동은 할 수 없습니다.

워크스페이스 도구

⑧ 클릭하여 워크스페이스를 변경할 수 있습니다. ☰를 클릭한 후 [Reset To Saved Layout]을 선택하면 워크스페이스를 초기화할 수 있습니다.

⑨ **Review** | Frame.io 서비스를 활용해 다른 사람과 함께 작업물을 공유하고 검토할 수 있습니다.

⑩ **Learn** | 애프터 이펙트를 학습할 수 있는 어도비 공식 학습 패널이 활성화됩니다.

⑪ **Small Screen, Standard** | 애프터 이펙트 작업 화면을 작은 해상도 혹은 일반 해상도에 맞게 바꿀 수 있습니다.

소스를 불러오고 관리하는 [Project] 패널

애프터 이펙트에서는 비디오는 물론, 각종 이미지, 오디오 등 다양한 미디어 소스를 활용하여 애니메이션 작업을 할 수 있습니다. 이때 작업에 사용할 소스 파일을 불러와 관리할 수 있는 패널이 바로 [Project] 패널입니다. 파일 성격에 따라 패널에 표시되는 아이콘 모양이 다르며, 이곳에서 각 파일의 여러 정보를 확인할 수 있습니다. 사용하는 소스가 많을 때는 폴더를 만들어 정리하거나 라벨(Label) 색상을 변경하여 쉽게 구분할 수 있습니다. 모션 그래픽 작업에서는 수많은 소스를 사용하므로 [Project] 패널을 잘 정리하는 습관이 필요합니다.

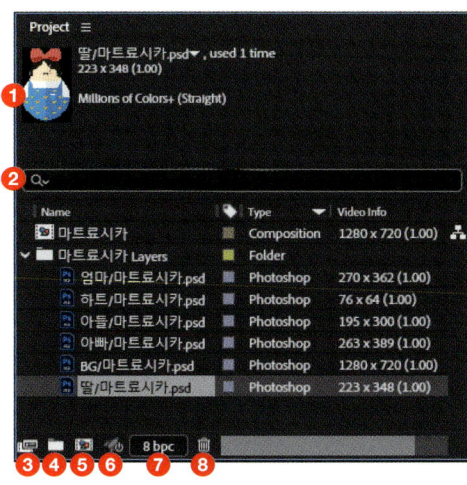

① **Source Thumbnail** | [Project] 패널에 있는 소스를 클릭하면 해당 파일의 섬네일이 표시되며 오른쪽에는 크기, 색상 정보 등이 표시됩니다.

② **Quick Search** | 소스명을 검색하여 찾을 수 있습니다. 원하는 소스를 찾기 어려울 때 유용합니다.

③ **Interpret Footage** | [Alpha], [Field] 등 옵션을 설정할 수 있으며 [Color Management]에서는 [Color Profile]을 설정할 수 있습니다.

④ **Create a new Folder** | [Project] 패널 안에 새로운 폴더를 생성합니다. 폴더에 작업 소스들을 드래그하여 정리할 수 있습니다.

⑤ **Create a new Composition** | 새로운 컴포지션을 생성합니다. 아이콘을 클릭하여 새로운 컴포지션을 만들거나 컴포지션 설정을 수정할 수 있습니다. [Project] 패널 안에 있는 소스를 이 아이콘 위로 드래그하면 소스 파일의 크기와 형식에 맞는 새로운 컴포지션을 만들 수 있습니다.

⑥ **Project Settings and Adjust Project Render Settings** | [Project Settings] 대화상자가 나타납니다. 타임 디스플레이나 색상, 오디오 등의 옵션을 설정할 수 있습니다.

⑦ **Color Depth** | 아이콘을 클릭하면 [Project Settings] 대화상자가 나타나고 [Color Depth] 등의 설정을 변경할 수 있습니다. Alt 를 누르고 클릭하면 8, 16, 32 bpc순으로 변경할 수 있습니다.

⑧ **Delete selected project items** | [Project] 패널에서 선택한 소스 파일 또는 폴더를 삭제합니다.

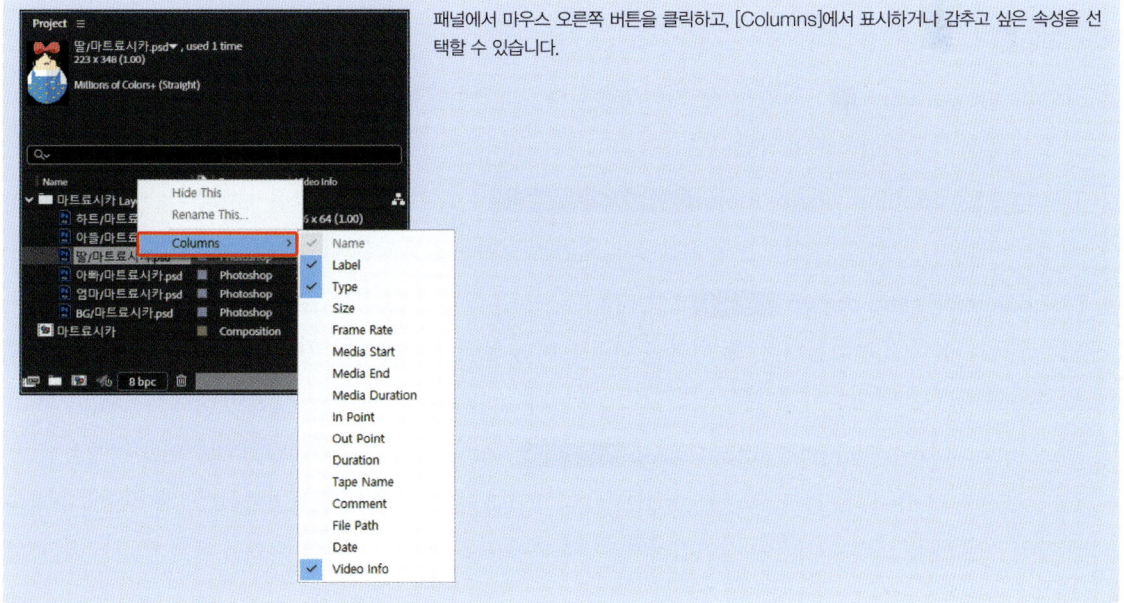

패널에서 마우스 오른쪽 버튼을 클릭하고, [Columns]에서 표시하거나 감추고 싶은 속성을 선택할 수 있습니다.

애니메이션 작업을 확인하고 디자인하는 [Composition] 패널

애니메이션 작업을 미리 보기(프리뷰)할 수 있으며 실제 디자인 작업을 할 수 있습니다. 이 패널에서 직접 텍스트를 입력할 수 있고 오브젝트의 크기를 조절하거나 이동, 회전하는 등 실질적인 작업을 수행합니다.

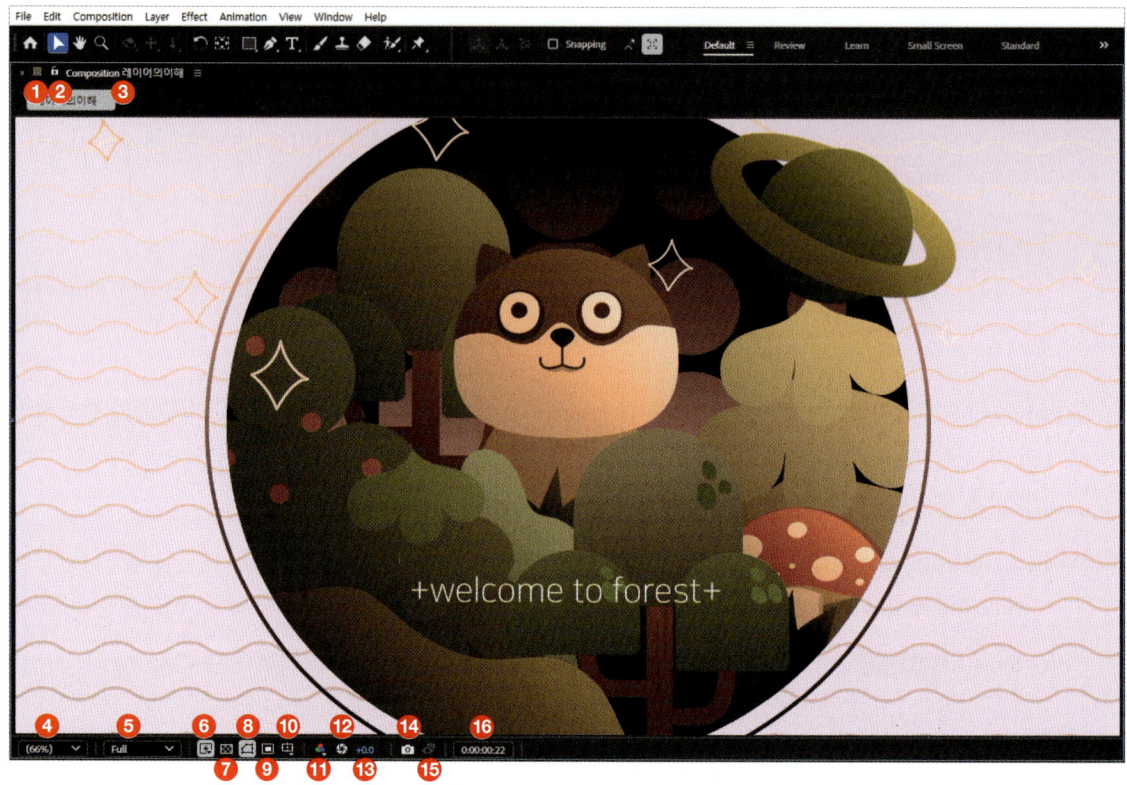

① **Label** | 컴포지션의 라벨 색상을 표시합니다.

② **Toggle Viewer Lock** | 화면을 잠글 수 있습니다. 잠금 설정을 하면 다른 컴포지션을 선택해도 미리 보기가 현재 컴포지션으로 유지됩니다.

③ **Triangle for opening viewer menu** | 컴포지션의 이름을 보여주며, 컴포지션의 열기, 잠그기, 닫기, 이동 등을 설정할 수 있습니다. 열려 있는 다른 컴포지션으로 이동할 수 있습니다.

④ **Magnification ratio popup** | [Composition] 패널의 확대/축소 비율을 지정합니다. 마우스 휠 버튼을 사용하면 편리합니다. 휠 버튼을 위로 올리면 확대, 아래로 내리면 축소됩니다. . , , 로도 화면 비율을 조정할 수 있습니다. Alt + / 를 누르면 [Fit up to 100%]로 화면 비율이 조정됩니다.

⑤ **Resolution/Down Sample Factor Popup** | [Composition] 패널의 해상도를 설정합니다. Full=100%, Half=1/2, Third=1/3, Quater=1/4, Custom은 사용자가 지정합니다. 레이어가 많거나 이미지가 클 때는 프리뷰 시간이 길어집니다. 이때 해상도를 낮추면 프리뷰 속도를 빠르게 할 수 있습니다.

⑥ **Fast Previews** | 미리 보기 옵션을 선택하여 속도를 가속할 수 있습니다.

⑦ **Toggle Transparency Grid** | 오브젝트의 알파값을 확인할 수 있으며 알파의 투명한 부분이 격자로 표시됩니다.

⑧ **Toggle Mask and Shape Path Visibility** | 오브젝트에 마스크를 적용할 때 마스크 패스를 표시하거나 감추는 속성을 설정합니다. 셰이프 레이어의 패스도 표시하거나 감춥니다.

⑨ **Region of Interest** | 클릭한 후 확인이 필요한 부분만 드래그로 지정하여 미리 보기하거나 렌더링할 수 있습니다. Alt 를 누르고 클릭하면 선택 영역이 리셋됩니다.

⑩ **Choose grid and guide options** | 가이드 라인, 그리고 [Title Safe/Action Safe] 가이드라인을 표시하거나 감출 수 있습니다.

▲ Proportional Grid 설정   ▲ Grid 설정   ▲ Title Safe/Action Safe 설정

Alt + ' 를 눌러 표시하거나 감출 수 있습니다.   Ctrl + ' 를 눌러 표시하거나 숨길 수 있습니다.   ' 를 눌러 표시하거나 숨길 수 있습니다.

⑪ **Show Channel and Color Management** | [Red], [Green], [Blue], [Alpha], [RGB Straight] 채널을 각각 확인할 수 있습니다.

⑫ **Reset Exposure** | [Adjust Exposure]에서 설정한 노출값을 초기 설정값인 0으로 변경합니다.

⑬ **Adjust Exposure** | 노출값을 직접 입력하여 설정합니다. 최종 렌더링에는 적용되지 않으며 미리 보기에서만 적용됩니다.

⑭ **Take Snapshot** | 현재 장면을 캡처합니다. 단축키 Shift + F5 ~ F8 을 활용하여 네 장까지 캡처할 수 있습니다.

⑮ **Show Last Snapshot** | 캡처한 장면을 이미지로 표시합니다. 단축키 F5 ~ F8 을 활용하여 네 장까지 캡처 이미지를 표시할 수 있습니다.

⑯ **Preview Time** 0:00:04:21 | 현재 시간을 보여줍니다. 클릭하여 프리뷰 타임을 설정할 수 있습니다.

[Composition] 패널의 3D 레이어 작업 도구

컴포지션에 3D 레이어가 있는 경우 [Composition] 패널에 다수의 아이콘이 추가됩니다.

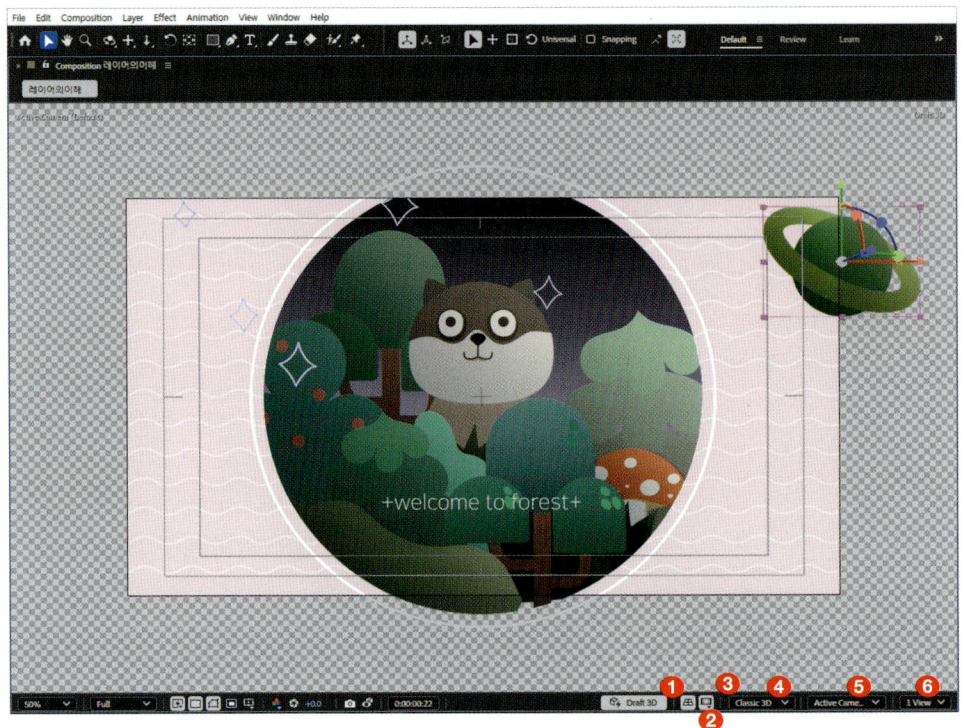

① **Draft 3D** | 3D 가속 미리 보기를 활성화/비활성화할 수 있습니다. 클릭하여 활성화할 경우 저화질로 표시되며 그림자 정보 등이 무시됩니다.

② **3D Ground Plane** | [Draft 3D]를 활성화했을 때만 사용할 수 있습니다. 클릭하여 활성화하면 바닥면에 그리드가 표시됩니다.

③ **Extended Viewer** | [Draft 3D]를 활성화했을 때만 사용할 수 있습니다. 컴포지션 밖의 영역도 보여주어 화면 밖에 위치한 2D 또는 3D 레이어가 표시됩니다.

④ **3D Renderer** | 현재 선택한 3D 렌더러가 표시됩니다. [Cinema 4D] 또는 [Advanced 3D] 렌더러로 변경하거나 [Render Options] 대화상자를 열 수 있습니다.

⑤ **3D View Popup** | 기본값은 [Active Camera]로 설정되어 있습니다. 선택한 카메라 뷰로 3D 작업을 확인할 수 있습니다. 메뉴에서 추가로 카메라를 만들거나 설정을 변경할 수도 있습니다.

⑥ **Select View Layout** | 3D 작업에서 카메라 뷰 레이아웃을 설정할 수 있습니다.

미디어 파일을 레이어 형태로 관리하는 [Timeline] 패널

미디어 파일을 레이어의 형태로 올려 작업하는 패널로, 각 레이어의 재생 시간을 설정하거나 키프레임을 생성하는 등 실질적인 애니메이션 작업을 하는 곳입니다.

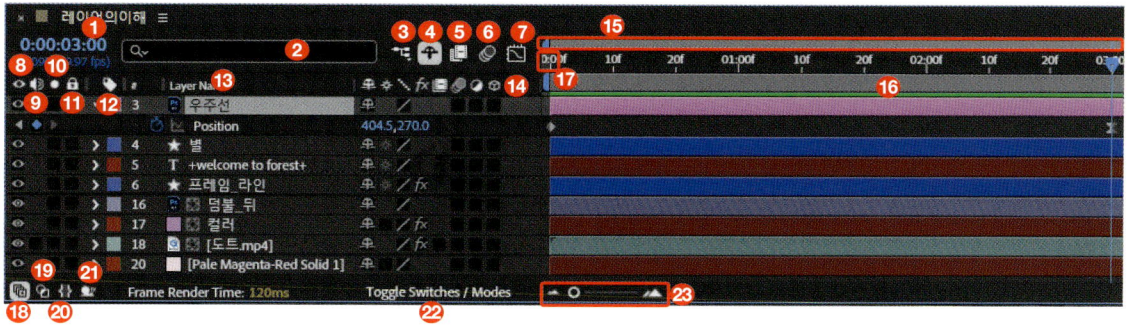

① **Current Time** | 타임 인디케이터가 있는 현재 시간을 알 수 있습니다. Ctrl 을 누른 채 클릭하여 타임코드, 프레임 형식으로 디스플레이 스타일을 변경할 수 있습니다.

② **Quick Search** | Ctrl + F 를 눌러 활성화시킨 후 레이어나 속성 등의 이름을 검색하여 찾을 수 있습니다.

③ **Composition Mini-Flowchart** | 컴포지션을 작은 플로우차트 형태로 보여줍니다. Tab 을 눌러 확인할 수도 있습니다.

④ **Hides all layers for which the 'Shy' switch is set** | [Timeline] 패널에서 숨기기 설정된 레이어를 감춥니다. 사용 중인 레이어가 많을 때 현재 작업 중인 레이어를 제외한 나머지 레이어의 [Shy] 옵션을 숨기기로 설정한 후 클릭하면 감출 수 있습니다. [Timeline] 패널에서만 감춰지며, [Composition] 패널에는 그대로 표시됩니다.

⑤ **Enables Frame Blending for all layers with the Frame Blend switch set** | 동영상에만 적용되며, 재생 속도 등을 조절한 후 활성화시키면 한층 부드러운 움직임을 만들 수 있습니다.

⑥ **Enables Motion Blur for all layers with the Motion Blur switch set** | 모션 블러를 활성화합니다. 모션 블러 스위치가 활성화되어 있는 레이어만 적용됩니다.

⑦ **Graph Editor** | 다양한 애니메이션 속성을 그래프 형태로 보여줍니다. 그래프를 조절하여 애니메이션을 수정할 수 있습니다.

⑧ **Video** | 레이어를 화면에서 감추거나 다시 표시할 수 있습니다.

⑨ **Audio** | 오디오 정보가 있는 레이어에만 활성화되며 레이어의 오디오를 켜고 끕니다.

⑩ **Solo** | 선택한 레이어만 화면에 표시되고 나머지 레이어는 감춥니다.

⑪ **Lock** | 해당 레이어가 수정되지 않도록 잠급니다.

⑫ **Label** | 라벨 색상을 표시합니다. 클릭하여 라벨 색상을 변경할 수 있습니다.

⑬ **Layer Name** | 레이어의 이름이나 소스의 이름을 보여줍니다. 클릭하면 [Source Name]이 나타납니다. 레이어의 이름을 마우스 오른쪽 버튼으로 클릭하고 [Rename]을 선택하거나, 레이어를 선택한 상태에서 Enter 를 누르를 누르면 레이어 이름을 수정할 수 있습니다. [Source Name]은 변경할 수 없습니다.

⑭ | [Timeline] 패널 전체가 아닌 각각의 레이어 설정입니다.

- ⓐ **Shy** | 레이어 숨기기를 활성화 또는 비활성화합니다.
- ⓑ **Collapse Transformations** | 3D 레이어를 포함한 컴포지션 레이어의 3D 성질을 유지하게 하거나, 벡터 레이어의 경우 래스터라이즈를 유지합니다.
- ⓒ **Quality and Sampling** | 미리 보기의 화질을 조절합니다.
- ⓓ **Effect** | 이펙트를 보여주거나 감춥니다.
- ⓔ **Frame Blending** | 프레임 혼합 설정입니다.
- ⓕ **Motion Blur** | 모션 블러를 활성화하거나 비활성화할 수 있습니다.
- ⓖ **Adjustment Layer** | 레이어를 감추며, 이 레이어에 적용된 효과가 하위 레이어에 적용됩니다.
- ⓗ **3D Layer** | 활성화하여 3D 레이어로 변환할 수 있습니다.

⑮ **Time Navigator** | 조절바를 드래그하면 시간 영역을 확대/축소/이동할 수 있습니다.

⑯ **Work Area** | 미리 보기할 때 원하는 영역을 지정할 수 있습니다.

⑰ **Current Time Indicator(CTI)** | 현재 화면에 표시되는 부분의 시간 위치입니다.

⑱ **Expand or Collapse the Layer Switches pane** | [Shy], [For Comp layer/For Vector Layer], [Quality and Sampling], [Effect], [Frame Blending], [Motion Blur], [Adjustment Layer], [3D Layer] 옵션을 표시하거나 감춥니다.

⑲ **Expand or Collapse the Transfer Controls pane** | [Blending Mode], [Preserve Underlying Transparency], [Track Matte] 옵션을 표시하거나 감춥니다.

⑳ **Expand or Collapse the In/Out/Duration/Stretch panes** | 레이어의 시간 속성인 [In], [Out], [Duration], [Stretch]를 표시하거나 감춥니다.

㉑ **Expand or Collapse the Render Time pane** | 실시간 렌더링에서의 지연 시간을 각 레이어별, 효과별로 표시하거나 감춥니다.

㉒ **Toggle Switches/Modes** | [Layer Switches pane]과 [Transfer Controls pane]을 스위치합니다. 단축키 F4 를 이용할 수 있습니다.

㉓ **Zoom into frame level, or out to entire comp(in time)** | [Timeline] 패널을 확대하거나 축소합니다. 왼쪽 아이콘을 클릭하면 [Timeline] 패널 전체가 축소되고, 오른쪽 아이콘을 클릭하면 현재 시간을 기준으로 [Timeline] 패널이 확대됩니다. 가운데에 있는 조절점을 드래그하거나 +, - 를 눌러 확대 및 축소를 조절할 수 있습니다.

▲ 칼럼(Columns)을 마우스 오른쪽 버튼으로 클릭하고 모든 칼럼(열)을 다 확장한 경우

다양한 형태의 레이어 속성을 설정할 수 있는 [Properties] 패널

애프터 이펙트 CC 버전 23.6 이상에서만 확인할 수 있습니다.

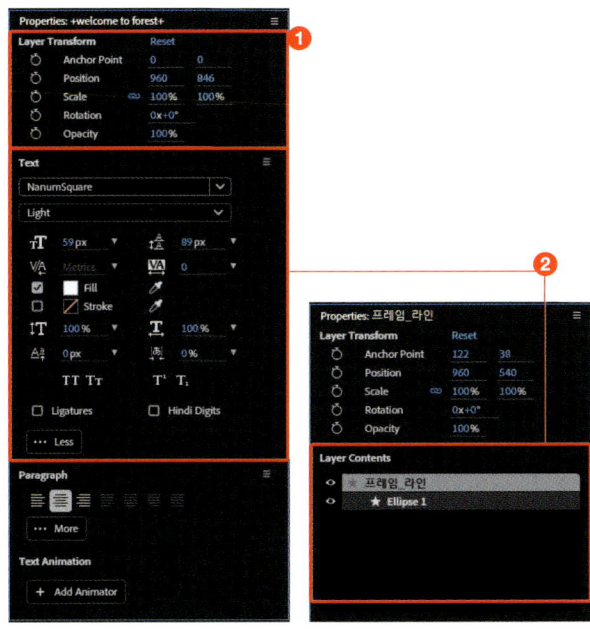

▲ [Text] 레이어를 선택했을 경우   ▲ [Shape] 레이어를 선택했을 경우

① **Layer Transform** | 레이어의 [Transform] 속성을 설정하고 스톱워치를 클릭하여 애니메이션 작업을 수행할 수 있습니다.

② 레이어의 형태에 따라 그 레이어의 개별 속성이 표시됩니다. [Text] 레이어를 선택하면 문자의 설정 속성이, 셰이프 레이어를 선택하면 [Layer Contents]와 [Shape Properties] 등의 속성이 표시됩니다.

오디오 옵션을 볼 수 있는 [Audio] 패널

재생한 오디오의 볼륨을 확인하고 조절할 수 있습니다.

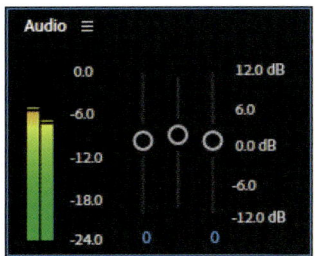

애니메이션 프리셋과 효과를 검색하고 적용할 수 있는 [Effects & Presets] 패널

▶를 클릭하여 원하는 애니메이션 프리셋, 또는 효과를 찾거나 입력란에 검색어를 입력하여 찾을 수 있습니다. ▶를 클릭하면 해당 카테고리에 있는 다양한 효과들이 표시됩니다. 효과 이름 앞에 있는 숫자는 해당 이펙트가 지원하는 색상 심도(Color Depth)를 뜻합니다. 효과를 선택하고 더블클릭하거나 드래그&드롭하는 방법으로 적용합니다.

레이어의 정렬을 맞추는 [Align] 패널

[Align Layers to]는 한 개 이상의 레이어를 선택했을 때 활성화되며 [Composition]과 [Selection] 중 선택할 수 있습니다. [Composition]을 선택하면 선택한 레이어와의 정렬을 컴포지션과 맞출 수 있으며, 두 개 이상의 레이어를 선택하고 [Selection]을 선택하면 선택한 레이어들 간의 정렬을 맞출 수 있습니다.

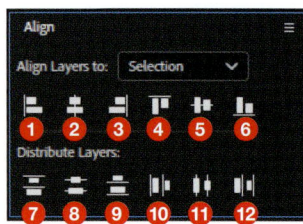

① **Align Left** ▤ | 좌측 맞춤 정렬합니다.

② **Align Horizontally** ▤ | 수평으로 맞춤 정렬합니다.

③ **Align Right** ▤ | 우측 맞춤 정렬합니다.

④ **Align Top** ▤ | 위쪽 맞춤 정렬합니다.

⑤ **Align Vertically** ▤ | 수직으로 맞춤 정렬합니다.

⑥ **Align Bottom** ▤ | 아래쪽 맞춤 정렬합니다.

[Distribute Layers]는 세 개 이상의 레이어를 선택했을 때 활성화되며 레이어들의 간격을 정렬하는 옵션입니다.

⑦ **Distribute Top** ▤ | 레이어들의 맨 위 픽셀들의 간격을 균등하게 지정합니다.

⑧ **Distribute Vertically** ▤ | 레이어들의 수직 중앙 픽셀들의 간격을 균일하게 정렬합니다.

⑨ **Distribute Bottom** ▤ | 레이어들의 가장 아래쪽 픽셀들의 간격을 균등하게 정렬합니다.

⑩ **Distribute Left** | 레이어들의 가장 왼쪽 픽셀들의 간격을 균등하게 정렬합니다.

⑪ **Distribute Hotizontally** | 레이어들의 수평 중앙 픽셀들의 간격을 균일하게 정렬합니다.

⑫ **Distribute Right** | 레이어들의 가장 오른쪽 픽셀들의 간격을 균등하게 정렬합니다.

텍스트 스타일을 지정하는 [Character] 패널, [Paragraph] 패널

문자 도구를 이용해서 텍스트를 입력한 후 다양한 설정을 할 수 있습니다.

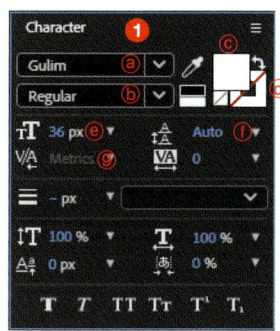
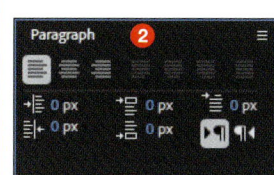

❶ **[Character] 패널** | 입력한 텍스트의 폰트, 크기, 색상, 자간, 행간, 자폭 등을 선택하여 적용합니다.

ⓐ **Set the font family** | 폰트 패밀리를 선택합니다.

ⓑ **Set the font style** | 폰트 스타일을 선택합니다.

ⓒ **Fill Color** | 면에 적용되는 색상 속성의 유무와 색상(컬러코드)을 설정합니다.

ⓓ **Stroke Color** | 선에 적용되는 색상 속성의 유무와 색상(컬러코드)을 설정합니다.

ⓔ **Font Size** | 폰트 사이즈를 선택합니다.

ⓕ **Set the leading** | 글줄과 글줄 사이의 행간을 설정합니다.

ⓖ **Set the tracking** | 글자 사이의 간격을 설정합니다.

❷ **[Paragraph] 패널** | 문단 모양을 선택할 수 있습니다. 왼쪽 맞춤, 중앙 맞춤, 오른쪽 맞춤으로 설정할 수 있고 텍스트 입력 방향도 설정할 수 있습니다.

적용한 이펙트를 확인하고 조절하는 [Effect Controls] 패널

레이어에 이펙트를 적용하면 화면 왼쪽에 자동으로 표시되는 패널입니다. 레이어에 적용된 이펙트를 확인하려면 해당 레이어를 선택하고 F3 을 누릅니다. 이펙트마다 조절할 수 있는 옵션이 다르므로 세부 옵션은 실습으로 확인합니다.

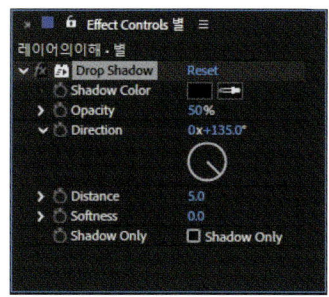

하나의 레이어만 보면서 작업할 수 있는 [Layer] 패널

[Timeline] 패널에서 레이어를 더블클릭하면 컴포지션 위치에 자동으로 열리며 로토 브러시 또는 트래킹 등의 작업을 할 때 자동으로 나타납니다. [Composition] 패널과 옵션이 다르게 표시됩니다.

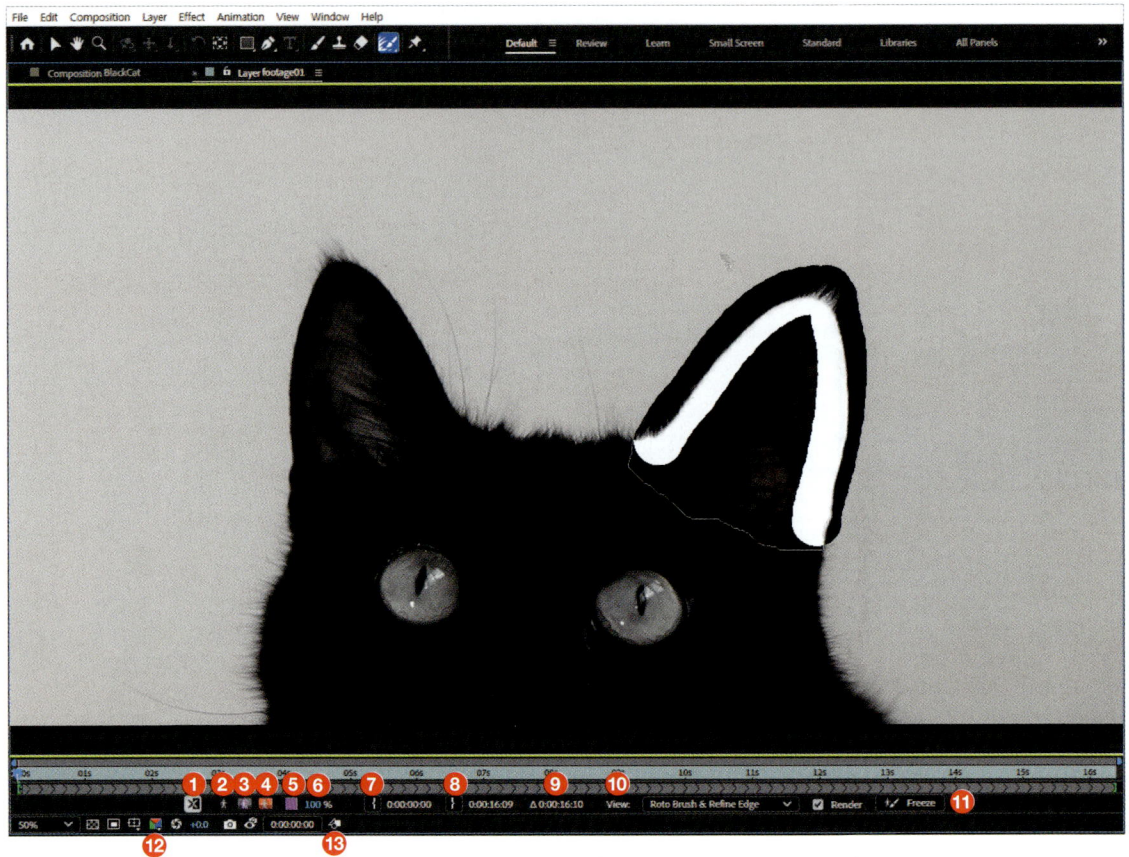

① **Toggle Refine Edge X-Ray** | 리파인 에지 작업 시 에지를 X-Ray처럼 보여줍니다.

② **Toggle Alpha** | 알파 채널 형식으로 보여줍니다. 블랙과 화이트 형식으로 나타납니다.

③ **Toggle Alpha Boundary** | 알파 채널을 바운더리 형식으로 보여줍니다.

④ **Toggle Alpha Overlay** | 알파에서 안 읽는 부분을 [Overlay]로 보여줍니다.

⑤ **Alpha Boundary/Overlay Color** | 알파값의 [Overlay] 색상을 설정합니다.

⑥ **100%** | 알파값의 [Overlay] 투명도를 설정합니다.

⑦ **{** | 작업의 시작점입니다.

⑧ **}** | 작업의 끝점입니다.

⑨ 전체 작업 길이입니다.

⑩ **View** | 기본은 [None]이며, [Roto Brush & Refine Edge], [Masks], [Motion Tracker Points], [Anchor Point Path] 등으로 선택할 수 있습니다.

⑪ **Freeze** | 로토 브러시나 리파인 에지의 확산을 메모리 캐시로 저장하고 잠급니다.

⑫ **Show Channel and Color Management Settings** | 알파나 컬러 채널을 선택해서 나타나게 하거나 컬러를 설정할 수 있습니다.

⑬ **Comp Button** | 작업 중인 레이어가 들어있는 컴포지션으로 돌아갑니다.

애니메이션을 편집할 수 있는 [Graph Editor] 패널

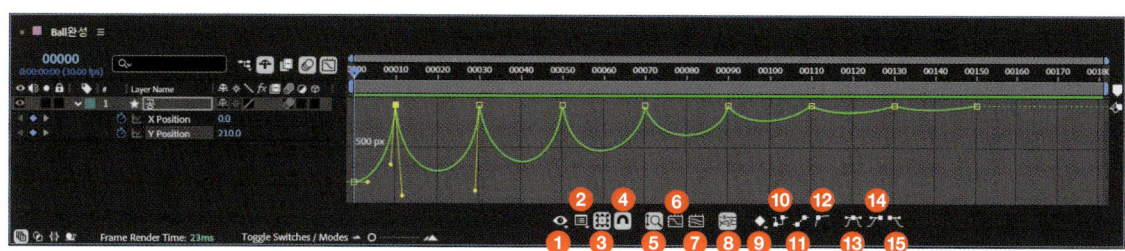

① **Choose which properties are shown in the graph editor** | 그래프 에디터에서 어떤 속성을 보여줄 것인지 선택할 수 있습니다. [Show Selected Properties]를 선택하면 선택한 속성만 나타나며, [Show Animated Properties]를 선택하면 애니메이션 속성을 모두 보여줍니다.

② **Choose graph type and options** | [Edit Speed Graph] 또는 [Edit Value Graph]를 선택할 수 있습니다. 스피드나 값을 그래프로 보면서 편집할 수 있습니다.

③ **Show Transform Box when multiple keys are selected** | 조절키를 여러 개 선택했을 때 박스 형태로 보여주는 옵션입니다.

④ **Snap** | 키프레임을 이동할 때 스냅이 적용됩니다.

⑤ **Auto-Zoom graph height** | 자동으로 높이가 확대됩니다.

⑥ **Fit selection to view** | 선택한 속성의 그래프가 [Graph Editor] 패널에 가득 차게 보여집니다.

⑦ **Fit all graphs to view** | 모든 그래프가 [Graph Editor] 패널에 가득 차게 보여집니다.

⑧ **Separate Dimensions** | 선택한 키프레임의 차원이 분리됩니다.

⑨ **Edit selected keyframes** | 선택한 키프레임을 편집할 수 있는 하위 메뉴가 있습니다.

⑩ **Convert selected keyframes to Hold** | 선택한 키프레임을 [Hold]로 변경합니다.

⑪ **Convert selected keyframes to Linear** | 선택한 키프레임을 [Linear]로 변경합니다.

⑫ **Convert selected keyframes to Auto Bezier** | 선택한 키프레임을 [Auto Bezier]로 변경합니다.

⑬ **Easy Ease** | 선택한 키프레임을 [Easy Ease]로 설정합니다.

⑭ **Easy Ease In** | 선택한 키프레임을 [Easy Ease In]으로 설정합니다.

⑮ **Easy Ease Out** | 선택한 키프레임을 [Easy Ease Out]으로 설정합니다.

작업 환경 설정하기

작업 공간(Workspace) 설정하기

애프터 이펙트는 다양한 패널을 이용하여 작업을 수행합니다. 그러므로 수많은 패널을 작업 내용에 맞도록 설정하고 작업하는 것이 효율적입니다. ① [Window]-[Workspace] 메뉴를 선택해 작업 공간을 선택할 수 있습니다. ② 기본형은 [Default] 구성이며 표준형인 [Standard] 구성도 활용도가 높습니다. 이 책의 예제 실습으로는 [Standard]와 [Minimal] 구성이 주로 사용되었습니다. [Minimal] 구성은 작업에 가장 필수적이면서 최소한의 패널인 [Composition] 패널과 [Timeline] 패널로만 구성된 설정입니다.

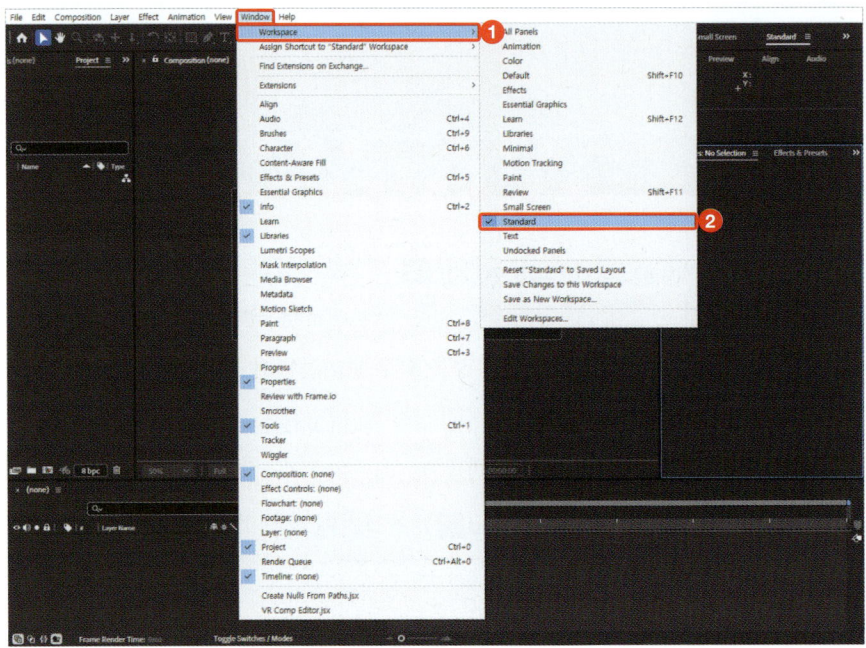

모니터 설정에 따라 도구바에서 바로 변경할 수도 있습니다. ③ 기본값에서 패널의 구성이 달라졌을 경우 원래의 구성으로 돌아오려면 다음 그림과 같이 상단 워크스페이스 영역의 ▤를 클릭한 후 ④ [Reset to Saved Layout]을 선택하면 됩니다. 작업하는 도중에 필요한 패널이 사라졌을 때에도 빠르게 기본값으로 돌려놓을 수 있습니다.

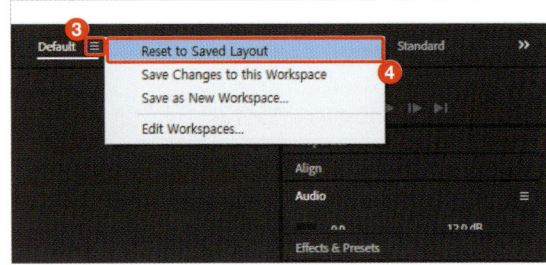

작업 환경(Preferences) 설정하기

메뉴바에서 [Edit]-[Preferences] 메뉴를 선택한 후 하위 메뉴를 선택하면 [Preferences] 대화상자가 나타납니다. 애프터 이펙트에 대한 전반적인 작업 환경을 설정할 수 있습니다.

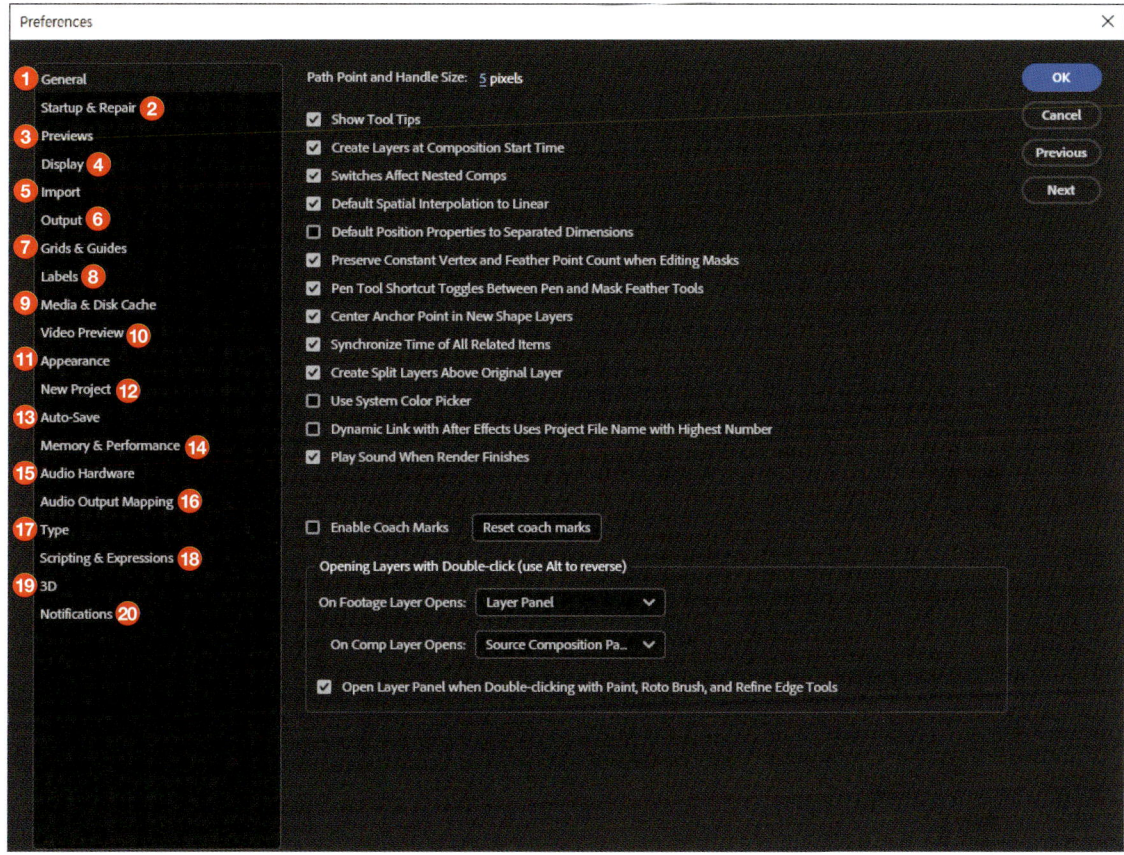

▲ [Preferences] 대화상자

① **General** ｜ 레벨 조절, 도구 팁의 표시 유무 등 일반적인 옵션을 설정합니다.

② **Startup & Repair** ｜ 프로그램을 시작할 때 [Home] 화면과 시스템 적합성 표시 유무를 선택할 수 있습니다. 또한 모든 디스크 캐시를 한번에 삭제할 수 있는 옵션이 있습니다.

③ **Previews** ｜ 비디오와 오디오의 미리 보기 옵션을 설정합니다. [GPU Information]을 클릭하여 그래픽 카드 정보 등을 확인할 수 있습니다.

④ **Display** ｜ 모션 패스 등의 디스플레이를 설정합니다.

⑤ **Import** ｜ 이미지나 시퀀스 불러오기 옵션을 설정합니다.

⑥ **Output** ｜ 내보내기 옵션을 설정합니다.

⑦ **Grids & Guides** ｜ 그리드와 가이드라인의 색상과 간격 등을 설정합니다.

⑧ **Labels** ｜ 라벨의 색상을 설정합니다.

⑨ **Media & Disk Cache** | 디스크 캐시를 활성화하고 디스크 캐시의 크기, 저장 위치를 설정할 수 있습니다.

⑩ **Video Preview** | 컴퓨터 모니터나 다른 디스플레이 장치로 비디오를 재생할 수 있도록 설정합니다.

⑪ **Appearance** | 인터페이스의 색상 등을 설정합니다.

⑫ **New Project** | 새로운 프로젝트 만들 때의 템플릿 옵션을 설정합니다.

⑬ **Auto-Save** | 자동 저장을 설정합니다.

⑭ **Memory & Performance** | 전체 사용 가능한 램(RAM)과 다른 애플리케이션에 할애할 수 있는 램 등을 설정합니다.

⑮ **Audio Hardware** | 오디오 장치를 설정합니다.

⑯ **Audio Output Mapping** | 스피커 등을 설정합니다.

⑰ **Type** | 프리뷰 폰트 크기 등의 [Font Menu]를 설정할 수 있습니다.

⑱ **Scripting & Expressions** | [Expressions Editor] 메뉴에서 폰트 사이즈나 색상 등을 설정합니다.

⑲ **3D** | 카메라 내비게이션의 단축키 사용 유무 등을 선택할 수 있습니다.

⑳ **Notifications** | [Render Notifications]을 활성화하면 렌더 대기열에 컴포지션을 추가할 때 자동으로 알림을 표시합니다. 렌더 완료 알림이 크리에이티브 클라우드 앱을 통하여 데스크톱이나 모바일로 전송됩니다.

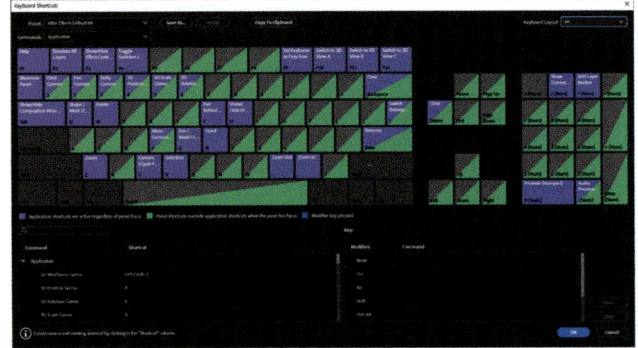

단축키 확인하고 설정하기

메뉴바에서 [Edit]-[Keyboard Shortcuts] 메뉴를 선택하면 [Keyboard Shortcuts] 대화상자가 나타납니다. 다양한 패널의 단축키를 확인할 수 있으며 새로운 단축키를 설정하고 저장할 수 있습니다.

프로젝트 저장하기

❶ 메뉴바에서 [File]-[Save] Ctrl + S 메뉴를 선택합니다.

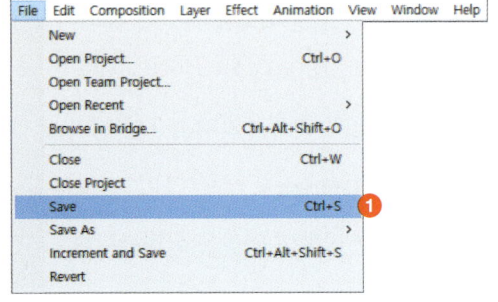

❷ [Save As] 대화상자가 나타나면 저장 경로를 설정한 후 파일 이름을 입력하고 ❸ [저장]을 클릭합니다. '입력한 이름.aep' 파일로 저장됩니다. aep 파일은 After Effects Project 파일이며 동영상 파일이 아니므로 프로그램을 열지 않고서는 동영상을 재생할 수 없습니다. 또한 불러온 모든 미디어 파일은 aep 파일에 저장되지 않고 경로만 저장됩니다.

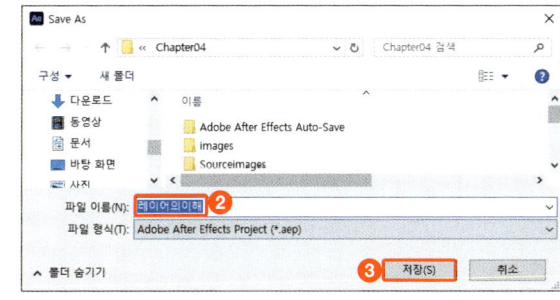

CHAPTER 02

애프터 이펙트 기본
&핵심 기능 익히기

본격적으로 애프터 이펙트의 기본을 학습하고 핵심 기능을 실습해보겠습니다.
먼저 LESSON 01에서 애프터 이펙트 실행하고, 미디어 소스를 불러오고,
애니메이션 작업 등의 프로세스를 거쳐 마지막으로 렌더링하여
동영상 파일로 추출하는 전 과정을 실습해봅니다. 그리고 핵심적인 내용을
하나씩 차근차근 학습해보겠습니다.

Ae LESSON 01

애프터 이펙트 시작부터 출력까지

애프터 이펙트 기본 작업으로 전 과정 알아보기

☑ CC 모든 버전
☐ CC 2025 버전

준비 파일 애프터 이펙트/Chapter 02/모델.png, summer.mp3
완성 파일 애프터 이펙트/Chapter 02/인트로.aep

AFTER

이 예제를 따라 하면

애프터 이펙트의 실행부터 미디어 파일 불러오기, 애니메이션 제작, 동영상 추출까지 전체 작업 과정을 실습해보겠습니다. 이론적인 기능 설명보다는 실무에서 활용하는 실전적인 방식으로 진행하겠습니다. 기본 기능만 알고 있어도 많은 작업을 할 수 있으므로 직접 실습하면서 하나씩 익혀봅니다.

STEP ① 애프터 이펙트 실행하고 새로운 컴포지션 만들기

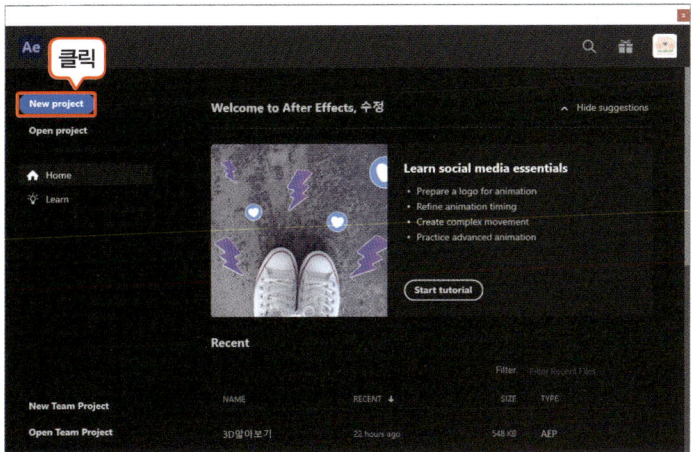

01 애프터 이펙트를 실행합니다. 홈 화면이 나타나면 [New project]를 클릭합니다. 화면이 자동으로 닫힙니다.

동영상 강의 확인하기

홈 화면에서 [New Project]를 클릭하여 새로운 프로젝트를 시작하거나 [Open Project]를 클릭하여 기존에 작업한 파일을 열 수 있습니다. [Recent] 목록에서 최근 작업 파일을 바로 열거나, 새로운 팀프로젝트 파일을 시작하고 열 수도 있습니다. [Learn] 또는, [Start tutorial]을 클릭하면 애프터 이펙트를 학습을 시작할 수도 있습니다.

02 ❶ 도구바에서 [Standard]를 클릭하여 워크스페이스(Workspace) 레이아웃을 표준형(Standard)으로 설정합니다. ❷ [Composition] 패널에서 [New Composition]을 클릭합니다.

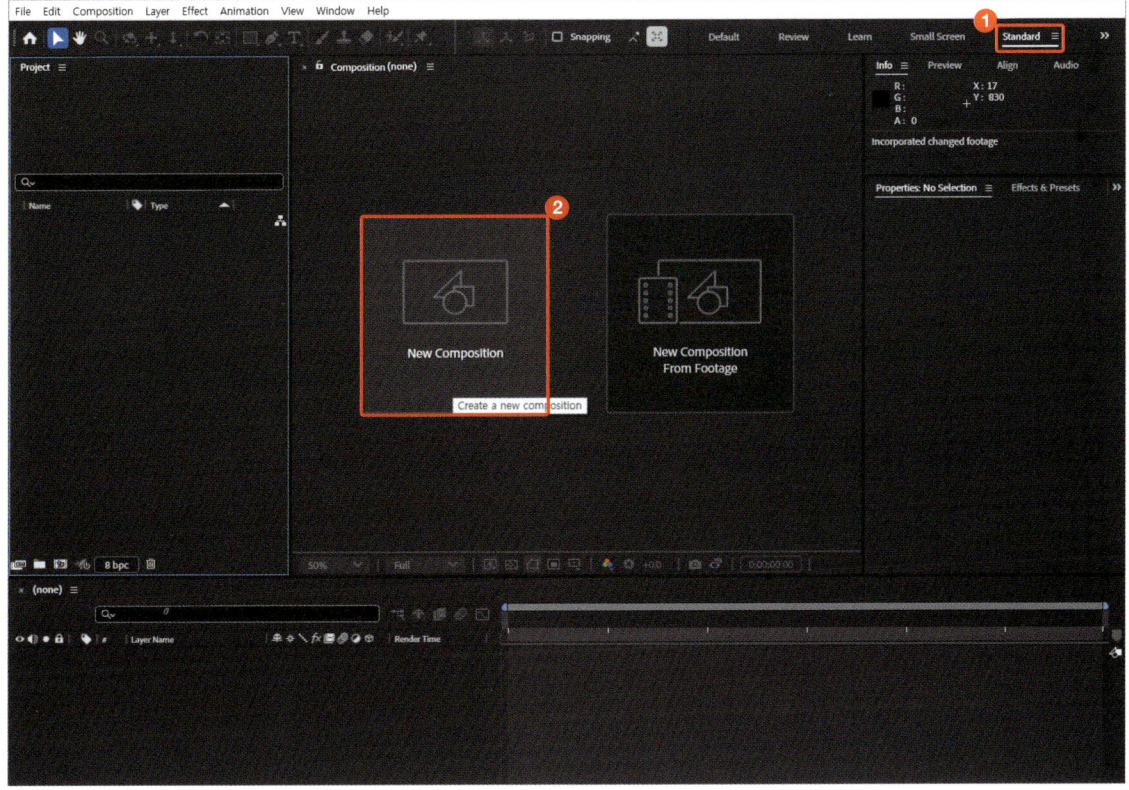

CHAPTER 02 애프터 이펙트 기본&핵심 기능 익히기　　**313**

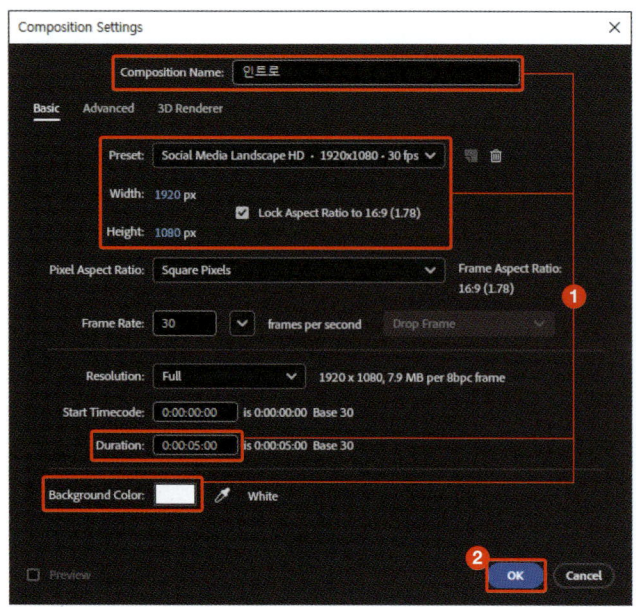

03 ① [Composition Settings] 대화상자가 나타나면 다음과 같이 설정합니다. ② [OK]를 클릭하면 새로운 컴포지션이 생성됩니다.

Composition Name	인트로
Preset	Social Media Landscape HD · 1920x1080 · 30fps
Duration	0:00:05:00
Background Color	White

> 컴포지션(Composition)의 개념과 [Composition Settings] 대화상자의 모든 속성은 334쪽에서 학습할 수 있습니다.

STEP ② 이미지, 오디오 파일 불러오기

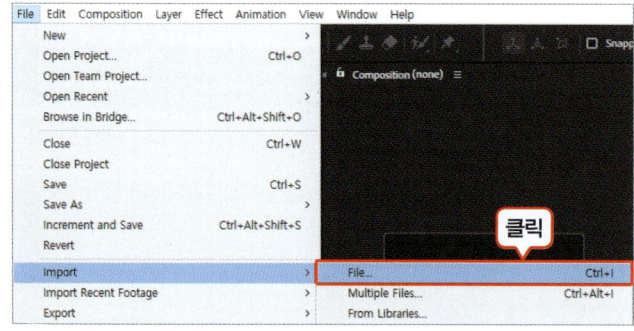

04 [File]-[Import]-[File] 메뉴를 선택합니다.

> Ctrl + I 단축키를 눌러도 됩니다.

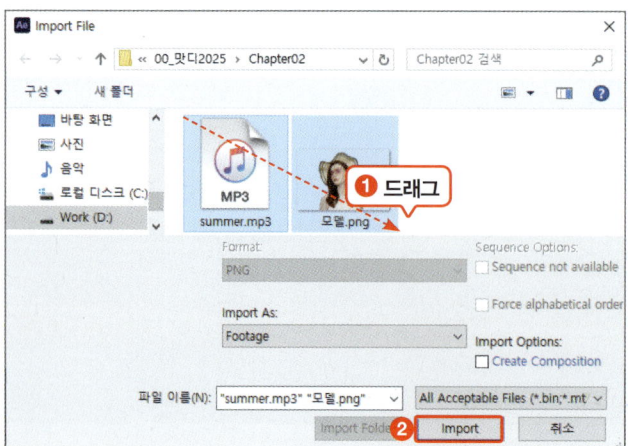

05 [Import File] 대화상자가 나타나면 ① 이미지 파일인 **모델.png**와 오디오 파일인 **summer.mp3**를 같이 선택합니다. ② [Import]를 클릭합니다.

> 드래그하여 선택할 수 없는 경우에는 하나의 파일을 클릭하고 Ctrl 을 누른 상태에서 나머지 파일을 클릭하여 두 개의 파일을 선택할 수 있습니다.

06 [Project] 패널에 두 개의 파일이 등록되었습니다. 두 개의 파일을 각각 ❶ 클릭, ❷ Ctrl 을 누른 채 클릭하여 모두 선택하고 ❸ [Timeline] 패널로 드래그합니다. ❹ Spacebar 를 눌러보면 오디오가 재생됩니다.

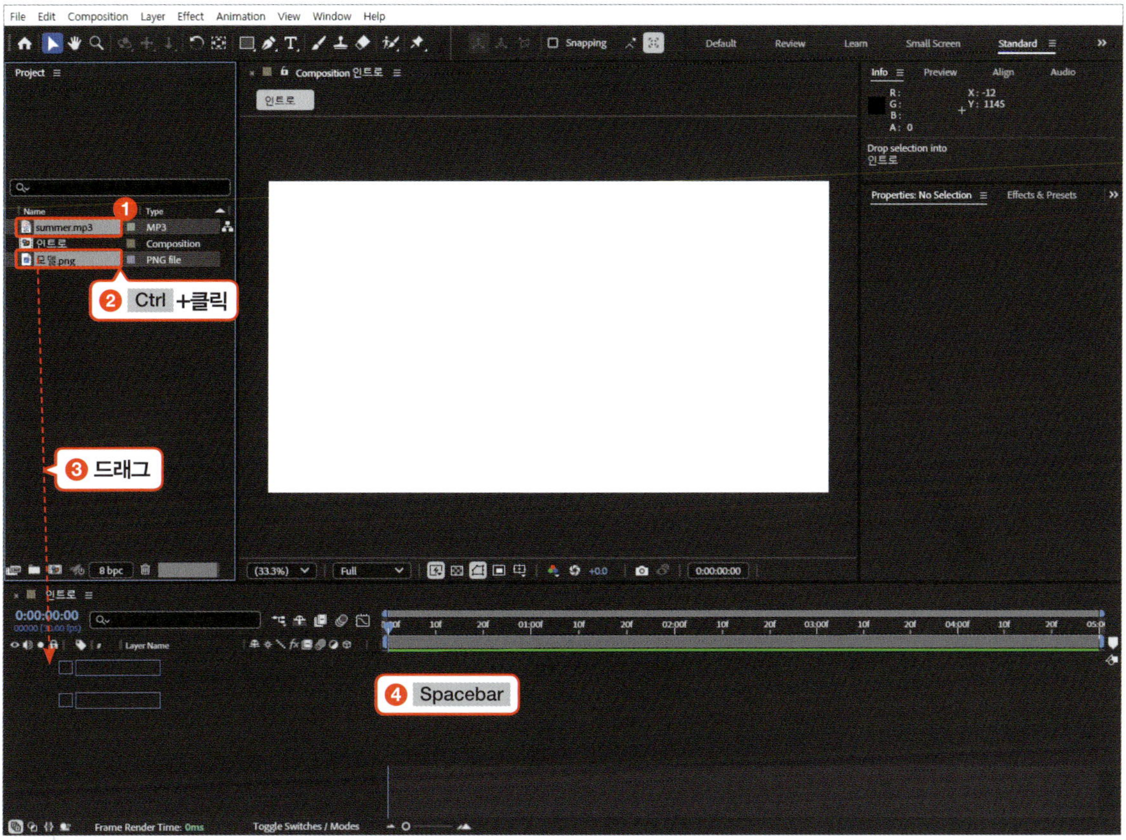

[Project] 패널의 [인트로]는 컴포지션이며 생성한 컴포지션 역시 [Project] 패널 내에 포함됩니다.

STEP ③ 새로운 솔리드 레이어로 배경 이미지 만들기

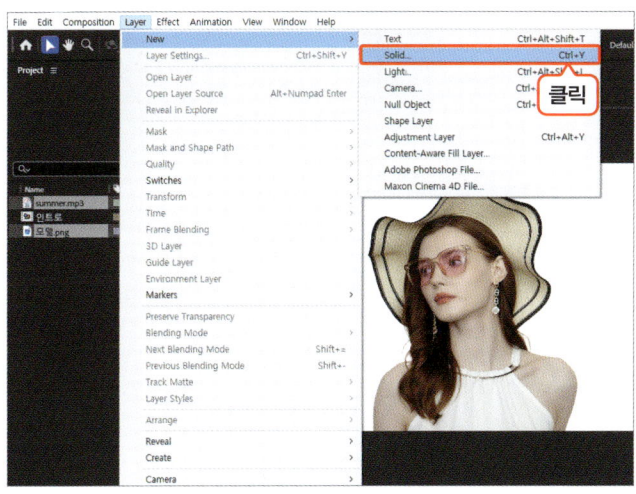

07 [Layer]-[New]-[Solid] 메뉴를 선택합니다.

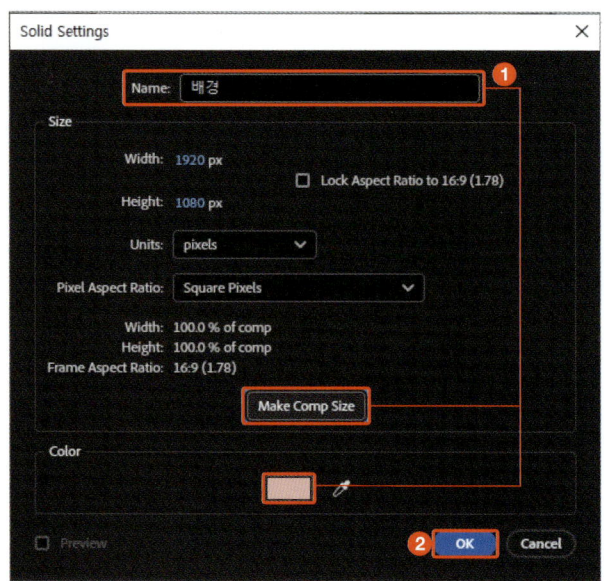

08 ❶ [Solid Settings] 대화상자가 나타나면 다음과 같이 설정하고 ❷ [OK]를 클릭합니다.

Name	배경
Make Comp Size	클릭
Color	밝은 분홍색

솔리드 레이어와 [Solid Settings] 대화상자의 모든 속성은 360쪽에서 학습할 수 있습니다.

09 [Timeline] 패널에서 가장 위에 있는 [배경] 레이어를 클릭하고 가장 아래로 드래그합니다. 배경 이미지가 뒤로 가고 인물이 나타납니다.

STEP ④ 텍스트 입력하고 배치하기

10 ❶ 도구바에서 문자 도구 T Ctrl + T 를 더블클릭합니다. 텍스트를 입력할 수 있는 커서가 [Composition] 패널 중앙에 나타납니다. [Properties] 패널이 자동으로 나타납니다. 서체나 크기, 색상은 자유롭게 선택할 수 있습니다. ❷ **THE**를 입력합니다. ❸ 예제에서는 서체는 [Gmarket Sans-Bold]를 선택했고, 크기는 340, 색상은 흰색으로 설정했습니다. [Paragraph]는 중앙 정렬을 선택합니다. ❹ 입력 후에는 선택 도구 ▶ V 로 돌아옵니다.

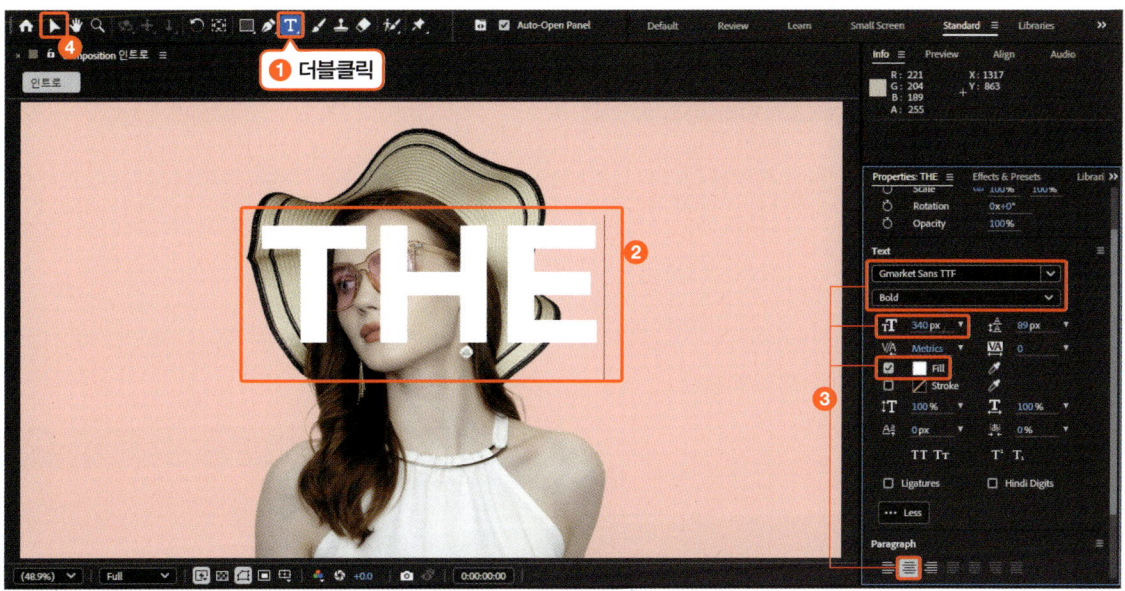

도구 사용을 마치면 항상 선택 도구 ▶로 돌아오는 것이 좋습니다.

텍스트 레이어와 속성 설정은 385쪽에서 학습할 수 있습니다.

이 예제에는 'G마켓 산스' 폰트가 사용되었습니다. Adobe 유료 플랜을 구독하면 지원하는 폰트를 자동으로 찾고, 설치해줍니다. 자동으로 설치되지 않는다면 눈누(https://noonnu.cc), Google Fonts(https://fonts.google.com), DaFont(https://dafont.com) 등에서 다운로드할 수 있습니다.

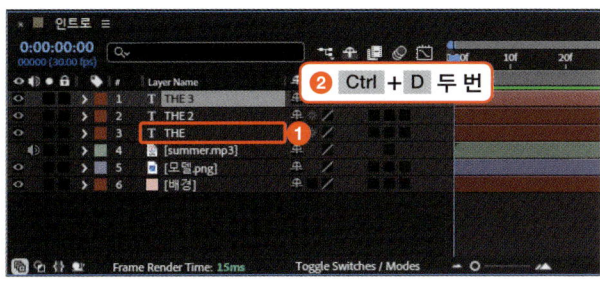

11 ❶ [Timeline] 패널에서 [THE] 레이어를 클릭하고 ❷ Ctrl + D 를 두 번 눌러 레이어를 두 번 복제합니다.

12 ❶ [Timeline] 패널에서 [THE] 레이어를 클릭합니다. ❷ 다음 그림을 참고하여 [Composition] 패널에서 Shift 를 누른 채 위로 드래그합니다.

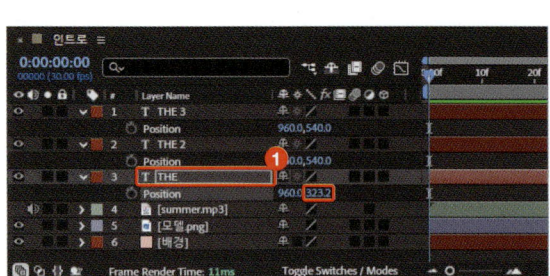 

[Composition] 패널에서 텍스트를 이동하는 게 어렵다면 [THE 3] 레이어를 클릭하고 P 를 눌러 [Position]을 열고 Y값을 320 정도로 설정합니다. 정확한 수치는 필요하지 않습니다. 화면 위쪽에 약간의 여유를 두는 정도에 배치하면 됩니다.

13 ❶ [Timeline] 패널에서 [THE 3] 레이어를 클릭합니다. ❷ 다음 그림을 참고하여 [Composition] 패널에서 Shift 를 누른 채 아래로 드래그합니다.

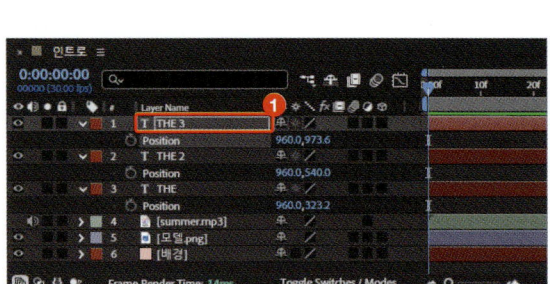 

14 ❶ [Timeline] 패널에서 세 개의 텍스트 레이어를 모두 선택합니다. ❷ [Align] 패널에서 ▤를 클릭합니다. 레이어들의 수직 중앙 픽셀들의 간격을 균일하게 정렬됩니다.

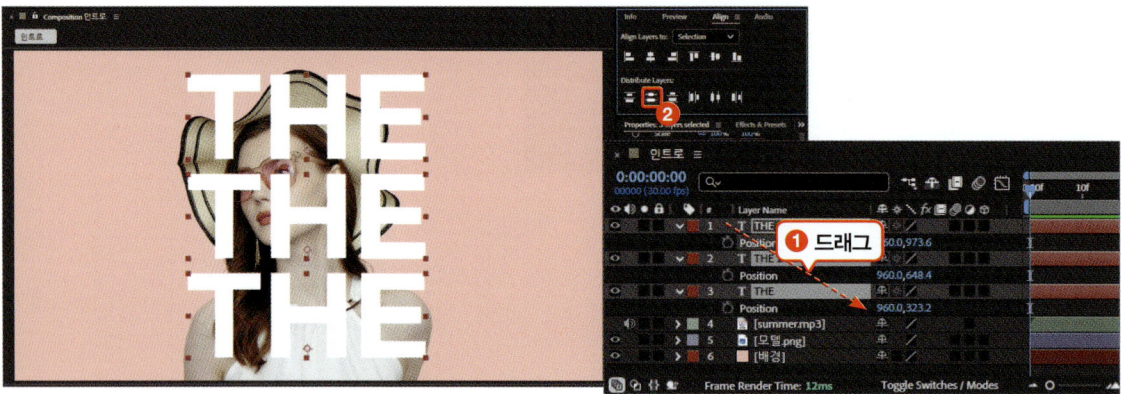

STEP ⑤ 텍스트 수정하기

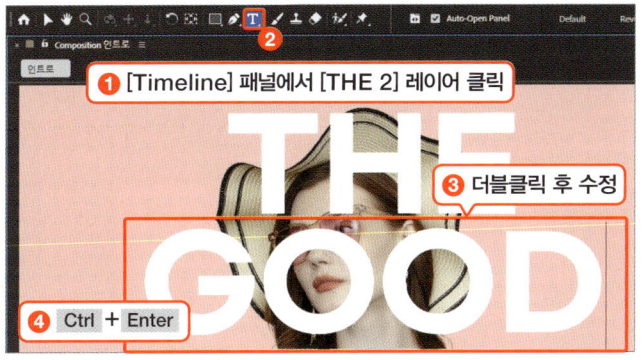

15 ❶ [Timeline] 패널에서 [THE 2] 레이어를 클릭합니다. ❷ 도구바에서 문자 도구 **T**, Ctrl + T 를 선택합니다. ❸ [Composition] 패널에서 텍스트 부분을 더블클릭해서 입력을 활성화한 후 텍스트를 GOOD으로 수정합니다. ❹ 입력 후에는 Ctrl + Enter 를 눌러 입력을 종료합니다.

16 ❶ 15와 같은 방법으로 [THE 3] 레이어를 클릭하고 ❷❸ 텍스트를 BRAND로 수정합니다. ❹ 입력 후에는 선택 도구 V 로 돌아옵니다.

STEP ⑥ 키프레임 애니메이션 만들기

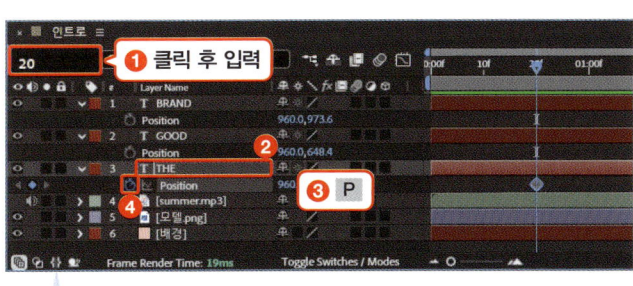

17 ❶ [Timeline] 패널에서 현재 시간을 클릭하고 20을 입력하여 20F 지점으로 현재 시간을 이동합니다. ❷ [THE] 레이어를 클릭합니다. ❸ P 를 눌러 [Position]을 엽니다. ❹ [Position]의 ⬤를 클릭해 키프레임을 설정합니다.

[Position]을 포함한 트랜스폼 애니메이션은 414쪽에서 학습할 수 있습니다.

현재 [인트로] 컴포지션은 FPS(Frame Per Second)가 30으로 설정되어 있습니다. 즉, 1초에 30장의 프레임이 재생되는 것입니다. 여기서 **20F** 지점이란 1초의 2/3 지점을 말합니다.

18 ❶ 현재 시간을 클릭하고 **0**을 입력하거나 를 클릭하고 왼쪽 끝까지 드래그하여 **0초** 지점으로 현재 시간을 이동합니다. ❷ [Composition] 패널에서 [THE]를 클릭하고 ❸ Shift 를 누른 채 왼쪽으로 드래그합니다. 화면 밖으로 완전히 빠져나갈 때까지 드래그합니다.

[Composition] 패널을 작게 보려면 , 를, 크게 보려면 . 를 누르면 됩니다.

19 ❶ **1초 10F** 지점으로 현재 시간을 이동합니다. ❷ [GOOD] 레이어를 클릭합니다. ❸ P 를 눌러 [Position]을 엽니다. ❹ [Position]에서 를 클릭해 키프레임을 설정합니다.

20 ❶ **20F** 지점으로 현재 시간을 이동합니다. ❷ [Composition] 패널에서 Shift 를 누른 채로 [GOOD] 개체를 오른쪽으로 드래그합니다. 화면 밖으로 완전히 빠져나갈 때까지 드래그합니다.

21 ❶ 두 개의 레이어에 설정된 네 개의 키프레임을 모두 선택하고 ❷ F9 를 눌러 [Easy Ease]를 적용합니다.

> [Easy Ease]는 동작에 가속도를 주어 매끄러운 움직임을 표현하는 방법입니다. 자세한 내용은 431쪽에서 학습할 수 있습니다.

STEP ⑦ 애니메이션 프리셋 적용하여 텍스트 애니메이션 만들기

22 ❶ [Timeline] 패널에서 현재 시간을 클릭하고 **110**을 입력하여 **1초 10F** 지점으로 현재 시간을 이동합니다. ❷ [BRAND] 레이어를 클릭합니다. ❸ [Effects & Presets] 패널에서 [Animation Presets]의 ▶를 클릭하고 ❹ [Text]의 [Animate In]에서 [Opacity Flicker In]을 더블클릭하여 적용합니다. 텍스트가 화면에서 사라집니다. ❺ Spacebar 를 눌러 애니메이션을 재생해보면 플리커 효과와 함께 텍스트가 나타납니다.

23 [Timeline] 패널에서 [GOOD]과 [THE] 레이어를 클릭하고 아래로 드래그하여 모두 [모델.png] 레이어 아래에 배치합니다. 두 개의 단어가 인물의 뒤로 배치됩니다.

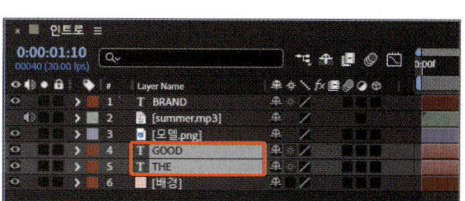

STEP ⑧ 사각형 프레임 그리고 저장하기

24 ❶ F2 를 눌러 모든 레이어 선택을 해제합니다. ❷ 도구바에서 사각형 도구 ▢ Q 를 클릭합니다.

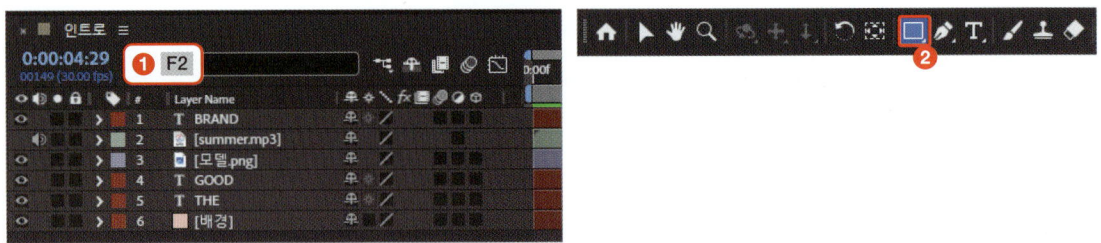

25 ❶ [Composition] 패널에서 ▦를 클릭하고 ❷ [Grid]를 클릭하여 그리드가 보이게 합니다. ❸ 다음 그림을 참고하여 화면에 약간의 공간을 남기고 큰 직사각형을 그려줍니다. ❹ [Properties] 패널에서 사각형의 속성을 다음과 같이 설정합니다.

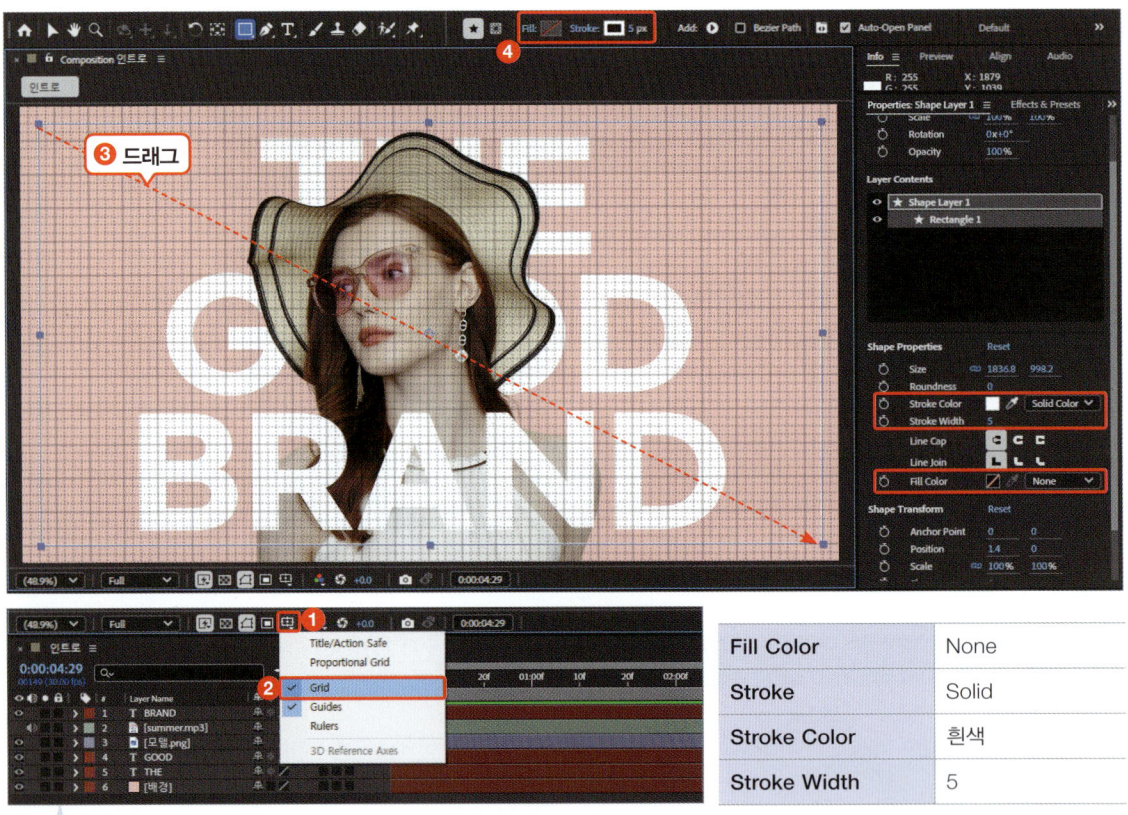

Fill Color	None
Stroke	Solid
Stroke Color	흰색
Stroke Width	5

도형 도구나 펜 도구로 그림을 그리면 셰이프 레이어(Shape Layer)로 등록됩니다. 셰이프 레이어의 속성은 368쪽에서 자세하게 학습할 수 있습니다.

26 인물 사진과 텍스트 애니메이션으로 구성된 인트로 애니메이션이 완성되었습니다. Spacebar 를 눌러 애니메이션을 재생합니다.

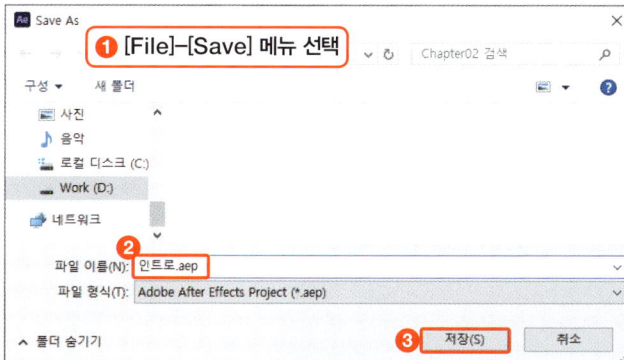

27 ❶ [File]-[Save] 메뉴를 선택합니다. [Save As] 대화상자가 열리면 ❷ 파일 이름을 **인트로**로 입력하고 ❸ [저장]을 클릭합니다.

파일 이름 뒤에 aep 확장자가 생성됩니다. aep는 After Effects Project의 약자입니다.

STEP ⑨ [Adobe Media Encoder]로 렌더링하여 동영상으로 추출하기

28 [Composition]-[Add to Adobe Media Encoder Queue] Ctrl + Alt + M 메뉴를 선택합니다. Adobe Media Encoder 프로그램이 열립니다. Adobe Media Encoder는 별도로 설치하지 않았어도 애프터 이펙트를 설치할 때 자동으로 설치됩니다.

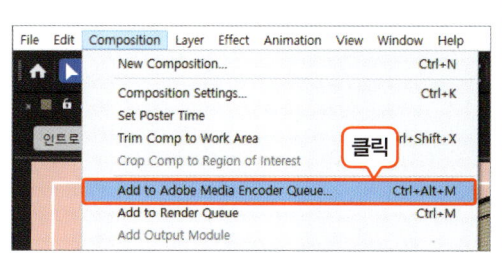
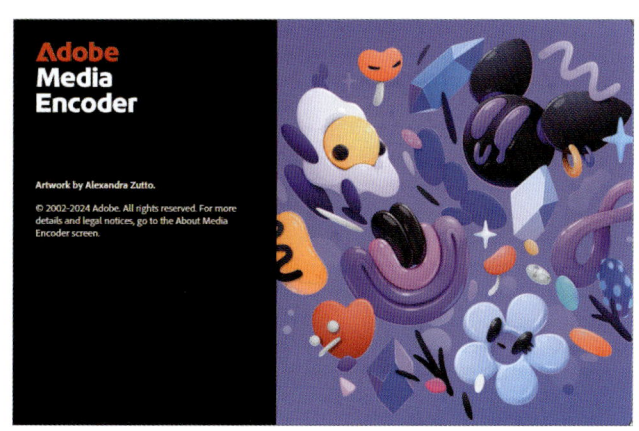

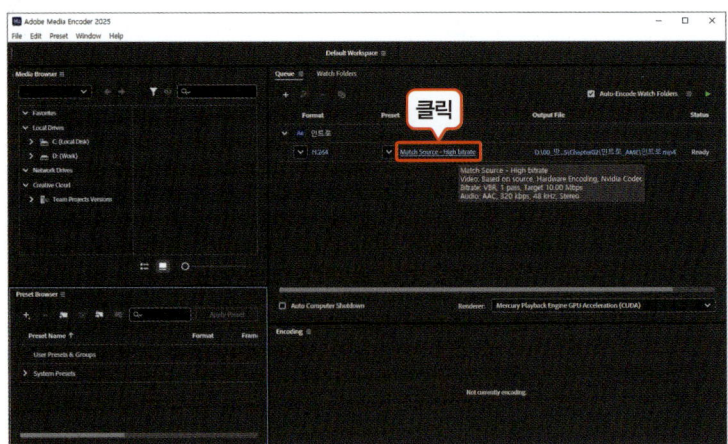

29 프로그램이 열리고 오른쪽 [Queue] 패널에 컴포지션이 등록됩니다. [Preset] 아래에 있는 [Match Source-High bitrate]를 클릭합니다.

> 이름이 다르게 표시되어 있을 수 있습니다. 이 이름과 상관없이 이름 부분을 클릭하면 됩니다.

30 ① [Export Settings]에서 [Format]은 [H.264]로, ② [Preset]은 [Match Source-High bitrate]로 선택합니다. ③ [OK]를 클릭합니다.

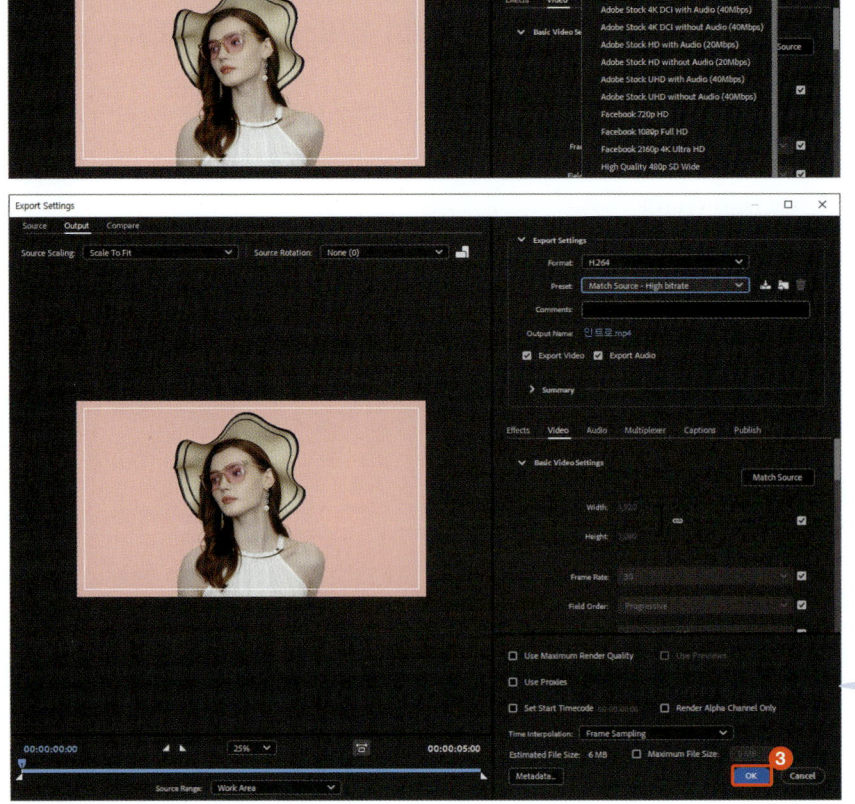

> Adobe Media Encoder는 애프터 이펙트의 컴포지션을 등록해 파일 형식을 설정한 후 렌더링하여 동영상 등의 파일로 저장할 수 있는 프로그램입니다. 355쪽에서 자세하게 학습할 수 있습니다.

31 추출된 동영상은 자동으로 aep 파일이 저장된 경로에 저장됩니다. 다른 경로를 원한다면 [Output File]에서 파일을 저장할 경로를 설정할 수 있습니다. Enter 를 누르거나 초록색 화살표 ▶를 클릭합니다. 렌더링이 진행됩니다.

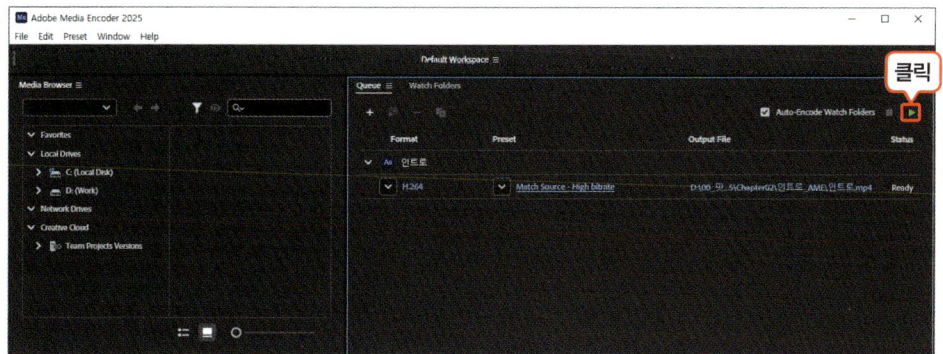

32 지정한 경로로 들어가면 [파일 이름_AME] 폴더가 자동 생성되어 있으며, 폴더를 열면 추출된 동영상 파일인 [인트로.mp4] 파일을 확인할 수 있습니다.

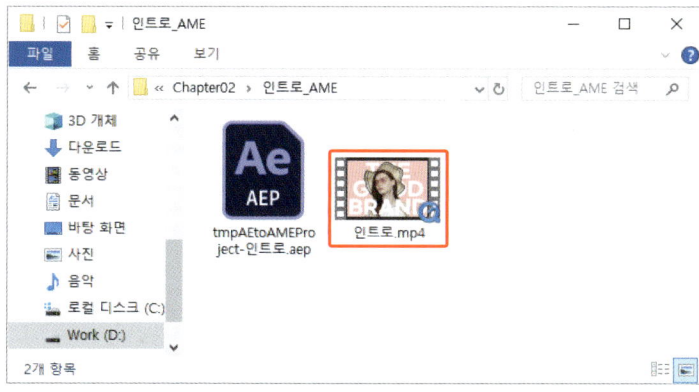

다양한 미디어 파일 불러오기

다양한 형식의 미디어 파일 불러오고 프로젝트 시작하기

애프터 이펙트의 후반 작업은 대부분 미디어 파일을 불러오는 것으로 시작됩니다. 비디오, 사진, psd나 AI 같은 그래픽 파일부터 오디오, 스크립트, 3D 파일까지 다양한 파일을 지원합니다. 파일 형식에 따라 불러오기 옵션이 달라지며, 이 옵션 선택이 이후 작업 방향을 결정하기 때문에 매우 중요합니다. 불러오기 (Import) 메뉴로 가져온 모든 미디어 파일은 [Project] 패널에 등록됩니다.

간단 실습 | 파일 불러오기

가장 일반적인 불러오기 방식을 알아보겠습니다.

01 [File]-[Import] 메뉴를 선택합니다. [Import] 메뉴에서는 불러오기의 다양한 옵션을 선택할 수 있습니다. [File] 메뉴를 선택하여 미디어 파일을 불러옵니다.

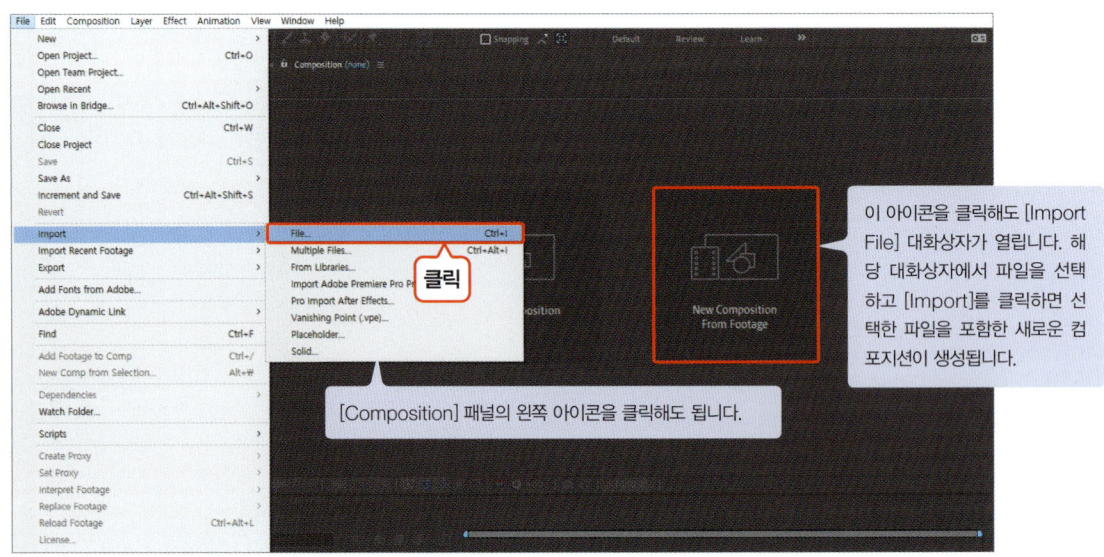

| 기능 꼼꼼 익히기 | [File]-[Import]-[File] 메뉴를 빠르게 실행하는 방법 |

❶ 단축키 Ctrl + I 를 눌러 메뉴를 실행합니다.
❷ [Project] 패널의 빈 곳을 더블클릭합니다.
❸ [Composition] 패널에서 [New Composition From Footage]를 클릭하여 미디어 파일을 불러와 그 파일이 삽입된 새로운 컴포지션을 만들어 프로젝트를 시작합니다.
❹ 윈도우 탐색기 창에서 미디어 파일을 [Project] 패널로 드래그해 불러옵니다.

02 ❶ [Import File] 대화상자가 나타나면 불러올 파일을 클릭하고 ❷ [Import Options]-[Create Composition]에 체크합니다. 이 옵션에 체크한 후 파일을 불러오면 [Project] 패널에 미디어 소스의 이름과 동일한 컴포지션이 등록되고 영상을 바로 확인할 수 있습니다. ❸ [Import]를 클릭하면 [Project] 패널에 파일이 등록됩니다.

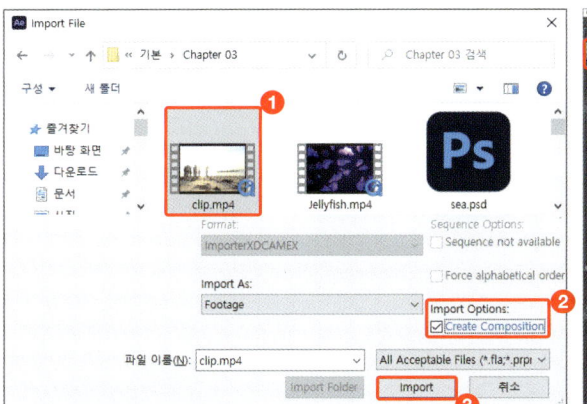

All Acceptable Files | [Import File] 대화상자에서 [All Acceptable Files]를 클릭해보면 불러올 수 있는 파일 형식을 모두 확인할 수 있습니다. 다양한 이미지 형식은 물론, 음악 파일, 동영상 파일, 프로젝트나 템플릿 파일 등을 불러올 수 있습니다. 미디어 파일을 [Project] 패널에 불러왔다고 해서 해당 미디어 파일이 애프터 이펙트에 저장되는 것은 아닙니다. 불러온 파일은 저장되어 있는 경로 안에 존재합니다. 프로젝트 파일을 다른 컴퓨터의 다른 경로에서 열거나 사용한 미디어 파일의 저장 경로를 변경했을 때는 애프터 이펙트에서 인식하지 못합니다. 미디어 파일 경로 재설정과 불러오기 문제 해결 방법은 이 책의 012쪽 맛있는 디자인 헬프 페이지를 참고하세요.

▲ 애프터 이펙트 프로젝트에 불러올 수 있는 파일 형식

컴포지션(Composition)에 대한 자세한 내용은 334쪽에서 학습할 수 있습니다.

> **간단 실습**   레이어드 포토샵(Layered Photoshop, psd) 파일 불러오기

하나 이상의 레이어를 포함한 포토샵 파일(psd)을 불러오면 다양한 옵션 메뉴가 나타납니다. 옵션에 따라 수행하는 작업이 많이 달라지기 때문에 유의하여 설정해야 합니다.

[File] 메뉴로 불러오기

01 ① 메뉴바에서 [File]-[Import]-[File] Ctrl + I 메뉴를 선택합니다. ② [Import File] 대화상자가 나타나면 원하는 psd 파일을 클릭하고 ③ [Import]를 클릭합니다

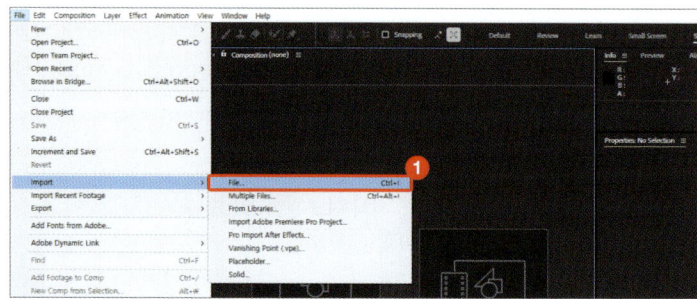
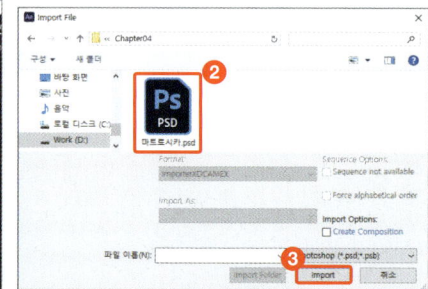

[Import File] 대화상자 알아보기

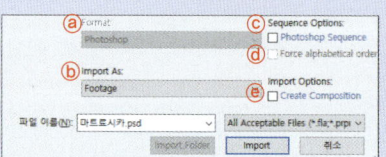

ⓐ **Format** | 선택한 파일의 형식을 보여줍니다.
ⓑ **Import As** | 선택한 파일의 성격에 따라 불러오기 옵션을 선택할 수 있습니다.
ⓒ **Sequence Options** | 연속적인 파일이 있을 경우 자동으로 체크됩니다. psd, tiff, jepg, ai 등 다양한 이미지 형식을 시퀀스로 불러올 수 있습니다. 시퀀스가 아닌 하나의 이미지만 불러오고 싶을 때는 체크를 해제해야 합니다.
ⓓ **Force alphabetical order** | 시퀀스가 숫자가 아닐 경우 알파벳 순서로 불러옵니다.
ⓔ **Import Options-Create Composition** | 선택한 파일이 삽입된 컴포지션이 자동으로 생성됩니다.

02 ① 대화상자가 나타나면 원하는 설정을 선택한 후 ② [OK]를 클릭합니다. 여기서는 [Import Kind]를 [Composition]으로, [Layer Options]를 [Merge Layer Styles into Footage]로 선택했습니다. ③ 선택한 파일의 이름을 가지는 컴포지션이 생성되고 해당 컴포지션을 더블클릭해 열면 [Timeline] 패널에서 여러 개의 레이어가 삽입된 컴포지션을 확인할 수 있습니다.

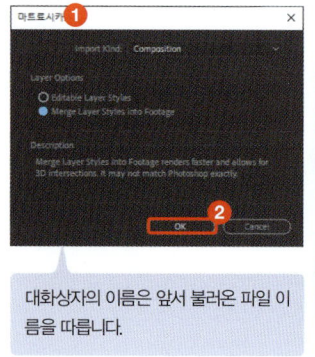

대화상자의 이름은 앞서 불러온 파일 이름을 따릅니다.

기능 꼼꼼 익히기 | psd 불러오기 대화상자 알아보기

[Import File] 대화상자에서 psd 파일을 선택하고 불러오면 psd 불러오기 대화상자가 나타납니다. [Import Kind] 항목을 기준으로 [Layer Options] 옵션에 대해 알아보겠습니다.

❶ **Import Kind | [Footage]**

　[Layer Options] 항목

　　ⓐ **Merged Layers** | 여러 개의 레이어가 포함되어 있더라도 모든 레이어를 병합(Merge)하여 하나의 레이어로 불러옵니다.

　　ⓑ **Choose Layer: [레이어 이름]** | 여러 개의 레이어 중에서 선택한 레이어만 하나의 이미지 파일로 불러옵니다.

　　ⓒ **Footage Dimensions** | [Layer Size]와 [Document Size] 중 선택할 수 있습니다. [Layer Size]로 선택하면 이미지의 영역을 레이어의 영역과 동일하게 불러오며, [Document Size]로 선택하면 레이어 영역과 상관없이 문서 크기가 레이어 영역으로 설정됩니다.

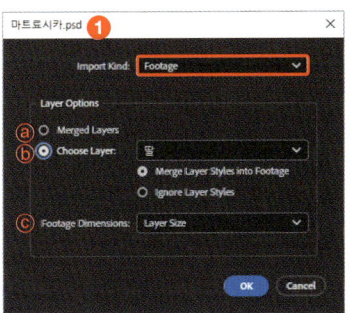

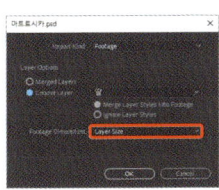  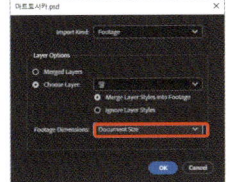 

▲ [Footage Dimensions]를 [Layer Size]로 선택　　　▲ [Footage Dimensions]를 [Document Size]로 선택

[Composition] 패널에서 [Toggle Transparency Grid]를 활성화한 이미지입니다.

❷ **Import Kind | [Composition]**

　[Import Kind]를 [Composition]으로 선택하면 psd 파일에 삽입되어 있는 모든 레이어를 포함한 컴포지션을 생성하는 형태로 불러옵니다. 이때 컴포지션의 크기는 psd 파일의 문서 크기와 동일하게 설정됩니다.

　[Layer Options] 항목

　　ⓐ **Editable Layer Styles** | 포토샵에서 설정한 레이어 스타일을 동일하게 보여주며, 수정할 수도 있습니다. 3D 레이어로 변환하면 레이어 스타일이 적용되지 않을 수 있습니다.

　　ⓑ **Merge Layer Styles into Footage** | 포토샵에서 설정한 레이어 스타일을 병합합니다. 렌더링 속도가 빠를 수 있으나, 포토샵에서의 결과와 완전히 똑같지 않을 수 있습니다.

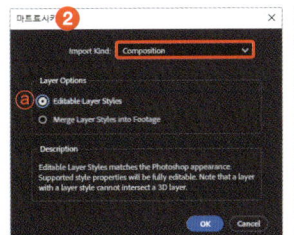 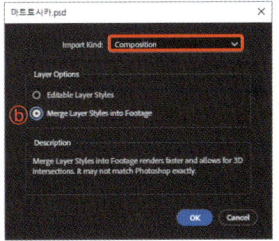

❸ **Import Kind | [Composition - Retain Layer Sizes]**

　psd 파일에 삽입되어 있는 모든 레이어를 포함한 컴포지션을 생성하는 형태로 불러옵니다. 이때 [Layer Size]는 레이어 각각의 크기로 읽습니다. psd 파일을 불러올 때 가장 자주 사용되는 옵션입니다. [Layer Options] 항목은 ❷ Import Kind | [Composition] 항목과 동일합니다.

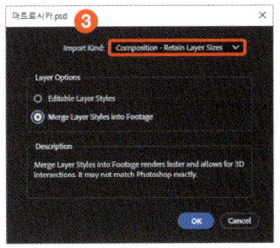

> 간단 실습   **일러스트레이터(ai) 파일 불러오기**

01 ❶ [File]-[Import]-[File] Ctrl + I 메뉴를 선택합니다. ❷ [Import File] 대화상자가 나타나면 원하는 ai 파일을 선택하고 ❸ [Import]를 클릭합니다. 여기서 선택한 **pots.ai** 파일은 네 개의 레이어로 구성된 일러스트레이터 파일입니다.

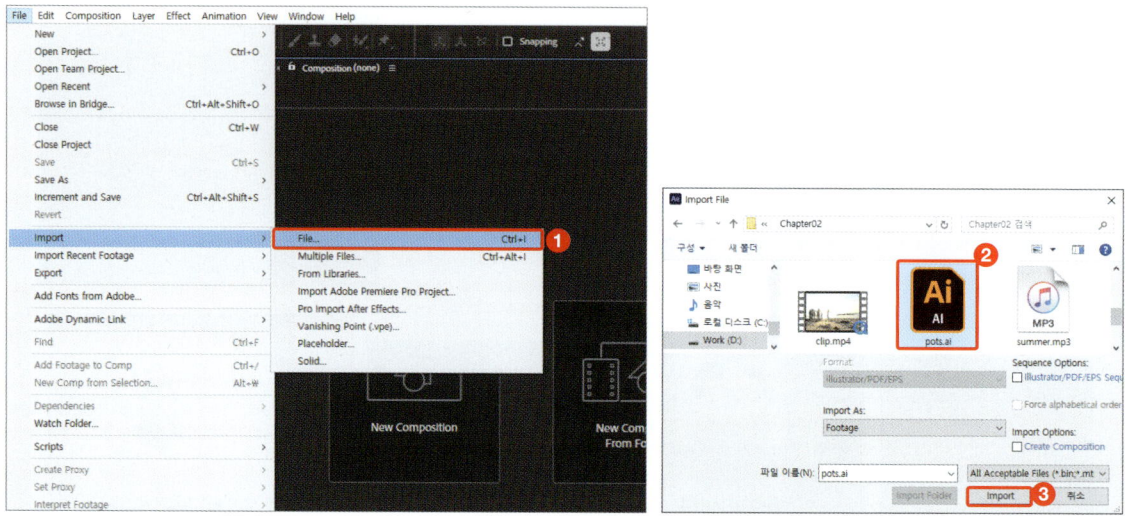

02 ❶ 불러오기 대화상자가 나타나면 원하는 설정을 선택한 후 ❷ [OK]를 클릭합니다. 여기서는 [Import Kind]를 Composition로, [Footage Dimensions]는 [Layer Size]로 선택했습니다. [Composition] 패널을 확인해보면 세 개의 레이어가 포함된 컴포지션이 등록되었습니다.

기능 꼼꼼 익히기 | ai 불러오기 대화상자 알아보기

[Import File] 대화상자에서 ai 파일을 선택하고 불러오면 ai 불러오기 대화상자가 나타납니다. [Import Kind] 항목을 기준으로 [Layer Options] 옵션에 대해 알아보겠습니다.

❶ **Import Kind | [Footage]**

　[Layer Options] 항목

　ⓐ **Merged Layers** | 여러 개의 레이어가 포함되어 있더라도 모든 레이어를 병합하여 하나의 레이어로 불러옵니다. 컴포지션 안에 그림은 모두 보이지만 레이어는 하나로 나타납니다. 각각의 그림을 따로 분리하여 움직일 수 없습니다.

　ⓑ **Choose Layer: [레이어 이름]** | 여러 개의 레이어 중에서 선택한 레이어만 병합하여 하나의 레이어로 불러옵니다.

　ⓒ **Footage Dimensions** | [Layer Size]와 [Document Size] 중 선택할 수 있습니다. [Layer Size]로 설정하면 이미지의 영역을 레이어의 영역과 동일하게 불러오며, [Document Size]로 선택하면 이미지의 크기와 상관없이 원본 파일의 문서 크기가 레이어의 크기로 설정됩니다.

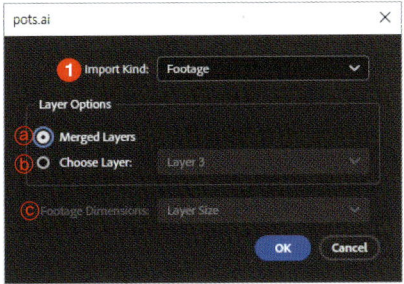

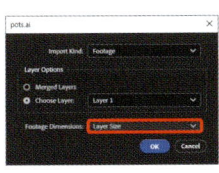  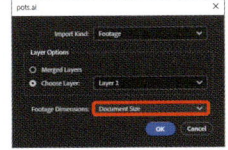 

▲ [Footage Dimensions]를 [Layer Size]로 선택　　▲ [Footage Dimensions]를 [Document Size]로 선택

❷ **Import Kind | [Composition]**

[Import Kind]를 [Composition]으로 선택하면 ai 파일에 삽입되어 있는 모든 레이어를 포함한 컴포지션을 생성하는 형태로 불러옵니다. 이때 컴포지션의 크기는 ai 파일의 문서 크기와 동일하게 설정됩니다.

Footage Dimensions | [Layer Size]와 [Document Size] 중 선택할 수 있습니다. [Layer Size]로 설정하면 이미지의 영역을 레이어의 영역과 동일하게 불러오며, [Document Size]로 선택하면 이미지 크기와 상관없이 레이어의 영역이 문서의 크기로 설정됩니다.

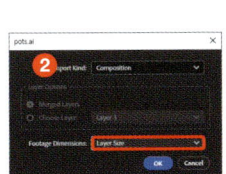  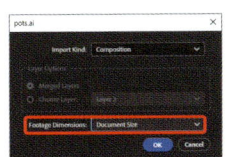 

▲ [Footage Dimensions]를 [Layer Size]로 선택　　▲ [Footage Dimensions]를 [Document Size]로 선택

알파 채널을 포함한 파일 불러오기

준비 파일 애프터 이펙트/Chapter 02/Alpha.tif

알파 채널을 가지고 있는 이미지 또는 동영상 파일을 불러오면 알파 채널 설정 대화상자가 나타납니다. 'The item has an unlabeled alpha channel' 문구는 '이 아이템은 분류되지 않은 알파 채널을 가지고 있습니다'라는 의미이며, 다음 설정을 통해 알파 채널을 어떻게 인식할지 선택할 수 있습니다. [File]-[Import]-[File] Ctrl + I 메뉴를 선택해 준비 파일을 불러옵니다.

01 알파 채널 설정 대화상자가 나타납니다. ❶ [Ignore]를 선택하면 알파 채널을 무시합니다. ❷ [Composition] 패널에서 ▨를 클릭하면 알파 채널에서 투명한 부분이 격자 무늬로 표시되지만 알파 채널 무시하기로 불러오기하여 채널이 무시됩니다.

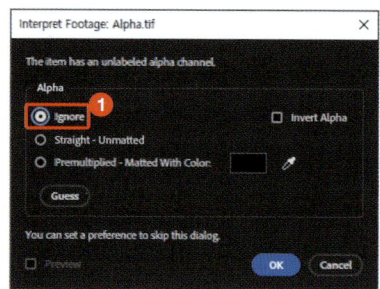

02 ❶ [Straight-Unmatted]를 선택하면 알파 채널을 그대로 인식합니다. ❷ 이때 ▨를 클릭하면 알파 채널이 투명(격자 무늬)하게 나타납니다.

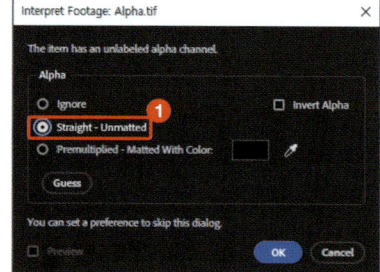

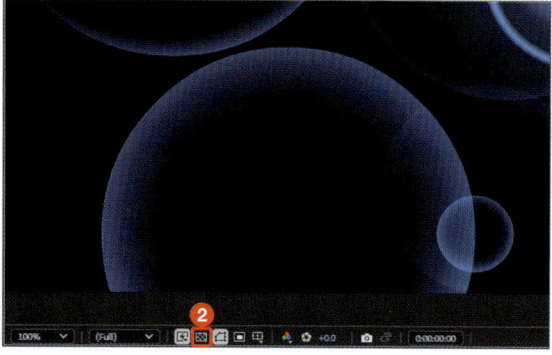

03

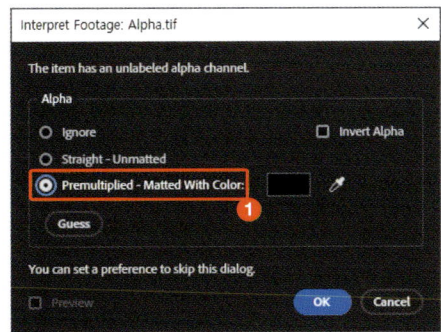

❶ [Premultiplied-Matted With Color]를 선택하면 설정된 색상을 기준으로 알파 채널을 인식합니다. 알파 채널의 투명도가 완벽하게 투명하지도, 불투명하지도 않은 부분의 경우 선택한 색상에 따라 중간값이 다르게 생성될 수 있습니다. 다음 그림처럼 색상을 검은색으로 선택하면 투명도가 중간값인 영역이 회색에 가까운 색상으로 나타납니다. ❷ ▦ 를 클릭하면 알파 채널이 적용된 이미지를 확인할 수 있습니다.

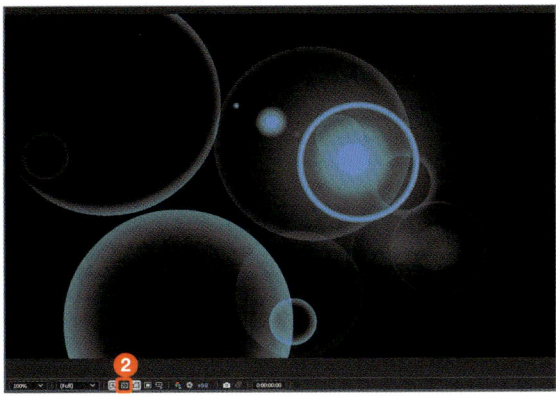
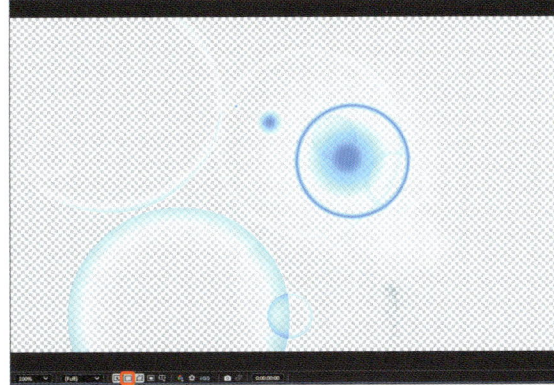

04

이미지를 불러와 [Project] 패널에 등록한 후에 알파 채널의 옵션에 변화를 줄 수도 있습니다. [Project] 패널에서 이미지 파일을 선택하고 마우스 오른쪽 버튼을 클릭한 후 [Interpret Footage]-[Main]을 선택합니다. [Interpret Footage] 대화상자가 나타나면 [Alpha]-[Straight-Unmatted]로 설정을 변경하고 [OK]를 클릭합니다. 이때 [Invert Alpha]에 체크하면 알파 채널을 반대로 읽습니다.

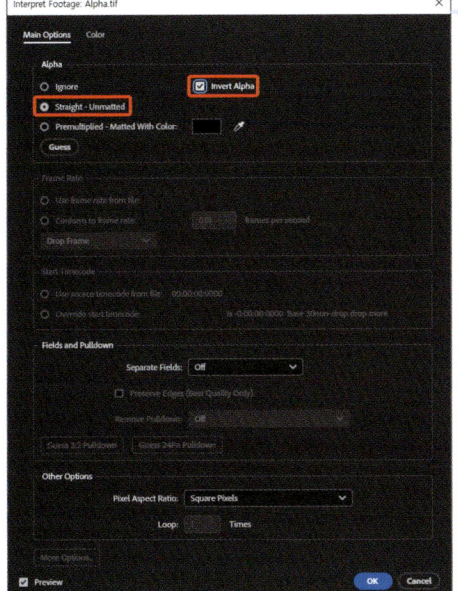

[Project] 패널 아래의 ▦ 를 클릭해도 [Interpret Footage] 대화상자가 나타납니다.

[Composition] 패널 활용하기

컴포지션 새로 만들거나 수정하기

애프터 이펙트에서 컴포지션(Composition)은 다양한 레이어, 비디오 클립, 이미지, 텍스트, 효과 등을 조합하여 최종 영상을 만드는 작업 공간을 의미하며 하나의 동영상 시퀀스를 말합니다. [Composition] 패널에서는 직접 텍스트를 입력하는 작업이나 오브젝트 크기를 조절하고 회전하는 작업, 도형 도구나 펜 도구를 이용하여 그림 또는 오브젝트를 그려 넣는 등의 실질적인 작업을 수행할 수 있습니다. 애니메이션이나 이펙트 등의 작업을 프리뷰하여 확인할 수도 있습니다. [Composition] 패널은 View port 기능을 하므로 '뷰포트'라고 지칭되기도 합니다. 하나의 프로젝트에 여러 개의 컴포지션을 만들 수 있고 컴포지션 안에 컴포지션을 삽입할 수도 있습니다. 이처럼 컴포지션은 패널의 이름이기도 하고, 동시에 작업의 단위로도 사용됩니다. 애프터 이펙트의 작업은 컴포지션을 만드는 것부터 시작됩니다.

간단 실습 | 컴포지션 새로 만들기

01 ❶ [Composition]-[New Composition] Ctrl + N 메뉴를 선택합니다. ❷ [Composition Settings] 대화상자가 나타납니다. 여기에서 컴포지션의 이름, 크기, 해상도, 길이 등 기본 옵션을 설정할 수 있습니다.

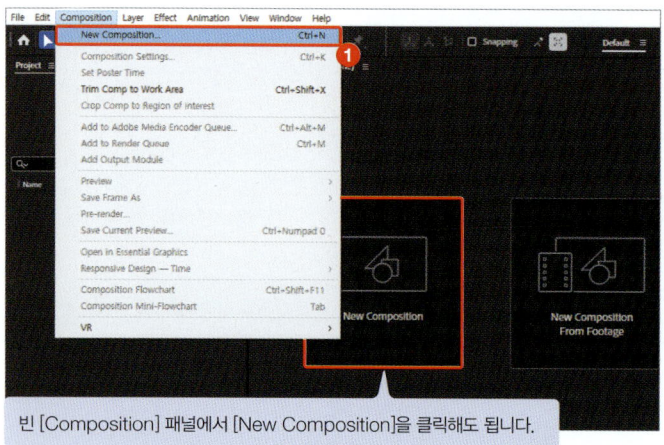

빈 [Composition] 패널에서 [New Composition]을 클릭해도 됩니다.

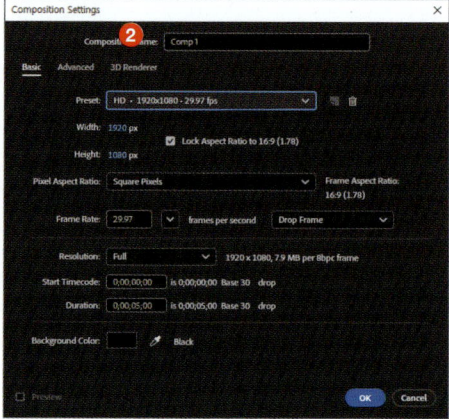

기능 꼼꼼 익히기 　[Composition Settings] 대화상자 알아보기

[Composition Settings] 대화상자의 각 항목과 [Basic] 탭의 세부 옵션에 대해 알아보겠습니다.

❶ **Composition Name** | 컴포지션의 이름을 설정합니다. 첫 번째 설정 시 기본 이름은 'Comp 1'로 설정되며 변경할 수 있습니다.

❷ **Preset** | TV나 영화 또는 소셜 미디어 등의 다양한 형식을 설정합니다.

❸ **Width, Height** | 컴포지션의 가로와 세로 크기를 설정합니다.

❹ **Pixel Aspect Ratio** | 픽셀 종횡비를 설정합니다.

❺ **Frame Rate** | 1초에 몇 장의 이미지가 포함되는지 설정합니다. TV는 29.97F(프레임), 영화는 24F, 컴퓨터에서 재생할 비디오는 30F이 적합합니다.

❻ **Resolution** | 해상도를 설정합니다.

❼ **Timecode** | 시작 프레임을 설정합니다.

❽ **Duration** | 컴포지션의 길이를 설정합니다.

❾ **Background Color** | 배경색을 설정합니다.

[Frames per second]에 해당하는 소수점 단위로 끝나는 드롭 프레임(Drop Frame) 규격과 정수로 끝나는(Non-Drop Frame)은 컴퓨터 영상 재생에서는 크게 차이가 없지만 재생하는 매체에 따라 다르게 보일 수 있습니다. 이는 과거 TV 영상 신호 수신 규격에 따른 차이입니다. 현재는 간단하게 23.976fps는 24fps에, 29.97fps는 30fps에 대응한다고 생각하면 됩니다.

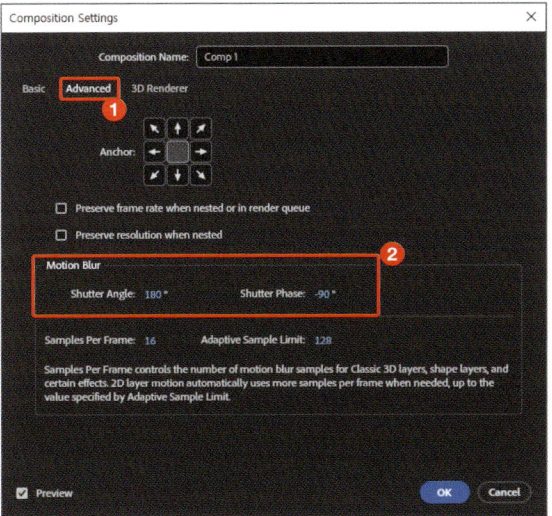

02 ❶ [Advanced] 탭을 클릭하면 ❷ [Motion Blur] 값을 설정할 수 있습니다.

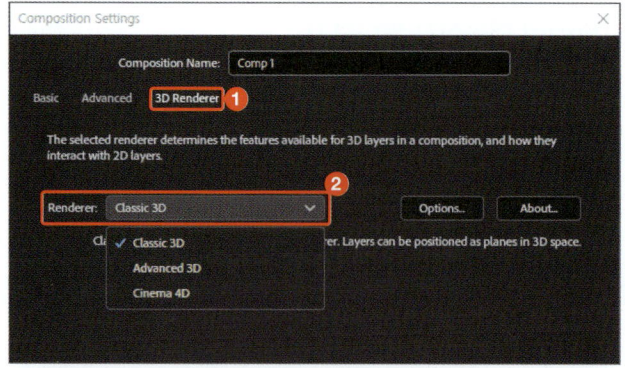

03 ① [3D Renderer] 탭을 클릭하면 ② [Renderer]를 선택할 수 있습니다. ③ 기본 설정은 [Classic 3D]이며 3D 콘텐츠를 제작할 때는 [Cinema 4D], 또는 [Advanced 3D]로 변경할 수 있습니다. ④ [OK]를 클릭해 컴포지션을 만듭니다.

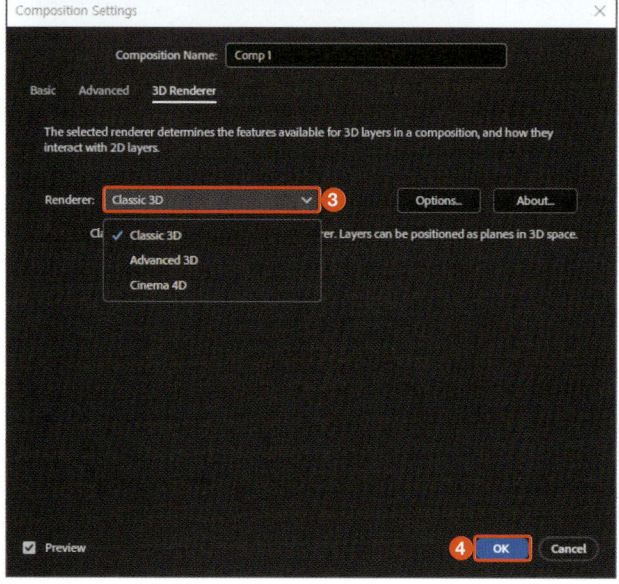

04 새로운 컴포지션이 생성됩니다. ① 설정을 변경하고 싶다면 [Composition]-[Composition Settings] Ctrl + K 메뉴를 선택합니다. ② [Composition Settings] 대화상자가 나타나면 이름은 물론, 모든 설정을 변경할 수 있습니다.

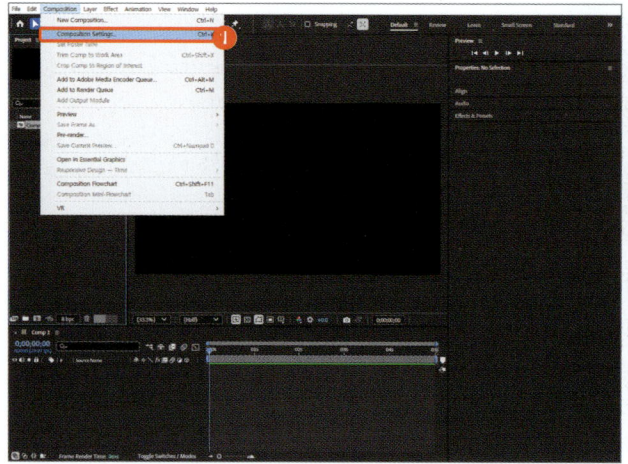
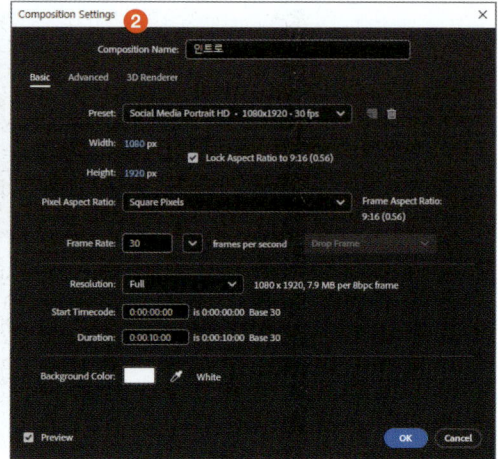

[Project] 패널의 미디어 파일을 컴포지션으로 등록하기

① [Timeline] 패널로 드래그하기

[Project] 패널에서 원하는 미디어 파일을 클릭하고 [Timeline] 패널로 드래그합니다. [Timeline] 패널에 파일의 이미지가 등록되고 [Composition] 패널 중앙에 이미지가 나타납니다. 단축키 Ctrl + / 를 눌러도 됩니다.

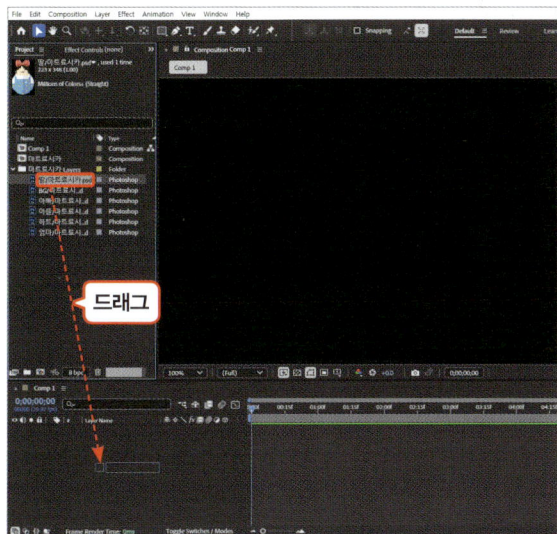 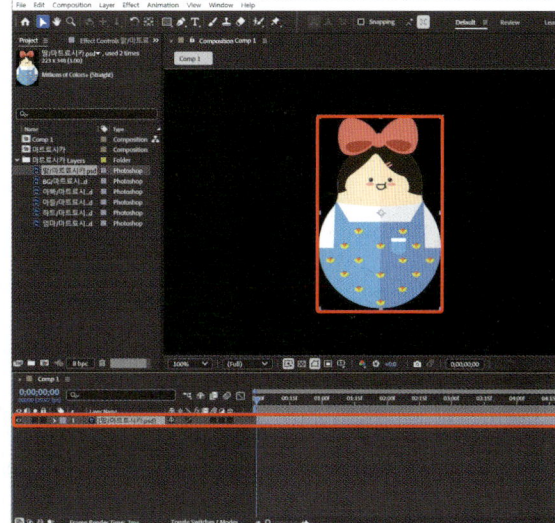

② [Composition] 패널로 드래그하기

[Project] 패널에서 미디어 파일을 클릭하고 [Composition] 패널로 드래그합니다. 정중앙이 아닌 원하는 위치에 배치할 수 있고 [Timeline] 패널에도 이미지가 등록됩니다.

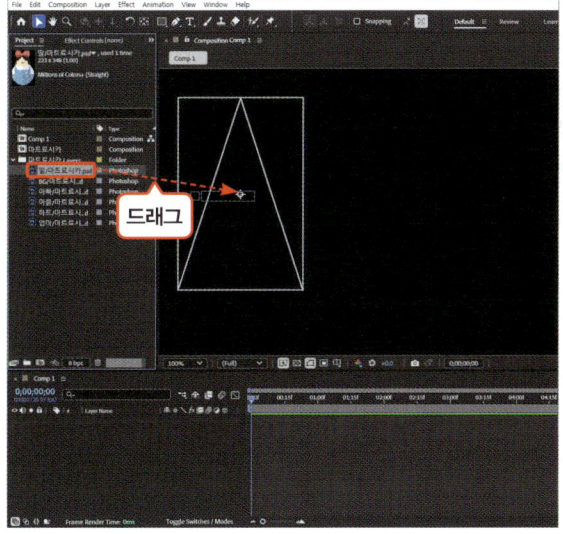 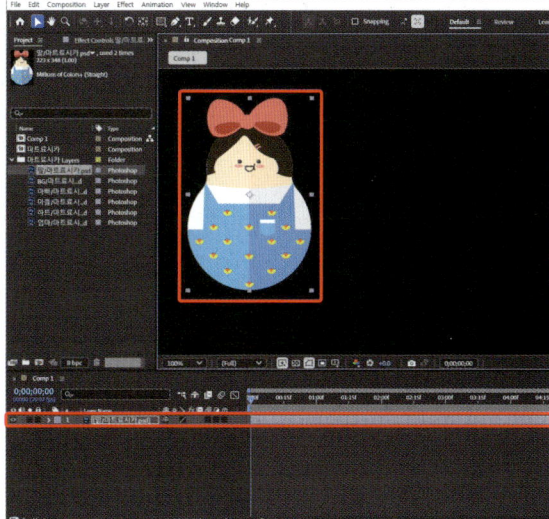

[Timeline] 패널 알아보기

타임 디스플레이 스타일 설정하고 세부 옵션 알아보기

[Timeline] 패널에서는 미디어 파일들을 레이어의 형태로 올려 작업합니다. 각 레이어의 재생 시간을 설정하거나 키프레임을 생성하는 등 애니메이션 작업을 할 수 있는 패널입니다. 실질적인 작업이 이루어지므로 매우 다양한 옵션과 기능이 있습니다. [Timeline] 패널은 효율적인 작업 공간을 확보하는 것이 매우 중요하므로 작업에 꼭 필요한 메뉴만 보이게 설정하는 것이 좋습니다.

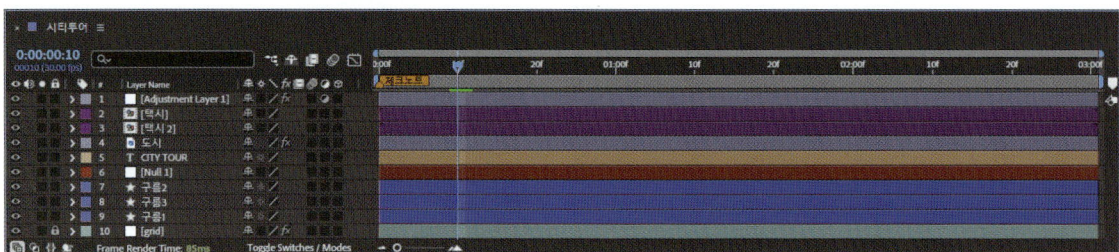

▲ [Timeline] 패널

타임 디스플레이 스타일 설정하기

애니메이션 작업에는 시간(Time)이 필수 요소입니다. 따라서 시간을 이동하고 스톱워치 를 클릭해 옵션 값을 기록하는 작업이 기본입니다. 시간을 이동하려면 [Timeline] 패널에서 0;00;03;00 를 클릭하고 이동하고자 하는 시간을 입력하거나 타임 인디케이터 를 드래그합니다. [Timeline] 상단에 있는 타임 룰러 영역을 클릭해도 해당 시간으로 이동합니다. 시간을 표시하는 방법을 타임 디스플레이(Time Display)라고 하며 타임코드(Timecode)나 프레임(Frames) 방식으로 설정할 수 있습니다.

[File]-[Project Settings] Ctrl + Alt + Shift + K 메뉴를 선택하면 [Project Settings] 대화상자가 나타납니다. 타임 디스플레이 스타일이나 색상, 오디오 등의 옵션을 설정할 수 있습니다.

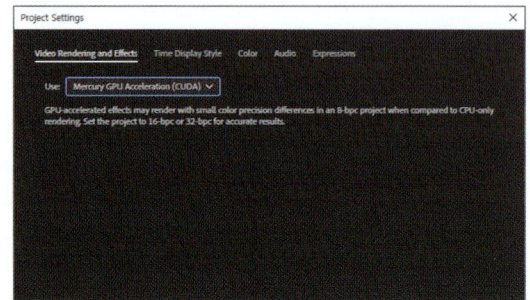

[Time Display Style] 탭을 클릭하면 타임 디스플레이 스타일을 타임코드(Timecode) 또는 프레임(Frames) 방식으로 선택할 수 있습니다.

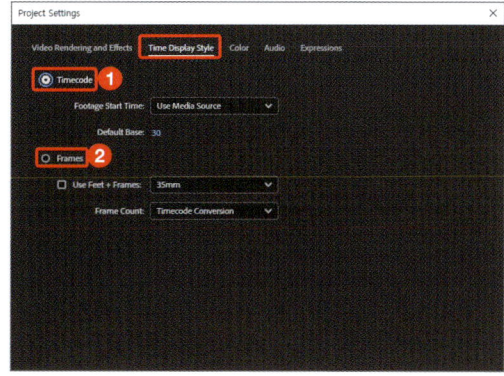

① **Timecode** | 시간을 타임코드 방식으로 표시합니다. [Footage Start Time]에서 [Use Media Source] 또는 [00:00:00:00]으로 선택할 수 있습니다.

② **Frames** | 시간을 프레임 단위로 표시합니다. [Use Feet + Frames]에서 촬영 장비의 스펙인 [16mm] 또는 [35mm]를 선택할 수 있습니다. [Frame Count]에서는 [Start at 0] 또는 [Start at 1]부터 시작하도록 선택할 수 있습니다.

[Timeline] 패널에서 타임 디스플레이 스타일 설정하기

메뉴바에서 [File]-[Project Settings] 메뉴를 선택하지 않고도 [Timeline] 패널에서 쉽고 빠르게 타임 디스플레이 스타일을 설정할 수 있습니다. [Timeline] 패널에서 Ctrl 을 누른 채 시간 영역을 클릭하면 타임코드 스타일이나 프레임 스타일로 변경할 수 있습니다. 컴포지션의 프레임 레이트를 TV 형식인 29.97fps로 설정했다면 아래와 같이 표시됩니다.

▲ [Frames]로 설정한 경우　　　　　　　　　　▲ [Timecode]로 설정한 경우

[Timeline] 패널 확대/축소하기

프로젝트를 진행하다보면 타임 룰러 영역이 확대될 때가 있습니다. 필요에 의해 조절하기도 하지만 마지막으로 작업한 환경 설정의 영향으로 갑자기 확대되어 나타나는 경우도 있습니다. 이때는 의 슬라이더를 좌우로 드래그하여 타임 룰러 영역을 확대/축소할 수 있습니다. 단축키 +, -를 이용하는 방법도 매우 편리합니다. +는 확대, -는 축소입니다. 컴포지션의 시작점부터 확대되지 않고 타임 인디케이터의 위치를 중심으로 확대/축소됩니다.

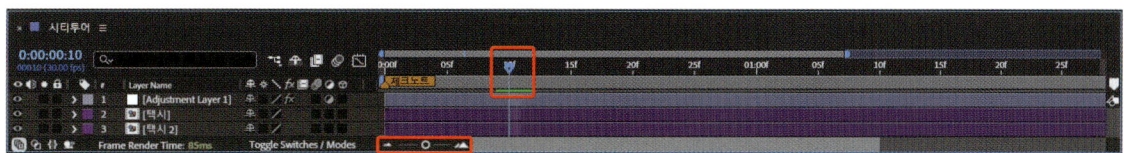

[Timeline] 패널의 옵션을 숨기거나 나타나게 하기

[Timeline] 패널에는 수많은 옵션이 있습니다. 작업 공간을 효율적으로 사용하려면 기본 옵션만 보이게 설정하여 작업하다가 필요한 경우에 그와 관련된 칼럼 옵션을 열어 작업하는 것이 좋습니다. [Timeline] 패널 가장 아래에 있는 세 개의 아이콘은 각각 다른 기능을 보여줍니다.

- **기본 확장** | 기본 확장 아이콘을 활성화합니다. 왼쪽부터 [Shy], [For Comp layer/For Vector Layer], [Quality and Sampling], [Effect], [Frame Blending], [Motion Blur], [Adjustment Layer], [3D Layer] 옵션을 표시합니다.

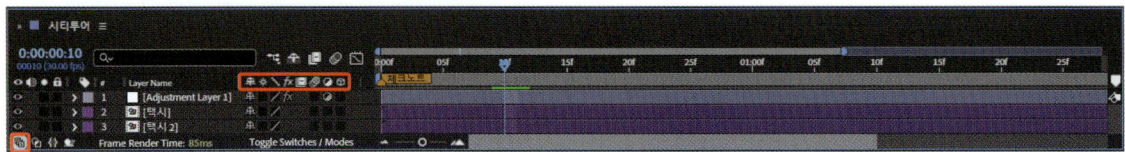

- **Modes 확장** | Modes 기능을 확장합니다. [Blending Mode], [Preserve Underlying Transparency], [Track Matte] 옵션을 표시합니다.

- **시간 속성 확장** | 시간 속성을 보여줍니다. [Stretch], [In], [Out], [Duration] 옵션을 표시합니다.

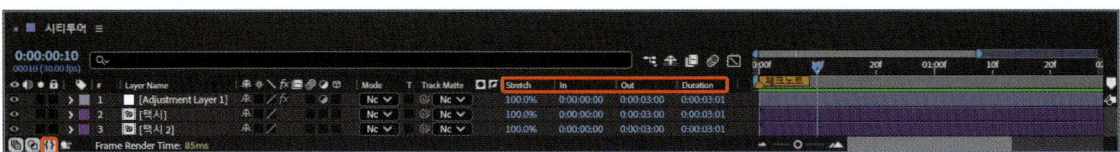

- **렌더 타임 확장** | 레이어별 렌더링 시간을 표시합니다.

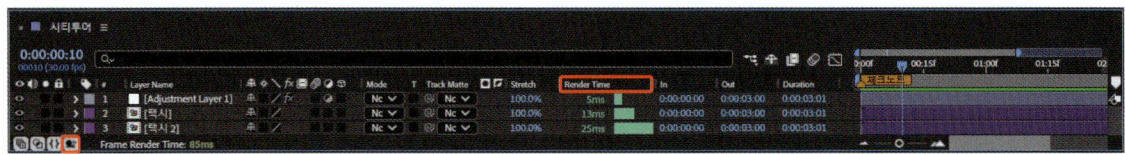

- **Toggle Switches / Modes** | 기본 확장이 숨겨지고 Modes 기능이 확장됩니다. 단축키 F4 를 눌러 두 개의 모드를 변환할 수 있습니다.

칼럼 옵션을 숨기거나 나타나게 할 수 있습니다. 레이어 이름의 칼럼 부분을 마우스 오른쪽 버튼으로 클릭하면 [Columns] 메뉴가 나옵니다. 필요한 메뉴를 선택하면 해당 옵션을 나타나게 하거나 숨길 수 있습니다.

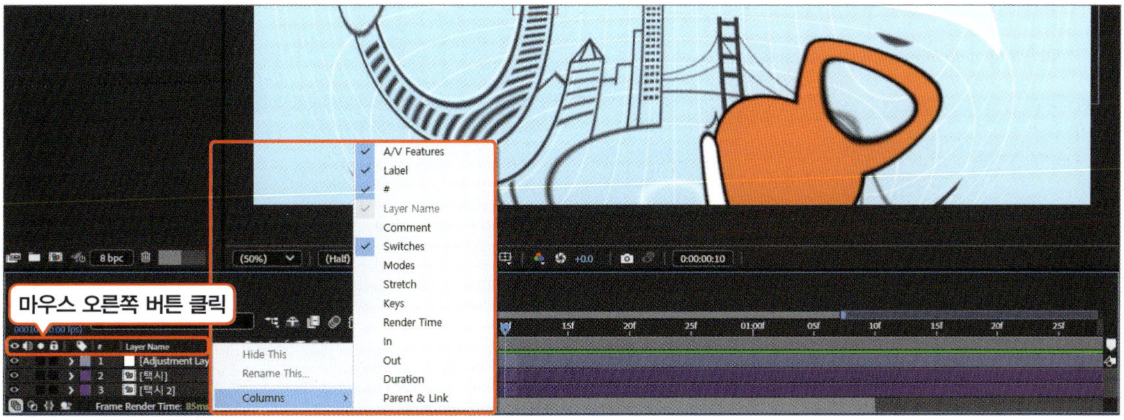

▲ [Parent & Link]를 선택한 경우

작업 영역(Work Area) 설정하고 프리뷰하기

모션 그래픽 애니메이션 작업은 수많은 키프레임을 포함하는 매우 섬세한 작업입니다. 작업 과정에서 셀 수 없이 많은 미리 보기를 하게 되며, 이러한 작업에 많은 시간이 소요됩니다. 따라서 미리 보기하려는 작업 영역을 따로 설정해놓는 것이 좋습니다. 처음 컴포지션을 생성하면 작업 영역(Work Area)이 컴포지션의 시작점부터 끝점까지 자동으로 설정됩니다.

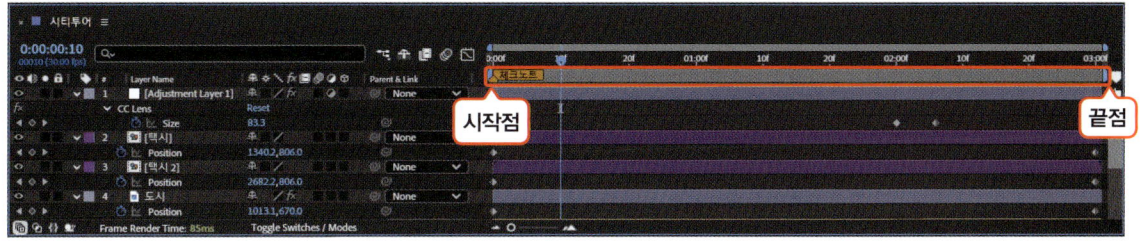

작업 영역을 좁게 설정하려면 타임 룰러 조절바의 왼쪽 끝과 오른쪽 끝을 드래그하여 조절합니다. 영역을 정확하게 설정하려면 단축키를 이용하는 것이 좋습니다. 단축키 B 와 N 을 눌러 작업 영역의 시작점과 끝점을 설정할 수 있습니다. 미리 보기 시작점으로 시간을 이동하고 B 를 누른 후 끝점으로 시간을 이동하여 N 을 누르면 해당 영역만 미리 보기됩니다.

시작점과 끝점이 설정된 상태에서 렌더링을 실행하면 해당 부분만 렌더링되므로 렌더링 전 영역을 확인하거나 렌더링 옵션에서 렌더링 영역을 다시 설정해야 합니다.

컴포지션 마커 만들기

[Timeline] 패널에서는 수많은 레이어로 다양한 작업을 수행합니다. 중요한 내용은 마커(Marker)를 이용하여 기록해두면 편리합니다. 특히 뮤직비디오 같이 음악을 포함한 작업이나 키네틱 타이포그래피처럼 리듬에 맞추어 작업을 해야 할 때 마커는 필수적인 기능입니다. 마커를 생성하려면 [Timeline] 패널에서 오른쪽 끝에 있는 마커 빈을 원하는 지점으로 드래그합니다. 마커 빈을 클릭하면 타임 인디케이터가 있는 위치에 마커가 바로 생성됩니다. 생성된 마커를 더블클릭하면 [Composition Marker] 대화상자가 나타납니다. 길이나 코멘트 등을 입력할 수 있으며, 라벨 색상도 변경할 수 있습니다.

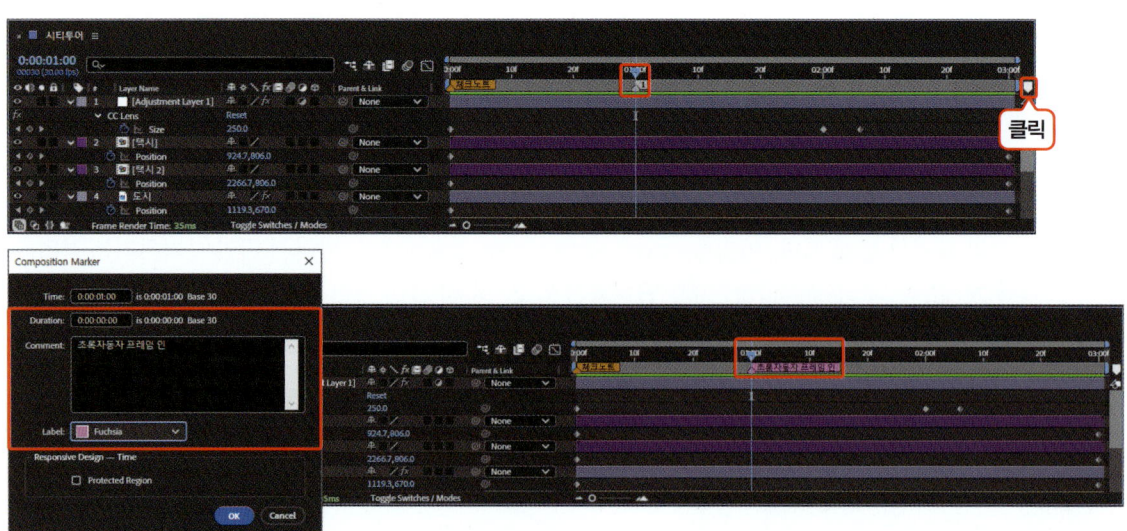

키프레임 애니메이션 시작하기

키프레임 설정하고 애니메이션의 기초 익히기

애니메이션이 만들어지기 위해서는 필수적으로 두 가지 조건이 변화해야 합니다. 바로 시간(Time)과 값(Value)입니다. 체육 시간에 달리기 기록을 재던 것을 상상하면 이해하기 쉽습니다. 출발할 때 스톱워치를 누르고 도착 지점에서 다시 스톱워치를 눌러 시간을 기록합니다. 애프터 이펙트에서는 특정 시간에 원하는 값을 입력하고 스톱워치를 클릭하면 키프레임을 만들 수 있습니다. 이렇게 만들어진 키프레임은 애니메이션의 기록이 됩니다. 다른 시간과 다른 값에 최소 두 개의 키프레임이 있으면 움직임이 생성됩니다.

간단 실습 | 키프레임 설정하기

준비 파일 애프터 이펙트/Chapter 02/키프레임설정하기.aep

01 ❶ [File]-[Open Project] Ctrl + O 메뉴를 선택해 **키프레임설정하기.aep** 준비 파일을 엽니다. ❷ [Project] 패널에서 [키프레임설정_시작]을 더블클릭하여 [키프레임설정_시작] 컴포지션을 엽니다.

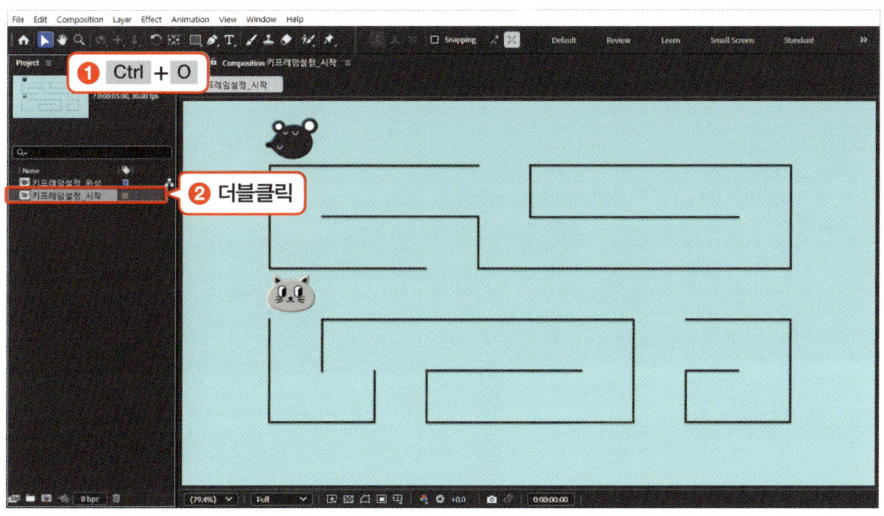

동영상 강의 확인하기

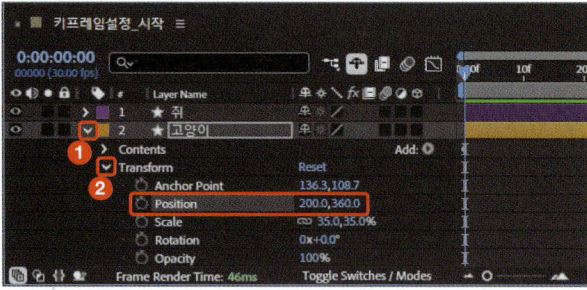

02 ① [Timeline] 패널에서 [고양이] 레이어의 ▶를 클릭하고 ② [Transform]의 ▶를 클릭합니다. 다섯개의 속성이 등록되어 있습니다. 위칫값인 [Position]을 보면 **200, 360**으로 설정되어 있습니다.

레이어의 위칫값 알아보기 | [Position]의 두 숫자는 X와 Y 좌표를 뜻합니다. [고양이] 레이어-[Position]의 200, 360은 X축으로 200px, Y축으로 360px의 위칫값을 가지고 있다는 뜻입니다. 애프터 이펙트에서는 왼쪽 상단 꼭짓점의 좌표가 0, 0입니다. [키프레임설정_시작] 컴포지션의 크기는 1280, 720px이며, 화면 정중앙의 좌표는 640, 360입니다.

03 ① 0초 지점에서 ② [고양이] 레이어-[Position]의 스톱워치◎를 클릭합니다. ③ 스톱워치의 모양이 ◉로 변경되고 키프레임이 새롭게 생성되었습니다. 움직임이 기록되기 시작됐음을 의미합니다.

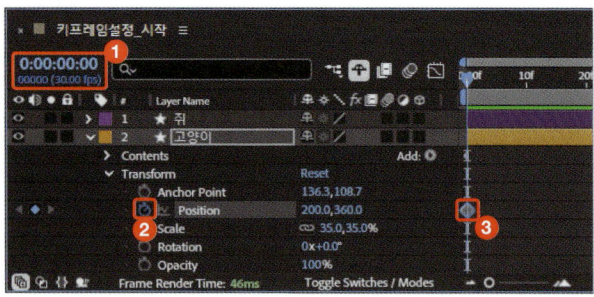

단축키 `Shift` + `Alt` + `P` 를 눌러도 [Position]에 키프레임을 생성할 수 있습니다.

화면에서 고양이 그림이 사라져 보이지 않는다면 [Composition] 패널을 클릭하고 `Alt` + `/` 를 눌러 화면에 컴포지션이 모두 보이도록 설정합니다.

04 ① [Timeline] 패널에서 시간을 **0:00:02:00**으로 설정합니다. ② 현재 시간의 위치를 보여주는 타임 인디케이터 가 **2초** 지점으로 이동합니다. ③ [고양이] 레이어-[Position]의 X 좌푯값을 **1080**으로 입력합니다. 고양이 캐릭터가 오른쪽으로 이동합니다. 이때 Y 좌표의 변화는 없습니다.

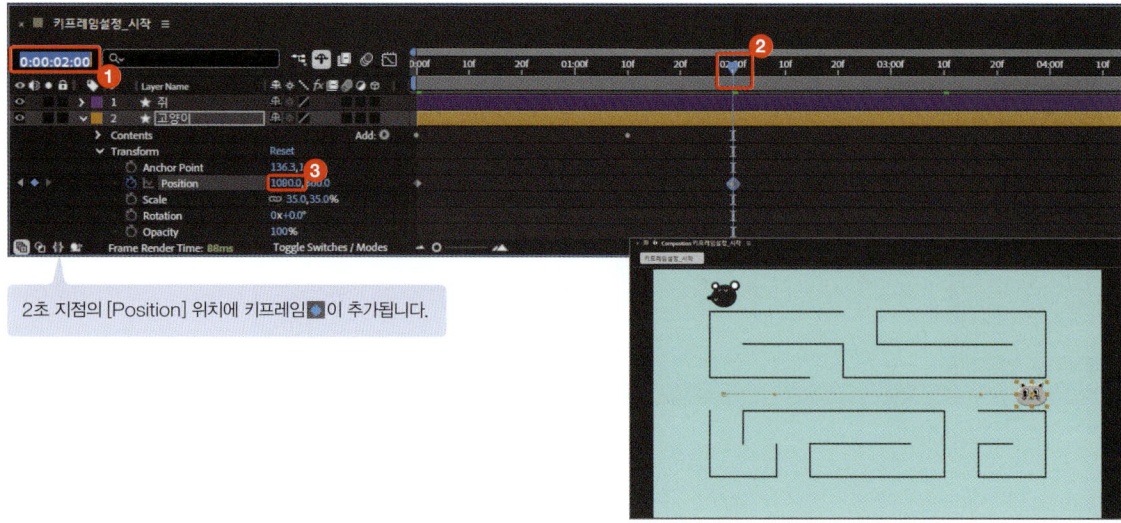

2초 지점의 [Position] 위치에 키프레임◆이 추가됩니다.

05 ❶ 시간을 **0:00:04:00**으로 설정해 **4초** 지점으로 이동합니다. ❷ [고양이] 레이어의 [Position]에 설정된 첫 번째 키프레임을 선택하고 ❸ Ctrl + C 를 눌러 복사합니다.

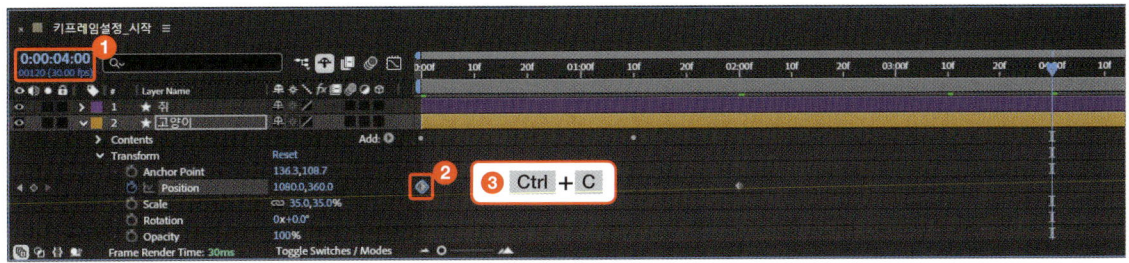

06 Ctrl + V 를 눌러 복사한 키프레임을 붙여 넣습니다. 고양이 캐릭터가 원래의 자리로 돌아갑니다.

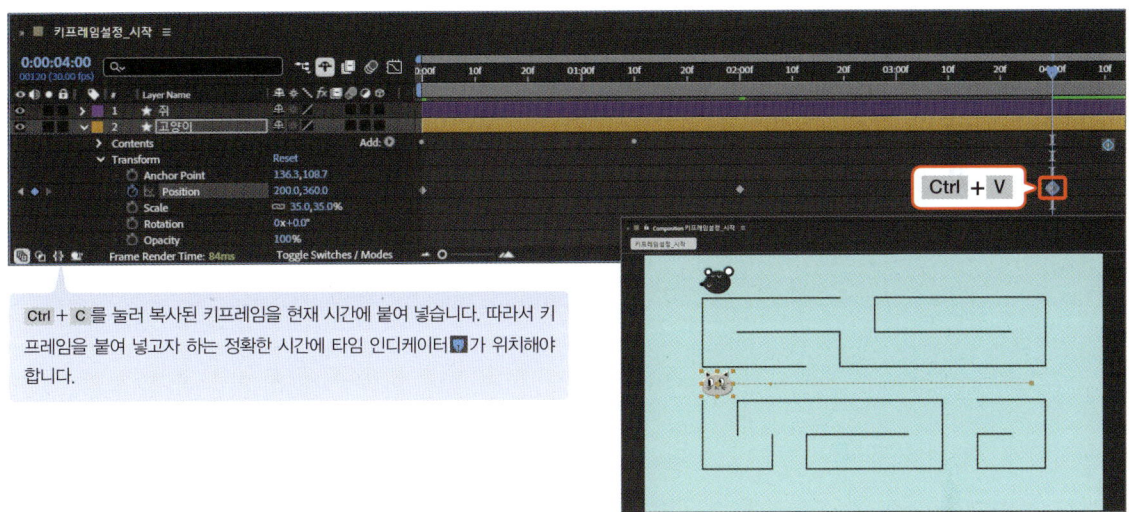

Ctrl + C 를 눌러 복사된 키프레임을 현재 시간에 붙여 넣습니다. 따라서 키프레임을 붙여 넣고자 하는 정확한 시간에 타임 인디케이터 ▼ 가 위치해야 합니다.

07 고양이 캐릭터 애니메이션이 완성되었습니다. Spacebar 를 눌러 애니메이션을 확인합니다. 고양이가 4초 동안 화면의 왼쪽에서 오른쪽으로 이동하고 다시 원래의 위치로 돌아옵니다.

간단 실습 | 키프레임 설정하고 모션 패스 수정하기

준비 파일 애프터 이펙트/Chapter 02/키프레임설정하기.aep

01 앞서 실습한 준비 파일을 그대로 사용합니다. ❶ [쥐] 레이어를 클릭하고 ❷ P 를 눌러 [Position]을 엽니다.

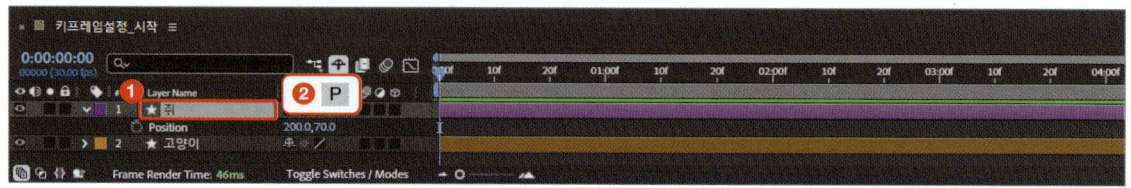

02 ❶ 0초 지점에서 ❷ [Position]을 100, 70으로 설정하고 ❸ 스톱워치 를 클릭해 키프레임을 생성합니다.

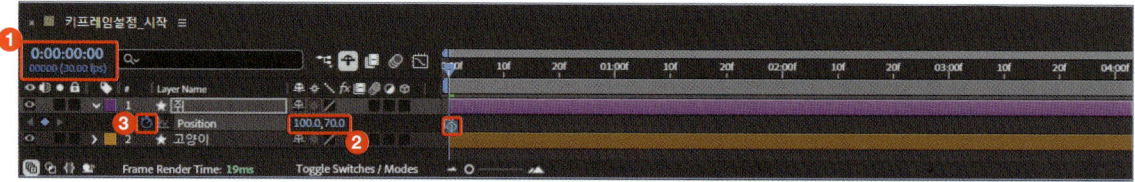

03 ❶ 1초 지점으로 이동합니다. ❷ [쥐] 레이어의 [Position]을 1200, 70으로 설정합니다. 두 번째 키프레임이 생성됩니다. 쥐 캐릭터가 1초 동안 왼쪽에서 오른쪽으로 이동합니다.

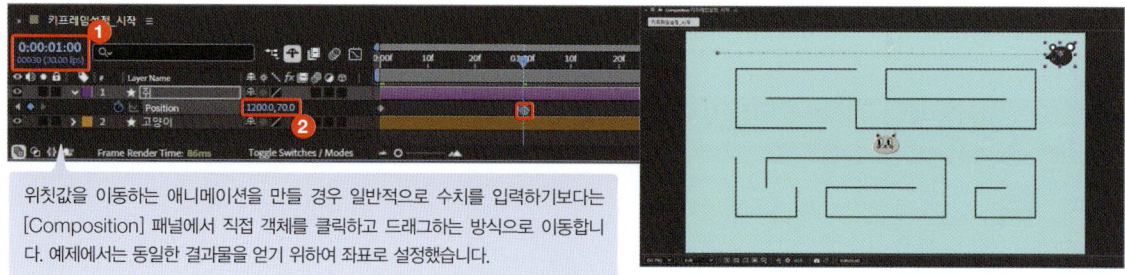

위칫값을 이동하는 애니메이션을 만들 경우 일반적으로 수치를 입력하기보다는 [Composition] 패널에서 직접 객체를 클릭하고 드래그하는 방식으로 이동합니다. 예제에서는 동일한 결과물을 얻기 위하여 좌표로 설정했습니다.

04 ❶ 2초 지점으로 이동하고 ❷ [쥐] 레이어의 [Position]을 1200, 660으로 설정해 키프레임을 생성합니다.

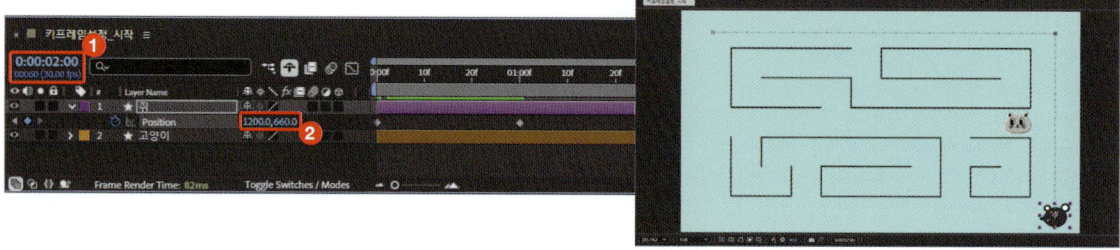

05 ①② 같은 방법으로 **3초**와 **4초** 지점의 [Position]에 다음과 같이 키프레임을 생성합니다.

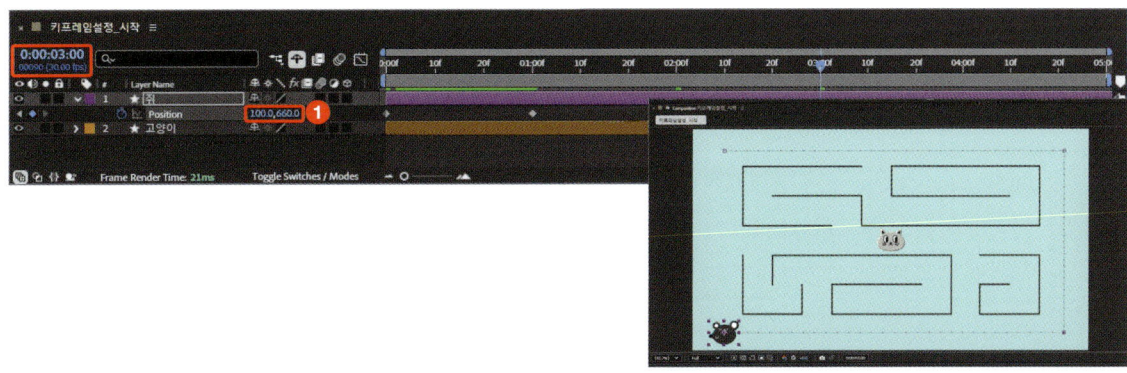

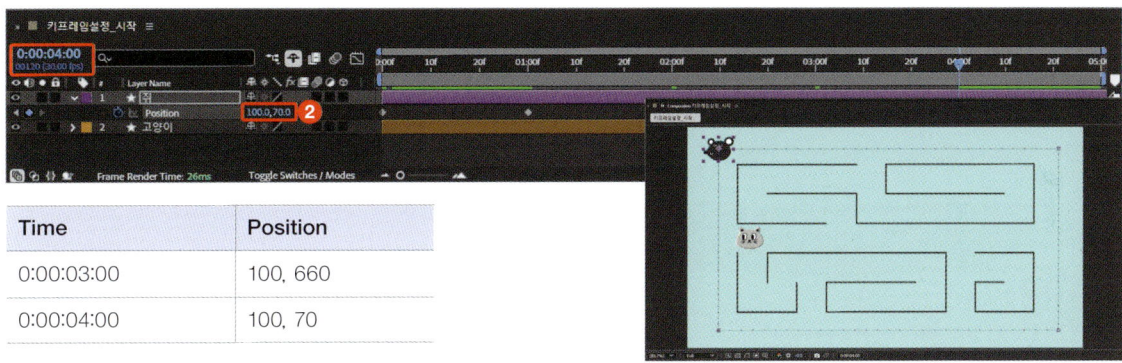

Time	Position
0:00:03:00	100, 660
0:00:04:00	100, 70

06 [쥐] 레이어를 클릭하고 [Composition] 패널을 확인하면 쥐 캐릭터의 움직임이 생성되면서 화면에 점과 실선으로 이루어진 선이 나타납니다. 이 선을 모션 패스(Motion Path)라고 합니다. 오브젝트가 움직이는 경로는 실선으로 확인할 수 있고, 모션 패스를 이루는 작은 점의 간격을 통하여 움직임의 속도를 알 수 있습니다. 점의 간격이 좁으면 속도가 느리고 간격이 넓으면 속도가 빠릅니다. 간격이 동일하면 구간 속도가 동일합니다.

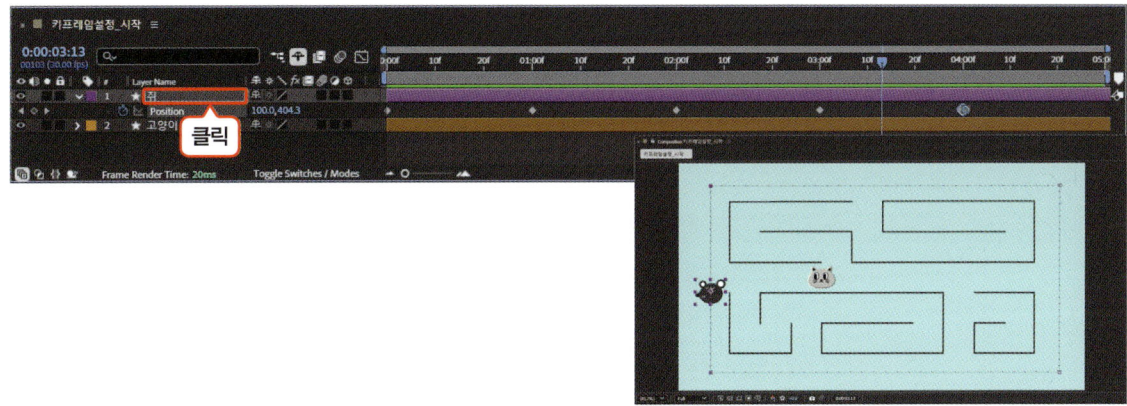

기능 꼼꼼 익히기   [쥐] 레이어의 모션 패스가 직선이 아닌 곡선으로 표시되는 경우

[쥐] 레이어가 직선이 아닌 곡선으로 이동한다면 이는 연속된 키프레임의 기본 설정값이 [Continuous Bezier]이기 때문입니다. 기본 설정값을 곡선에서 직선으로 변경하려면 [Edit]–[Preferences]–[General] 메뉴를 선택하고 [Preferences] 대화상자에서 [Default Spatial Interpolation to Linear]를 활성화하면 됩니다.

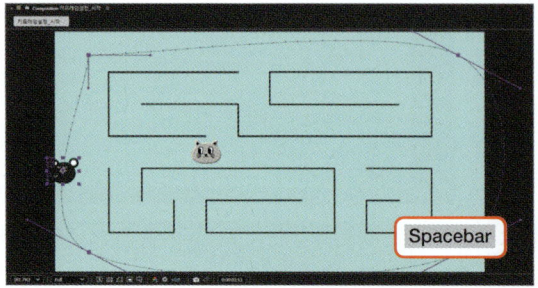
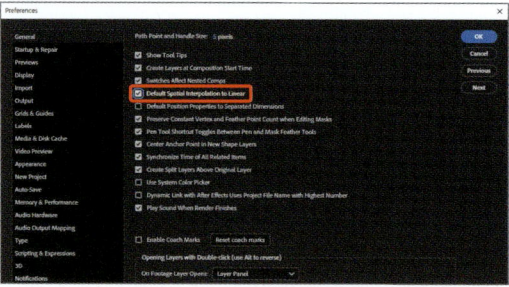

기본 설정값을 변경해도 이미 만들어진 곡선 모션 패스가 직선으로 변경되는 것은 아닙니다. 이때 펜 도구를 활용하여 수정할 수 있습니다. ① 도구바에서 펜 도구 ▨를 길게 클릭하고 ② 하위 메뉴에서 조절점 변환 도구 ▨를 선택합니다.

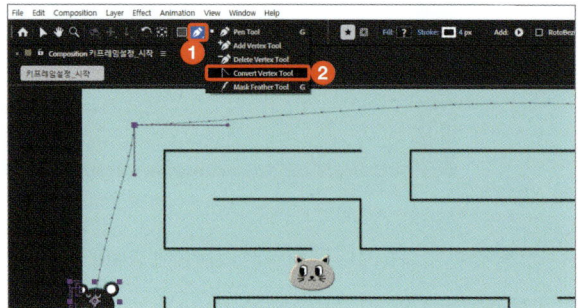

①②③④ 화면에 보이는 네 개의 조절점을 차례대로 클릭합니다. 모션 패스가 직선으로 변경됩니다. ⑤ Spacebar 를 눌러 애니메이션을 확인해보면 쥐 캐릭터가 직선으로 이동합니다.

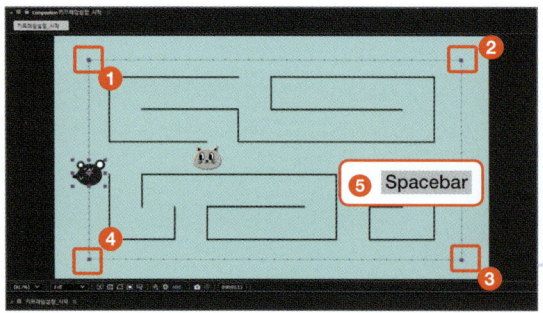

키프레임이 모두 선택되어 있는 상태에서는 조절점을 하나만 클릭해도 모든 조절점(모션 패스)이 직선으로 변경됩니다.

간단 실습 | 키프레임 이동하여 속도 조절하기

준비 파일 애프터 이펙트/Chapter 02/키프레임설정하기.aep

쥐 캐릭터는 1초마다 새로운 위치로 이동합니다. 화면이 가로로 긴 직사각형이므로 캐릭터가 좌우로 이동할 때는 상하로 이동할 때보다 빠르게 움직입니다. 구간마다 시간을 다르게 설정하려면 키프레임의 위치를 이동합니다. 키프레임의 이동은 다음과 같이 설정할 수 있습니다.

01 앞서 실습한 준비 파일을 그대로 사용합니다. ❶ **0:00:01:15** 지점으로 이동합니다. ❷ [쥐] 레이어의 [Position]에 설정된 키프레임 중 **0:00:01:00** 지점에 있는 두 번째 [Position] 키프레임을 클릭합니다.

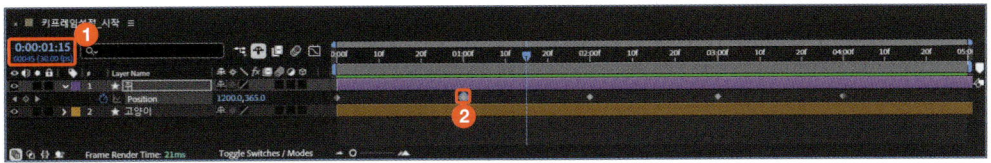

02 Shift 를 누른 채 오른쪽으로 드래그합니다. 타임 인디케이터 가 있는 지점에 가까이 오면 키프레임이 해당 시간에 스냅(Snap)됩니다.

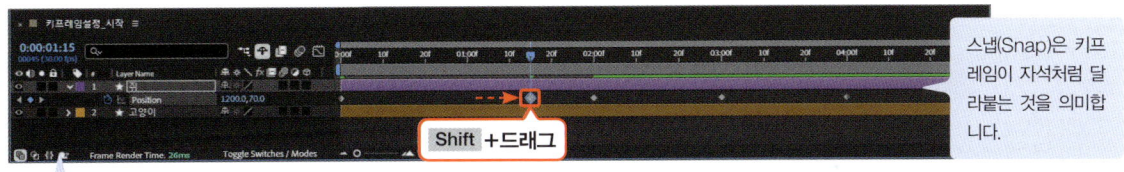

스냅(Snap)은 키프레임이 자석처럼 달라붙는 것을 의미합니다.

쥐 캐릭터가 왼쪽에서 오른쪽으로 이동할 때 1초 동안 움직였던 것이 1초 15F 동안 이동해 원래 속도보다 천천히 이동합니다. 반대로 두 번째 지점과 세 번째 지점 사이는 가까워졌기 때문에 위에서 아래로 이동할 때의 속도는 더 빨라집니다.

03 ❶ **0:00:03:15** 지점으로 이동합니다. ❷ **3초** 지점에 있는 키프레임을 클릭하고 Shift 를 누른 채 오른쪽으로 드래그합니다. 타임 인디케이터가 있는 지점에 가까이 오면 키프레임이 해당 시간에 스냅됩니다. ❸ Spacebar 를 눌러 애니메이션을 확인해봅니다. 구간 속도가 달라진 것을 확인할 수 있습니다.

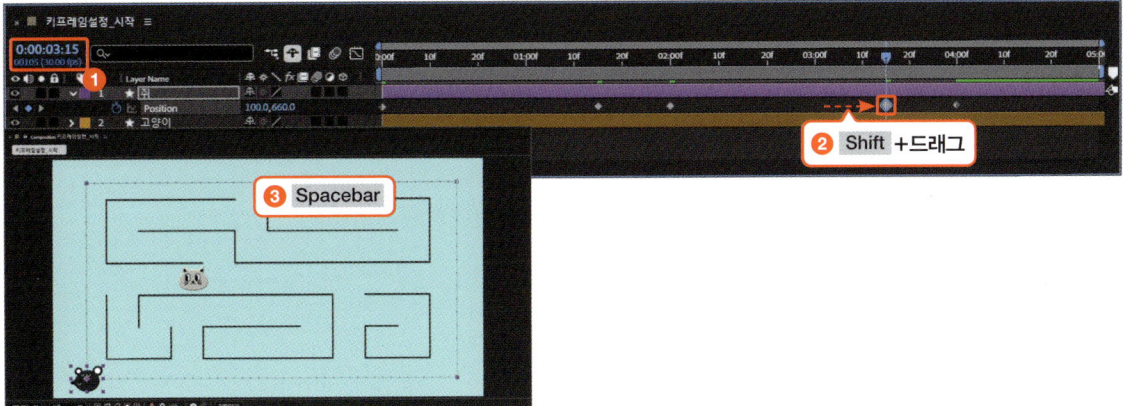

04 이번에는 구간이 아닌 키프레임 전체의 속도를 조절해보겠습니다. 앞서 설정한 키프레임은 쥐 캐릭터가 4초 동안 화면을 한 바퀴 돕니다. 이 시간을 2초로 줄여보겠습니다. ① 0:00:02:00 지점으로 이동합니다. ② [쥐] 레이어의 [Position]을 클릭합니다. [Position]에 설정된 모든 키프레임이 선택됩니다.

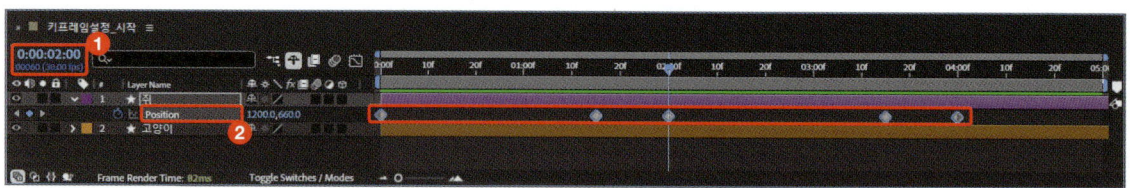

05 ① 오른쪽 끝에 있는 키프레임을 클릭하고 ② Alt 를 누른 채 2초 지점으로 드래그합니다. 모든 키프레임의 간격이 유지되면서 전체 움직임이 2초로 줄어들었습니다.

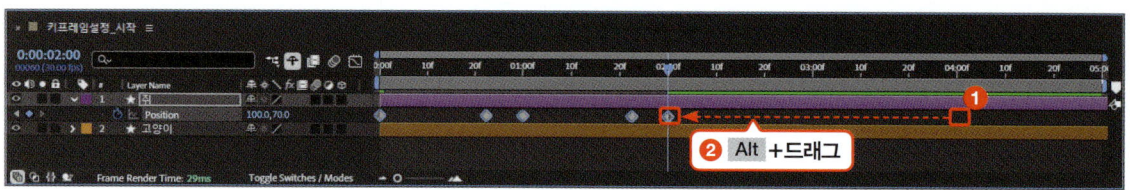

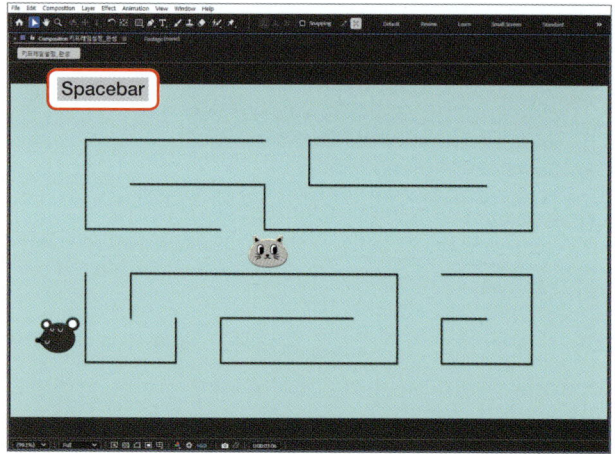

06 Spacebar 를 눌러 쥐 캐릭터의 이동 속도가 두 배 빨라진 것을 확인합니다.

LESSON 06 렌더링하고 동영상 파일로 저장하기

동영상 파일로 저장하기

애프터 이펙트에서 애니메이션 작업 후 그대로 저장하면 aep 확장자를 가진 After Effect Project 파일로 저장됩니다. aep 파일은 동영상 파일 형식이 아니라 프로젝트 파일 형식입니다. 따라서 aep 파일 자체로는 동영상 재생 프로그램에서 작업물을 재생할 수 없습니다. 동영상으로 재생하기 위해서는 aep 파일을 저장한 후 렌더링(Rendering)하여 동영상 파일로 변환해야 합니다.

간단 실습 렌더링하기 ① Add to Render Queue

준비 파일 애프터 이펙트/Chapter 02/렌더링하기.aep

01 애니메이션 작업이 끝나면 [Composition]-[Add to Render Queue] Ctrl + M 메뉴를 선택합니다.

02

❶ [Render Queue] 탭이 나타납니다. [Render Settings]와 [Output Module]의 옵션을 설정합니다. [Render Settings]의 기본값은 [Best Settings]입니다. 모든 값을 최고 퀄리티로 설정하는 것입니다. ❷ 설정을 바꾸고 싶다면 [Best Settings]를 클릭합니다.

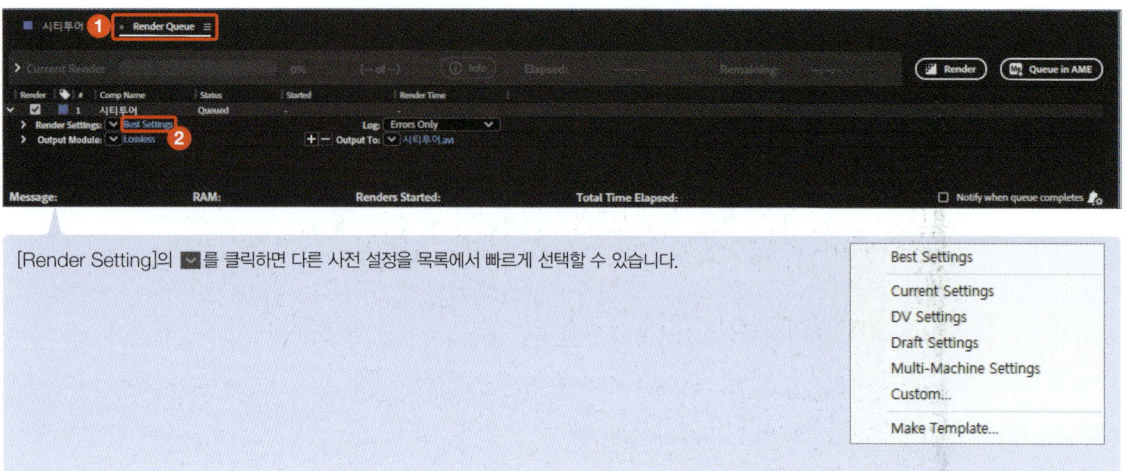

[Render Setting]의 ▼를 클릭하면 다른 사전 설정을 목록에서 빠르게 선택할 수 있습니다.

03

❶ [Render Settings] 대화상자가 나타나면 용도에 따라 [Quality]와 [Resolution]을 설정하고 ❷ [OK]를 클릭합니다. [Quality]는 화질을 뜻하며 [Best]는 고화질을 의미합니다. [Resolution]은 통상적으로 해상도를 의미하나 여기서는 [Size], 즉 크기로 해석합니다. [Full]은 컴포지션의 오리지널 크기이며 [Half]는 컴포지션의 절반 크기로 렌더링됩니다.

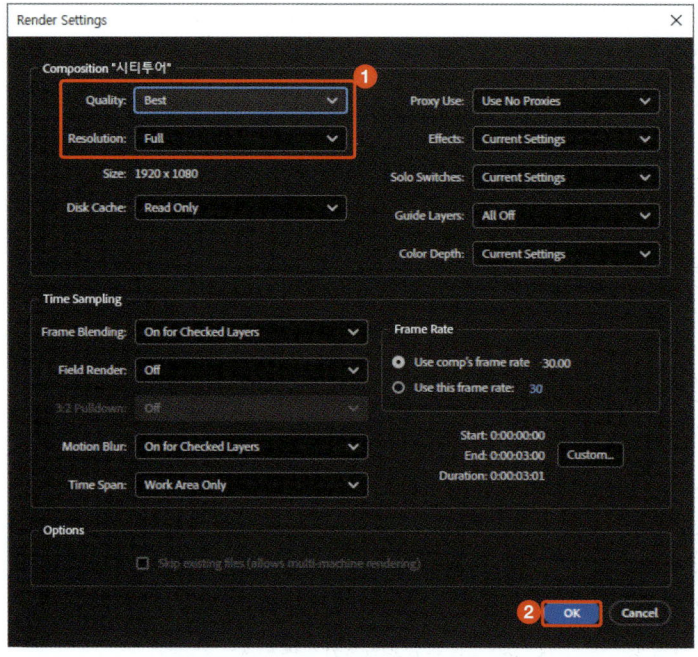

04

① 동영상 파일 형식과 코덱을 설정하기 위해 [Render Queue] 패널에서 [Output Module]의 ∨를 클릭해 다른 사전 설정을 선택하거나 [Lossless]를 클릭합니다. ② [Output Module Settings] 대화상자가 나타나면 다음과 같이 설정하고 ③ [OK]를 클릭합니다.

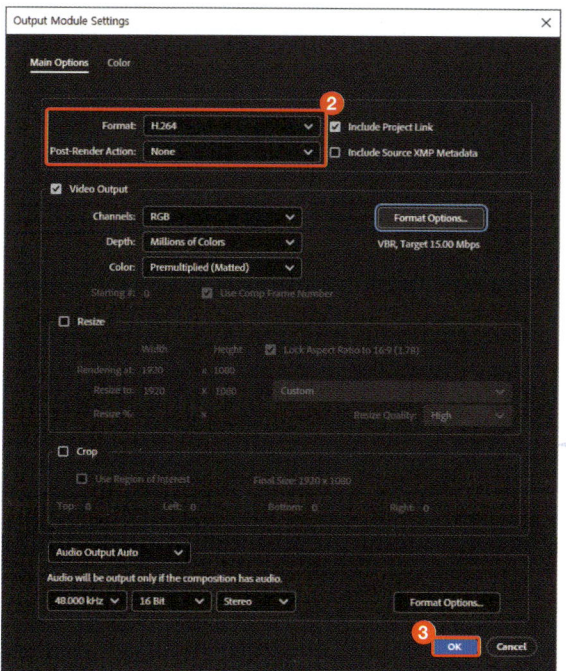

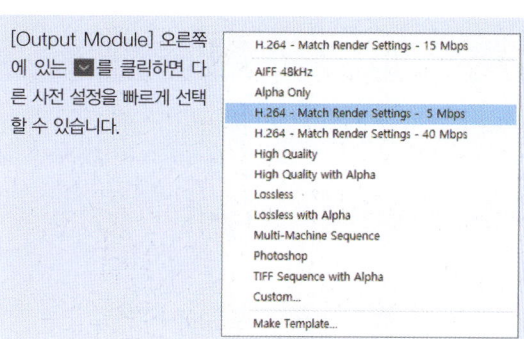

[Output Module] 오른쪽에 있는 ∨를 클릭하면 다른 사전 설정을 빠르게 선택할 수 있습니다.

기능 꼼꼼 익히기 [Output Module Settings] 대화상자 알아보기

❶ **Format** | 동영상의 파일 형식입니다. avi, mov 등 동영상 파일 형식을 선택할 수 있습니다.

❷ **Post-Render Action** | 렌더링 후의 액션을 설정할 수 있습니다. [Import]를 선택하면 렌더링한 결과물이 [Project] 패널에 등록됩니다.

❸ **Video Output-Channels** | RGB 영상, 알파 채널을 포함한 영상(RGB + Alpha), 알파 채널만 있는 영상 중에서 선택합니다.

❹ **Video Output-Depth** | 색상 심도를 설정합니다.

❺ **Video Output-Color** | Edge(가장자리나 색의 경계)를 처리하는 방식을 결정합니다. 알파값을 렌더링할 때 경계면을 부드럽게 하려면 [Premultiplied (Matted)]로 설정하면 좋습니다.

❻ **Format Options** | 코덱 등을 설정할 수 있습니다.

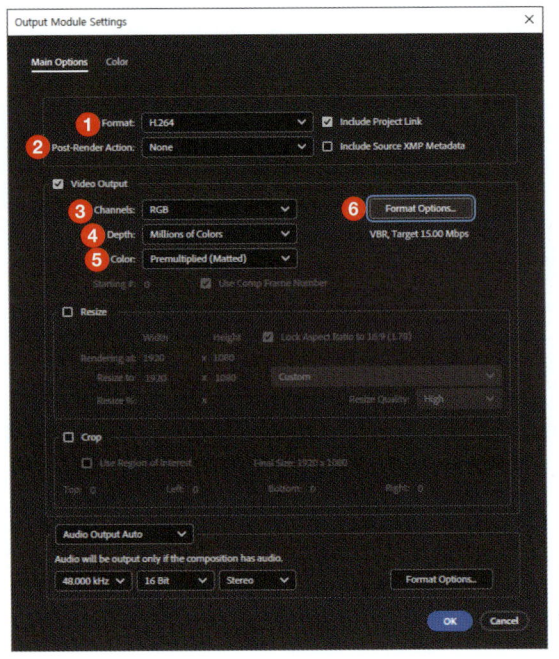

05 ❶ 설정이 끝나면 [Render]를 클릭해 파일의 저장 경로를 확인한 후 렌더링을 실행합니다. ❷ [Current Render]에서 렌더링 상태를 확인할 수 있으며 ❸ [info]를 클릭하면 보다 상세한 정보가 표시됩니다. ❹ [Pause]를 클릭해 잠시 멈추거나, [Stop]을 클릭해 작업을 취소할 수 있습니다.

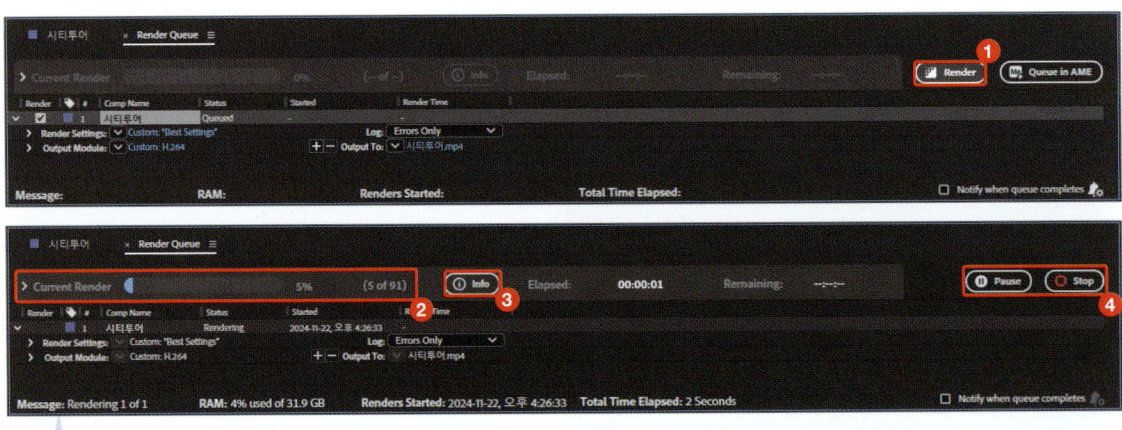

[Render] 대신 [Queue in AME]를 클릭하면 어도비 미디어 인코더(Adobe Media Encoder) 프로그램이 열립니다.

> 간단 실습 **렌더링하기 ② Add to Adobe Media Encoder Queue**

준비 파일 애프터 이펙트/Chapter 02/렌더링하기.aep

01 [Composition]-[Add to Adobe Media Encoder Queue] Ctrl + Alt + M 메뉴를 선택합니다. 어도비 미디어 인코더(Adobe Media Encoder) 프로그램이 실행됩니다.

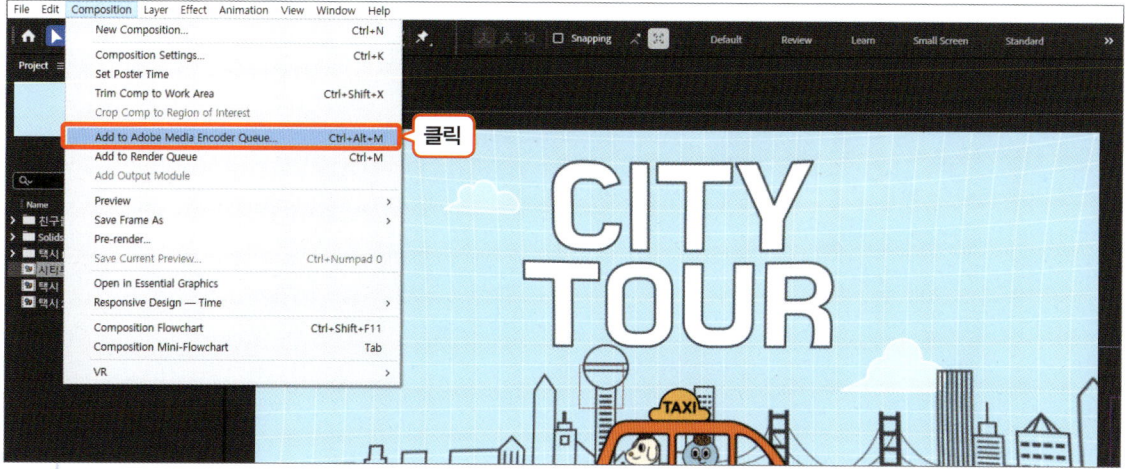

컴퓨터에 Adobe Media Encoder CC 프로그램이 설치되어 있지 않은 경우에는 이 메뉴를 사용할 수 없습니다. 애프터 이펙트 프로그램을 설치하면 미디어 인코더도 자동으로 설치됩니다. 동영상 파일 형식의 변환 등에 꼭 필요한 프로그램이니 설치되지 않았을 경우에는 Adobe Creative Cloud App을 통해 프로그램을 설치합니다.

02 ❶ 미디어 인코더가 실행되면 [대기열(Queue)] 패널에 컴포지션이 등록된 것을 확인할 수 있습니다. ❷ [형식(format)]이나 [사전 설정(preset)]을 클릭하면 ❸ [Dynamic Link 연결] 메시지가 나타났다 사라집니다.

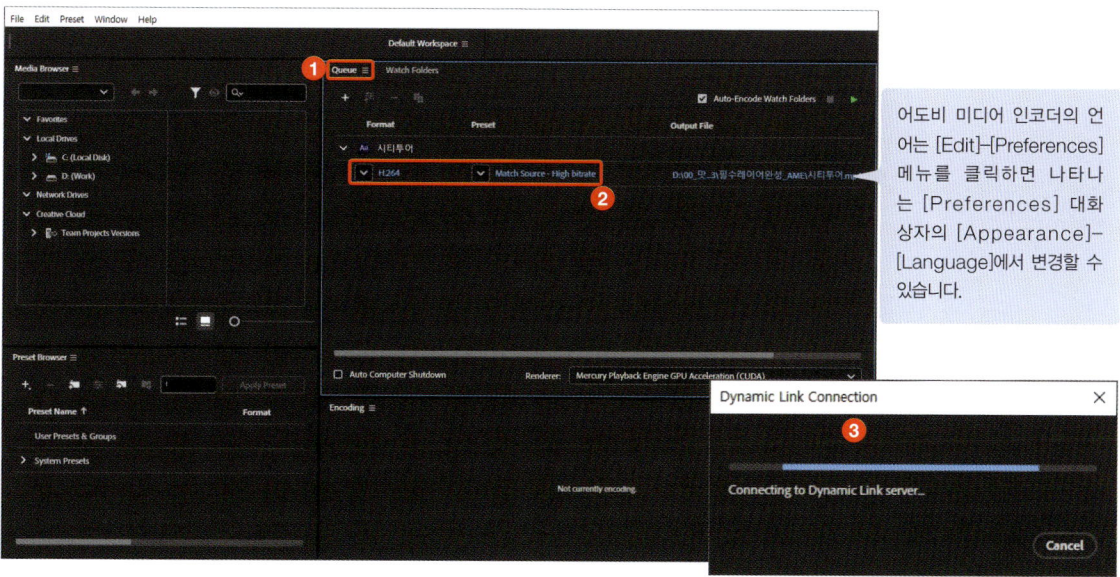

어도비 미디어 인코더의 언어는 [Edit]-[Preferences] 메뉴를 클릭하면 나타나는 [Preferences] 대화상자의 [Appearance]-[Language]에서 변경할 수 있습니다.

03 서버 연결 후 [내보내기 설정(Export Settings)] 대화상자가 나타납니다. 애프터 이펙트의 [Render Settings]보다 훨씬 다양한 동영상 파일 형식과 코덱이 있습니다. 원하는 파일 형식과 경로를 설정하고 인코딩하면 동영상으로 저장됩니다. [H.264] 파일 형식이 가장 많이 사용됩니다.

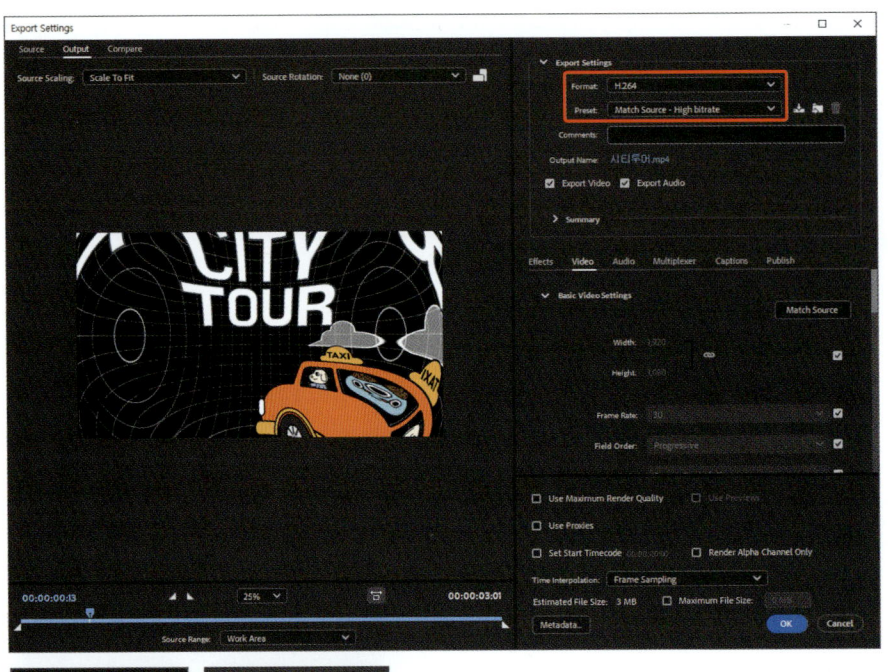

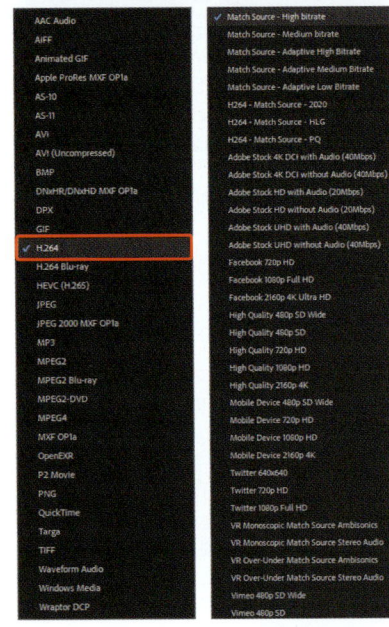

▲ 파일 형식(Format)   ▲ 사전 설정(Preset)

사전 설정은 목적에 맞게 트위터, 유튜브, 비메오 등 SNS 채널에 최적화된 설정을 선택할 수 있습니다. [사전 설정(Presets)] 항목을 클릭하면 [Dynamic Link 연결] 대화상자가 나타나고 서버와 연결됩니다.

04

❶ [내보내기 설정(Export Settings)]을 확장하면 [비디오(Video)], [오디오(Audio)] 등의 설정을 조절할 수 있습니다. ❷ [소스 일치(Match Source)]를 클릭하면 소스의 비디오 속성과 출력 속성이 일치하도록 자동으로 설정합니다. 모든 설정이 끝나면 [OK]를 클릭합니다.

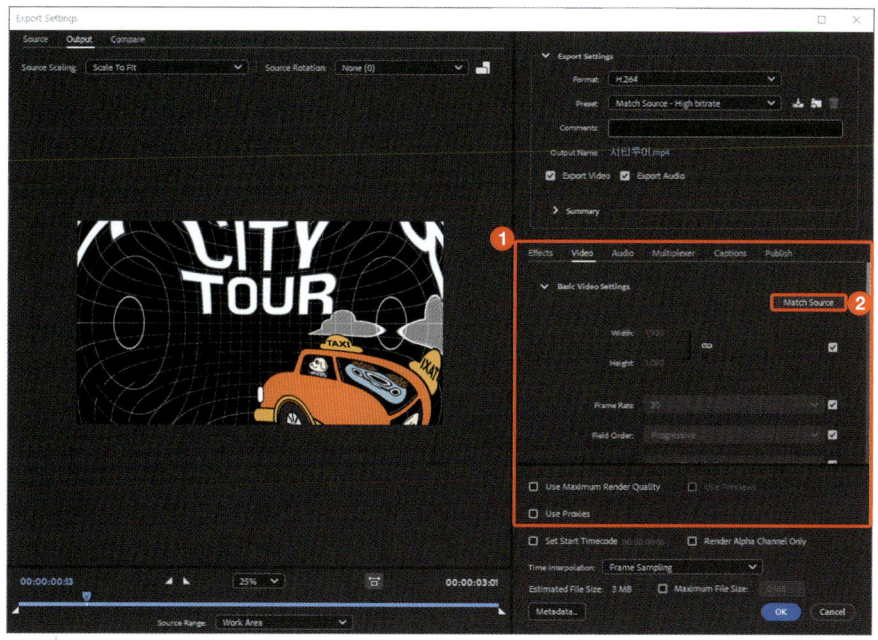

원본 컴포지션의 배경 색상은 밝은 파란색 계열이었습니다. 그러나 렌더링 설정에서는 검은색으로 표시되며, 렌더링된 동영상 파일을 열어보면 검은색으로 표시됩니다. 이처럼 미디어 인코더에서는 애프터 이펙트의 컴포지션 색상이 무시됩니다. 배경 색상까지 렌더링해야 하는 경우에는 배경 레이어로 만들어야 합니다.

05

사전 설정이 끝나면 화면 상단 오른쪽에 있는 대기열 시작 ▶을 클릭하거나 Enter를 눌러 렌더링을 실행합니다. 모든 설정이 끝나면 [OK]를 클릭합니다.

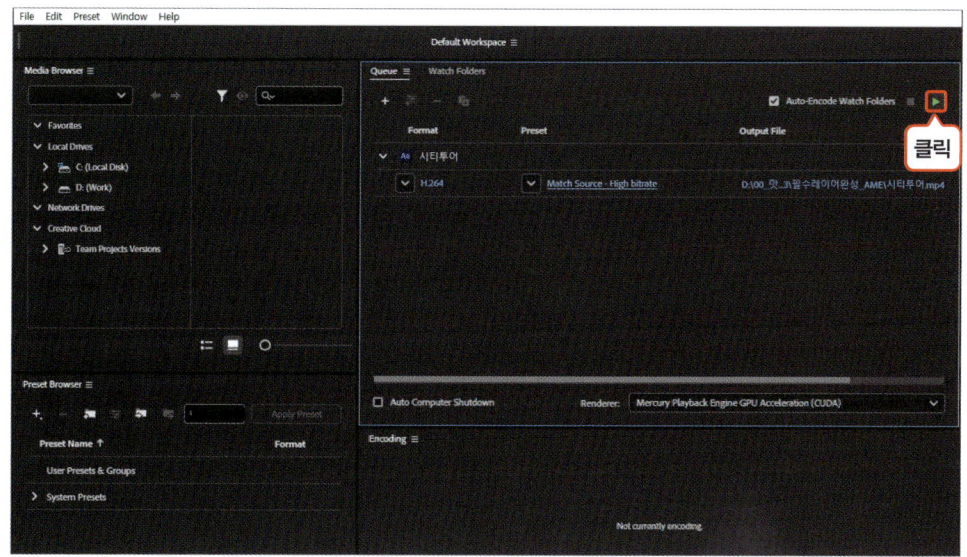

CHAPTER
03

다양한 레이어로
그래픽 이미지 만들기

포토샵이나 일러스트레이터와 같은 그래픽 제작 프로그램은 새로운 레이어를 만든 후
그 안에 그림, 도형, 텍스트 등을 자유롭게 생성하고 배치할 수 있습니다.
반면 애프터 이펙트는 레이어 생성 시점에서
담고자 하는 콘텐츠의 유형에 따라 적합한 형태의 레이어를 만들어야 합니다.
[Layer]-[New] 메뉴를 통해 다양한 유형의 레이어를 확인할 수 있습니다.
핵심적인 레이어들을 만들어보면서 각각의 속성을 살펴보겠습니다.

Ae LESSON 01

솔리드 레이어 만들고 효과 적용하기

솔리드 레이어의 설정을 변경하고 블렌딩 모드 활용하기

후반 작업 프로그램인 애프터 이펙트는 보통 사진이나 비디오, 이미지 등 기존에 제작된 미디어 파일을 불러와 효과나 애니메이션을 적용합니다. 그러나 애프터 이펙트에서도 그래픽 이미지를 직접 생성할 수 있으며, 때로는 이러한 방식이 더욱 효율적일 수 있습니다.

애프터 이펙트의 대표적인 레이어 중 하나인 솔리드 레이어는 단색의 그래픽 이미지를 생성하는데, 단색 이미지 그대로 사용되기도 하지만 일반적으로는 레이어에 효과를 적용하는 방식으로 더 많이 활용됩니다. 또한 마스크(Mask)와 결합하여 원하는 모양을 만든 후 애니메이션을 적용하는 것도 가능합니다.

간단 실습 솔리드 레이어 만들기

준비 파일 애프터 이펙트/Chapter 03/솔리드레이어만들기.aep

01 ❶ [File]-[Open] Ctrl + O 메뉴를 선택하여 **솔리드레이어만들기.aep** 준비 파일을 엽니다. ❷ [Project] 패널에서 [솔리드레이어] 컴포지션을 더블클릭하여 엽니다. ❸ [Layer]-[New]-[Solid] Ctrl + Y 메뉴를 선택합니다.

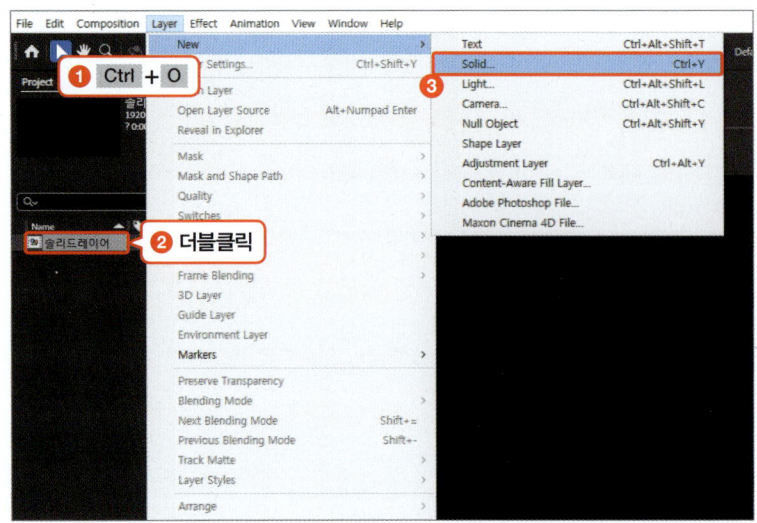

[Layer]-[New] 메뉴에는 애프터 이펙트에서 만들 수 있는 다양한 레이어가 있습니다. 자주 사용하는 레이어의 단축키를 외워두면 좋습니다.
Solid | Ctrl + Y
Null Object | Ctrl + Alt + Shift + Y
Adjustment Layer | Ctrl + Alt + Y

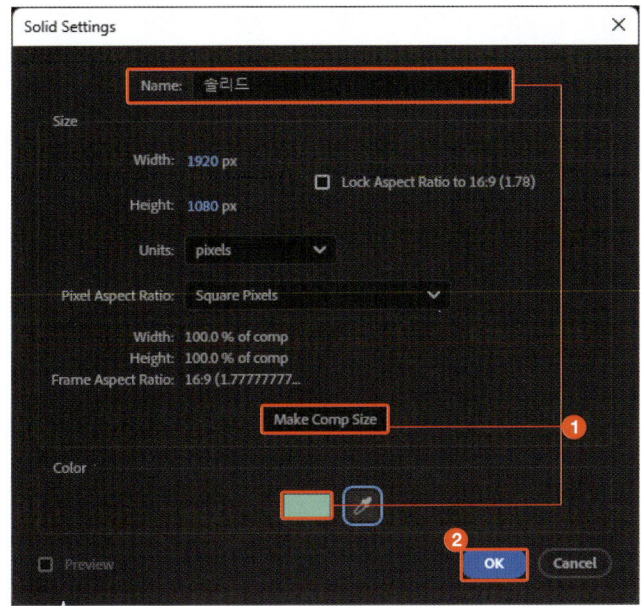

02 ❶ [Solid Settings] 대화상자가 나타나면 다음과 같이 설정한 후 ❷ [OK]를 클릭합니다. 컴포지션과 같은 크기의 사각형 솔리드 레이어가 생성됩니다.

Name	인트로
Make Comp Size	클릭
Color	밝은 청록색

컴포지션(Composition)의 개념과 [Composition Settings] 대화상자의 모든 속성은 334쪽에서 학습할 수 있습니다.

기능 꼼꼼 익히기 — [Solid Settings] 대화상자 알아보기

앞에서 소개한 방법으로 솔리드 레이어를 생성하면 [Solid Settings] 대화상자가 나타납니다.

❶ **Name** | 솔리드 레이어의 이름을 설정합니다. [Color]에서 설정한 색상 이름이 자동으로 입력되며, 필요에 따라 원하는 이름으로 수정할 수 있습니다.

❷ **Size** | [Width]는 폭, [Height]는 길이를 말합니다. 솔리드 레이어의 가로세로 크기를 설정합니다.

❸ **Pixel Aspect Ratio** | 픽셀의 종횡비를 설정합니다. [Square Pixels]를 일반적으로 사용하며 정사각형 형태의 비례를 뜻합니다. 비디오 입력이나 출력에 따라 다르게 설정할 수 있습니다.

❹ **Make Comp Size** | 클릭하면 솔리드 레이어의 크기가 컴포지션 크기와 동일하게 설정됩니다.

❺ **Color** | 솔리드 레이어의 색상을 설정합니다.

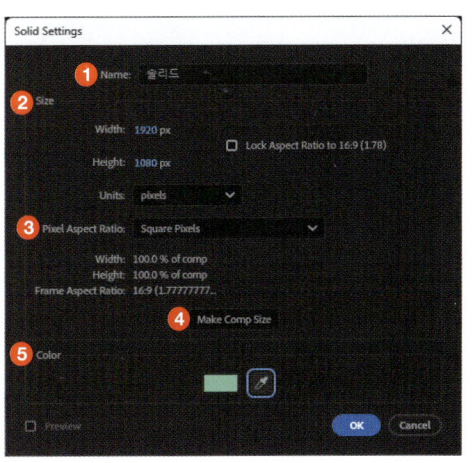

기능 꼼꼼 익히기 — HSB와 RGB 색상 모드 알아보기

색상을 선택하는 [Color] 대화상자에서는 HSB 또는 RGB 색상 모델을 활용할 수 있습니다. HSB와 RGB는 색을 표현하는 두 가지 주요 색상 모델입니다. RGB 색상 모델은 빨간색(R), 초록색(G), 파란색(B) 등 세 가지 기본색을 조합하여 색을 만드는 모델로, 빛의 삼원색에 기반해 작동합니다. 다양한 색을 쉽게 표현할 수 있어 디스플레이(TV, 모니터)에 적합하지만 빛의 삼원색을 제대로 이해하지 못하면 색상 조정이 복잡하게 느껴질 수 있습니다.

HSB 색상 모델은 색상(Hue), 채도(Saturation), 밝기(Brightness)를 기준으로 색을 정의합니다. HSB는 디스플레이에서 사용하는 색상이 아니라서 정확성은 다소 떨어지지만, 사람이 색을 인식하는 방식에 더 가깝기 때문에 직관적인 선택과 조정이 가능하여 더 선호됩니다. 예제에서는 주로 HSB 색상 모델을 사용했습니다.

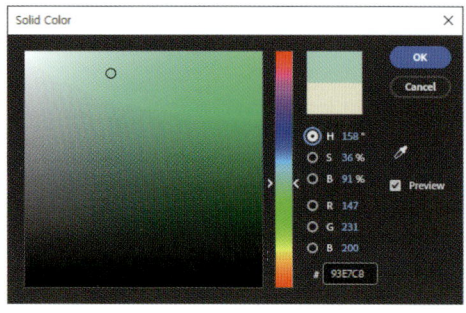

▲ HSB 색상 모델

▲ RGB 색상 모델

03 [Timeline] 패널에 컴포지션 크기와 동일한 크기의 솔리드 레이어가 등록되었습니다. 모든 시각 레이어가 가지는 [Transform] 속성을 확인할 수 있습니다. [Properties] 패널에서도 [Layer Transform] 속성을 확인 또는 수정할 수 있습니다.

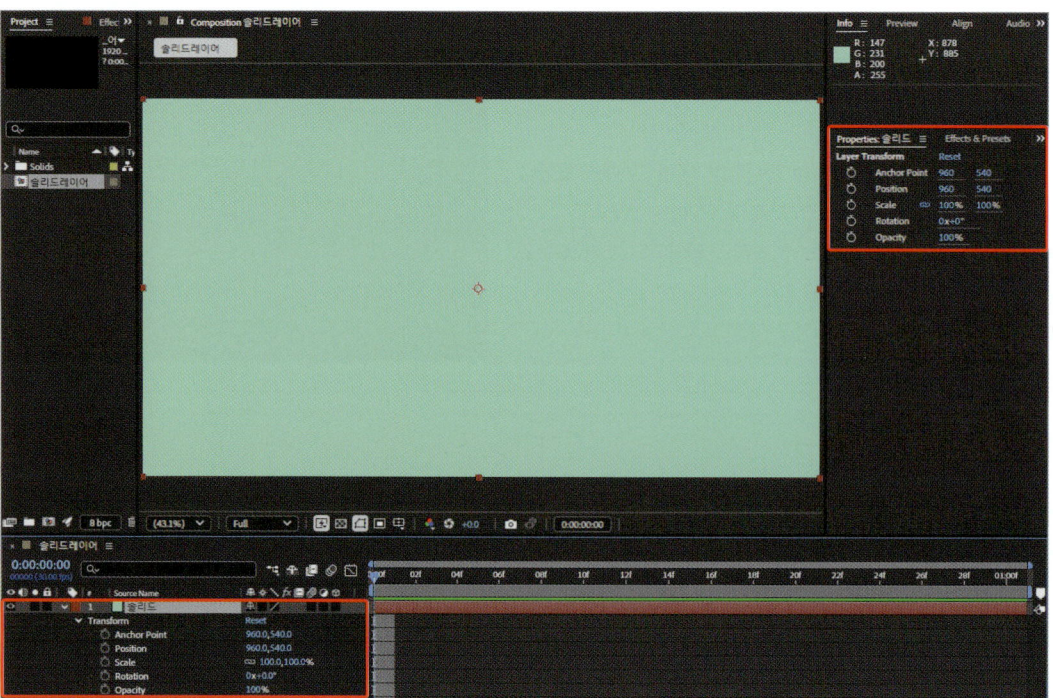

간단 실습 [Grid] 효과 적용해서 격자무늬 배경 만들기

준비 파일 애프터 이펙트/Chapter 03/솔리드레이어만들기.aep

솔리드 레이어는 단색 레이어 자체로 사용되기도 하지만 대부분은 효과를 적용하여 배경 이미지로 활용됩니다. 솔리드 레이어에 효과를 적용하여 배경 이미지를 만들어보겠습니다.

01 앞선 실습에서 이어서 진행합니다. ❶ [Timeline] 패널에서 [솔리드] 레이어를 클릭합니다. ❷ [Effects &Presets] 패널에서 **grid**를 검색합니다. ❸ [Generate]-[Grid]를 클릭하고 더블클릭하거나 [Composition] 패널로 드래그하여 효과를 적용합니다.

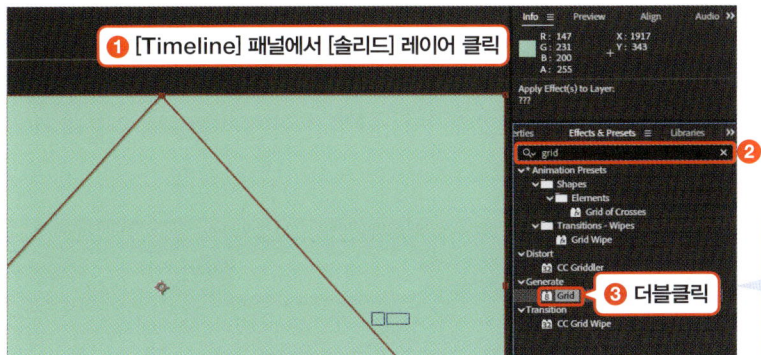

> 애프터 이펙트의 효과(Effects)는 매우 강력한 도구입니다. 450쪽의 'Chapter 05 애프터 이펙트 필수 효과(Effect) 실습하기'에서 자세하게 학습할 수 있습니다.

02 [Effect Controls] 패널이 열립니다. 기존의 색상이 무시되고 흑백의 격자무늬가 생성되었습니다.

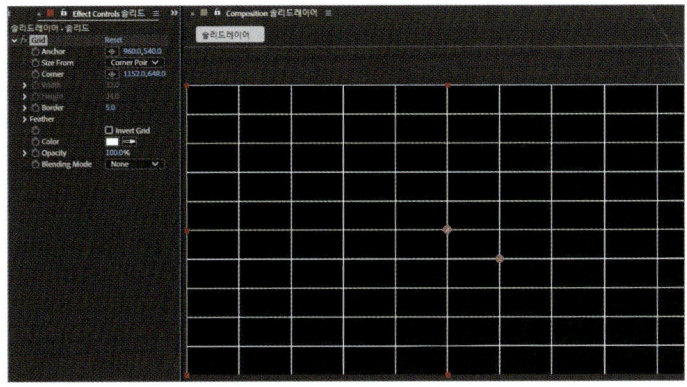

03 다음을 참고하여 [Grid]의 속성을 변경합니다.

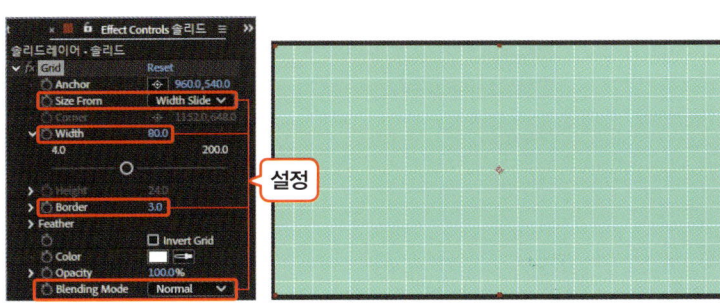

Size From	Width Slider
Width	80
Border	3
Blending Mode	Normal

그리드 효과는 격자무늬의 그리드를 만들 수 있으며 주로 배경 이미지를 만드는 데 활용됩니다.
Size From | 무엇을 기준으로 그리드를 만들지 설정합니다.
Width | 그리드 테두리의 두께를 설정합니다.
Border | 그리드의 가장자리 테두리 선의 두께를 조정할 수 있습니다.
Color | 그리드의 선 색상을 설정합니다.
Blending Mode | 배경과 혼합 모드를 설정합니다.

간단 실습 | 솔리드 레이어 설정 변경, 효과 적용, 블렌딩 모드 변경하기

준비 파일 애프터 이펙트/Chapter 03/솔리드레이어만들기.aep

레이어 복제하고 설정 변경하기

01 앞선 실습에서 이어서 진행합니다. ❶ [솔리드] 레이어를 클릭하고 Ctrl + D 를 눌러 레이어를 복제합니다. ❷ 복제된 레이어를 클릭하고 ❸ [Effect Controls] 패널에서 [Grid]를 클릭한 후 Delete 를 눌러 효과를 삭제합니다.

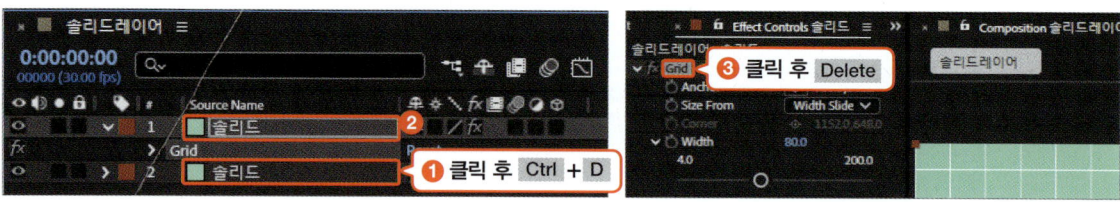

02 ❶ 복제된 레이어가 선택된 상태에서 [Layer]-[Solid Settings] Ctrl + Shift + Y 메뉴를 선택합니다. ❷ [Solid Settings] 대화상자가 나타나면 다음과 같이 설정하고 ❸ [New]를 클릭합니다. 흰색의 가로세로의 크기가 500px인 정사각형이 생성되었습니다.

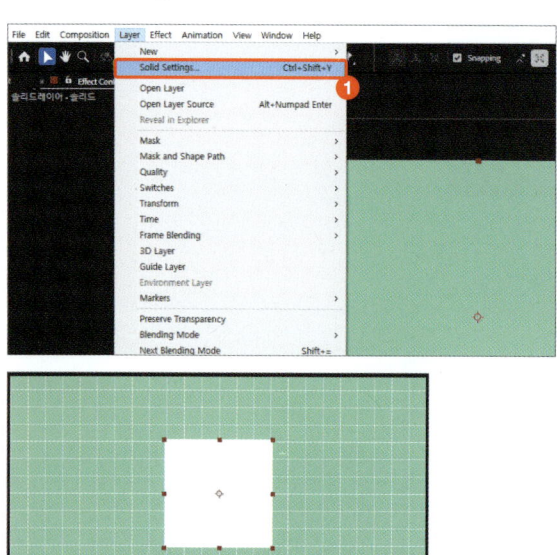 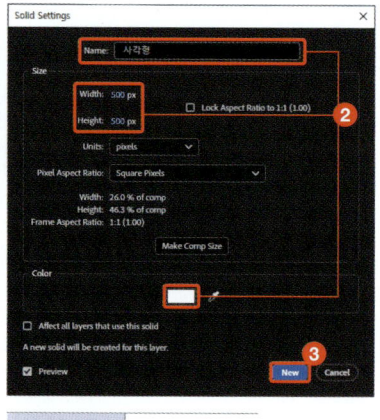

Name	사각형
Width	500px
Hight	500px
Color	흰색

[Wave Warp] 효과 적용해서 메모지 느낌 연출하기

03 ① [사각형] 레이어를 클릭합니다. ② [Effects & Presets] 패널에서 **wave**를 검색합니다. ③ [Distort] -[Wave Warp]를 더블클릭하여 효과를 적용합니다. 사각형의 위아래 면이 울퉁불퉁해집니다.

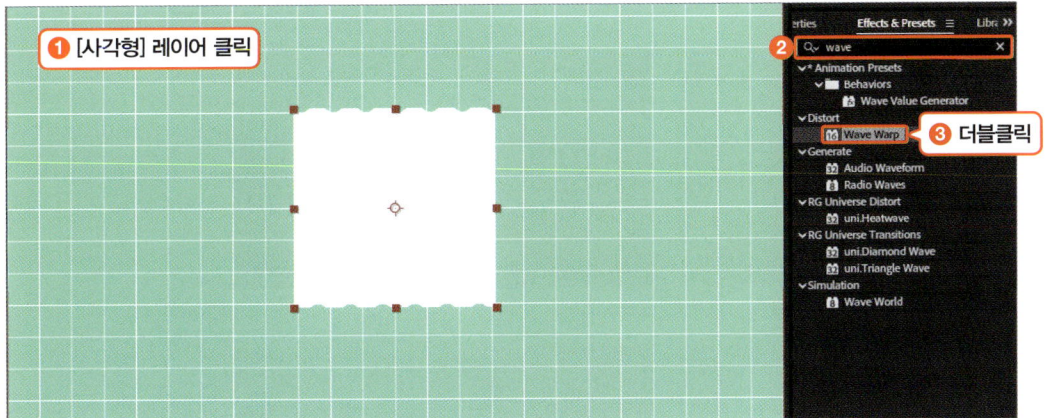

04 ① [Effect Controls] 패널에서 [Wave Type]을 [Circle]로, ② [Wave Hight]를 20으로, ③ [Wave Speed]는 0으로 변경합니다. 메모지 모양이 연출되었습니다.

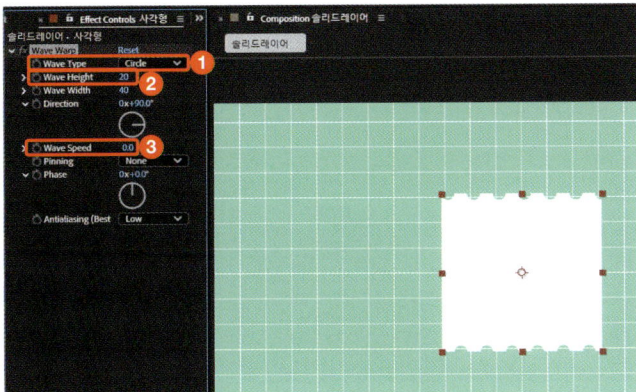

> Wave Warp 효과는 레이어를 파도처럼 왜곡시켜주는 효과입니다. 이 효과는 수평 또는 수직 파동을 사용하여 레이어의 움직임을 동적으로 표현할 수 있습니다. 주로 물결, 파도 등이 흔들리는 효과를 만들 때 사용됩니다.

블렌딩 모드로 반투명 느낌 연출하기

05 ① [사각형] 레이어의 블렌딩 모드를 클릭하고 ② [Soft Light]로 설정하여 반투명하게 연출합니다. 격자무늬의 배경과 반투명한 메모지가 완성되었습니다.

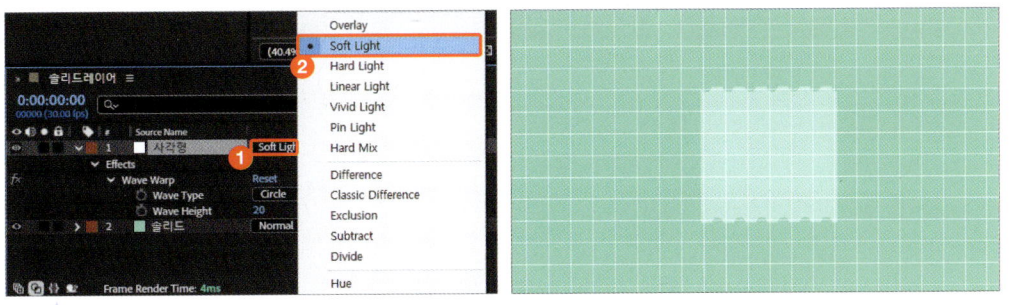

> [Timeline] 패널에서 블렌딩 모드 설정이 보이지 않는다면 F4 를 누르거나 Toggle Switches / Modes 를 클릭해 열어볼 수 있습니다.

기능 꼼꼼 익히기 — 레이어 블렌딩 모드 적용하기

모든 시각 레이어의 블렌딩 모드(Blending Mode)는 [Normal]로 설정되어 있습니다. [Normal]을 클릭하면 다양한 블렌딩 모드 메뉴가 나타납니다. 모드를 변경하고자 할 때는 [Mode]를 클릭하지 않고 Shift + + / − 를 눌러 다양한 모드로 변경할 수도 있습니다.

▲ 원본

▲ Multiply

▲ Add

▲ Color Dodge

▲ Overlay

▲ Linear Light

▲ Subtract

▲ Stencil Alpha

Ae LESSON 02 셰이프 레이어의 핵심 기능 정복하기

셰이프 레이어로 캐릭터 얼굴 그리고 구름 애니메이션 만들기

셰이프 레이어(Shape Layer)는 애프터 이펙트의 대표적인 벡터 기반 레이어로, 형태를 그리는 모양 레이어입니다. 도형 도구나 펜 도구로 원하는 형태를 그리고 다양한 수식 속성을 추가할 수 있어 그래픽 디자인과 애니메이션 작업에 활용도가 높습니다. 비트맵 이미지보다 용량이 가벼우며, 다양한 도형과 복잡한 패턴도 손쉽게 제작할 수 있다는 장점이 있습니다. 설정해야 할 속성이 많고 속성 추가 순서에 따라 결과물이 달라질 수 있으니, 차근차근 학습하길 바랍니다.

간단 실습 | 셰이프 레이어 알아보기

준비 파일 애프터 이펙트/Chapter 03/셰이프레이어만들기.aep

셰이프 레이어 만들기

셰이프 레이어는 [Layer]-[New]-[Shape Layer] 메뉴를 선택하거나 도형 도구 ■ 또는 펜 도구 ✎를 사용해 만들 수 있습니다.

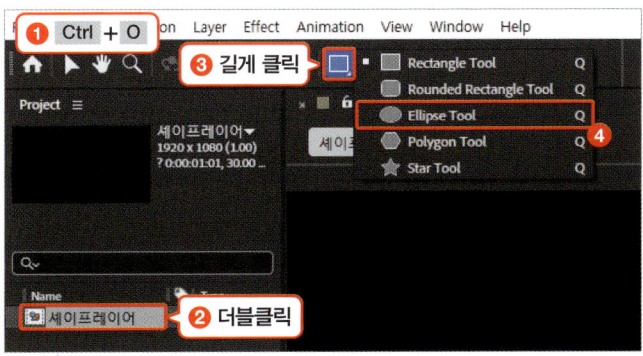

01 ❶ [File]-[Open Project] Ctrl + O 메뉴를 선택하여 **셰이프레이어만들기.aep** 준비 파일을 엽니다. ❷ [Project] 패널에서 [셰이프레이어] 컴포지션을 더블클릭하여 엽니다. ❸ 도형 도구 ■ Q 를 길게 클릭하면 나타나는 메뉴에서 ❹ 원 도형 도구 ●을 선택합니다.

> Alt 를 누르고 아이콘을 클릭하거나 도형 도구 단축키인 Q 를 반복적으로 누르면 다른 도형을 차례대로 선택할 수 있습니다.

02 ❶❷ 도구바에 표시되는 [Fill]과 ❸❹❺ [Stroke] 속성을 클릭해 다음 표와 같이 선택합니다.

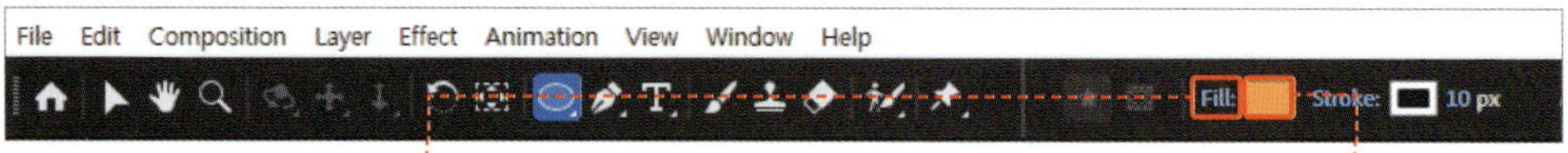

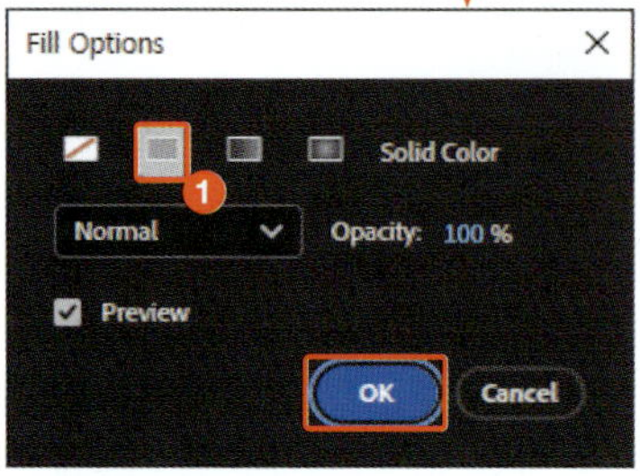

Fill Options	Solid Color
Shape Fill Color	주황색

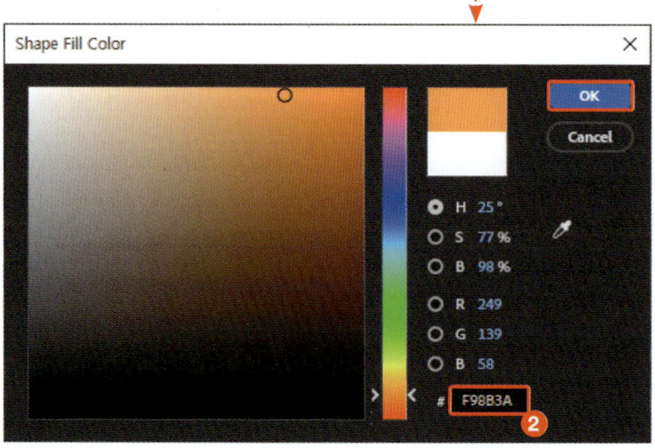

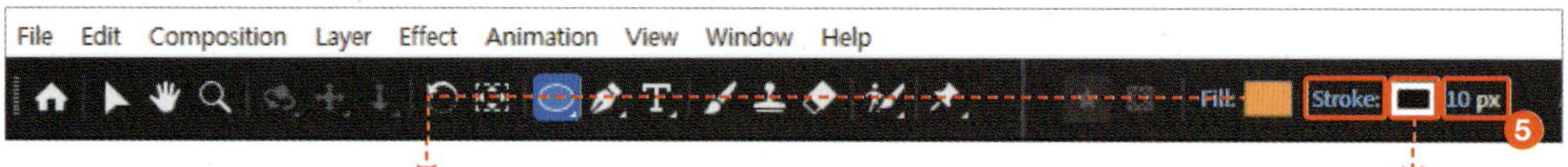

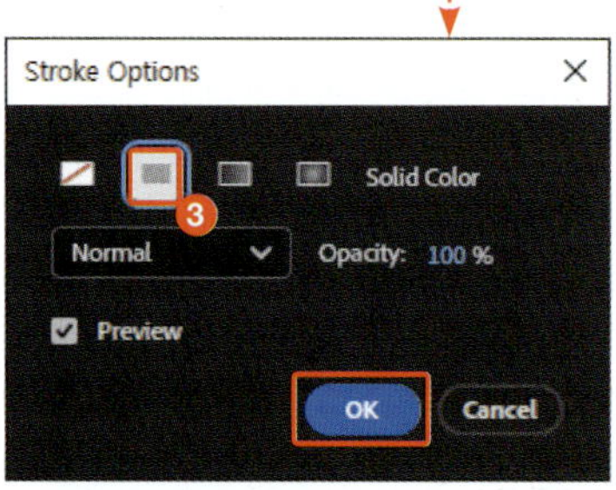

Stroke Options	Solid Color
Shape Stroke Color	흰색
Stroke Width	10px

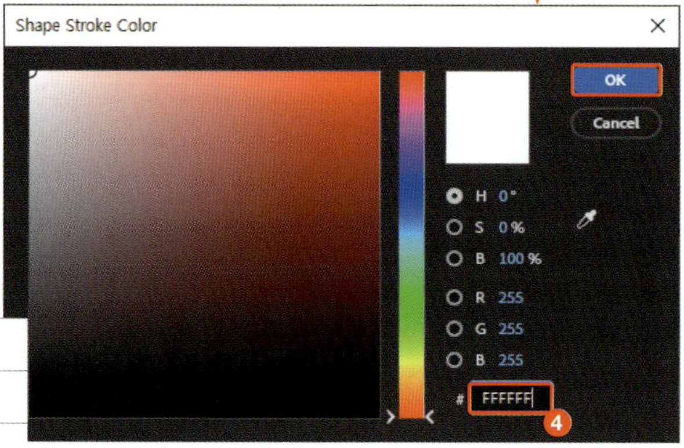

기능 꼼꼼 익히기 | [Fill]과 [Stroke] 옵션 알아보기

[Fill Options]에서는 [Fill]의 속성 중에서 [Solid Color], [Linear Gradient], [Radial Gradient] 그리고 [Opacity] 등을 설정할 수 있습니다. [Shape Fill Color]에서는 [Fill]의 색상을 설정할 수 있습니다.

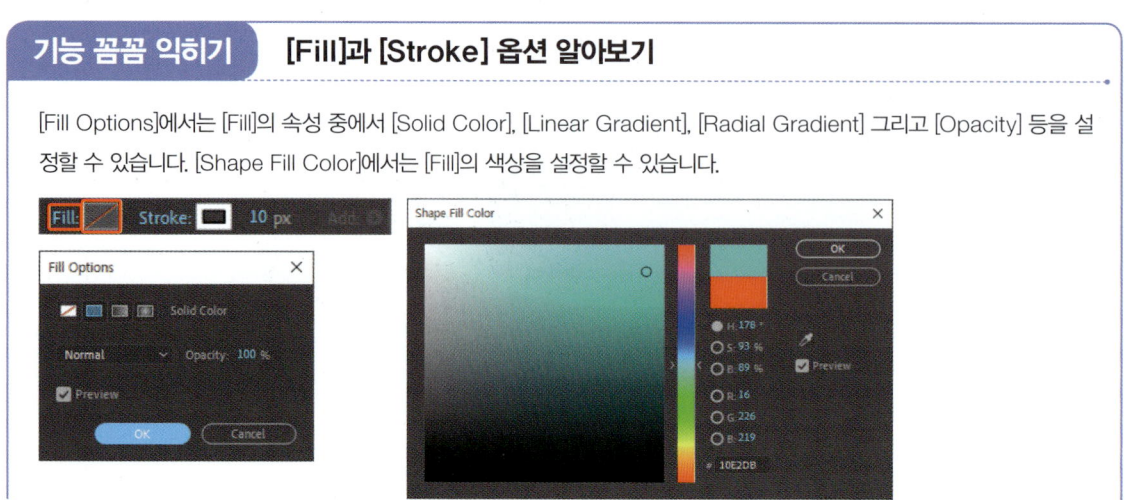

[Stroke Options]에서는 [Stroke] 속성 중에서 [Solid Color], [Linear Gradient], [Radial Gradient] 그리고 [Opacity] 등을 설정할 수 있습니다. [Shape Stroke Color]에서는 [Stroke]의 색상을 설정할 수 있습니다.

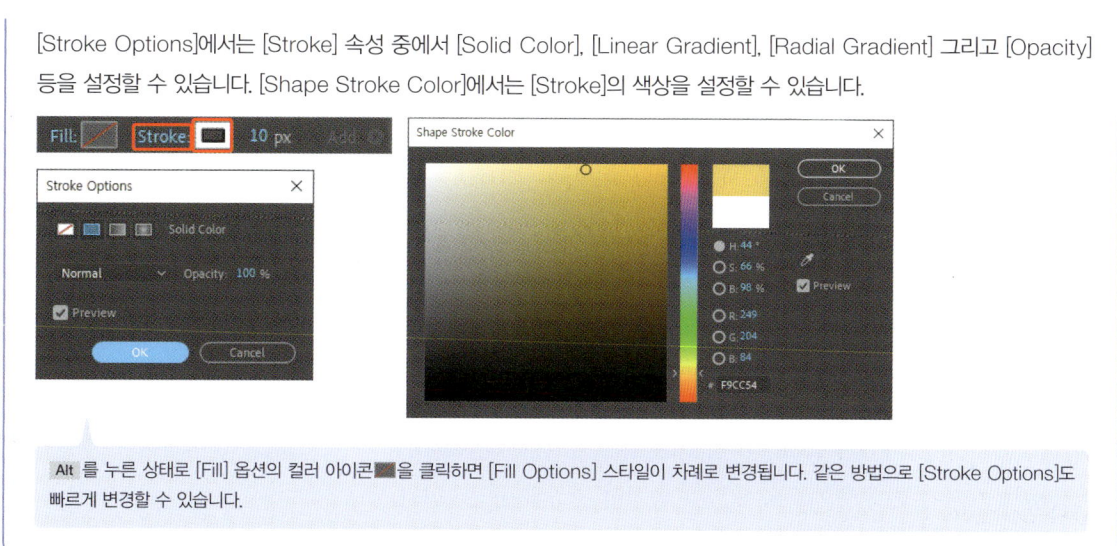

Alt 를 누른 상태로 [Fill] 옵션의 컬러 아이콘■을 클릭하면 [Fill Options] 스타일이 차례로 변경됩니다. 같은 방법으로 [Stroke Options]도 빠르게 변경할 수 있습니다.

03 ❶ [Composition] 패널을 클릭하고 ❷ Shift 를 누른 채 드래그하여 정원을 그립니다. 위치나 크기는 상관없습니다. 마우스 버튼을 놓으면 레이어의 중심점이 원의 중앙으로 이동됩니다. [Timeline] 패널에 [Shape Layer 1]이 등록되었습니다. ❸ [Properties] 패널에도 셰이프 레이어가 등록됩니다. [Layer Transform]은 물론 필수적인 [Shape Properties]도 이 패널에서 설정 및 키프레임을 작업할 수 있습니다.

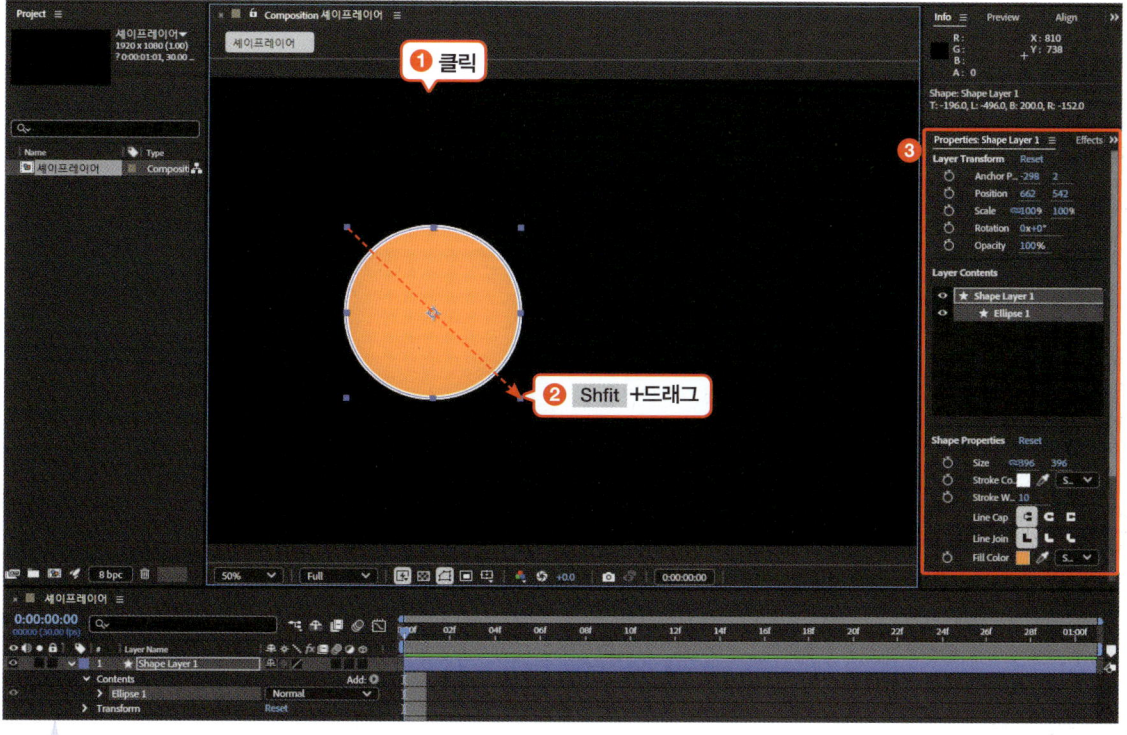

[Properties] 패널이 자동으로 열리지 않는다면 도구바에서 ■를 눌러 열 수 있습니다.

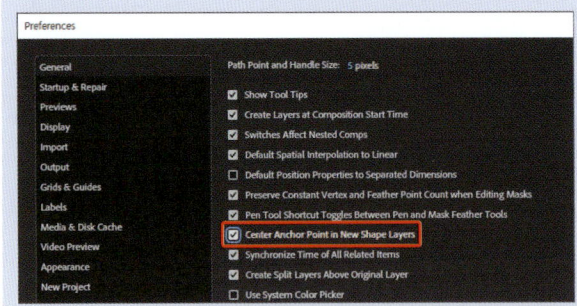

마우스 버튼을 놓아도 레이어의 중심점이 원의 중앙으로 이동하지 않고 화면의 중앙에 있다면 [Edit]-[Preference] 메뉴를 선택하고 [Center Anchor Point in New Shape Layers]를 활성화해줍니다. 새로운 셰이프 레이어를 만들 때 자동으로 중심점을 레이어의 중앙으로 설정해주므로 편리합니다.

04 ❶ [Timeline] 패널에서 [Shape Layer 1]을 클릭하고 ❷ Ctrl 을 누른 채 ▶를 클릭하여 모든 속성을 열어봅니다. 하나의 원 도형에도 매우 많은 속성이 생성되어 있습니다.

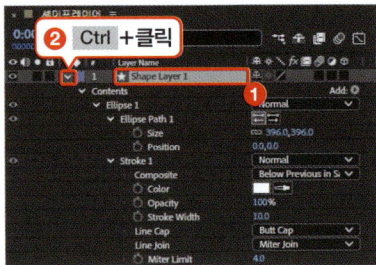 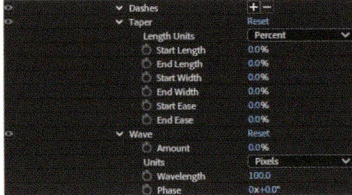 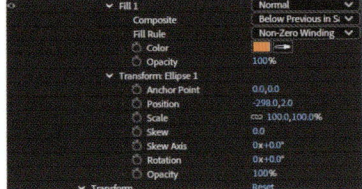

셰이프 레이어 속성 변경하기

05 [Properties] 패널에서 셰이프 레이어의 몇 가지 속성을 변경해보겠습니다. ❶ [Shape Transform]에서 [Position]을 0,0으로 설정합니다. ❷ [Shape Properties]에서 [Size], [Stroke Color], [Stroke Width], [Fill Color] 등의 속성을 자유롭게 변경해봅니다.

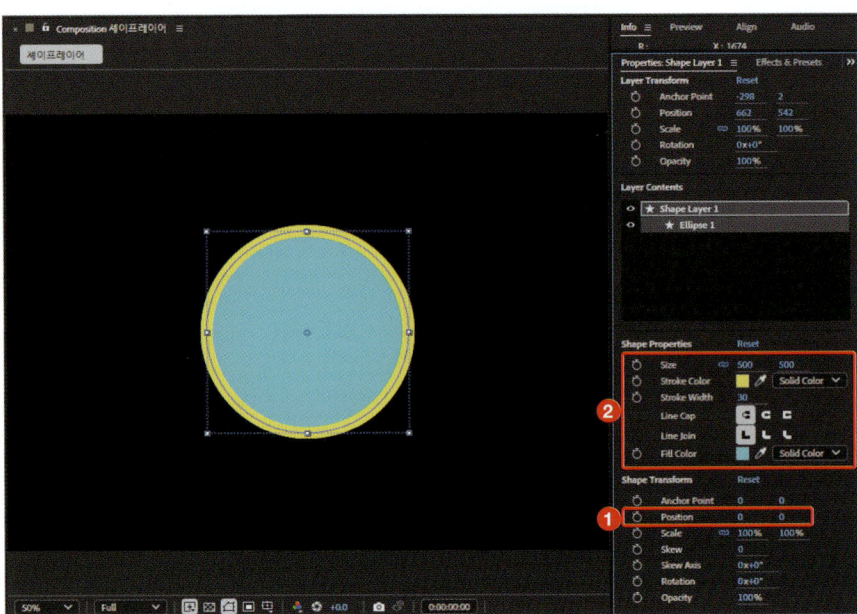

간단 실습 도형 도구와 펜 도구로 캐릭터 얼굴 그리기

준비 파일 애프터 이펙트/Chapter 03/캐릭터얼굴그리기.aep

다양한 도형 도구와 펜 도구를 활용해 셰이프 레이어로 귀여운 캐릭터 얼굴을 그려보겠습니다. 포토샵이나 일러스트레이터에서 제작한 이미지를 애프터 이펙트로 가져와 작업을 할 수도 있습니다. 하지만 셰이프 레이어로 직접 그리면 다양한 속성을 자유롭게 설정하고 수정할 수 있고, 애니메이션 작업도 훨씬 편리합니다.

aep 파일 열고 프로젝트 시작하기

01 ① [File]-[Open Project] 메뉴를 선택하여 **캐릭터얼굴그리기.aep** 준비 파일을 엽니다. ② [Project] 패널에서 [키키얼굴그리기] 컴포지션을 더블클릭하여 엽니다. ③ ④ 좌우 대칭인 얼굴을 그리기 위해서 [Composition] 패널에서 [Proportional Grid]를 활성화해줍니다.

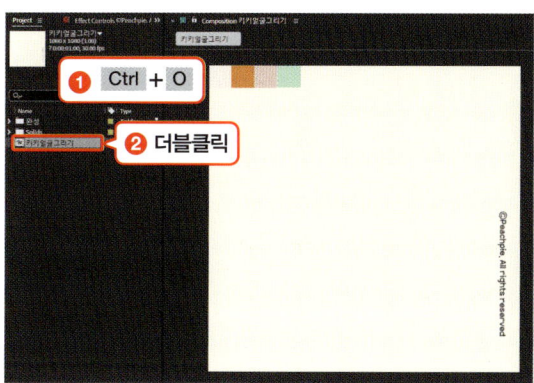
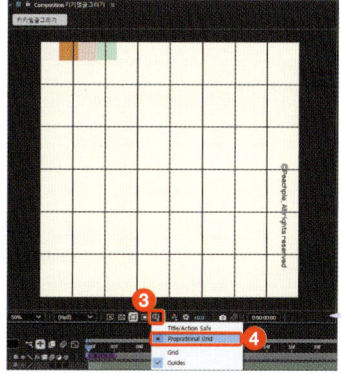

[Proportional Grid] 표시 단축키는 Ctrl + ' 입니다.

원 그리고 레이어 이름 변경하기

02 ① 도형 도구 Q 를 길게 클릭하면 나타나는 메뉴에서 원 도형 도구 ◎ 를 선택하고 ② [Composition] 패널에서 한 지점을 클릭한 후 드래그하여 원을 그립니다. 셰이프 레이어의 속성은 도형을 그린 후에 설정할 것이므로 임의로 진행합니다. ③ 셰이프 레이어가 생성되면 [Timeline] 패널에서 레이어의 이름을 **얼굴**로 변경합니다.

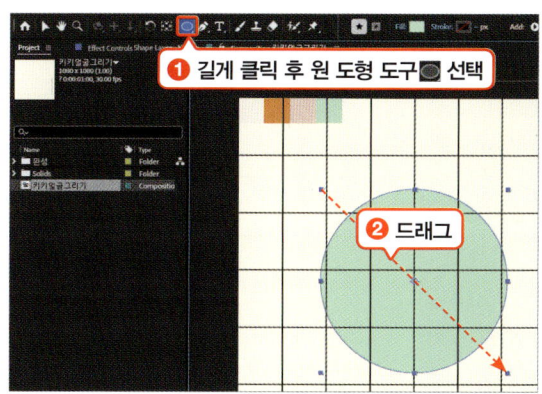
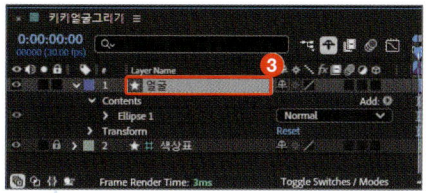

레이어 이름 변경하기 | 애프터 이펙트에서 레이어의 이름을 변경하려면 레이어 이름을 마우스 오른쪽 버튼으로 클릭하고 [Rename]을 선택하면 됩니다. 혹은 레이어의 이름을 클릭하고 Enter 를 눌러 이름을 변경한 후 다시 Enter 를 눌러 적용할 수 있습니다. 레이어를 더블클릭하면 [Layer] 패널이 열리므로 주의합니다.

03 [얼굴] 레이어가 선택된 상태에서 [Layer]-[Transform]-[Center In View] 메뉴를 선택하여 원을 화면의 중앙에 배치합니다.

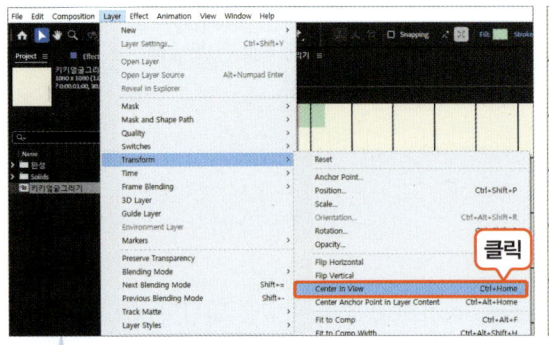 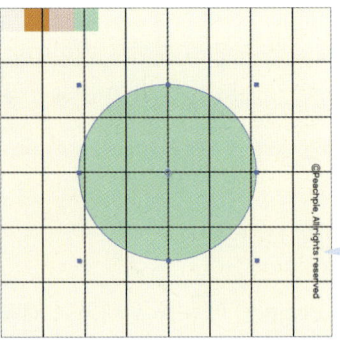

[Align] 패널을 활용하여 정렬을 맞추는 것도 좋은 방법입니다. 302쪽에서 [Align] 패널을 학습할 수 있습니다.

개체를 화면 중앙에 배치하는 단축키는 Ctrl + Home 이며 자주 사용하므로 외워두면 좋습니다. Mac에서는 Command + Option + Home 또는 Command + fn + < 입니다.

04 ❶ [얼굴] 레이어를 클릭하고 ❷ 도구바에서 Fill Color를 클릭합니다. ❸ [Shape Fill Color] 대화상자가 나타나면 스포이트를 클릭하고 ❹ 화면의 왼쪽 위에서 첫 번째 색상인 아이보리 색상을 클릭합니다. ❺ [OK]를 클릭합니다.

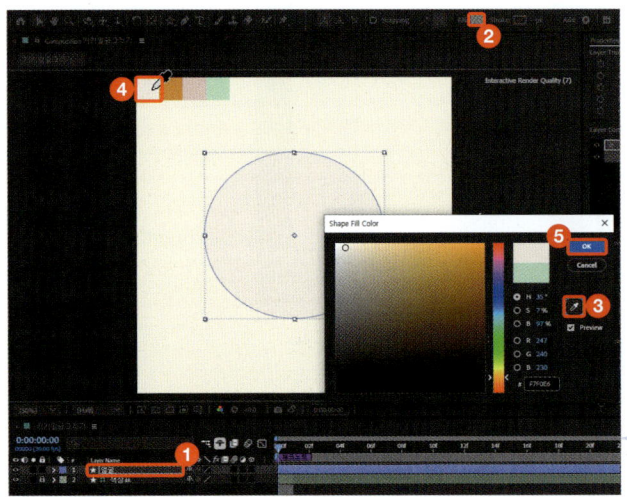

실무에서는 색상 팔레트를 미리 만들어 두고 제한된 색상만을 사용하여 전체적인 색상 톤을 맞춥니다. 예제에서는 꼭 동일한 색상으로 설정하지 않아도 됩니다.

05 [얼굴] 레이어의 크기, 외곽선 설정을 변경해보겠습니다. [Properties] 패널에서 [Shape Properties] 속성을 다음과 같이 변경합니다. 가로가 조금 더 긴 타원형 얼굴을 만들었습니다.

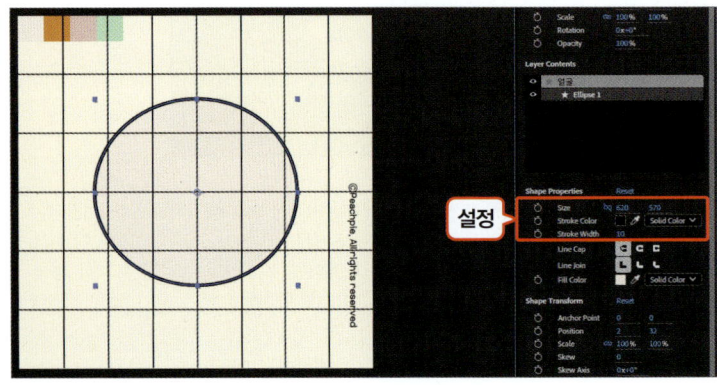

Size	620, 570
Stroke Color	검은색
Stroke Width	10

[Size]의 가로세로 비례를 다르게 설정하려면 🔗를 클릭하여 비율 유지를 해제해주어야 합니다.

둥근 사각형 도구로 눈 그리기

06 ① F2 를 눌러 모든 레이어 선택을 해제합니다. ② 둥근 사각 도형 도구 ■를 더블클릭합니다. 화면에 가득 차게 도형이 그려집니다.

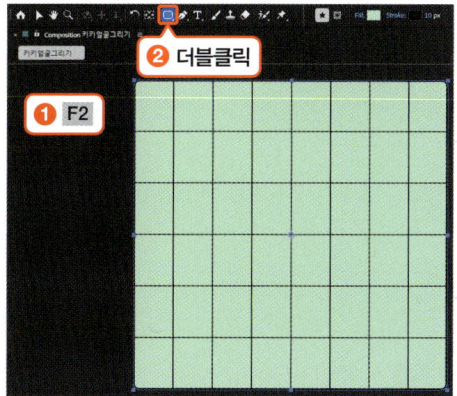

도형 도구 더블클릭 | 도형 도구를 더블클릭하면 컴포지션과 크기가 같은 도형이 생성됩니다. 이렇게 도형을 그리면 자동으로 컴포지션의 중앙에 생성되므로 중앙 정렬이 필요한 경우 편리합니다. 문자 도구도 마찬가지로 더블클릭하면 커서가 컴포지션의 중앙에 생성됩니다.

F2 를 눌러 모든 레이어 선택을 해제하는 이유 | 셰이프 레이어는 하나의 레이어에 여러 개의 콘텐츠를 무제한으로 담을 수 있습니다. 이번 예제에서는 얼굴, 눈, 코, 입을 각각 다른 레이어에 그릴 예정입니다. 따라서 새로운 객체를 그리기 전에는 기존 레이어의 선택을 반드시 해제해야 합니다. 만약 기존 셰이프 레이어가 선택된 상태에서 그리면, 새로 그린 객체가 선택된 레이어에 포함되기 때문입니다.

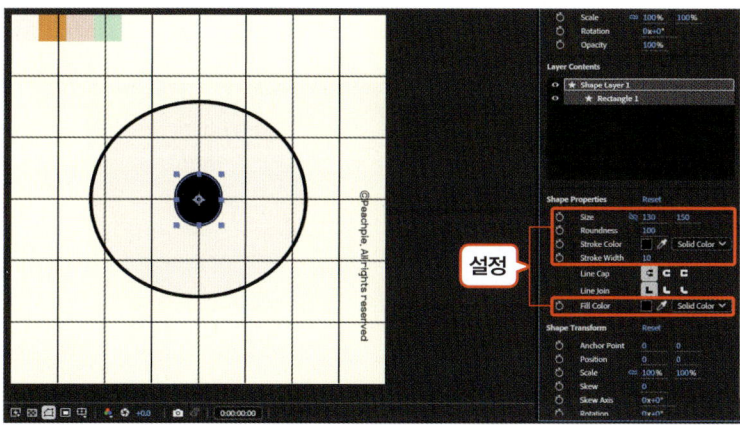

07 [Properties] 패널에서 [Shape Properties] 속성을 다음과 같이 변경합니다. 세로가 약간 긴 타원이 만들어집니다.

Size	130, 150
Roundness	100
Stroke Color	검은색
Stroke Width	10
Fill Color	검은색

원 도형과 별 도형 도구로 눈동자 그리기

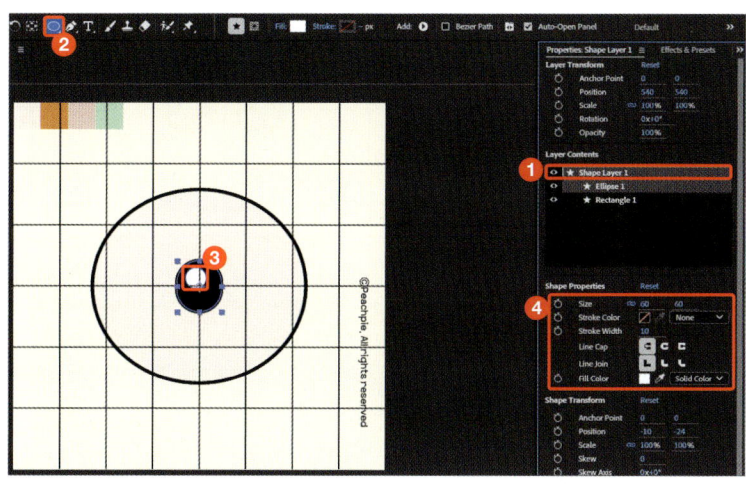

08 ① [Shape Layer 1] 레이어를 클릭합니다. ② 원 도형 도구 ●를 선택하고 ③ 눈 안에 눈동자를 그려 넣습니다. ④ [Properties] 패널에서 [Shape Properties] 속성을 다음과 같이 변경합니다.

Size	60
Stroke Color	None
Stroke Width	10
Fill Color	흰색

09 ① 이어서 조금 더 작은 흰색 원을 하나 더 그려 넣습니다. 크기는 적당히 조절합니다. ② 별 도형 도구 ☆를 선택합니다. ③ 눈 안에 조그만 별 모양을 그려 넣습니다.

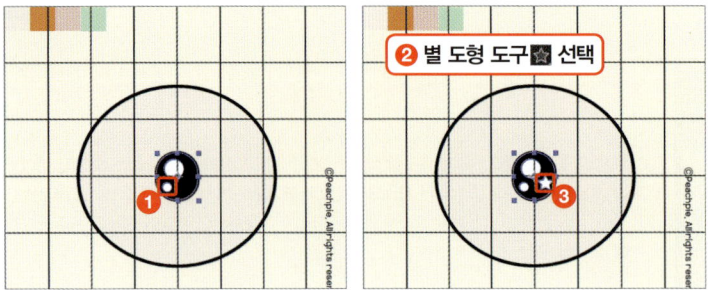

레이어 이름 변경하고 눈과 눈동자 그룹화하기

10 ① [Shape Layer 1] 레이어의 이름을 **눈**으로 변경합니다. ② 그리고 [Contents] 하위에 등록된 [Polystar 1], [Ellipse 2], [Ellipse 1], [Rectangle 1]을 선택하고 ③ Ctrl + G 를 눌러 그룹을 만듭니다. [Group 1]이 생성됩니다. ④ [Group 1]을 클릭하고 ⑤ Ctrl + D 를 눌러 복제한 후 ⑥ 이름을 **오른쪽눈**, **왼쪽눈**으로 변경합니다.

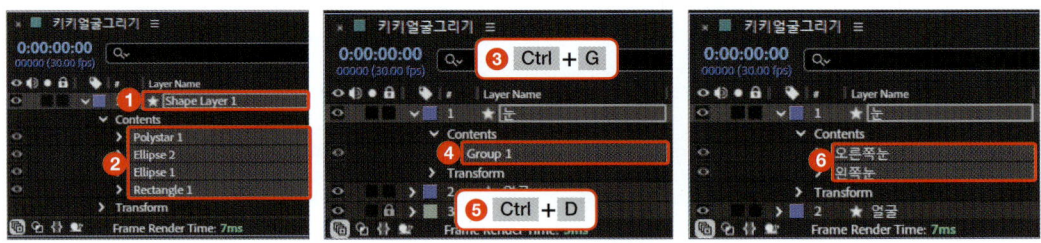

11 ① [왼쪽눈]을 클릭하고 왼쪽으로, ② [오른쪽눈]을 클릭하고 오른쪽으로 드래그하여 배치합니다.

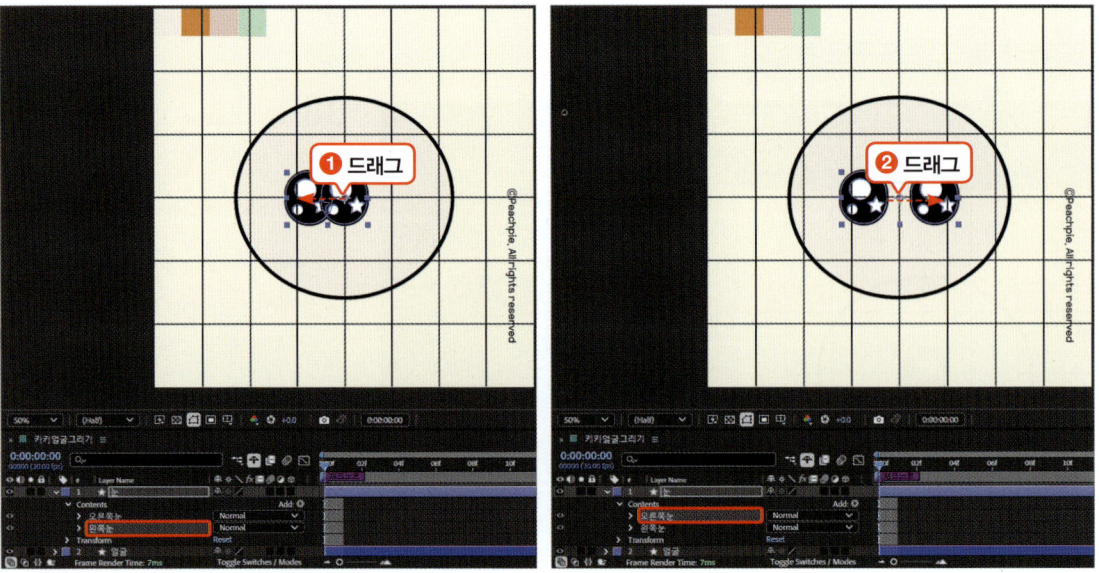

374 ● PART 02 쉽고 빠른 애프터 이펙트 레시피

둥근 사각 도형 도구로 캐릭터 코 그리기

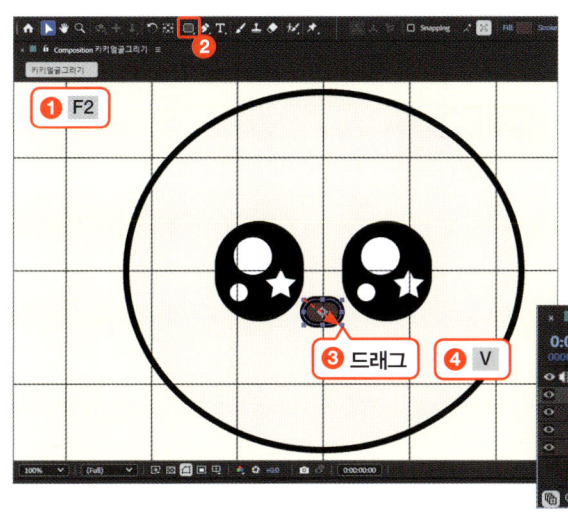

12 ❶ F2 를 눌러 모든 레이어 선택을 해제합니다. ❷ 둥근 사각 도형 도구 ▭를 선택하고 ❸ 눈 사이에 둥근 사각형을 그립니다. ❹ 그린 후에는 V 를 눌러 선택 도구 ▶로 돌아옵니다. 크기와 색상은 자유롭게 설정해봅니다. ❺ 레이어의 이름을 **코**로 변경합니다.

펜 도구로 캐릭터 입 그리기

도형 도구뿐 아니라 펜 도구를 이용해서 셰이프 레이어를 만들 수 있습니다.

13 ❶ F2 를 눌러 모든 레이어 선택을 해제합니다. ❷ 펜 도구 ✒를 선택합니다. ❸ [Composition] 패널에서 입의 시작 부분을 클릭하고 살짝 드래그하여 베지에(Bezier) 핸들이 있는 꼭짓점(Vertex)를 만듭니다.

14 ❶ 입의 끝부분을 클릭하고 드래그하여 부드러운 곡선을 그려줍니다. ❷ [Properties] 패널에서 [Shape Properties] 속성을 다음과 같이 변경합니다.

Stroke Color	검은색
Stroke Width	10
Line Cap	Round
Fill Color	None

CHAPTER 03 다양한 레이어로 그래픽 이미지 만들기 **375**

원형 도구로 캐릭터의 볼터치 그리기

15 ① F2 를 눌러 모든 레이어 선택을 해제합니다. ② 원 도형 도구 ◯ 를 선택합니다. ③ 다음 그림을 참고해서 왼쪽 볼 부분에 밝은 분홍색 색상의 원 모양을 그립니다.

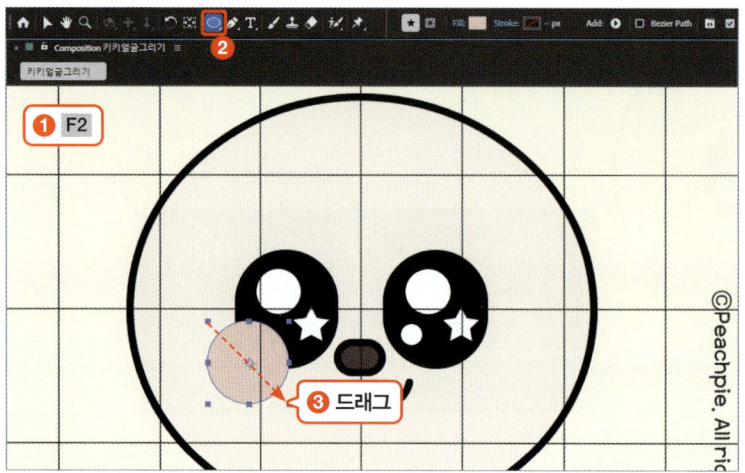

16 ① [Shape Layer 1]-[Contents]에 있는 [Ellipse 1]을 클릭하고 ② Ctrl + D 를 눌러 복제합니다. ③ [Ellipse 2]를 클릭하고 ④ Shift 를 누른 채 오른쪽으로 드래그하여 오른쪽 볼터치를 만듭니다.

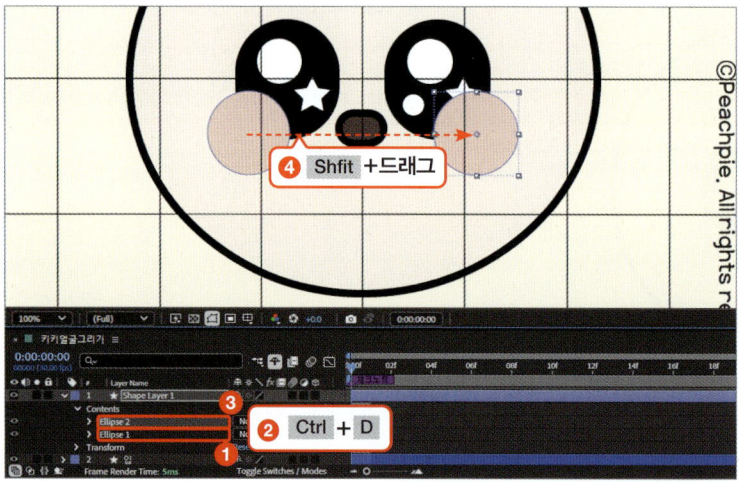

17 ① [Shape Layer 1] 레이어의 이름을 볼로 변경하고 ② [눈] 레이어 아래로 드래그하여 [눈]과 [얼굴] 사이에 배치합니다.

얼굴 레이어 복제하고 단발머리 그리기

머리의 모양을 펜 도구로 그릴 수도 있지만 펜 도구로는 완전한 좌우 대칭의 모양을 그리기 어렵습니다. 도형 도구와 셰이프 레이어의 추가 수식을 활용하여 좌우 대칭 모양을 만들어보겠습니다.

18 ① [얼굴] 레이어를 클릭하고 ② Ctrl + D 를 눌러 복제합니다. ③ 레이어의 이름을 **머리**로 변경합니다.

19 [Properties] 패널에서 [머리] 레이어의 [Ellipse 1]의 속성을 다음과 같이 변경합니다. 얼굴보다 조금 더 큰 주황색 타원이 됩니다.

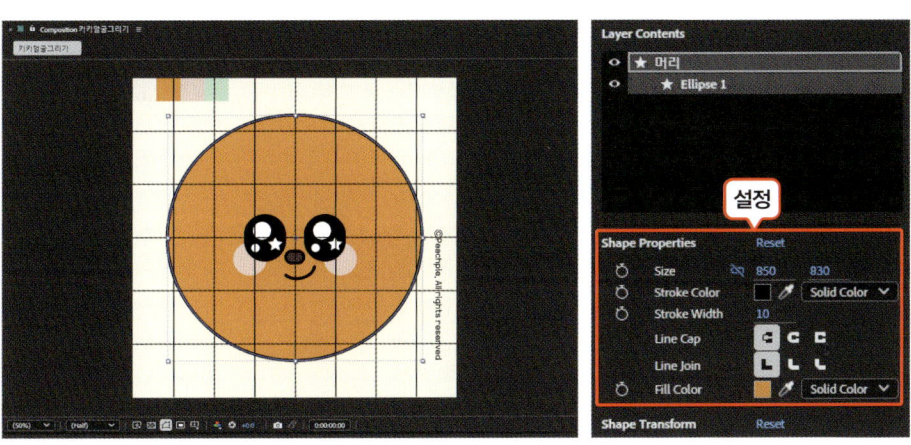

20 ① [머리] 레이어가 선택된 상태에서 사각 도형 도구 ■를 선택하고 ② 다음 그림을 참고하여 코 밑을 기준으로 직사각형을 그려줍니다. ③ 다음 그림을 참고하여 눈, 코, 입과 볼터치 외곽으로 직사각형을 하나 더 그려줍니다.

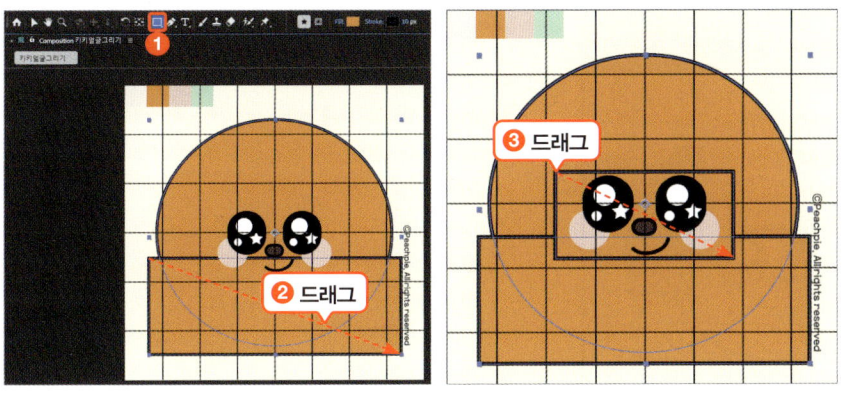

21 ❶ 두 개의 사각형인 [Rectangle 1]과 [Rectangle 2]를 선택하고 ❷ Ctrl + G 를 눌러 그룹을 만듭니다.

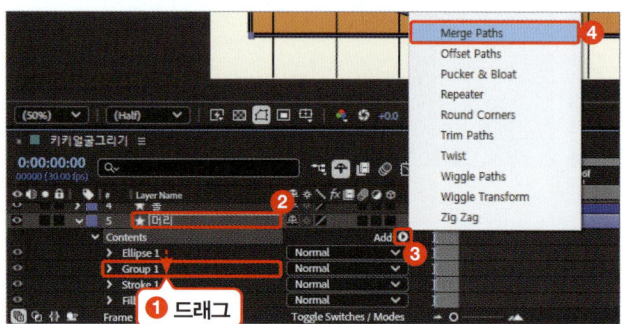

22 ❶ [Group 1]을 [Ellipse 1] 아래로 드래그하여 순서를 바꿉니다. ❷ [머리] 레이어를 클릭한 후 ❸ [Contents]의 Add ▶를 클릭하고 ❹ [Merge Paths]를 클릭합니다.

23 [Group 1] 아래에 [Merge Paths 1]이 등록되었습니다. [Mode]를 [Subtract]으로 변경합니다. 원에서 사각형 그룹이 변형되어 단발머리 모양으로 만들어집니다.

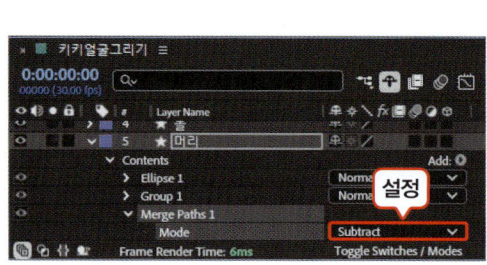

별 도형 도구로 꽃 모양 헤어핀 그리기

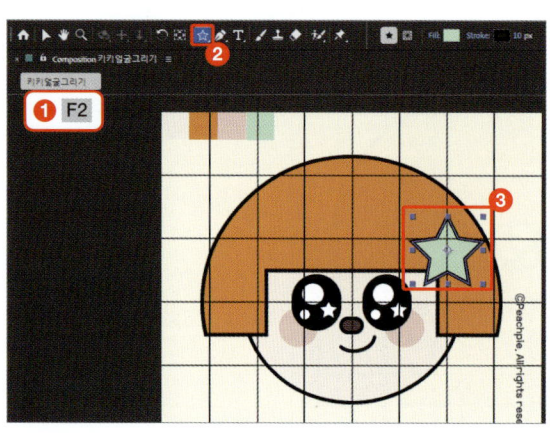

24 ❶ F2 를 눌러 모든 레이어 선택을 해제합니다. ❷ 별 도형 도구 ★를 선택합니다. ❸ 다음 그림을 참고해서 머리의 오른쪽 부분에 별 모양을 그립니다. 색상은 색상 팔레트를 이용하거나 임의로 설정해도 됩니다.

25 [Timeline] 패널에서 [Polystar Path 1]의 속성을 다음과 같이 설정합니다. 꽃 모양이 생성됩니다.

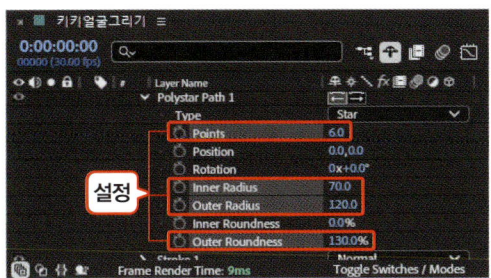

Points	6
Inner Radius	70
Outer Radius	120
Outer Roundness	130%

> 셰이프 레이어의 속성을 설정할 때 주로 [Properties] 패널을 활용하지만 모든 속성이 다 등록되어 있지는 않습니다. [Properties] 패널에 없는 속성의 설정 변경은 [Timeline] 패널에서 해주어야 합니다.

26 반짝이는 눈과 단발머리가 귀여운 캐릭터의 얼굴이 완성되었습니다.

간단 실습   추가(Add) 수식으로 도형 변형하기

준비 파일 애프터이펙트/Chapter 03/구름.aep

01 [File]-[Open Project] Ctrl + O 메뉴를 선택해 **구름.aep** 준비 파일을 엽니다.

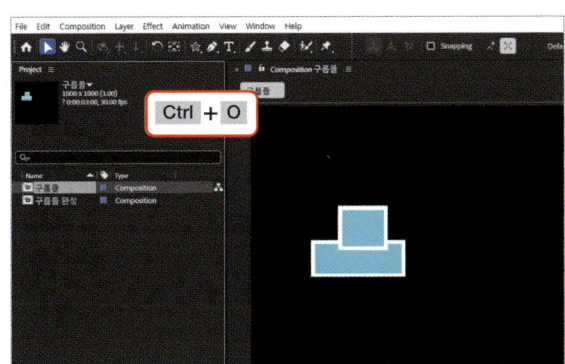

동영상 강의 확인하기

02 ① [Timeline] 패널에서 셰이프 레이어인 [구름] 레이어의 ▶를 클릭하여 속성을 엽니다. [Contents] 아래에 두 개의 사각형이 삽입되어 있습니다. ② [Contents]의 Add ◉를 클릭하고 ③ [Merge Paths]를 클릭해 추가합니다. 두 개의 도형이 하나로 합쳐집니다.

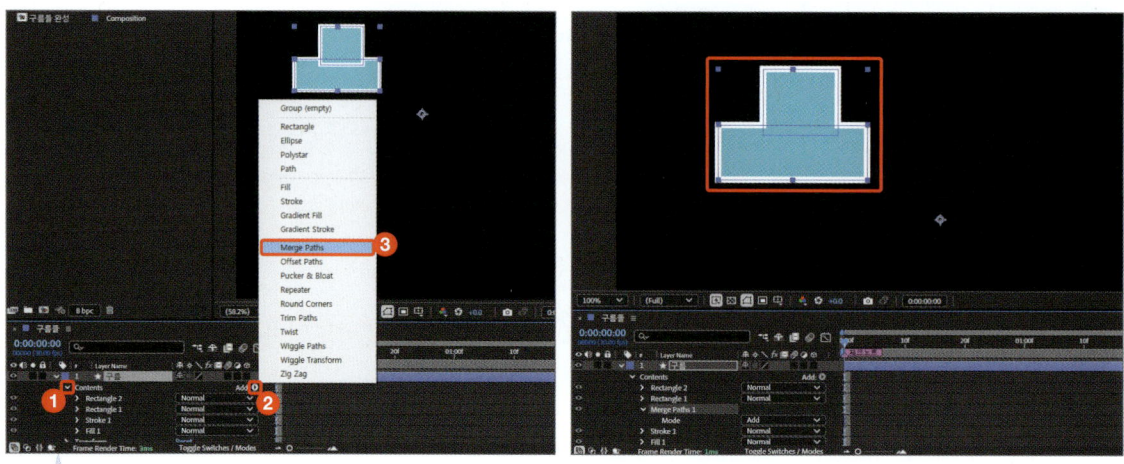

[Merge Paths] 알아보기 | 두 개 이상의 패스에 적용할 수 있으며 모양을 다양한 형태로 겹쳐 새로운 모양을 연출할 수 있습니다.

03 ① [Contents]의 Add ◉를 클릭하고 ② [Round Corners]를 클릭해 추가합니다. ③ [Radius]를 50으로 설정합니다. 도형의 모서리가 둥글게 바뀝니다.

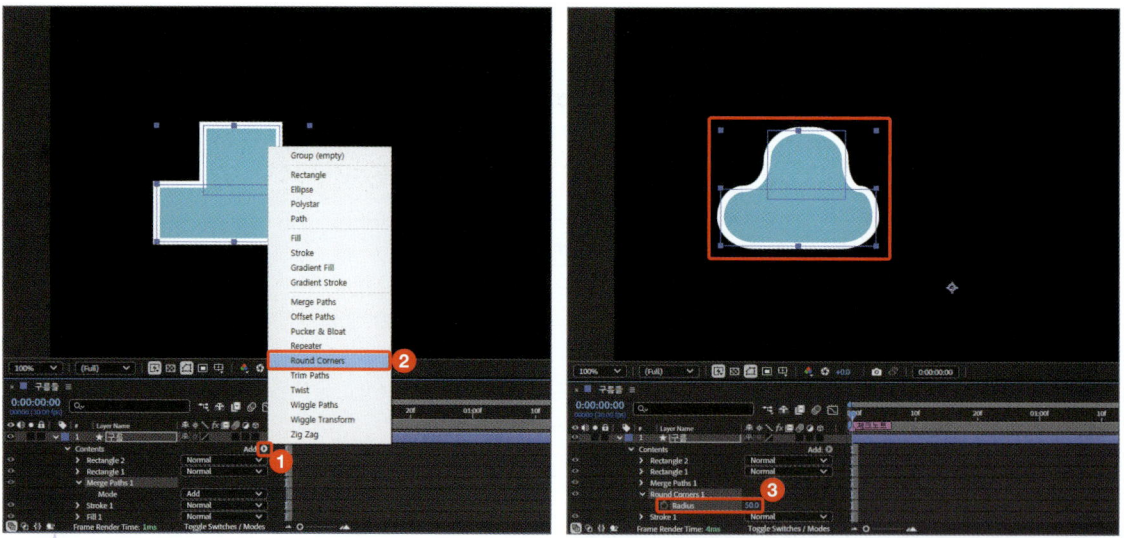

[Round Corners] 알아보기 | 직선의 형태를 가진 조절점에 [Radius]를 생성합니다. 이 속성을 사용해 직사각형을 모서리가 둥근 사각형으로 만들 수 있습니다. 베지에 곡선에는 적용되지 않습니다.

04 ① [Contents]의 Add ▶를 클릭하고 ② [Offset Paths]를 추가합니다. ③ [Amount]를 40으로 설정합니다.

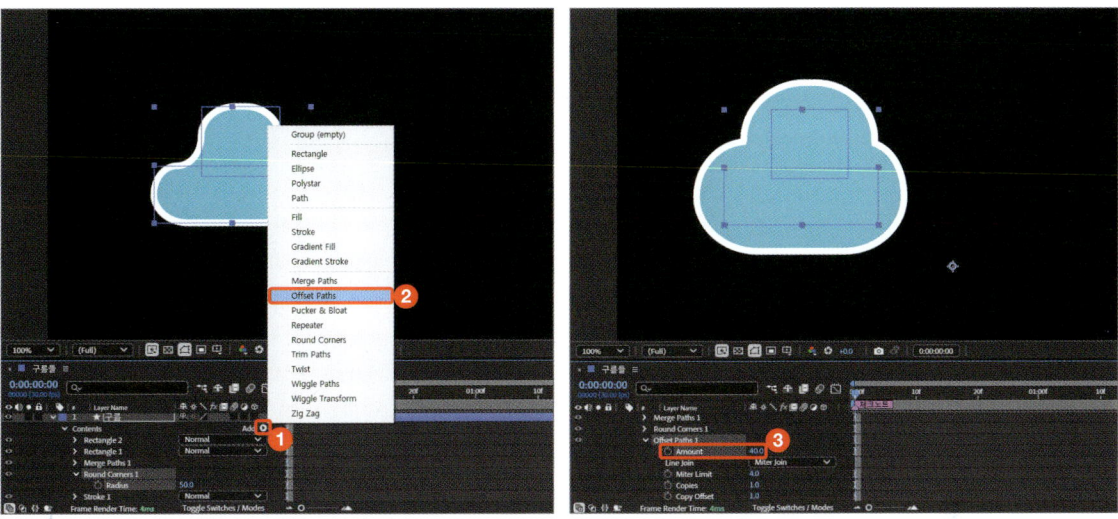

[Offset Paths] 알아보기 | 패스에 상쇄되는 값(Offset)을 설정할 수 있으며 [Line Join]을 [Round Join]으로 설정하면 직선으로 그려진 패스를 둥글게 변형시킬 수 있습니다.

05 ① [Contents]의 Add ▶를 클릭하고 ② [Repeater]를 추가합니다. ③ [Copies]를 5로, [Offset]을 –1로 설정합니다. ④ [Transform: Repeater 1]의 [Position]을 190, 25로, [Scale]을 80, 80%로 설정합니다.

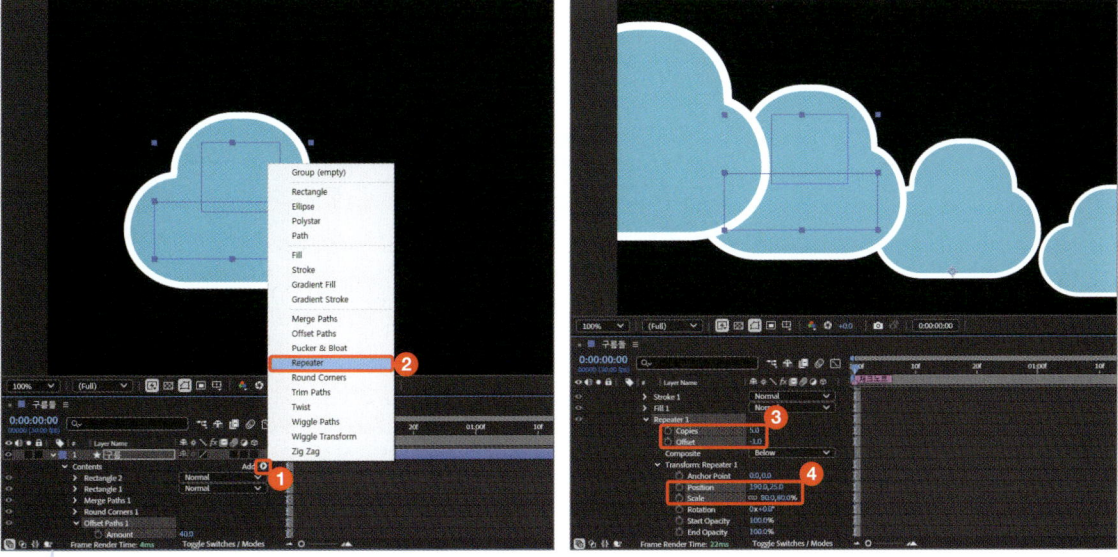

[Repeater] 알아보기 | 리피터(Repeater)는 '반복자'라는 의미로 모양을 복사하여 반복적으로 나타냅니다. 단순한 도형으로도 화면을 가득 채우는 패턴을 만들고 화려한 움직임을 제어할 수도 있습니다. [Trim Paths]와 함께 가장 많이 활용됩니다.

06

❶ [Contents]의 Add를 클릭하고 ❷ [Wiggle Transform]을 추가합니다. [Timeline] 패널을 보면 [Wiggle Transform 1]이 [Repeater 1]의 위에 위치하므로 구름이 여러 개로 복제되기 전에 적용되어 옵션을 변경해도 구름의 위치에 변화가 없습니다. ❸ [Wiggle Transform 1]을 클릭하고 [Repeater 1] 아래로 드래그하여 내려놓습니다.

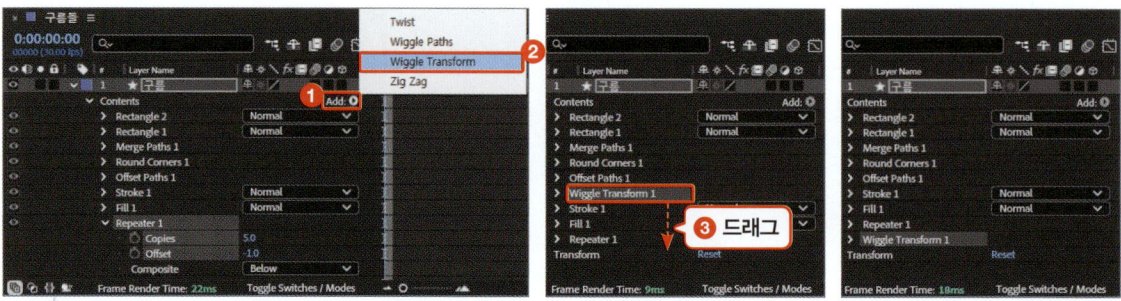

[Wiggle Transform] 알아보기 | 셰이프의 변형값을 랜덤하게 조절할 수 있습니다. 하나의 셰이프 레이어에 여러 개의 도형을 그리고 [Wiggle Transform]을 적용한 후 [Wiggle Transform]의 [Anchor Point], [Position] 등의 값을 조절하여 다양한 값을 각각의 도형에 랜덤하게 적용시킬 수 있습니다.

07

❶ [Wiggles/Second]를 0으로 설정하여 위칫값을 고정시킵니다. ❷ [Random Seed]를 1로, ❸ [Transform]-[Position]을 -40, 450으로 설정합니다. 다양한 값을 적용해보고 원하는 모양을 만들면 됩니다. 두 개의 사각형을 그리고 다양한 수식을 추가하여 여러 개의 구름 그리기가 완성되었습니다.

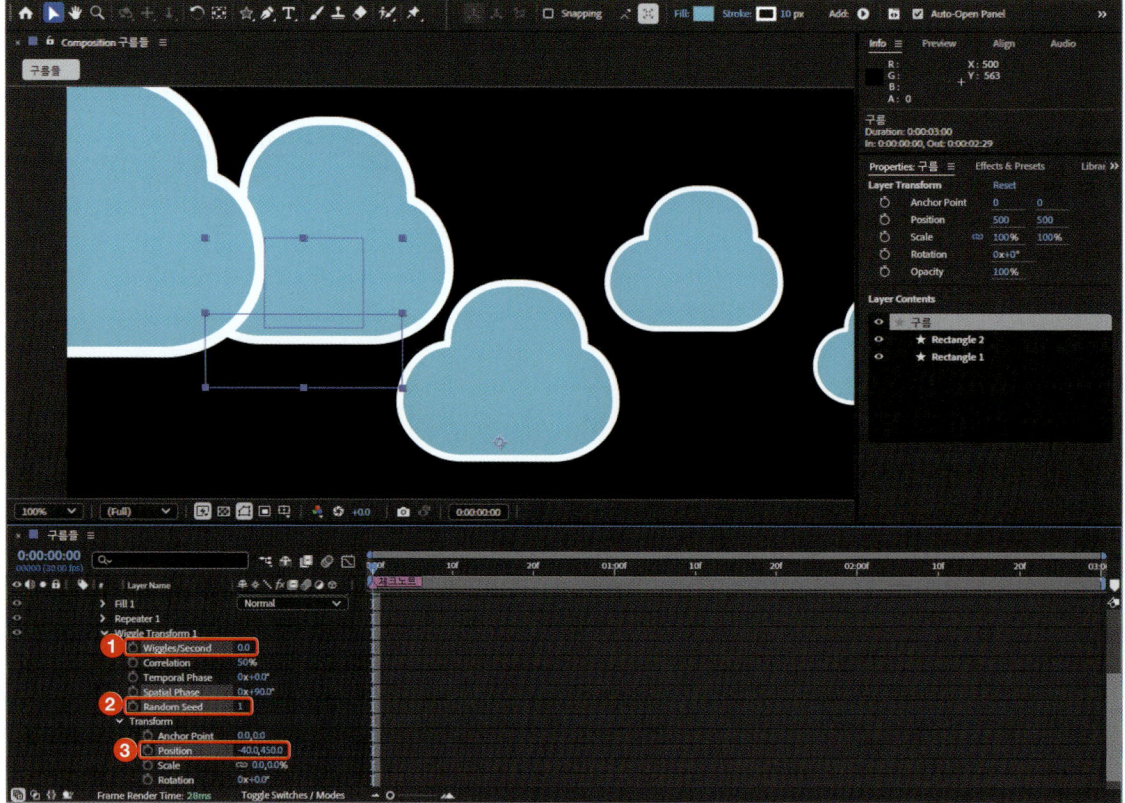

08 [Wiggle Transfom 1]-[Wiggle/Second]의 값을 올리면 구름이 랜덤하게 움직입니다. ❶ 0.5로 설정 후 ❷ 애니메이션을 재생해보면 구름이 천천히 랜덤하게 움직입니다.

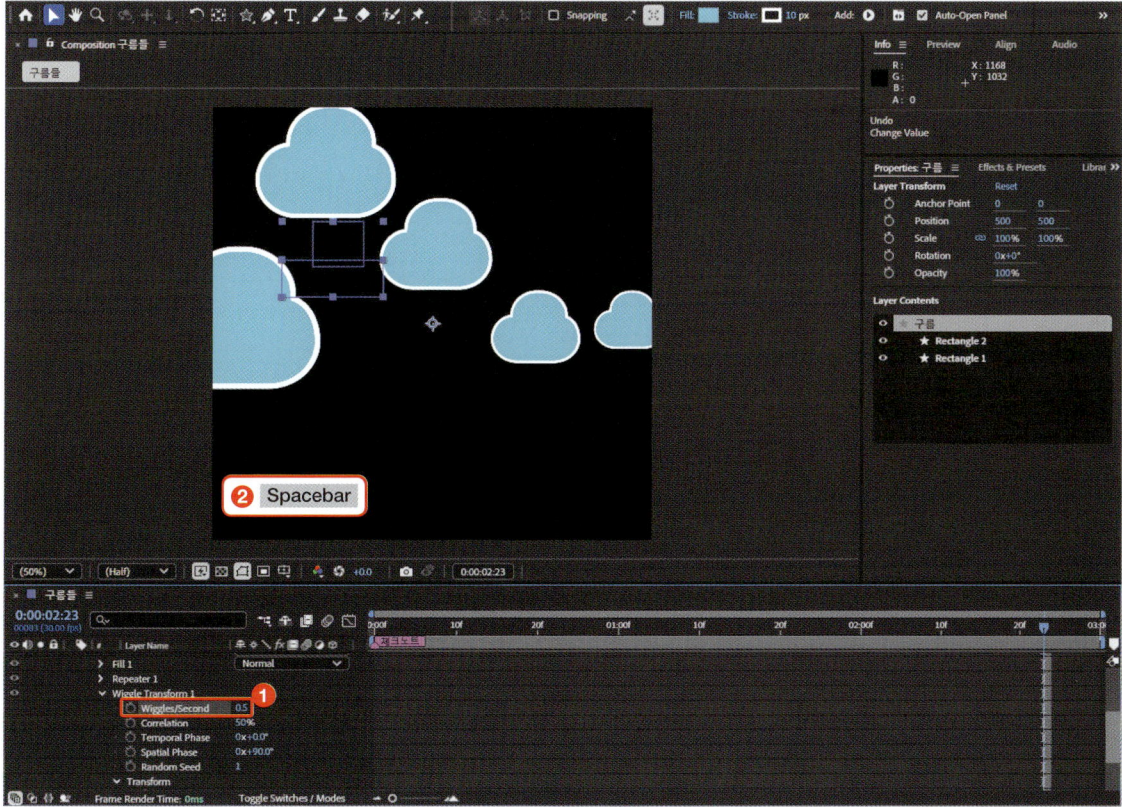

CHAPTER 03 다양한 레이어로 그래픽 이미지 만들기

Ae LESSON 03

텍스트 레이어 만들고 애니메이션하기

텍스트 레이어의 기본 기능과 추가 속성 활용해 타이포 애니메이션 만들기

애프터 이펙트에서 문자를 입력하면 텍스트 레이어로 등록됩니다. 텍스트는 비주얼 콘텐츠에 있어 매우 중요한 요소로, 애프터 이펙트에서는 벡터 그래픽 방식으로 처리됩니다. 따라서 크기를 늘려도 해상도 손실 없이 선명도를 유지할 수 있습니다. 텍스트 레이어에는 다른 시각 레이어에 없는 고유한 속성들이 있어, 애니메이션 프리셋이나 추가 수식을 통해 스타일리시하고 다이내믹한 타이포 애니메이션을 구현할 수 있습니다.

간단 실습 | 문자 도구 T로 텍스트 레이어 만들기

준비 파일 애프터 이펙트/Chapter 03/텍스트레이어만들기.aep

01 ① [File]-[Open Project] Ctrl + D 메뉴를 선택하여 **텍스트레이어만들기.aep** 준비 파일을 엽니다. 텍스트 레이어는 [Layer]-[New]-[Text] 메뉴를 선택하거나 도구바에서 문자 도구 T를 선택하여 만들 수 있습니다. 문자 도구 T를 활용하는 방식이 선호됩니다. ② 문자 도구 T을 더블클릭하여 커서를 화면의 중앙에 위치시킵니다.

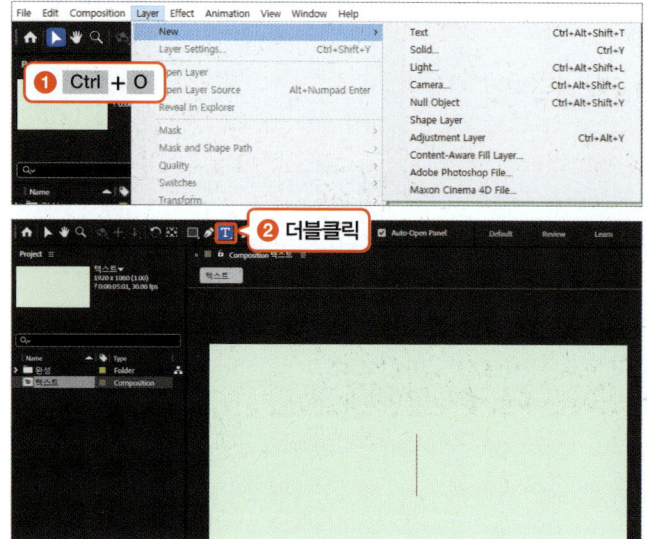

> 일반적으로 문자 도구를 클릭하고 [Composition] 패널의 한 부분을 클릭한 후 문자를 입력하여 텍스트 레이어를 만듭니다. 영상 매체에서는 제목 등의 문자를 화면의 정중앙에 배치하는 레이아웃이 빈번하게 활용되므로 문자 도구를 더블클릭하여 커서를 중앙에 두고 입력하는 방식도 많이 사용합니다.

02

❶ TYPOGRAPHY를 입력합니다. ❷ [Properties] 패널에서 [Text]와 [Paragraph] 속성을 자유롭게 설정해봅니다. [Text]에서는 서체, 서체 패밀리, 자간, 행간, 크기, 색상 등의 속성을, [Paragraph]에서는 문단의 정렬을 설정할 수 있습니다. [Timeline] 패널에 입력한 문자와 동일한 텍스트 레이어가 생성됩니다.

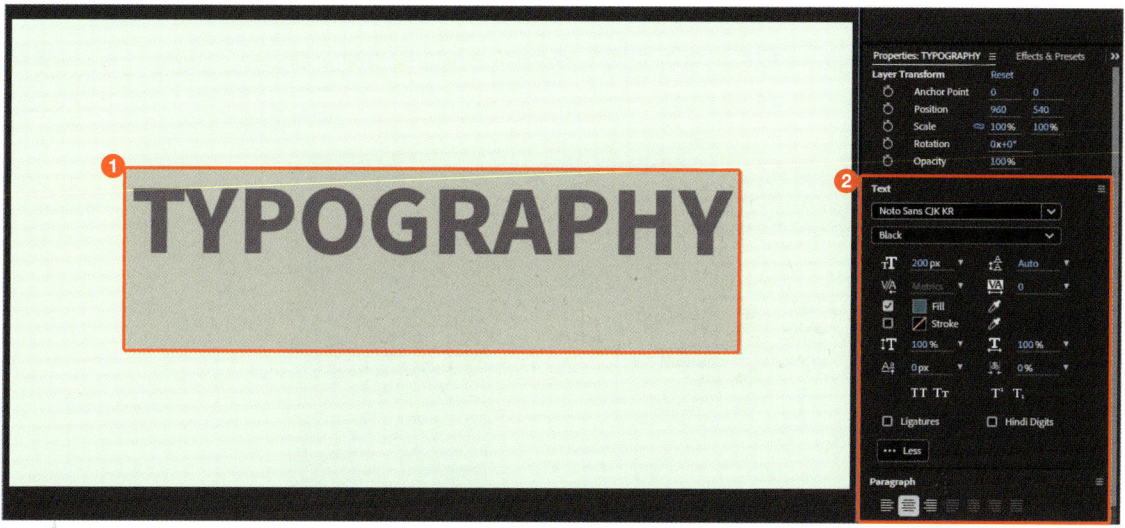

글자와 문단의 속성을 설정하는 기본 패널은 [Character] 패널과 [Paragraph] 패널이며 [Window] 메뉴에서 선택하거나 Ctrl + 6 , Ctrl + 7 을 눌러 열어볼 수 있습니다. 그러나 [Properties] 패널에 두 패널의 모든 속성이 등록되어 있으므로 추가로 패널을 열지 않고 작업할 수 있습니다.

글자 입력을 마치려면 다른 패널의 빈 공간을 클릭하거나 Ctrl + Enter 를 눌러 입력을 해제할 수 있습니다. 문자 도구 이용 후에는 항상 선택 도구로 돌아와야 합니다.

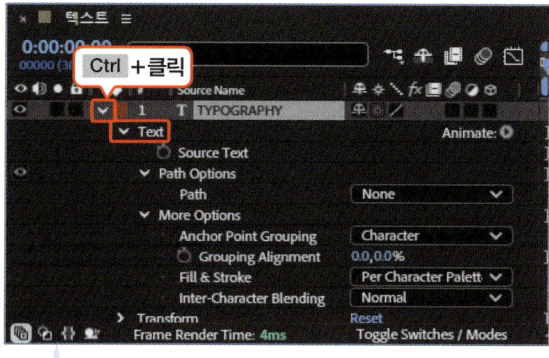

03

Ctrl 을 누른 채 [TYPOGRAPHY] 레이어의 ▶를 눌러 레이어의 모든 속성을 열어봅니다. 다른 시각 레이어에는 없는 [Text] 속성이 있으며 하위에 다양한 속성이 등록되어 있습니다.

텍스트 레이어의 기본 속성

Source Text | 텍스트 레이어에 입력된 실제 텍스트를 나타냅니다.
Path Options | 경로(path)를 따라 텍스트를 애니메이션화하거나 변형할 수 있는 기능들입니다.
Animate | Animate ◉ 를 클릭하면 애니메이터라는 속성 그룹이 생성됩니다. 애니메이터는 텍스트 레이어에 애니메이션 효과를 추가하는 일종의 컨테이너입니다. 여러 가지 애니메이터를 추가하고 각 애니메이터 속성을 수정하여 다양한 효과를 조합할 수 있습니다.

간단 실습 — 글자가 변하는 애니메이션 만들기

준비 파일 애프터 이펙트/Chapter 03/텍스트레이어만들기.aep

01 앞선 실습에서 [TYPOGRAPHY] 레이어를 삭제하고 이어서 진행합니다. ❶ 문자 도구를 선택하고 ❷ [Composition]패널에서 **ONE**을 입력합니다. 단어는 임의로 설정해도 됩니다. 서체와 크기, 색상 등도 자유롭게 선택해도 됩니다.

예제에서는 어도비 폰트 중 [Neuzeit Grotesk] 서체를 사용했습니다.

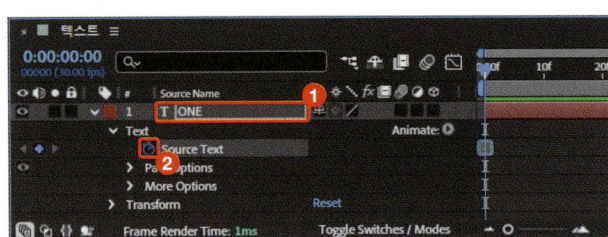

02 ❶ [Timeline] 패널에서 [ONE] 레이어를 클릭하고 ❷ [Text]-[Source Text]의 ◎를 클릭하여 키프레임을 설정합니다.

03 ❶ **1초** 지점으로 이동합니다. ❷ [Composition] 패널에서 글자를 선택하여 활성화하고 다른 단어로 변경해봅니다. 서체, 크기, 색상 등은 자유롭게 변경해봅니다.

단어나 문장을 입력하고 Enter 를 누르면 다음 열로 커서가 이동합니다.

04 ❶ 2초 지점으로 이동합니다. ❷ [Composition] 패널에서 글씨를 선택하여 활성화하고 다른 단어로 변경해봅니다. 서체, 크기, 색상, 스트로크 등은 자유롭게 변경해봅니다. 글자 중 일부만 선택해서 변경할 수도 있습니다.

05 Spacebar 를 눌러 애니메이션을 재생합니다. 1초마다 글자가 바뀌는 애니메이션이 완성되었습니다.

> **간단 실습** **텍스트 레이어에 Animate 속성 추가하여 타이포 애니메이션 만들기**
>
> **준비 파일** 애프터 이펙트/Chapter 03/텍스트레이어만들기.aep

텍스트 레이어에 [Animate] 속성을 추가하면 더욱 창의적인 움직임을 표현할 수 있습니다. [Transform] 속성의 [Anchor Point]나 [Scale] 같은 기본 옵션은 물론, 색상이나 트래킹 같은 텍스트 속성도 한 글자씩 애니메이션으로 만들 수 있습니다. 블러(Blur)와 같은 효과도 마찬가지입니다. [Transform] 속성이 레이어 전체를 조절한다면, [Animate] 속성의 [Transform]은 글자 단위로 개별 조절이 가능합니다.

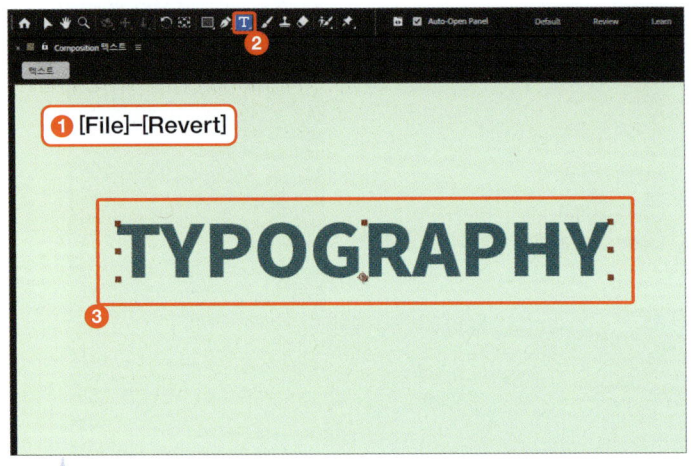

01 앞선 실습에서 이어서 진행합니다. ① [File]-[Revert] 메뉴를 선택하여 처음 파일 상태로 돌아옵니다. ② 도구바에서 문자 도구 T를 선택하고 ③ [Composition] 패널에 **TYPOGRAPHY**를 입력합니다. 서체, 크기, 색상 등은 자유롭게 선택해도 됩니다.

예제에서는 구글의 Noto 폰트 시리즈 중 [Noto Sans CJK KR] 서체를 사용했습니다.

02 ① [Text]의 Animate ▶를 클릭하고 ② [Scale]을 클릭합니다. [Animator 1]이 등록됩니다.

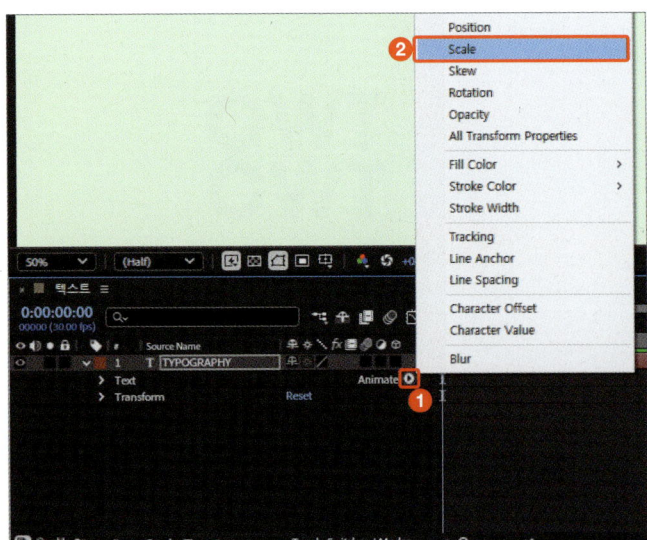

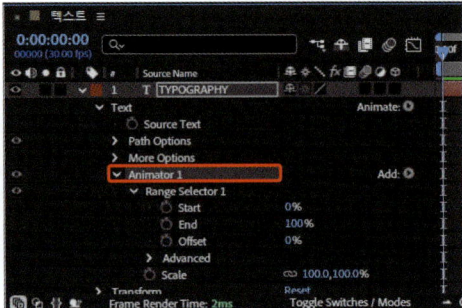

388　PART 02　쉽고 빠른 애프터 이펙트 레시피

03 [Animator 1]-[Range Selector 1]-[Scale]을 200, 200%로 설정합니다. 모든 글자가 200%만큼 커집니다.

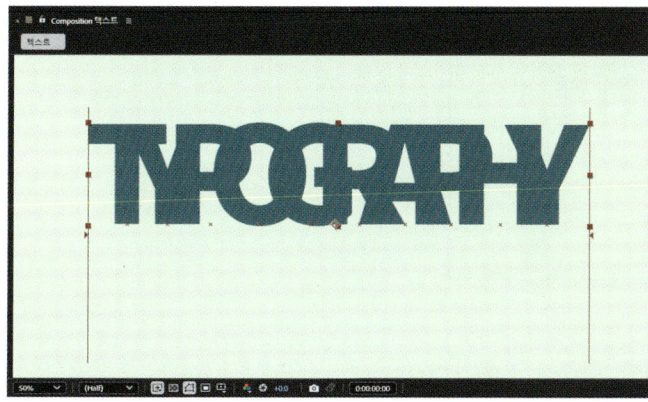
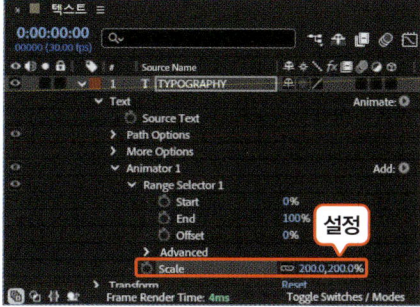

> **기능 꼼꼼 익히기**　**Animator와 Range Selector 알아보기**
>
> Animator는 텍스트 레이어에서 애니메이션 효과를 추가하는 속성입니다. 텍스트의 위치, 불투명도, 크기, 회전, 자간, 색상 등 여러 속성을 제어할 수 있는 애니메이션 그룹을 의미합니다. Animator에는 Range Selector 속성이 포함되어 있는데, 이는 애니메이션이 적용될 범위를 정의합니다. Range Selector의 Start, End, Offset 속성으로 다양한 애니메이션을 세밀하게 제어할 수 있습니다.
>
> - **Start** | 애니메이션이 시작되는 지점을 설정합니다.
> - **End** | 애니메이션이 끝나는 지점을 설정합니다.
> - **Offset** | 애니메이션이 적용되는 시작 위치를 이동시킬 수 있는 속성입니다. 텍스트가 시작점에서부터 점차적으로 애니메이션이 진행되는 애니메이션을 만들 수 있습니다.

04 ❶ [Animator 1]-[Range Selector 1]-[End]를 **10%**로 설정합니다. 100% 중에서 글자의 앞 10%만 애니메이터의 영향을 받는 설정입니다. ❷❸ 다음 표를 참고하여 [Animator 1]-[Range Selector 1]-[Offset]에 키프레임을 설정합니다.

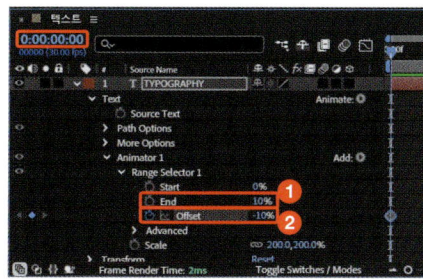

Time	[Animator 1]-[Range Selector 1]-[Offset]
0초	-10%
2초	100%

05 Spacebar 를 눌러 확인해봅니다. 2초 동안 왼쪽부터 오른쪽으로 글자가 하나씩 커졌다가 원래의 크기로 돌아옵니다.

06 ❶ [Animator 1] 옆에 있는 Add ▶를 클릭하고 ❷ [Property]-[Position]을 클릭합니다. [Animator 1]에 [Position]을 추가하는 것입니다.

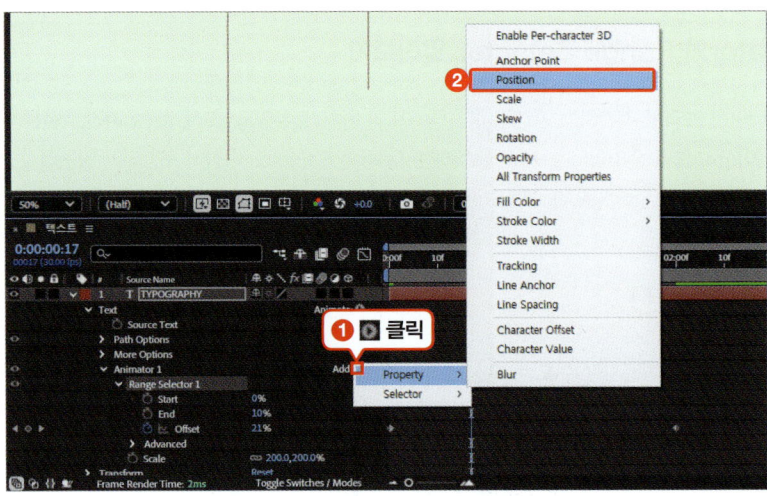

07 ❶ [Animator 1]-[Range Selector 1]-[Position]을 0, -200으로 설정합니다. ❷ 애니메이션을 재생합니다. 글자가 위로 점핑하면서 커졌다가 돌아오는 타이포 애니메이션이 완성되었습니다. 추가된 속성이기 때문에 이미 만들어둔 [Animator 1]의 애니메이션이 그대로 적용된 것입니다.

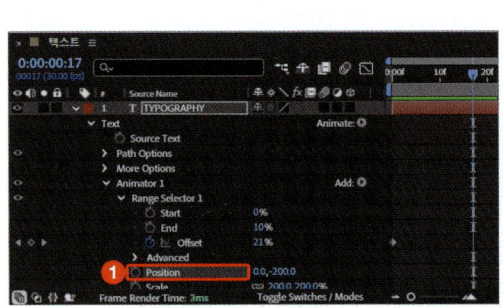
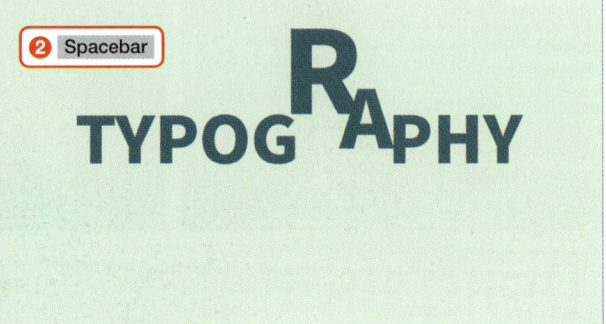

간단 실습 | 글자가 선을 따라 움직이는 애니메이션 만들기

준비 파일 애프터 이펙트/Chapter 03/텍스트레이어만들기.aep

텍스트 레이어의 기본 속성 중에서 [Path Options]을 활용하여 선을 따라서 이동하는 문자 애니메이션을 만들어보겠습니다.

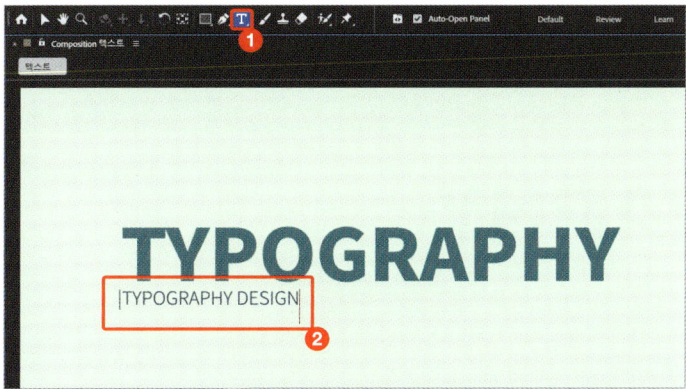

01 앞선 실습에서 이어서 진행합니다. ❶ 문자 도구 T 를 선택하고 ❷ [Composition] 패널에서 임의의 작은 텍스트를 기존 텍스트 하단에 입력합니다.

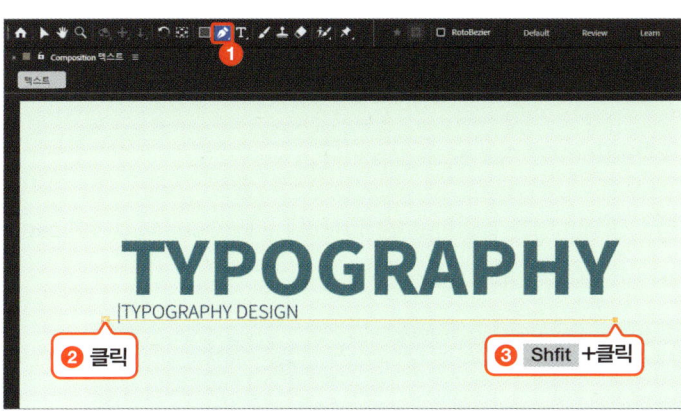

02 텍스트 레이어가 선택되어 있는 상태에서 ❶ 펜 도구 를 선택합니다. ❷ [Composition] 패널에서 작은 글자의 왼쪽 끝부분을 먼저 클릭한 후 ❸ Shift 를 누른 채 화면의 오른쪽 한 부분을 클릭하여 긴 직선을 그립니다.

03 ❶ 텍스트 레이어의 [Text]-[Path Options]-[Path]에서 [None]을 클릭한 후 ❷ [Mask 1]로 변경합니다. 글자가 선에 달라붙습니다.

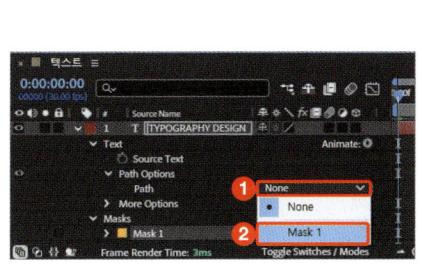

04 ①② 다음 표를 참고하여 [Text]-[Path Options]-[First Margin]에 키프레임을 설정합니다. **3초** 지점의 값은 입력한 텍스트의 폰트와 크기 등에 따라 달라질 수 있습니다. 동일한 값을 입력하지 말고 글자가 직선의 오른쪽 끝에 붙는 값으로 설정하면 됩니다. 3초 동안 글자가 선을 따라서 왼쪽에서 오른쪽으로 이동합니다.

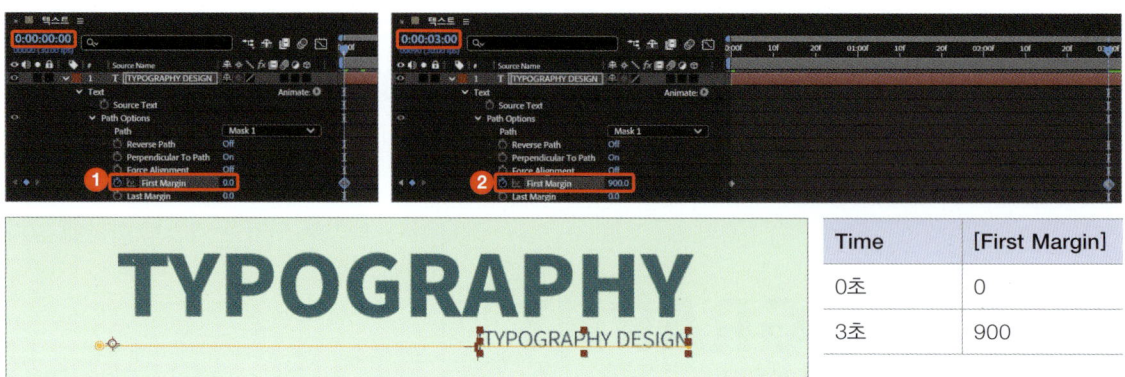

Time	[First Margin]
0초	0
3초	900

간단 실습 | 텍스트 레이어에 [CC RepeTile] 효과 적용하여 반복하기

준비 파일 애프터 이펙트/Chapter 03/텍스트레이어만들기.aep

다른 시각 레이어와 같이 텍스트 레이어도 효과(Effect)를 적용할 수 있습니다.

01 앞선 실습에서 이어서 진행합니다. ① 텍스트 레이어를 클릭하고 ② [Effects & Presets] 패널에서 **repe**를 검색합니다. ③ [Stylize]-[CC RepeTile]을 더블클릭하여 효과를 적용합니다.

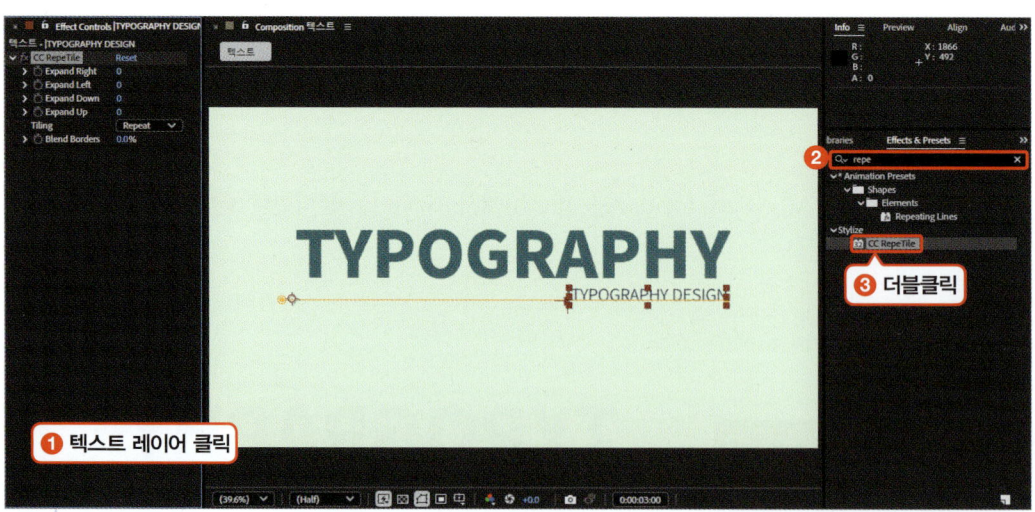

[CC RepeTile] 효과는 이미지를 반복하여 타일 형태로 확장하는 데 사용하는 효과입니다. 이 효과는 주로 텍스처나 패턴, 글자 등을 반복적으로 배열하거나, 원본 이미지를 확장해서 더 큰 면적을 채우는 데 활용합니다.

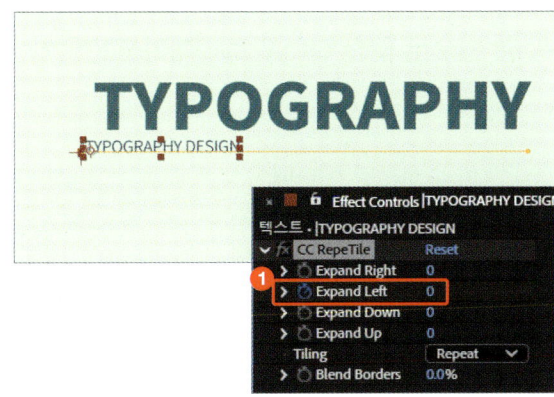

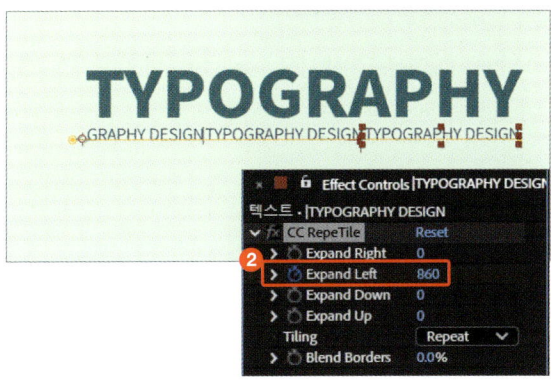

02 ①② 다음 표를 참고하여 [CC RepeTile]-[Expand Left]에 키프레임을 설정합니다. **3초** 지점의 값은 입력한 텍스트의 폰트와 크기 등에 따라 달라질 수 있습니다. 동일한 값을 입력하지 말고 글자가 직선의 왼쪽 끝에 붙는 값으로 설정하면 됩니다. 전광판에서 글자가 흘러나오듯이 3초 동안 글자가 오른쪽으로 이동하면서 반복됩니다.

Time	[CC RepeTile]-[Expand Left]
0초	0
3초	860

03 Spacebar 를 눌러 애니메이션을 재생합니다.

> **간단 실습** 애니메이션 프리셋 활용하여 클릭 한 번으로 멋진 타이포 애니메이션 만들기

준비 파일 애프터 이펙트/Chapter 03/애니메이션프리셋시작.aep

애프터 이펙트의 애니메이션 프리셋(Animation Presets)은 미리 설정된 애니메이션 효과들의 모음입니다. 복잡한 애니메이션 작업을 자동화하거나 단순화할 수 있어 작업 효율을 크게 높여줍니다. 특히 텍스트 애니메이션 프리셋에는 텍스트의 등장/퇴장 효과, 자간 변화, 타이핑 효과 등 다양한 스타일이 포함되어 있어 클릭 한 번으로 멋진 타이포 애니메이션을 구현할 수 있습니다.

Blinking Cursor Typewriter Console 프리셋 적용하기

01 ❶ [File]-[Open Project] Ctrl + D 메뉴를 선택하여 **애니메이션프리셋시작.aep** 준비 파일을 엽니다. ❷ [Project] 패널에서 [모니터] 컴포지션을 더블클릭하여 엽니다. 네 개의 텍스트 레이어를 포함하고 있습니다.

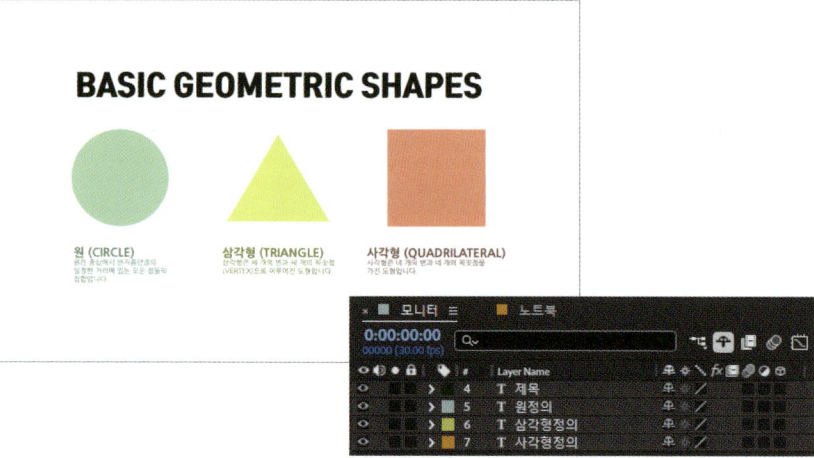

02 ❶ [Effects & Presets] 패널에서 [Animation Presets]의 ▶를 클릭합니다. 여러 개의 폴더가 나타납니다. ❷ [Text] 폴더를 열어보면 또 다시 여러 개의 폴더가 포함되어 있습니다.

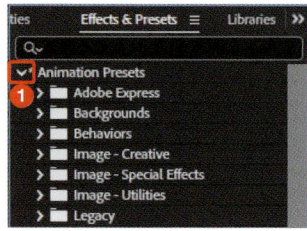
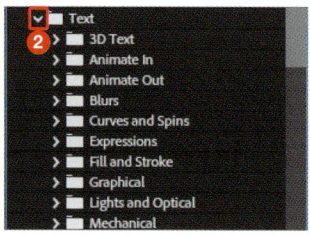

03 ① 0초 지점으로 이동합니다. ② [제목] 레이어를 클릭합니다. ③ [Effects & Presets] 패널에서 [Animation Presets]-[Text]-[Animate In]-[Blinking Cursor Typewriter Console]을 더블클릭합니다. 글자가 사라지고 커서만 화면에 나타납니다.

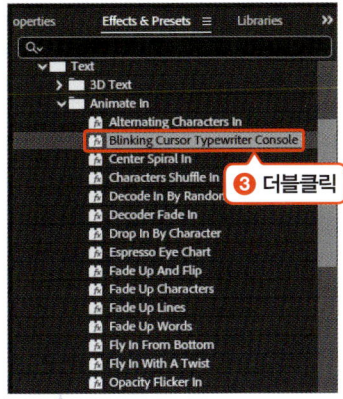

[Animation Presets]-[Text]-[Animate In]에 [Blinking Cursor Typewriter Console]가 없다면 버전의 문제일 수 있습니다. CC 2025 버전에서 업데이트된 프리셋의 경우 하위 버전에서는 찾을 수 없습니다. 하위 버전의 경우 다른 프리셋으로 연습해도 좋습니다.

04 `Spacebar` 를 눌러 애니메이션을 재생해보면 커서가 깜빡이며 글자가 한 글자씩 입력되는 애니메이션이 생성되었습니다.

05 ① [Timeline] 패널에서 [제목] 레이어를 클릭하고 ② `U`, `U`를 눌러 변경된 속성을 모두 열어보면 표현식(Expression)과 효과, 그리고 키프레임 등이 자동으로 설정되어 있는 것을 확인할 수 있습니다.

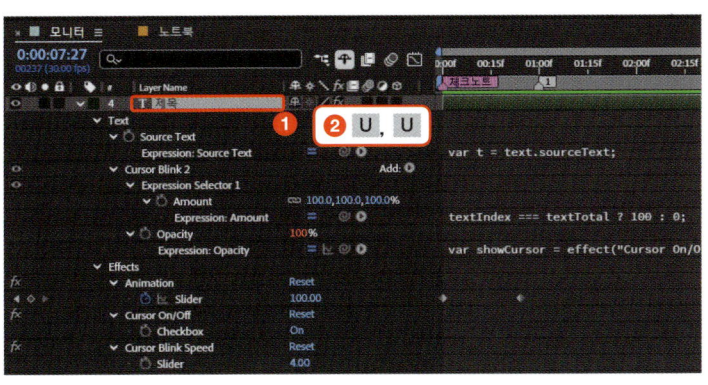

CHAPTER 03 다양한 레이어로 그래픽 이미지 만들기 **395**

Fade Up Characters 프리셋 적용하기

세 개의 도형 설명에는 시차를 두고 글자가 서서히 페이드 업(Fade Up)되면서 나타나는 애니메이션을 만들어 보겠습니다.

06 ① 1초 지점으로 이동합니다. ② [Timeline] 패널에서 [원정의] 레이어를 클릭합니다. ③ [Effects & Presets] 패널에서 [Animation Presets]-[Text]-[Animate In]-[Fade Up Characters]를 더블클릭합니다. 글자가 모두 사라집니다. ④ Spacebar 를 눌러 애니메이션을 재생해보면 한 글자씩 서서히 나타납니다.

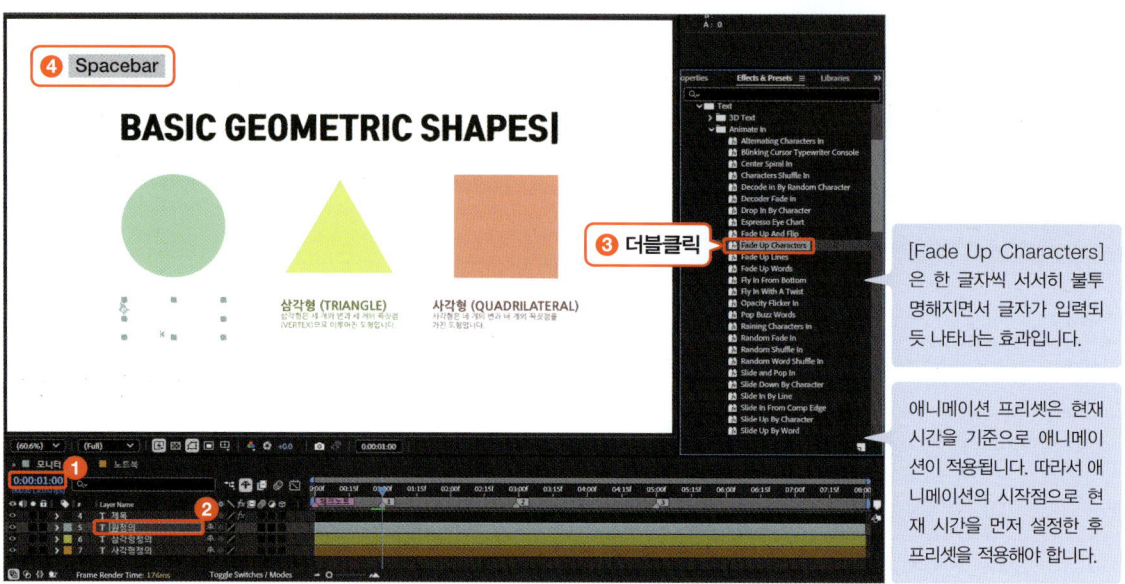

07 ① 3초 지점으로 이동합니다. ② [Timeline] 패널에서 [삼각형정의] 레이어를 클릭합니다. ③ [Effects & Presets] 패널에서 [Animation Presets]-[Text]-[Animate In]-[Fade Up Characters]를 더블클릭합니다.

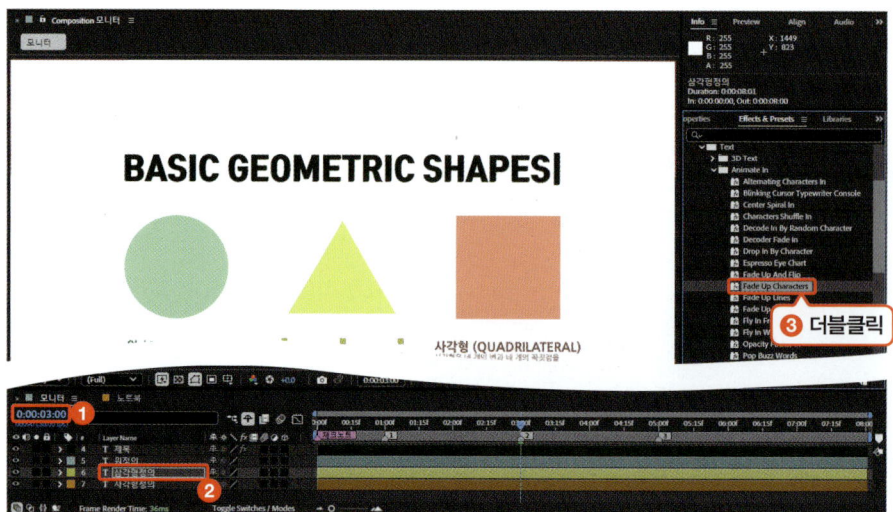

08 ❶ 5초 지점으로 현재 시간을 이동합니다. ❷ [Timeline] 패널에서 [사각형정의] 레이어를 클릭합니다. ❸ [Effects & Presets] 패널에서 [Animation Presets]-[Text]-[Animate In]-[Fade Up Characters]를 더블클릭합니다.

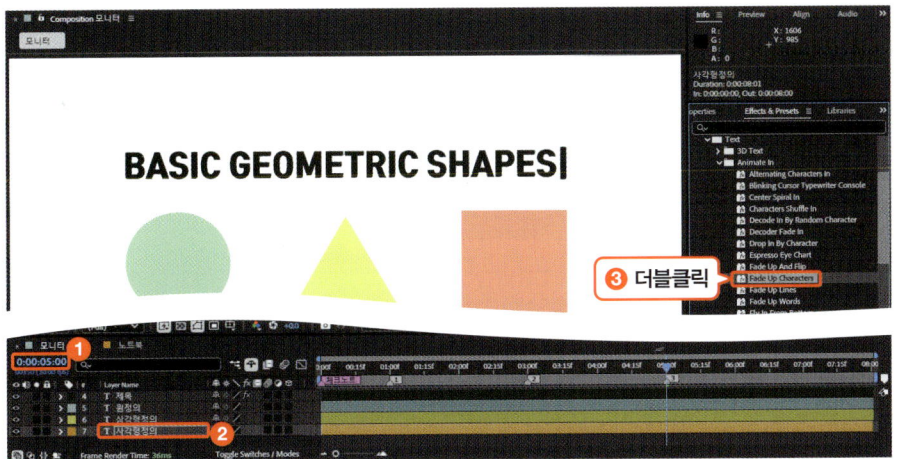

09 Spacebar 를 눌러 애니메이션을 재생합니다. 시차를 두고 작은 글씨들이 나타나는 애니메이션이 완성되었습니다.

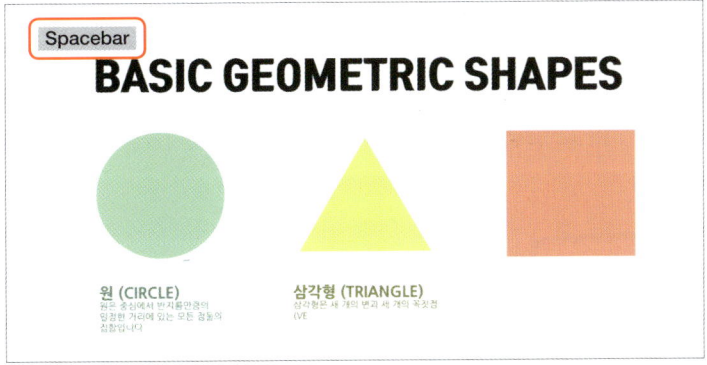

기능 꼼꼼 익히기 | 어도비 브릿지(Adobe Bridge) 활용하기

애프터 이펙트에는 수백 개의 프리셋이 기본으로 등록되어 있습니다. 이름만으로는 각 프리셋의 효과를 파악하기 어렵고, 하나씩 적용해보며 확인하기에는 많은 시간이 필요합니다. 이때 어도비 브릿지(Adobe Bridge)를 활용하면 모든 프리셋을 빠르게 확인할 수 있습니다.

01 [Animation]-[Browse Presets]를 선택합니다. Adobe Bridge 프로그램이 열립니다. 만약 열리지 않는다면 프로그램이 설치되지 않았거나 버전이 다를 수 있습니다. 확인 후 어도비 클라우드에서 프로그램을 설치합니다.

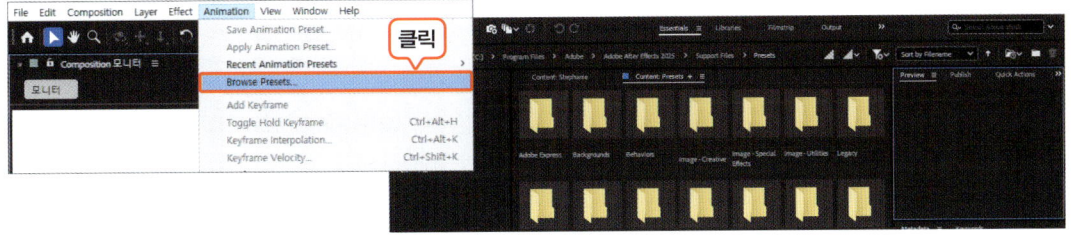

CHAPTER 03 다양한 레이어로 그래픽 이미지 만들기 **397**

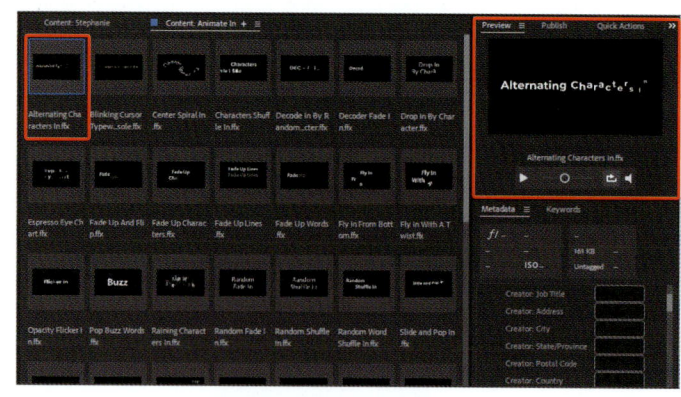

02 [Text]-[Animate In] 폴더를 열면 모든 프리셋의 섬네일이 화면에 나타납니다. 섬네일을 클릭하고 오른쪽 [Preview] 패널에서 애니메이션을 확인할 수 있습니다.

애니메이션이 모니터에서 재생되도록 합성하기

애프터 이펙트는 컴포지션 안에 컴포지션을 삽입할 수 있습니다. 글자가 나타나는 애니메이션을 제작한 [모니터] 컴포지션을 노트북 사진이 들어있는 [컴퓨터] 컴포지션 안에 삽입하고 모니터 디스플레이에서 보여지는 것처럼 합성해보겠습니다.

10 [Project] 패널에서 [노트북] 컴포지션을 더블클릭하여 엽니다. 사진 이미지가 삽입되어 있습니다.

11 ❶ [Project] 패널에서 [모니터]를 클릭하고 ❷ Ctrl + / 를 누르거나 [Timeline] 패널로 드래그하여 [노트북] 컴포지션 안에 삽입합니다. 앞서 제작한 컴포지션이 삽입되었습니다.

12 ① [모니터] 레이어를 클릭합니다. ② [Effects & Presets] 패널에서 **power**를 검색합니다. ③ [Distort]-[CC Power Pin]을 더블클릭하여 효과를 적용합니다. 사각형의 네 개의 모서리에 핀이 있고 노란색 지시선도 보입니다.

13 ①② 오른쪽 두 개의 핀을 차례로 클릭하고 드래그하여 모니터의 오른쪽 끝 지점과 맞춥니다.

> 이런 작업을 진행할 때는 화면을 크게 확대해 작업하면 편리합니다.

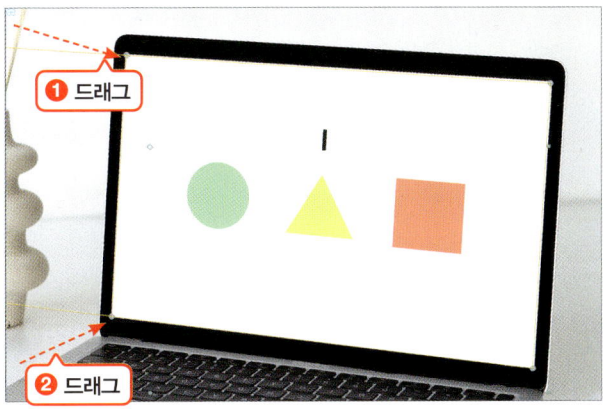

14 ①② 왼쪽에 있는 나머지 두 개의 핀을 차례로 클릭하고 드래그하여 모니터의 왼쪽 끝 지점과 맞춥니다. 모니터의 모서리와 일치하도록 핀의 위치를 조절합니다.

15 모든 작업이 완료되었습니다. Spacebar 를 눌러 애니메이션을 재생합니다. 애니메이션 프리셋의 활용과 컴포지션의 합성 작업까지 학습해보았습니다.

Ae LESSON 04

예제로 만들며 배워보는 핵심 레이어

Null Object와 Adjustment 레이어 활용하고 레이어 변환하기

애프터 이펙트에는 문자, 솔리드, 셰이프 레이어처럼 그래픽을 직접 제작하는 레이어 외에도 필수적인 레이어들이 있습니다. 대표적으로 널(Null Object) 레이어와 조정(Adjustment) 레이어가 있는데, 이들은 화면에 표시되지 않지만 모션과 효과 작업에 핵심적인 역할을 합니다. 또한 일러스트레이터의 벡터 레이어를 셰이프 레이어로 변환하는 방법과 기존 작업한 레이어를 다른 파일로 교체하는 방법도 함께 살펴보겠습니다.

간단 실습 널 오브젝트(Null Object) 레이어 만들기

준비 파일 애프터 이펙트/Chapter 03/필수레이어실습.aep

aep 파일 열고 프로젝트 시작하기

01 ❶ [File]-[Open Project] Ctrl + O 메뉴를 선택하여 **필수레이어실습.aep 준비 파일**을 엽니다. ❷ [Project] 패널에서 [시티투어] 컴포지션을 더블클릭하여 엽니다. 다양한 종류의 레이어들이 삽입되어 있습니다. ❸ Spacebar 를 눌러 애니메이션을 재생해봅니다.

[Null] 레이어 만들고 세 개의 구름 레이어 페어런트 연결하기

02 ① [Timeline] 패널에서 [구름2] 레이어를 클릭합니다. ② [Layer]-[New]-[Null Object] Ctrl + Alt + Shift + Y 메뉴를 선택합니다.

03 [구름2] 레이어 바로 위에 [Null 1] 레이어가 생성되었습니다. ① [구름1], [구름2], [구름3] 레이어를 모두 선택합니다. ② [Parent & Link]의 ◎를 드래그하여 [Null 1] 레이어와 연결합니다.

> Null Object(널 오브젝트) 레이어는 화면에 보이지 않는 특별한 레이어입니다. 다른 레이어의 위치, 회전, 스케일 등을 제어할 때 사용되며, 주로 Parent 기능과 함께 활용됩니다. 여러 레이어의 부모(Parent)로 설정하여 다양한 속성을 한꺼번에 제어할 수 있습니다. 특히 복잡한 애니메이션 작업에서 Null을 부모로 설정하면, 레이어별로 개별 애니메이션을 적용하는 것보다 훨씬 효율적으로 작업할 수 있습니다.

> [Parent]는 애프터 이펙트의 핵심 기능으로, 레이어 간의 부모-자식 관계를 설정합니다. 부모 레이어의 움직임, 회전, 크기 변화가 자식 레이어에 자동으로 반영되어 연동 애니메이션을 구현할 수 있습니다. 이 기능에 대한 자세한 내용은 553쪽의 예제를 통해 학습할 수 있습니다.

> [Parent & Link] 속성이 보이지 않는다면 Shift + F4 를 눌러 열 수 있습니다.

모든 구름 레이어 한번에 움직이게 만들기

04 ① [Null 1] 레이어를 클릭하고 ② P 를 눌러 [Position]을 엽니다. ③④ 다음 표를 참고하여 키프레임을 설정합니다. ⑤ Spacebar 를 눌러 애니메이션을 재생해봅니다. 구름들이 화면의 왼쪽에서 오른쪽으로 이동합니다. 이처럼 구름 레이어에는 키프레임이 하나도 없지만 모든 구름에 움직임이 생성되었습니다.

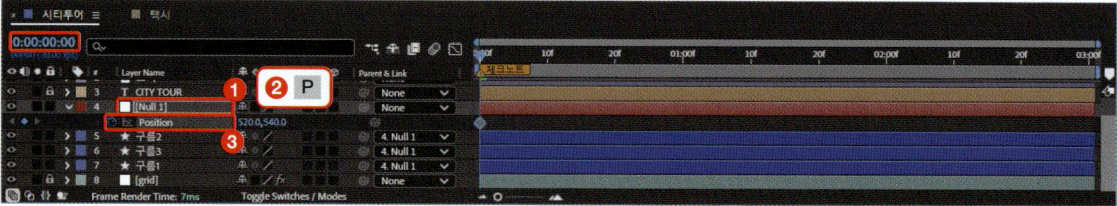

Time	Position
0초	520, 540
3초	1160, 540

간단 실습   조정 레이어(Adjustment Layer) 만들기

준비 파일 애프터 이펙트/Chapter 03/필수레이어실습.aep

01 앞선 실습에서 이어서 진행합니다. ❶ F2 를 눌러 모든 레이어의 선택을 해제합니다. ❷ [Layer]-[New]-[Adjustment Layer] Ctrl + Alt + Y 메뉴를 선택합니다. [Timeline] 패널에서 가장 위에 [Adjustment Layer 1] 레이어가 등록되었습니다.

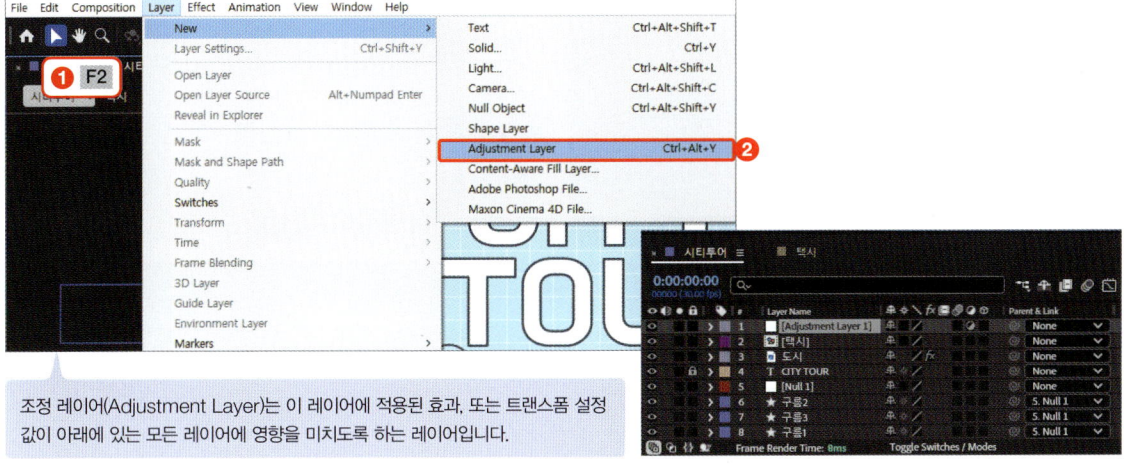

조정 레이어(Adjustment Layer)는 이 레이어에 적용된 효과, 또는 트랜스폼 설정 값이 아래에 있는 모든 레이어에 영향을 미치도록 하는 레이어입니다.

02 ❶ [Adjustment Layer 1] 레이어를 클릭합니다. ❷ [Effect & Presets] 패널에서 **lens**를 검색하고 ❸ [Distort]-[CC Lens]를 더블클릭하거나 [Timeline] 패널의 레이어 이름 부분으로 드래그하여 효과를 적용합니다.

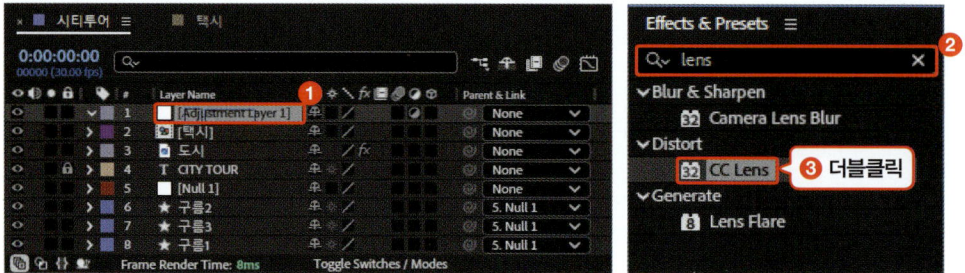

03 화면의 모든 그림이 마치 구슬에 갇힌 것과 같이 이미지가 왜곡됩니다.

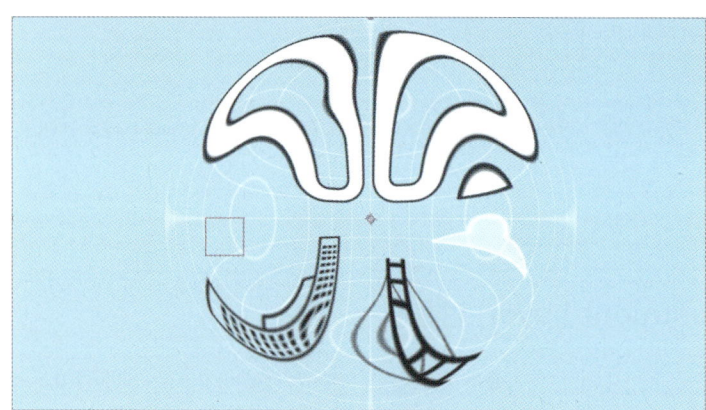

04 ❶❷ 다음 표를 참고하여 [CC Lens]의 [Size]에 키프레임을 설정합니다. 모든 그림이 화면에서 사라졌다가 이미지가 둥글게 왜곡되며 펼쳐집니다.

Time	[CC Lens]-[Size]
0초	0
2초	500

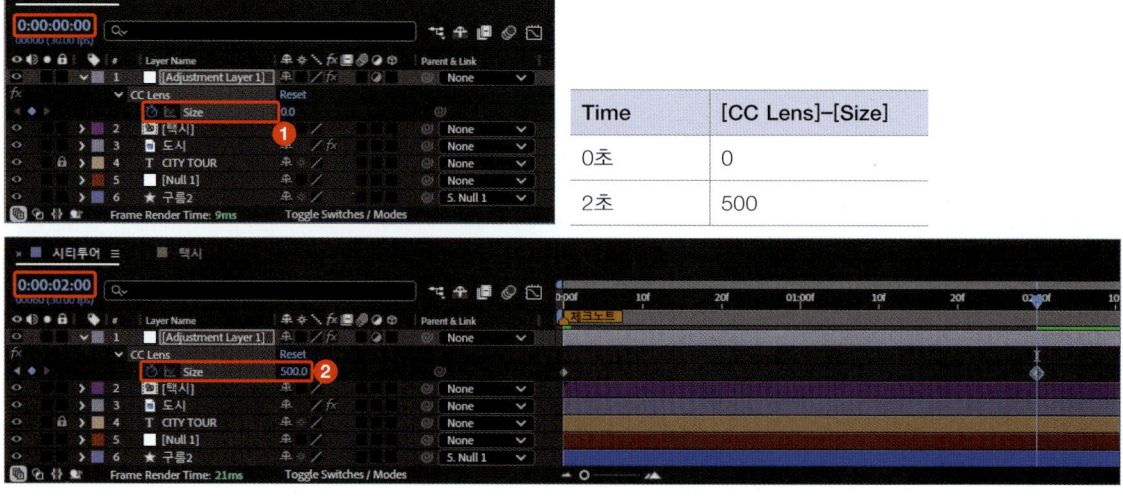

05 둥글게 말린 그림이 펴지는 효과로 시작되는 애니메이션 작업이 완성되었습니다. Spacebar 를 눌러 애니메이션을 재생합니다.

> **간단 실습** 벡터 이미지 레이어를 셰이프 레이어로 변환하기
>
> **준비 파일** 애프터 이펙트/Chapter 03/필수레이어실습.aep

이번 예제의 주황색 택시와 두 캐릭터는 일러스트레이터에서 제작한 후 ai 파일로 가져온 이미지입니다. 레이어별로 분리되어 있어 색보정 효과로 각각의 색상을 변경할 수 있습니다. 다만 특정 색상만 따로 수정하기 어려울 때는 벡터 이미지를 셰이프 레이어로 변환하면 좋습니다. 이렇게 하면 색상은 물론 형태, 스트로크 색상, 두께 등 셰이프 레이어의 모든 속성을 자유롭게 수정할 수 있습니다.

자동차 이미지의 색상 변경하기

01 앞선 실습에서 이어서 진행합니다. ❶ [Project] 패널에서 [택시]를 클릭하고 ❷ Ctrl + D 를 눌러 복제합니다. ❸ [택시 2]를 더블클릭하여 컴포지션을 엽니다.

02 ❶ [바디] 레이어를 마우스 오른쪽 버튼으로 클릭하고 ❷ [Create]-[Create Shapes from Vector Layer]를 선택합니다. [바디] 레이어의 👁가 비활성화되고 [바디 Outlines]라는 이름의 셰이프 레이어가 생성되었습니다.

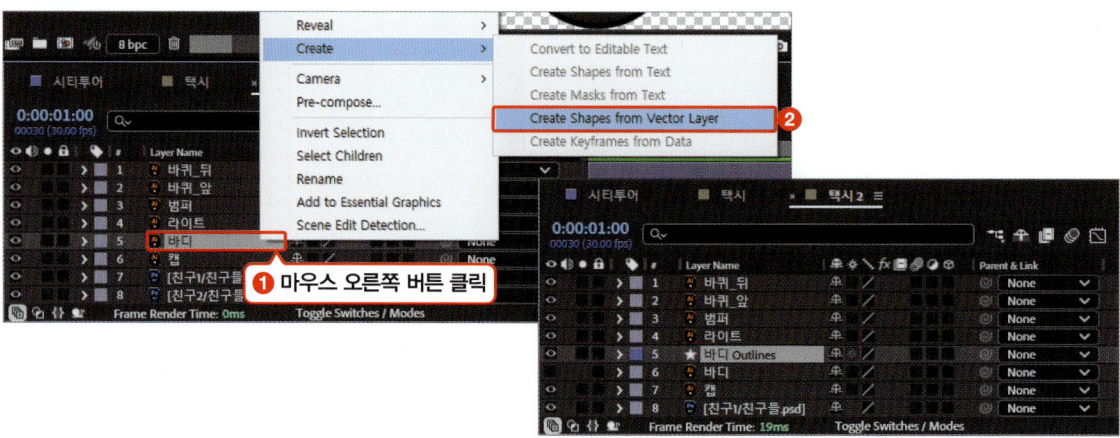

03 도구바에서 [Fill Color]를 밝은 연두색 계열의 색상으로 변경합니다.

04 새로운 차가 생겼으니 새로운 운전자와 손님이 필요합니다. 운전자와 손님 캐릭터를 교체해보겠습니다. ❶ [Timeline] 패널에서 [친구1/친구들.psd] 레이어를 클릭합니다. ❷ [Project] 패널에서 [친구들 Layers] 폴더를 열고 ❸ [친구3/친구들.psd] 이미지를 클릭합니다. ❹ Alt 를 누른 채로 [Timeline] 패널에서 [친구1/친구들.psd] 레이어로 드래그합니다. 운전자가 바뀌었습니다.

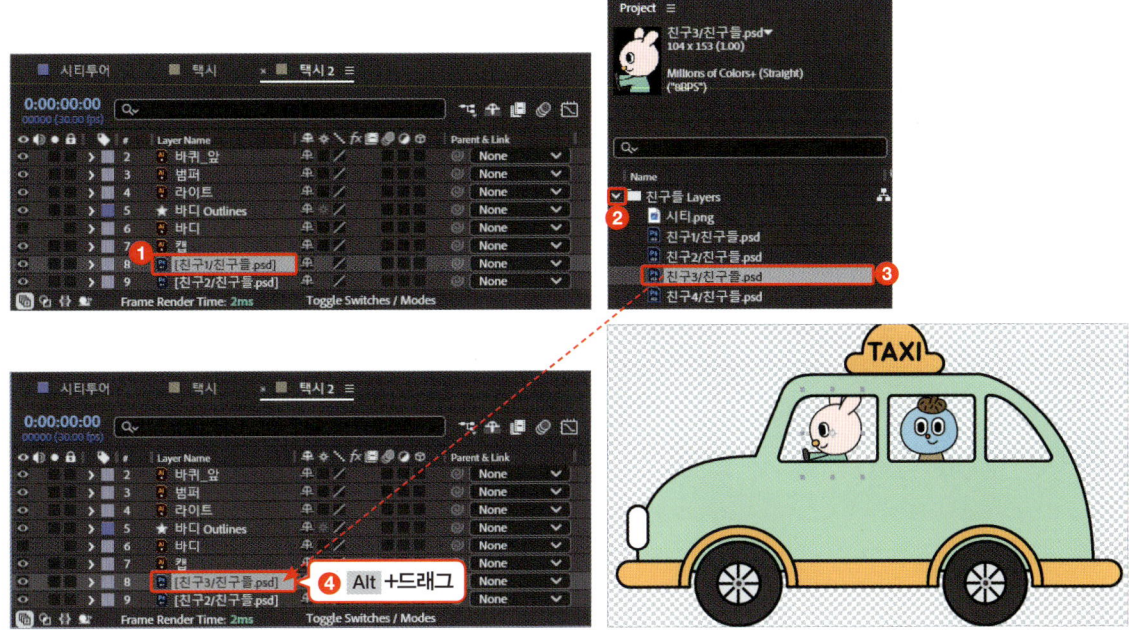

05 04와 동일한 방법으로 [Timeline] 패널에서 [친구2/친구들.psd] 레이어를 [Project] 패널에 있는 [친구4/친구들.psd] 이미지로 교체합니다.

CHAPTER 03 다양한 레이어로 그래픽 이미지 만들기

06 ① [시티투어] 컴포지션으로 돌아옵니다. ② [택시] 레이어를 클릭하고 ③ Ctrl + D 를 눌러 복제합니다.

07 ① 아래 있는 [택시] 레이어를 클릭합니다. ② [Project] 패널에서 [택시 2]를 클릭하고 ③ Alt 를 누른 채로 [Timeline] 패널에 있는 복제된 [택시] 레이어까지 드래그합니다. 연두색 택시로 바뀌었지만 주황색 차 뒤에 있으므로 잘 보이지 않습니다.

08 ① [택시 2] 레이어를 클릭합니다. ② S 를 눌러 [Scale]을 열고 ③ 70%로 설정합니다. 뒤에 있는 차가 더 작게 보이므로 크기를 줄인 것입니다.

09 ① 0초 지점으로 현재 시간을 이동합니다. ② P 를 눌러 [Position]을 엽니다. ③ [Position]을 클릭하여 설정된 두 개의 키프레임을 모두 선택합니다. ④ X 좌표 1548에서 오른쪽으로 드래그합니다. X 좌표가 2890 정도가 될 때까지 드래그합니다. 0초와 3초에 설정된 키프레임의 X 좌표가 동시에 오른쪽으로 이동됩니다.

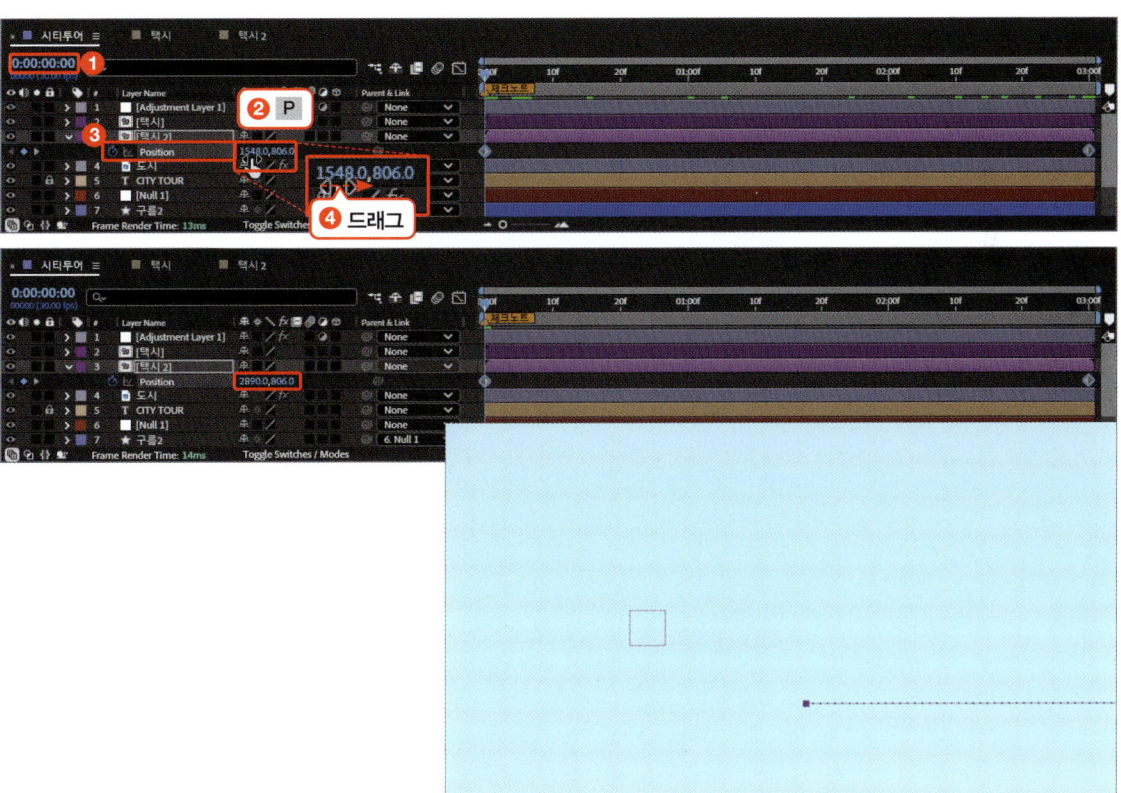

10 도시를 배경으로 알록달록 귀여운 택시 두 대가 이동하는 애니메이션이 완성되었습니다. Spacebar 를 눌러 애니메이션을 재생합니다.

기능 꼼꼼 익히기 — Collect File 알아보기

이번 예제처럼 이미지 등의 미디어 파일을 불러오고 작업을 한 경우 파일의 경로가 바뀌면 애프터 이펙트는 해당 파일을 찾을 수 없습니다. 애프터 이펙트는 이미지 등의 미디어 파일을 불러와 작업할 때 파일의 경로 정보만 저장합니다. 따라서 aep 파일에는 원본 미디어 파일이 포함되지 않아, 파일 경로가 바뀌면 연결된 미디어를 찾을 수 없게 됩니다. 이러한 문제를 방지하려면 모든 파일을 하나의 폴더에 보관하는 것이 안전합니다.

01 [File]–[Dependencies]–[Collect Files] 메뉴를 선택합니다.

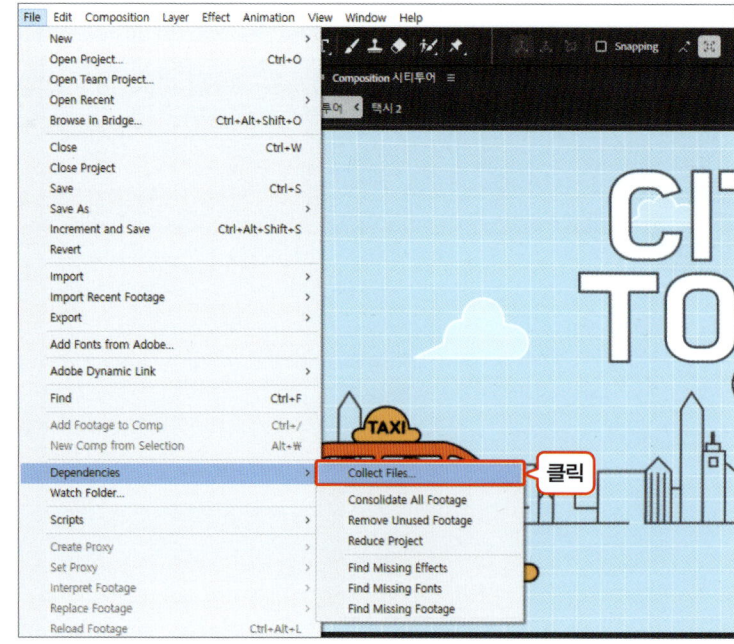

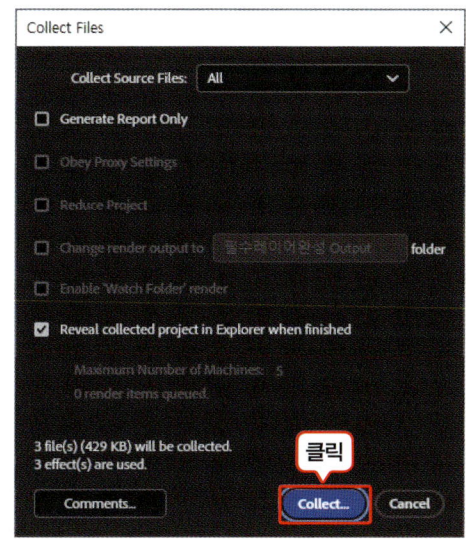

02 [Collect Files] 대화상자가 열리면 기본값을 그대로 두고 [Collect]를 클릭합니다. '세 개(429KB)의 파일을 수집한다'고 표시됩니다.

03 윈도우 탐색기에서 파일을 저장하면 파일명과 동일한 이름의 폴더가 자동으로 생성됩니다. [저장]을 클릭하면 해당 폴더 안에 aep 파일과 [Footage] 폴더가 만들어지는데, [Footage] 폴더에는 프로젝트에 사용된 모든 이미지가 정리되어 있습니다. 이렇게 파일을 수집해두면 미디어 소스의 경로가 바뀌어도 파일이 정상적으로 열립니다. 다른 컴퓨터에서 작업을 이어가려면 '파일이름 folder' 전체를 이동해야 하며, aep 파일만 옮길 경우 미디어 소스가 누락된 상태로 열리니 주의해야 합니다.

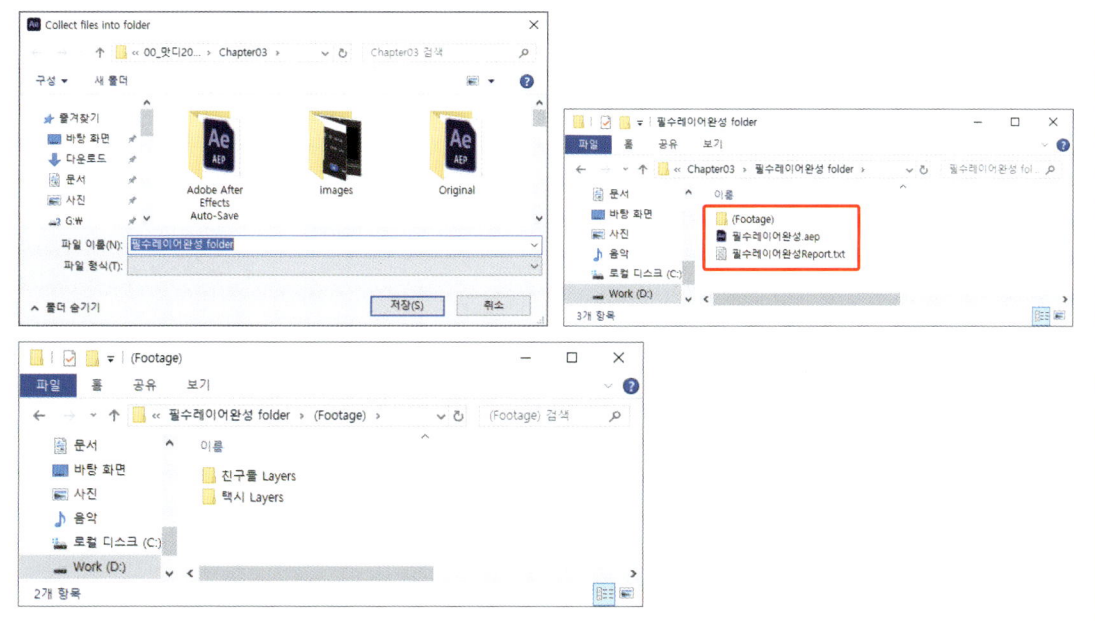

CHAPTER 04

모션 기초
탄탄하게 다지기

애니메이션을 만들기 위해서는 시간(Time)과 값(Value)이라는 두 가지 요소가 필요합니다.
이는 마치 달리기에서 출발점과 도착점의 시간을 기록하는 것과 비슷합니다.
애프터 이펙트에서는 특정 시간에 속성값을 입력하고 스톱워치 를 클릭하면
키프레임 이 생성됩니다. 키프레임은 애니메이션의 기준점으로, 서로 다른 시간대에 최소 두 개의
키프레임이 있어야 움직임이 만들어집니다. 이렇게 만들어진 기본형 키프레임은
선형 애니메이션(Linear Animation)이라고 합니다. 가장 기본적인 애니메이션 방식이지만
다소 기계적으로 보일 수 있습니다. 이번 장에서는 선형 애니메이션부터 시작해 이징(Easing)을 통한
가속도 조절, 그래프 에디터를 활용한 전문가의 모션 제어 기법까지 살펴보겠습니다.

Ae LESSON 01

애니메이션의 기본, 트랜스폼 애니메이션

애프터 이펙트 애니메이션의 기본기 실습하기

☑ CC 모든 버전
☐ CC 2025 버전

준비 파일 애프터 이펙트/Chapter 04/마트료시카.psd
완성 파일 애프터 이펙트/Chapter 04/트랜스폼.aep

AFTER

이 예제를 따라 하면

모든 시각 레이어는 [Transform] 속성을 가지고 있습니다. Transform은 '변형시키다'라는 의미로, [Transform] 속성을 펼치면 이미지를 변형할 수 있는 다섯 가지 하위 속성이 나타납니다. 이러한 속성들을 조절해 위치 이동이나 크기 변경 같은 기본적인 애니메이션을 만들 수 있습니다. 지금부터 이 다섯 가지 속성을 모두 활용한 애니메이션을 제작하면서 모션의 기초를 살펴보겠습니다.

psd 파일 불러오고 프로젝트 시작하기

01 ❶ [File]-[Import]-[File] 메뉴를 선택합니다. ❷ [Import File] 대화상자가 열리면 **마트료시카.psd** 파일을 클릭하고 ❸ [Import]를 클릭합니다.

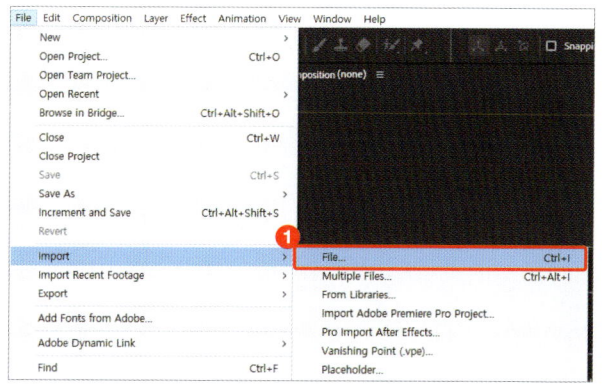 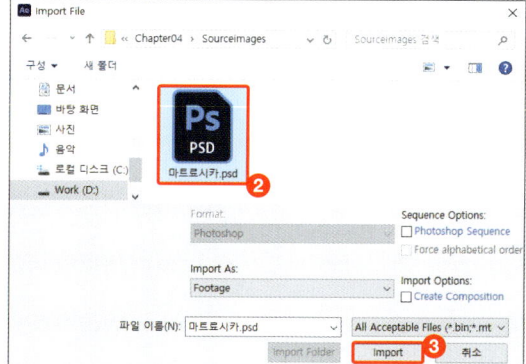

02 ❶ 불러오기 대화상자가 나타나면 [Import Kind]를 [Composition-Retain Layer Sizes]로 설정하고 ❷ [OK]를 클릭합니다.

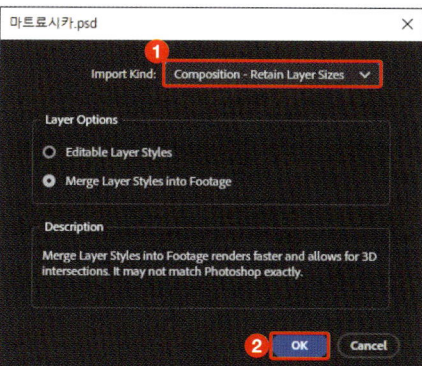

> psd 불러오기 대화상자의 다양한 옵션은 329쪽에서 자세하게 학습할 수 있습니다.

03 [Project] 패널에서 [마트료시카] 컴포지션을 더블클릭합니다. 여섯 개의 시각 레이어가 삽입되어 있습니다.

프로젝트 설정하기

Psd 파일로 작업을 시작할 때는 이미지의 크기 정보만 자동으로 설정되고, 시간 관련 설정은 임의의 값으로 지정됩니다. 따라서 이미지 파일을 불러와 프로젝트를 시작할 때는 반드시 컴포지션 설정을 먼저 확인해야 합니다.

04 ① [Composition]-[Composition Settings] Ctrl + K 메뉴를 선택합니다. ② [Composition Settings] 대화상자가 나타나면 다음과 같이 설정합니다. ③ [OK]를 클릭합니다.

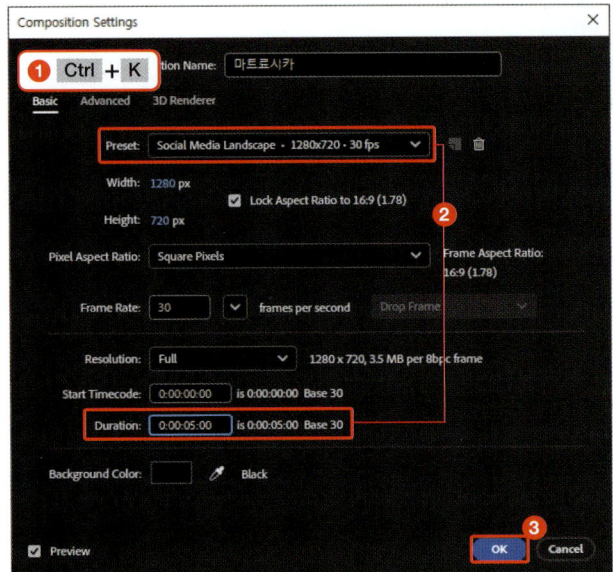

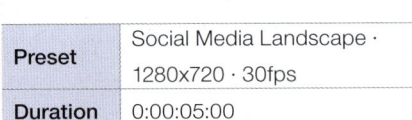

Preset	Social Media Landscape · 1280x720 · 30fps
Duration	0:00:05:00

05 ① [Timeline] 패널을 클릭하고 ② – 를 여러 번 누르거나 조절점을 가장 왼쪽에 두어 5초가 모두 보이게 합니다. 1초 이후에는 레이어가 존재하지 않습니다. ③ Spacebar 를 눌러 애니메이션을 재생해보면 1초 이후에는 아무것도 보이지 않습니다.

애프터 이펙트는 초기 설정을 바로 전 설정을 그대로 보여줍니다. 이 예제의 경우 바로 전에 1초 길이의 컴포지션을 만들었기 때문에 초기에 1초로 설정이 되었고, 컴포지션 설정을 5초로 바꾼 이후에도 레이어의 길이는 여전히 1초로 남아있는 것입니다. 컴포지션 설정을 새로 하기 전에 초기 설정이 5초 이상이었던 경우에는 레이어의 길이가 5초로 설정되어 문제가 없으므로 3번 스텝을 건너뛰고 학습하면 됩니다.

06

① `Ctrl` + `A` 를 눌러 모든 레이어를 선택합니다. ② `End`, 또는 `Ctrl` + `Alt` + `→`를 눌러 컴포지션의 마지막 프레임으로 시간을 이동합니다. ③ 그리고 `Alt` + `]` 를 눌러 현재 시각까지 레이어의 길이를 연장합니다.

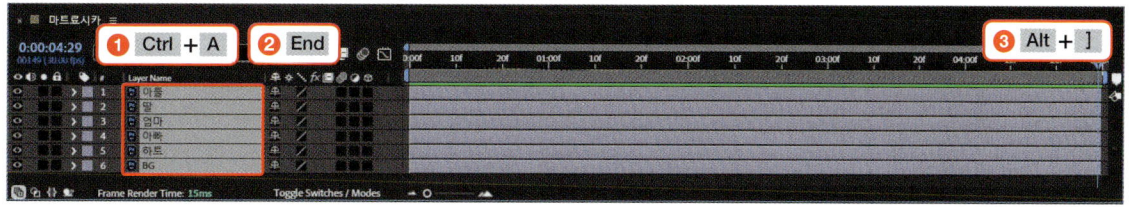

기능 꼼꼼 익히기 — 레이어 끝 점, 시작 점 설정 단축키

- `Alt` + `]` | 현재 시간으로 레이어의 끝 점 설정하기
- `Alt` + `[` | 현재 시간으로 레이어의 시작 점 설정하기
- `[` | 현재 시간으로 레이어의 시작 점 이동하기
- `]` | 현재 시간으로 레이어의 끝 점 이동하기
- `Home` 또는 `Ctrl` + `Alt` + `←` | 컴포지션의 가장 마지막 프레임으로 시간 이동하기
- `End` 또는 `Ctrl` + `Alt` + `→` | 컴포지션의 가장 마지막 프레임으로 시간 이동하기

위치(Position) 이동하기

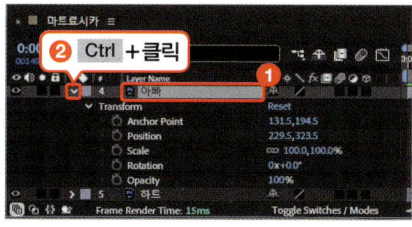

07

① [Timeline] 패널에서 [아빠] 레이어를 클릭하고 ② `Ctrl` 을 누르고 채로 ▶를 클릭합니다. [Transform] 아래에 다섯 개의 하위 속성이 모두 열립니다.

기능 꼼꼼 익히기 — Transform 세부 옵션 알아보기

- **Anchor Point** | 레이어의 회전 및 스케일 중심점(기준점)을 정의합니다.
- **Position** | 레이어의 위치를 정의합니다.
- **Scale** | 레이어의 크기 비율값을 조절합니다. 기본값으로 ∞이 활성화되어 있으며, 가로세로 비례를 다르게 변경할 때에는 ∞를 클릭하여 해제합니다.
- **Rotation** | 레이어의 회전 각도를 설정합니다. 하나의 값으로 표시되며 X 뒤의 숫자가 360°를 넘어가면 앞의 숫자가 1로 바뀝니다. 한 바퀴 회전하고 제자리로 돌아옴을 뜻합니다.
- **Opacity** | 레이어의 불투명도를 설정합니다. 100%일 때 불투명하고 0%일 때는 완전히 투명하게 되어 안 보이게 됩니다.

다섯 개의 옵션 중 하나만 표시하고 싶을 때는 [Anchor Point] `A`, [Position] `P`, [Scale] `S`, [Rotation] `R`, [Opacity] `T` 를 눌러 각각 표시할 수 있습니다. 예를 들어 [Position]과 [Scale] 두 개만 표시하고 싶을 때는 `P` 를 누르고 `Shift` + `S` 를 누릅니다. 이렇게 필요한 옵션만 열어 작업하는 방식을 권장합니다. 예제 실습도 이러한 방식으로 진행합니다.

08 ① [아빠] 레이어가 선택된 상태에서 P 를 눌러 [Position]만 나타나게 합니다. ② 20F 지점에서 ③ [Position]의 ◉를 클릭하여 키프레임을 생성합니다. ◆이 등록되었습니다.

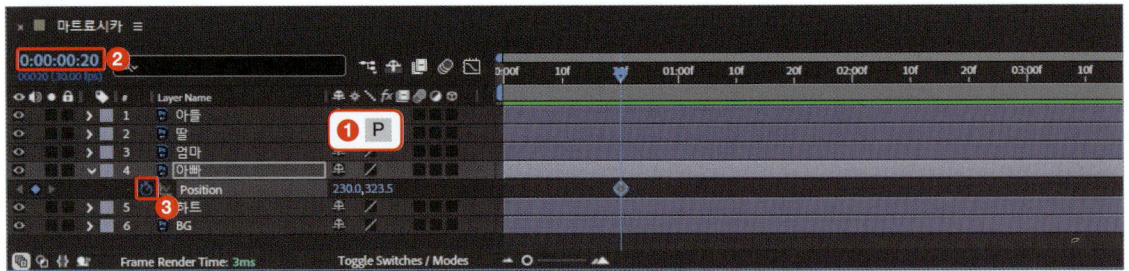

기능 꼼꼼 익히기   타임 디스플레이 모드(Time Display Mode) 알아보기

0초 지점이란 **0:00:00:00**을 말합니다. 애프터 이펙트에서는 두 개의 타임 디스플레이 모드(Time Display Mode)를 사용할 수 있습니다. 하나는 **0:00:00:00**으로 시간을 표시하는 타임코드(Timecode) 방식이고, 다른 하나는 **00000F**으로 시간을 표시하는 프레임(Frame) 방식입니다. 프레임 방식은 시간을 그림 한 장으로 쪼개어 표시합니다. 보통 텔레비전 방식인 29.97/sec은 1초에 29.97프레임이 삽입되므로 30장의 그림으로 간주해도 됩니다.

기능 꼼꼼 익히기   타임코드 모드에서 프레임 모드로 바꾸는 방법

타임코드 모드와 프레임 모드를 변경하려면 [Timeline] 패널에서 Ctrl 을 누른 채 시간 표시 영역 0:00:00:00 을 클릭합니다. 타임코드 모드에서 프레임 모드로, 프레임 모드에서 타임코드 모드로 디스플레이 모드를 변경할 수 있습니다.

---

09 ① 0초 지점으로 현재 시간을 이동합니다. ② [Timeline] 패널에서 [아빠] 레이어의 [Position]을 230, -205로 설정합니다. 또는 [Composition] 패널에서 [아빠] 레이어를 클릭하고 Shift 를 누른 상태에서 화면 위로 완전히 빠져나가도록 드래그해도 됩니다. ③ Spacebar 를 눌러 애니메이션을 재생합니다. 20F 동안 [아빠] 레이어가 화면 밖에서 안으로 내려옵니다. 이러한 모션을 프레임 인(Frame In)이라고 합니다.

프레임 인(Frame In)은 레이어가 화면 밖에 있다가 화면 안으로 등장하는 애니메이션 효과를 의미합니다.

[Transform] 속성을 조절하여 애니메이션을 작업할 때 대부분은 수치를 입력하기보다는 직접 클릭하고 드래그하는 방식으로 제작합니다. 그러나 여기에서는 같은 결과물을 얻기 위하여 수치로 입력하는 방식으로 진행했습니다.

중심점(Anchor Point) 이동하고 크기(Scale) 조절하기

10 앞서 실습한 준비 파일을 그대로 사용합니다. ❶ [Timeline] 패널에서 [엄마] 레이어를 클릭하고 ❷ ⑤ 를 눌러 [Scale]을 엽니다. ❸ 도구바에서 중심점 도구 를 선택합니다. ❹ [Snapping Snapping]에 체크하여 활성화합니다. ❺ 다음 그림을 참고하여 [Composition] 패널에서 엄마 레이어의 중심점을 그림의 가장 아랫부분으로 드래그하여 중심점의 위치를 이동합니다.

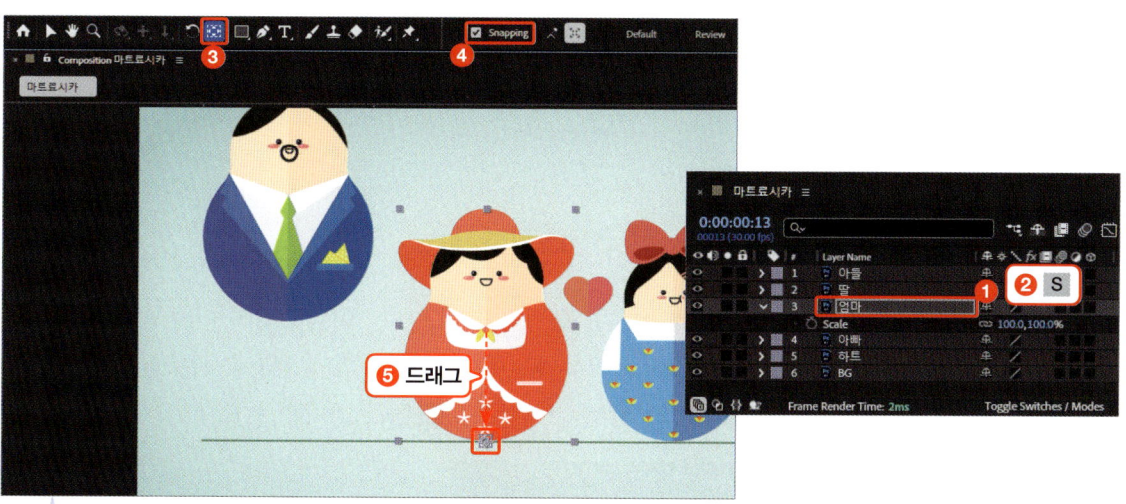

도구바 중앙에 있는 [Snapping]에 체크해 옵션을 활성화하면 스냅 기능을 사용할 수 있어 편리합니다. 평소에는 비활성화해놓는 것이 좋습니다.

[Anchor Point]를 왜 이동하나요? | 크기가 변하거나 회전하는 애니메이션을 만들 때는 기준점에 유의해야 합니다. 기준점을 나타내는 [Anchor Point]는 기본적으로 레이어의 정중앙에 위치하므로 중심점을 변경하지 않고 애니메이션을 작업한다면 그림의 중앙을 중심으로 커지거나 회전합니다. 그림의 아래쪽을 기준으로 그림이 커지거나 회전하기 위해서는 기준점을 아래로 이동시킨 후 애니메이션 작업을 해야 합니다.

11 ① 다시 선택 도구 ▶ V 로 돌아옵니다. ②③ 아래 표를 참고하여 [엄마] 레이어의 [Scale]에 키프레임을 설정합니다.

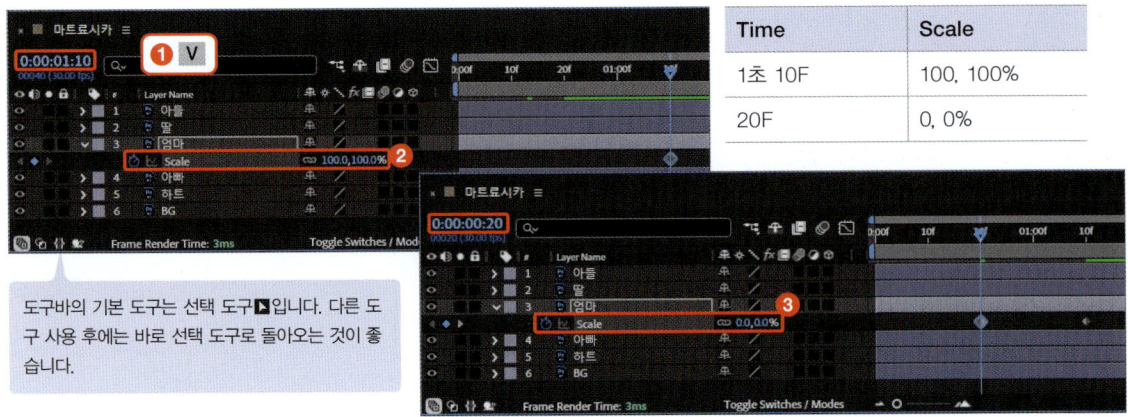

Time	Scale
1초 10F	100, 100%
20F	0, 0%

도구바의 기본 도구는 선택 도구▶입니다. 다른 도구 사용 후에는 바로 선택 도구로 돌아오는 것이 좋습니다.

12 Spacebar 를 눌러 애니메이션을 재생합니다. [엄마] 레이어가 안 보이다가 바닥을 중심으로 커지면서 나타납니다.

크기(Scale)와 회전(Rotation) 동시에 조절하기

13 앞서 실습한 준비 파일을 그대로 사용합니다. ① [Timeline] 패널에서 [딸] 레이어를 클릭합니다. ② 중심점 도구 Y 를 선택합니다. ③ [Composition] 패널에서 [딸] 레이어의 중앙에 있는 중심점(Anchor Point)을 그림의 아래쪽 끝까지 드래그합니다. ④ 다시 선택 도구 ▶ V 로 돌아옵니다.

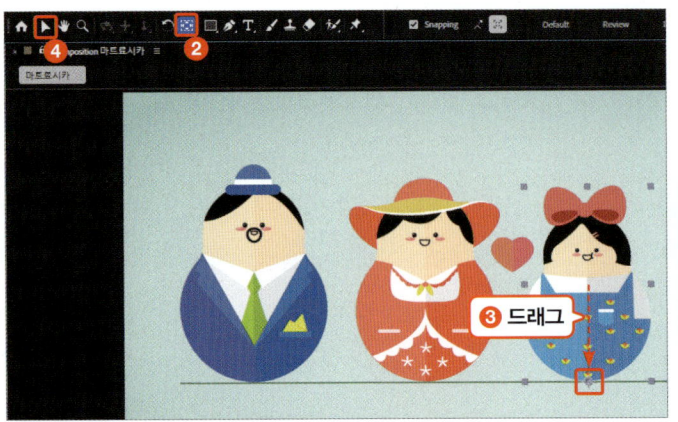
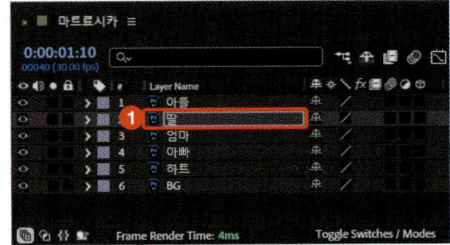

14 ❶❷ 아래 표를 참고하여 [딸] 레이어의 [Scale]에 키프레임을 설정합니다.

Time	Scale
2초	100, 100%
1초 10F	0, 0%

15 ❶ [딸] 레이어가 선택된 상태에서 Shift + R 을 눌러 [Rotation]도 엽니다. ❷❸❹❺❻ 아래의 표를 참고하여 키프레임을 설정합니다. [딸] 레이어가 오뚝이처럼 좌우로 회전하면서 커집니다.

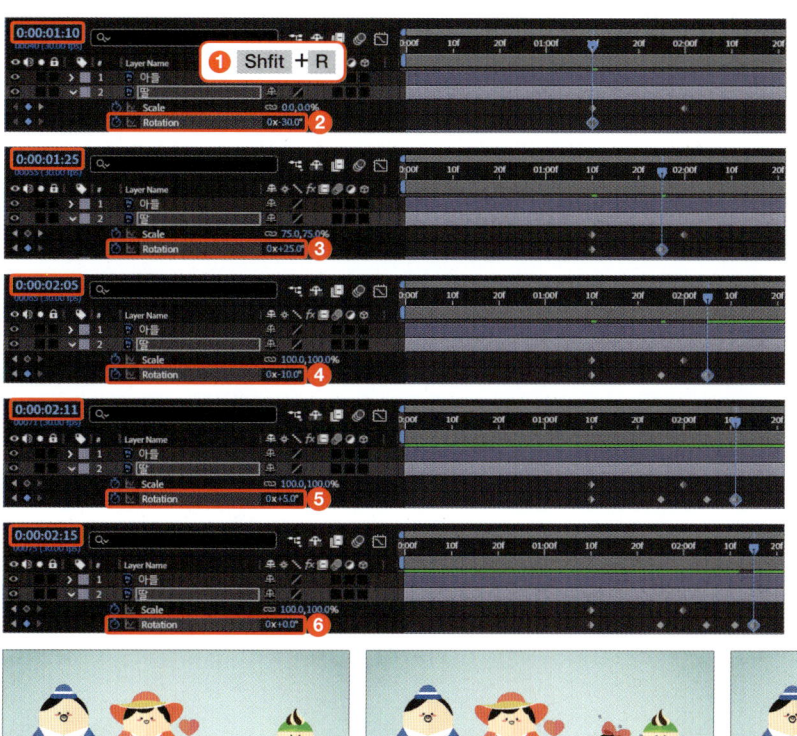

Time	Rotation
1초 10F	0 x −30°
1초 25F	0 x +25°
2초 05F	0 x −10°
2초 11F	0 x +5°
2초 15F	0 x 0°

불투명도(Opacity)로 페이드 인(Fade In) 애니메이션 만들기

페이드 인은 레이어의 불투명도가 0에서 100으로 변하는 애니메이션 효과입니다. 즉, 레이어가 점점 더 선명해지며 나타나는 방식입니다.

16 앞서 실습한 준비 파일을 그대로 사용합니다. ❶ [Timeline] 패널에서 [아들] 레이어를 클릭합니다. ❷ T 를 눌러 [Opacity]를 엽니다. ❸ 3초 10F 지점에서 ❹ [Opacity]의 ⬤를 클릭하여 키프레임을 생성합니다.

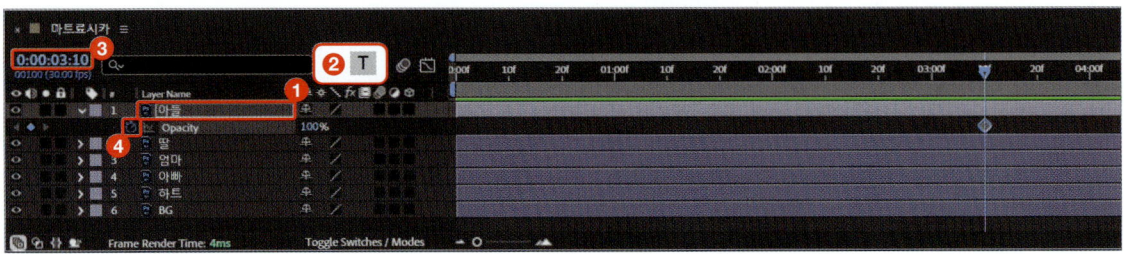

17 ❶ 2초 10F 지점에서 ❷ [Opacity]를 0%로 설정합니다. [아들] 레이어가 완전히 투명해져서 화면에서 보이지 않습니다. ❸ Spacebar 를 눌러 애니메이션을 재생합니다. 투명했던 [아들] 레이어가 1초 동안 서서히 나타납니다.

날아다니는 모션 만들기

앞서 살펴본 Transform 옵션의 키프레임 설정만으로는 복잡한 움직임을 자연스럽게 표현하기 어려울 수 있습니다. 이번에는 모션 패스와 애니메이션 속도를 조절하는 방법을 알아보겠습니다.

18 앞서 실습한 준비 파일을 그대로 사용합니다. ❶ 0초 지점으로 현재 시간을 이동합니다. ❷ [Timeline] 패널에서 [하트] 레이어를 클릭합니다. ❸ P 를 눌러 [Position]을 엽니다.

 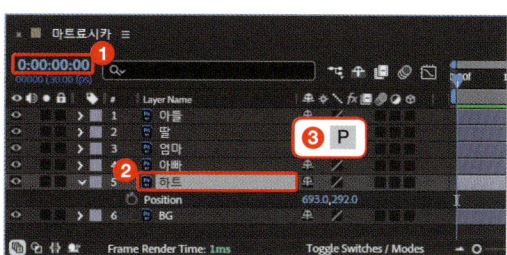

19 ❶ 다음 그림과 같이 [Composition] 패널에서 [하트] 레이어를 화면의 왼쪽 바깥으로 드래그합니다. ❷ 그리고 [Position]의 ◉를 클릭해 키프레임을 설정합니다.

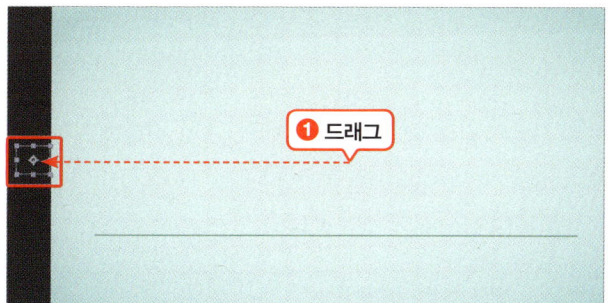 

20 ❶ 1초 지점으로 현재 시간을 이동합니다. ❷ 다음 그림을 참고하여 [하트] 레이어를 [아빠]와 [엄마] 레이어 사이로 이동시킵니다. 정확한 좌푯값은 중요하지 않습니다. 하트가 날아다니는 동작을 자유롭게 연출하면 됩니다.

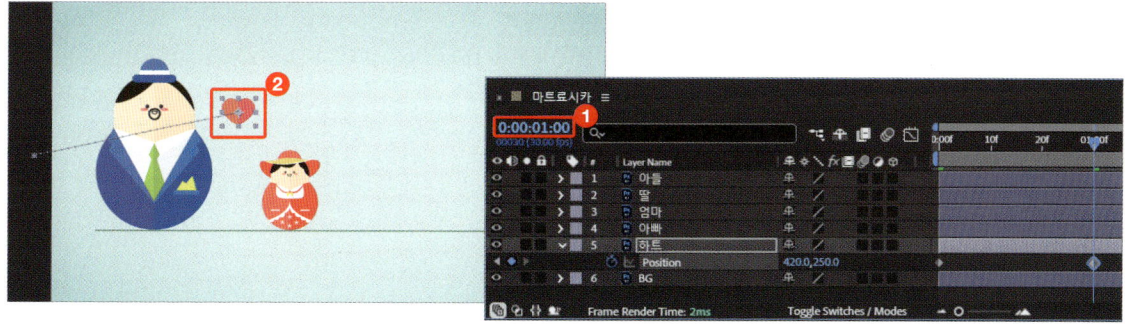

21 ① 2초 지점에서는 [엄마]와 [딸] 레이어 사이 아래쪽으로 이동시킵니다. ② 3초 지점에서는 [아들] 레이어 오른쪽으로 이동시킵니다. ③ 4초 지점에서는 [딸] 레이어의 윗쪽, ④ 4초 29F 지점에서는 [엄마]와 [딸] 레이어 사이에 위치시킵니다. ⑤ Spacebar 를 눌러 애니메이션을 재생해보면 하트 모양의 움직임이 너무 딱딱하여 자연스럽지 않습니다.

22 ① 하트 레이어의 [Position]을 클릭하여 모든 키프레임을 선택합니다. ② 선택된 키프레임 중 하나를 마우스 오른쪽 버튼으로 클릭하고 ③ [Keyframe Interpolation]을 클릭합니다. ④ [Keyframe Interpolation] 대화상자가 나타나면 그림과 같이 설정하고 ⑤ [OK]를 클릭합니다.

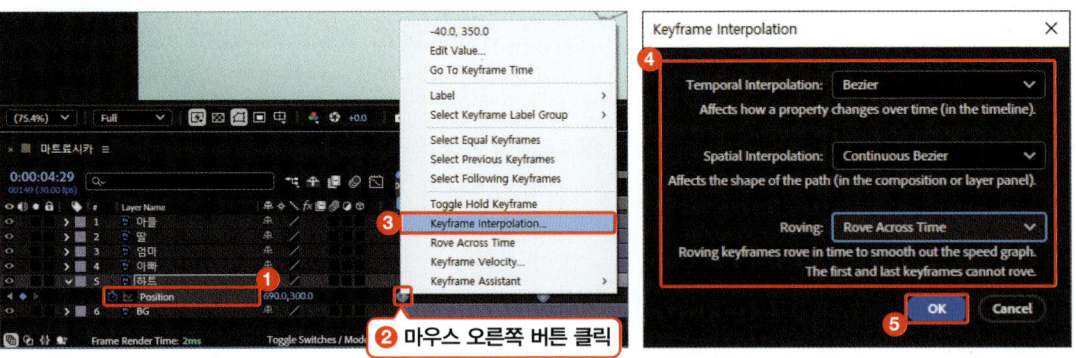

> **기능 꼼꼼 익히기** **[Keyframe Interpolation] 대화상자 옵션 알아보기**
>
> Keyframe Interpolation은 애프터 이펙트에서 키프레임 간의 값을 어떻게 계산할지를 결정하는 프로세스입니다. 이는 애니메이션의 부드러움과 자연스러움을 결정하는 중요한 요소입니다. 여기서 Interpolation(보간)은 두 개의 값 또는 상태 사이에서 중간값을 계산하는 과정을 의미합니다.
>
> - **Linear Interpolation** | 두 키프레임 간의 값이 일정한 속도로 변화합니다.
> - **Bezier Interpolation** | 두 키프레임 간의 값이 곡선 형태로 변화합니다. 이를 통해 더 부드럽고 자연스러운 움직임을 생성할 수 있습니다. Bezier 핸들을 사용하여 커브의 형태를 조절할 수 있습니다.
> - **Continuous Bezier** | Bezier 커브의 시작과 끝부분이 서로 연결되어 부드러운 전환을 제공합니다. 이를 통해 애니메이션이 더욱 유기적으로 느껴질 수 있습니다.
> - **Auto Bezier** | 애프터 이펙트가 자동으로 Bezier 핸들을 조절하여 두 키프레임 간의 값 변화를 부드럽게 만듭니다. 빠르게 변화하는 속도를 처리하는 데 유용합니다.
> - **Hold** | 두 키프레임 사이의 값이 변화하지 않고 유지됩니다. 첫 번째 키프레임에서 두 번째 키프레임으로 바로 점프하는 애니메이션을 생성합니다.
> - **Rove Across Time** | 애프터 이펙트에서 선택한 키프레임 간의 값을 자동으로 조정하는 기능으로, 위치(Position) 속성에 적용됩니다. 등속 운동을 만들 수 있습니다.

23 [Timeline] 패널에서 [하트] 레이어의 [Position]에 설정된 키프레임의 모양이 ■으로 변경되었습니다. [Rove Across Time]이 적용되면 첫 번째와 마지막 키프레임을 제외한 키프레임의 모양이 ●으로 변경되고 키프레임의 위치도 자동으로 변경됩니다. Spacebar 를 눌러 애니메이션을 재생합니다. 하트 레이어가 곡선을 그리며 등속 운동합니다.

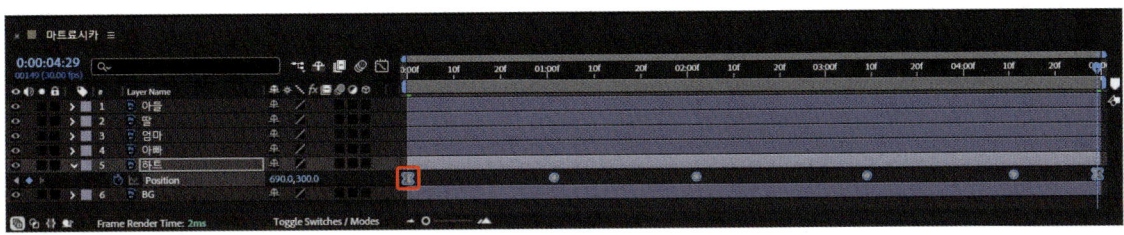

등속 운동은 물체가 일정한 속도로 움직이는 운동을 의미합니다.

키프레임에 대한 내용은 431쪽의 [Keyframe Assistant 알아보기]에서 학습할 수 있습니다.

| 기능 꼼꼼 익히기 | **키프레임 아이콘 알아보기** |

- ◆ | 기본형 키프레임
- ▶ | 이지 이즈 인(Easy Ease In)
- ◼◀ | 홀드(Hold)
- ✕ | 이지 이즈(Easy Ease)
- ◀ | 이지 이즈 인(Easy Ease Out)
- ● | 로브 어크로스 타임(Rove Across Time)

24 모션이 부드러워졌지만, 동작이 매끄러워 보이지 않습니다. 하트 레이어의 모션 패스를 조절하여 좀 더 자연스러운 이동 경로를 연출할 수 있습니다. [Composition] 패널에서 베지에 핸들을 클릭하고 드래그 하는 방식으로 좀 더 둥근 곡선으로 모션 패스를 다듬어봅니다.

모션 패스는 레이어가 이동하는 경로를 의미합니다. 모션 패스를 통해 레이어가 화면에서 어떤 경로로 이동하는지 알 수 있을 뿐 아니라 점들의 간격을 통해서 구간 속도도 짐작할 수 있습니다. 점들의 간격이 조밀하면 속도가 느린 것이며, 간격이 넓으면 속도가 빠르다고 해석할 수 있습니다.

25 [하트] 레이어의 움직임이 다소 느려 보입니다. 속도를 조절해보겠습니다. ❶ 4초 지점으로 현재 시간을 이동합니다. ❷ [Position]에 설정된 키프레임 중 마지막 키프레임을 클릭하고 Shift 를 누른 상태로 왼쪽으로 드래그합니다. ◆ 가 있는 4초 지점에 스냅됩니다. 전체 구간에서 이동 속도가 빨라집니다. 5초였던 동작이 4초로 바뀌어 속도가 빨라졌습니다.

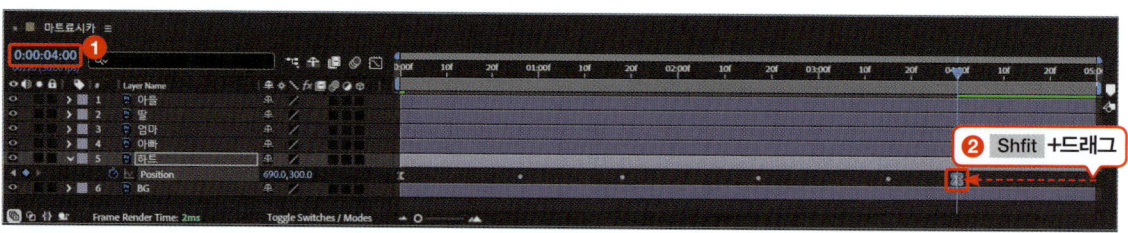

[Auto-Orient] 기능으로 모션 패스 따라 자연스럽게 회전하기

하트가 곡선을 따라 움직일 때 모션 패스를 따라 회전시키면 더욱 자연스럽게 연출할 수 있습니다. [Rotation]에 키프레임을 설정하여 회전시킬 수도 있지만 자연스럽게 애니메이션 하기 어렵습니다. 이때는 [Auto-Orient] 기능을 활용하여 키프레임 없이도 하트가 곡선을 따라 회전하도록 합니다.

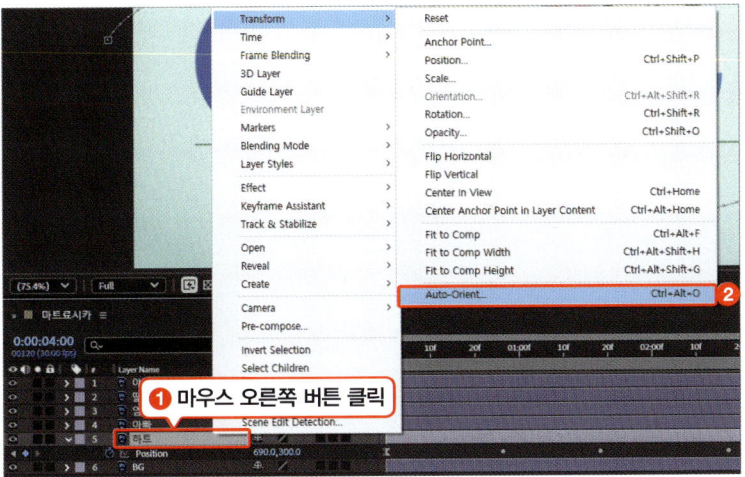

26 ❶ [하트] 레이어를 마우스 오른쪽 버튼으로 클릭하고 ❷ [Transform]-[Auto-Orient]를 클릭합니다.

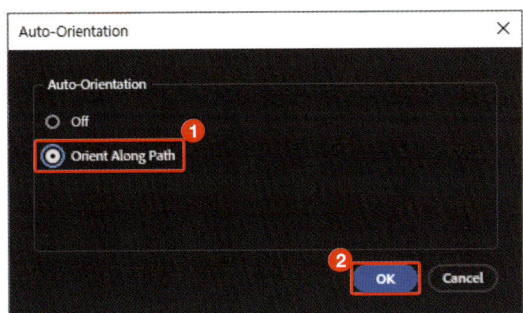

27 ❶ [Auto-Orientation] 대화상자에서 [Orient Along Path]를 클릭하고 ❷ [OK]를 클릭합니다.

28 Spacebar 를 눌러 애니메이션을 재생합니다. 하트가 모션 패스를 따라서 자동으로 회전합니다.

29 4초 지점에서 하트의 위치를 확인합니다. 하트 모양이 바르지 않다면 회전 값으로 조절합니다. ① [하트] 레이어를 클릭합니다. ② R 을 눌러 [Rotation]을 열고 ③ -90°로 설정합니다.

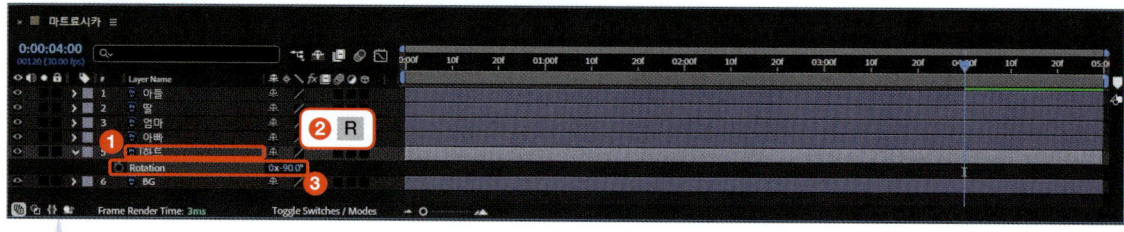

패스의 모양에 따라서 하트 모양의 회전값이 다르게 표시될 수 있습니다. 하트 모양이 수평이 되도록 [Rotation] 수치를 조절하면 됩니다.

30 ① [하트] 레이어를 클릭하고 ② Ctrl + Alt + ↑ 를 두 번 누르거나 드래그하여 [엄마] 레이어의 위로 이동시킵니다. ③ Spacebar 를 눌러 확인해보면 [하트] 레이어가 [엄마] 레이어의 앞으로, [아들] 레이어 뒤로 이동하면서 애니메이션 됩니다. [Timeline] 패널에서 레이어의 순서를 변경하여 이미지의 앞뒤 개념을 표현할 수 있습니다.

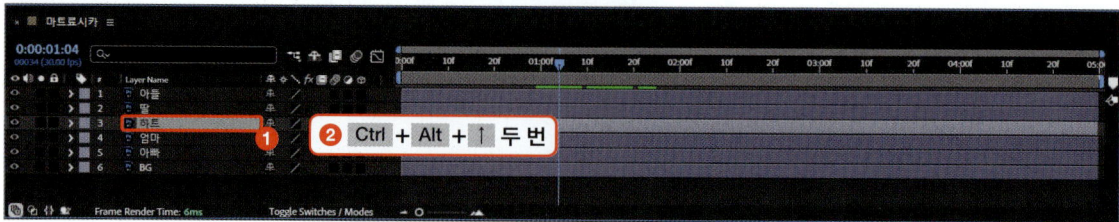

기능 꼼꼼 익히기 — 레이어 이동 단축키

단축키를 이용하면 레이어를 편리하게 이동할 수 있습니다.

단축키로 레이어의 배치(순서) 변경하기
- Ctrl +] | 레이어를 한 칸 위로 이동하기
- Ctrl + [| 레이어를 한 칸 아래로 이동하기
- Ctrl + Shift +] | 레이어를 가장 위로 이동하기
- Ctrl + Shift + [| 레이어를 가장 아래로 이동하기

단축키로 레이어 선택하기
- Ctrl + ↑ | 지금 선택한 레이어에서 한 칸 위에 있는 레이어 선택하기
- Ctrl + ↓ | 지금 선택한 레이어에서 한 칸 아래에 있는 레이어 선택하기

31 트랜스폼의 다양한 모든 속성을 활용한 애니메이션이 완성되었습니다. Spacebar 를 눌러 애니메이션을 재생합니다.

Ae LESSON 02

애니메이션 고급 기능 활용하기

보간 애니메이션 이해하고 그래프 에디터 활용하기

키프레임을 생성하면 첫 번째 키프레임과 다음 키프레임 사이의 움직임 속도는 균일합니다. 이는 구간 속도가 동일하게 기록된다는 의미로, 경우에 따라 움직임이 부자연스럽게 보이기도 합니다. 구간 속도를 조절하기 위해서는 보간(Interpolation) 방법을 선형 보간법(Linear Interpolation)에서 곡면 보간법(Bezier Interpolation)으로 조절하거나 가속도(Velocity)를 조절하는 방법, 그래프 에디터(Graph Editor)의 곡선 그래프를 조절하여 움직임을 섬세하게 제어하는 방법 등이 있습니다.

간단 실습 | Keyframe Assistant로 보간 조절하기

준비 파일 애프터 이펙트/Chapter 04/그래프에디터.aep

01 ① [File]-[Open Project] Ctrl + O 메뉴를 선택하여 **그래프에디터.aep** 준비 파일을 엽니다. ② [Project] 패널에서 [자동차들_시작]을 더블클릭하여 [자동차들_시작] 컴포지션을 엽니다. 각기 다른 모양의 자동차 그래픽이 그려진 레이어 세 개가 삽입되어 있습니다. ③ Spacebar 를 눌러 애니메이션을 확인합니다. 세 개의 자동차가 화면의 왼쪽에서 오른쪽으로 이동합니다. 움직임의 속도는 매우 균일합니다. 애프터 이펙트의 기본 키프레임 방식인 선형 보간법(Linear Interpolation)으로 제작되었기 때문입니다.

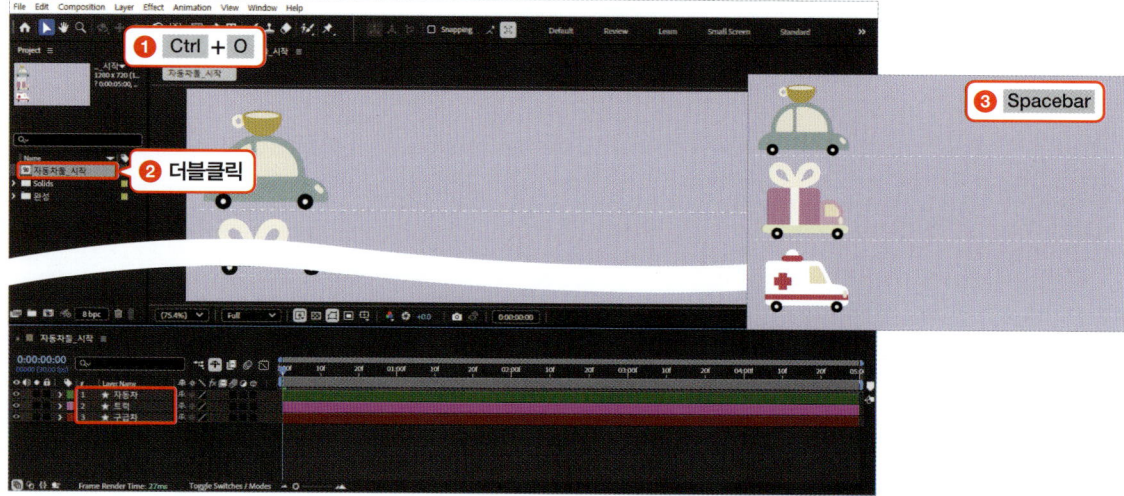

02 ❶ [Timeline] 패널에서 Ctrl + A 를 눌러 모든 레이어를 선택합니다. ❷ P 를 눌러 모든 레이어의 [Position]을 엽니다. ❸ [자동차] 레이어만 클릭합니다. ❹ [Position]을 클릭하여 두 개의 키프레임을 모두 선택합니다. ❺ 둘 중 하나의 키프레임을 마우스 오른쪽 버튼으로 클릭하고 ❻ [Keyframe Assistant]-[Easy Ease]를 클릭합니다. ❼ Spacebar 를 눌러 애니메이션을 확인합니다. 가장 위에 있는 자동차가 다른 차들보다 천천히 출발하고 부드럽게 멈춥니다.

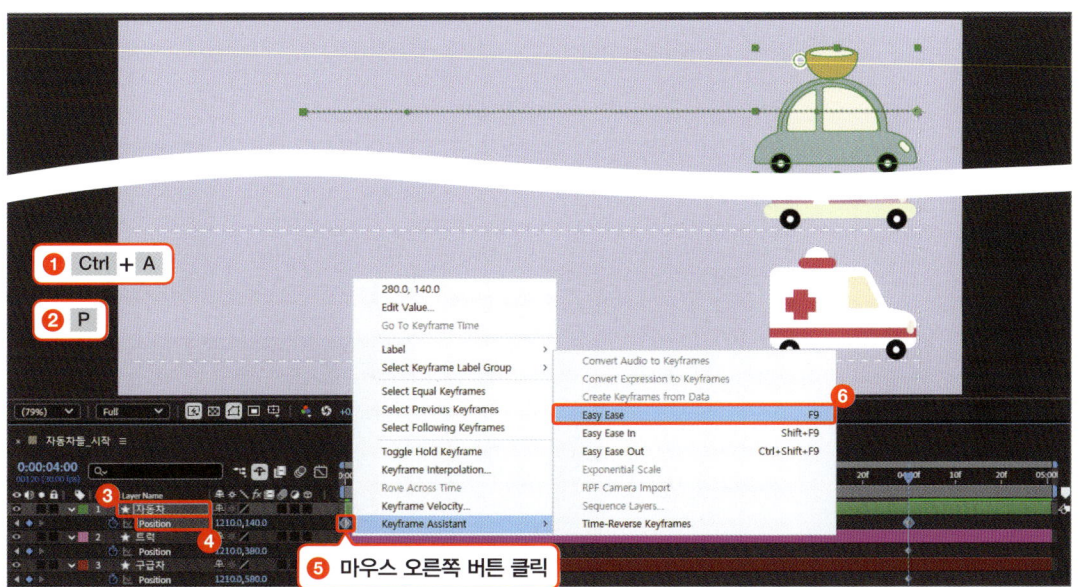

기능 꼼꼼 익히기　**Keyframe Assistant 알아보기**

키프레임의 보간을 손쉽게 조절할 수 있는 옵션이며 애프터 이펙트에서 애니메이션을 만들 때 자주 활용합니다.

- **Easy Ease In** Shift + F9 ｜현재 키프레임에 도달하는 애니메이션의 속도를 점진적으로 조정하여 부드럽게 변화시킵니다.
- **Easy Ease Out** Ctrl + Shift + F9 ｜현재 키프레임을 벗어날 때의 애니메이션 속도를 점진적으로 변화시켜 부드러운 끝맺음을 만듭니다.
- **Easy Ease** F9 ｜Ease In과 Ease Out을 자동으로 적용합니다. 애니메이션이 시작될 때와 끝날 때 자연스러운 가속과 감속 효과를 만들어 줍니다. [Easy Ease]는 실습에서 자주 쓰이기 때문에 단축키 F9 를 꼭 외워두기를 바랍니다.

[Keyframe Assistant]에서 수정한 키프레임에서 기본 키프레임으로 돌아오려면 Ctrl 을 누른 채 키프레임을 클릭합니다.

Keyframe Interpolation 확인하기

앞서 실습한 준비 파일을 그대로 사용합니다. [자동차] 레이어의 [Position]에 설정된 키프레임이 기본형◆에서 모래 시계 모양▓으로 변경되어 있는 것을 확인합니다. ❶ 첫 번째 키프레임을 마우스 오른쪽 버튼으로 클릭한 후 ❷ [Keyframe Interpolation]을 클릭하면 [Keyframe Interpolation] 대화상자가 나타납니다. ❸ [Temporal Interpolation]이 [Bezier]인 것을 확인할 수 있습니다. 이는 선택한 키프레임의 현재 보간이 곡선 모양의 곡면 보간법이라는 의미입니다. [Keyframe Assistant]에서 [Easy Ease]를 적용했기 때문입니다.

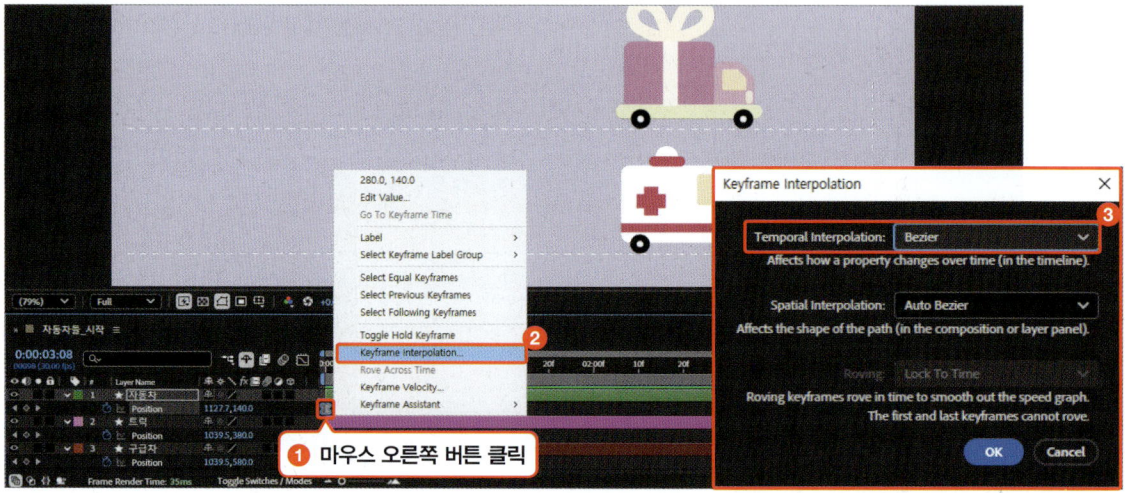

키프레임을 선택하고 Ctrl + Alt + K 를 누르면 [Keyframe Interpolation] 대화상자가 열립니다.

기본형 키프레임◆은 [Temporal Interpolation]이 [Linear]로 나타납니다. 직선 모양의 선형 보간법이라는 의미입니다. [트럭] 레이어의 [Position]에 설정된 키프레임◆을 마우스 오른쪽 버튼으로 클릭하고 [Keyframe Interpolation]을 선택하여 확인해볼 수 있습니다.

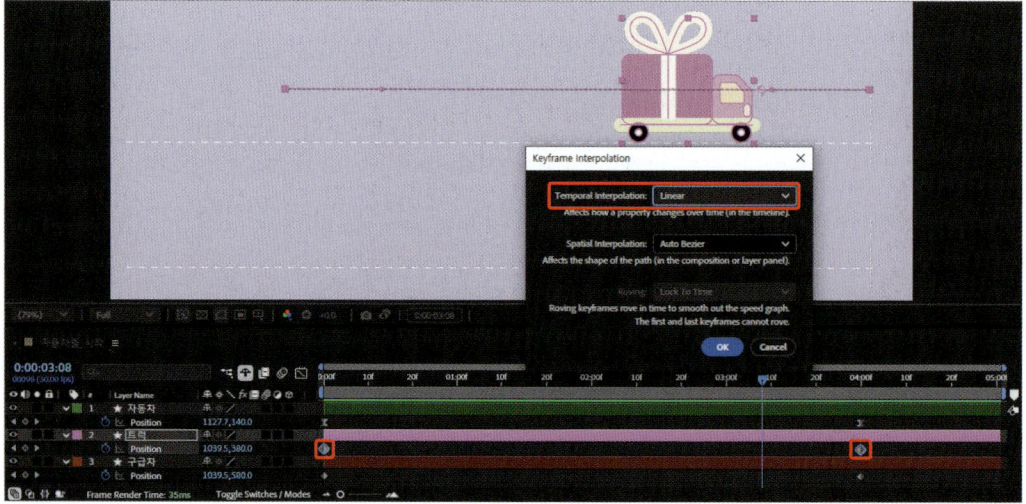

그래프 에디터 확인하기

[자동차] 레이어의 [Position]에 설정된 움직임을 그래프로 확인해보겠습니다. ① [Timeline] 패널에서 [자동차] 레이어의 [Position]을 클릭하여 두 개의 키프레임을 모두 선택한 후 ② ▩를 클릭하여 그래프 에디터(Graph Editor) 창을 엽니다. ③ ▩를 클릭하고 ④ [Edit Value Graph]에 체크되어 있는지 확인합니다. 그래프를 보면 초록색 선은 직선으로 아무런 변화가 없고, 빨간색 선은 완만한 곡선을 그리고 있습니다. 여기서 초록색은 Y축을, 빨간색은 X축을 나타냅니다. [자동차] 레이어가 Y축으로는 아무런 변화가 없고 X축으로만 이동하고 있음을 알 수 있습니다. 빨간색 곡선을 보면 움직임이 시작하는 부분과 끝나는 부분에서 값(Value)이 완만하게 변화하고 중간 부분에서는 빠르게 변화하는 것을 볼 수 있습니다. [Easy Ease]를 설정하여 가속도를 적용했기 때문입니다.

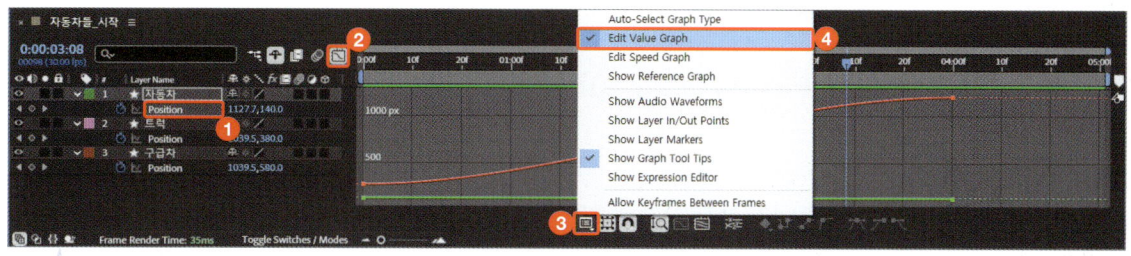

애니메이션 보간을 상세하게 편집할 수 있는 [Graph Editor] 패널에 대한 설명은 305쪽에서 확인할 수 있습니다.

① ▩를 클릭하고 ② [Edit Speed Graph]를 선택합니다. ③ 속도를 그래프로 확인할 수 있습니다. 키프레임 간의 속도를 확인하거나 그래프를 움직여 속도를 조절할 수도 있습니다. 다음과 같이 동그란 곡선 모양의 그래프는 움직임의 시작과 끝의 속도가 0이기 때문에 서서히 빨라졌다가 서서히 느려집니다. 중간 부분이 솟아 있는 이유는 그만큼 구간 속도가 빠르다는 의미이며 가속도가 생성되었음을 알 수 있습니다. 애니메이션 중반에서는 대략 350px/sec로 나타나며 1초 동안 350px만큼 이동하는 속도를 의미합니다. ④ ▩를 클릭하면 그래프 에디터 창이 닫힙니다.

간단 실습 | Keyframe Velocity로 가속도 조절하기

준비 파일 애프터 이펙트/Chapter 04/그래프에디터.aep

01 앞서 실습한 준비 파일을 그대로 사용합니다. ① [Timeline] 패널에서 [트럭] 레이어를 선택합니다. ② P를 눌러 [Position]을 표시합니다. ③ 첫 번째 키프레임◆을 마우스 오른쪽 버튼으로 클릭한 후 ④ [Keyframe Velocity]를 클릭합니다.

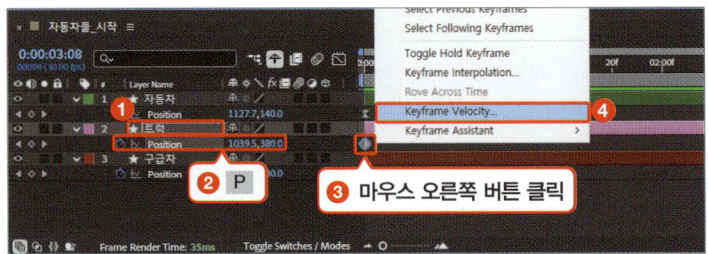

> 키프레임을 선택하고 Ctrl + Shift + K 를 누르면 [Keyframe Velocity] 대화상자가 열립니다.

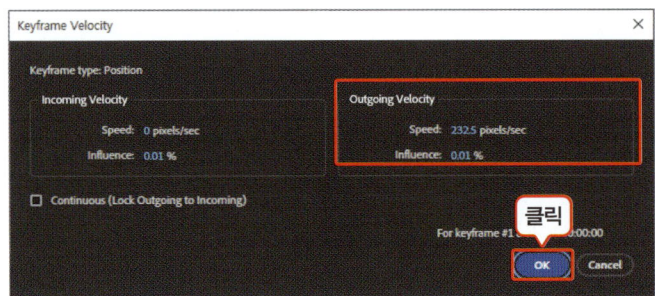

02 [Keyframe Velocity] 대화상자에서 [Outgoing Velocity]가 현재 키프레임에 설정된 값으로 표시됩니다. [OK]를 클릭해 대화상자를 닫습니다.

기능 꼼꼼 익히기 | [Keyframe Velocity] 대화상자

Keyframe Velocity란 키프레임의 속도라는 뜻입니다. 그래프 에디터 창에서 애니메이션의 옵션값이나 속도를 조절한다면 [Keyframe Velocity] 대화상자에서는 직접 수치를 입력하여 가속도를 조절할 수 있습니다. 원하는 속도를 입력하고 가속도에 영향받는 수치를 입력하여 조절합니다.

① **Incoming Velocity** | 키프레임의 시작 지점(들어오는 지점)로 감속을 조절합니다.

② **Outgoing Velocity** | 키프레임의 마지막 지점(나가는 지점) 속도로 가속을 조절합니다.

③ **Speed** | 속도를 의미하며 1초에 얼마만큼 이동시킬지 입력할 수 있습니다.

④ **Influence** | 동작의 가속과 감속에 영향을 미치는 값을 뜻합니다. 최소 0.01%부터 최대 100%까지 입력할 수 있습니다.

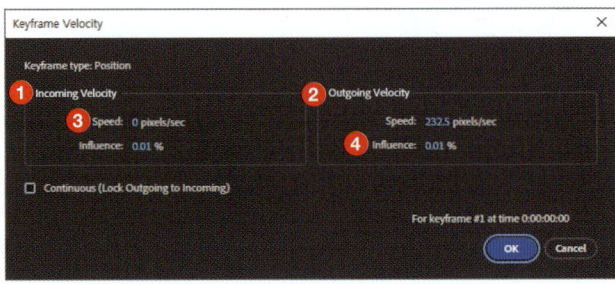

03
① 두 번째 키프레임◆을 마우스 오른쪽 버튼으로 클릭하고 ② [Keyframe Velocity]를 클릭합니다. ③ [Keyframe Velocity] 대화상자가 나타나면 다음과 같이 설정합니다. ④ [OK]를 클릭해 대화상자를 닫습니다. ⑤ Spacebar 를 눌러 애니메이션을 확인합니다. 트럭이 매우 빠르게 출발하고 매우 천천히 멈춥니다. 모션 패스에서 점들의 간격을 보면 왼쪽은 간격이 넓고 오른쪽으로 갈수록 간격이 점차 조밀해집니다. 넓은 간격은 빠른 속도를, 조밀한 간격은 느린 속도를 나타냅니다.

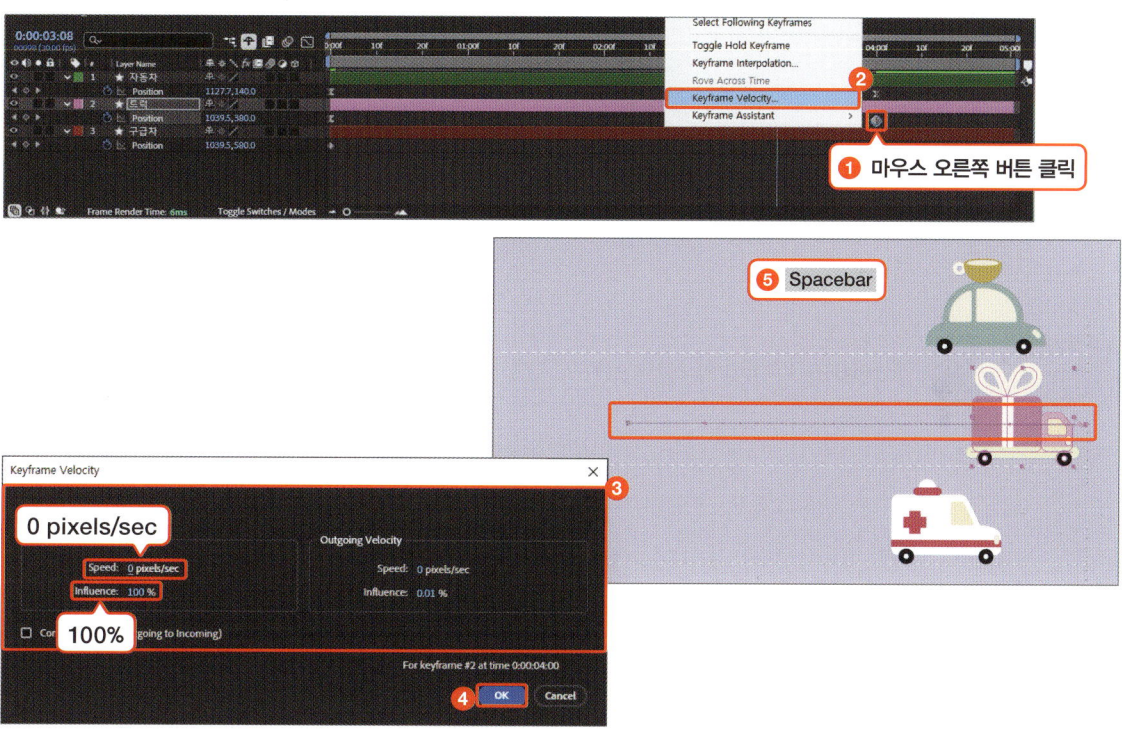

04
그래프 에디터 창을 확인해보겠습니다. ① [Timeline] 패널에서 [트럭] 레이어의 [Position]을 클릭하여 설정되어 있는 두 개의 키프레임을 모두 선택합니다. ② ▨를 클릭하여 그래프 에디터 창을 엽니다. ③ ▨를 클릭하여 [Edit Value Graph]를 선택해 가속도 그래프를 표시합니다. ④ X축을 나타내는 빨간색 곡선을 보면 움직임이 시작되는 부분에서는 급하게 꺾이고 중간 이후부터는 매우 완만합니다. 시작 부분에서 위칫값이 급격히 변화하고 끝부분에서는 매우 느리게 변화한다는 뜻입니다.

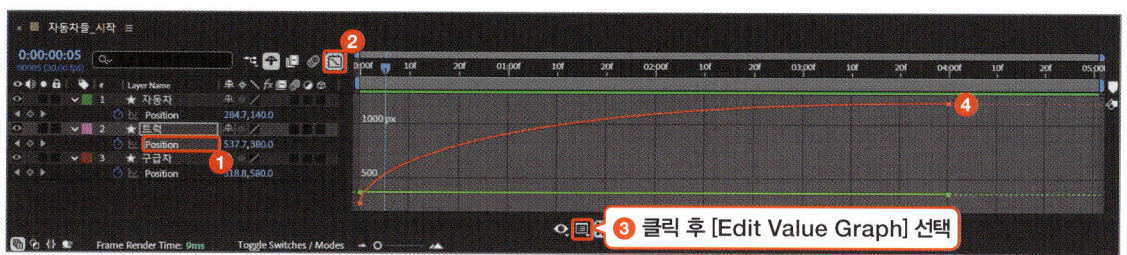

05 ① ▣를 클릭하고 [Edit Speed Graph]를 선택해 속도 그래프를 표시합니다. ② 애니메이션의 시작 부분에서는 매우 빠른 속도로 움직이지만 속도가 급격하게 줄어들면서 매우 천천히 멈추게 됩니다. 이러한 가속도는 총알이 발사되거나 불꽃이 터지는 애니메이션을 만들 때 적합합니다.

[Keyframe Velocity] 옵션에 다양한 수치를 입력해보고 변화를 직접 확인하며 연습해보세요.

간단 실습 | Toggle Hold Keyframe으로 중간에 움직임 멈추기

준비 파일 애프터 이펙트/Chapter 04/그래프에디터.aep

01 앞서 실습한 준비 파일을 그대로 사용합니다. ① [구급차] 레이어를 클릭합니다. ② 1초 15F 지점으로 이동한 후 ③ Alt + Shift + P 를 눌러 [Position]에 키프레임을 추가합니다. ④ 추가된 키프레임을 클릭하고 Ctrl + C 를 눌러 복사합니다.

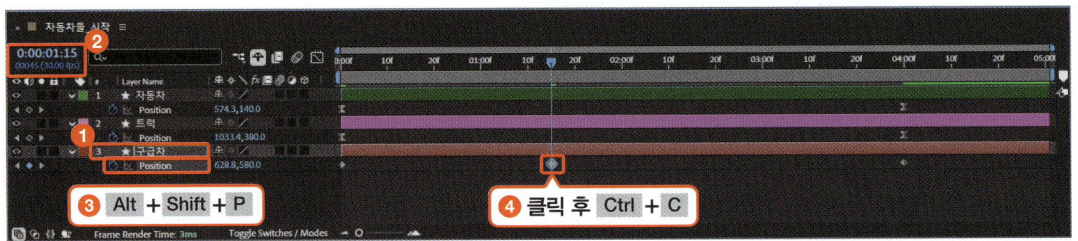

02 ① 2초 15F 지점으로 이동합니다. ② Ctrl + V 를 눌러 복사한 키프레임을 붙여 넣습니다. 1초 동안 같은 지점에 멈추어 있다가 다시 출발하게 설정한 것입니다.

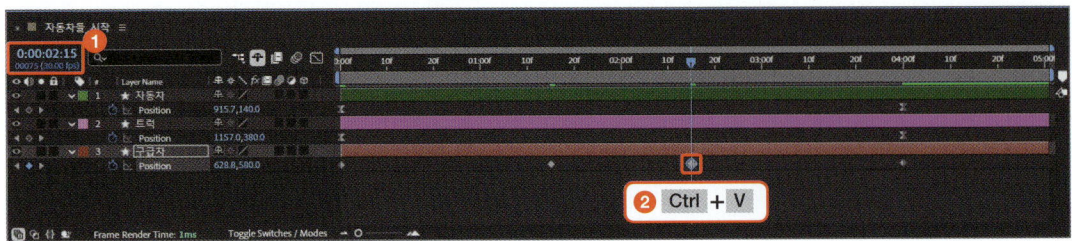

03 ① Spacebar 를 눌러 애니메이션을 확인합니다. 두 번째와 세 번째 키프레임의 좌푯값은 동일하므로 구급차가 멈춰 있어야 하는데 ② **1초 15F** 지점에서 **2초 15F** 지점까지 1초 동안 구급차가 앞뒤로 움직입니다. [Keyframe Interpolation]의 [Spatial Interpolation]의 기본값이 [Continuous Bezier]로 설정되어 있어 두 개를 초과하는 키프레임의 보간이 자동으로 [Bezier]로 만들어진 것입니다.

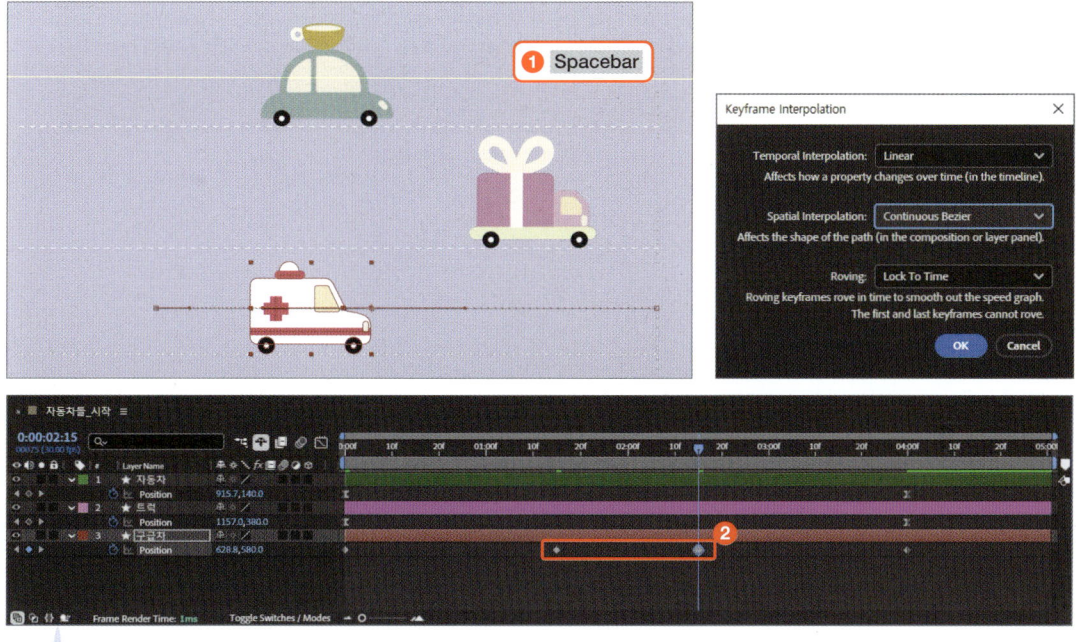

[Preferences]의 기본 설정에서 [Spatial Interpolation]이 [Linear]일 경우 구급차가 제자리에 멈추어 있을 수 있습니다.

04 ① **1초 15F** 지점에 설정된 키프레임을 마우스 오른쪽 버튼으로 클릭한 후 ② [Toggle Hold Keyframe] 을 선택합니다.

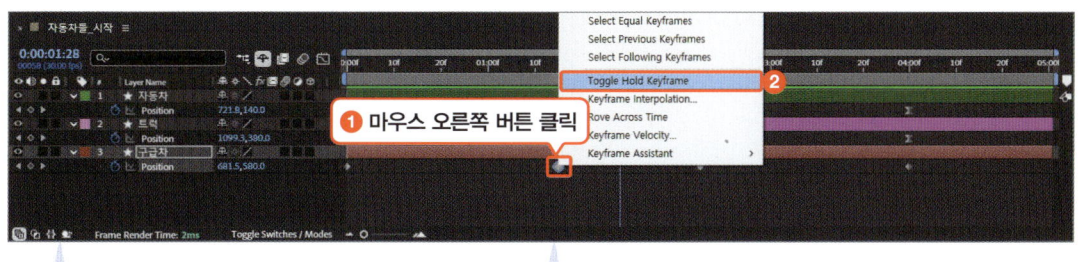

[Toggle Hold Keyframe]의 단축키는 Ctrl + Alt + H 입니다.   Ctrl + Alt 를 누르고 해당 키프레임을 클릭하여 설정할 수도 있습니다.

05 ① 키프레임의 모양이 ▣으로 변경되었습니다. 왼쪽은 다이아몬드 모양, 오른쪽은 사각형 모양으로 표시됩니다. 들어오는 동작은 리니어(Linear), 나가는 동작은 홀드(Hold)가 적용되어 동작이 일시 정지됩니다. ② Spacebar 를 눌러 애니메이션을 확인해보면 구급차가 1초 동안 멈추었다가 다시 출발합니다.

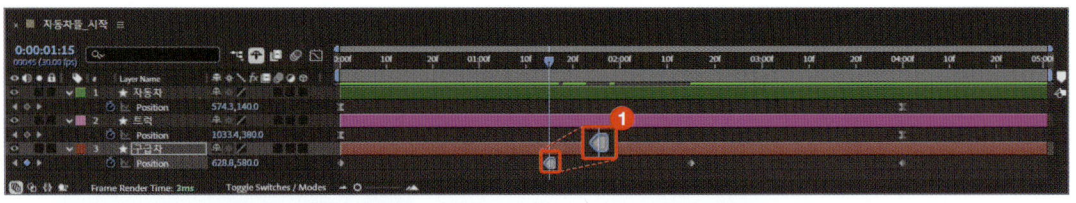

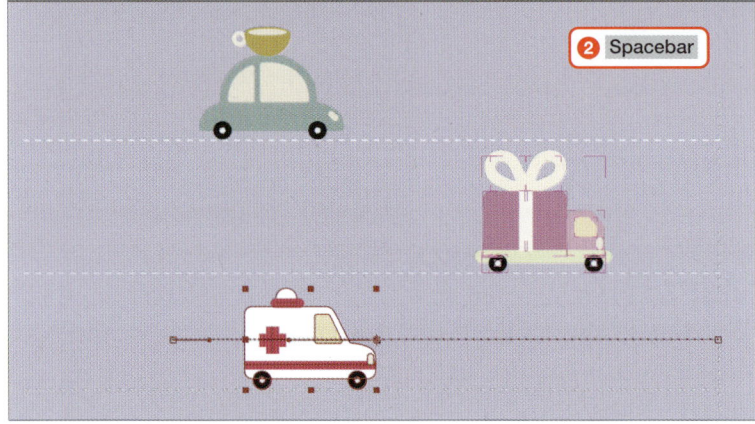

06 ① [구급차] 레이어의 [Position]을 클릭하고 ② ▣를 클릭해 그래프 에디터를 엽니다. ③ X축을 표시하는 빨간색 그래프가 중간에서 1초 동안 멈췄다가 이동하는 것을 확인할 수 있습니다.

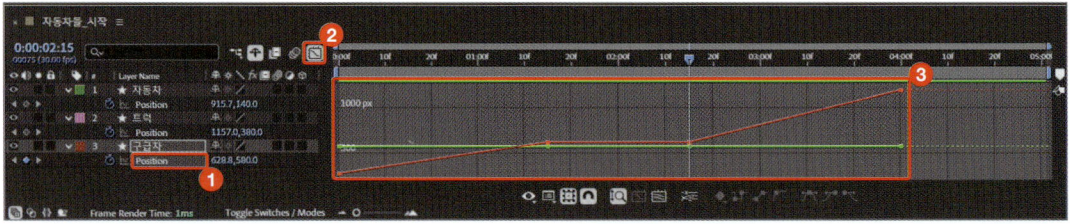

07 [Position] 값을 수정하지 않고도 그래프를 움직여서 동작을 수정할 수 있습니다. X축을 표시하는 빨간색 선에서 가운데 두 개의 조절점을 위로 드래그합니다. 구급차가 빠르게 움직이다가 잠시 멈추고 천천히 이동합니다.

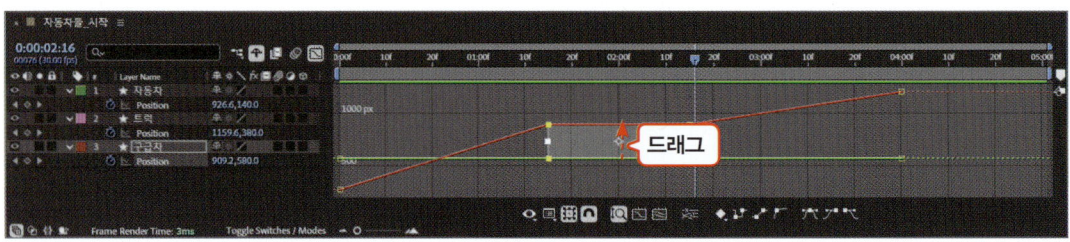

08 Spacebar 를 눌러 애니메이션을 확인합니다. 자동차들의 움직임이 모두 달라졌습니다.

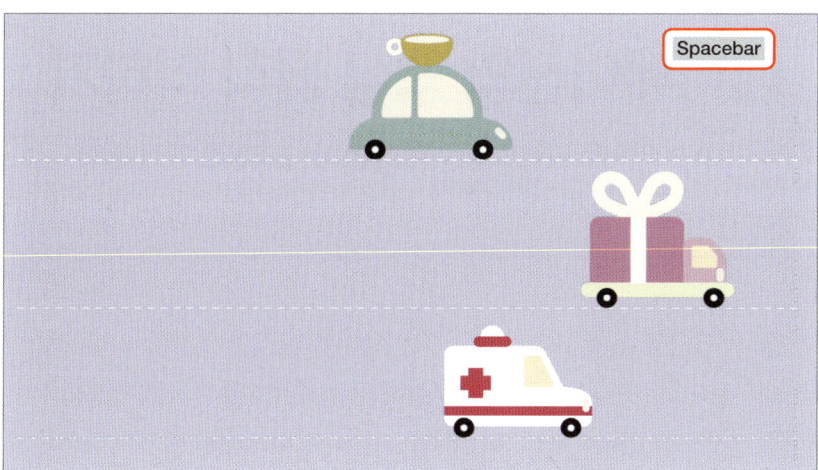

Ae LESSON 03

애니메이션의 핵심 원칙 익히기

공이 튀는 애니메이션으로 이해하는 애니메이션 핵심 원칙

공 튀기기 애니메이션은 자연스러운 움직임의 원리를 이해하고 표현하는 데 매우 유용한 기초 연습입니다. 이를 통해 중력과 반동 같은 물리학적 원리를 실습하면서, 이징(Ease In/Ease Out)으로 속도의 변화를 자연스럽게 표현할 수 있습니다. 또한 아크(Arc)라는 곡선 운동의 원리를 익힐 수 있는데, 이는 공이 호를 그리며 움직이는 자연스러운 경로를 만드는 데 필수적입니다. 여기에 더해 스쿼시 & 스트레치(Squash and Stretch) 등 애니메이션의 핵심 원리도 함께 살펴보겠습니다.

간단 실습 그래프 에디터 활용하여 공이 튀는 애니메이션 만들기

준비 파일 애프터 이펙트/Chapter 04/공튀기기.aep

01 ❶ [File]-[Open Project] Ctrl + O 메뉴를 선택하여 **공튀기기.aep** 준비 파일을 엽니다. ❷ [Project] 패널에서 [Ball시작하기]를 더블클릭하여 [Ball시작하기] 컴포지션을 엽니다. 화면의 가운데상단에 작은 원이 보입니다. 움직임은 없습니다.

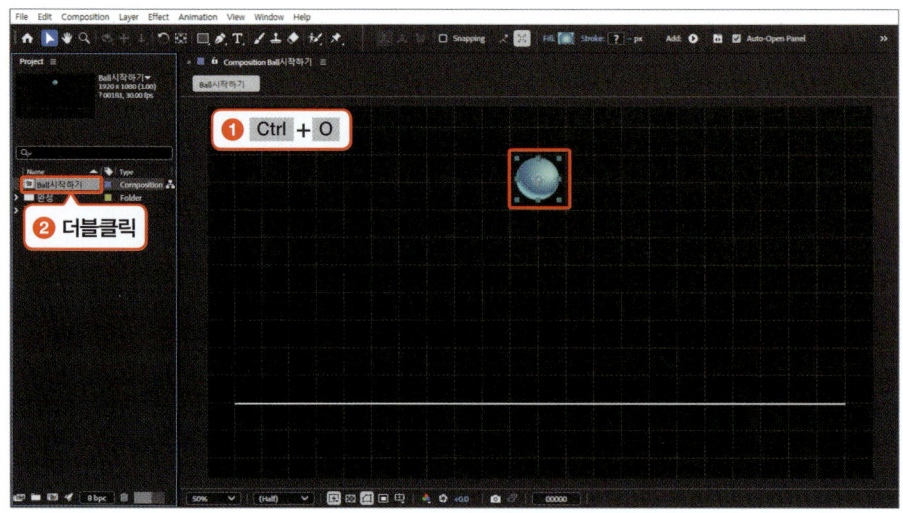

동영상 강의 확인하기

02 ① [Timeline] 패널에서 [공] 레이어를 클릭하고 ② P를 눌러 [Position]을 엽니다. [Position]은 960, 210입니다.

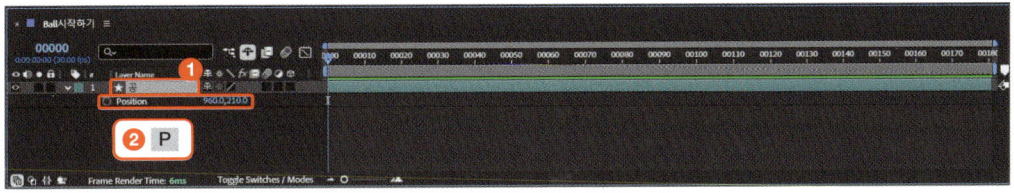

03 ① [Position]을 마우스 오른쪽 버튼으로 클릭해 ② [Separate Dimensions]를 클릭합니다. [Position]이 [X Position]과 [Y Position]으로 분리됩니다.

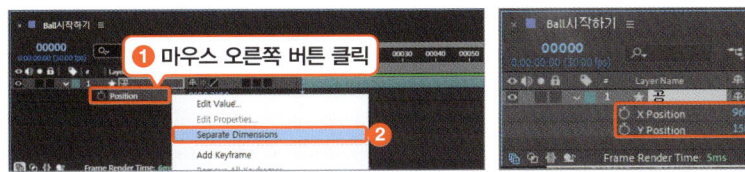

[Separate Dimensions] | [Position]은 X와 Y, 두 개의 좌푯값을 가지고 있습니다. ⌖를 클릭하면 X 좌표와 Y 좌표의 값이 모두 기록됩니다. 경우에 따라서는 하나의 좌표에만 키프레임을 생성하는 것이 효율적입니다. 불필요한 키프레임은 이미지 처리 속도를 느리게 만들고 움직임을 제어하기 어렵게 만들기 때문입니다. 공이 제자리에서 튄다면 공은 Y축으로만 움직입니다. 이렇게 한 방향으로만 움직이는 애니메이션을 제작할 때는 차원을 분리한 후 작업을 진행해야 불필요한 키프레임이 생기지 않고 움직임을 제어하기도 쉽습니다.

04 공이 위아래로만 튀도록 [Y Position]에만 키프레임을 생성합니다. ① Y를 눌러 중심점 이동 도구 ⌖를 선택하고 ② 공의 중심점을 공 아래로 이동합니다. Ctrl 을 누른 상태로 이동하거나 메뉴바에서 [snapping]을 활성화하고 이동하면 정확한 위치로 이동할 수 있습니다. ③ 0F 지점에서 ④ [Y Position]의 스톱워치 ⌖를 클릭하여 새 키프레임을 생성합니다.

왜 중심점을 이동하나요? | 공이 튀기면서 바닥에 닿을 때 공이 스쿼시되도록 크기를 조절할때에 바닥면을 중심으로 찌그러지는 동작을 만드는 것이 효율적이기 때문입니다.

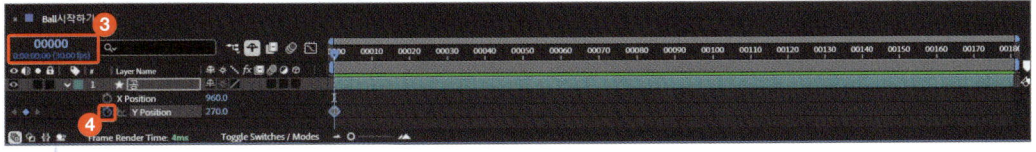

예제는 편의상 타임 디스플레이 모드를 프레임 모드로 설정하였습니다. 타임 디스플레이 모드에 대한 설명은 338쪽에서 학습할 수 있습니다.

05 ❶ 10F 지점으로 이동합니다. ❷ [Y Position]을 860으로 설정합니다. 공이 화면 중앙의 아래쪽으로 10F 동안 이동하며 떨어집니다.

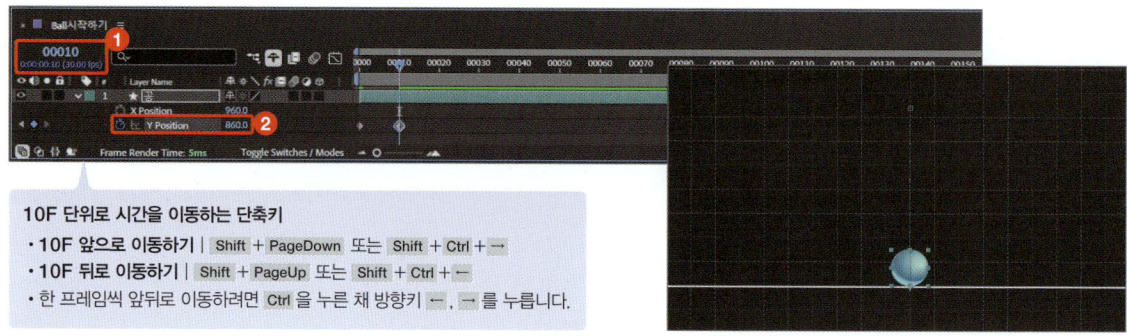

10F 단위로 시간을 이동하는 단축키
- 10F 앞으로 이동하기 | Shift + PageDown 또는 Shift + Ctrl + →
- 10F 뒤로 이동하기 | Shift + PageUp 또는 Shift + Ctrl + ←
- 한 프레임씩 앞뒤로 이동하려면 Ctrl 을 누른 채 방향키 ← , → 를 누릅니다.

06 ❶ 30F 지점으로 이동합니다. ❷ [Y Position]의 ◆을 클릭해 ❸ 현재 [Y Position] 옵션값으로 키프레임을 생성합니다.

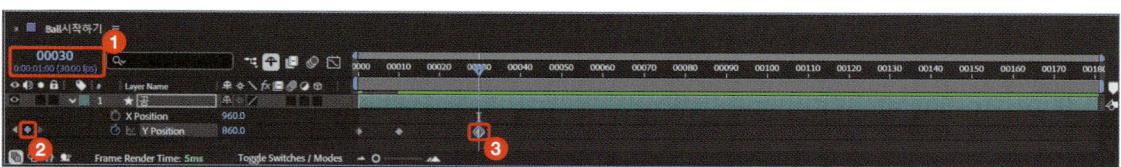

07 ❶ 20F씩 뒤로 이동하며 50F, 70F, 90F, 110F, 130F, 150F 지점에서 ❷ [Y Position]의 ◆을 클릭해 ❸ 현재 [Y Position] 옵션값으로 키프레임을 생성합니다. 시간은 이동했지만 좌푯값에 변화가 없기 때문에 움직임이 없습니다.

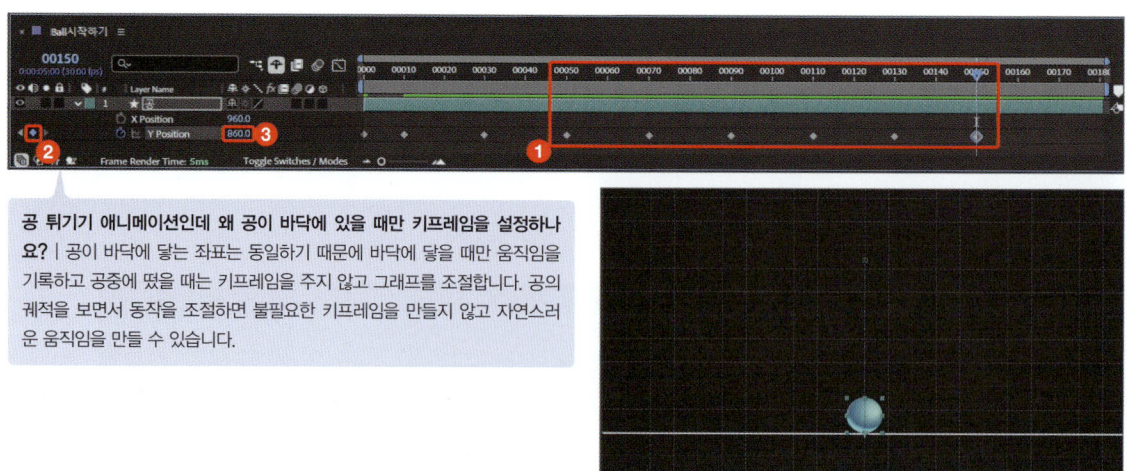

공 튀기기 애니메이션인데 왜 공이 바닥에 있을 때만 키프레임을 설정하나요? | 공이 바닥에 닿는 좌표는 동일하기 때문에 바닥에 닿을 때만 움직임을 기록하고 공중에 떴을 때는 키프레임을 주지 않고 그래프를 조절합니다. 공의 궤적을 보면서 동작을 조절하면 불필요한 키프레임을 만들지 않고 자연스러운 움직임을 만들 수 있습니다.

08 ① [Timeline] 패널에서 [공] 레이어의 [Y Position]을 클릭하여 설정되어 있는 모든 키프레임을 선택하고 ② ▦를 클릭하여 그래프 에디터 창을 엽니다.

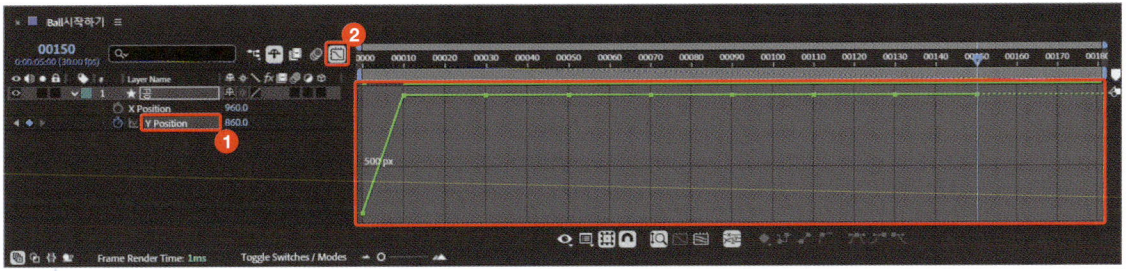

그래프 에디터 창을 통해 그래프를 제어하려면 그래프 에디터 창을 크게 보는 것이 좋습니다. 패널 크기를 조절하여 그래프 에디터 창을 키웁니다.

기능 꼼꼼 익히기 ─ 그래프 에디터 창에서 그래프가 다르게 보여요

그래프의 모양이 실습의 그림과 다르다면 그래프가 [Speed]를 보여주는 상태입니다. ▦를 클릭하고 [Edit Value Graph]를 선택하여 [Value], 즉 값을 볼 수 있도록 설정합니다. [Speed Graph]를 선택했다면 숫자 뒤에 pix/sec이 표시됩니다. 초당 이동 거리를 뜻합니다.

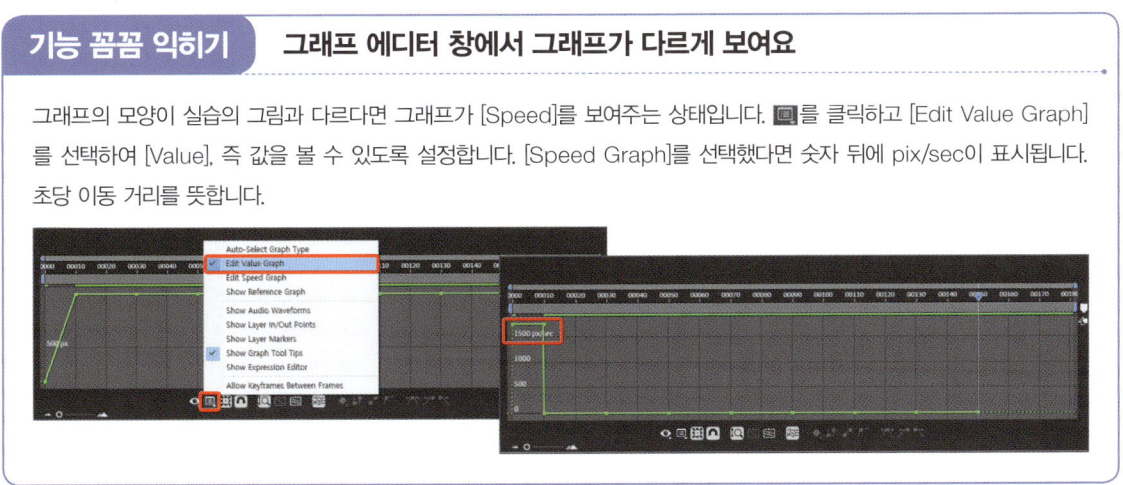

09 ① 모든 키프레임이 선택되어 있는 상태에서 ▦를 클릭합니다. ② 그래프가 베지에 곡선으로 변경되고 공의 상하 움직임을 곡선 그래프로 조절할 수 있습니다. 각 키프레임 양쪽에 핸들이 생겼습니다. ③ 패널의 빈 곳을 클릭해 전체 키프레임 선택을 해제합니다.

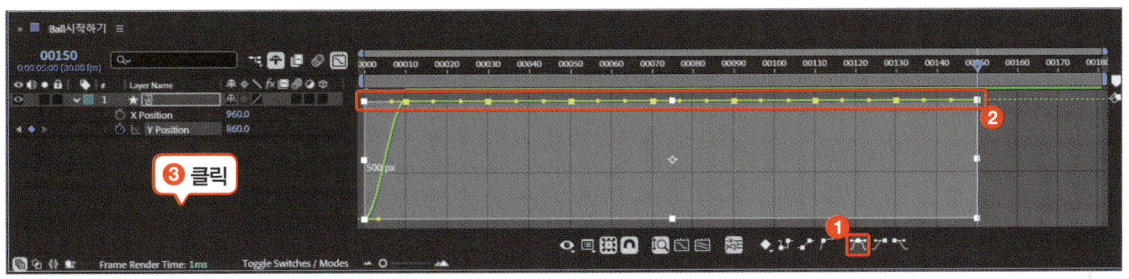

▦를 클릭하지 않고 [Easy Ease]의 단축키 F9 를 눌러도 됩니다.

10 ❶ 두 번째의 키프레임의 조절점을 클릭하고 ❷ 왼쪽 핸들을 움직여 베지에 곡선을 다듬습니다. ❸ 세 번째 키프레임의 조절점도 움직여 베지에 곡선을 다듬습니다.

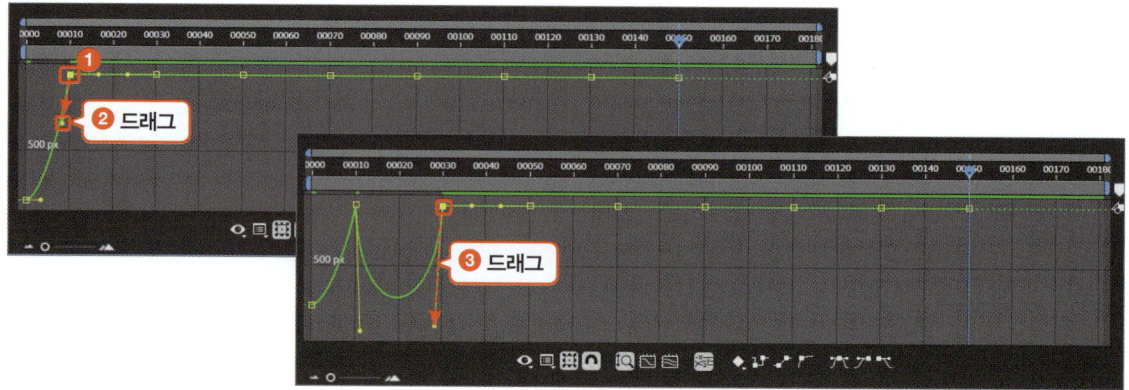

11 다음 그림을 참고하여 전체 키프레임의 베지에 곡선을 다듬습니다. 애니메이션의 시작 부분에서는 공이 위로 많이 튀어 오르지만 시간이 지날수록 공의 힘이 약해지면서 서서히 멈추도록 제어하는 것입니다.

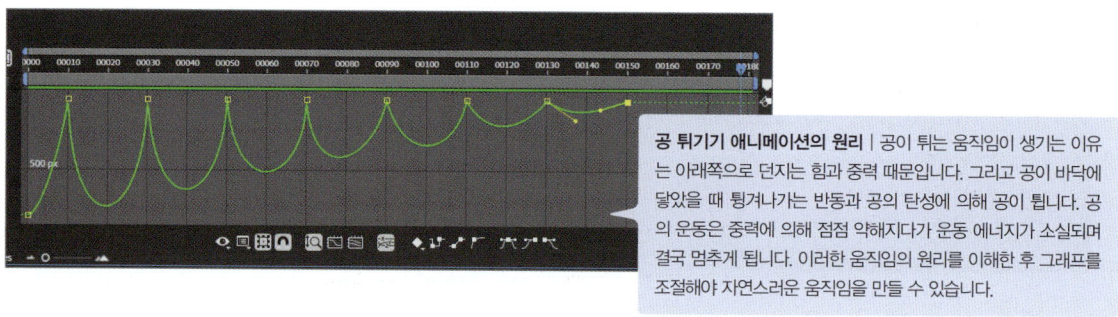

공 튀기기 애니메이션의 원리 | 공이 튀는 움직임이 생기는 이유는 아래쪽으로 던지는 힘과 중력 때문입니다. 그리고 공이 바닥에 닿았을 때 튕겨나가는 반동과 공의 탄성에 의해 공이 튑니다. 공의 운동은 중력에 의해 점점 약해지다가 운동 에너지가 소실되며 결국 멈추게 됩니다. 이러한 움직임의 원리를 이해한 후 그래프를 조절해야 자연스러운 움직임을 만들 수 있습니다.

12 ❶ [Timeline] 패널에서 ■를 클릭하여 그래프 에디터 창을 닫습니다. [Y Position]을 보면 가장 첫 번째 키프레임을 제외하고는 공이 바닥에서 멀어졌을 때(공이 공중에 떴을 때)의 키프레임은 하나도 없습니다. ❷ Spacebar 를 눌러 애니메이션을 확인합니다. 공이 제자리에서 자연스럽게 튀기는 움직임을 확인할 수 있습니다.

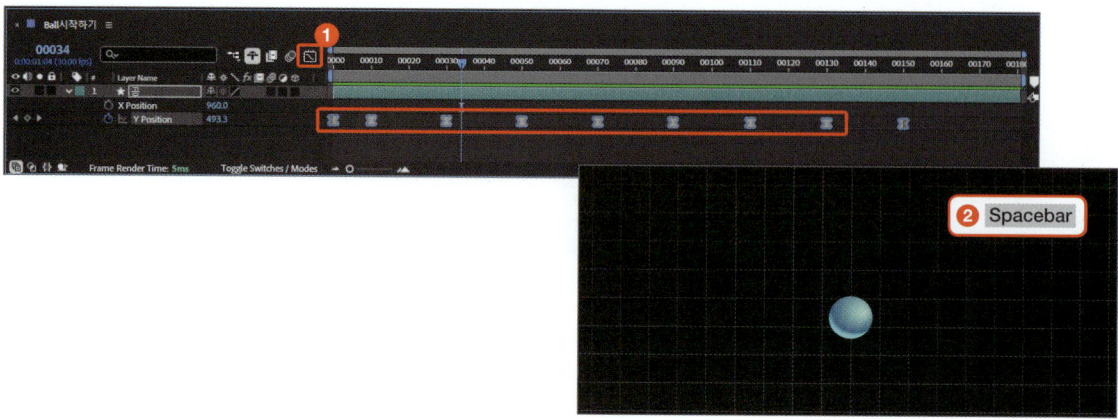

13 공이 화면의 왼쪽에서 등장해 오른쪽으로 사라지도록 [X Position]을 조절해보겠습니다. ❶ 0F 지점에서 ❷ [X Position]을 **-50**으로 설정하고 ❸ 스톱워치 를 클릭하여 키프레임을 생성합니다. 공의 일부분이 화면의 왼쪽 밖으로 이동하여 보이지 않습니다.

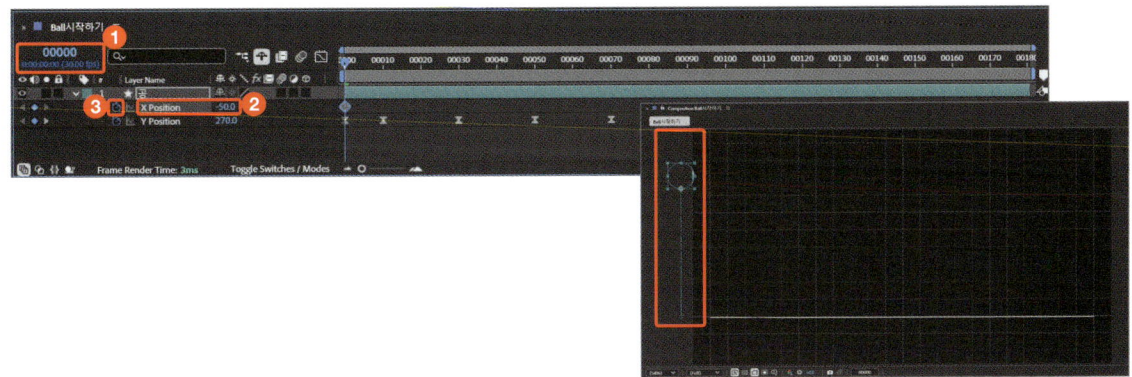

14 ❶ **170F** 지점으로 이동합니다. ❷ [X Position]을 **1850**으로 설정합니다. ❸ Spacebar 를 눌러 애니메이션을 확인하면 공이 왼쪽에서 오른쪽으로 움직이는 것을 확인할 수 있습니다. X 좌표에 생성한 단 두 개의 키프레임만으로도 공이 여덟 번 튀기며 왼쪽에서 오른쪽으로 이동합니다.

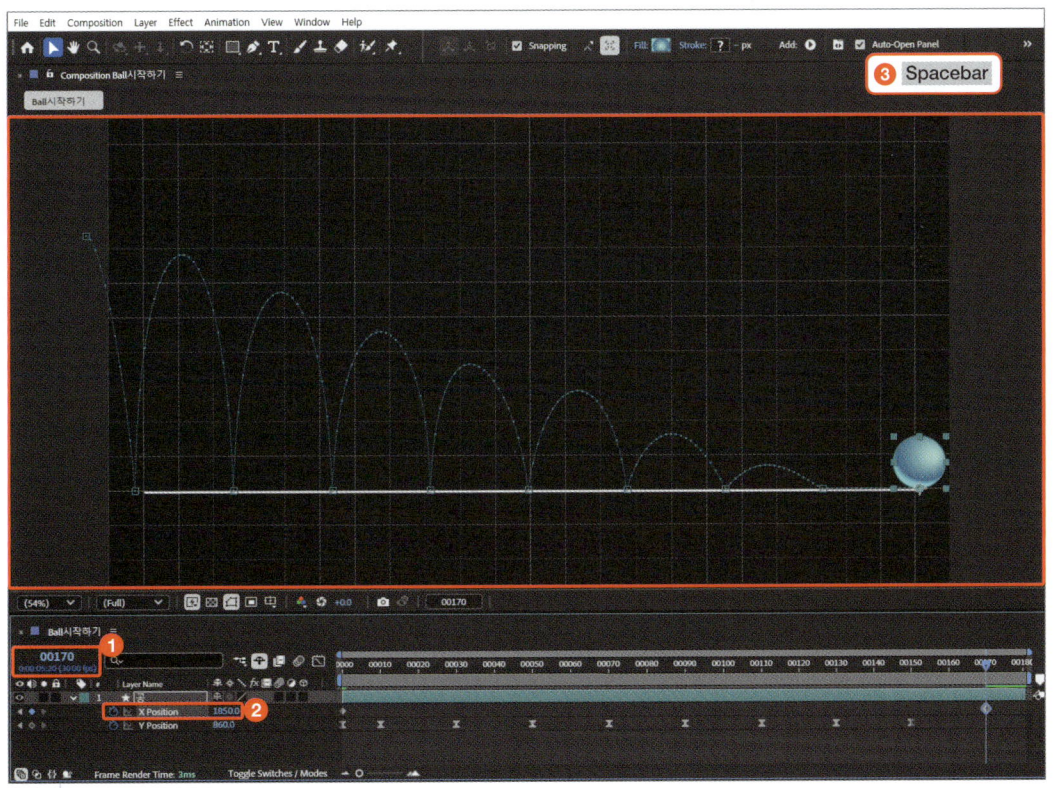

키프레임 사이의 간격을 살펴보면 X 좌표의 경우 모든 구간의 이동 거리가 동일합니다. 이러한 움직임은 어딘가 어색합니다. 공이 움직이는 힘이 강할 때는 더 멀리 이동하고 힘이 약해지면 이동 거리가 짧아지는 것이 자연스럽기 때문입니다.

15 ① [Timeline] 패널에서 ■를 클릭하여 그래프 에디터 창을 엽니다. 공의 [X Position] 그래프를 보면 사선형의 직선으로 이루어져 있는 것을 확인할 수 있습니다. 그래서 공이 동일한 속도로 움직인 것입니다. 가속도를 조절해보겠습니다. ② [X Position]을 클릭해 두 개의 키프레임을 모두 선택하고 ③ F9 를 눌러 그래프를 베지에 곡선으로 변경합니다. ④ 패널의 빈 곳을 클릭해 선택을 해제합니다. [Composition] 패널에서 모션 패스를 확인하면 움직임의 시작과 끝은 간격이 좁아지고 중앙 부분은 간격이 넓어졌습니다. 이것은 시작과 끝부분의 속도가 느려지고 중간 부분의 속도는 빨라지는 것을 의미합니다. 동일한 시간에 더 많이 이동하거나 더 조금 이동하기 때문입니다.

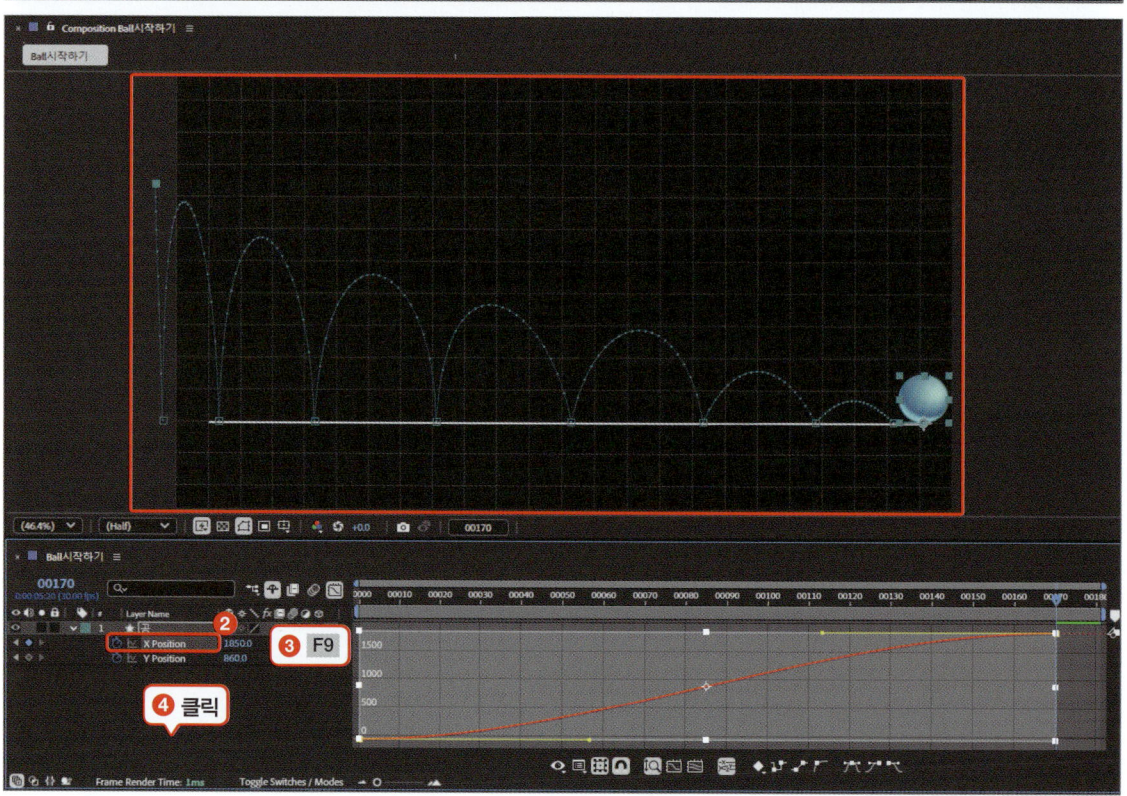

16 ① ② 조절점의 핸들을 움직여 그림과 같이 조절합니다. 공의 움직임이 시작되는 부분에서는 같은 시간에 더 많이 이동하고 공의 움직임이 끝나는 부분으로 갈수록 조금만 이동하도록 값을 조절하는 것입니다. [Composition] 패널에서 모션 패스를 확인하면서 조절하는 것이 좋습니다.

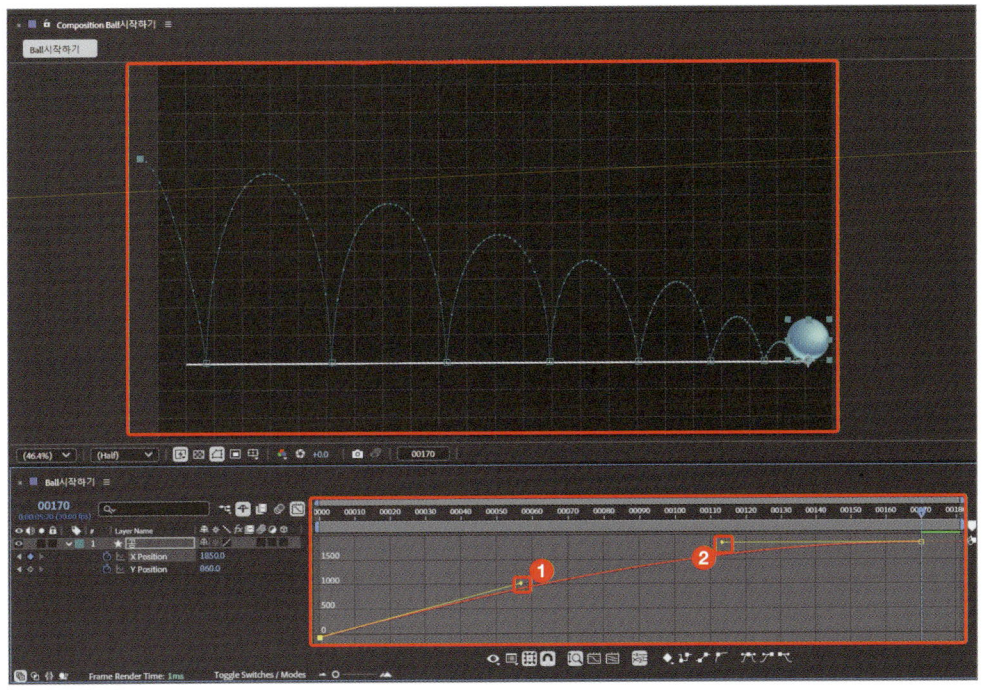

17 를 클릭하고 [Edit Speed Graph]를 선택합니다. 속도가 서서히 줄어들다가 멈추는 그래프를 확인할 수 있습니다.

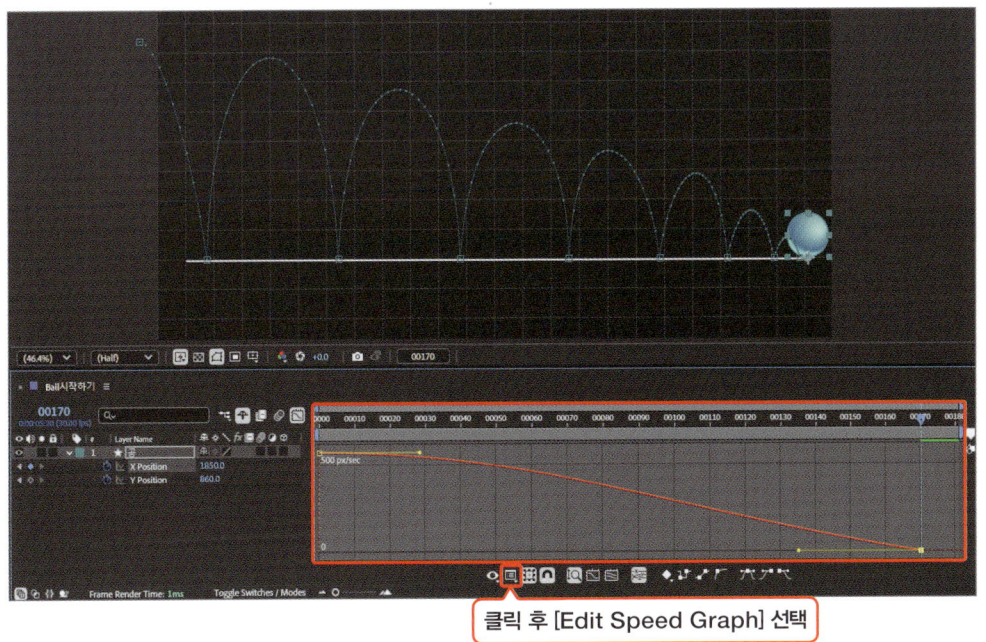

클릭 후 [Edit Speed Graph] 선택

18 ❶ [Timeline] 패널에서 ■를 클릭하여 그래프 에디터 창을 닫습니다. ❷ [공] 레이어의 모션 블러◎를 클릭하여 활성화합니다. ❸ [Timeline] 패널의 모션 블러◎는 자동으로 활성화됩니다. ❹ `Spacebar` 를 눌러보면 공 이미지에 모션 블러가 생성되어 자연스러운 애니메이션이 연출된 것을 확인할 수 있습니다.

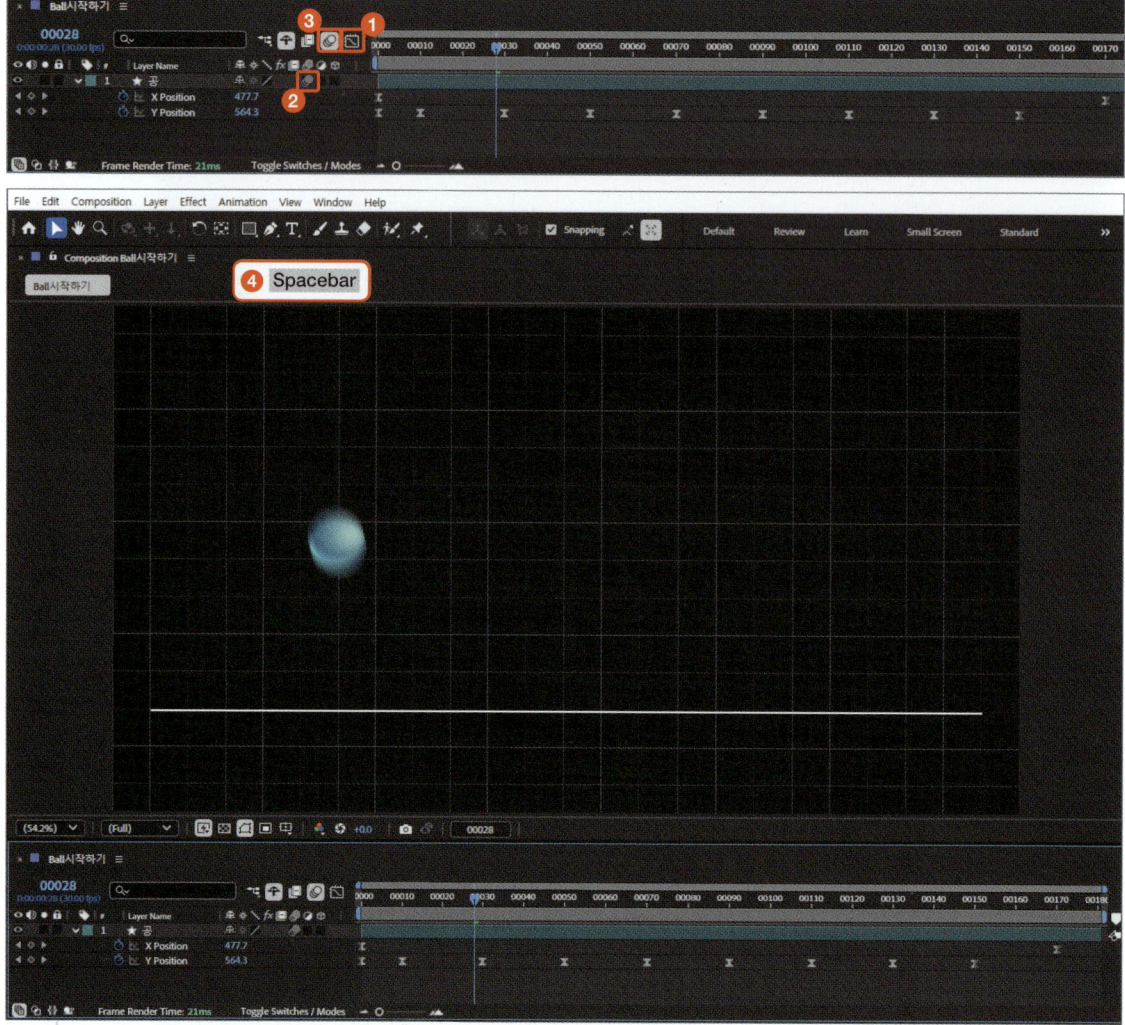

애프터 이펙트의 버전에 따라서 레이어의 모션 블러를 활성화해도 [Timeline] 패널의 모션 블러가 자동으로 활성화되지 않을 수 있습니다. 이런 경우에는 [Timeline] 패널의 모션 블러◎를 클릭하여 활성화합니다.

모션 블러(Motion Blur) | 모션 블러란 움직이는 물체에 블러, 즉 픽셀 흐림 현상이 생성되는 것을 말합니다. 움직이는 물체의 속도가 빠를수록 흐림 이펙트도 강해지며, 속도가 느릴 때는 흐림 이펙트가 거의 나타나지 않습니다. 속도를 반영하여 적용되므로 빠르게 움직이는 물체의 속도를 잘 표현할 수 있습니다.

19

① [Project] 패널에서 [Ball완성+]를 더블클릭해서 [Ball완성+] 컴포지션을 열고 ② Spacebar 를 눌러 애니메이션을 확인해봅니다. 이 컴포지션의 공은 [Scale]과 [Skew]에도 키프레임이 추가되어 있습니다. 애니메이션의 중요 원리 중 하나인 스쿼시앤스트레치(Squash&Stretch)를 확인할 수 있습니다.

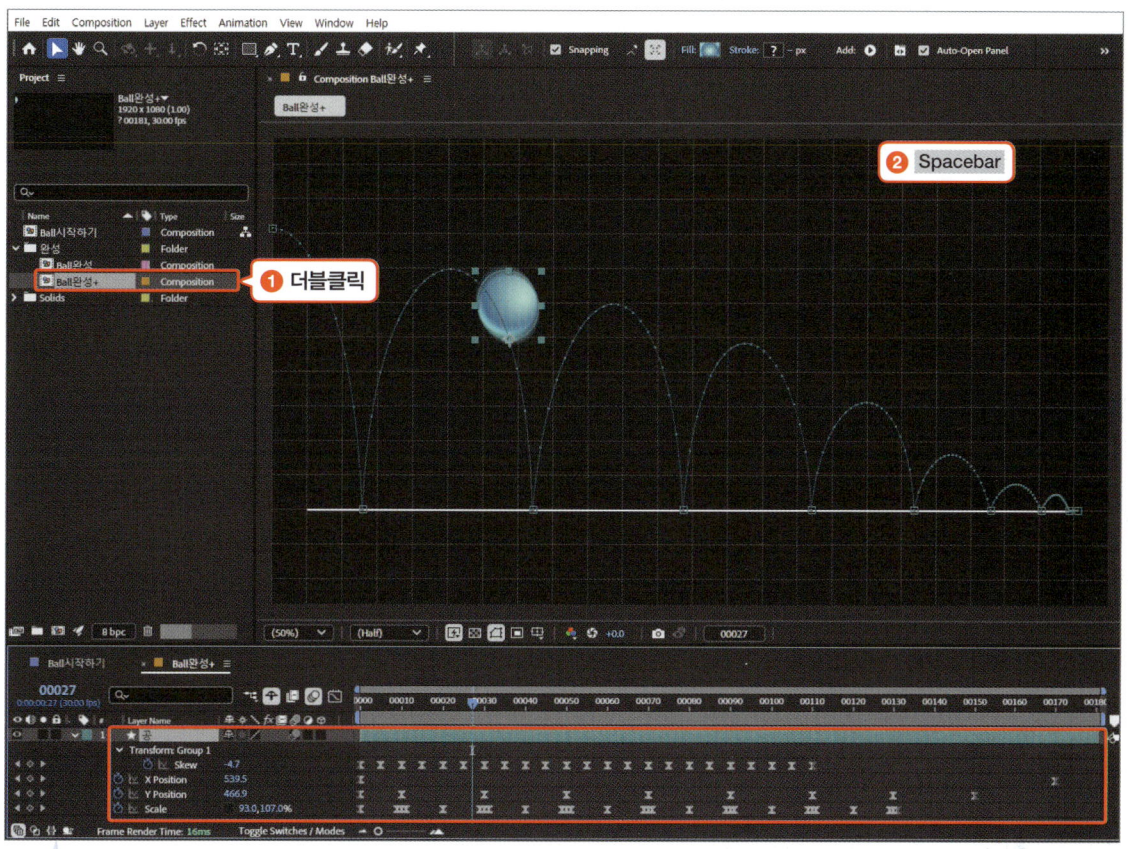

스쿼시앤스트레치(Squash&Stretch) | 운동감이 있는 물체가 바닥 등 표면에 닿았다가 다시 튀어오를 때 반동에 의해 형태가 찌그러졌다가 늘어나는 것을 말합니다. 무게감과 물리력을 표현할 수 있어 애니메이션을 더욱 흥미롭게 만듭니다. 이 원리를 이해하기 위해서 애니메이션 전공자들이 공부하는 가장 대표적인 예제가 바로 'Bouncing a Ball', 즉 공 튀기기 예제입니다. 스쿼시앤스트레치(Squash&Stretch)는 공과 같이 심플한 오브젝트뿐만 아니라 사람이나 동물 같은 복잡한 오브젝트, 그리고 걷기나 뛰기 같은 동작에도 적용할 수 있습니다.

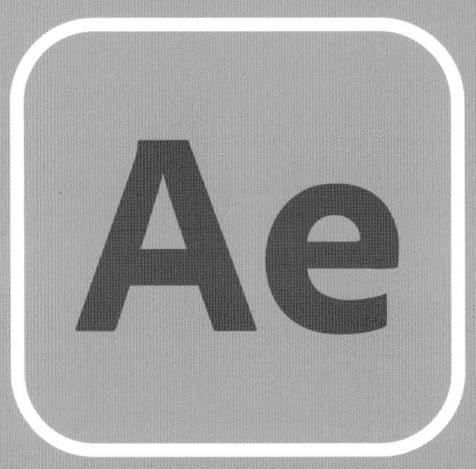

CHAPTER
05

애프터 이펙트
필수 효과(Effect) 실습하기

애프터 이펙트는 이름 그대로 영상의 후반 작업에서 다양한 효과(Effect)를 적용하여 수준 높은 결과물을 만들 수 있는 프로그램입니다. 수십 가지의 내장 효과를 제공하며, 하나의 시각 레이어에 여러 효과를 순차적으로 적용하여 매력적인 시각 효과를 연출할 수 있습니다. 이번 장에서는 배경, 색 보정, 로고, 모션, 스타일 작업에 유용한 다양한 효과들을 살펴보겠습니다.

Ae LESSON 01

배경 디자인에 활용하기 좋은 효과 만들기

애프터 이펙트 기본 효과로 배경 디자인 만들기

☑ **CC 모든 버전**
☐ CC 2025 버전

준비 파일 애프터 이펙트/Chapter 05/배경디자인효과.aep
완성 파일 애프터 이펙트/Chapter 05/배경디자인효과.aep

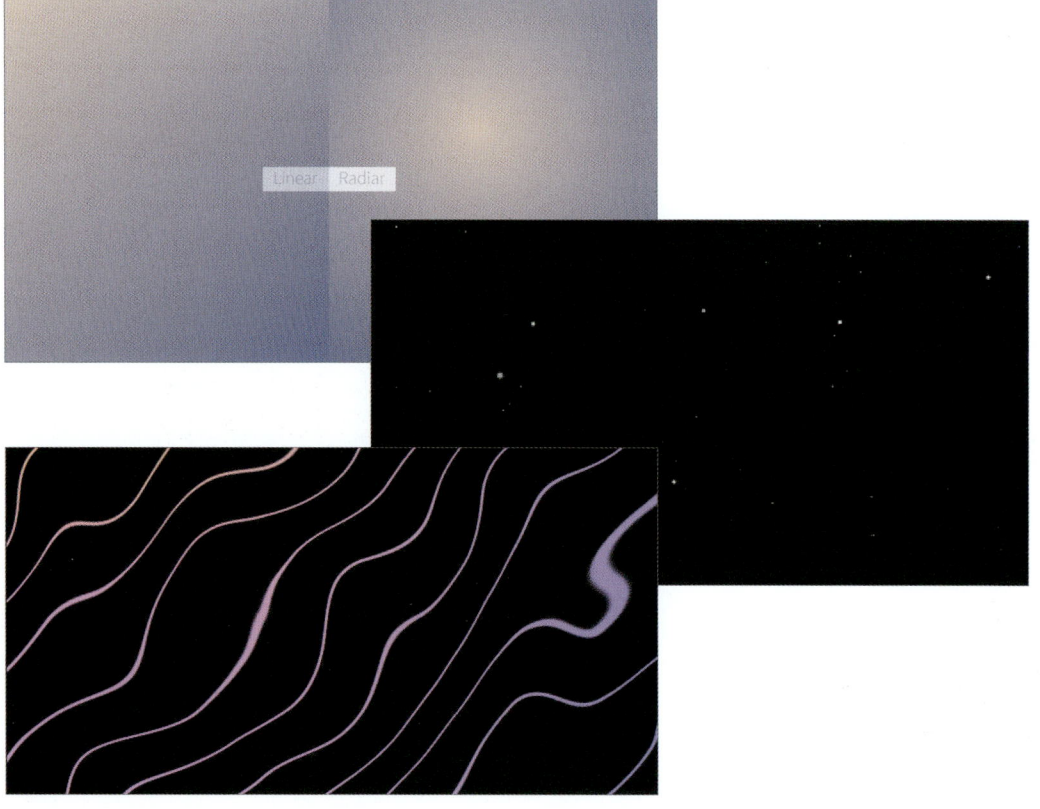

이 예제를 따라 하면

모션 그래픽 디자인에서는 흰색이나 검은색 같은 단색 배경을 자주 사용합니다. 이는 제목이나 그래픽 이미지의 주목도를 높일 수 있지만, 때로는 완성도가 떨어지거나 미완성으로 보일 수 있습니다. 이번 레슨에서는 배경 디자인에 유용한 핵심 효과들을 실습해보겠습니다.

- [Gradient Ramp], [CC Star Burst] 효과로 그라데이션 배경과 별빛이 가득한 배경을 연출합니다.
- [Venetian Blind], [Turbulent Displace], [4-Color Gradient] 효과와 time 익스프레션을 조합해 감각적인 배경 영상을 만듭니다.

부드럽고 은은한 감성의 그레이디언트 배경 만들기

01 ① [File]-[Open Project] Ctrl + O 메뉴를 선택하여 **배경디자인효과.aep 준비** 파일을 엽니다. ② [Project] 패널에서 [01.그라데이션효과]를 더블클릭하여 컴포지션을 엽니다. 두 개의 솔리드 레이어가 삽입되어 있습니다.

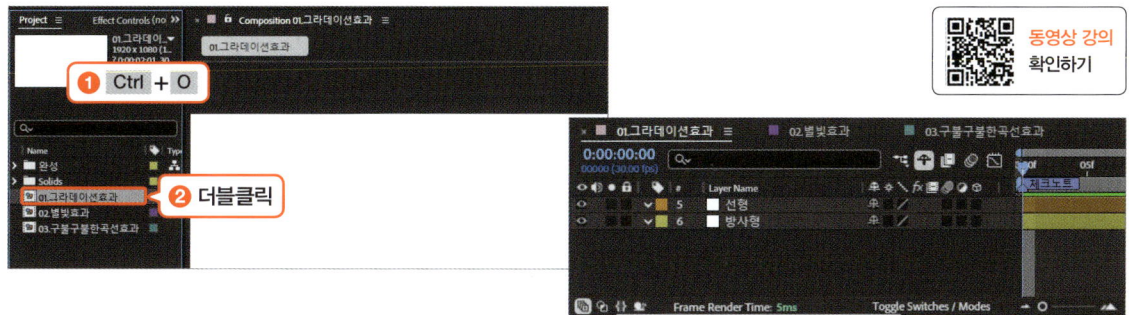

02 ① [선형] 레이어를 클릭합니다. ② [Effect]-[Generate]-[Gradient Ramp] 메뉴를 선택하여 효과를 적용합니다. [Effect Controls] 패널이 열립니다.

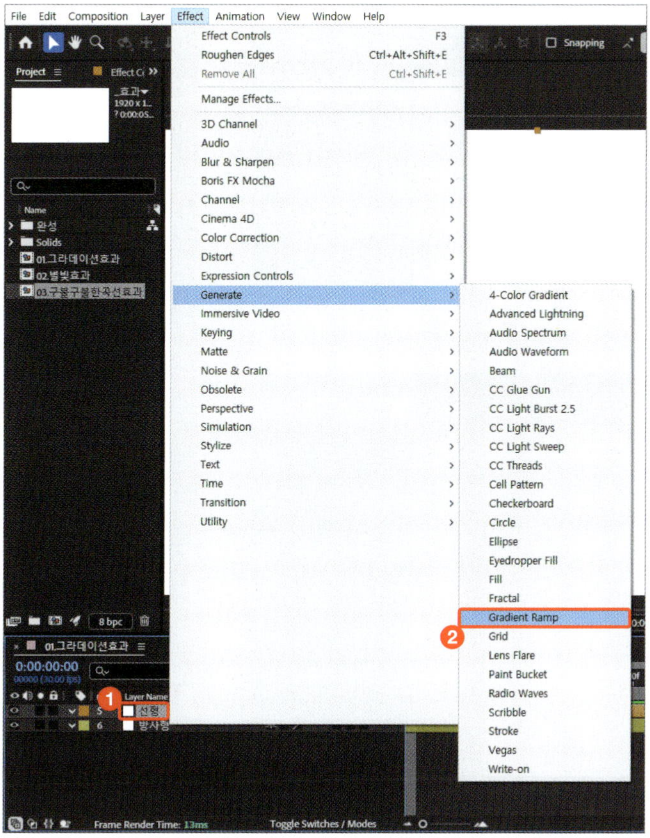

효과를 적용하면 [Effect Controls] 패널이 자동으로 열립니다. 열리지 않을 경우에는 [Window]-[Effect Controls] 메뉴를 선택합니다.

효과를 적용하는 또 다른 방법을 알아보겠습니다. [Effects & Presets] 패널을 클릭하고 Ctrl + F 를 눌러 검색창을 활성화합니다. 그리고 **gradient**를 입력합니다. [Generate]-[Gradient Ramp]를 더블클릭하여 효과를 적용합니다. 실무에서는 메뉴를 선택하는 것보다 [Effects & Presets] 패널에서 효과를 적용하는 방법을 더 많이 사용합니다.

[Effect Controls] 패널 단축키는 Ctrl + 5 입니다.

기능 꼼꼼 익히기 — [Gradient Ramp] 효과 옵션 알아보기

[Gradient Ramp]는 그레이디언트 색상을 적용하는 데 사용되는 효과입니다. 이 효과를 활용하면 두 가지 색상을 부드럽게 혼합하여 다양한 배경이나 요소를 만들 수 있습니다.

- **Start of Ramp** | 그레이디언트의 시작의 좌푯값을 설정합니다.
- **Start Color** | 그레이디언트의 시작 색상을 설정합니다.
- **End of Ramp** | 그레이디언트의 끝의 좌푯값을 설정합니다.
- **End Color** | 그레이디언트의 끝 색상을 설정합니다.
- **Ramp Shape** | 선형(Linear)과 원형(Radial) 중에서 그레이디언트의 형태를 설정합니다.
- **Ramp Scatter** | 그레이디언트 색상이 얼마나 고르게 분포되는지를 조절합니다.
- **Blend with Original** | 원본과의 혼합 정도를 설정합니다.
- **Swap Colors** | [Start Color]와 [End Color]를 바꿀 수 있습니다.

기능 꼼꼼 익히기 — [Effects & Presets] 패널에서 레이어에 효과를 적용하는 방법

❶ 효과를 적용할 레이어를 클릭하고 효과를 더블클릭하여 적용합니다.
❷ 효과를 클릭하고 [Composition] 패널에 있는 효과를 적용할 레이어 위로 드래그하여 적용합니다.

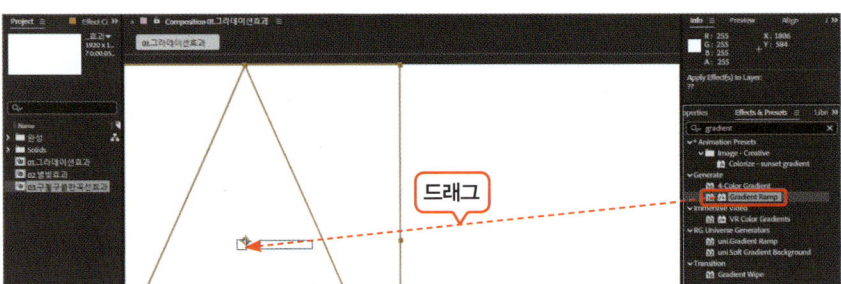

❸ 효과를 클릭하고 [Timeline] 패널에 있는 효과를 적용할 레이어 위로 드래그하여 적용합니다.

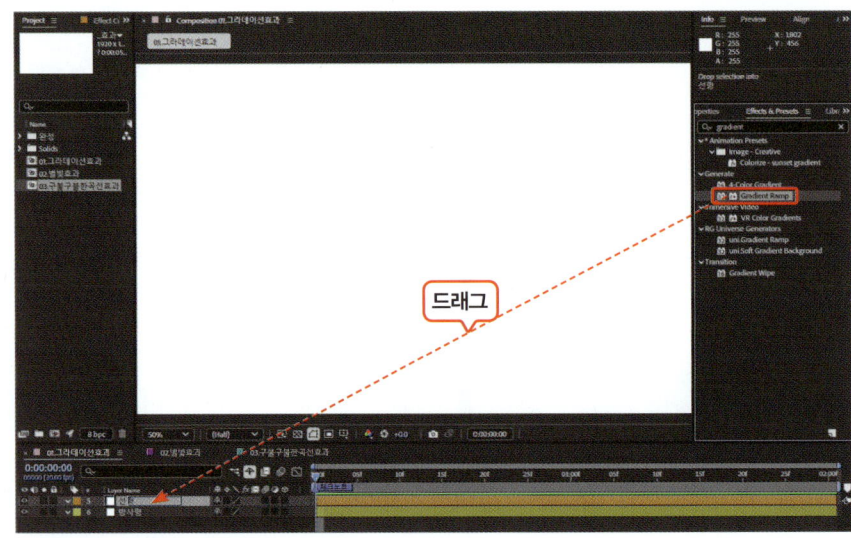

03 ①② [Effect Controls] 패널에서 [Start Color]와 [End Color]를 원하는 색상으로 변경해봅니다.

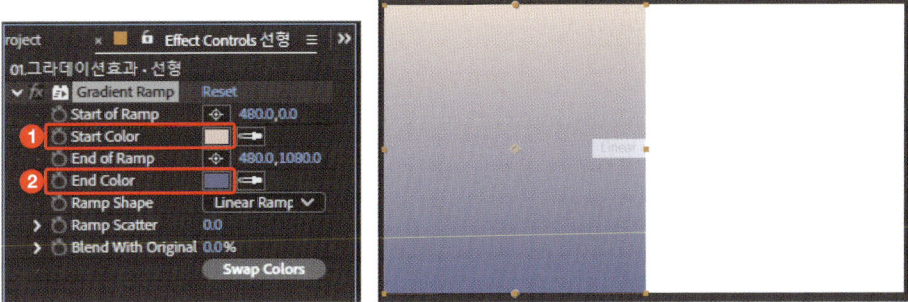

04 ①② [Effect Controls] 패널에서 [Start of Ramp]와 [End of Ramp]의 위치를 변경해 봅니다. 컴포지션 패널에서 조절점을 클릭하고 위치를 이동하면 됩니다. 예제에서는 왼쪽 위 꼭짓점과 오른쪽 아래 꼭짓점으로 이동했습니다.

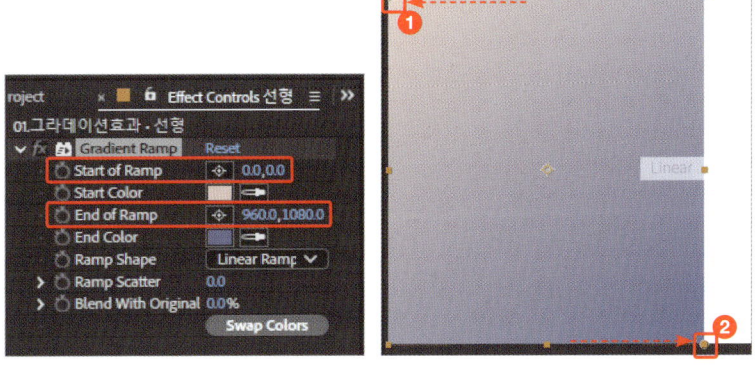

05 ① [선형] 레이어에 적용된 [Gradient Ramp] 효과를 클릭하고 ② Ctrl + C 를 눌러 복사합니다. ③ [방사형] 레이어를 클릭하고 ④ Ctrl + V 를 눌러 붙여 넣습니다.

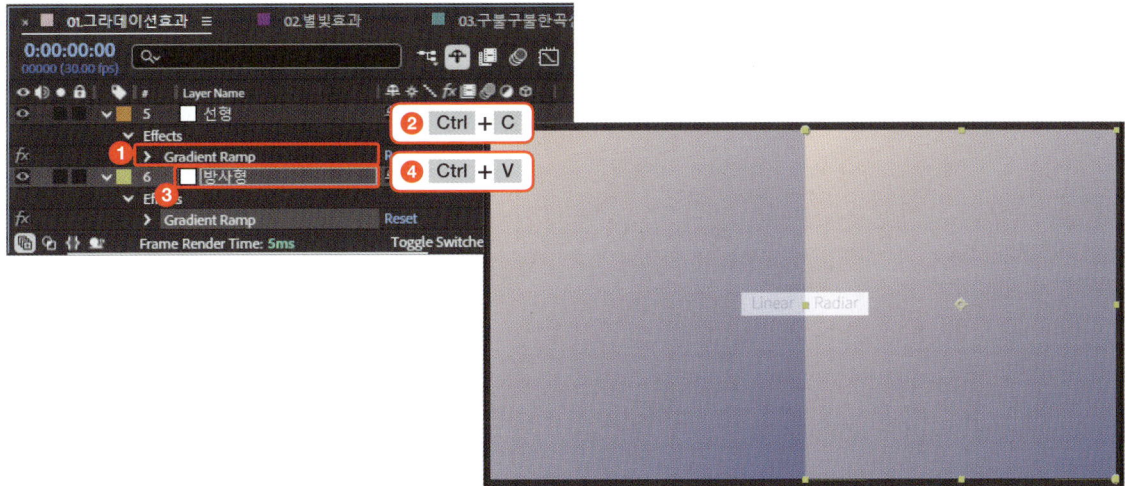

06 ❶ [Effect Controls] 패널에서 [Ramp Shape]을 [Radial Ramp]로 변경합니다. 선형 그레이디언트에서 원형 그레이디언트로 바뀝니다. ❷ [Composition] 패널에서 조절점을 클릭하고 [Start of Ramp]의 위치를 오른쪽 아래로 변경하면 원형 모양이 더 잘 드러납니다.

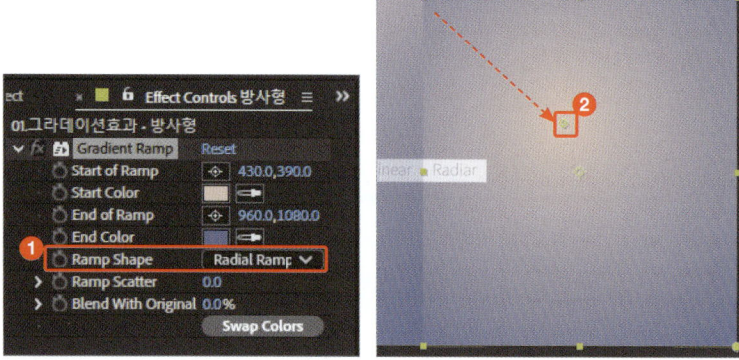

별빛이 가득한 우주 배경 만들기

01 ❶ [Timeline] 패널에서 [02.별빛효과]를 클릭하여 컴포지션을 엽니다. ❷ [별빛] 레이어를 클릭합니다. ❸ [Effects & Presets] 패널을 클릭하고 ❹ Ctrl + F 를 눌러 검색창을 활성화합니다. ❺ 그리고 star를 입력합니다. ❻ [Simulation]-[CC Star Burst]를 더블클릭하여 효과를 적용합니다. [Effect Controls] 패널이 열립니다.

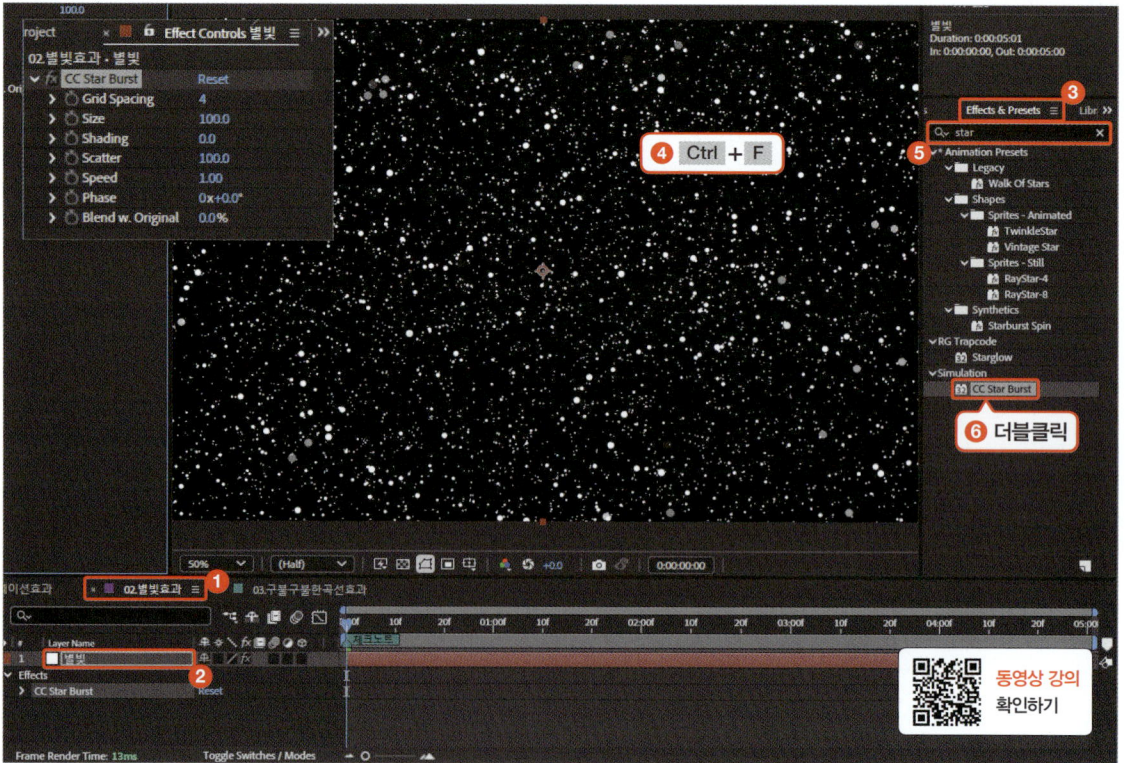

02 ① Spacebar 를 눌러 애니메이션을 재생합니다. 키프레임 없이도 별빛이 공간을 이동하는 동작이 적용되어 있습니다. [CC Star Burst]의 속성을 조절하여 입자의 크기, 간격, 속도 등을 설정할 수 있습니다. ② [Grid Spacing]을 **10**으로, [Size]를 **20**으로, ③ [Scatter]를 **200**으로, [Speed]를 **0.05**로 설정합니다. 입자는 작아지고, 숫자도 줄어듭니다. 그리고 속도도 매우 느려집니다. ④ 속성 설정 변경 후에 다시 Spacebar 를 눌러 결과를 확인합니다. 입자가 작아지고 속도는 느려졌습니다.

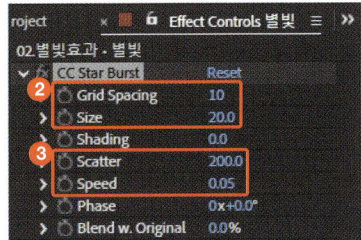

기능 꼼꼼 익히기 ▶ [CC Star Burst] 효과 옵션 알아보기

[CC Star Burst] 효과는 별빛 효과를 생성하는 데 유용합니다. 이 효과를 통해 화면에서 빛나는 별과 같은 시각적 요소를 만들 수 있습니다. [CC Star Burst] 효과는 주로 배경이나 판타지 테마의 장면에서 사용됩니다.

- **Grid Spacing** | 입자의 간격을 설정합니다.
- **Shading** | 입자의 음영을 설정합니다.
- **Speed** | 입자의 이동 속도를 설정합니다.
- **Blend with Original** | 원본과의 혼합 정도를 설정합니다.
- **Size** | 입자의 크기를 설정합니다.
- **Scatter** | 입자의 흩어진 정도를 설정합니다.
- **Phase** | 입자의 위치를 조정합니다.

세련된 이미지의 사선 줄무늬 배경 만들기

01 ① [Timeline] 패널에서 [03.구불구불한곡선효과]를 클릭하여 컴포지션을 엽니다. ② [사선] 레이어를 클릭합니다. ③ [Effects & Presets] 패널에서 **vene**를 검색합니다. ④ [Transition]-[Venetian Blinds]를 더블클릭하여 효과를 적용합니다. [Effect Controls] 패널이 열립니다.

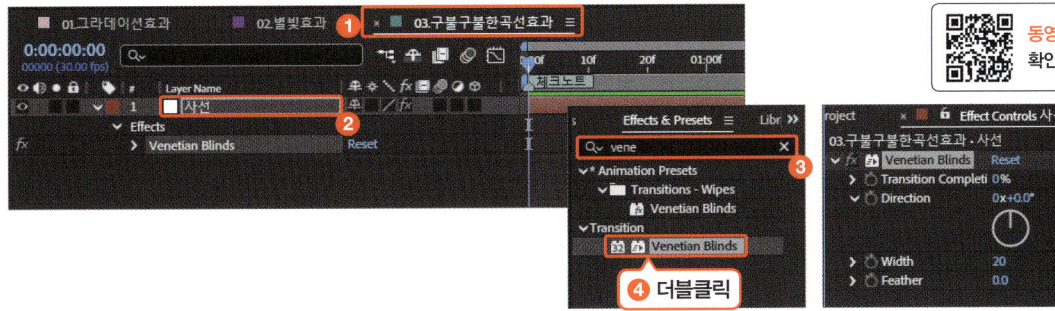

> **기능 꼼꼼 익히기** [Venetian Blinds] 효과 옵션 알아보기
>
> [Venetian Blinds] 효과는 대표적인 트랜지션 효과 중 하나이지만 줄무늬를 만들 때도 많이 활용됩니다. 레이어를 수평 또는 수직, 사선으로 줄무늬 형태로 연출할 수 있습니다.
>
> - **Transition Completion** | 전환의 완료 정도를 조절합니다.
> - **Direction** | 블라인드의 방향을 설정합니다.
> - **Width** | 블라인드의 간격을 조정합니다.
> - **Feather** | 블라인드의 가장자리를 부드럽게 만들어 주는 속성입니다.

02 [Effect Controls] 패널에서 [Venetian Blinds] 효과의 속성을 다음과 같이 설정합니다. 사선 줄무늬가 생성됩니다.

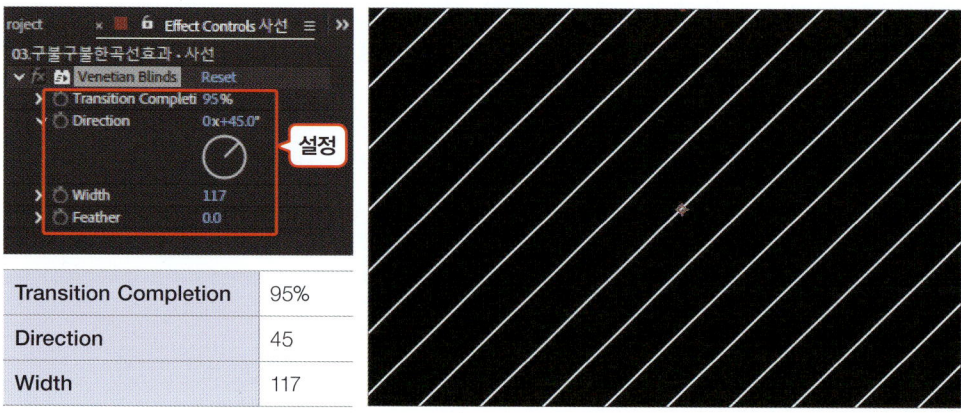

Transition Completion	95%
Direction	45
Width	117

구불구불한 곡선 효과 만들기

03 사선 줄무늬 배경 만들기에 이어서 학습합니다. ❶ [사선] 레이어를 클릭합니다. ❷ [Effects & Presets]에서 **turbulent**를 검색합니다. ❸ [Distort]-[Turbulent Displace]를 더블클릭하여 효과를 적용합니다. [Effect Controls] 패널이 열립니다.

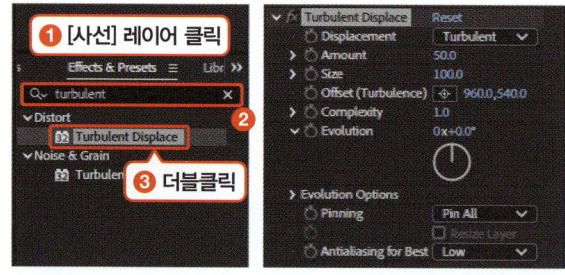

> **기능 꼼꼼 익히기**   **[Turbulent Displace] 효과 옵션 알아보기**
>
> [Turbulent Displace] 효과는 이미지나 비디오와 같은 시각 레이어에 왜곡 효과를 주는 데 사용되는 강력한 도구입니다. 이 효과는 주로 구불구불한 움직임이나 파동 같은 효과를 만들어내는 데 활용되며 물결무늬를 만들 수 있습니다.
>
> - **Displacement** | 왜곡 타입을 선택합니다.
> - **Amount** | 왜곡의 강도를 조절합니다.
> - **Size** | 왜곡의 크기를 설정합니다.
> - **Offset** | 왜곡 효과의 위치를 조정합니다.
> - **Complexity** | 왜곡의 디테일과 복잡성을 조정합니다.
> - **Evolution** | 왜곡의 변화를 시간에 따라 애니메이션화 할 수 있는 속성입니다.
> - **Evolution Options** | 더욱 정밀하게 애니메이션의 속도와 스타일을 조정합니다.

04 [Turbulent Displace]-[Amount] 속성을 100으로 설정합니다. 좀 더 구불구불한 곡선으로 변형합니다.

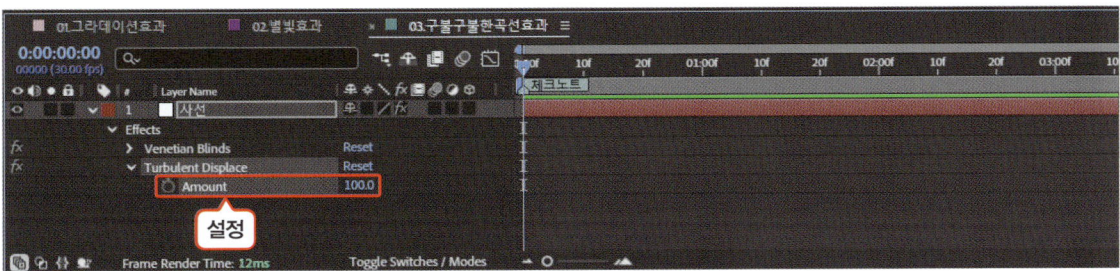

05 [Timeline] 패널에서 Alt 를 누른 채 [Turbulent Displace]-[Evolution]의 ◉를 클릭하여 표현식(Expression)을 적용합니다. [Timeline] 패널에 표현식 입력 필드(Expression Editor)가 활성화됩니다.

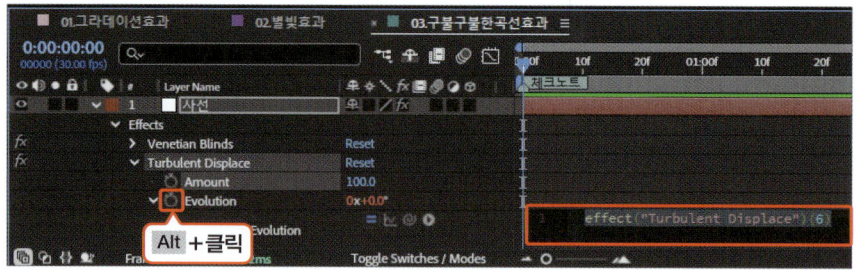

06 ❶ 쓰여 있는 기본값을 지우고 **time*30**을 입력합니다. ❷ 입력 후에는 다른 영역을 클릭하여 필드를 빠져나옵니다. Tab 을 누르고 다른 속성을 클릭하여 빠져나올 수도 있습니다. ❸ Spacebar 를 눌러 애니메이션을 재생합니다. 구불구불한 선이 불규칙하게 움직입니다.

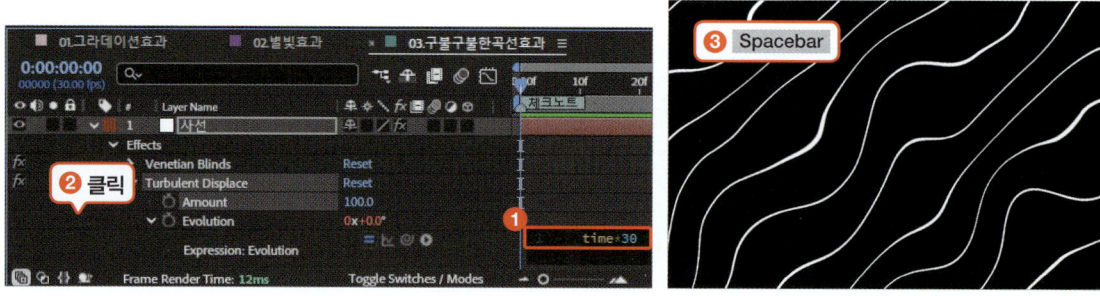

기능 꼼꼼 익히기 | 애프터 이펙트 표현식 알아보기

애프터 이펙트에서 표현식(Expression)은 애니메이션의 동작을 자동화하거나 제어하기 위해 사용하는 간단한 코드입니다. 언어를 통해 속성 값을 동적으로 계산하고, 시간에 따라 변화를 줄 수 있습니다. 익스프레션을 사용하면 반복적인 작업을 줄이고, 더 복잡하거나 일반적인 키프레임으로 제어하기 어려운 애니메이션을 구현할 수 있습니다. 애프터 이펙트에서 표현식(Expression)을 적용하는 방법은 세 가지가 있습니다.

❶ 속성을 클릭하고 [Animation]-[Add Expression] 메뉴를 선택합니다.
❷ 속성을 클릭하고 단축키 Alt + Shift + = 을 누릅니다.
❸ 속성을 클릭하고 Alt 를 누른 채 ◉를 클릭하여 표현식을 적용합니다.

time 표현식을 사용하면 시간에 따라 애니메이션을 제어할 수 있습니다. time은 현재 프레임의 시간을 초 단위로 반환하는 언어입니다. time*30은 1초에 30을 곱한 것이며 초당 30만큼 수치가 변하게 됩니다. 즉, 1초 후의 [Evolution] 값은 30이, 10초 후의 [Evolution] 값은 300이 됩니다.

네 가지 색상의 그레이디언트 적용하기

07 흰색 선에 네 가지 색상의 그레이디언트를 만들어보겠습니다. ❶ [Timeline] 패널에서 [사선] 레이어를 클릭합니다. ❷ [Effects & Presets] 패널에서 4를 검색합니다. ❸ [Generate]-[4-Color Gradient]를 더블클릭하여 효과를 적용합니다. [Effect Controls] 패널이 열립니다. [4-Color Gradient] 효과가 적용되었습니다.

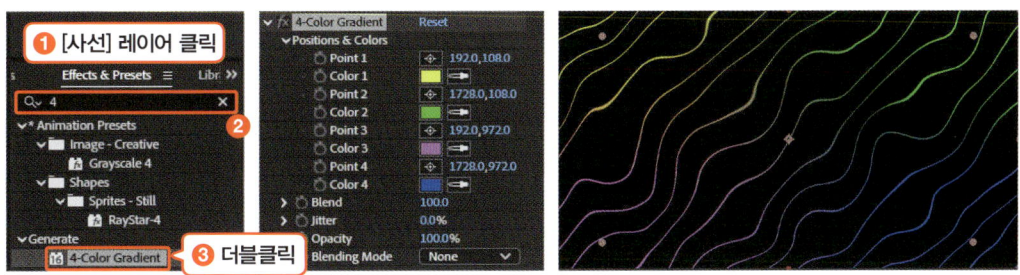

> **기능 꼼꼼 익히기 ▶ [4-Color Gradient] 효과 알아보기**
>
> [4-Color Gradient] 효과는 네 가지 색상을 기반으로 부드러운 그레이디언트를 생성할 수 있게 해주는 효과입니다.
>
> - **Positions & Colors** | 네 개의 색상과 위칫값을 설정합니다.
> - **Blend** | 색상 간의 혼합을 조절 설정합니다.
> - **Jitter** | 색상 간의 무작위성을 추가하는 데 사용 설정합니다.
> - **Opacity** | 색상 포인트의 불투명도를 조정할 수 있는 속성입니다.
> - **Blending Mode** | 그레이디언트를 레이어와 혼합하는 방식 설정합니다.

08 네 개 포인트의 색상과 위치를 자유롭게 변화시켜봅니다. 키프레임도 추가하여 색상이 변하거나 색상이 움직이는 애니메이션도 만들 수 있습니다.

 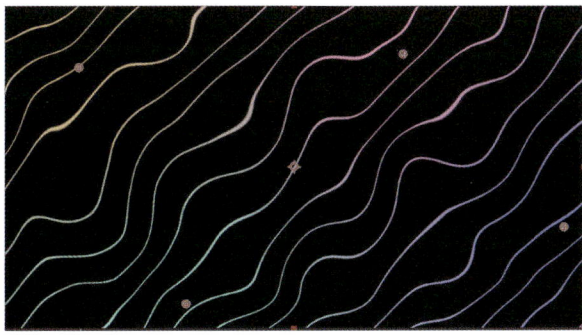

Ae LESSON 02

색보정에 활용하는 필수 효과

애프터 이펙트 색보정 효과 실습하기

☑ **CC 모든 버전**
☐ CC 2025 버전

준비 파일 애프터 이펙트/Chapter 05/색보정효과.aep
완성 파일 애프터 이펙트/Chapter 05/색보정효과.aep

이 예제를 따라 하면

애프터 이펙트에는 수준 높은 다양한 색보정 효과가 있으며 전문적인 색보정 작업도 가능합니다. 이번에는 간단하면서도 활용도가 매우 높은 필수 색보정 효과 세 가지를 학습해보겠습니다. 원본 영상에 [Tint], [Tritone], [Leave Color] 효과를 적용하여 다양한 분위기를 연출하는 방법을 알아봅니다.

비디오 클립 흑백으로 바꾸기

01 ❶ [File]-[Open Project] `Ctrl` + `O` 메뉴를 선택하여 **색보정효과.aep** 준비 파일을 엽니다. ❷ [Project] 패널에서 [01.틴트시작]을 더블클릭하여 컴포지션을 엽니다. ❸ `Spacebar` 를 눌러 애니메이션을 재생해보면 애프터 이펙트에서 제작하고 gif 형식으로 렌더링한 비디오 클립이 삽입되어 있습니다.

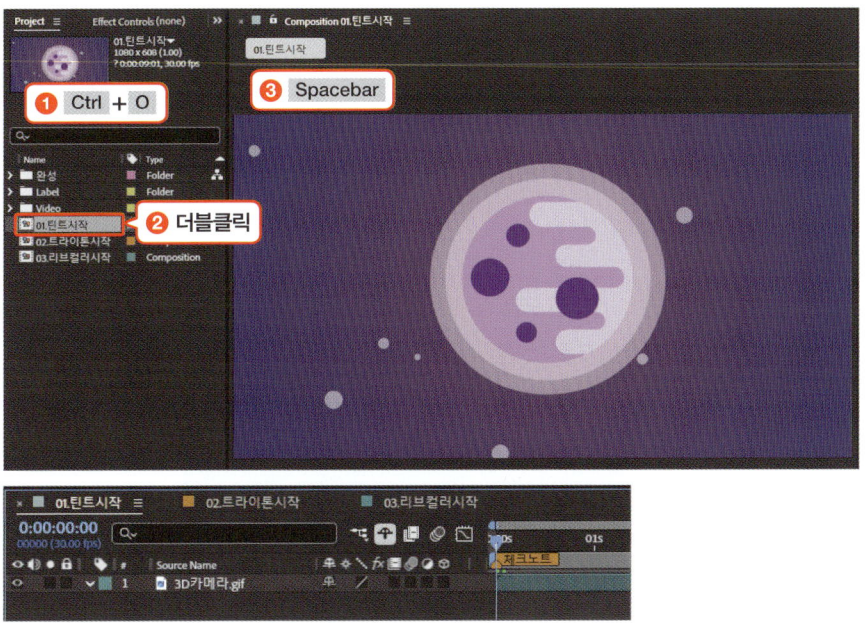

02 ❶ [Timeline] 패널에서 [3D카메라.gif] 레이어를 클릭합니다. ❷ [Effects & Presets] 패널에서 **tint**를 검색합니다. ❸ [Color Correction]-[Tint]를 더블클릭하여 효과를 적용합니다. [Effect Controls] 패널이 열립니다. 비디오 클립이 흑백으로 바뀌었습니다.

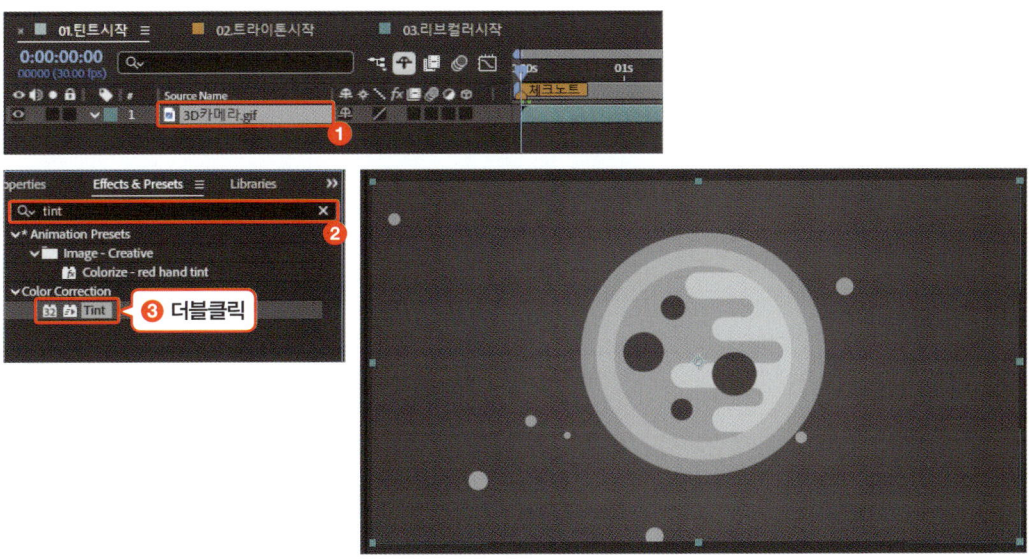

> **기능 꼼꼼 익히기** [Tint] 효과 알아보기
>
> [Tint] 효과는 이미지나 비디오의 색상을 조정하여 흑백 또는 색상을 변경하는 데 사용됩니다.
> - **Map Black To** | 어두운 부분을 어떤 색상으로 변환할지 설정합니다.
> - **Map White To** | 밝은 부분을 어떤 색상으로 변환할지 설정합니다.
> - **Amount Tint** | 원본 색상에서 얼마나 많이 색상을 변경할지를 조절합니다. 0%는 원본 색상 유지, 100%는 색상이 완전히 변환된 상태입니다.
> - **Swap Colors** | 두 가지 색상이 반대로 변환됩니다.

비디오 클립 색상에 [Tint] 효과 적용하기

03 [Effect Controls] 패널에서 [Tint] 효과의 [Map Black To]와 [Map White To]의 색상을 자유롭게 변경합니다. 예제에서는 ❶ [Map Black To]는 어두운 파란색, ❷ [Map White To]는 밝은 핑크 색상으로 변경했습니다.

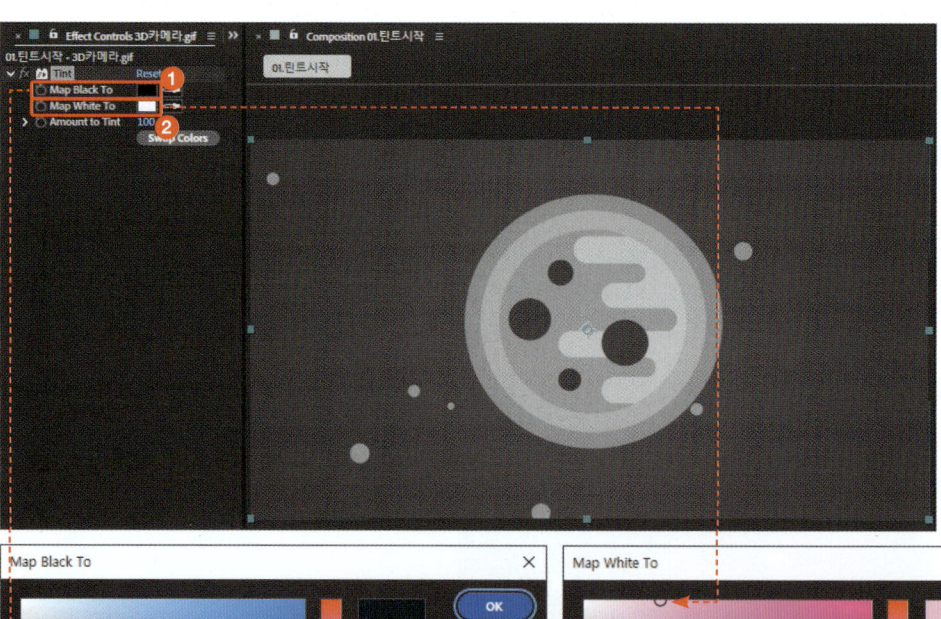

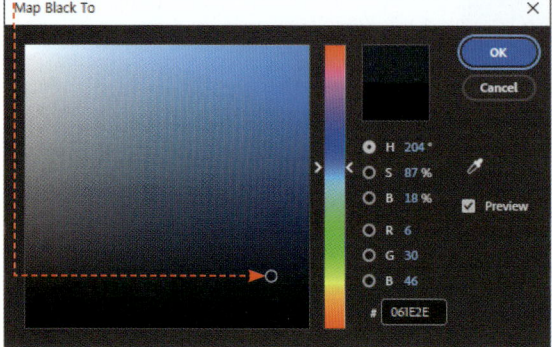
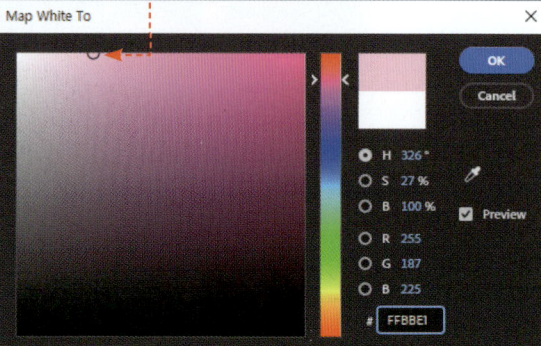

04 Spacebar 를 눌러 애니메이션을 재생해봅니다. 원래의 색상은 무시되고 두 개 색상의 틴트로 바뀌었습니다.

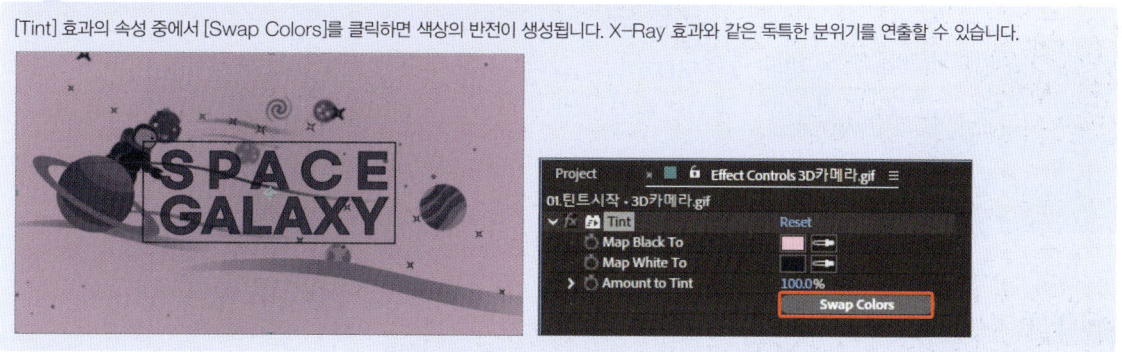

[Tint] 효과의 속성 중에서 [Swap Colors]를 클릭하면 색상의 반전이 생성됩니다. X-Ray 효과와 같은 독특한 분위기를 연출할 수 있습니다.

세 가지 색상으로 연출하는 [Tritone] 효과 만들기

이번에는 [Tint] 효과에 하나의 색상이 더 추가되어 더욱 풍부한 색상으로 연출할 수 있는 [Tritone] 효과를 알아보겠습니다.

05 ① [Timeline] 패널에서 [02.트라이톤시작]을 클릭합니다. [02.트라이톤시작] 컴포지션이 열립니다. ② [Tritone] 레이어를 클릭합니다. ③ [Effects & Presets] 패널에서 **tritone**를 검색합니다. ④ [Color Correction]-[Tritone]를 더블클릭하여 효과를 적용합니다. [Effect Controls] 패널에 열립니다. 비디오 클립의 색상이 브라운 계열로 바뀌었습니다.

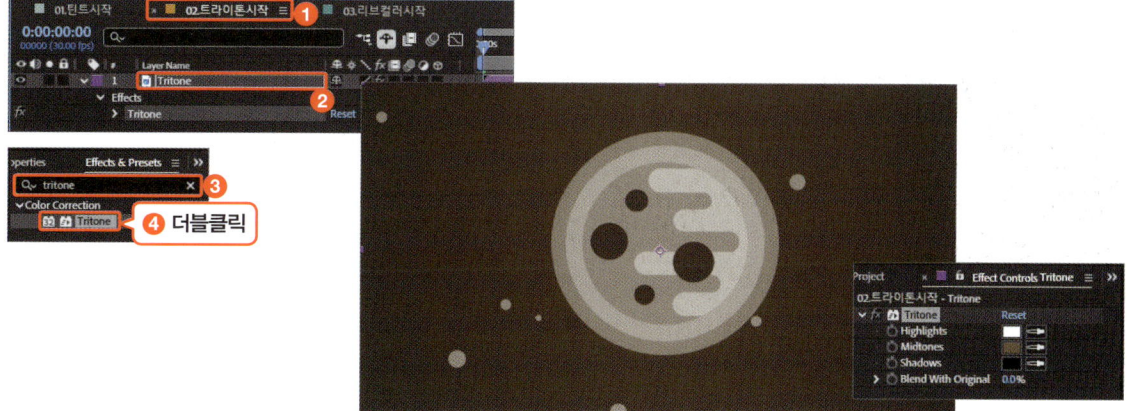

CHAPTER 05 애프터 이펙트 필수 효과(Effect) 실습하기 **465**

기능 꼼꼼 익히기 　[Tritone] 효과 알아보기

[Tritone] 효과는 애프터 이펙트에서 색상을 조정하여 이미지나 비디오를 세 가지 색상으로 변환하는 데 사용됩니다. 이 효과는 세 가지 색상을 활용하여 더욱 다채롭게 표현하거나 독특한 분위기를 연출 수 있습니다.

- **Highlights** | 가장 밝은 부분에 적용할 색상을 설정합니다.
- **Midtones** | 중간 밝기 영역에 적용할 색상을 설정합니다. 일반적으로 이미지의 중간 톤을 나타내며, 미드톤의 설정에 따라 분위기를 만들 수 있습니다.
- **Shadows** | 어두운 부분에 적용할 색상을 설정합니다.
- **Blend with Original** | 원본 이미지와의 혼합 정도를 조절합니다.

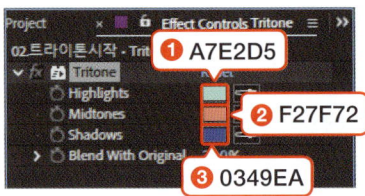

06 [Tritone] 효과의 세 가지 색상을 자유롭게 변경해봅니다. 예제에서는 다음과 같이 ❶ [Highlights], ❷ [Midtones], ❸ [Shadows] 색상을 차례로 변경해보았습니다.

07 Spacebar 를 눌러 애니메이션을 재생해봅니다. 원래의 색상은 무시되고 세 가지 색상 톤으로 바뀌었습니다.

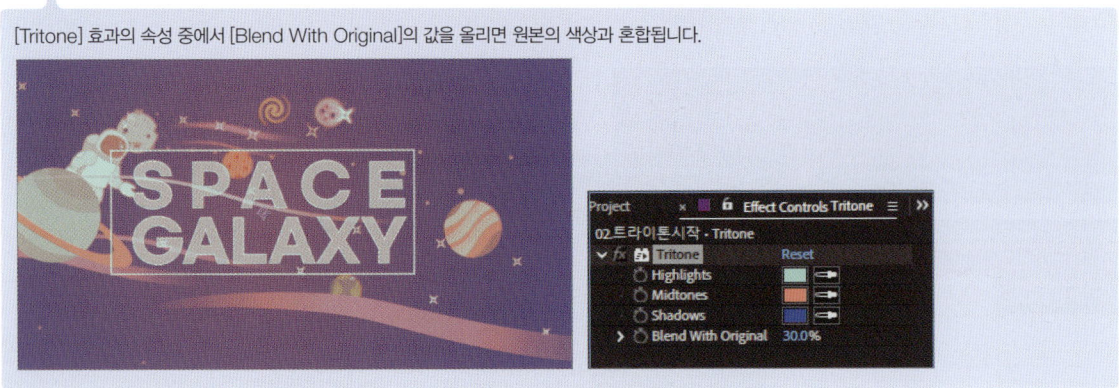

[Tritone] 효과의 속성 중에서 [Blend With Original]의 값을 올리면 원본의 색상과 혼합됩니다.

한 가지 색상만 남겨두고 흑백으로 만들기

이번에는 모든 색상을 동일하게 조절하는 것이 아니라 하나의 색상만 남겨두고 나머지 색상은 모두 흑백으로 처리하는 효과에 대하여 학습해보겠습니다.

08 ❶ [Timeline] 패널에서 [03.리브컬러시작]을 클릭합니다. [03.리브컬러시작] 컴포지션이 열립니다. ❷ [LeaveColor] 레이어를 클릭합니다. ❸ [Effects & Presets] 패널에서 **leave**를 검색합니다. ❹ [Color Correction]-[Leave Color]를 더블클릭하여 효과를 적용합니다. [Effect Controls] 패널이 열립니다. 비디오 클립의 색상에 아무 변화가 없습니다.

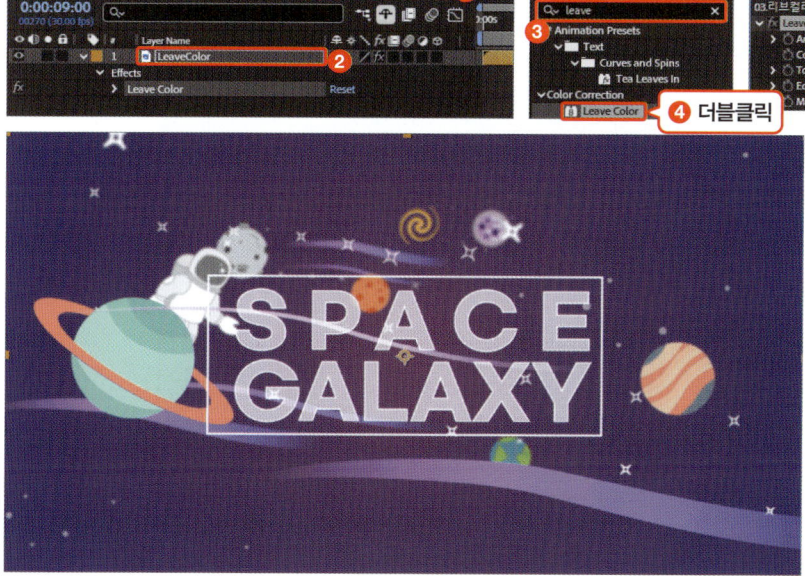

기능 꼼꼼 익히기 　[Leave Color] 효과 알아보기

[Leave Color] 효과는 특정 색상을 제외하고 나머지 모든 색상을 흑백으로 처리하기 위한 용도로 많이 활용되는 효과입니다. 드라마나 뮤직비디오 등에서 빨간 구두나 노란 모자 등의 강렬한 색상만 남겨두고 나머지는 모두 흑백 처리를 하면서 해당 색상을 강조하는 용도로 많이 활용됩니다.

- **Amount to Decolor** | 흑백으로 남겨둘 색상의 양을 조절합니다.
- **Color to Leave** | 남길 색상을 설정합니다.
- **Tolerance** | 남길 색상과 비슷한 색상을 얼마나 넓게 포함할지를 설정합니다. 이 값이 높을수록 비슷한 색상도 남게 됩니다.
- **Edge Softness** | 남길 색상의 경계를 얼마나 부드럽게 할지를 조정합니다.
- **Match colors** | Hue와 RGB 중 선택할 수 있습니다.

09 색상이 더 다양한 프레임으로 시간을 이동해보겠습니다. ① End 또는 Shift + Ctrl + → 를 눌러 마지막 프레임으로 현재 시간을 이동합니다. 먼저 남겨둘 색상을 선택합니다. ② [Color To Leave]의 ➡를 클릭하고 ③ 화면에서 왼쪽 행성의 고리 부분을 클릭하여 주황색을 선택합니다. ④ 그리고 [Amount to Decolor]를 **100%**로 설정하여 나머지 컬러를 모두 흑백으로 처리합니다. ⑤ 자연스러운 합성을 위하여 [Match colors]를 [Using Hue]로 변경합니다.

10 Spacebar 를 눌러 애니메이션을 재생해봅니다. 주황색 부분만 남겨두고 다른 색상은 모두 흑백이 되었는지 확인합니다. 주황색 색상만 강조되며 독특한 분위기를 연출할 수 있습니다.

[Project] 패널에서 [완성] 폴더를 열고 [04.Color] 컴포지션을 더블클릭합니다. 이번에 학습한 핵심 세 가지 색보정 효과를 모두 확인할 수 있습니다.

Ae LESSON 03

감각적인 로고 디자인 효과

드롭 섀도우와 빛이 흐르는 효과로 만드는 로고 디자인

☑ CC 모든 버전
☐ CC 2025 버전

준비 파일 애프터 이펙트/Chapter 05/로고디자인효과.aep
완성 파일 애프터 이펙트/Chapter 05/로고디자인효과.aep

이 예제를 따라 하면

이번에는 타이틀 로고 디자인의 대표적인 효과인 드롭 섀도우와 빛이 흐르는 효과를 어떻게 연출할 수 있는지 학습해보겠습니다. 기본적인 드롭 섀도우 표현은 물론, 이를 응용한 매력적인 연출 방법까지 함께 알아보겠습니다.

- [Drop Shadow], [Levels], [CC Composit] 효과로 감각적인 텍스트 로고를 디자인합니다.
- [CC Radial Blur], [Fill] 효과로 긴 그림자를 연출해 텍스트 로고를 디자인합니다.
- [linear Wipe], [CC Light Sweep], [Bevel Alpha] 효과로 텍스트 좌에서 우로 빛이 흐르는 로고 애니메이션을 완성합니다.

가장 많이 활용되는 기본형 그림자 효과 만들기

01 ❶ [File]-[Open Project] Ctrl + O 메뉴를 선택하여 **로고디자인효과.aep** 파일을 엽니다. ❷ [Project] 패널에서 [01.드롭섀도우시작] 컴포지션을 더블클릭하여 엽니다. 세 개의 동일한 텍스트 레이어가 삽입되어 있습니다. ❸ Spacebar 를 눌러 애니메이션을 재생해봅니다. 애니메이션 프리셋을 활용하여 텍스트 애니메이션을 만들어두었습니다.

02 ❶ 3초 지점으로 이동합니다. ❷ [Timeline] 패널에서 Ctrl + A 를 눌러 세 개 레이어를 모두 선택합니다. ❸ [Effects & Presets] 패널에서 **drop**을 검색합니다. ❹ [Perspective]-[Drop Shadow]를 더블클릭하여 효과를 적용합니다.

03 ❶ [Timeline] 패널에서 [SHADOW01] 레이어를 클릭합니다. ❷ [Effect Controls] 패널에서 [Drop Shadow]-[Distance]를 **25**로 설정합니다. 이처럼 기본 설정값에 그림자의 거리만 조절하는 방법이 가장 많이 활용되는 기본형입니다. 거리를 멀리하면 그림자가 글자와 멀어집니다.

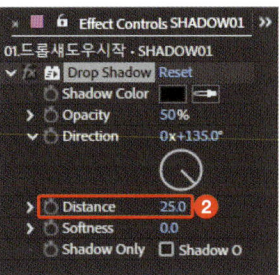

가장자리에 부드럽게 퍼지는 그림자 효과 만들기

04 ❶ [Timeline] 패널에서 [SHADOW02] 레이어를 클릭합니다. ❷ [Effect Controls] 패널에서 [Drop Shadow]-[Distance]를 **0**으로, [Softness]를 **70**으로 설정합니다. 방향과 거리가 무시되고 그림자가 모든 방향으로 균일하고 부드럽게 퍼집니다.

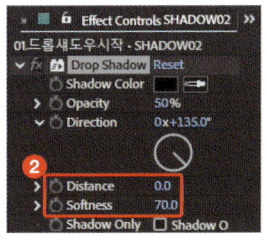

글자에 붙어 있는 그림자 만들기

드롭 섀도우 효과는 기본적으로 그림자가 객체에서 멀어지면서 생성됩니다. 거리를 많이 조절하면 글자와 같은 객체와 그림자의 사이가 연결되지 않고 떨어지게 됩니다. 글자와 그림자가 연결되도록 응용해보겠습니다.

05 ❶ [Timeline] 패널에서 [SHADOW03] 레이어를 클릭합니다. ❷ 속성을 다음과 같이 설정합니다. 그림자만 남습니다.

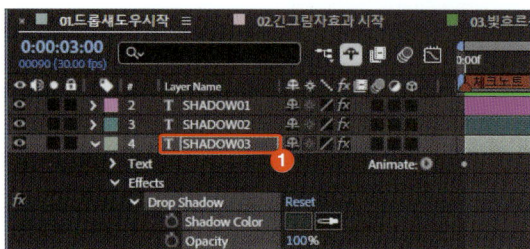 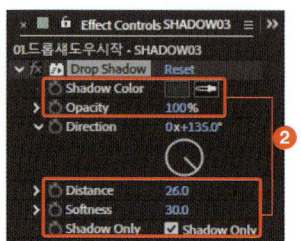

Shadow Color	어두운 초록색
Opacity	100%
Distance	26
Softness	30
Shadow Only	On

06 ❶ [Timeline] 패널에서 [SHADOW03] 레이어를 클릭합니다. ❷ [Effects & Presets] 패널에서 level을 검색합니다. ❸ [Color Correction]-[Levels]를 더블클릭하여 효과를 적용합니다.

07 ① [Effect Controls] 패널에서 [Levels]-[Channel]을 [Alpha]로 변경합니다. ② [Alpha Input White]에 **5**를 입력합니다. [Histogram] 슬라이더에서 가장 오른쪽 삼각형을 왼쪽 가장자리로 드래그해도 됩니다. 대비가 강해지면서 그림자의 중간 명도가 사라지고 이미지가 어두워지며 또렷해집니다.

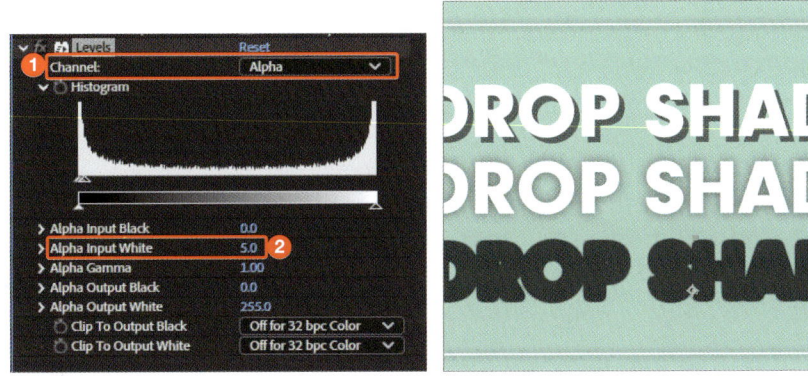

Levels 효과는 이미지의 밝기와 대비를 조정하는 데 사용되는 기본적인 색상 보정 도구입니다.

08 ① [Timeline] 패널에서 [SHADOW03] 레이어를 클릭합니다. ② [Effects & Presets] 패널에서 **composite**를 검색합니다. ③ [Channel]-[CC Composite]를 더블클릭하여 효과를 적용합니다. ④ [CC Composite] 효과의 속성 중에서 [RGB Only]의 체크를 해제합니다.

CC Composite 효과는 합성 작업에 활용되는 효과이며, 레이어를 다른 레이어와 혼합하거나 효과를 적용할 때 사용됩니다.

09 세 가지 타입의 그림자 효과를 완성했습니다. Spacebar 를 눌러 애니메이션을 재생해봅니다.

아주 긴 그림자 만들기

아주 긴 그림자는 [Drop Shadow] 효과로는 만들 수 없습니다. [Distance]의 값을 높이면 그림자가 멀어질 뿐 길어지지는 않기 때문입니다. [Drop Shadow] 효과 대신 [CC Radial Blur]를 응용하면 긴 그림자를 만들 수 있습니다.

01 ① [Project] 패널에서 [02.긴그림자효과시작]을 더블클릭하여 컴포지션을 엽니다. 한 개의 텍스트 레이어가 삽입되어 있습니다. ② Spacebar 를 눌러 애니메이션을 재생해봅니다. 애니메이션 프리셋을 활용하여 텍스트 애니메이션을 만들어 두었습니다.

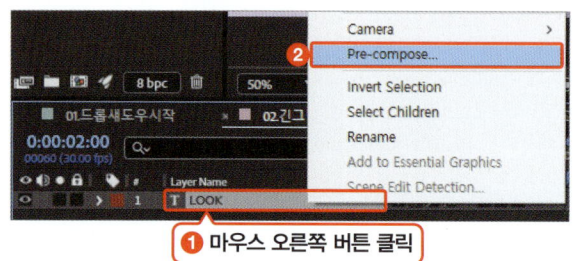

02 ① [LOOK] 레이어를 마우스 오른쪽 버튼으로 클릭한 후 ② 메뉴에서 [Pre-Compose]를 클릭합니다.

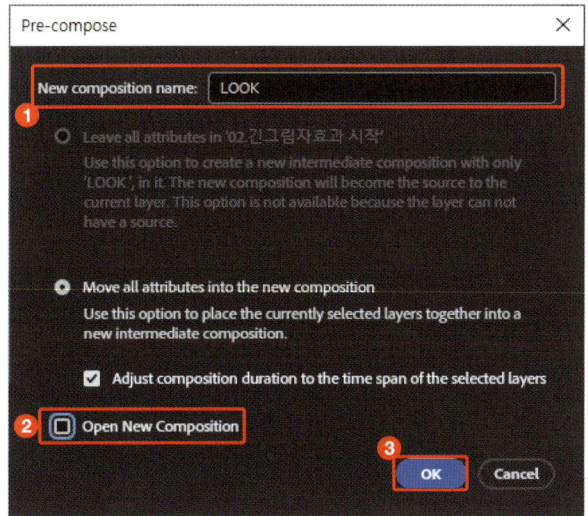

03 [Pre-Compose] 대화상자가 나타나면 ❶ [New composition name]에 **LOOK**을 입력하고 ❷ [Open New Composition]을 비활성화 합니다. ❸ [OK]를 클릭합니다.

> 새로 만드는 컴포지션을 열어볼 필요가 없는 경우 [Open New Composition]의 체크를 해제하면 됩니다.

기능 꼼꼼 익히기 — [Pre-compose] 대화상자 알아보기

[Pre-compose] 메뉴를 선택하면 [Pre-compose] 대화상자가 나타납니다. 하나 또는 여러 개의 레이어를 포함한 새로운 컴포지션을 만들 수 있습니다. [Pre-compose] 대화상자의 옵션을 알아보겠습니다.

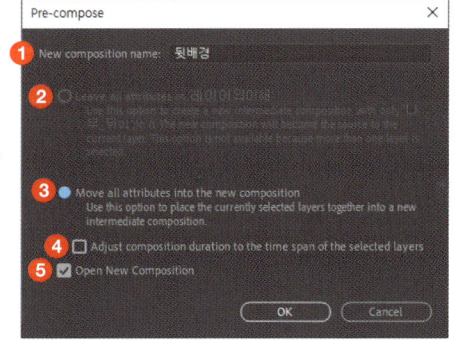

❶ **New composition name** | 새롭게 만들어질 컴포지션의 이름을 설정합니다.

❷ **Leave all attributes in** | 하나의 레이어만으로 Pre-compose 기능을 적용할 때 선택할 수 있는 옵션이며, 레이어의 설정값을 현재 컴포지션에 두고 레이어만 새로운 컴포지션으로 이동한다는 의미입니다.

❸ **Move all attributes into the new composition** | 여러 개의 레이어를 선택했을 경우 자동으로 적용되는 옵션이며, 레이어들의 모든 설정을 새로운 컴포지션으로 이동한다는 의미입니다.

❹ **Adjust composition duration to the time span of the selected layers** | 새로 만들어지는 컴포지션의 길이를 현재 선택한 레이어의 길이로 조절합니다.

❺ **Open New Composition** | 새롭게 생성되는 컴포지션이 자동으로 열립니다.

> **[Pre-Compose]를 적용하는 이유** | 텍스트 레이어는 문자가 있는 영역까지만 레이어 영역으로 인식됩니다. 따라서 빛이 퍼지는 효과를 적용할 때 레이어 영역을 벗어난 부분에는 효과가 나타나지 않습니다. 이를 해결하기 위해 [Pre-Compose]를 사용하여 레이어 영역을 컴포지션 크기와 동일하게 설정합니다.

04 ① 2초 지점으로 현재 시간을 이동합니다. ② [LOOK] 레이어를 클릭합니다. ③ [Effects & Presets] 패널에서 **radia**를 검색합니다. ④ [Blur & Sharpen]-[CC Radial Blur]를 더블클릭하여 효과를 적용합니다.

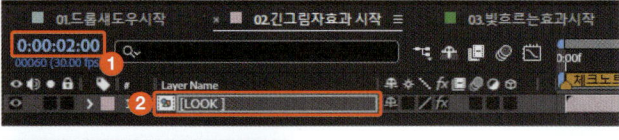

기능 꼼꼼 익히기 | **CC Radial Blur 효과 알아보기**

CC Radial Blur 효과는 중심점을 기준으로 이미지나 비디오를 블러(픽셀 흐림) 처리하여 원형으로 퍼지는 효과를 만듭니다. 이 효과는 동적인 모션을 강조하거나, 특정 요소에 집중할 수 있도록 도와줍니다.

- **Type** | 블러의 타입을 선택할 수 있습니다.
- **Amount** | 블러의 강도를 설정합니다.
- **Center** | 블러 효과의 중심점을 설정합니다.

---

05 ① [Effect Controls] 패널에서 [CC Radial Blur] 속성 중 [Type]을 [Straight Zoom]으로 변경하고 Amount를 58로 설정합니다. 그리고 ② [Center] 위치 좌표를 화면 밖 좌측 상단 위로 멀리 이동합니다. 원하는 그림자의 각도와 길이가 나올 때까지 멀리 드래그해봅니다. 예제에서는 -1056, -1272로 설정했습니다.

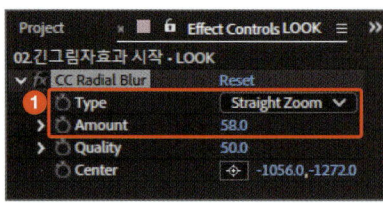

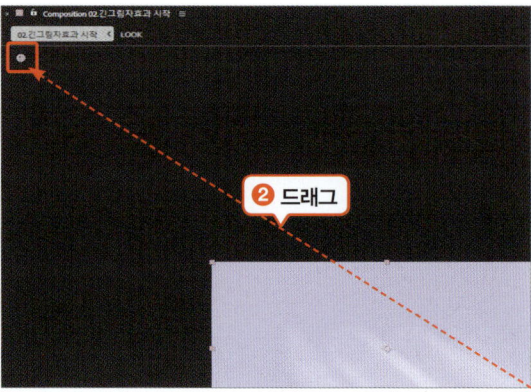

그림자 색상 어둡게 만들기

06 ① [LOOK] 레이어를 클릭합니다. ② [Effects & Presets] 패널에서 **fill**을 검색합니다. ③ [Generate]-[Fill]를 더블클릭하여 효과를 적용합니다. ④ [Effect Controls] 패널에서 [Fill] 속성 중 [Color]를 어두운 회색 계열로 설정합니다.

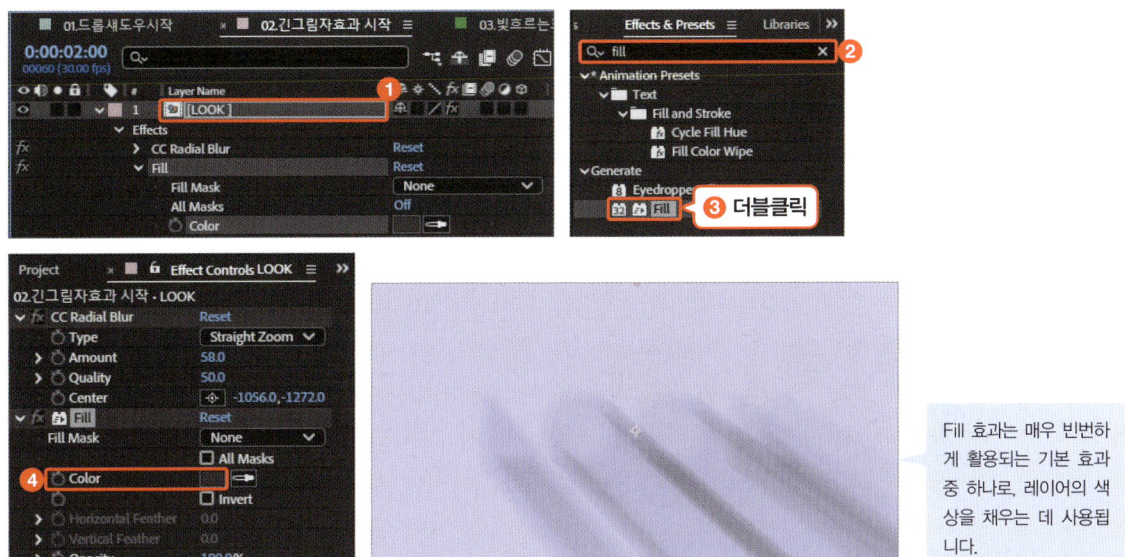

Fill 효과는 매우 빈번하게 활용되는 기본 효과 중 하나로, 레이어의 색상을 채우는 데 사용됩니다.

07 ① [Timeline] 패널에서 [LOOK] 레이어를 클릭합니다. ② [Effects & Presets] 패널에서 **level**을 검색합니다. ③ [Color Correction]-[Levels]를 더블클릭하여 효과를 적용합니다. ④ [Channel]을 [Alpha]로 변경하고 ⑤ [Alpha Input White]를 3으로 입력합니다. 대비가 강해지면서 그림자의 밝고 흐린 부분이 어둡게 처리되며 이미지가 또렷해집니다.

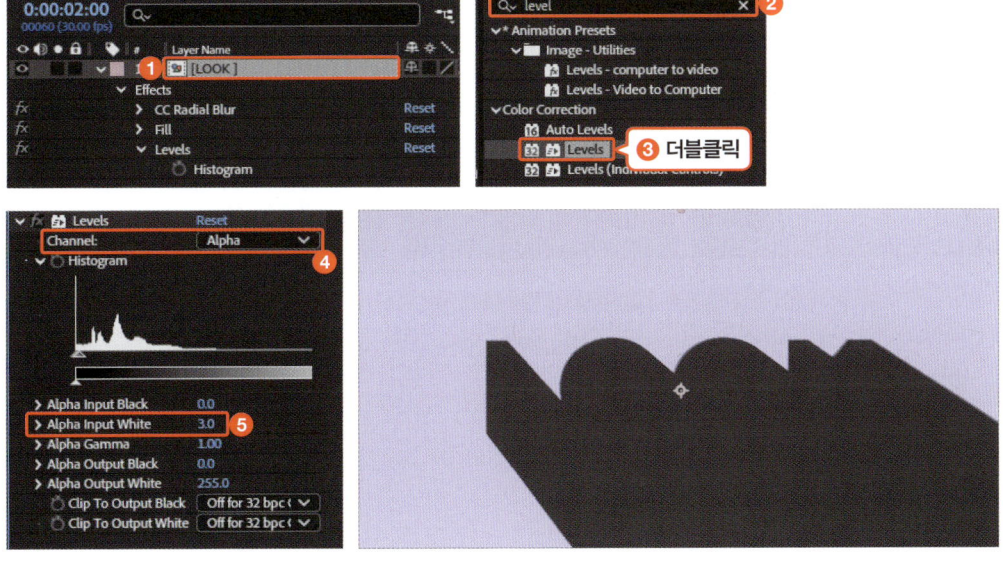

08 ❶ [Timeline] 패널에서 [LOOK] 레이어를 클릭합니다. ❷ [Effects & Presets] 패널에서 **composite**를 검색합니다. ❸ [Channel]-[CC Composite]를 더블클릭하여 효과를 적용합니다. ❹ [CC Composite] 효과의 속성 중에서 [RGB Only]의 체크를 해제합니다. 글자에 긴 그림자가 만들어졌습니다.

  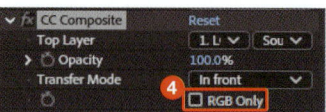

그림자 페이드 아웃 효과 만들기

그림자가 서서히 사라지는 페이드 아웃(Fade out) 효과를 만들어보겠습니다.

09 ❶ [Timeline] 패널에서 [LOOK] 레이어를 클릭합니다. ❷ [Effects & Presets] 패널에서 **linear**를 검색합니다. ❸ [Transition]-[linear Wipe]를 더블클릭하여 효과를 적용합니다. ❹ 효과의 속성을 다음과 같이 설정합니다. 그림자의 하단 부분이 부드럽게 페이드 아웃됩니다.

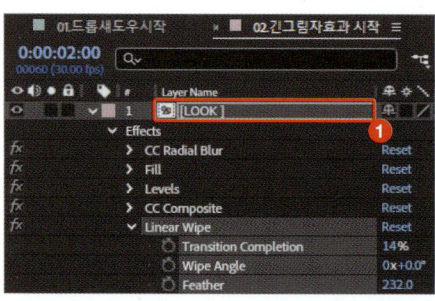  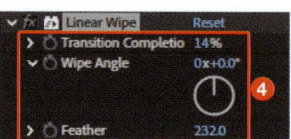

Transition Completion	14%
Wipe Angle	0
Feather	232

> Linear Wipe 효과는 전환 효과 중 하나로, 레이어의 가장자리를 직선으로 잘라내거나 나타내는 방식으로 일반적으로 트랜지션을 생성하는 데 사용됩니다.

10 Spacebar 를 눌러 애니메이션을 재생합니다. 로고의 애니메이션에 긴 그림자 처리가 자연스럽게 연출되었습니다.

로고를 따라서 빛이 흐르는 효과 만들기

이번에는 타이틀 로고 애니메이션에서 매우 빈번하게 활용되는 [CC Light Sweep] 효과를 활용하여 로고에 빛이 흐르는 효과를 만들어보겠습니다.

01 ❶ [Timeline] 패널에서 [03.빛이흐르는효과시작]을 클릭합니다. ❷ [STARRY LIGHT] 레이어를 클릭합니다. [Gradient Ramp] 효과가 적용되어 있습니다.

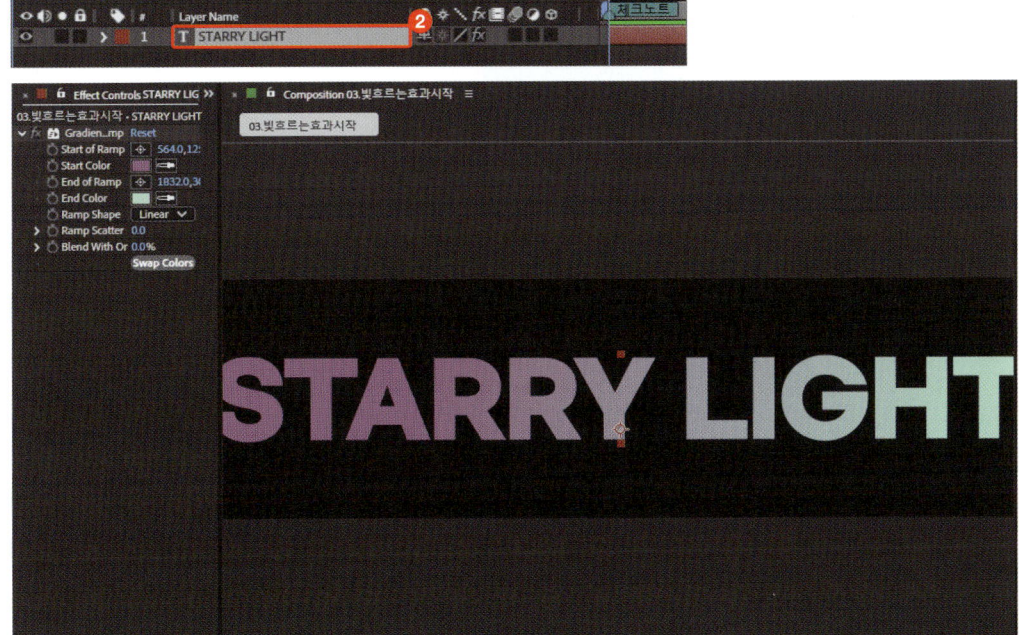

02 ① [Effects & Presets] 패널에서 **bevel**을 검색합니다. ② [Perspective]-[Bevel Alpha]를 더블클릭하여 효과를 적용합니다. ③ 속성을 다음과 같이 설정합니다. 글자에 약간의 입체감이 생성되었습니다.

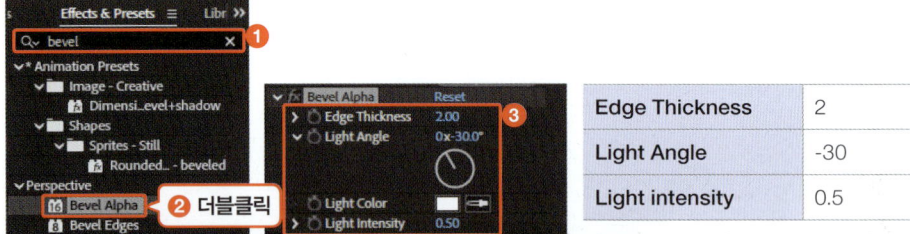

Edge Thickness	2
Light Angle	-30
Light intensity	0.5

> Bevel Alpha 효과는 텍스트나 셰이프 레이어의 알파 채널에 입체감을 추가하는 데 사용됩니다. 이 효과는 텍스트나 모양 레이어의 가장자리를 강조하여, 깊이감이 있는 비주얼을 생성합니다.

03 ① 다시 [STARRY LIGHT] 레이어를 클릭합니다. ② [Effects & Presets] 패널에서 **sweep**을 검색합니다. ③ [Generate]-[CC Light Sweep]를 더블클릭하여 효과를 적용합니다.

> CC Light Sweep 효과는 빛이 특정 경로를 따라 이동하는 듯한 효과를 생성하여 텍스트나 그래픽에 깊이감과 생동감을 더해주므로 타이틀 로고 애니메이션이나 텍스트 효과에 많이 사용됩니다.

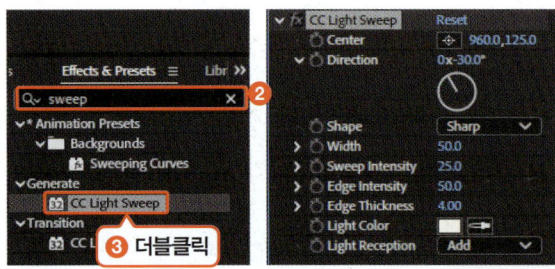

04 [CC Light Sweep] 효과의 속성을 다음과 같이 설정합니다.

Width	70
Sweep Intensity	70
Light Color	밝은 노란색

기능 꼼꼼 익히기 | [CC Light Sweep] 효과 알아보기

[CC Light Sweep] 효과는 애프터 이펙트의 대표적인 빛 효과로, 레이어에 빛이 스쳐 지나가는 듯한 움직임을 연출합니다. 빛의 방향, 너비, 페이드 등을 조절할 수 있어 로고나 텍스트에 동적인 하이라이트를 더하는 데 자주 활용됩니다.

- **Width** | 빛의 폭을 설정합니다. 이 값을 높이면 빛의 폭이 더 넓어지며, 낮추면 더 좁아집니다.
- **Sweep Intensity** | 빛의 강도를 설정합니다.
- **Light Color** | 빛의 색상을 설정합니다.

05 빛이 흐르는 애니메이션을 만들어보겠습니다. ❶❷ [CC Light Sweep] 효과의 [Center]에 다음과 같이 키프레임을 설정합니다. 빛이 화면의 왼쪽에서 오른쪽으로 서서히 이동합니다.

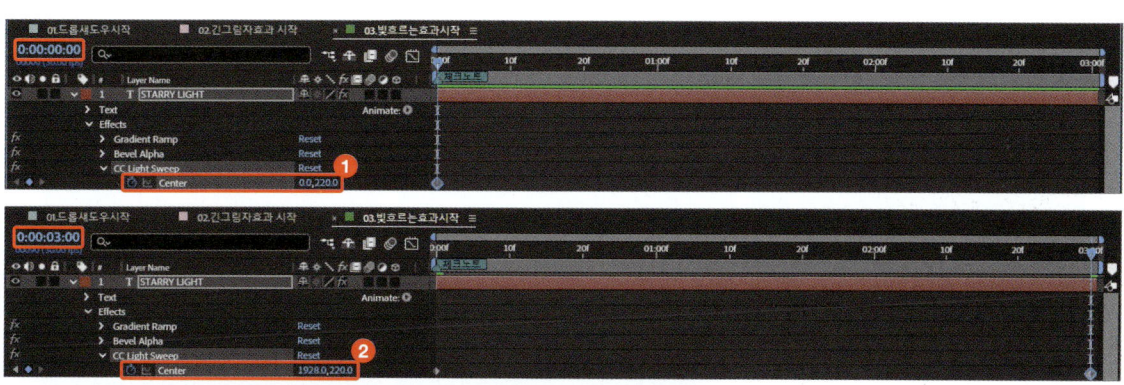

Time	[CC Lens]-[Size]
0초	0, 220
3초	1928, 220

06 Spacebar 를 눌러 애니메이션을 재생합니다. 노란색 밝은 빛이 글자를 따라서 왼쪽에서 오른쪽으로 서서히 움직이는 애니메이션이 완성되었습니다.

모션 디자인을 위한 핵심 효과

애프터 이펙트 핵심 효과로 다양한 디자인 만들기

☑ **CC 모든 버전**
☐ **CC 2025 버전**

준비 파일 애프터 이펙트/Chapter 05/모션디자인효과.aep
완성 파일 애프터 이펙트/Chapter 05/모션디자인효과.aep

  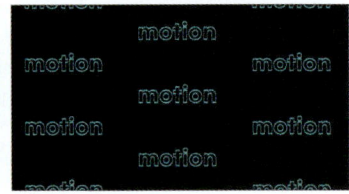

이 예제를 따라 하면

모션 작업은 키프레임 생성, 보간 조정, 표현식 입력을 기본으로 합니다. 여기에 모션 효과를 활용하면 작업에 특별한 스타일을 더할 수 있습니다. 이번 LESSON에서는 모션 디자인을 위한 다양한 효과를 살펴보겠습니다. 특히 퍼펫 핀 효과는 핀을 직접 조작하여 키프레임을 설정하는 방식으로, 캐릭터 애니메이션의 필수 도구로 활용됩니다.

- [Echo] 효과로 잔상을 표현하고, [Motion Tile] 효과로 밀도감을 추가합니다.
- Puppet 도구 기능을 사용해 캐릭터 애니메이션을 완성합니다.

모션에 잔상을 표현하는 에코 효과 만들기

동작이 반복적으로 표시되는 에코 효과를 통해 모션에 잔상을 추가하는 방법에 대해 학습해보겠습니다.

01 ❶ [File]-[Open Project] Ctrl + O 메뉴를 선택하여 **모션디자인효과.aep** 준비 파일을 엽니다. ❷ [Project] 패널에서 [01.에코효과시작]을 더블클릭하여 컴포지션을 엽니다. ❸ Spacebar 를 눌러 애니메이션을 재생합니다. 두 개의 텍스트 레이어가 삽입되어 있으며 위칫값에 키프레임이 설정되어 있습니다.

02 ❶ [Timeline] 패널에서 [motion 2] 레이어를 클릭합니다. ❷ [Effects & Presets] 패널에서 **echo**를 검색하고 ❸ [Time]-[Echo]를 더블클릭하여 효과를 적용합니다.

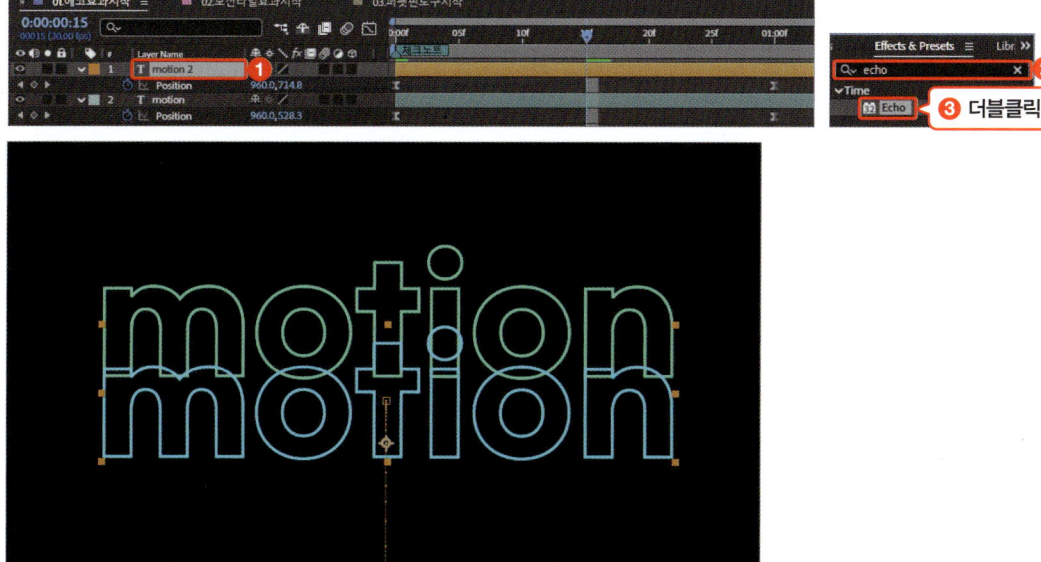

기능 꼼꼼 익히기 | Echo 효과 알아보기

Echo 효과는 레이어의 이미지를 시간차를 두고 복제하는 대표적인 비디오 효과입니다. 움직임을 강조하거나 독특한 비주얼을 연출할 수 있어 모션 디자인에서 자주 활용됩니다.

- **Echo Time** | 원본 레이어의 복제본이 나타나는 시간을 설정합니다.
- **Number of Echoes** | 복제본의 개수를 설정합니다.
- **Starting Intensity** | 복제의 시작 부분의 불투명도의 강도를 설정합니다. 기본값인 1은 불투명한 상태입니다.
- **Decay** | 각 복제본의 지연 정도를 설정합니다.
- **Echo Operator** | 복제본을 혼합하는 방식을 선택합니다. Add는 밝기를 추가하고, Maximum은 가장 밝은 부분을 유지하며, Minimum은 가장 어두운 부분을 유지합니다.

03 [Echo] 효과의 속성을 다음과 같이 설정합니다. 복제본을 여덟 개로 만들고 뒤로 갈수록 투명도가 높아집니다.

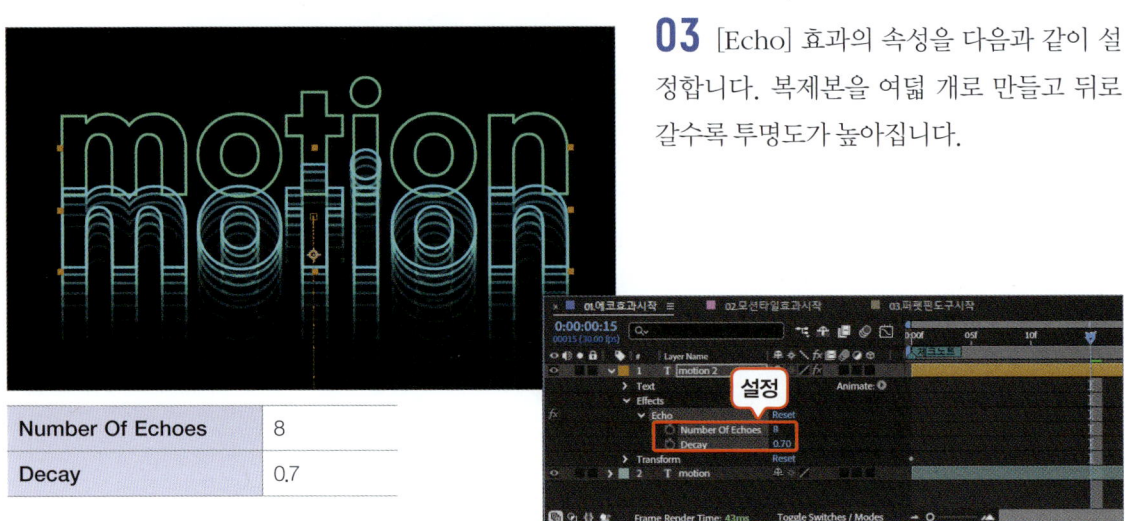

Number Of Echoes	8
Decay	0.7

04 ① [Timeline] 패널에서 [motion 2] 레이어에 적용된 [Echo] 효과를 클릭하고 ② Ctrl + C 를 눌러 복사합니다. ③ [motion] 레이어를 클릭하고 ④ Ctrl + V 를 눌러 효과를 붙여 넣습니다. 같은 효과가 적용됩니다.

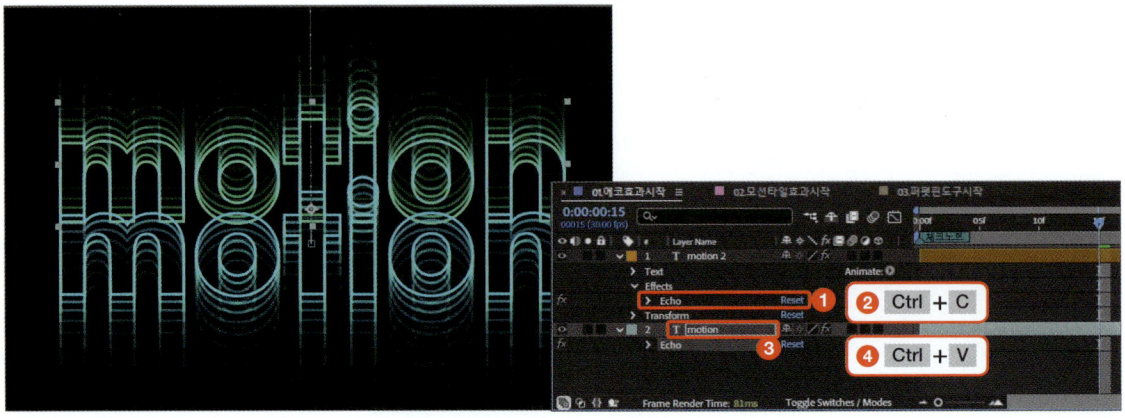

05 Spacebar 를 눌러 애니메이션을 재생합니다. 움직이는 방향에 따라 지연이 생성되어 잔상이 만들어지면서 동적인 움직임을 강조하는 흥미로운 모션 디자인 비주얼을 연출했습니다.

모션을 반복적으로 보여주는 모션 타일 효과 만들기

앞서 제작한 결과물에 또 다른 효과를 적용하여 밀도감을 추가한 모션 디자인을 만들어보겠습니다.

01 [Timeline] 패널에서 [02.모션타일효과시작]을 클릭합니다. 앞서 제작한 [01.에코효과] 컴포지션이 레이어로 삽입되어 있습니다.

02

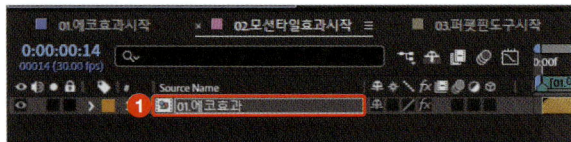

❶ [Timeline] 패널에서 [01.에코효과] 레이어를 클릭합니다. ❷ [Effects & Presets] 패널에서 **tile**을 검색합니다. ❸ 그리고 [Stylize]-[Motion Tile]을 더블클릭하여 효과를 적용합니다. 아무런 변화는 없습니다.

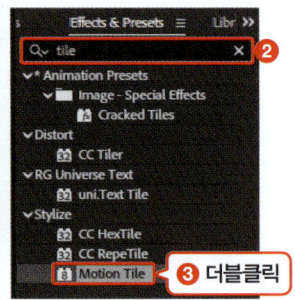

기능 꼼꼼 익히기 ▶ [Motion Tile] 효과 알아보기

[Motion Tile] 효과는 레이어의 이미지를 타일 형태로 반복하여 배경이나 질감을 생성하는 효과입니다. 비디오 배경이나 다양한 비주얼 아트를 만들 때 사용됩니다.

- **Tile Center** | 타일의 중심점을 조정할 수 있습니다.
- **Tile Height** | 타일의 각각의 높이를 설정합니다.
- **Output Height** | 타일의 수직 높이를 설정합니다.
- **Mirror Edges** | 이 옵션을 활성화하면 가장자리의 타일이 반사되는 형태로 표시됩니다.
- **Phase** | 타일의 배치와 이동 방향을 조정합니다.
- **Tile Width** | 타일 각각의 수평 너비를 설정합니다.
- **Output Width** | 타일의 수평 너비를 설정합니다.

03

❶ [Motion Tile] 효과의 속성을 다음과 같이 설정합니다. 타일이 대략 1/3 크기로 줄어들면서 반복됩니다. ❷ Spacebar 를 눌러 애니메이션을 재생합니다.

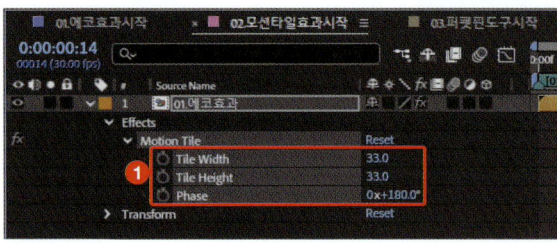

퍼펫 도구로 캐릭터 애니메이션 만들기

이번에는 캐릭터 동작의 핵심 도구인 퍼펫 핀(Puppet Pin)을 살펴보겠습니다. 퍼펫(Puppet) 애니메이션은 꼭두각시처럼 관절을 휘고 비틀어 움직임을 만드는 기법을 말합니다. [Transform] 속성만으로는 표현하기 어려운 관절의 구부러짐이나 휘어짐을 퍼펫 핀 도구로 자연스럽게 구현할 수 있습니다.

01 [Timeline] 패널에서 [03.퍼펫핀도구시작]을 클릭합니다. 캐릭터가 그려진 컴포지션이 레이어로 삽입되어 있습니다. 캐릭터의 눈동자만 움직일뿐 아직 동작은 없습니다.

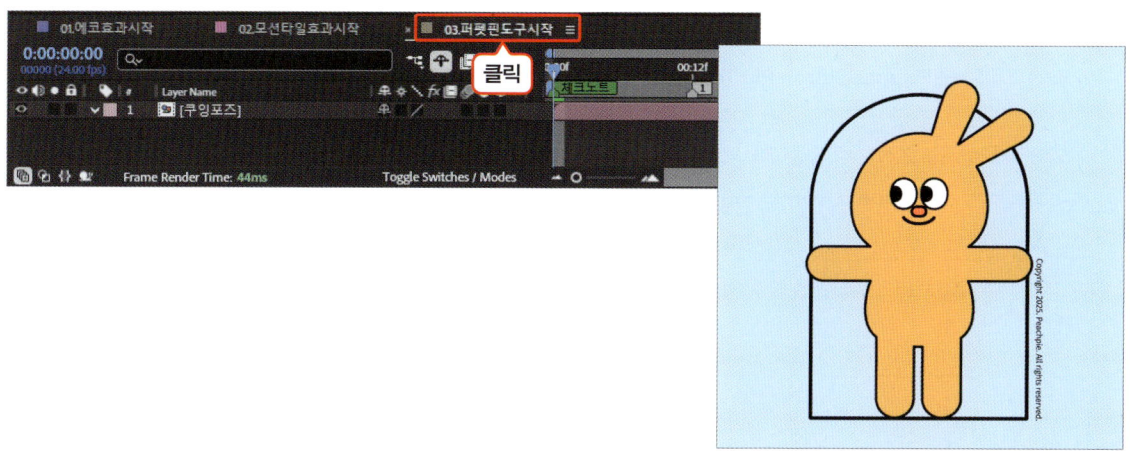

02 ❶ 0초 지점으로 현재 시간을 이동합니다. ❷ 퍼펫 어드밴스드 핀(Puppet Advanced Pin Tool) 도구를 선택합니다. ❸ 다음 그림을 참고하여 [Composition] 패널에서 캐릭터의 배 부분에 클릭합니다. 초록색 조절점과 둥근 회전 링이 표시됩니다. ❹ 도구바 오른쪽에서 [Mesh]를 활성화하면 메시를 확인할 수 있습니다. [Expansion]은 3으로 [Density]는 12로 설정합니다

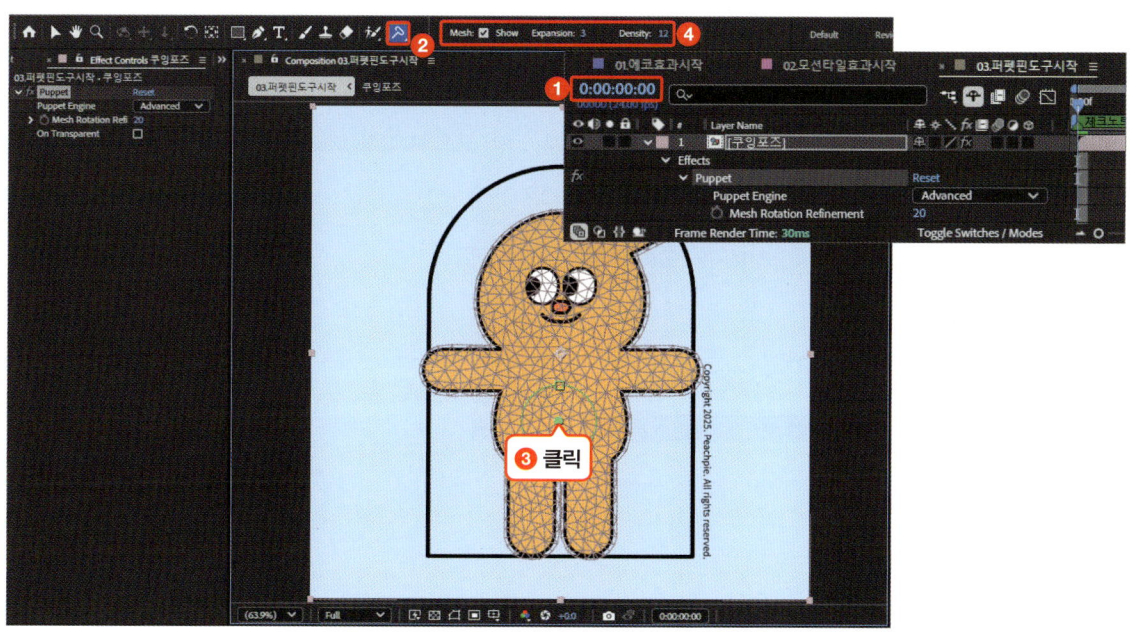

기능 꼼꼼 익히기   퍼펫 핀 도구 알아보기

퍼펫 핀 도구(Puppet Pin Tool)는 이미지나 비디오의 특정 부분에 '핀'을 추가하여 그 부분을 변형하고 애니메이션 할 수 있게 해주는 기능입니다. 캐릭터 애니메이션이나 복잡한 객체의 움직임을 제어하는 데 유용합니다. 퍼펫 포지션 핀 도구를 길게 클릭해보면 하위 메뉴에 다양한 옵션이 있습니다.

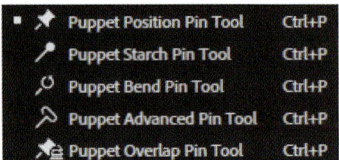

- 퍼펫 스타치 핀(Puppet Starch Pin Tool) | 어색하게 구부러진 부분을 조절할 수 있는 도구입니다.
- 퍼펫 어드밴스드 핀 도구(Puppet Advanced Pin Tool) | [Position]뿐 아니라 [Scale], [Rotation] 속성도 추가되어 더 다양하게 조절할 수 있습니다.
- 퍼펫 오버랩 핀(Puppet Overlap Pin Tool) | 이미지가 겹쳐진 부분을 자연스럽게 합성할 수 있는 도구입니다.

퍼펫 핀을 설정하려면 필요한 핀 도구를 선택하고 [Composition] 패널에서 핀을 직접 클릭하여 위칫값을 설정하거나 퍼펫 포지션 핀 도구로 핀의 위치를 모두 지정한 후에 [Timeline] 패널에서 추가된 핀의 [Pin Type] 옵션을 변경할 수도 있습니다.

03 ① 퍼펫 밴드 핀 도구를 선택하고 ② 캐릭터의 두 귀 사이를 클릭합니다. [Puppet Pin 2]가 생성되고 [Scale]과 [Rotation]에 자동으로 키프레임이 설정되었습니다.

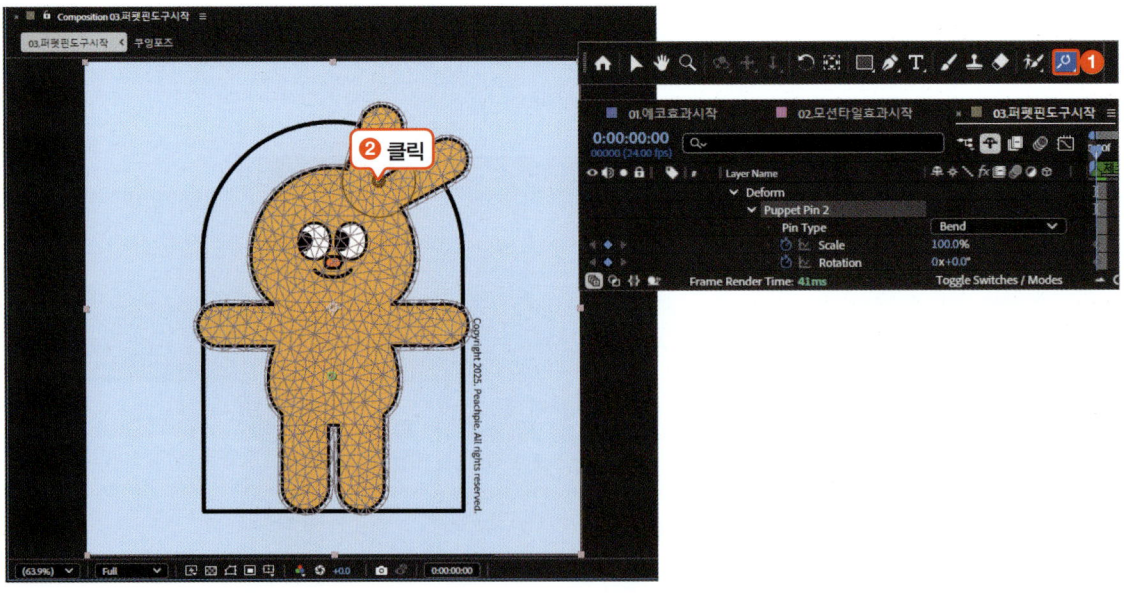

04 ① 퍼펫 포지션 핀 도구를 선택하고 ② 왼쪽과 ③ 오른쪽 발 끝부분을 차례로 클릭합니다. 두 개의 포지션 핀이 추가됩니다.

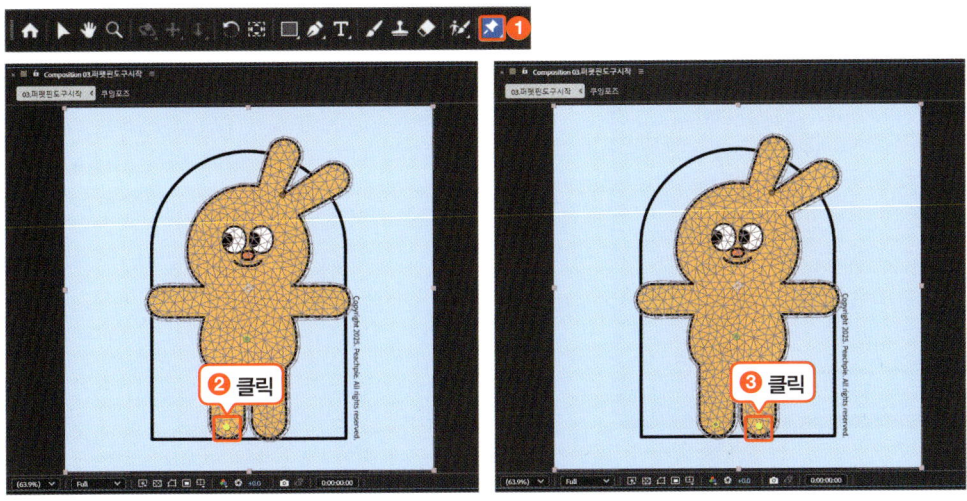

05 ① [Timeline] 패널에서 [쿠잉포즈] 레이어를 클릭하고 ② U 를 눌러 설정된 모든 키프레임을 열어봅니다.

> 예제가 잘 보일 수 있도록 레이아웃을 임의로 변경했습니다. 변경하지 않고 그대로 학습해도 됩니다.

06 ① 12F 지점으로 현재 시간을 이동합니다. ② 배 부분에 생성한 [Puppet Pin 1] 조절점을 조금 오른쪽 아래로 이동합니다. ③ 회전 링을 클릭하고 ④ 시계 방향으로 30° 정도 회전합니다.

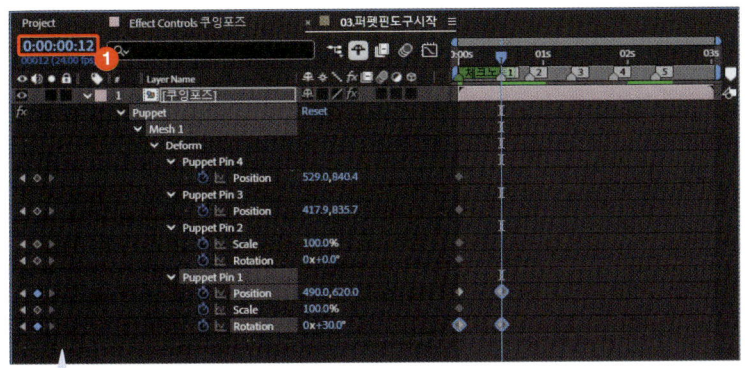

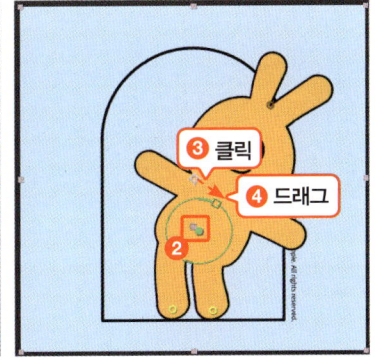

[Puppet Pin]–[Position] 좌푯값 알아보기 | [Composition] 패널에서 대략의 위치를 클릭하여 핀을 생성하였기 때문에 그림의 [Position] 값이 실습 예제와 다를 수 있습니다. 실습 도중 [Position] 값을 수정하면 모양이 달라집니다. 클릭하여 핀을 생성한 그 위치가 기본값으로 저장되기 때문에 핀의 위치를 조절하면 형태가 변하는 것입니다. 수치가 정확하게 같을 필요는 없고 화면을 참조하여 설정하면 됩니다.

07 ❶ 캐릭터의 귀 사이에 설정한 [Puppet Pin 2] 회전 링을 클릭하고 ❷ 시계 방향으로 40° 정도 회전합니다.

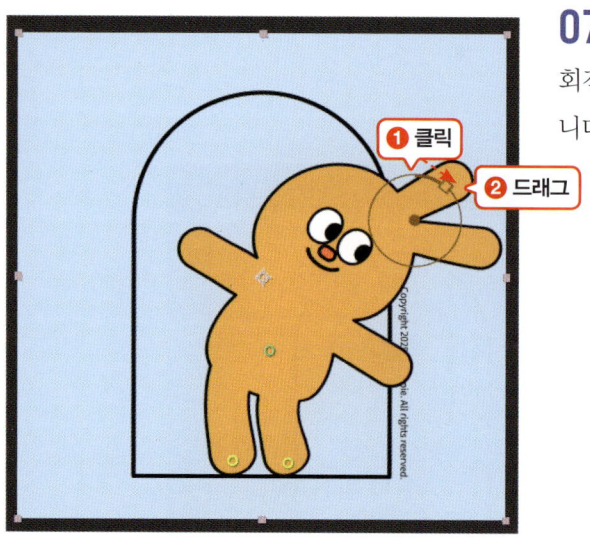

08 ❶ 20F 지점으로 현재 시간을 이동합니다. ❷ 8F 동안 이 동작을 유지하도록 같은 값에 다음과 같은 세 개의 키프레임을 추가합니다.

09 ❶ 1초 8F 지점으로 현재 시간을 이동합니다. ❷ [Puppet Pin 1] 조절점을 원래의 위치보다 조금 왼쪽으로 이동합니다. ❸ 회전 링을 클릭하고 ❹ 반시계방향으로 −30° 정도 회전합니다. ❺ 이어서 [Puppet Pin 2] 회전 링을 클릭하고 ❻ 반시계방향으로 −45° 정도 회전합니다.

10 ❶ 1초 20F 지점으로 현재 시간을 이동합니다. ❷ 12F 동안 이 동작을 유지하도록 같은 값에 다음과 같은 세 개의 키프레임 추가합니다.

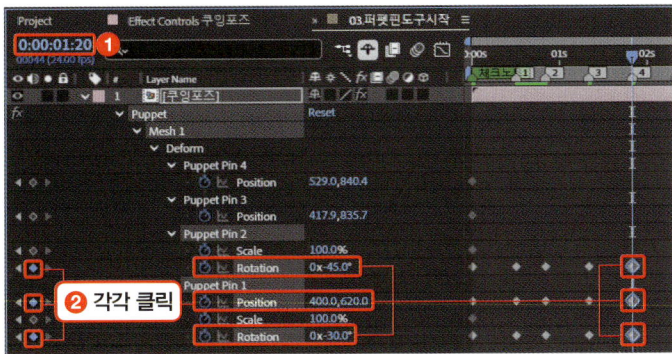

11 ❶ 2초 8F 지점으로 현재 시간을 이동합니다. ❷ 다음 그림을 참고하여 0초 지점에 설정된 세 개의 키프레임을 Shift 를 누른 채 차례로 선택합니다. ❸ Ctrl + C 를 눌러 복사한 후 ❹ Ctrl + V 를 눌러 붙여 넣습니다. 캐릭터가 제자리로 돌아옵니다.

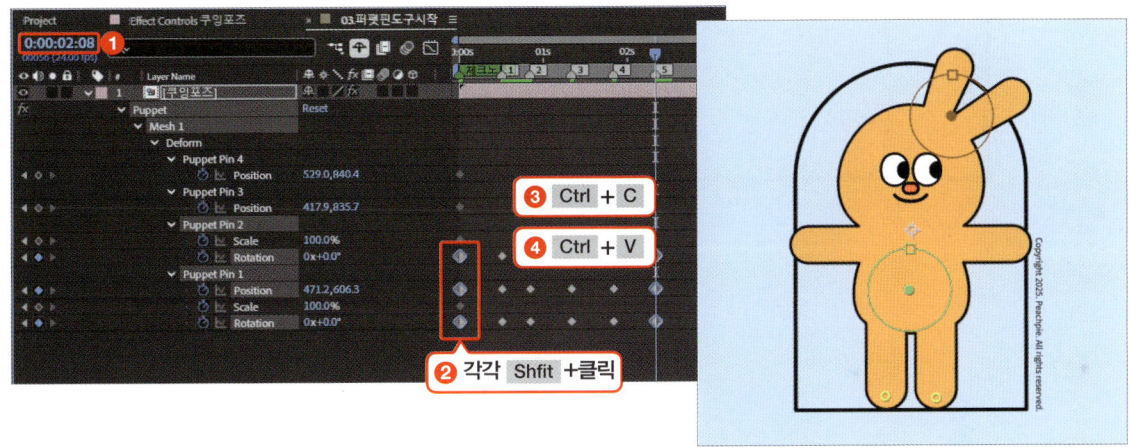

12 ❶ Ctrl + Alt + A 를 눌러 표시된 모든 키프레임을 선택하고 ❷ F9 를 눌러 [Easy Ease]를 적용합니다.

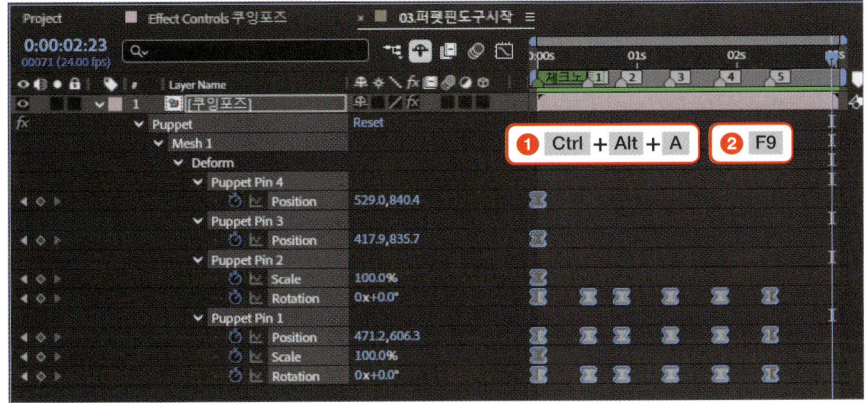

13 Spacebar 를 눌러 애니메이션을 재생합니다. 캐릭터가 오른쪽 왼쪽 방향으로 몸을 휘면서 뒤트는 동작을 만들었습니다. 양팔이나 무릎, 양쪽 귀 끝부분에도 핀을 추가하면 보다 정밀한 동작을 연출할 수 있습니다.

Ae LESSON 05

매력적인 스타일을 더하는 필수 효과

이미지와 영상에 독특한 시각적 스타일 연출하기

☑ **CC 모든 버전**
☐ CC 2025 버전

준비 파일 애프터 이펙트/Chapter 05/스타일효과.aep
완성 파일 애프터 이펙트/Chapter 05/스타일효과.aep

이 예제를 따라 하면

애프터 이펙트의 스타일라이즈(Stylize)는 이미지나 영상에 독특한 시각적 스타일을 연출할 때 사용하는 효과 그룹입니다. 이번 LESSON에서는 발광 효과를 만드는 글로우(Glow) 효과와 테두리에 불규칙한 움직임을 더하는 러픈 엣지(Roughen Edges) 효과의 기본 활용 방법과 응용 방법을 실습해보겠습니다.

- [Glow], [Roughen Edges] 효과를 사용해 몽환적으로 빛나는 달빛과 별빛을 연출합니다.
- Wiggle 익스프레션을 사용해 가장자리가 지글지글해 보이는 효과를 만듭니다.

불빛을 표현하는 글로우 효과 만들기

01 ① [File]-[Open Project] Ctrl + O 메뉴를 선택하여 **스타일효과.aep** 준비 파일을 엽니다. ②
[Project] 패널에서 [01.글로우효과시작]을 더블클릭하여 컴포지션을 엽니다. 솔리드 레이어와 이미지 레이어가 삽입되어 있습니다.

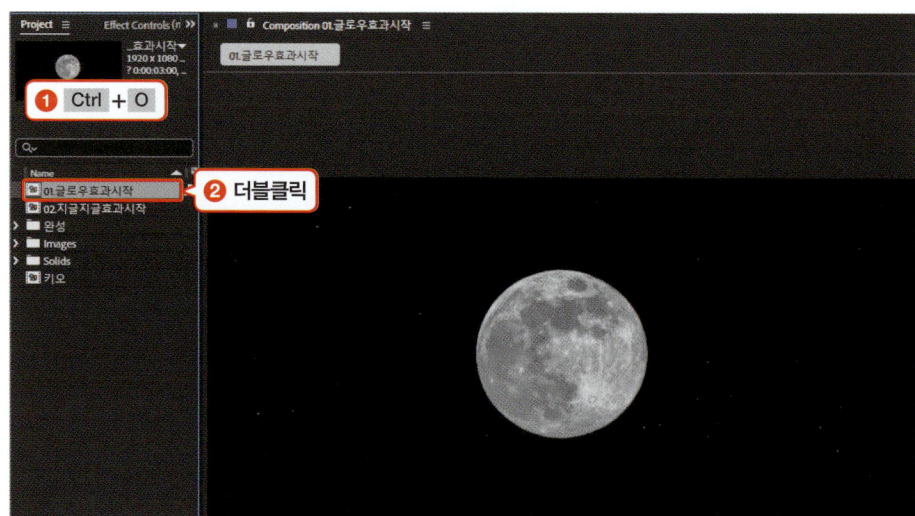

02 ① [Timeline] 패널에서 [달] 레이어를 클릭합니다. ② [Effects & Presets] 패널에서 **glow**를 검색하고 ③ [Stylize]-[Glow]를 더블클릭하여 효과를 적용합니다. 달이 전체적으로 빛을 머금은 듯 밝아집니다.

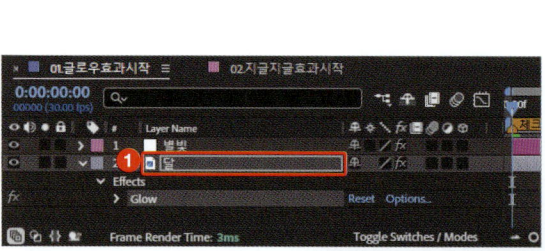
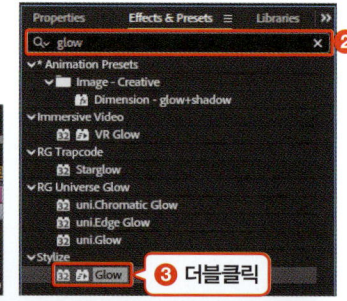

기능 꼼꼼 익히기 [Glow] 효과 알아보기

[Glow] 효과는 객체에 빛나는 느낌을 추가하여 분위기를 몽환적으로 표현하거나 시각적으로 강조하는 데 사용되는 효과입니다. 주로 그래픽, 텍스트, 또는 특정 영역에 빛이 나는 듯한 효과를 주어 비주얼의 매력을 높이는 데 도움을 줍니다.

- **Glow Based On** | 빛 효과가 적용되는 기준을 설정합니다.
- **Glow Threshold** | 빛 효과가 적용되는 밝기 수준을 설정합니다. 이 값을 높이면 더 밝은 부분에만 효과가 적용되고, 낮추면 어두운 부분까지 포함됩니다.
- **Glow Radius** | 빛의 확산 정도를 설정합니다. 이 값을 높이면 빛이 더 넓게 퍼지며, 낮추면 더 집중적으로 나타납니다.
- **Glow Intensity** | 빛의 강도를 조정합니다.
- **Glow Colors** | 빛의 색상 기준을 설정합니다.
- **Color Looping** | 글로우 효과가 적용된 객체의 색상이 주기적으로 변화하도록 설정합니다.
- **Colors A/B** | 두 가지 색상을 설정할 수 있습니다.
- **Glow Dimensions** | 빛이 퍼지는 방향을 설정합니다.

03

❶ [Effect Controls] 패널에서 [Glow] 효과의 속성을 다음과 같이 설정합니다. 달의 테두리 부분이 더욱 강하게 빛이 나고 빛 확산도 더욱 크게 연출됩니다. ❷ [달] 레이어를 클릭하고 ❸ Ctrl + D 를 눌러 레이어를 복제합니다.

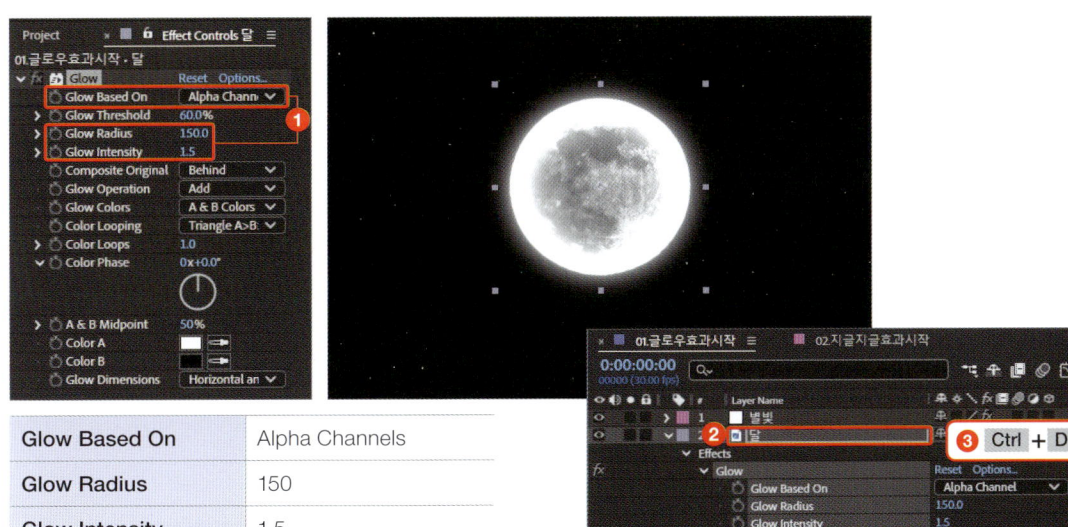

Glow Based On	Alpha Channels
Glow Radius	150
Glow Intensity	1.5

두 가지 컬러로 연출하는 글로우 효과 만들기

04 ❶ [Timeline] 패널에서 [달 2] 레이어를 클릭합니다. ❷ [Effect Controls] 패널에서 [Glow] 효과의 속성을 다음과 같이 설정합니다. 두 가지 색상이 어우러지는 은은한 조명이 연출됩니다.

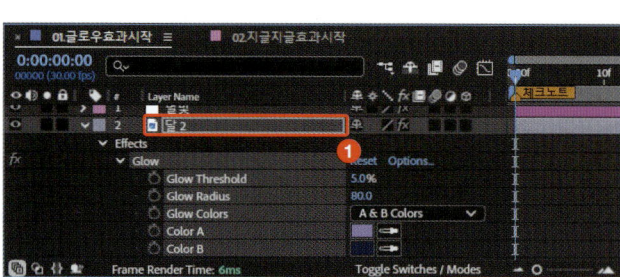 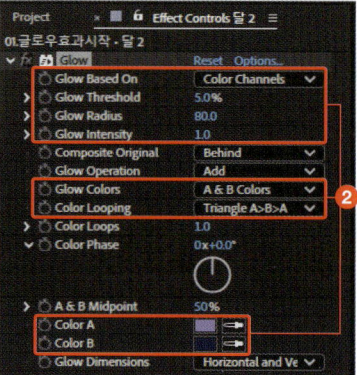

Glow Based On	Color Channels
Glow Threshold	5%
Glow Radius	80
Glow Intensity	1
Glow Colors	A & B Colors
Color Looping	Triangle A>B>A
Color A	밝은 분홍색
Color B	어두운 파란색

십자 모양의 글로우 효과 만들기

이번에는 기본 글로우를 만드는 방법을 응용하여 별빛에 십자 모양의 글로우를 만들어보겠습니다.

05 ❶ [Timeline] 패널에서 [별빛] 레이어를 클릭합니다. ❷ [Effects & Presets] 패널에서 **glow**를 검색하고 ❸ [Stylize]-[Glow]를 더블클릭하여 효과를 적용합니다.

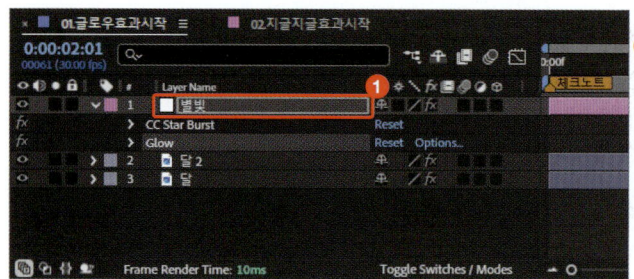 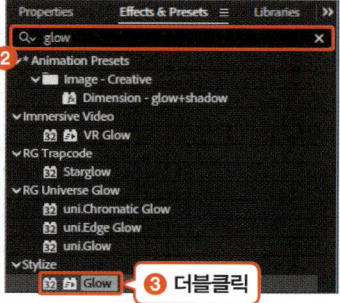

06 [Effect Controls] 패널에서 [Glow] 효과의 속성을 다음과 같이 설정합니다.

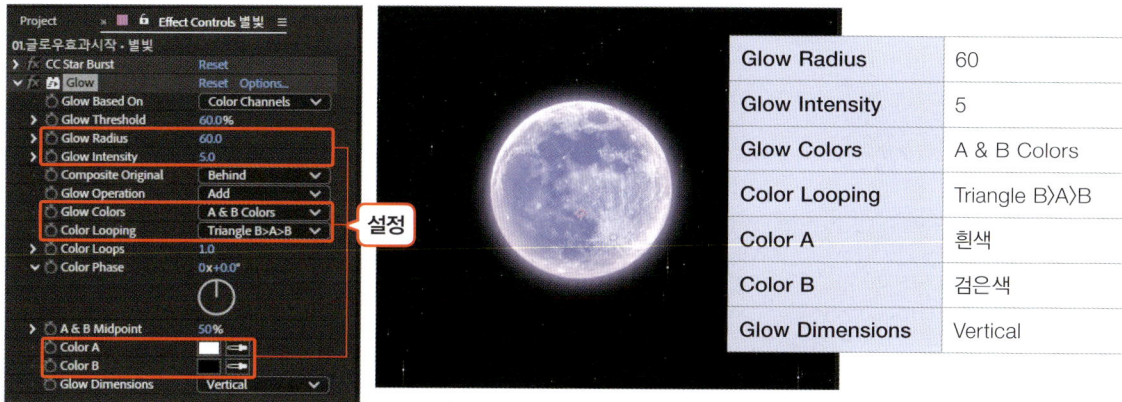

Glow Radius	60
Glow Intensity	5
Glow Colors	A & B Colors
Color Looping	Triangle B〉A〉B
Color A	흰색
Color B	검은색
Glow Dimensions	Vertical

07 ❶ [별빛] 레이어에 적용된 [Glow] 효과를 클릭하고 ❷ Ctrl + D 를 눌러 효과를 복제합니다. [Glow 2] 레이어가 등록되고 더욱 밝아집니다.

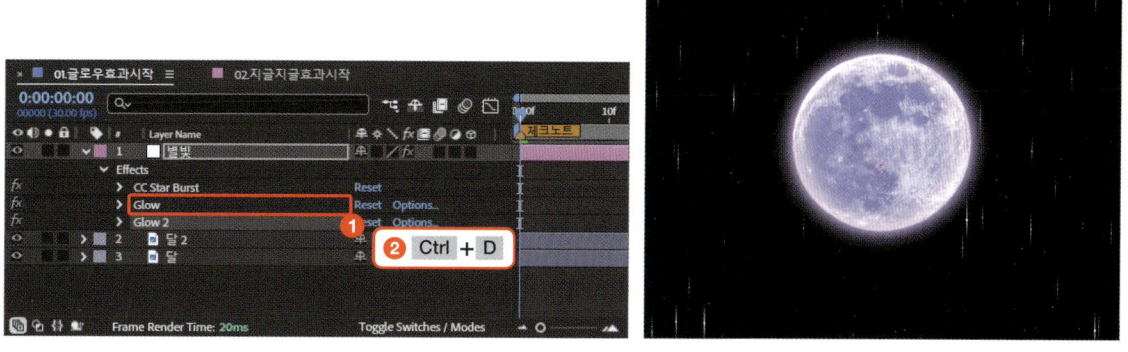

08 ❶ [Effect Controls] 패널에서 [Glow 2] 효과를 클릭합니다. ❷ [Glow Radius]는 30으로, ❸ [Glow Dimensions]은 [Horizontal]로 변경합니다. 빛이 가로 방향으로만 생성됩니다. 두 개의 빛이 합쳐서 십자 모양의 빛이 만들어졌습니다.

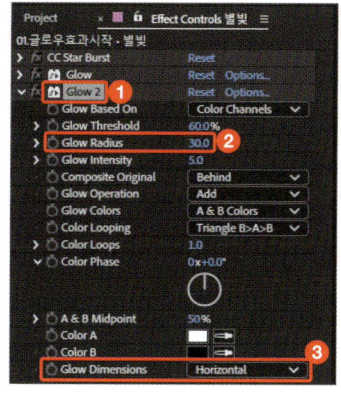

09 Spacebar 를 눌러 애니메이션을 재생합니다. 반짝이는 별과 분홍과 푸른 빛을 내뿜는 달이 어우러져 몽환적인 분위기를 연출합니다.

가장자리가 지글지글해 보이는 효과 만들기

셰이프 레이어로 만든 벡터 이미지는 다소 차갑고 기계적인 느낌을 줄 수 있습니다. [Roughen Edges] 효과를 활용하여 감성적인 느낌, 또는 만화적인 느낌의 스타일을 연출해보겠습니다.

01 ① [Timeline] 패널에서 [02.지글지글효과시작] 컴포지션을 클릭합니다. ② Spacebar 를 눌러 애니메이션을 재생합니다. 걷기 동작을 하는 캐릭터와 세 개의 구름 이미지, 그리고 스트로크로 그려진 텍스트가 있습니다.

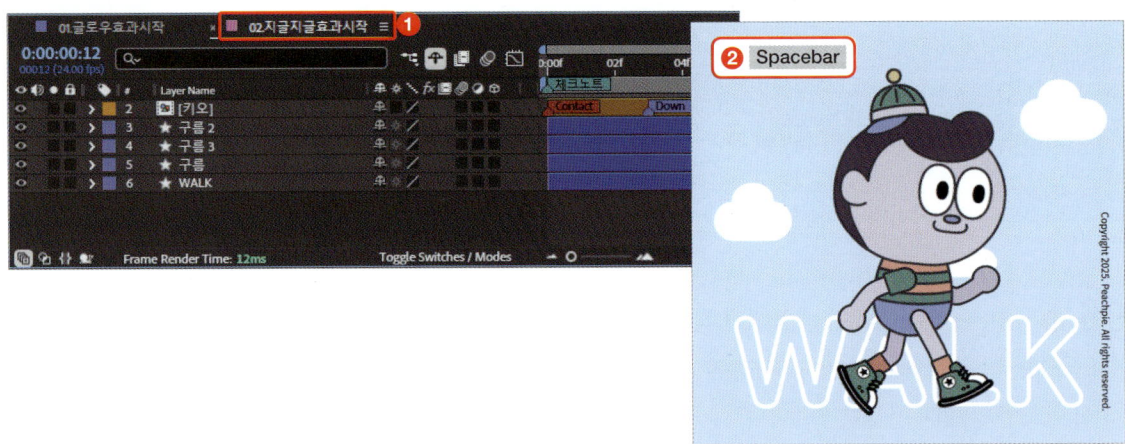

02 ① [키오] 레이어를 클릭하고 ② Ctrl + Alt + Y 를 눌러 [키오] 레이어 바로 위에 Adjustment 레이어를 만듭니다.

03

1 [Adjustment Layer 3] 레이어를 클릭합니다. **2** [Effects & Presets] 패널에서 **rough**를 검색하고 **3** [Stylize]-[Roughen Edges]를 더블클릭하여 효과를 적용합니다. 하위에 있는 모든 레이어에 같은 효과가 적용됩니다. 모든 그래픽 이미지의 외곽이 불규칙하게 울퉁불퉁한 모양으로 바뀝니다.

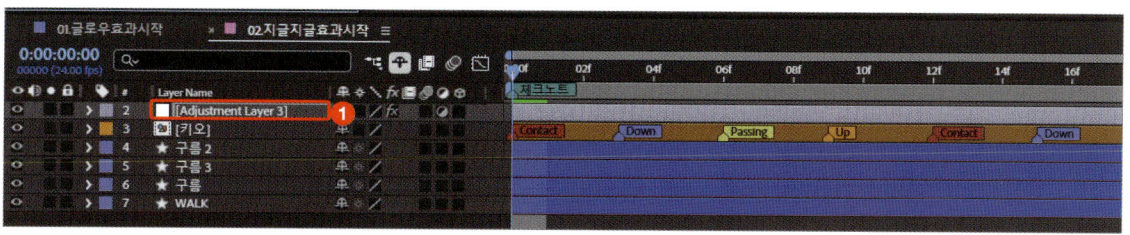

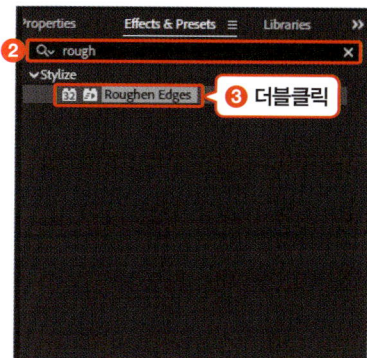

기능 꼼꼼 익히기 | [Roughen Edges] 효과 알아보기

[Roughen Edges] 효과는 레이어의 가장자리를 거칠고 불규칙하게 만들어 자연스럽고 유기적인 느낌을 주는 데 사용됩니다. 이 효과를 활용하면 만화적인 표현은 물론, 생동감을 더하는 데 매우 유용합니다.

- **Type** | 거칠기 효과의 유형을 선택할 수 있습니다. Roughen과 Smooth 옵션이 가장 많이 활용됩니다.
- **Border** | 효과가 적용되는 가장자리의 두께를 설정합니다. 이 값을 조정하여 거칠게 보이도록 할 수 있습니다.
- **Scale** | 거칠기 정도를 조정합니다. 값이 클수록 더 거칠고 불규칙한 형태가 생성됩니다.
- **Offset** | 변형된 가장자리가 특정 방향으로 이동하도록 조정하는 속성입니다.
- **Complexity** | 효과의 불규칙한 정도를 설정합니다.
- **Evolution** | 거칠기 효과의 변화를 시간에 따라 조정하는 속성입니다.

04 ① [Effect Controls] 패널에서 [Roughen Edges] 효과의 속성 중 [Border]는 4, ② [Scale]은 30으로 설정합니다. 그림의 가장자리가 거칠고 울퉁불퉁해졌지만 지글지글하게 움직이지는 않습니다.

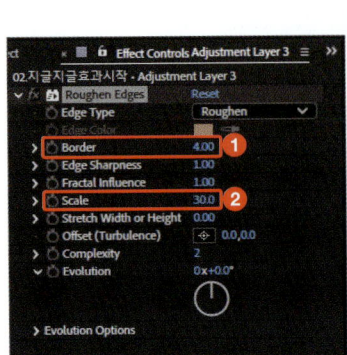

위글(wiggle) 표현식(expression) 적용하기

05 [Roughen Edges]-[Offset]에서 Alt 를 누르고 ⏱를 클릭하여 익스프레션을 적용합니다.

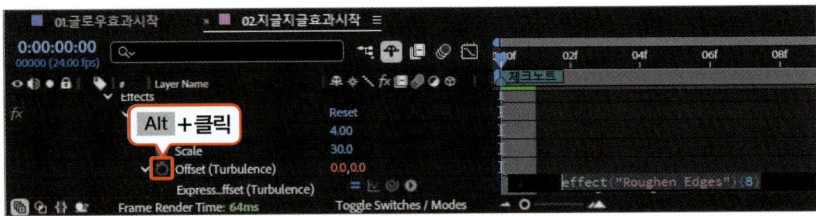

06 ① [Timeline] 패널에서 [Offset]의 표현식 입력 필드에 **wiggle(24,200)**을 입력합니다. ② 입력 후에는 화면의 다른 곳을 클릭하여 입력을 완료합니다.

> **기능 꼼꼼 익히기** **wiggle 표현식 알아보기**
>
> wiggle은 레이어의 속성을 주기적으로 무작위로 변경하는 표현식입니다. wiggle(frequency, amplitude)와 같이 입력하여 속성을 제어합니다.
>
> - **Frequency** | 초당 몇 번 변화를 줄지를 설정합니다. 여기서는 24로, 1초에 24번의 변화를 의미합니다.
> - **Amplitude** | 변화의 범위를 설정합니다. 여기서는 200으로, Offset 속성이 ±200의 범위 내에서 무작위로 이동하게 됩니다.

07 Spacebar 를 눌러 애니메이션을 재생합니다. 울퉁불퉁한 외곽선이 무작위로 지글지글 움직이며 매력적인 동적 스타일을 만들어냅니다.

CHAPTER 06

애프터 이펙트
고급 기능 익히기

애프터 이펙트는 기본적인 키프레임 애니메이션 외에도 다양한 시각 효과를 구현할 수 있는 고급 기능을 제공합니다. CHAPTER 06에서는 모션 그래픽과 합성 작업의 핵심인 3D 레이어, 마스크, 트랙 매트, 페어런트 기능을 알아보겠습니다. 이러한 고급 기능들은 개념을 이해하고 예제로 실습하면서 차근차근 익혀보면 어렵지 않습니다.

Ae LESSON 01

3D 레이어 개념 학습하고 실습하기

3D 공간에 3D 레이어, 카메라, 라이트 추가하기

3D 콘텐츠 제작은 오늘날 모션 디자인의 필수 요소가 되었습니다. 애프터 이펙트는 2D 프로그램이지만, 3D 기능을 활용하여 2D 기반의 3D 콘텐츠를 효과적으로 구현할 수 있습니다. 지속적인 업데이트를 통해 작업 프로세스가 개선되었고, 더욱 빨라진 성능과 3D 변환 기즈모, 향상된 카메라 도구로 더욱 직관적인 3D 작업이 가능해졌습니다.

간단 실습 | 3D 레이어로 변환하기

준비 파일 애프터 이펙트/Chapter 06/3D알아보기.aep

01 ❶ [File]-[Open Project] Ctrl + O 메뉴를 선택하고 **3D알아보기.aep** 준비 파일을 엽니다. ❷ [Project] 패널에서 [3D레이어] 컴포지션을 더블클릭하여 엽니다. [Composition] 패널을 보면 체스 말이 그려진 셰이프 레이어가 삽입되어 있습니다.

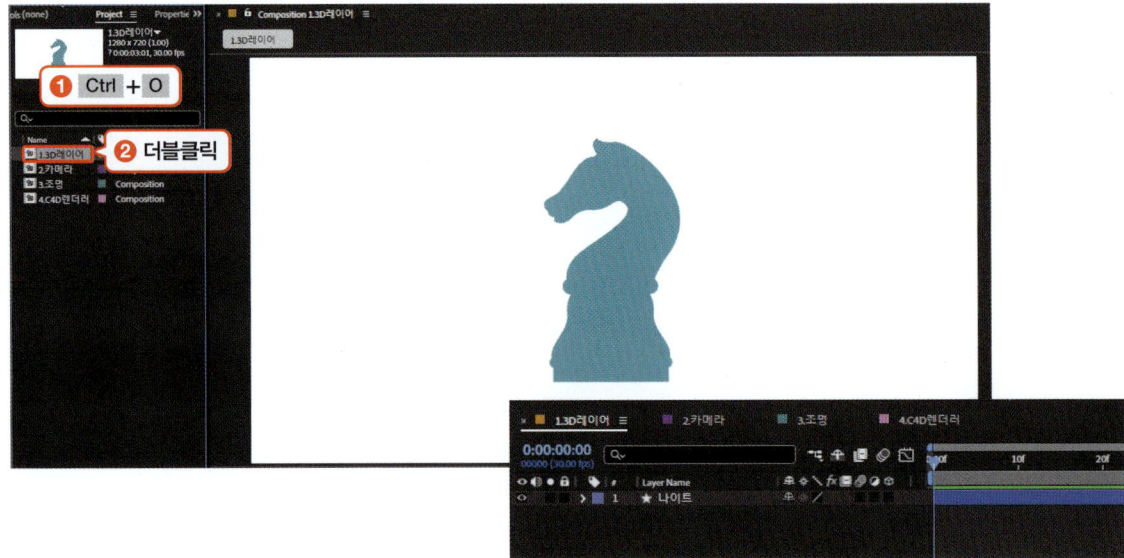

02 ① [Timeline] 패널에서 [나이트] 레이어의 ■를 클릭하여 3D 레이어를 활성화합니다. 형태는 그대로이고 다양한 조절 도구로 이루어진 트랜스폼 기즈모가 표시됩니다. ② [Transform] 속성의 ▶를 클릭하면 Z 좌표가 추가되었고 [Material Options] 등의 속성도 추가된 것을 확인할 수 있습니다.

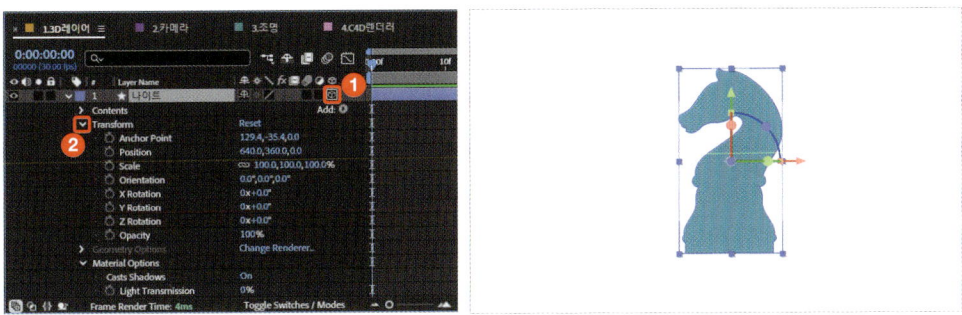

[Composition] 패널에서 객체를 보면 세 가지 색상의 선과 둥근 모양이 표시됩니다. 화살표가 있는 직선을 드래그하면 위치(Position)를 조절할 수 있으며, 호를 그리는 선을 드래그하면 방향(Orientation)을 조절할 수 있습니다. 다른 3D 프로그램과 동일하게 빨간색은 X축, 초록색은 Y축, 파란색은 Z축을 표시합니다. 즉, 빨간색 화살표를 드래그하면 [X Position]을, 파란색 호를 드래그하여 회전하면 [Z Orientation]을 조절할 수 있습니다.

간단 실습 3D 공간에서 레이어 이동하거나 회전하기

준비 파일 애프터 이펙트/Chapter 06/3D알아보기.aep

01 다양한 조절 도구로 이루어진 트랜스폼 기즈모를 연습해보겠습니다. 앞선 실습에 이어서 진행합니다. ① 도구바에서 선택 도구 ▶ V 를 선택하고 ② Local Axis Mode ⚙, ③ Universal Mode ▶를 각각 클릭합니다. ④ [나이트] 레이어를 클릭합니다. 오른쪽 빨간색 화살표로 마우스 포인터를 가져가면 X 좌푯값이 표시됩니다. ⑤ 빨간색 화살표를 드래그해 오른쪽으로 움직여봅니다. 원래의 좌표에서 얼마나 이동했는지 알려주는 값과 현재 좌표가 화면에 표시됩니다. Shift 를 누른 채 드래그하면 10px씩 움직일 수 있습니다. ⑥ Ctrl + Z 를 눌러 돌아옵니다.

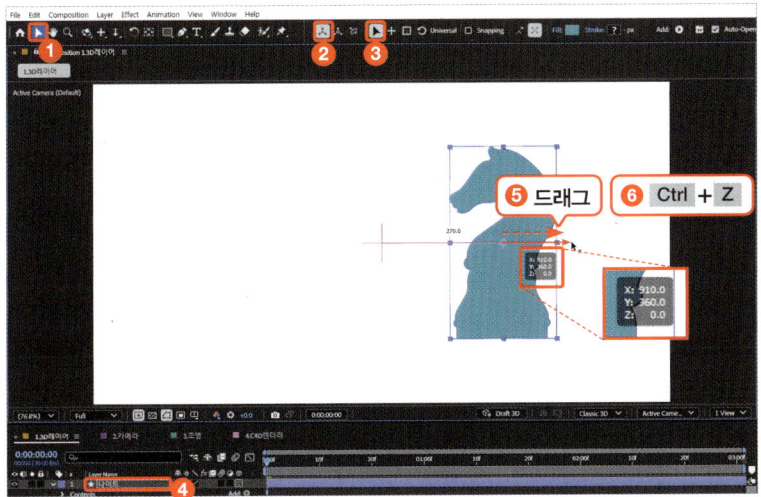

> **기능 꼼꼼 익히기**   **3D 레이어 선택 시 Axis Mode(액시스 모드) 옵션 알아보기**
>
> - **Local Axis Mode(로컬 액시스 모드)** | 3D 레이어의 표면에 축을 정렬합니다.
> - **World Axis Mode(월드 액시스 모드)** | 컴포지션의 절대 좌표에 축을 정렬합니다.
> - **View Axis Mode(뷰 액시스 모드)** | 선택한 뷰에 축을 정렬합니다.

> **기능 꼼꼼 익히기**   **3D 레이어 선택 시 선택 도구의 조절 옵션 알아보기**
>
> - **Universal(유니버설)** | 모든 방향으로 이동하거나 회전시킬 수 있습니다.
> - **Position(포지션) 4** | 상하좌우로 이동할 수 있습니다. 크기 조절이나 회전은 할 수 없습니다.
> - **Scale(스케일) 5** | 다양한 축으로 크기를 조절할 수 있습니다. 이동이나 회전은 할 수 없습니다.
> - **Rotation(로테이션) 6** | 방향을 회전할 수 있습니다. 크기 조절이나 이동은 할 수 없습니다.

02 이번에는 빨간색 동그라미가 표시된 원을 아래로 드래그해봅니다. Shift 를 누른 채 드래그하면 5°씩 회전합니다. 45°가 될 때까지 드래그해봅니다. [Timeline] 패널을 보면 [Orientation]의 X 좌푯값이 45°로 변경되었습니다. 다른 방향도 자유롭게 움직이며 연습해봅니다.

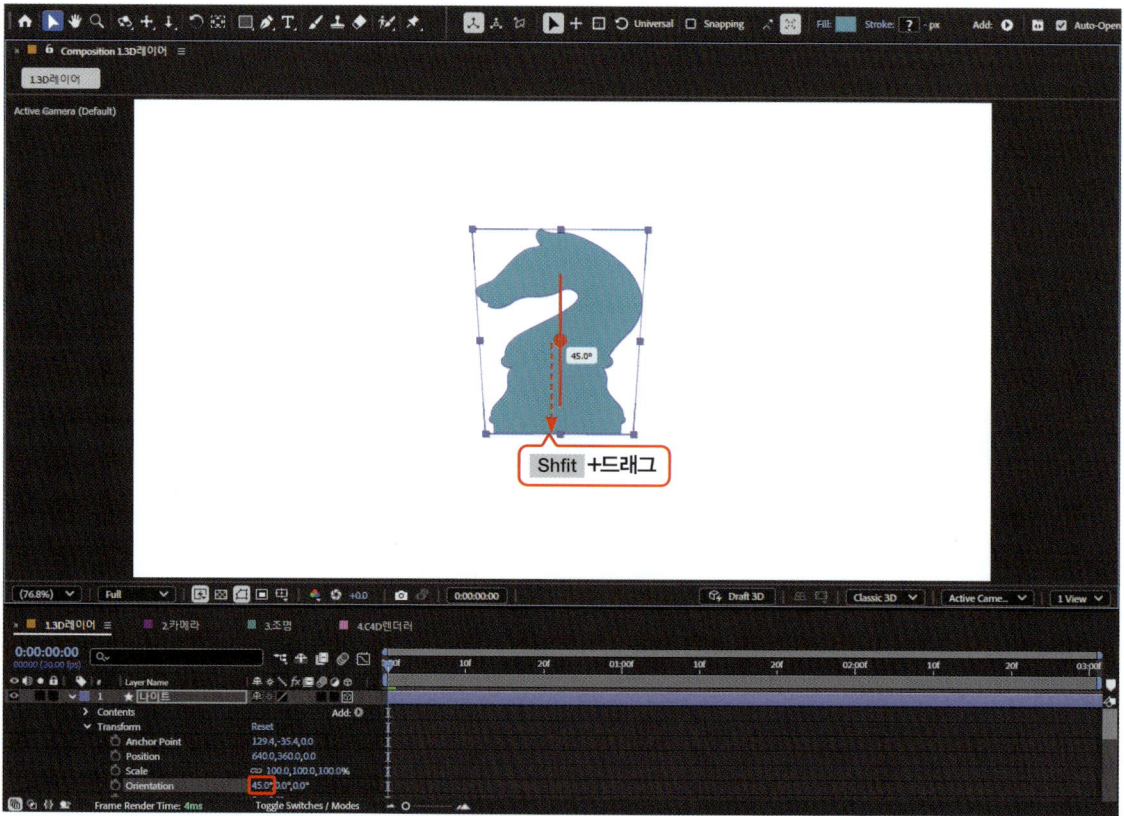

간단 실습   다양한 카메라 도구 알아보기

준비 파일 애프터 이펙트/Chapter 06/3D알아보기.aep

컴포지션에 한 개 이상의 3D 레이어가 있다면 카메라와 조명 등을 추가할 수 있습니다. 이번에는 도구바에 있는 카메라 도구에 대하여 알아보겠습니다.

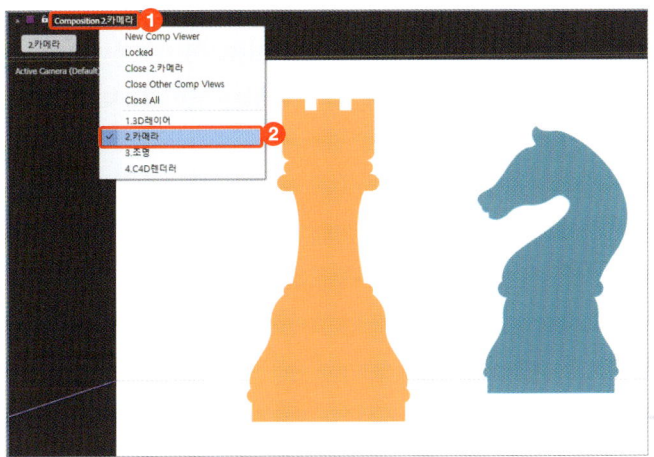

01 앞선 실습에 이어서 진행합니다. ❶ [Composition] 패널에서 컴포지션 이름을 클릭하고 ❷ [2.카메라]를 클릭합니다.

[Timeline] 패널에서 [2. 카메라] 탭을 클릭하여 컴포지션을 열어도 됩니다.

02 3D 작업에 익숙하지 않다면 뷰어를 추가하여 다양한 카메라 뷰를 보면서 작업하는 것이 좋습니다. ❶ ❷ [Composition] 패널에서 [2 Views]를 선택합니다. ❸ 왼쪽 뷰어를 [Custom View 1]로, ❹ 오른쪽 뷰어를 [Active Camera]로 설정합니다.

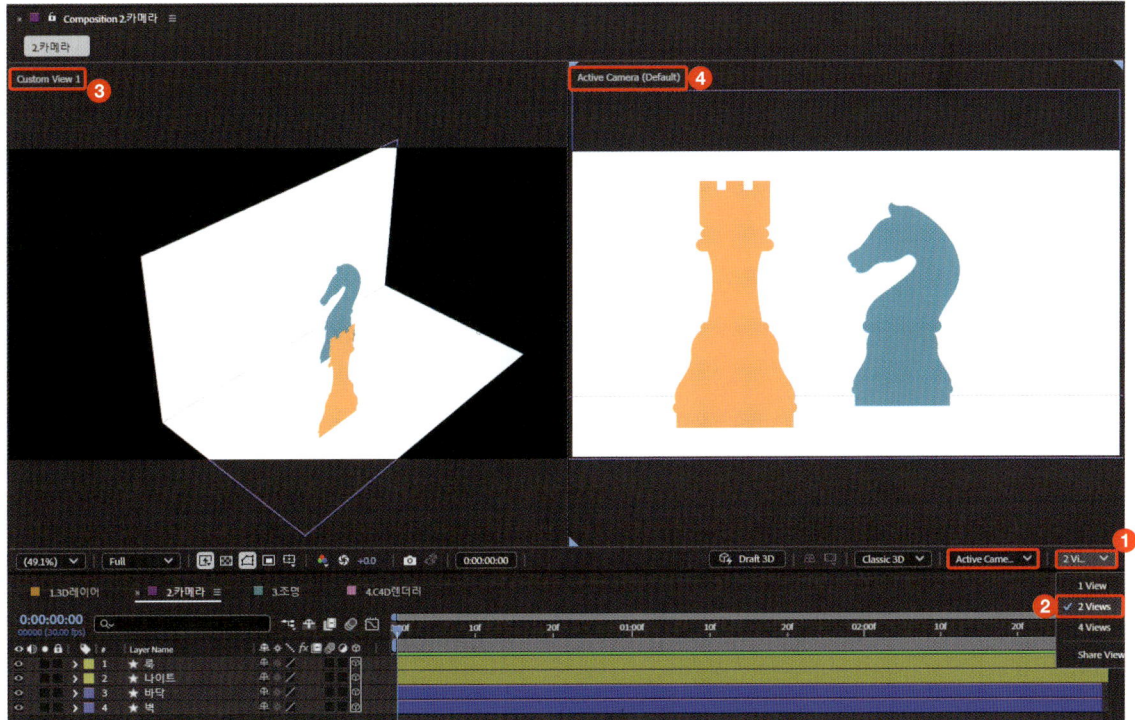

기능 꼼꼼 익히기 | Select view layout과 3D view popup

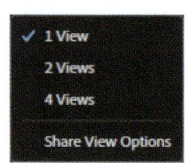

3D 작업을 할 때에는 다양한 뷰어를 보면서 작업하는 것이 좋습니다. 알맞은 뷰 레이아웃과 3D 뷰를 바꿔가면 작업하면 작업에 도움이 됩니다. [Select view layout]의 기본 값은 [1View]이며, 클릭하면 [2 Views]와 [4Views]를 선택할 수도 있습니다.

[3D view popup]은 뷰어가 보여 줄 카메라 뷰를 선택할 수 있고, 새로운 카메라를 만들거나 초기화할 수 있습니다. 활성 카메라인 [Active Camera]는 물론 앞에서 본 [Front]부터 아래에서 본 [Bottom]까지 직교투시도(Orthographic View)를 선택할 수 있습니다. 이 밖에도 원근법 뷰(Perspective View)인 3개의 [Custom View]를 선택할 수 있습니다. [Custom View]는 "사용자 정의 뷰"를 말하며 사용자가 특정한 시점이나 카메라 각도를 자유롭게 설정하여 저장하거나 조정할 수 있는 기능을 의미합니다. 이 카메라는 다양한 뷰를 보기 위한 카메라이며 렌더링 되지 않는 참고용 카메라입니다. [Active Camera]만 렌더링됩니다.

기능 꼼꼼 익히기 | 가장 자주 사용하는 뷰 세 가지 단축키

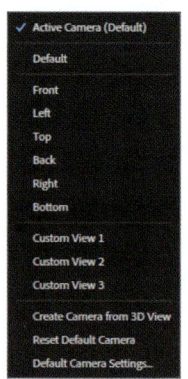

- Active Camera | F12
- Front Camera | F10
- Custom View 1 Camera | F11

03 ❶ [Composition] 패널의 오른쪽 화면인 [Active Camera] 뷰어 영역을 클릭하고 ❷ `Draft 3D`, ❸ 田, ❹ 🖼를 차례로 클릭하여 모두 활성화해줍니다.

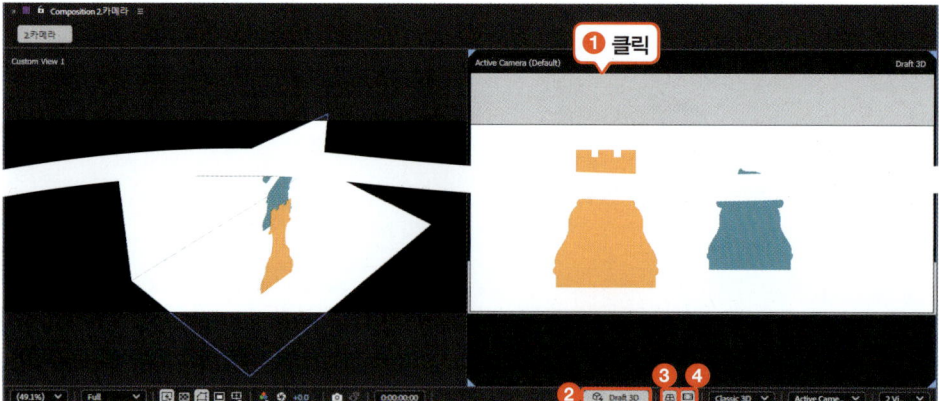

기능 꼼꼼 익히기 | Draft 3D, 3D Ground Plane, Extended Viewer 알아보기

- **Draft 3D** | 세부적인 렌더링 품질을 낮추고, 3D 요소들을 빠르게 미리 볼 수 있도록 해줍니다. 즉, 3D 작업 중에 컴퓨터 성능을 절약하고 작업 속도를 높이기 위해 사용됩니다. 조명의 그림자 정보 등 몇 가지 정보가 무시됩니다.
- **3D Ground Plane** | 3D 바닥 평면에 그리드가 표시되어 객체의 위치를 파악하는데 도움이 됩니다. Draft 3D가 활성화되어 있을 때만 켤 수 있습니다.
- **Extended Viewer** | 3D 뷰어의 범위를 확장하는 기능입니다. 기본 뷰어는 컴포지션 영역에만 객체들이 표시되지만, Extended Viewer를 활성화하면 3D 환경을 더 넓은 범위로 확장하여 컴포지션 밖의 영역도 모두 표시합니다. Draft 3D가 활성화되어 있을 때만 켤 수 있습니다.

04 ❶ 도구바에서 카메라 회전 도구 ▣ 1 를 클릭합니다. ❷ [Composition] 패널의 [Active Camera] 뷰어를 클릭하고 ❸ 좌우로 드래그하여 카메라를 회전해봅니다. ❹ 카메라 회전 도구 ▣ 1 를 길게 클릭하면 Orbit Around Scene Tool ▣, Orbit Around Camera POI ▣를 선택할 수도 있습니다. ❺ 세 개의 회전 도구를 각각 선택하고 [Composition] 패널에서 여러 지점을 클릭하고 움직이면서 카메라 뷰를 다양하게 조절해봅니다. 초점을 선택하고 장면 레이어를 중심으로 회전, 이동, 돌리(줌 인, 줌 아웃)를 수행하여 원하는 모든 각도에서 볼 수 있습니다.

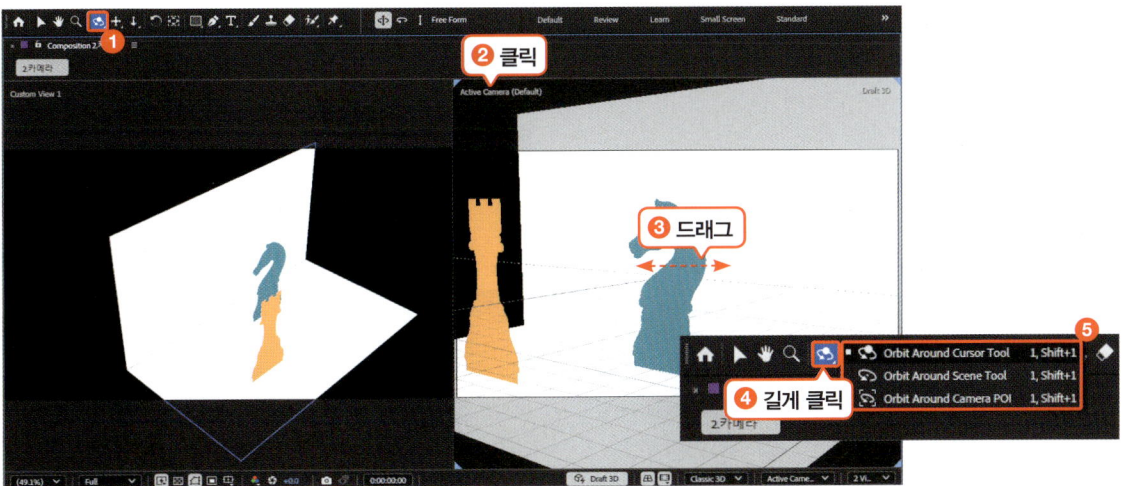

기능 꼼꼼 익히기 | 회전(Orbit) ▣ 도구 알아보기

- **Orbit Around Cursor Tool** ▣ | 카메라가 마우스 포인터를 중심으로 회전합니다.
- **Orbit Around Scene Tool** ▣ | 카메라가 장면을 중심으로 회전합니다.
- **Orbit Around Camera POI** ▣ | 카메라의 Point of Interest를 중심으로 회전합니다.

특정 기즈모를 선택하는 대신 Alt 를 누른 상태에서 서로 다른 마우스 버튼(왼쪽, 오른쪽 및 휠)을 사용하여 카메라를 회전, 돌리(줌 인, 줌 아웃)하거나 배치할 수 있습니다. Alt 를 떼면 사용하던 원래 도구로 돌아갑니다. 대부분의 3D 프로그램에서 사용되는 범용적인 카메라 제어 방식으로, 알아두면 작업 편의가 크게 향상됩니다.

05 ❶ 도구바에서 카메라 이동 도구 ╬ ❷ 를 클릭합니다. ❷ 카메라를 상하좌우로 이동할 수 있습니다. 카메라 이동 도구 ╬를 길게 클릭하면 Pan Camera POI Tool ╬을 선택할 수도 있습니다.

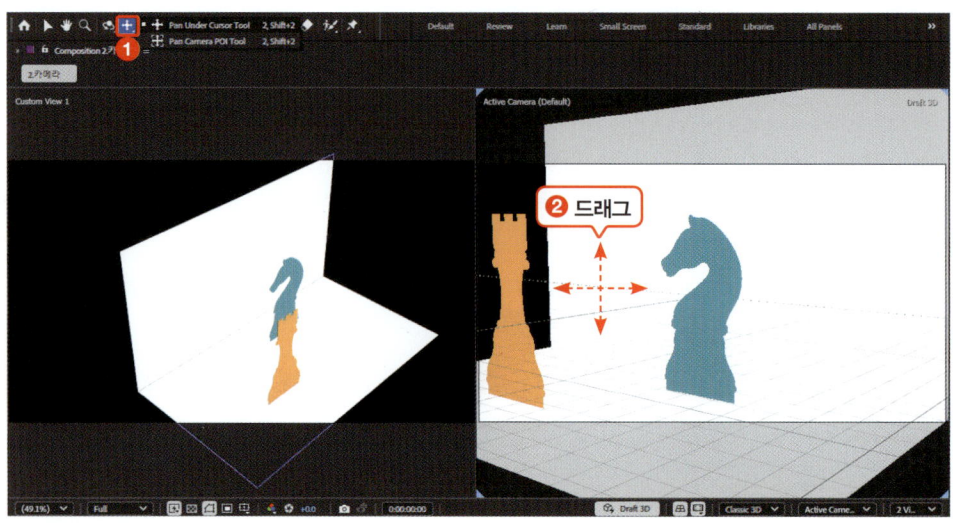

06 ❶ 도구바에서 돌리 도구 ↓ ❸ 를 클릭합니다. ❷ 카메라를 앞뒤로 이동할 수 있습니다. 돌리 도구 ↓ 를 길게 클릭하면 Dolly to Cursor Tool ↓, Dolly to Camera POI ↕ Tool을 선택할 수도 있습니다.

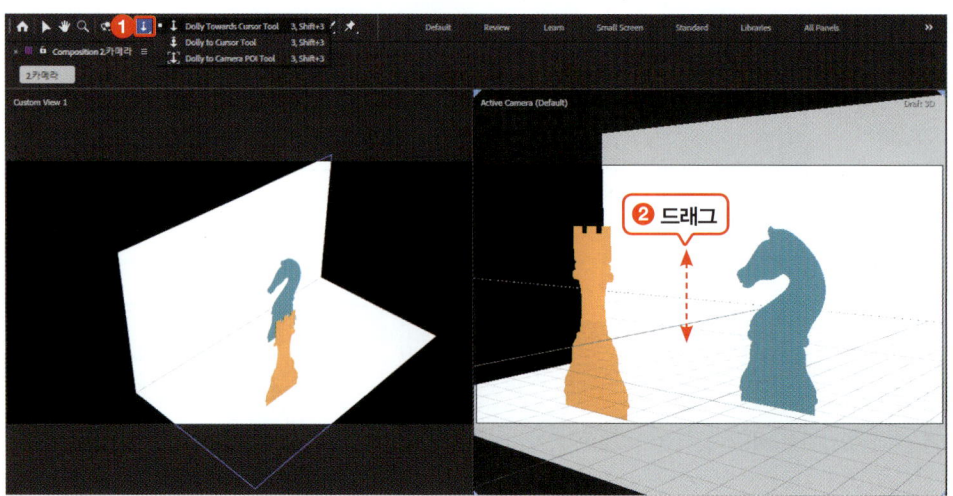

기능 꼼꼼 익히기 | 돌리(Dolly)와 줌(Zoom) 알아보기

돌리 도구 ↓로 선택하면 줌 인과 줌 아웃을 실행하는 것처럼 보입니다. 시각적으로 동일한 결과물로 보이지만 돌리와 줌은 다릅니다. 돌리는 실제로 카메라가 이동하며 대상에 가까워지거나(Dolly In) 멀어지는(Dolly Out) 것이며, 줌은 카메라 렌즈를 조정하여 대상을 크게 보이게 하거나(Zoom In) 작게 보이게 하는(Zoom Out) 것입니다. 두 가지를 혼용해서 사용하는 돌리 줌(Dolly Zoom) 기법은 신비로운 장면을 연출할 수 있어서 영화나 드라마 촬영에 많이 활용됩니다.

07
❶ 왼쪽 뷰어를 [Front]로 변경합니다. ❷ 오른쪽 뷰어를 클릭하고 드래그하여 객체가 멀리 보이도록 해봅니다. [Front] 뷰는 직교 투시도(Orthographic View)이며 원근법을 무시하므로 변화가 없습니다. [Front] 뷰는 정렬을 맞추거나 레이아웃을 설정할 때 중요한 뷰입니다.

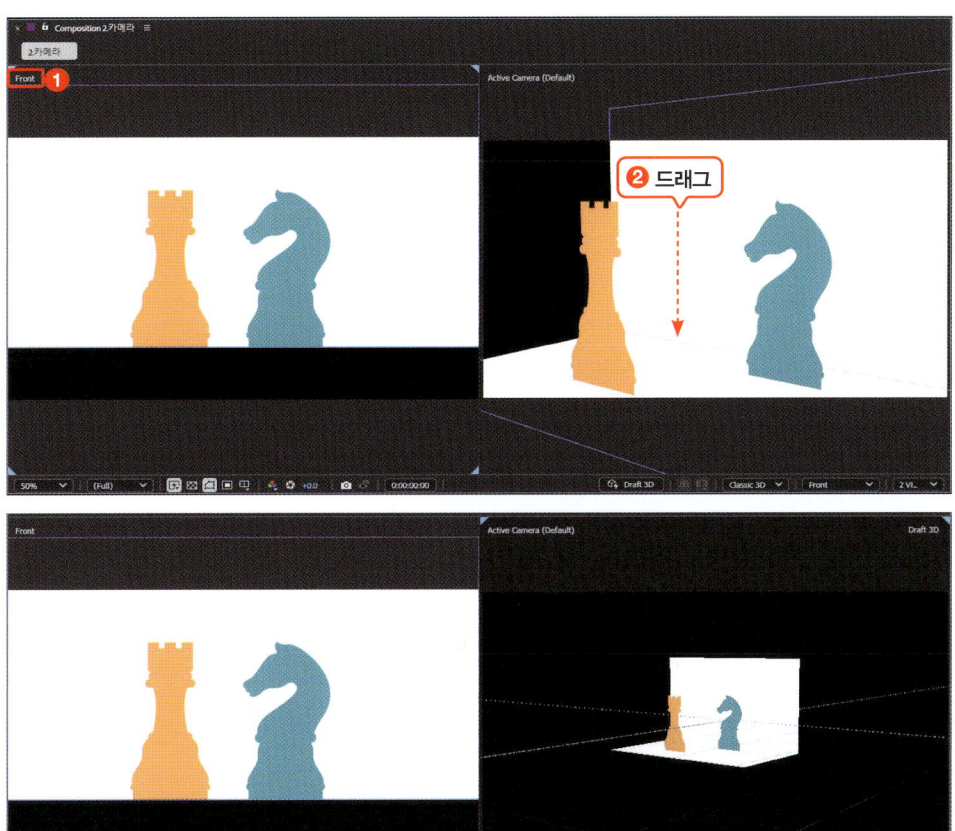

기능 꼼꼼 익히기 | 3D 보기 도구 단축키

카메라 회전 도구의 단축키는 1, 카메라 이동 도구의 단축키는 2, 돌리 도구의 단축키는 3 입니다. 각각의 단축키는 Shift 를 조합해 하위 메뉴로 이동할 수 있습니다. 예를 들어, Shift + 1 을 여러 번 눌러 카메라 회전 도구의 하위 도구인 Orbit Around Scene Tool, Orbit Around Camera POI 를 차례대로 선택할 수 있으며, Shift + 3 을 여러 번 눌러 Dolly Towards Cursor Tool, Dolly to Cursor Tool, Dolly to Camera POI Tool을 차례대로 선택할 수 있습니다.

| 간단 실습 | **새로운 카메라 만들기**

준비 파일 애프터 이펙트/Chapter 06/3D알아보기.aep

현재 활성 카메라는 디폴트 카메라이며, 디폴트(초기) 카메라는 다양한 뷰를 제공하지만 애니메이션할 수는 없습니다. 카메라의 여러 가지 속성을 포함한 새로운 카메라를 만들어보겠습니다.

01 앞선 실습에 이어서 진행합니다. ❶ [Layer]-[New]-[Camera] Ctrl + Alt + Shift + C 를 클릭합니다. ❷ [Camera Settings] 대화상자가 나타나면 [Type]은 [Two-Node Camera]로, ❸ [Preset]은 [35mm]로 설정하고 ❹ [OK]를 클릭합니다.

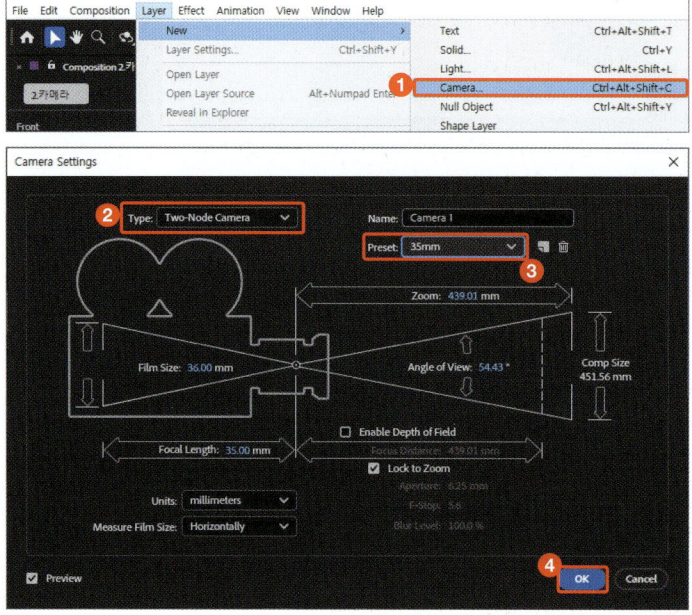

| 기능 꼼꼼 익히기 | **[Camera Settings] 대화상자 옵션 알아보기**

- **[Type]-[One-Node Camera]** | 카메라의 위치만 설정하고, 관심 지점(Point of Interest) 없이 단일 노드(카메라 위치)만 정의된 카메라 유형입니다.
- **[Two-Node Camera]** | 위치와 관심 지점(Point of Interest) 두 가지 요소를 모두 설정할 수 있는 카메라 유형으로 기본 유형입니다. 카메라의 위치와 관심 지점을 동시에 조정할 수 있어, 복잡한 카메라 움직임이나 카메라 추적을 할 때, 카메라가 특정 물체를 항상 바라보게 할 때 유용합니다.
- **[Preset]** | 다양한 렌즈를 선택할 수 있습니다. 35mm, 50mm는 렌즈 초점 거리(Focal Length)를 나타내는 값으로, 카메라 설정의 렌즈 특성을 정의합니다. 기본 렌즈는 50mm이며 자연스러운 시야를 제공합니다. 컴퓨터 그래픽에서는 35mm가 많이 활용되는데 35mm는 광각 렌즈로 넓은 시야각과 원근감을 강조합니다.

02 ① 왼쪽 뷰어를 클릭하고 ② F11 을 눌러 [Custom View 1] 뷰를 선택합니다. 카메라가 보입니다. [Timeline] 패널에도 [Camera 1]이 등록되었습니다. [Transform]과 [Camera Options] 속성이 나타납니다.

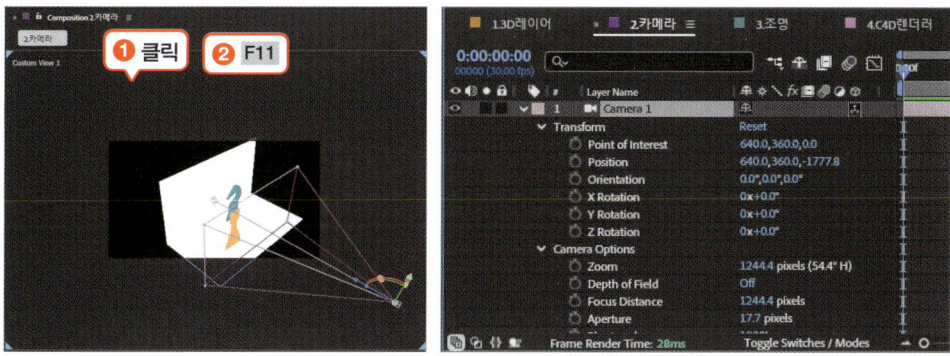

03 ① 왼쪽 뷰어에서 카메라의 빨간색 화살표(X축)를 클릭하고 왼쪽으로 드래그해봅니다. 카메라와 관심 지점(Point of Interest)이 같이 움직이며 카메라가 왼쪽으로 이동합니다. 반대쪽으로도 움직여보고 초록색 화살표를 클릭하고 위아래로도 움직여 봅니다. ② Ctrl + Z 를 눌러 돌아옵니다.

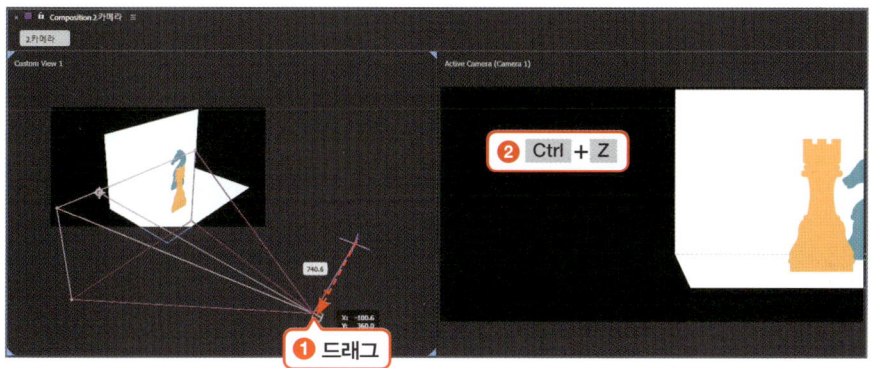

04 ① 왼쪽 뷰어에서 Ctrl 을 누른채 카메라의 초록색 화살표(Y축)를 클릭하고 위쪽으로 드래그해봅니다. 이번에는 관심 지점(Point of Interest)은 그대로지만 카메라의 Y 좌표만 이동하여 위에서 아래로 내려다보는 앵글이 만들어집니다. 좌푯값으로 확인할 수 있습니다. ② Ctrl + Z 를 눌러 돌아옵니다.

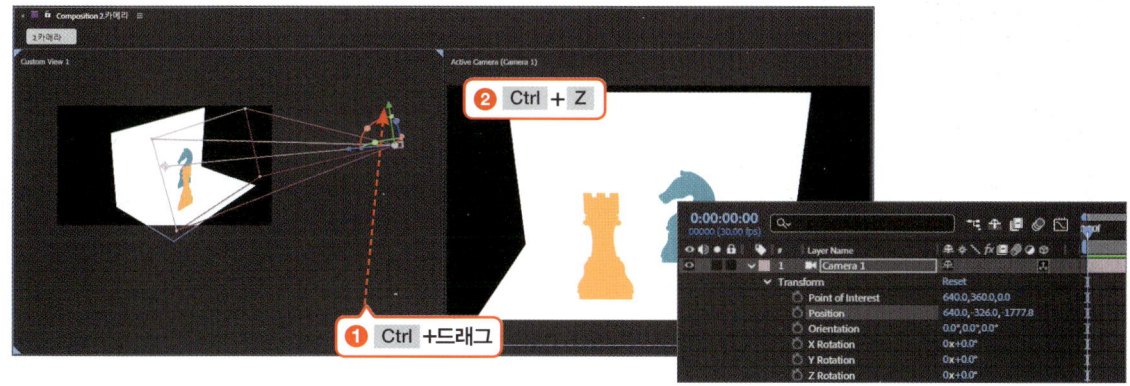

05 왼쪽 뷰어에서 파란색 링을 클릭하고 시계 방향으로 드래그하여 오른쪽으로 회전해봅니다. [Z Rotation]이 양수로 변하고 카메라가 오른쪽으로 회전합니다. 객체는 왼쪽으로 기울어져 보입니다.

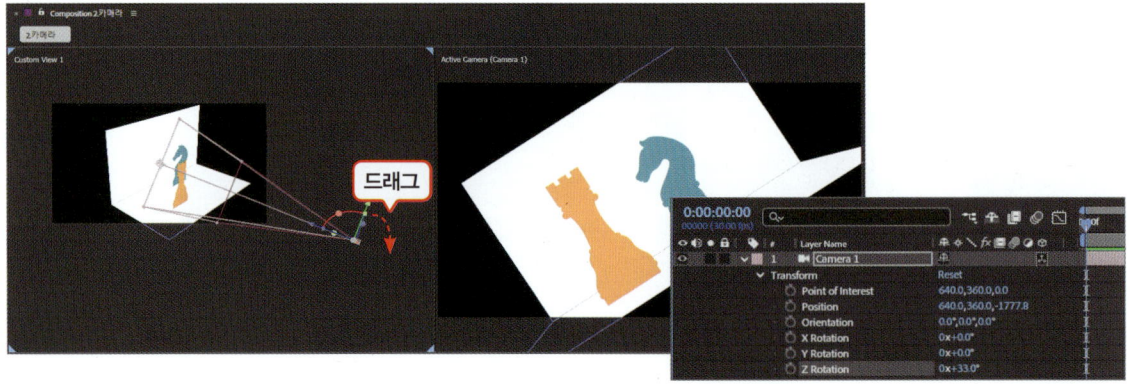

06 [Camera 1]-[Camera Options]-[Zoom]의 값을 작거나 크게 바꿔봅니다. 줌 아웃과 줌 인이 됩니다.

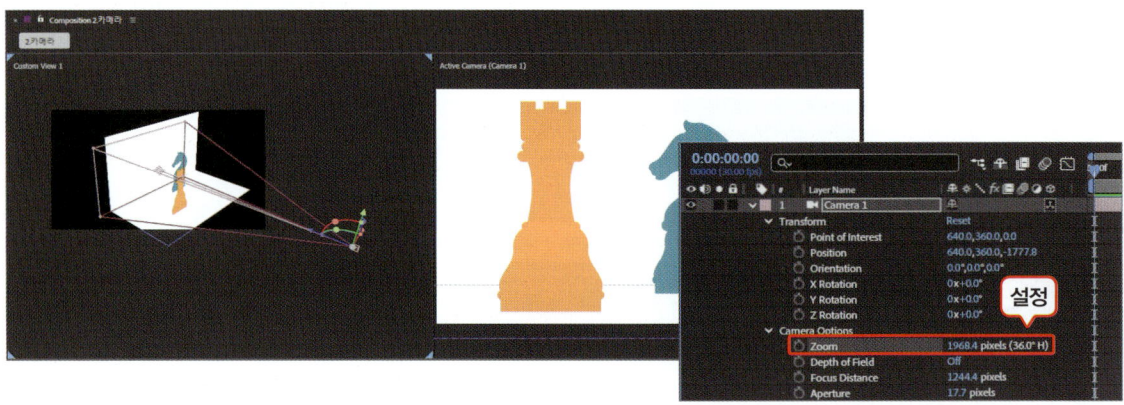

07 ❶ [Camera 1]-[Camera Options]-[Depth of Field]의 [Off]를 클릭하여 [On]으로 바꿉니다. Depth of Field는 카메라의 심도를 뜻합니다. ❷ 조리개인 [Aperture]의 수치를 높이면 심도가 깊어집니다. 수치를 높이고 초점 거리인 [Focus Distance]의 길이를 앞쪽 [룩] 레이어에 맞도록 조절해봅니다. 초점이 오렌지색 체스 말에 맞으면 뒤에 있는 파란색 체스 말은 흐리게 보입니다.

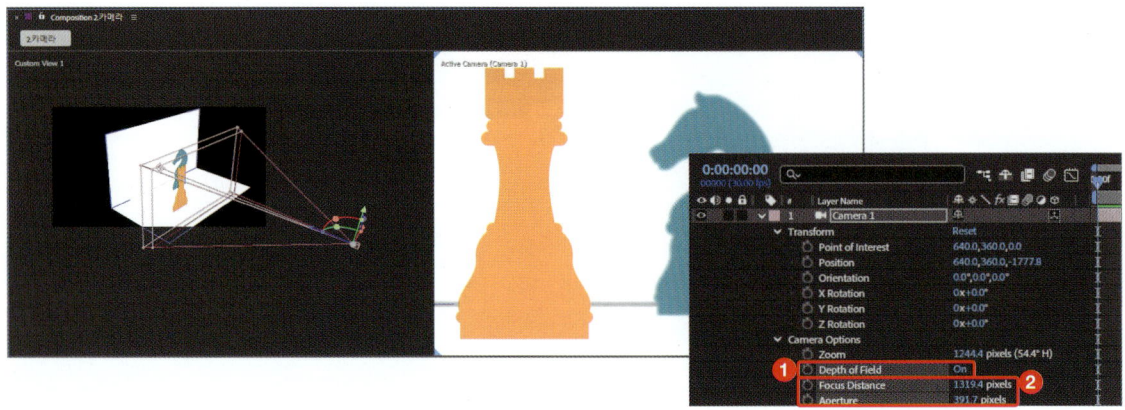

> **간단 실습** **조명(Light) 알아보기**

준비 파일 애프터 이펙트/Chapter 06/3D알아보기.aep

3D 레이어를 만들고 카메라를 만들었지만, 공간만 생겼을 뿐 그래픽이 플랫(Flat)하게 표현되어 입체감이 부족합니다. 조명과 그림자를 연출하면 보다 자연스러운 장면을 연출할 수 있습니다.

01 앞선 실습에 이어서 진행합니다. [3.조명] 컴포지션을 클릭합니다.

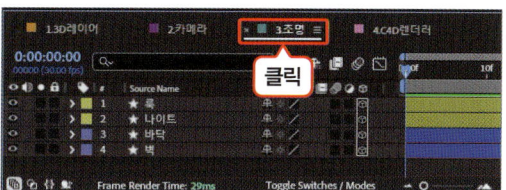

02 ❶ [Layer]-[New]-[Light] Ctrl + Alt + Shift + L 메뉴를 선택합니다. ❷ [Light Settings] 대화상자가 나타나면 다음과 같이 설정합니다. ❸ [OK]를 클릭합니다.

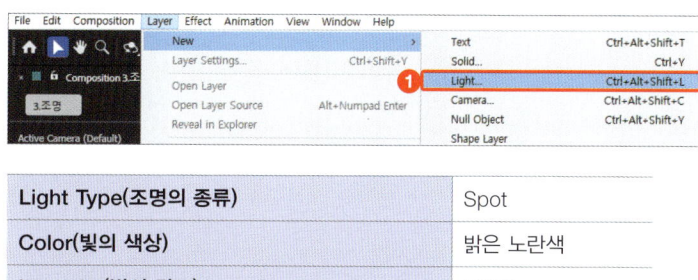

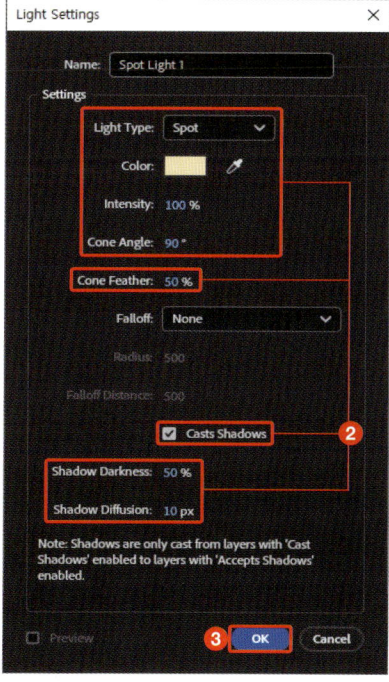

Light Type(조명의 종류)	Spot
Color(빛의 색상)	밝은 노란색
Intensity(빛의 강도)	100%
Cone Angle(콘 각도)	90°
Cone Feather(콘 가장자리 흐림)	50%
Cast Shadows(그림자 활성화)	체크
Shadow Darkness(그림자의 어두운 정도)	50%
Shadow Diffusion(그림자의 확산 정도)	10px

기능 꼼꼼 익히기 | 애프터 이펙트의 네 가지 조명 타입 알아보기

애프터 이펙트에는 다음과 같은 네 가지 타입의 조명이 있습니다. 조명의 타입에 따라 속성도 달라집니다.

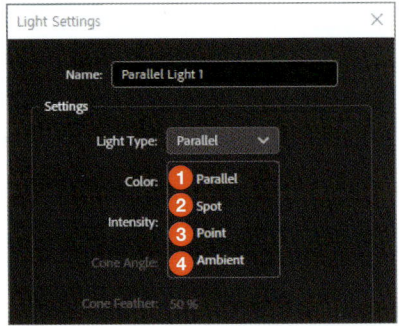

① **Parallel Light(패러렐 라이트)** | 지향성 조명이며 거리와 관계없이 빛의 강도가 유지됩니다.

② **Spot Light(스포트 라이트)** | 특정 지점에서 집중적인 빛을 방출하는 조명입니다. 빛은 원뿔 모양으로 퍼져나가며, 조명 각도나 집중 범위를 조정할 수 있습니다.

③ **Point Light(포인트 라이트)** | 3D 공간에서 하나의 점에서 방사되는 빛을 생성하는 조명입니다. 이 조명은 모든 방향으로 빛을 뿜어내며, 그 범위와 강도는 조정할 수 있습니다. 현실에서의 전구와 같은 역할을 합니다.

④ **Ambient Light(앰비언트 라이트)** | 2D의 환경처럼 균등하게 퍼지는 빛입니다. 이 조명은 특정 방향이나 지점이 아닌, 장면의 전체적인 밝기를 증가시키는 역할을 합니다.

03 ① [Composition] 패널에서 [2 Views]를 선택합니다. 다양한 뷰에서 조명을 확인해봅니다. 조명이 두 개의 체스 말 사이에 있으므로 빛의 영역을 벗어난 오렌지 색 체스 말은 전혀 보이지 않습니다. ② 조명의 파란색 화살표(Z Position)을 클릭하고 뒤로 드래그하여 오렌지 색 체스 말도 보일 때까지 조명을 뒤로 이동합니다.

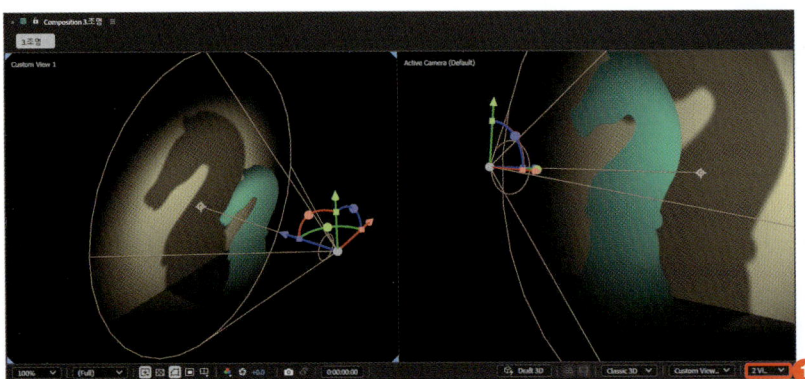

> 조명에서 그림자를 활성화해도 그림자가 자동으로 표시되지 않습니다. 그림자를 생성할 레이어를 클릭하고 [Material Options]-[Cast Shadow]를 [On]으로 활성화해주어야 합니다.

04 조명을 자유롭게 이동하거나 회전하면서 조작 방법을 연습해봅니다.

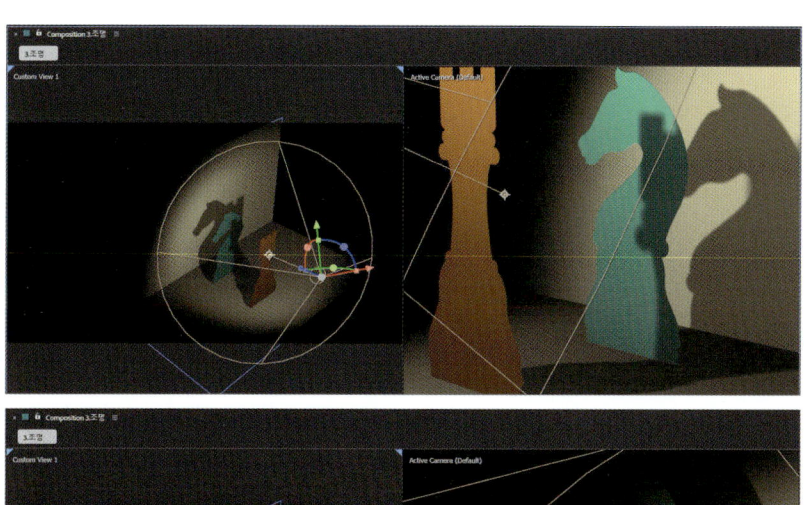

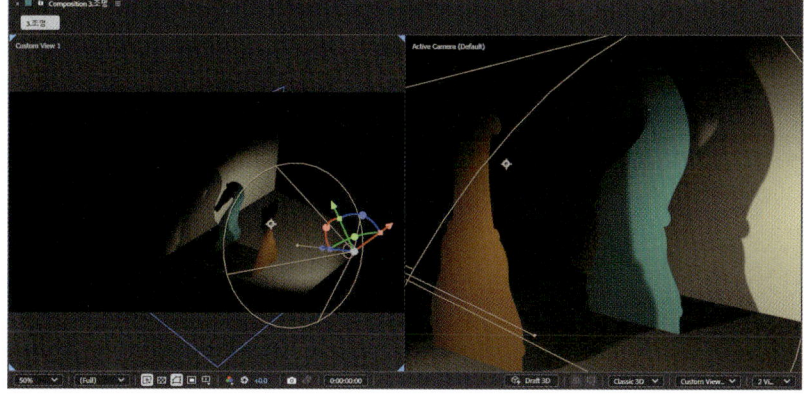

간단 실습 | Cinema 4D 렌더러 알아보기

준비 파일 애프터 이펙트/Chapter 06/3D알아보기.aep

3D 공간과 조명을 설정해도 객체들은 2D 형태로 유지됩니다. 기본 렌더러인 [Classic 3D]로는 3D 객체를 만들 수 없으며, [Cinema 4D]나 [Advanced 3D] 렌더러로 변경해야 3D 객체 생성이 가능합니다.

01 앞선 실습에 이어서 진행합니다. [4.C4D 렌더러] 컴포지션을 선택합니다.

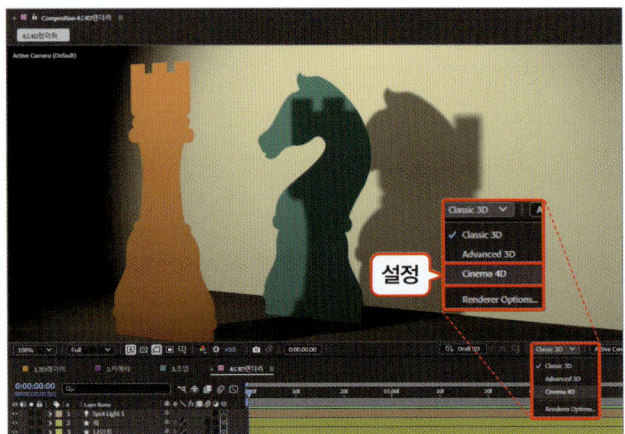

02 [Composition] 패널에서 [Classic 3D]를 [Cinema 4D] 렌더러로 변경합니다.

> **기능 꼼꼼 익히기** | **[Cinema 4D] 렌더러 알아보기**
>
> Cinema 4D 렌더러는 애프터 이펙트와 Cinema 4D 소프트웨어 간의 통합 시스템을 제공하는 기능입니다. 벡터 객체에 [Geometry Options] 속성을 적용하면 입체감을 부여할 수 있으며, [Material Options] 속성으로 유리나 금속 같은 다양한 재질을 표현할 수 있습니다.

03 ① Ctrl + A 를 눌러 두 개의 레이어를 모두 선택하고 ② ▶를 클릭하고 ③ [Geometry Options]를 엽니다. ④ [룩] 레이어의 [Bevel Style]-[Angular]로, [Bevel Depth]를 3으로, ⑤ [Extrusion Depth]를 30으로 설정합니다. [나이트] 레이어의 속성은 자유롭게 수정해봅니다.

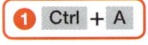

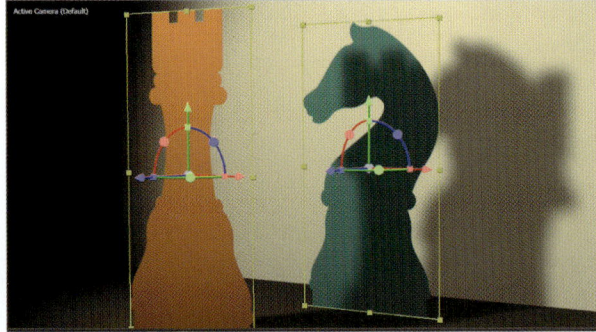
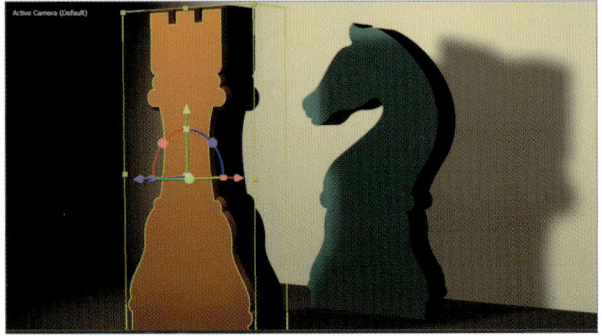

04 ❶ [나이트] 레이어의 [Material Options]-[Specular Intensity]와 ❷ [Reflection Intensity]를 모두 100%로 설정합니다. 개체 표면에 광택이 생성되고 반사가 나타납니다.

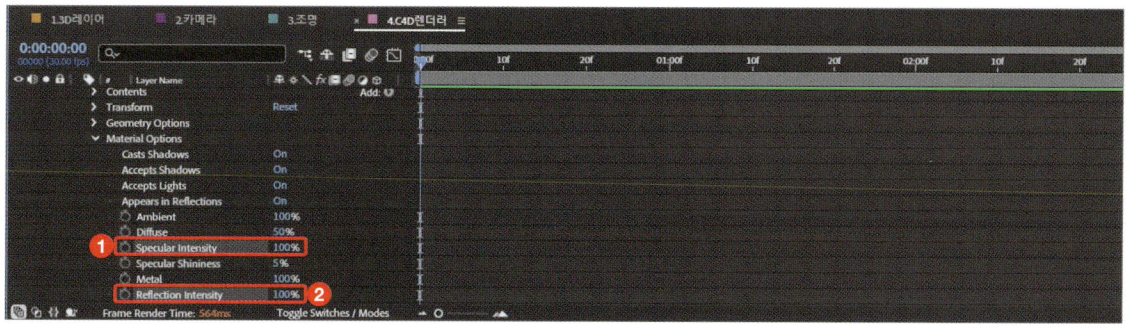

기능 꼼꼼 익히기 | **Specular와 Reflection 옵션 알아보기**

Specular는 물체 표면의 광택을 표현하는 속성입니다. Specular Intensity를 100%로 설정하면 표면에 강한 하이라이트가 생겨 매우 광택이 나는 효과를 만듭니다. Reflection은 물체의 주변 환경 반사도를 결정하는 속성입니다. Reflection Intensity로 반사 강도를 조절할 수 있으며, 이 값이 높을수록 주변 환경을 더 선명하게 반사합니다. 100% 설정 시 거울과 같은 강한 반사 효과를 얻을 수 있습니다

Ae LESSON 02

3D 레이어, 카메라, 라이트로 인트로 애니메이션 만들기

3D 기능을 모두 활용한 애니메이션 종합 실습

☑ CC 모든 버전
☐ CC 2025 버전

준비 파일 애프터 이펙트/Chapter 06/3D실습시작.aep
완성 파일 애프터 이펙트/Chapter 06/3D실습완성.aep

AFTER

이 예제를 따라 하면

앞서 학습한 내용을 기반으로 3D 레이어, 카메라, 라이트를 활용한 인트로 애니메이션을 만들어보겠습니다. 다수의 그래픽 이미지들을 3D 레이어로 변환한 후 공간에 배치할 수 있고, 카메라를 만들고 패닝(Panning)을 연출할 수 있습니다. 스포트 라이트, 앰비언트 라이트를 만들고, 그림자를 생성할 수 있습니다.

aep 파일 열고 프로젝트 시작하기

01 ❶ [File]-[Open Project] `Ctrl` + `O` 메뉴를 선택하여 **3D실습시작.aep** 준비 파일을 엽니다. ❷ [Project] 패널에서 [너구리숲] 컴포지션을 더블클릭하여 엽니다. 나무나 덤불이 그려진 다수의 그래픽 이미지가 등록되어 있습니다.

동영상 강의 확인하기

02 ❶ [Timeline] 패널에서 `Ctrl` + `A` 를 눌러 모든 레이어를 선택합니다. ❷ 를 눌러 3D 레이어로 변환합니다.

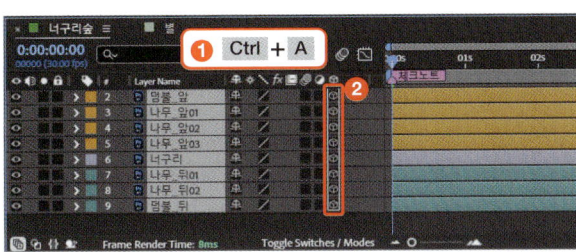 

레이어들을 앞뒤로 배치하기

03 모든 레이어의 Z 좌푯값을 조절하여 앞뒤로 배치해보겠습니다. ❶ [Composition] 패널에서 `F11` 을 눌러 [Custom View 1]로 변경합니다. ❷ [Properties] 패널에서 [덤불_뒤] 레이어의 Z 좌푯값을 **1700**으로 설정합니다. 레이어가 뒤로 이동합니다.

 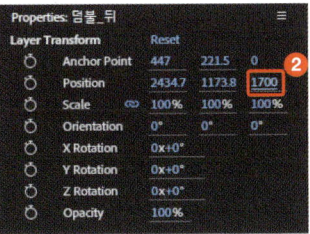

04 ❶❷❸❹❺❻ 다음 표를 참고하여 레이어의 Z 좌푯값을 설정합니다. Z 좌푯값을 양수로 하면 앞으로, 음수로 하면 뒤로 배치됩니다. [덤불_앞] 레이어가 가장 앞에, [덤불_뒤] 레이어가 가장 뒤에 위치합니다.

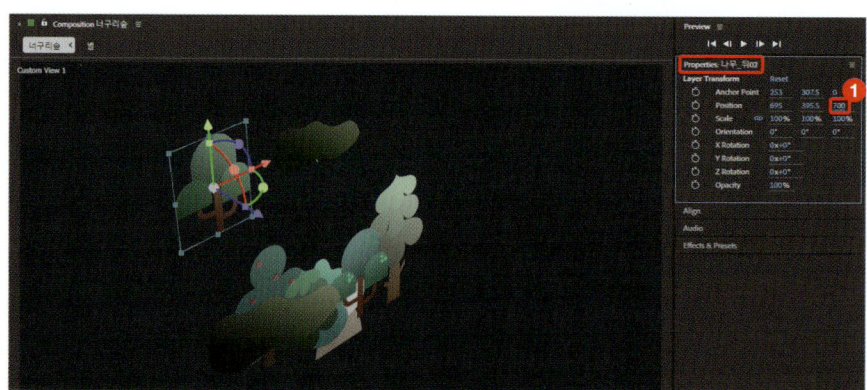

레이어 이름	Z Position
나무_뒤02	700
나무_뒤01	450
나무_앞03	−50
나무_앞02	−400
나무_앞01	−700
덤불_앞	−850

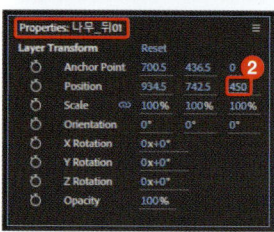 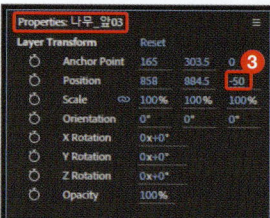 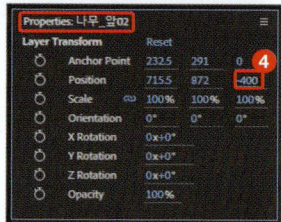

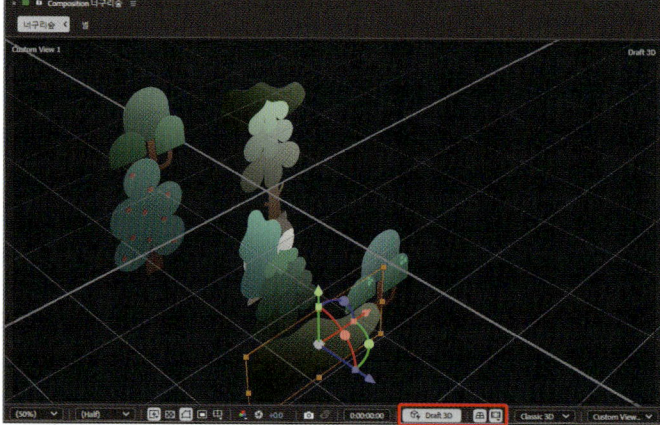 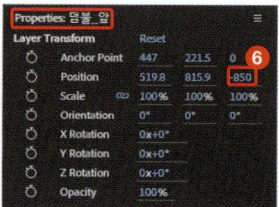

> ⚙ Draft 3D, 田, 🖵를 차례로 클릭해보면 현재 작업 중인 3D 공간을 더 이해하기 쉽습니다.

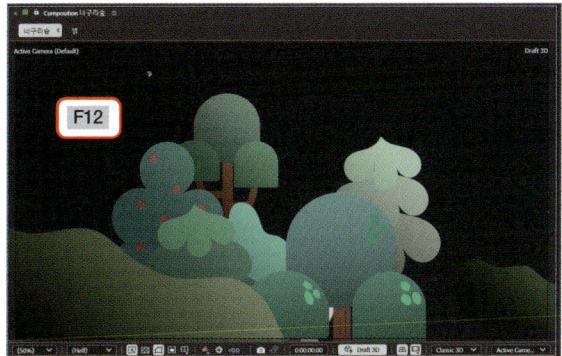

05 F12 를 눌러 활성 카메라(Active Camera)로 돌아옵니다.

카메라 만들고 애니메이션하기

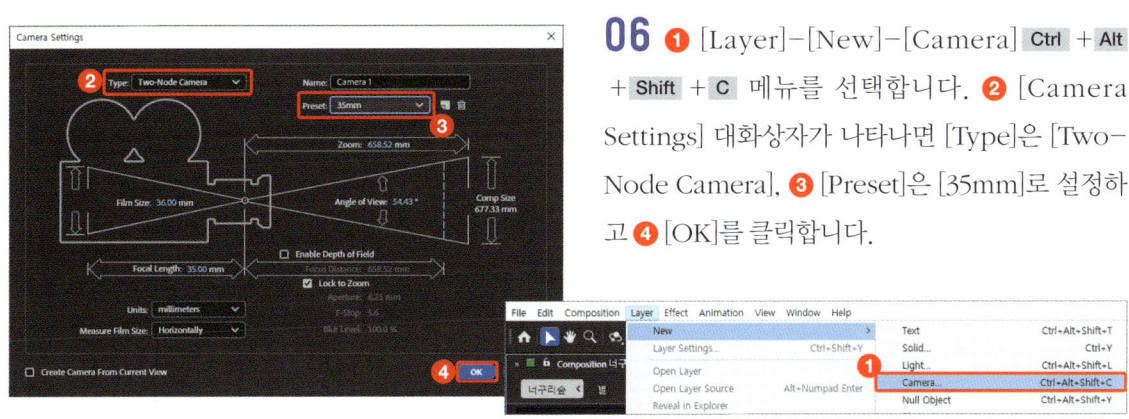

06 ① [Layer]-[New]-[Camera] Ctrl + Alt + Shift + C 메뉴를 선택합니다. ② [Camera Settings] 대화상자가 나타나면 [Type]은 [Two-Node Camera], ③ [Preset]은 [35mm]로 설정하고 ④ [OK]를 클릭합니다.

07 ① [Composition] 패널을 [2 Views]로 변경합니다. ② 왼쪽 화면을 클릭하고 F11 을 눌러 [Custom View 1]로, ③ 오른쪽 화면을 클릭하고 F12 를 눌러 [Active Camera]로 설정합니다. ④ **3초** 지점으로 현재 시간을 이동합니다. ⑤ [Camera 1] 레이어를 클릭하고 P 를 누른 후 ⑥ Shift + A 를 눌러 [Position]과 [Point of Interest]를 엽니다. ⑦ [Position]의 Z 좌푯값을 **-2000**으로 설정합니다. ⑧ [Position]과 [Point of Interest]의 ◎를 클릭해 키프레임을 설정합니다.

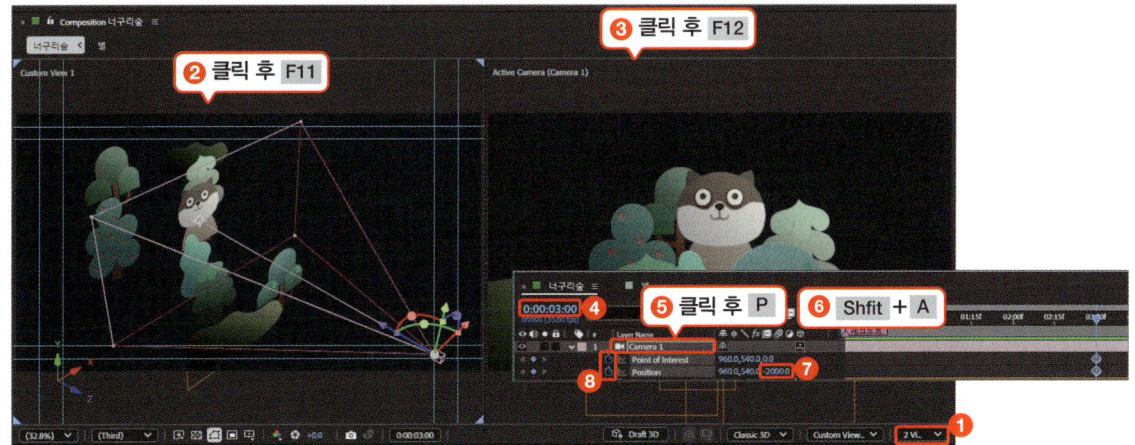

08 ① 0초 지점으로 현재 시간을 이동합니다. ② [Position]과 [Point of Interest]의 X 좌푯값을 200으로 설정합니다. 카메라가 왼쪽으로 이동합니다. ③ Spacebar 를 눌러 애니메이션을 확인해보면 카메라가 왼쪽에서 오른쪽으로 이동하는 애니메이션이 만들어졌습니다.

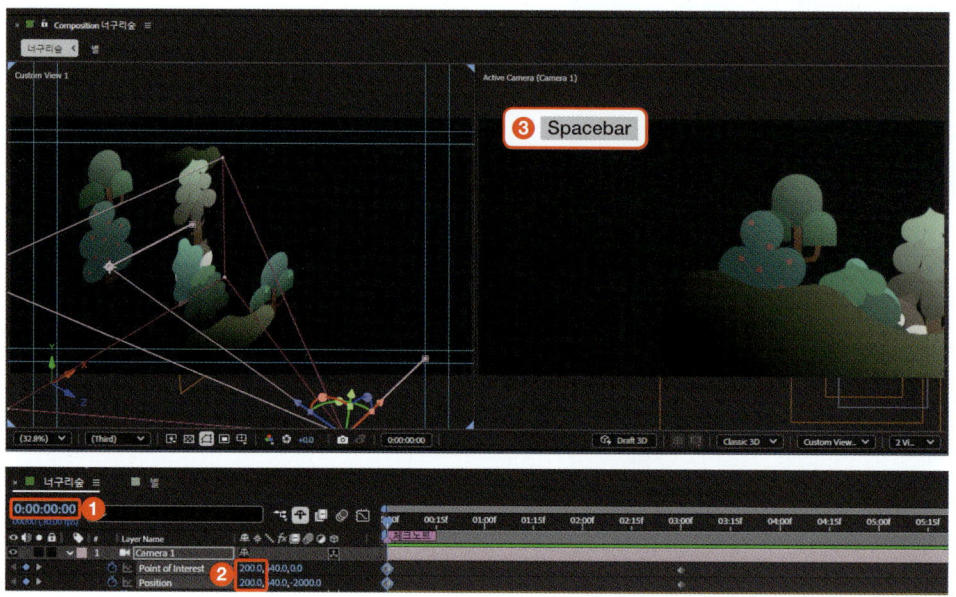

스포트 라이트(Spot Light) 만들고 애니메이션하기

09 ① [Layer]-[New]-[Light] Ctrl + Alt + Shift + L 메뉴를 선택합니다. ② [Light Settings] 대화상자가 나타나면 다음과 같이 설정합니다. ③ [OK]를 클릭합니다.

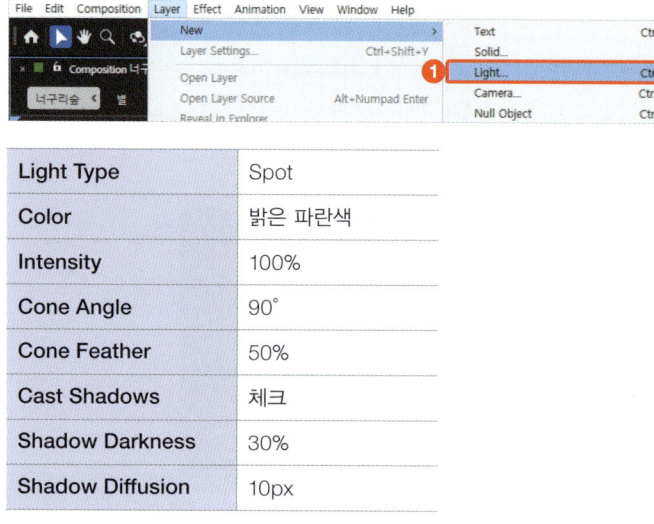

Light Type	Spot
Color	밝은 파란색
Intensity	100%
Cone Angle	90°
Cone Feather	50%
Cast Shadows	체크
Shadow Darkness	30%
Shadow Diffusion	10px

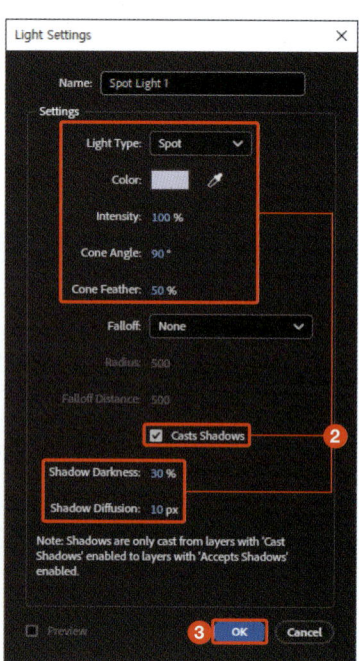

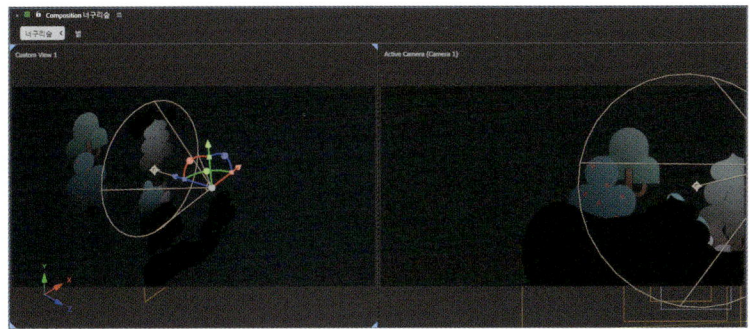

10 조명이 비추는 영역만 밝고 조명이 닿지 않는 부분은 완전히 어둡게 표시됩니다.

11 ❶ 5초 지점으로 현재 시간을 이동합니다. ❷ [Spot Light 1] 레이어를 클릭하고 ❸ P 를 눌러 [Position]을 엽니다. ❹ 1150, 400, -1500으로 설정하고 ❺ ◎를 클릭해 키프레임을 설정합니다.

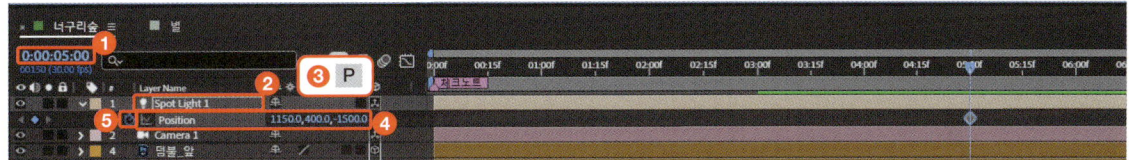

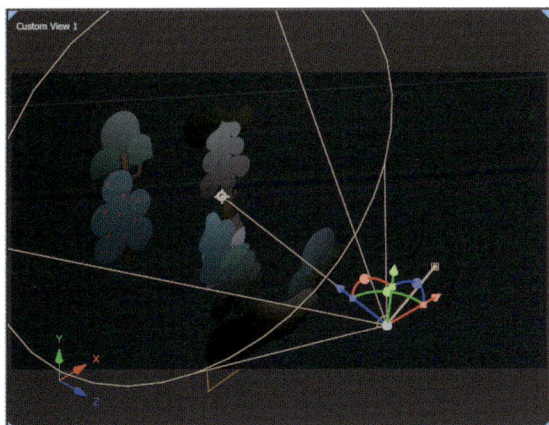

12 ❶ 0초 지점으로 이동합니다. ❷ [Spot Light 1] 레이어의 [Position]을 750, 560, -1500으로 설정합니다. 조명이 왼쪽에서 오른쪽으로 이동합니다.

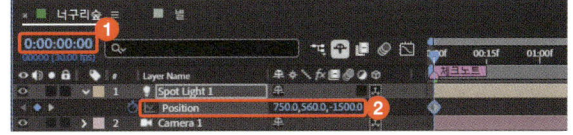

13 ❶ [Timeline] 패널에서 [덤불_앞]부터 [덤불_뒤]까지 모든 그래픽 레이어를 선택합니다. ❷ A , A 를 눌러 [Material Options]를 열고 ❸ [Cast Shadows]-[Off]를 [On]으로 변경합니다. 화면에 그림자가 표시됩니다.

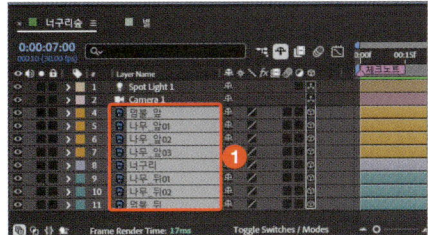  

포인트 라이트(Point Light) 만들기

14 ① [Layer]-[New]-[Light] `Ctrl` + `Alt` + `Shift` + `L` 메뉴를 선택합니다. ② [Light Settings] 대화상자가 나타나면 다음과 같이 설정합니다. ③ [OK]를 클릭합니다. 주인공인 너구리가 더 잘 보입니다.

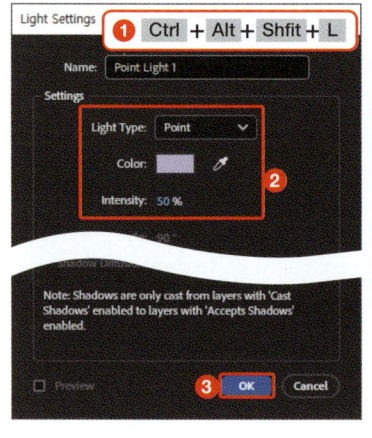 

Light Type	Point
Color	밝은 보라색
Intensity	50%

너구리 레이어 인 점 수정하고 [별] 컴포지션 활성화하기

15 ① `Spacebar`를 눌러 애니메이션을 확인합니다. 카메라의 이동으로 주인공의 동작이 잘 보이지 않으므로 동작의 시점을 이동하겠습니다. ② [너구리] 레이어를 클릭합니다. ③ **2초 15F** 지점으로 현재 시간을 이동합니다. ④ `[`를 눌러 레이어의 인 점을 현재 시간으로 이동합니다.

16 ① ☀를 클릭해 [Shy] 레이어로 설정해둔 레이어를 표시합니다. [별] 레이어가 나타납니다. 이 레이어는 컴포지션 레이어이며 더블클릭하여 확인할 수 있습니다. ② ☀를 클릭합니다. 화면에 그림자가 표시됩니다.

카메라에 줌 옵션으로 줌 인 표현하기

덤불 안쪽의 주인공 캐릭터가 더 잘 보이도록 카메라 동작을 추가해보겠습니다.

17 ① 0초 지점으로 현재 시간을 이동합니다. ② [Camera 1] 레이어의 ▶를 클릭하고 ③ [Camera Options]의 ▶를 클릭하면 [Zoom]이 나타납니다. ④ 기본값에서 ◎를 클릭하여 키프레임을 설정합니다.

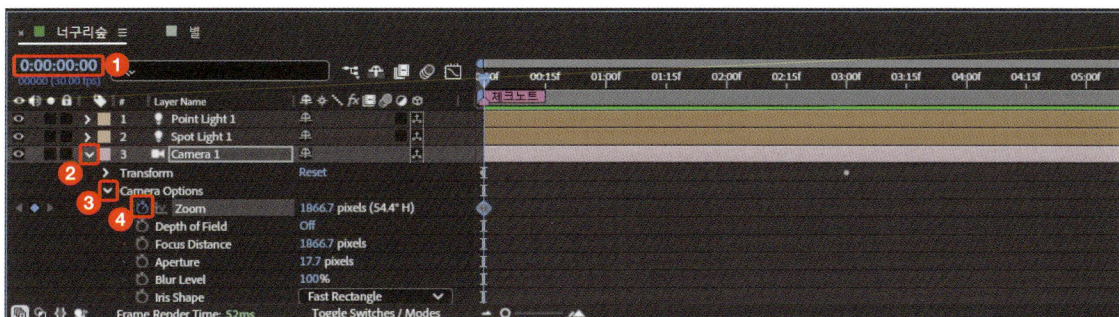

18 ① End 를 눌러 컴포지션의 마지막 지점인 **7초** 지점으로 현재 시간을 이동합니다. ② [Zoom]을 **2100**으로 설정합니다. 카메라의 줌 인 동작이 만들어졌습니다.

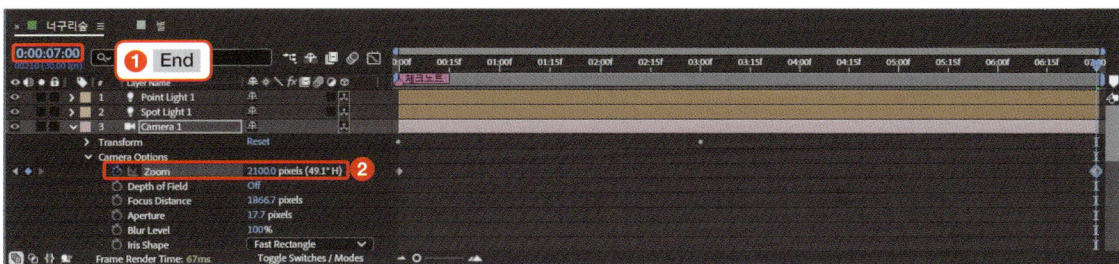

모든 키프레임에 Easy Ease 적용하기

부드러운 동작의 연출을 위하여 삽입한 키프레임에 Easy Ease를 적용해보겠습니다.

19 ① Ctrl + A 를 눌러 모든 레이어를 선택하고 ② U 를 눌러 모든 키프레임을 열어봅니다. ③ Ctrl + Alt + A 를 눌러 표시된 모든 키프레임을 선택하고 ④ F9 을 눌러 [Easy Ease]를 적용합니다.

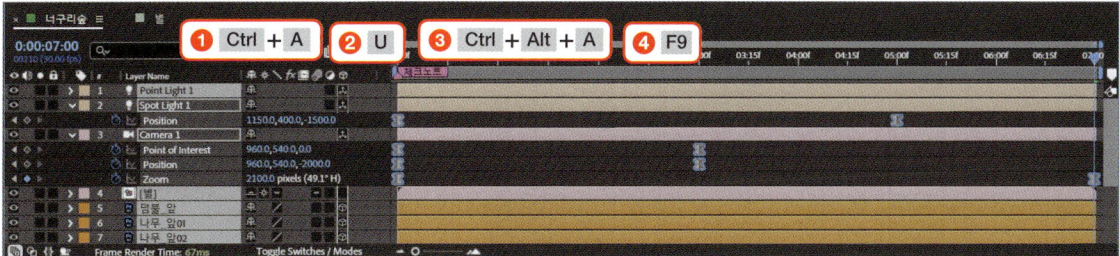

20 Spacebar 를 눌러 재생합니다. 미스터리한 동화 느낌의 인트로 애니메이션이 완성되었습니다.

Pre-compose 기능으로 컴포지션 그룹 만들기

모션 그래픽을 작업하다 보면 하나의 컴포지션에 수많은 레이어가 쌓이게 됩니다. 이때 Pre-compose 기능을 활용하면 여러 레이어를 별도의 컴포지션으로 그룹화할 수 있습니다.

21 ① 배경이 되는 나무 등의 이미지 레이어만 선택합니다. ② 마우스 오른쪽 버튼을 클릭하고 ③ [Pre-compose] Ctrl + Shift + C 를 클릭합니다. [Pre-compose] 대화상자가 나타납니다. ④ 이름을 **숲**으로 설정하고 ⑤ [OK]를 클릭합니다.

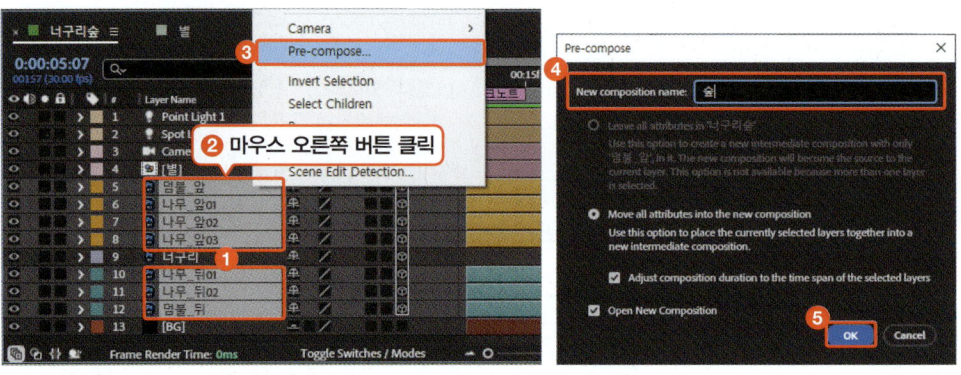

22 [숲] 컴포지션이 열리면 Spacebar 를 눌러 애니메이션을 확인해봅니다. 움직임도 없을 뿐 아니라 조명도 표시되지 않습니다.

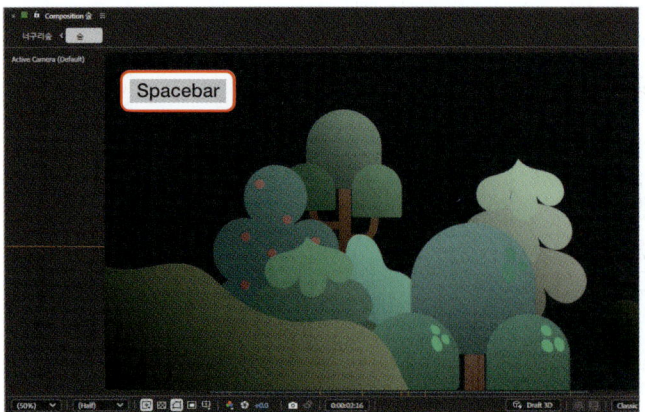

23

① 다시 [너구리숲] 컴포지션으로 돌아옵니다. [Timeline] 패널에서 선택했던 일곱 개의 레이어가 사라지고 [숲] 레이어가 생깁니다. ② Spacebar 를 눌러 애니메이션을 확인해봅니다. [숲] 레이어는 조명과 카메라에 영향을 받지 않습니다. 그리고 너구리 캐릭터는 숲 중간에 있었는데 뒤로 숨어버렸습니다. [너구리]가 [숲] 레이어 아래에 위치하고 있고, [숲] 레이어가 2D 레이어로 설정되었기 때문입니다. ③ [숲] 레이어의 ⚙과 ④ ⬛를 클릭해 3D 속성을 활성화합니다. 앞선 완성 영상과 동일한 결과물을 확인할 수 있습니다.

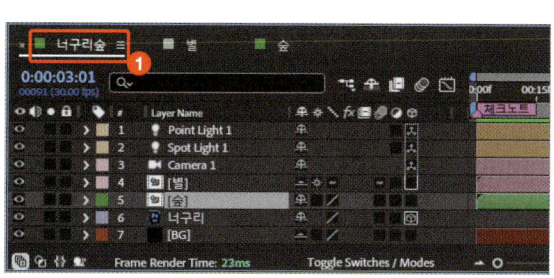 

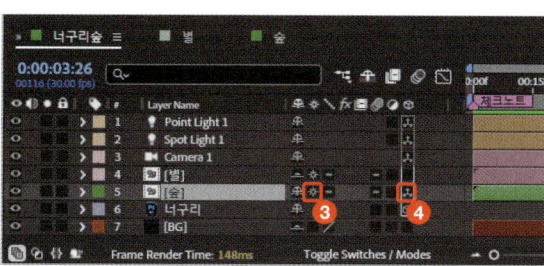 

기능 꼼꼼 익히기 | [Pre-compose] 대화상자 알아보기

[Pre-compose] 메뉴를 선택하면 [Pre-compose] 대화상자가 나타납니다. 하나 또는 여러 개의 레이어를 포함한 새로운 컴포지션을 만들 수 있습니다. [Pre-compose] 대화상자의 옵션을 알아보겠습니다.

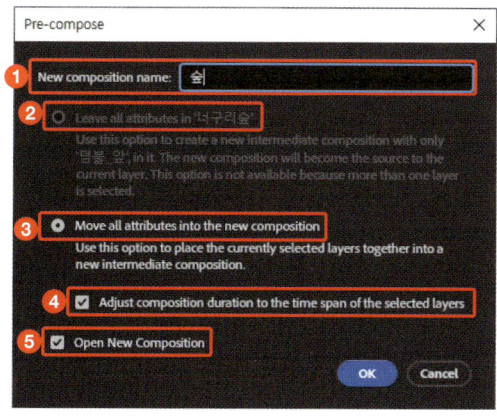

❶ **New composition name** | 새롭게 만들어질 컴포지션의 이름을 설정합니다.

❷ **Leave all attributes in~** | 하나의 레이어만으로 Pre-compose 기능을 적용할 때 선택할 수 있는 옵션이며, 레이어의 설정값을 현재 컴포지션에 두고 레이어만 새로운 컴포지션으로 이동한다는 의미입니다.

❸ **Move all attributes into the new composition** | 여러 개의 레이어를 클릭했을 경우 자동으로 적용되는 옵션이며, 레이어들의 모든 설정을 새로운 컴포지션으로 이동한다는 의미입니다.

❹ **Adjust composition duration to the time span of the selected layers** | 새로 만들어지는 컴포지션의 길이를 현재 선택한 레이어의 길이로 조절합니다.

❺ **Open New Composition** | 새롭게 생성되는 컴포지션이 자동으로 열립니다.

LESSON 03 마스크 기초 익히기

마스크 기능 알아보고 활용하기

마스크(Mask)는 대표적인 레이어 활용 기능입니다. 레이어의 일정 부분을 가리거나 반대로 일정 부분만 보여주는 기능으로 비디오나 그림의 합성 작업 시 활용할 수 있으며, 여러 가지 미디어 파일을 부분적으로 중첩하는 용도로도 활용됩니다. 애프터 이펙트에서 소스로 사용할 그림을 직접 그려서 애니메이션을 만들 때에도 마스크는 필수라고 할 만큼 자주 사용합니다.

간단 실습 | 마스크 만들기

준비 파일 애프터 이펙트/Chapter 06/마스크만들기.aep

01 ❶ [File]-[Open Project] Ctrl + O 메뉴를 선택하여 **마스크만들기.aep** 준비 파일을 엽니다. ❷ [Project] 패널에서 [마스크만들기]를 더블클릭하여 컴포지션을 엽니다. [Timeline] 패널에 두 개의 레이어가 있습니다. [해파리] 레이어가 위에 위치하여 아래 레이어가 보이지 않습니다. ❸ [해파리] 레이어의 ◉를 클릭하여 아래에 위치한 레이어도 확인해봅니다.

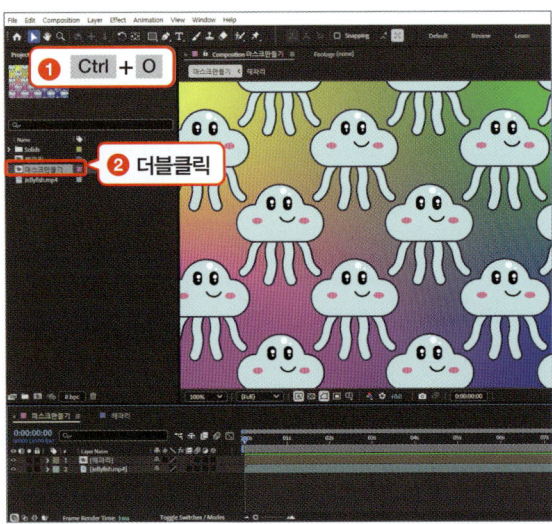
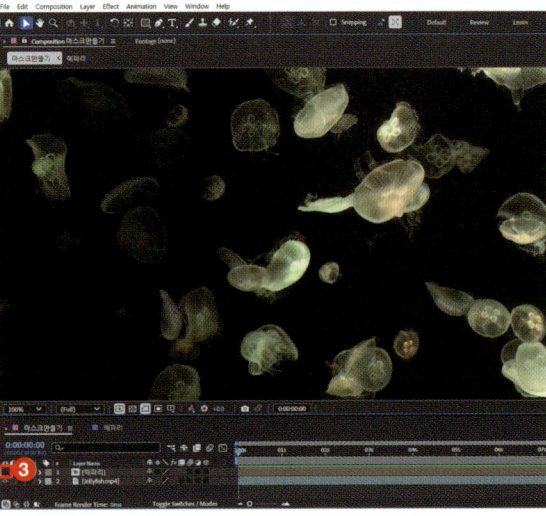

02
비디오나 그림 등 모든 시각 레이어는 도형 도구나 펜 도구를 이용하여 마스크를 만들 수 있습니다. 해파리 캐릭터가 그려진 [해파리] 레이어에 마스크를 그려보겠습니다. ❶ 마스크를 적용할 [해파리] 레이어를 클릭합니다. ❷ 도구바에서 사각형 도구■를 선택합니다. ❸ [Composition] 패널에서 화면 중앙에 Shift 를 누른 채 드래그하여 정사각형을 그립니다. [Timeline] 패널을 보면 [해파리] 레이어에 [Masks] 속성이 생성되고 [Mask 1]이 하위에 있는 것을 확인할 수 있습니다. 도형 도구로 그린 사각형 안에만 그림이 표시되고 나머지 부분은 가려져 보이지 않습니다. 잘라내기 기능처럼 완전히 없어진 것이 아니라 감추어진 것입니다.

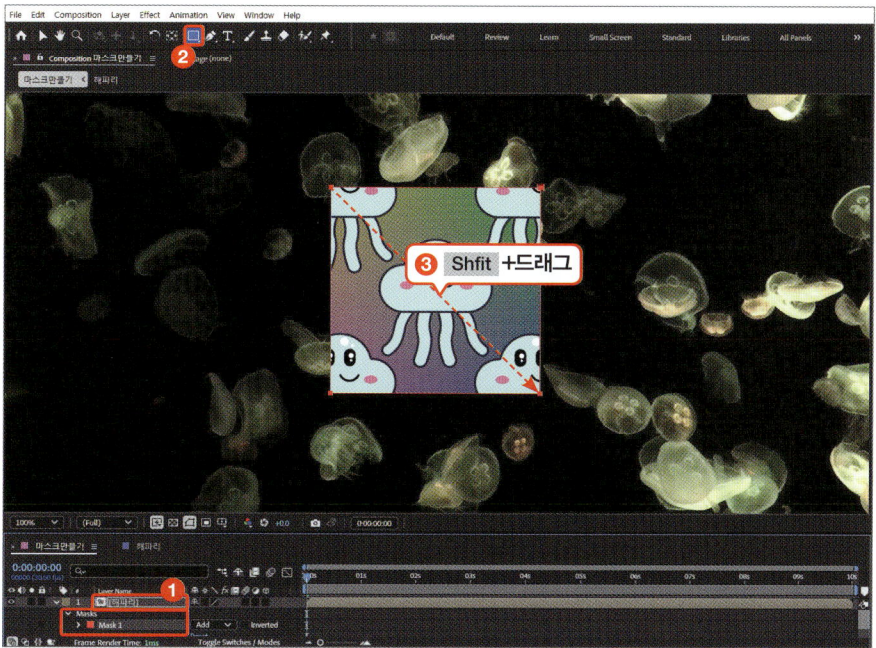

마스크의 속성

[Masks] 속성이 생성되고 하위에 [Mask 1]이 있습니다. [Mask] 속성에는 네 개의 옵션이 포함됩니다.

① **Mask Path** | 마스크의 모양을 설정합니다.

② **Mask Feather** | 마스크 테두리의 부드러운 정도를 설정합니다. 값이 높을수록 테두리가 부드럽게 처리됩니다.

③ **Mask Opacity** | 마스크의 불투명도를 설정합니다. 값이 낮을수록 투명해집니다.

④ **Mask Expansion** | 마스크의 팽창 정도를 설정합니다. -값이면 수축, +값이면 팽창합니다.

마스크의 모양은 조절점을 드래그하여 움직이거나 조절점 변환 도구 등을 이용하여 조절할 수 있습니다. 키 프레임을 생성하여 시간에 따라 모양을 바꿀 수도 있습니다.

기능 꼼꼼 익히기 — 마스크(Mask) 단축키

마스크(Mask) 속성의 옵션을 자유자재로 편집하기 위해서는 펼치는 단축키를 외워두는 것이 좋습니다. 일반적으로 많이 사용하는 마스크 단축키는 다음과 같습니다.

- `M` | [Timeline] 패널에서 선택한 레이어의 [Mask Path] 옵션 펼치기
- `F` | [Mask Feather] 옵션 펼치기
- `M`, `M` | 마스크와 관련된 모든 옵션 펼치기
- `Shift` + `Alt` + `M` | 현재 시간에서 [Mask Path] 옵션에 키프레임 생성하기

▲ 조절점 변환 도구를 이용하여 곡선을 직선으로 변경

▲ [Mask Feather] 값을 변경하여 마스크 가장자리를 부드럽게 처리

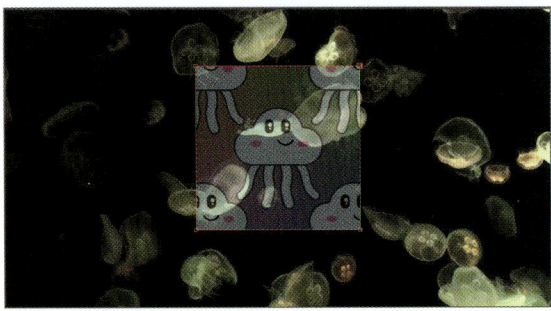
▲ [Mask Opacity]를 50%로 조절하여 마스크 영역의 그림 투명도를 낮춤

▲ [Mask Expansion] 값을 양수로 조절하여 마스크 영역을 팽창

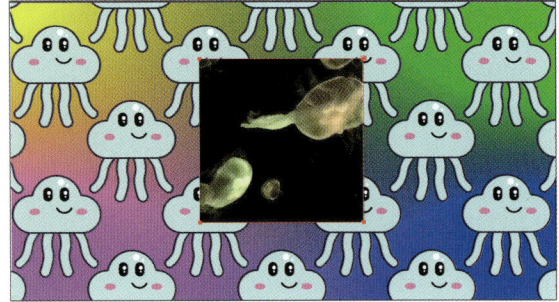
▲ 마스크의 모드가 [Add]인 상태에서 [Inverted]에 체크하여 표시 영역 반전

마스크 모드 설정하기

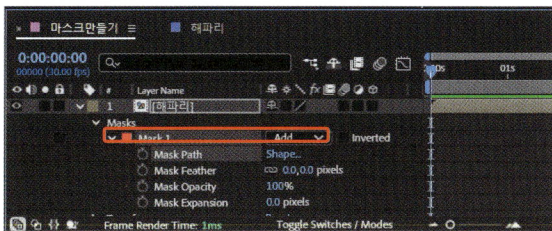

마스크의 옵션 중 모드(Mode)를 이용하여 보이는 부분을 설정할 수 있습니다. 마스크 모드의 기본값은 [Add]이며 메뉴에서 다양한 모드로 설정할 수 있습니다.

① **Add** | 모드의 기본값입니다. 마스크의 안쪽만 표시되고 바깥쪽은 감추어집니다.

② **None** | 마스크를 무시합니다. 마스크가 있어도 무시하므로 모든 이미지가 드러납니다.

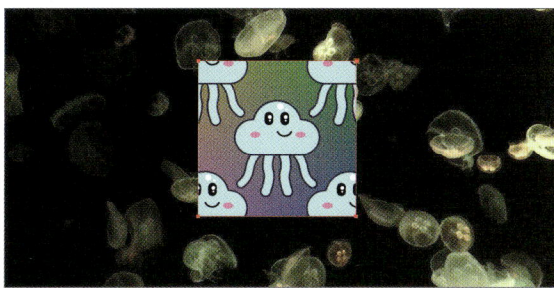

▲ Add

▲ None

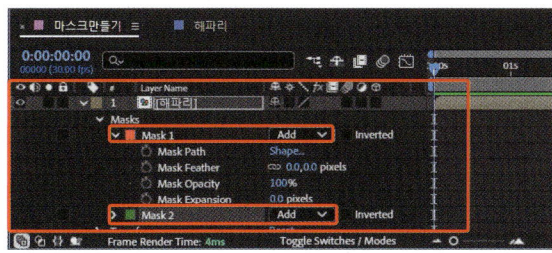

③ 하나의 레이어에 두 개 이상의 마스크를 그릴 수 있으며 모두 기본값인 [Add]로 설정됩니다.

④ **Subtract** | [Add]와 반대로 패스 안쪽은 무시하고 바깥쪽만 표시됩니다. 마스크가 두 개일 경우 두 번째 마스크의 모드를 [Subtract]로 설정하면 두 번째 마스크의 영역이 감추어집니다.

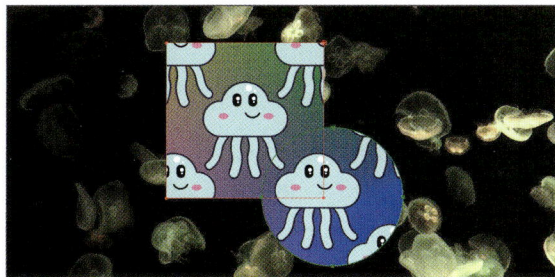

▲ 하나의 레이어에 두 개 이상의 마스크 적용

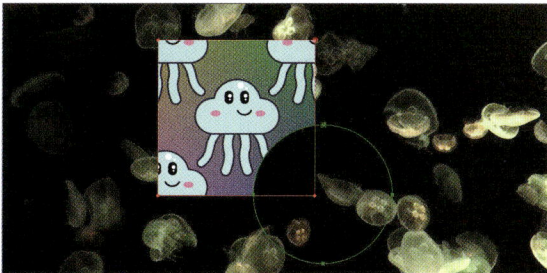

▲ Subtract

⑤ **Intersect** | 두 개 이상의 마스크가 있을 때 마스크가 겹쳐진 부분만 표시됩니다.

⑥ **Lighten** | 불투명도(Opacity)가 다른 두 개 이상의 마스크가 겹쳐진 부분은 불투명도가 가장 높은 마스크의 불투명도로 표시됩니다.

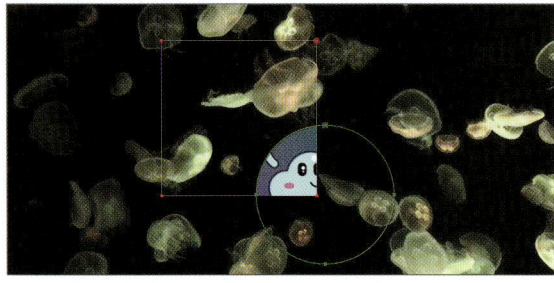 

▲ Intersect　　　　　　　　　　　　　　　　　　▲ Lighten

⑦ **Darken** | 마스크가 겹쳐진 부분만 보이는 것은 [Intersect]와 동일하지만 [Lighten]과 반대로 겹쳐진 부분의 불투명도(Opacity)가 가장 낮은 마스크의 불투명도로 표시됩니다.

⑧ **Difference** | 두 개 이상의 마스크가 겹쳐진 부분을 제외한 나머지 부분만 표시됩니다.

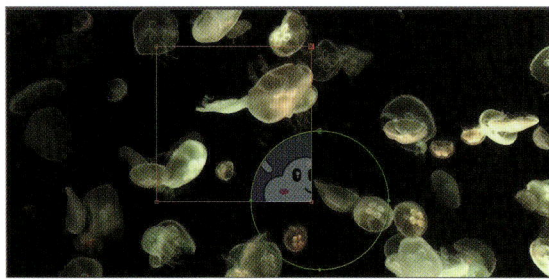 

▲ Darken　　　　　　　　　　　　　　　　　　▲ Difference

간단 실습　펜 도구로 마스크 생성하여 합성하기

준비 파일 애프터 이펙트/Chapter 06/마스크만들기.aep

01 앞서 학습한 준비 파일을 그대로 사용합니다. ❶ [Timeline] 패널에서 [해파리]를 클릭하여 [해파리] 컴포지션을 엽니다. ❷ [BG] 레이어의 👁를 클릭하여 배경을 보이지 않게 합니다.

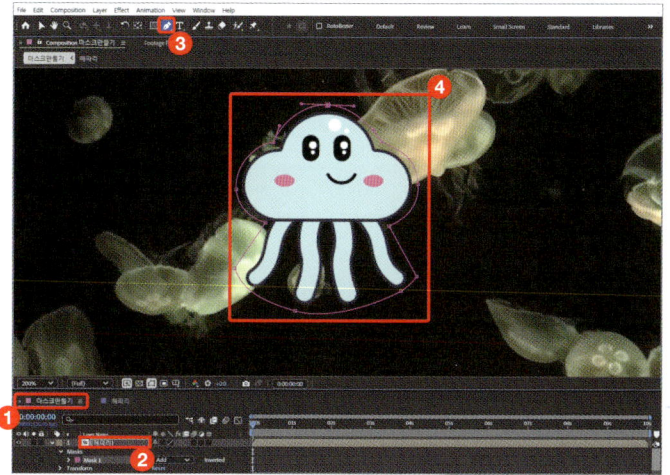

02 ❶ [Timeline] 패널에서 [마스크만들기]를 클릭하여 [마스크만들기] 컴포지션을 열고 ❷ [해파리] 레이어를 클릭합니다. ❸ 도구바에서 펜 도구 G 를 클릭하고 ❹ [Compisition] 패널에서 하나의 해파리 캐릭터만 보일 수 있도록 그려줍니다.

> 펜 도구로 마스크를 설정할 때 보이게 처리할 영역을 선택하고 최초 클릭한 곳을 다시 클릭하면 펜 도구 패스가 닫히면서 작업이 완료됩니다.

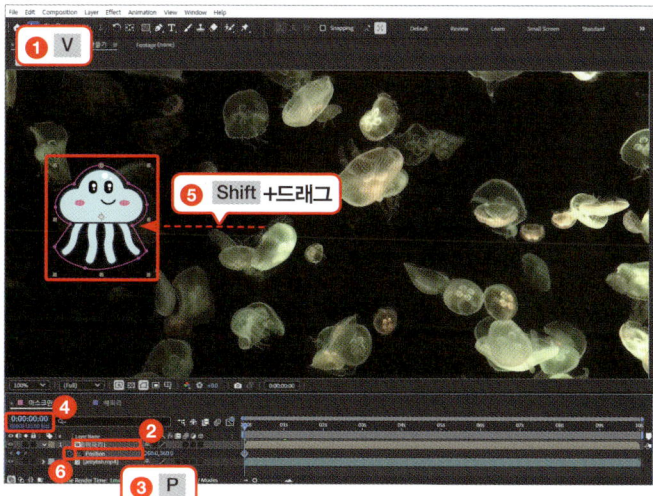

03 ❶ 선택 도구 V 로 돌아옵니다. ❷ [해파리] 레이어를 클릭하고 ❸ P 를 눌러 [Position]을 엽니다. ❹ 0초 지점에서 ❺ Shift 를 누른 상태로 해파리 캐릭터를 드래그하여 화면의 왼쪽으로 이동합니다. ❻ 스톱워치를 클릭하여 키프레임을 설정합니다.

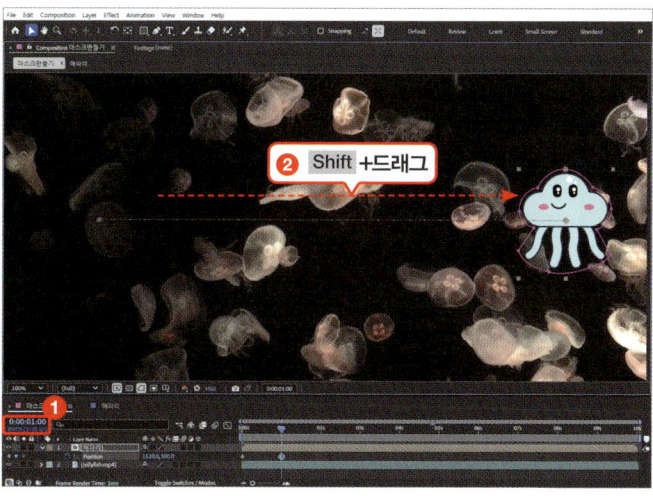

04 ❶ 1초 지점으로 이동한 후 ❷ Shift 를 누른 상태에서 해파리 캐릭터를 드래그하여 화면의 오른쪽으로 이동합니다.

05 ① 2초 지점으로 현재 시간을 이동합니다. ② 0초 지점에 설정된 키프레임을 클릭하고 ③ `Ctrl` + `C` 를 눌러 복사한 후 ④ `Ctrl` + `V` 를 눌러 붙여 넣습니다. ⑤ `Spacebar` 를 눌러 확인해보면 해파리가 오른쪽으로 이동했다가 다시 제자리로 돌아옵니다.

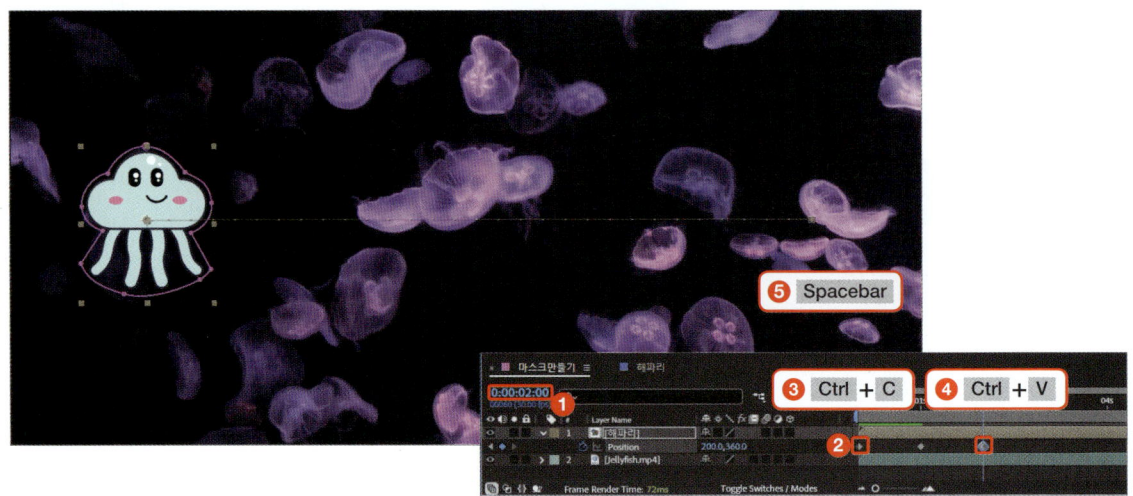

06 ① `Alt` 를 누른 채로 [해파리] 레이어의 [Position]에 설정된 ⬤를 클릭하여 표현식(Expression)을 적용합니다. ② ⬤를 클릭하고 ③ [Property]-[loopOut(type = "cycle", numKeyframes = 0)]을 클릭합니다. ④ `Spacebar` 를 눌러 확인해보면 해파리의 동작이 반복됩니다.

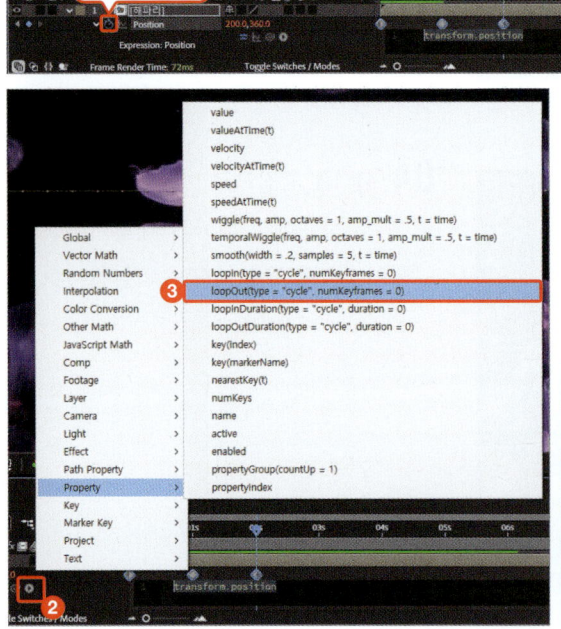
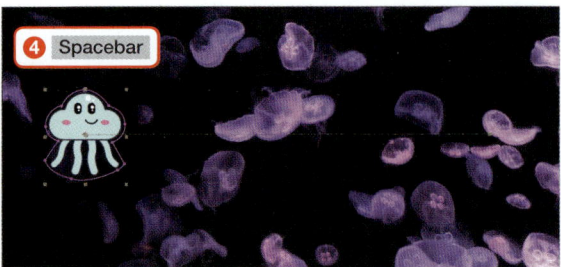

기능 꼼꼼 익히기 — loopOut 표현식 알아보기

loopOut은 애프터 이펙트에서 매우 빈번하게 사용되는 표현식 (expression)으로, 애니메이션을 반복적으로 재생하는 데 사용됩니다. 네 가지 반복 종류를 지정할 수 있습니다.

- **"cycle"** | 기본 반복 방식으로, 애니메이션을 처음부터 끝까지 반복합니다.
- **"pingpong"** | 애니메이션을 반복할 때 양방향으로 반복됩니다.
- **"offset"** | 이전 반복된 애니메이션의 최종 값을 기준으로 반복됩니다.
- **"continue"** | 애니메이션이 계속 진행되도록, 마지막 키프레임 이후로 값을 지속적으로 확장합니다.

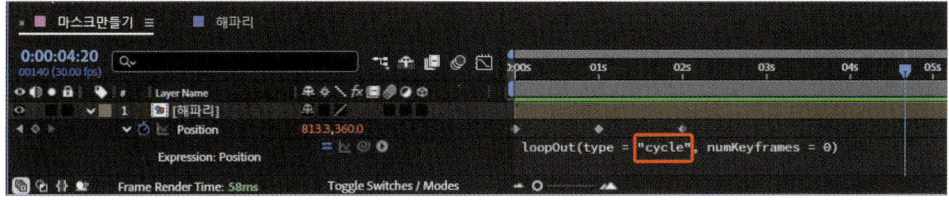

기능 꼼꼼 익히기 — 셰이프 레이어에 마스크 그리기

[해파리] 컴포지션에 있는 [해파리] 레이어는 셰이프 레이어입니다. 셰이프 레이어에 마스크를 적용하려면 도형 도구나 펜 도구를 선택하고 영역을 그려주는 동일한 방식을 사용합니다. 하지만 도형 도구나 펜 도구는 마스크를 그리는 도구인 동시에 셰이프를 그리는 도구이므로 셰이프 레이어에 사용하면 새로운 셰이프가 그려지고 마스크가 생성되지 않습니다. 셰이프 레이어에 마스크를 생성하려면 도구바에서 ■를 추가로 클릭해야 합니다.

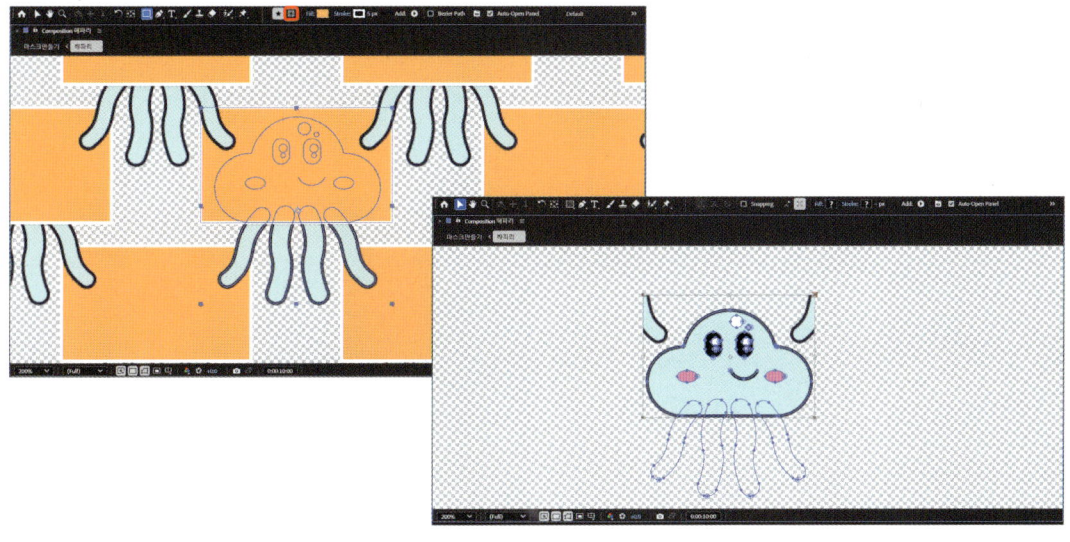

간단 실습 | 펜 도구로 캐릭터 추출해 활용하기

준비 파일 애프터 이펙트/Chapter 06/마스크실습.aep

01 [File]-[Open Project] Ctrl + O 메뉴를 선택하여 **마스크실습.aep** 준비 파일을 엽니다. [마스크] 컴포지션을 확인해보면 꽃과 구름이 그려진 배경을 그린 [BG]의 레이어가 있습니다.

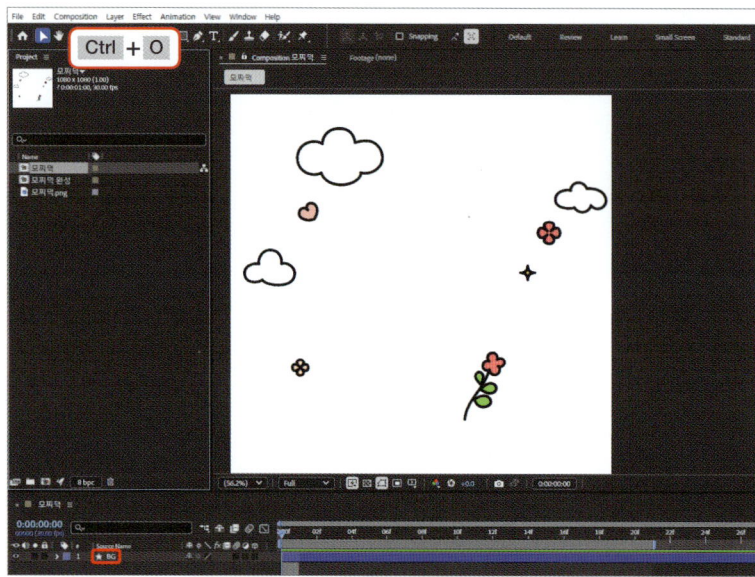

동영상 강의 확인하기

02 ❶ [Project] 패널에서 [모찌덕.png]를 클릭한 후 ❷ Ctrl + / 를 눌러 [모찌덕] 컴포지션에 삽입합니다. ❸ [Timeline] 패널에서 [모찌덕.png] 레이어를 가장 위로 이동시킵니다. [Compositon] 패널에서 모찌덕 캐릭터 그림을 확인할 수 있습니다.

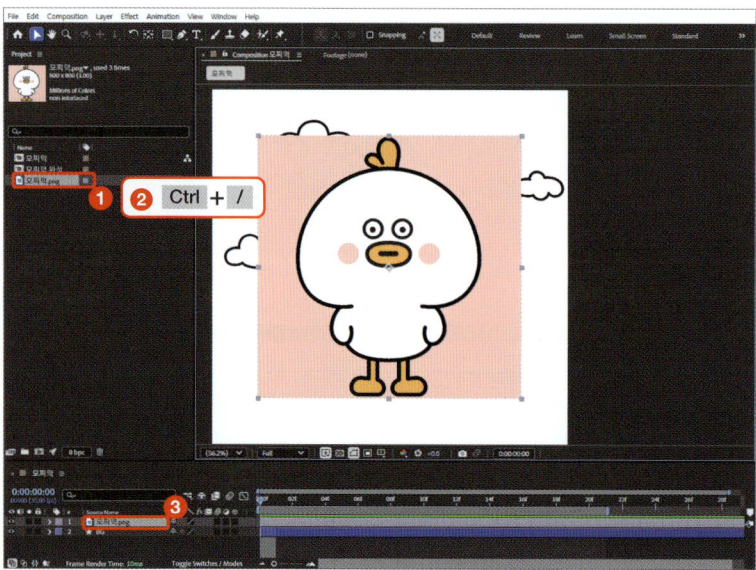

03 배경을 없애고 캐릭터만 보이게 하기 위하여 마스크 기능을 사용해보겠습니다. 먼저 캐릭터의 얼굴만 추출하겠습니다. ❶ [모찌덕.png] 레이어가 선택된 상태에서 도구바의 펜 도구 를 선택합니다. ❷ [Composition] 패널의 비율을 200% 정도로 크게 보고, ❸ 캐릭터의 스트로크 바깥쪽을 따라서 곡선을 그립니다. 먼저 외곽을 한 번 클릭한 후에 ❹ 외곽선을 따라 적당한 곳을 클릭하여 다음 조절점을 만들고 바로 드래그하여 외곽선에 맞추어 펜 선을 조절합니다.

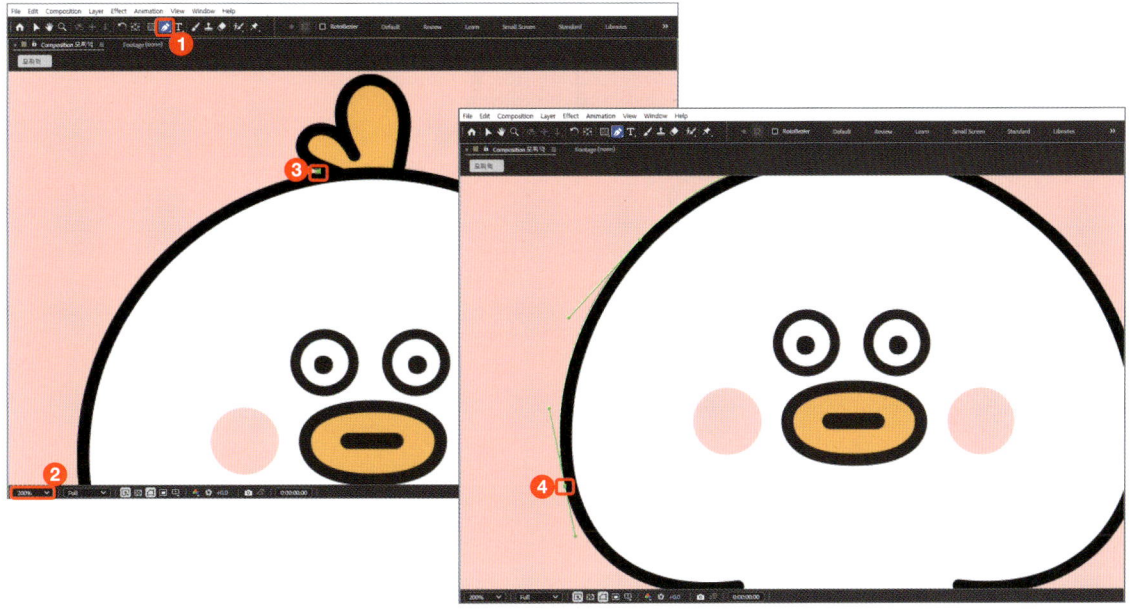

04 ❶ 외곽선을 따라서 세 번째 조절점을 만들고 드래그하여 곡선을 조절합니다. ❷ 네 번째 조절점도 같은 방법으로 만듭니다. Spacebar 를 누르면 핸드툴이 표시됩니다. 화면을 클릭하고 드래그하면서 위치를 옮기며 그려줍니다. 다 그린 후에 패스를 다듬을 수 있으니 너무 똑같이 그리지 않아도 됩니다.

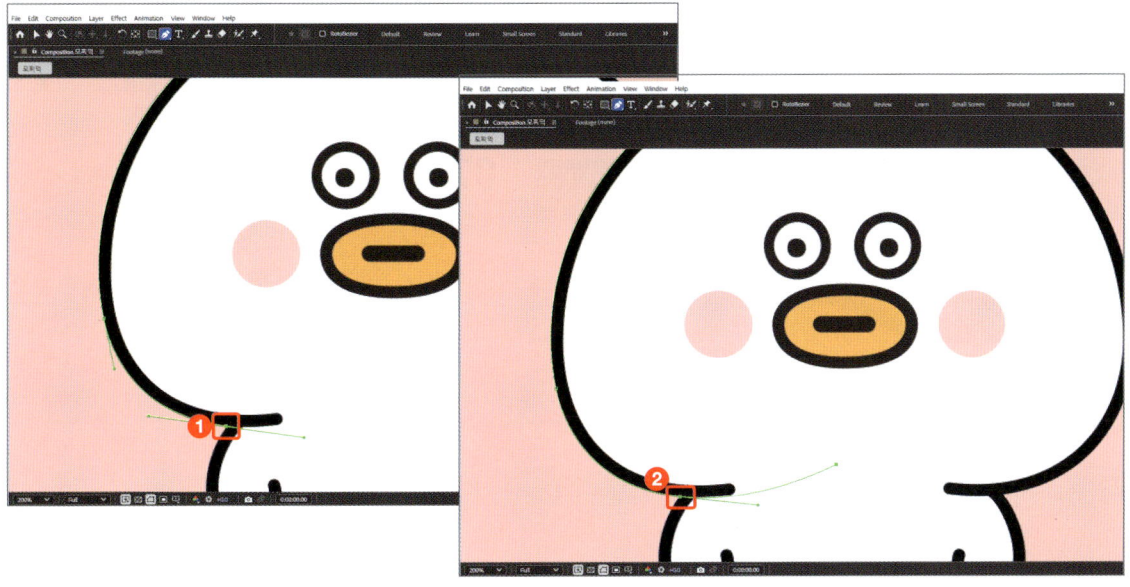

05 ① 다섯 번째 조절점은 하트 윗부분의 모양처럼 곡선을 만듭니다. 베지에 핸들이 직선으로 생성되어야 하는 지점은 클릭만 하고 드래그하지 않습니다. ② 다시 오른쪽 외곽선을 따라서 클릭하고 드래그하는 방식으로 조절점을 만듭니다.

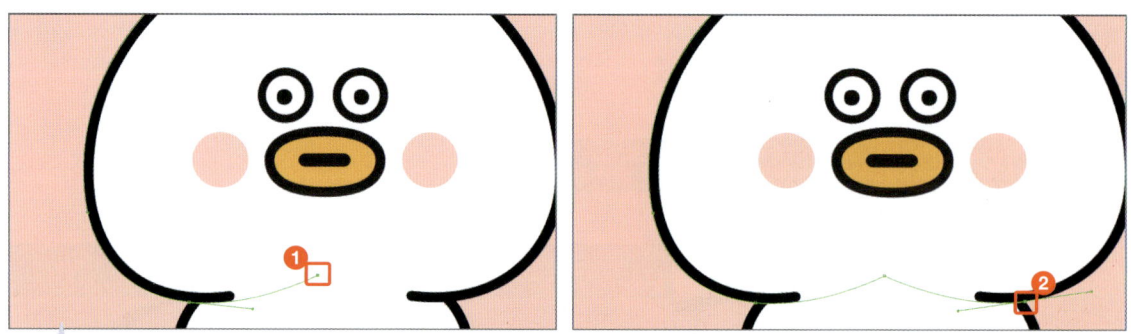

> 정확하게 외곽선을 따라서 펜 툴로 곡선을 그리기 어려운가요? 애프터 이펙트의 펜 툴은 일러스트레이터의 펜 툴처럼 많은 옵션을 사용할 수 없습니다. 따라서 너무 복잡한 곡선을 그리는 것은 무척 어려운 작업입니다. 아주 복잡한 곡선을 작업해야 한다면 일러스트레이터에서 먼저 작업한 후 패스를 복사해, 애프터 이펙트의 레이어에 새로운 마스크를 만들고 붙여넣기 하는 방법을 사용하는 것이 좋습니다. 펜 툴을 처음부터 잘 다루긴 어렵습니다. 많이 사용하다 보면 원하는 곡선을 보다 빠르게 그릴 수 있습니다. 처음부터 예쁘게 그려지지 않는다면 곡선을 그리는 도중에, 혹은 다 그려낸 후에 조절점을 클릭하고 드래그하면서 수정할 수 있습니다.

06 ① 계속해서 외곽선을 따라서 곡선을 그려주다가 첫 번째 조절점을 다시 클릭하면 패스가 닫히면서 ② 얼굴만 추출됩니다.

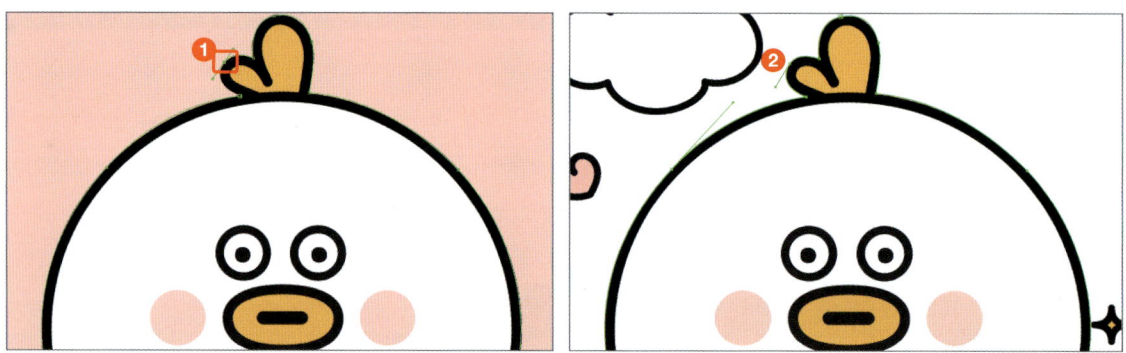

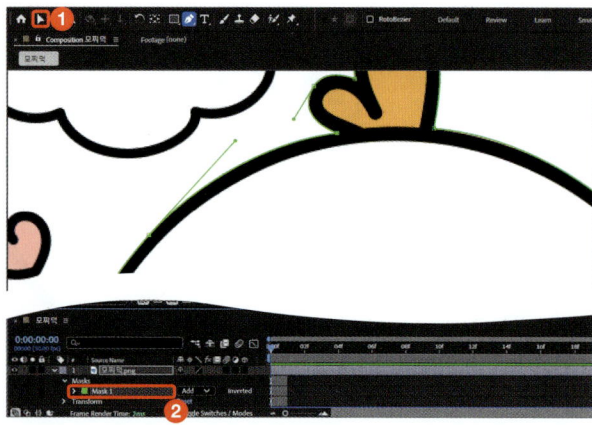

07 ① 도구바에서 다시 선택 도구 ▶를 클릭합니다. ② [Timeline] 패널을 확인하면 [Mask 1] 속성이 추가된 것을 확인할 수 있습니다.

얼굴 외곽선 밖의 배경 색상이 여전히 보인다면 [Mask 1]-[Mask Expansion] 값을 음수로 설정하여 펜 선을 수축시킬 수 있습니다. 그림과 같이 -1을 설정하면 패스에서 -1px만큼 선택 영역이 줄어듭니다.

08 ❶ [모찌덕.png] 레이어를 클릭하고 Ctrl + D 를 눌러 레이어를 복제합니다. ❷ 두 개의 레이어 중 아래 레이어를 클릭하고 M 을 눌러 [Mask 1] 속성을 엽니다. ❸ [Mask 1]의 모드를 [None]으로 설정하여 비활성화시킵니다. [Mask 1]을 선택하고 Delete 를 눌러 마스크를 삭제해도 됩니다.

09 다시 배경을 없애고 캐릭터의 몸만 보이게 하기 위하여 마스크 기능을 사용해보겠습니다. ① [모찌턱.png] 레이어가 선택된 상태에서 도구바의 펜 도구 ✎를 선택합니다. ② [Composition] 패널의 비율을 200% 정도로 크게 보고, 캐릭터의 스트로크 바깥쪽을 따라서 곡선을 그립니다. 먼저 팔이 시작되는 지점에서 약간 위쪽을 클릭한 후에 ③ 외곽선을 따라 적당한 곳을 클릭하여 다음 조절점을 만들고 ④ 바로 드래그하여 외곽선에 맞추어 펜 선을 조절합니다.

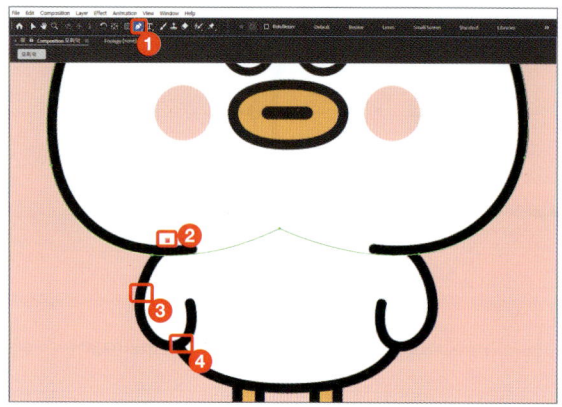

10 ① 곡선에서 직선으로 이어지는 부분에서는 Alt 를 누르고 베지에 핸들의 오른쪽 조절점을 클릭한 채로 ② 아래로 드래그하여 수직으로 만듭니다.

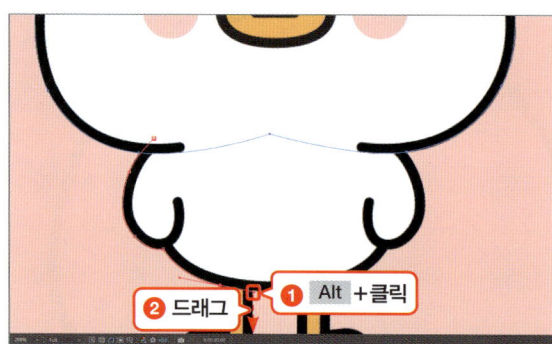
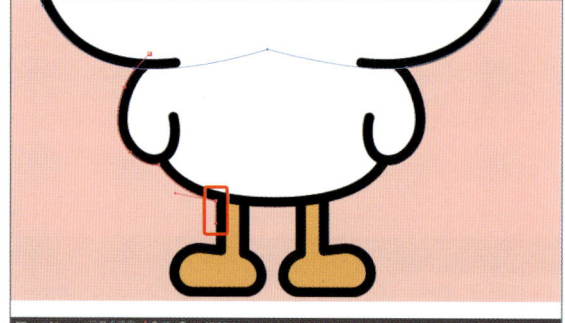

11 다시 외곽선을 따라서 같은 방법으로 곡선과 직선을 그립니다.

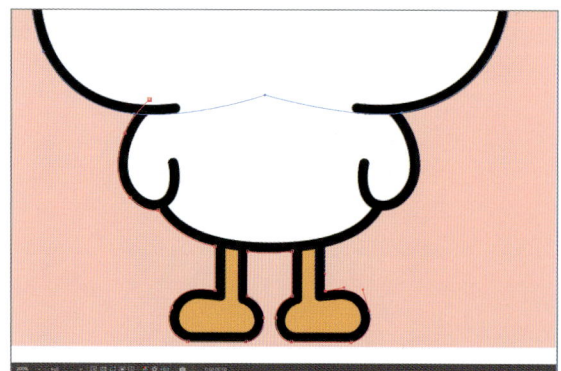
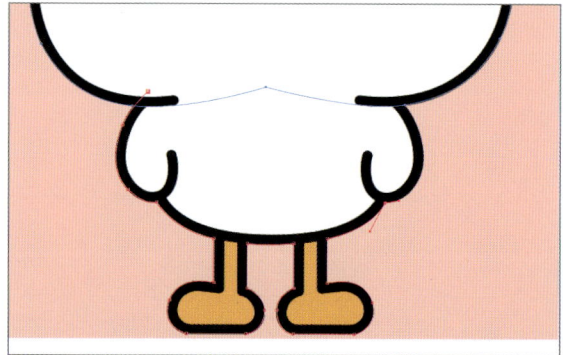

12 ❶ 오른쪽 어깨에서 조금 올라온 지점에서 베지에 핸들을 수평으로 꺾어주고 ❷ 첫 번째 조절점을 클릭하여 패스를 닫습니다. 배경이 사라지고 캐릭터의 몸만 남습니다.

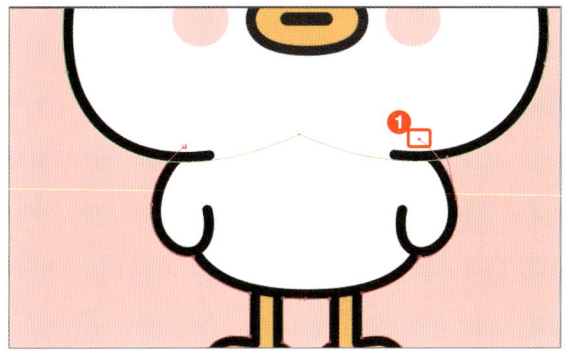 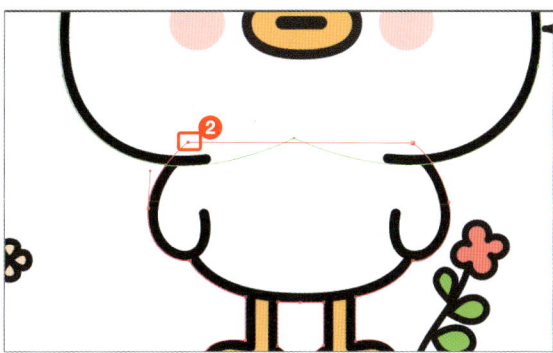

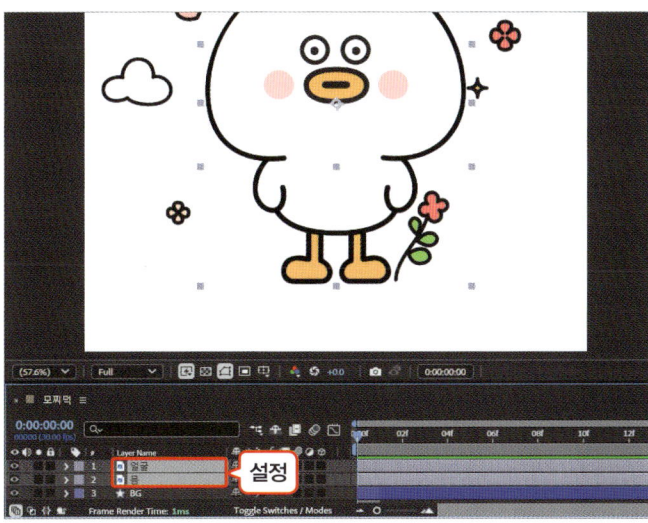

13 [Timelin] 패널에서 레이어의 이름을 각각 **얼굴**, **몸**으로 각각 변경합니다.

14 [얼굴] 레이어의 [Y Position]을 580으로 설정해 20px정도 내려줍니다. 고개를 좌우로 흔드는 애니메이션을 만들기 위해 얼굴을 내려서 얼굴과 몸 사이의 빈 공간을 없애는 것입니다.

15 ❶ [얼굴] 레이어를 클릭합니다. ❷ 중심점 도구 를 선택하고 ❸ [Composition] 패널에서 캐릭터의 입술 아래쪽에 있는 중심점을 클릭하고 Shift 를 누른 채 아래로 드래그하여 얼굴의 아래쪽 끝 지점으로 이동시킵니다.

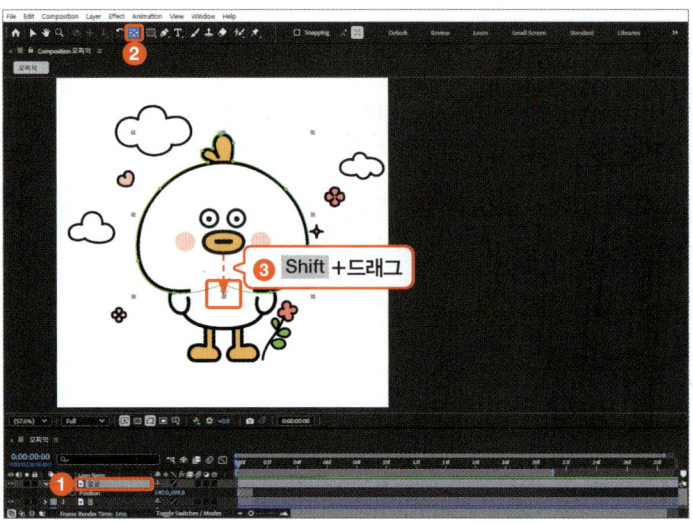

16 ❶❷❸ [얼굴] 레이어의 [Rotation]에 다음과 같이 키프레임을 설정합니다.

Time	Rotation
0초	0 x −8°
10F	0 x +8°
20F	0 x −8°

17 Spacebar 를 눌러 애니메이션을 완성합니다. 캐릭터가 그려진 이미지의 배경을 삭제하여 다른 배경 이미지와 합성하고 캐릭터의 얼굴이 좌우로 까딱이는 애니메이션을 완성했습니다.

Ae LESSON 04

트랙 매트 활용하기
트랙 매트 이해하고 적용하기

매트(Matte)는 마스크(Mask)와 유사한 기능으로 화면의 일부분을 가리거나 일부분만 보이도록 하는 기법입니다. 사진이나 영화 작업 시 한쪽을 가리고 촬영하여 특수 이펙트를 사용한 합성 장면을 제작할 때도 사용하는 기법입니다. 트랙 매트는 '매트(matte)'를 추적하는 것을 의미합니다. 두 개의 레이어를 연결하여 설정할 수 있으며, 레이어의 [Matte] 속성을 다른 레이어에 그대로 적용할 수도 있습니다. 또한 알파(Alpha) 채널이나 루마(Luma)를 활용하여 매트를 설정할 수 있습니다.

트랙 매트 알아보기

① **알파 매트(Alpha Matte)와 알파 반전 매트(Alpha Inverted Matte)**

아래 그림과 같이 Track Matte pick whip 을 드래그해 매트를 추적할 레이어를 연결할 수 있습니다. [웨이브] 레이어는 구불구불한 웨이브 패턴을 그린 레이어이며, [DREAM] 레이어는 텍스트를 변환한 셰이프 레이어입니다

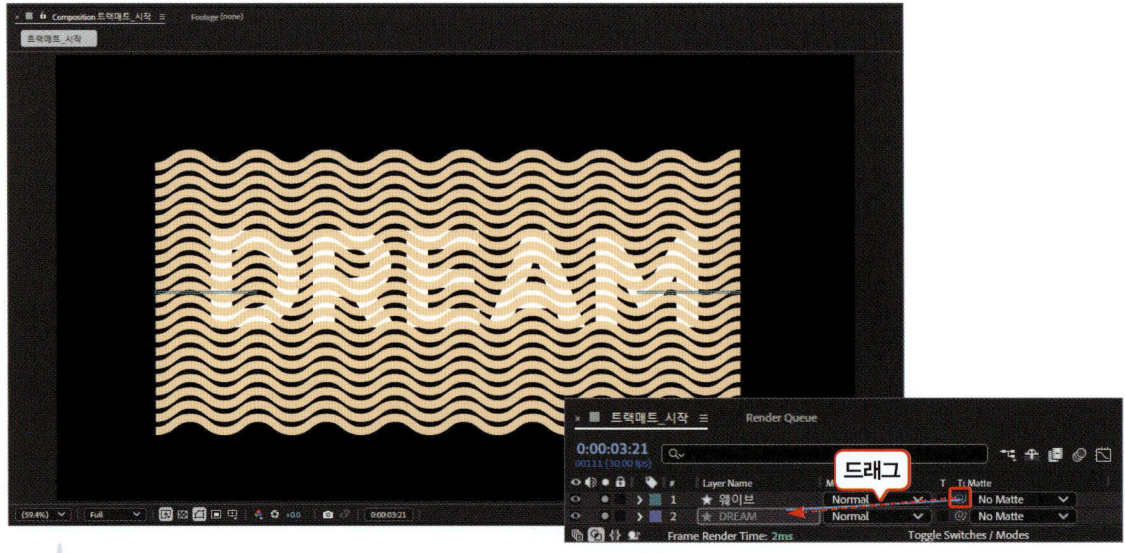

트랙 매트 기능은 애프터 이펙트 버전과 상관없이 사용할 수 있는 기능이지만 [Track Matte pick whip]은 CC 2023 이하 버전에서는 확인할 수 없습니다. [Track Matte] 속성은 F4 를 누르거나 [Toggle Switches/Modes]를 클릭하여 열 수 있습니다.

레이어를 연결하면 트랙 매트의 기본값인 ❶ Alpha Matte■가 적용되고 ❷ 웨이브 패턴 그림이 글씨 안에만 표시됩니다. 즉, 글씨의 알파 채널을 웨이브 패턴이 추적하면서 글씨 안에만 이미지가 표시되는 것입니다. ❸ 매트로 사용된 레이어의 이름 앞에는 ■이, ❹ 매트를 적용한 레이어의 이름 앞에는 ■이 표시됩니다. ❺ 매트로 사용된 레이어의 ■은 자동으로 비활성화됩니다. 또 하나의 레이어를 다수의 레이어가 트랙 매트할 수도 있습니다.

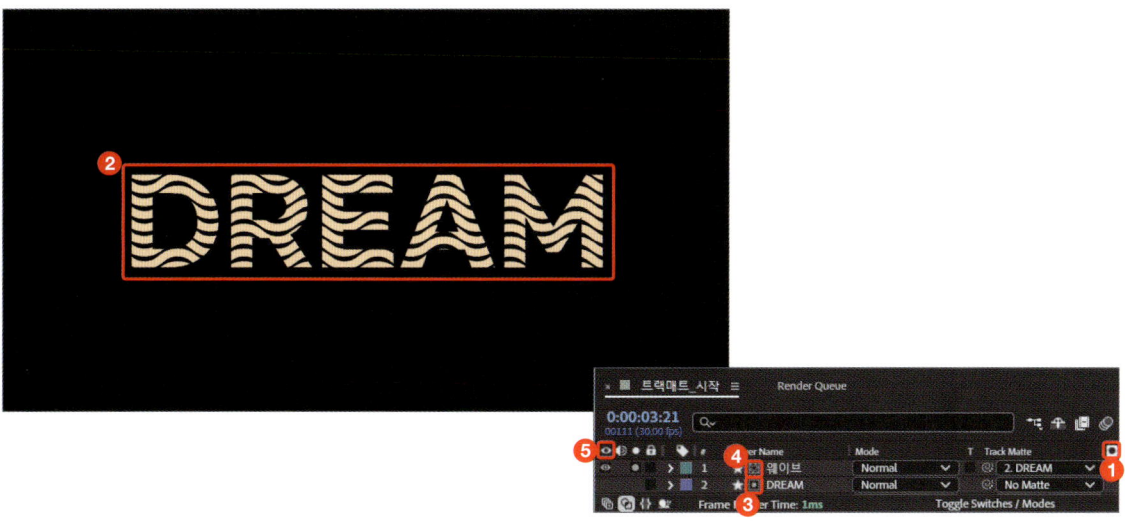

[Composition] 패널에서 ■를 클릭해보면 글씨 영역 밖은 투명한 것을 확인할 수 있습니다.

Inverted(반전) 를 클릭하면 투명한 부분과 불투명한 부분이 반전됩니다. 따라서 글씨 부분은 투명하게 처리되고 글씨가 없는 부분에만 패턴이 표시됩니다.

② 루마 매트(Luma Matte)와 루마 반전 매트(Luma Inverted Matte)

루마는 '루미넌스(Luminance)'의 줄임말이며, 루미넌스는 휘도 또는 명도를 뜻합니다. 트랙 매트를 루마로 선택하면 알파 채널이 아닌 지정한 레이어의 명도에 따라 이미지를 표시하거나 감춥니다. 가장 밝은 흰색(화이트)은 불투명으로 나타나고 가장 어두운 검은색(블랙)은 완전히 투명하게 표시됩니다. 아래 그림에서 다양한 모양의 도형은 흰색과 검은색의 그라데이션이 적용되어 있습니다. 배경에는 거친 질감의 [텍스츄어] 레이어 이미지가 삽입되어 있습니다.

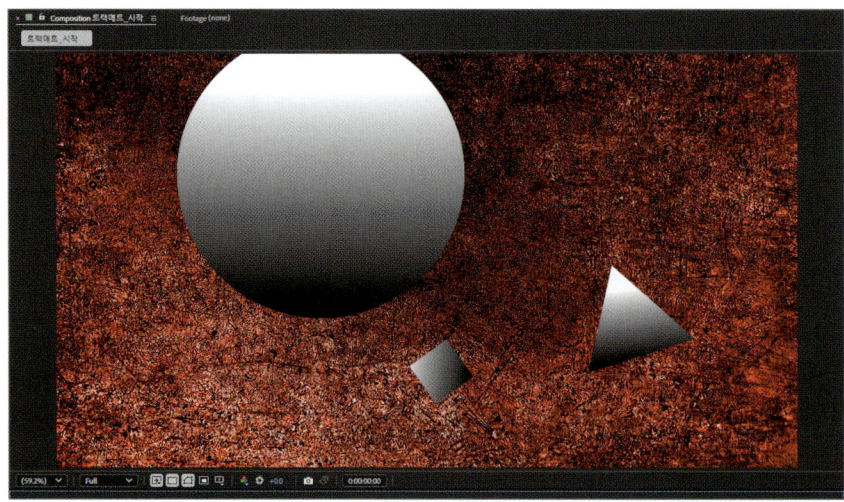

❶ [텍스츄어] 레이어의 트랙 매트를 [도형] 레이어로 선택하고 ❷ ◉를 한 번 더 클릭하여 Luma Matte로 설정하면 ❸ 아래 그림과 같이 도형의 밝은 부분에는 이미지가 표시되고 어두운 부분은 투명하게 나타납니다. ❹ 루마 매트도 마찬가지로 Inverted(반전)를 클릭하면 ❺ 투명한 부분과 불투명한 부분이 반전됩니다.

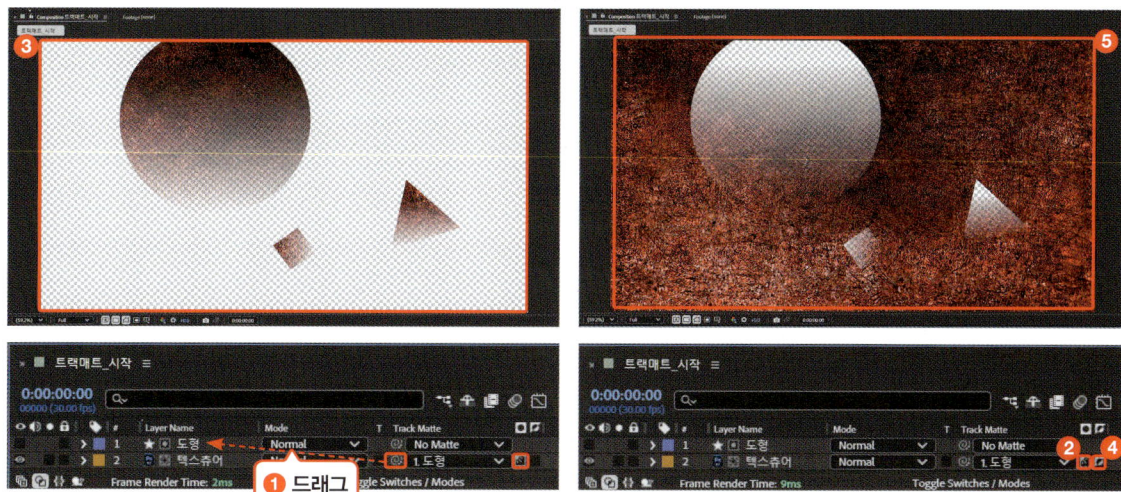

간단 실습 | 트랙 매트와 루마 매트, 반전 매트 적용하기

준비 파일 애프터 이펙트/Chapter 06/트랙매트.aep

01 ❶ [File]-[Open Project] Ctrl + O 메뉴를 선택하고 **트랙매트.aep** 준비 파일을 엽니다. ❷ [Project] 패널에서 [트랙매트_시작] 컴포지션을 더블클릭하여 엽니다. ❸ Spacebar 를 눌러 애니메이션을 확인해보면 도형과 웨이브 패턴이 조금씩 움직이는 애니메이션이 적용되어 있습니다.

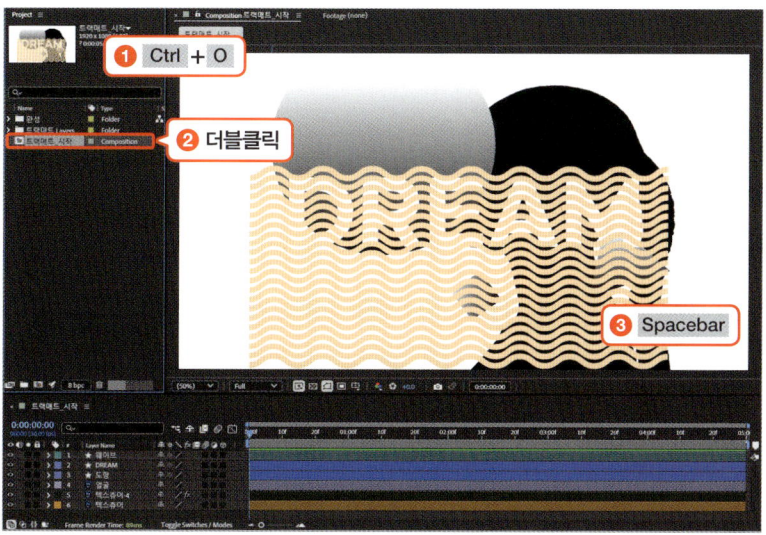

동영상 강의 확인하기

02
❶ [Timeline] 패널의 아래에서 Toggle Switches / Modes F4 를 클릭합니다. ❷ [Mode], [T], [Track Matte] 옵션이 나타납니다. 여기서 [T]는 'Preserve Underlying Transparency'입니다.

기능 꼼꼼 익히기 — Preserve Underlying Transparency 알아보기

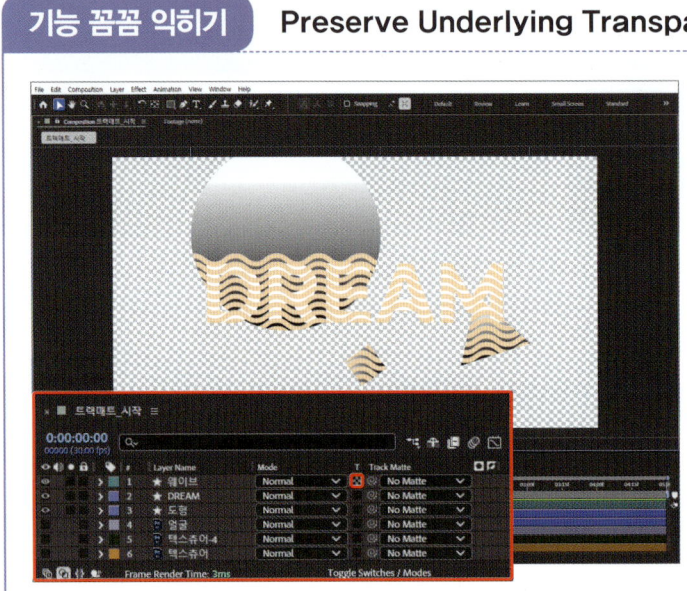

레이어의 [T] 항목을 활성화하면 ◉으로 표시됩니다. 다른 레이어의 알파 채널을 적용하는 기능으로 트랙 매트와 유사하지만 하나의 레이어만을 선택할 수 없고, [T] 항목을 활성화한 레이어 아래에 위치한 ◉이 활성화되어 있는 모든 레이어의 알파 채널을 합산하여 선택한 레이어의 알파 채널로 인식합니다. 왼쪽 그림과 같이 [웨이브] 레이어 아래에 있는 글씨와 도형 레이어의 알파 채널을 모두 인식하므로 두 개 레이어의 영역에 패턴이 표시됩니다. 트랙 매트와는 다르게 매트로 설정된 레이어의 ◉은 비활성화되지 않기 때문에 화면에 그대로 표시됩니다.

03
모든 레이어의 ◉를 각각 클릭해 각 레이어를 확인해봅니다. 웨이브 패턴, 글씨, 도형, 사람 얼굴 실루엣, 그리고 두 개의 거친 질감을 가진 이미지가 삽입되어 있습니다. 다시 모든 레이어가 보이도록 돌아옵니다.

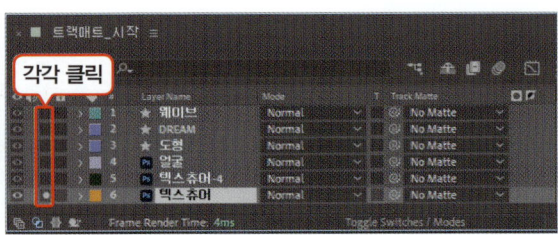

04 ① [웨이브] 레이어의 ◉를 드래그해 [DREAM] 레이어와 연결합니다. ② 기본값인 트랙 알파 채널◉로 설정됩니다. 패턴이 글씨 안에만 표시됩니다.

05 ① [얼굴] 레이어의 트랙 매트는 [텍스쳐] 레이어로 설정합니다. 아직 아무런 변화는 없습니다. 두 레이어의 알파값이 동일하기 때문입니다. ② ◉를 클릭해 ◉로 변경하고 ③ 오른쪽 체크 박스를 클릭해 Inverted◉로 설정합니다. 배경과 인물에 거친 질감이 표현됩니다.

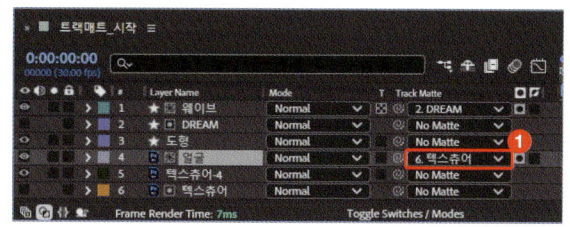

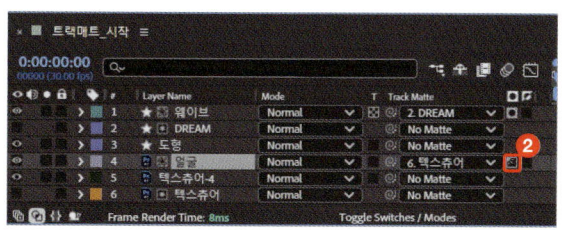

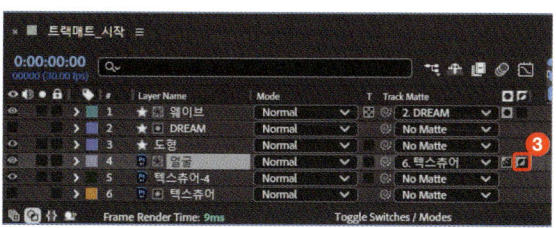

06

① [텍스츄어-4] 레이어의 트랙 매트는 [도형] 레이어로 설정하고 ② Luma Matte 로 변경합니다.

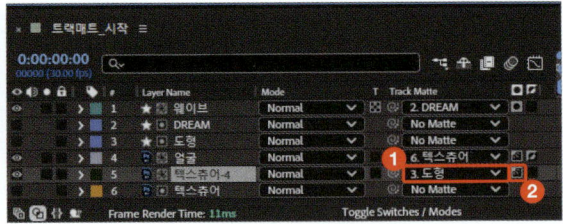

07

도형이 잘 보이도록 [텍스츄어-4] 레이어를 [얼굴] 레이어 위로 이동합니다. 트랙 매트 기법을 활용하여 거친 질감 그래픽을 표현한 영상이 완성되었습니다.

Ae LESSON 05

Parent 기능 활용하기
Parent 기능 알아보고 활용하기

일반적으로 그래픽 툴에서 여러 개의 레이어를 동시에 제어하려면 레이어 그룹으로 설정합니다. 그러나 애프터 이펙트는 레이어 그룹 기능이 없고 셰이프 레이어의 콘텐츠(오브젝트)만 그룹 기능을 사용할 수 있습니다. 컴포지션이 곧 레이어들의 그룹이기 때문에 별도의 그룹 기능이 없습니다. 이때 하나의 컴포지션 안에서 여러 개의 레이어를 같은 값으로 동시에 제어하려면 페어런트(Parent) 기능을 활용하는 것이 좋습니다.

페어런트 기능은 레이어들의 관계를 부모(Parent)와 자식(Child)으로 설정하여 그룹처럼 만드는 것입니다. 이때 하나의 Parent 레이어에 연결되는 Child 레이어의 수는 제한이 없지만 하나의 Child 레이어를 여러 개의 Parent 레이어에 연결할 수는 없습니다. 페어런트 기능으로 연결된 후에는 Parent 레이어의 [Transform] 속성을 Child 레이어가 똑같이 따라합니다([Opacity] 속성은 제외). 운동성이 강조되는 키네틱 타이포그래피, 여러 관절들을 따로 또는 동시에 제어해야 하는 캐릭터 애니메이션 등에서 움직임이 연동되는 모션을 정확하게 제어할 수 있습니다.

간단 실습 | 페어런트(Parent) 기능 알아보기

준비 파일 애프터 이펙트/Chapter 06/페어런트.aep

01 ❶ [File]-[Open Project] `Ctrl` + `O` 메뉴를 선택하고 **페어런트.aep** 준비 파일을 엽니다. [Timeline] 패널을 보면 [눈], [코], [입]을 비롯한 캐릭터의 각 부분들이 여러 개의 레이어로 분리되어 있습니다. ❷ `Spacebar` 를 눌러 애니메이션을 확인합니다. 캐릭터가 위에서 아래로 내려오고 머리를 좌우로 흔들면서 팔과 다리를 흔드는 캐릭터 애니메이션입니다.

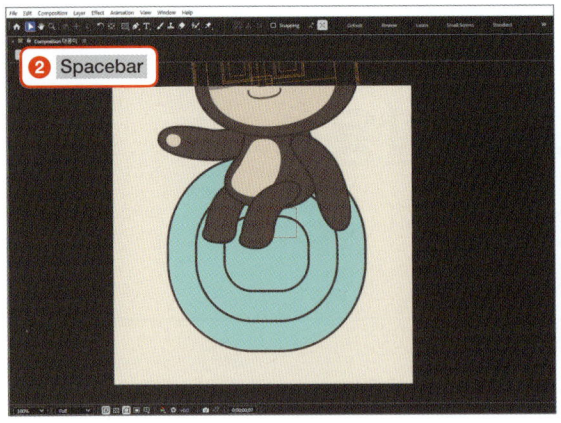

02 ① [룽룽이] 레이어를 클릭합니다. ② R 을 눌러 [Rotation]을 열고 회전값을 자유롭게 변경해봅니다. 캐릭터 전체가 모두 함께 회전합니다. [룽룽이] 레이어는 [Null Object] 레이어입니다.

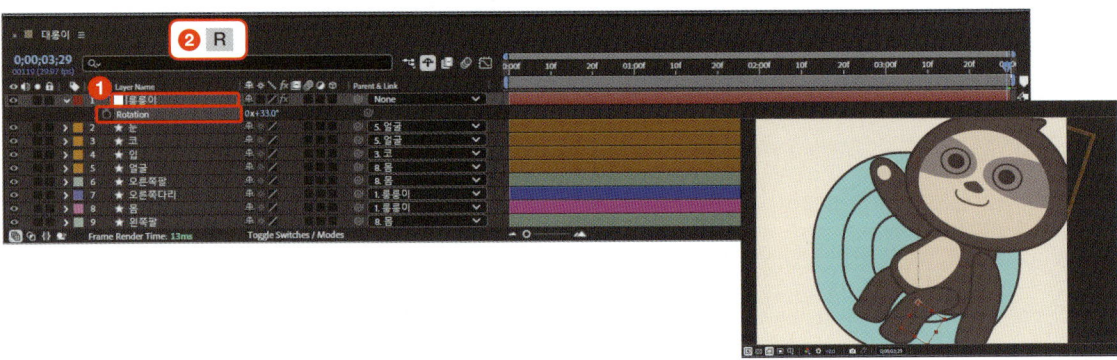

03 ① [룽룽이] 레이어를 클릭하고 ② S 를 눌러 [Scale]을 열고 크기 비율값을 자유롭게 변경해봅니다. 캐릭터 전체가 모두 함께 커지거나 작아집니다. [Parent & Link]를 보면 [오른쪽다리], [몸], [왼쪽다리] 레이어의 Parent가 [룽룽이] 레이어로 설정되어 있습니다. 세 개의 레이어만 [룽룽이] 레이어의 Child 레이어인데 모든 레이어가 함께 조절됩니다. 그 이유는 [얼굴] 레이어는 [몸] 레이어의 Child 레이어이며, [눈], [코] 레이어는 [얼굴] 레이어의 Child 레이어로, 모든 레이어가 서로 연결되어 있기 때문입니다.

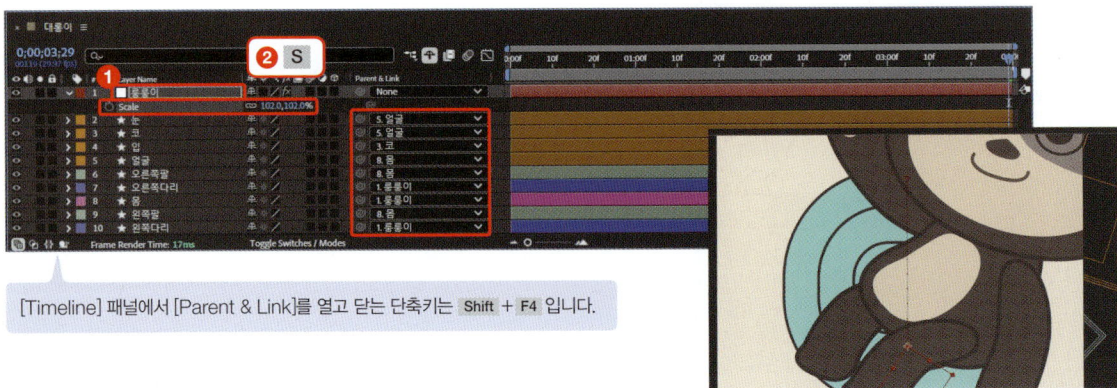

[Timeline] 패널에서 [Parent & Link]를 열고 닫는 단축키는 Shift + F4 입니다.

04 ❶ [얼굴] 레이어를 클릭하고 ❷ [Scale]을 조절해봅니다. [얼굴] 레이어와 [눈], [코], [입] 레이어가 같이 조절됩니다.

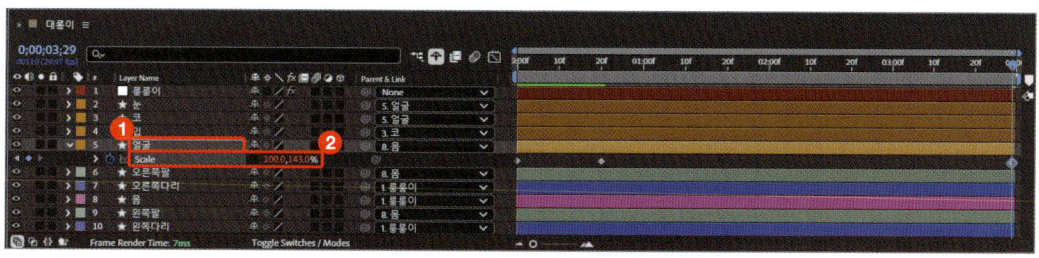

05 ❶ [몸] 레이어를 클릭하고 ❷ [Scale]을 조절해보면 다리를 제외한 모든 레이어가 같이 조절됩니다. 일반적으로 사람처럼 이족 보행하는 캐릭터의 경우 몸통에 얼굴과 두 팔을 페어런팅(연결)합니다.

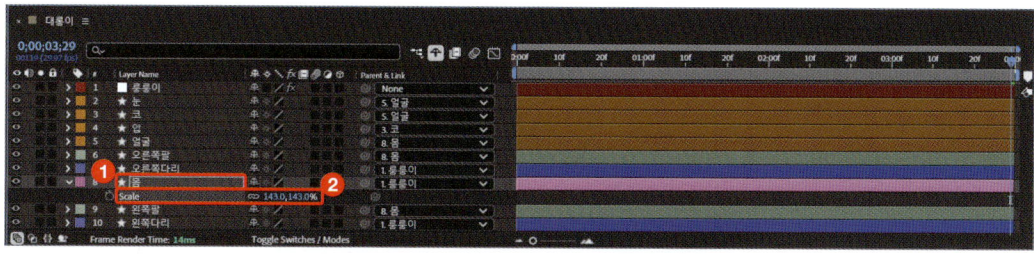

> End 를 눌러 컴포지션의 가장 마지막 지점으로 시간을 이동하고 Parent를 모두 [None]으로 변경한 후 캐릭터의 관절이 어떻게 연결되어야 하는지 생각하면서 Parent를 다시 설정해보는 것도 좋습니다. 이어지는 간단 실습의 내용을 먼저 학습하고 캐릭터의 페어런트 작업을 연습하는 것을 추천합니다.

| 간단 실습 | **Parent 관계 설정하기** |

준비 파일 애프터 이펙트/Chapter 06/페어런트실습.aep

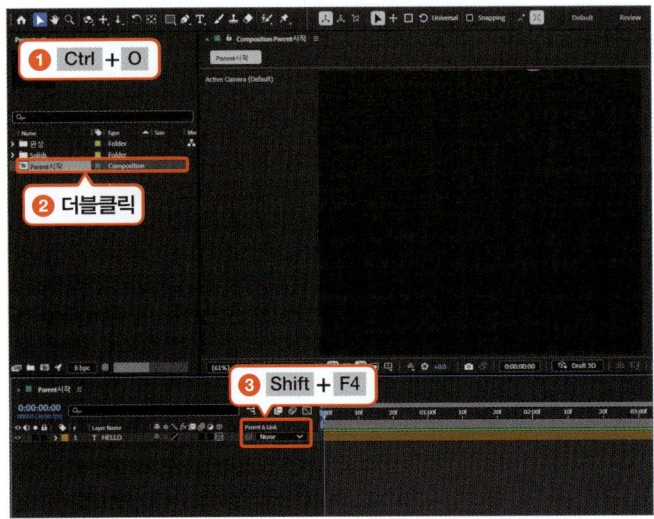

01 ❶ [File]-[Open Project] Ctrl + O 메뉴를 선택하고 준비 파일을 엽니다. ❷ [Project] 패널에서 [Parent시작] 컴포지션을 더블클릭해 엽니다. ❸ Shift + F4 를 눌러 [Timeline] 패널의 [Parent & Link] 옵션도 엽니다.

02 Spacebar 를 눌러 애니메이션을 확인합니다. 화면의 중앙 상단에서 'HELLO' 텍스트가 매달려 있다가 떨어지듯이 회전하면서 내려옵니다.

> 재생해도 글씨가 보이지 않는다면 [Composition] 패널의 확대 비율을 확인합니다. Alt + / 를 누르면 [fit up to 100%]로 자동 조절되어 모든 그림이 화면에 최대 크기로 보여집니다. 확대 비율을 크게 하려면 Alt + . 를 누릅니다.

03 ❶ [Timeline] 패널에서 [HELLO] 레이어를 클릭하고 ❷ Ctrl + D 를 네 번 눌러 레이어를 네 개 복제합니다. 총 다섯 개의 [HELLO] 레이어가 생깁니다.

04 ① 4초 지점으로 이동합니다. ② 레이어들을 모두 선택하고 ③ P 를 눌러 [Position]을 엽니다. ④ 표를 참고하여 층을 쌓듯이 [Y Position]을 설정합니다. 레이어들의 Y 좌푯값이 **145px**만큼씩 아래로 내려서 배치됩니다.

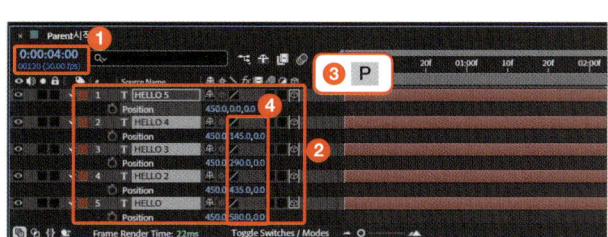

레이어	HELLO 4	HELLO 3	HELLO 2	HELLO
Y Position	145	290	435	580

05 ① 도구바에서 문자 도구 T Ctrl + T 를 클릭합니다. ② [Timeline] 패널에서 [HELLO 4] 레이어를 클릭하고 ③ [Composition] 패널에서 두 번째 'HELLO' 텍스트를 드래그 또는 더블클릭해 선택한 후 **LADIES**로 수정합니다. ④ 색상은 흰색으로 변경합니다. 레이어 이름이 자동으로 [LADIES]로 변경됩니다.

> 문자 도구 T 의 옵션을 설정할 수 있는 [Character] 패널과 [Paragraph] 패널은 문자 도구 T 를 선택하거나 입력된 텍스트를 클릭하면 자동으로 나타납니다. 자동으로 열리지 않는다면 [Window] 메뉴에서 패널을 선택하여 열 수 있습니다.

06 ① [HELLO 3] 레이어를 클릭하고 ② GENTLEMAN으로 수정합니다. ③ 색상은 자유롭게 변경해봅니다.

07 ①② 같은 방식으로 [HELLO 4] 레이어와 [HELLO 5] 레이어의 텍스트도 각각 WELCOME, TONIGHT으로 변경합니다. 색상도 자유롭게 변경해봅니다.

08 Spacebar 를 눌러 애니메이션을 확인합니다. 문자와 위치는 다르지만 같은 움직임을 가지고 있습니다. 아직은 각 움직임에 어떠한 연관성도 없습니다.

09 Parent 기능으로 레이어 간의 관계를 설정해보겠습니다. ❶ 4초 지점으로 이동합니다. ❷ [LADIES] 레이어의 ⊚를 [HELLO 5] 레이어로 드래그하여 연결합니다. [HELLO 5] 레이어가 Parent, [LADIES] 레이어가 Child로 설정됩니다. [LADIES] 레이어는 [HELLO] 레이어의 움직임을 따라 하게 됩니다. ❸ 같은 방법으로 [GENTLEMAN] 레이어의 ⊚를 [LADIES] 레이어로, [WELCOME] 레이어는 [GENTLEMAN] 레이어, [TONIGHT] 레이어는 [WELCOME] 레이어와 연결합니다. ❹ 설정이 잘 되었는지 [Parent & Link]를 확인합니다.

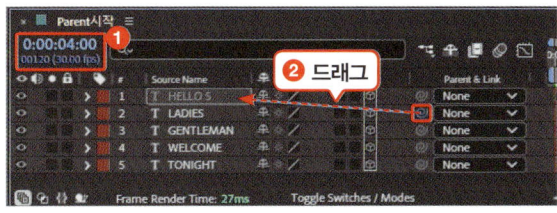 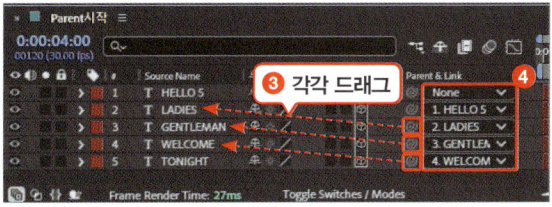

10 Spacebar 를 눌러 애니메이션을 확인합니다. 모든 레이어가 마치 고리로 연결되어 있는 듯 같이 매달려 움직입니다.

11 다섯 개의 텍스트가 시간차를 두고 등장하며 순차적으로 떨어지는 모션을 만들어보겠습니다. ❶ [HELLO 5] 레이어를 클릭하고 ❷ Shift 를 누른 상태에서 [TONIGHT] 레이어를 클릭해 모든 레이어를 선택합니다. ❸ 마우스 오른쪽 버튼을 클릭하고 ❹ [Keyframe Assistant]-[Sequence Layers]를 클릭합니다.

12 [Sequence Layers] 대화상자가 나타나면 ❶ [Overlap]에 체크하고 ❷ [Duration]은 **0:00:03:20** 으로, ❸ [Transition]은 [Off]로 설정하고 ❹ [OK]를 클릭합니다. 각각의 레이어 길이가 4초이므로 오버랩의 길이를 **3초 20F**으로 설정하면 ❺ **10F** 간격으로 각각의 프레임의 시작점이 변경됩니다.

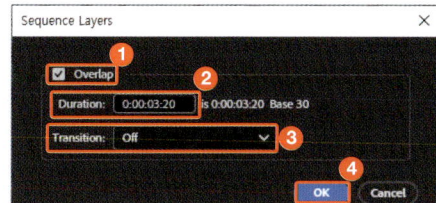

13 Spacebar 를 눌러 애니메이션을 확인합니다. 각각의 텍스트가 고리로 연결된 것처럼 순차적으로 나타납니다. 서로를 Parent와 Child 관계로 설정하여 Parent의 움직임과 Child의 움직임이 연동되기 때문입니다. 이처럼 Parent 기능은 단순히 여러 레이어를 동시에 움직이게 하는 것은 물론 연동되는 움직임을 표현할 수 있어 애니메이션에서 매우 중요한 역할을 합니다.

애프터 이펙트 실속 단축키

일반(General)

- `Ctrl` + `A` 모두 선택하기
- `Enter` 레이어나 폴더 등의 이름 변경하기
- `Ctrl` + `Q` 작업 종료하기
- `Ctrl` + `Shift` + `Z` 최종 작업 다시 실행하기(Redo)
- `Ctrl` + `C` 레이어나 효과, 키프레임 등을 복사하기
- `F2` 또는 `Ctrl` + `Shift` + `A` 선택 모두 해제하기
- `Ctrl` + `D` 레이어나 효과 등 복제하기
- `Ctrl` + `Z` 실행 취소하기(Undo)
- `Ctrl` + `Alt` + `/` (키패드) 모든 메모리 제거하기
- `Ctrl` + `V` 복사된 레이어나 효과 등을 붙여넣기

프로젝트(Project)

- `Ctrl` + `Alt` + `N` 새로운 프로젝트 만들기
- `Ctrl` + `F` 선택한 패널에서 검색 기능 사용하기
- `Ctrl` + `Alt` + `Shift` + `N` [Project] 패널에서 새 폴더 만들기
- `Ctrl` + `O` 프로젝트 열기

패널, 뷰어, 작업 영역 및 창(Panels, Views, Workspace and Windows)

- `Ctrl` + `0` [Project] 패널 열기 또는 닫기
- `Ctrl` + `2` [Info] 패널 열기 또는 닫기
- `Ctrl` + `4` [Audio] 패널 열기 또는 닫기
- `Ctrl` + `6` [Character] 패널 열기 또는 닫기
- `F3` 또는 `Ctrl` + `Shift` + `T` 선택한 레이어의 [Effect Controls] 패널 열기 또는 닫기
- `` ` `` 마우스 포인터 아래의 패널 최대화 또는 복원하기
- `\` 현재 컴포지션의 [Composition] 패널과 [Timeline] 패널 간에 활성화 전환하기
- `Ctrl` + `F` [Project], [Timeline], [Effects & Preset] 등의 패널에서 검색 기능 사용하기
- `Ctrl` + `1` [Tool] 패널 열기 또는 닫기
- `Ctrl` + `3` [Preview] 패널 열기 또는 닫기
- `Ctrl` + `5` [Effects & Presets] 패널 열기 또는 닫기
- `Ctrl` + `7` [Paragraph] 패널 열기 또는 닫기

툴 활성화(Activate tools)

- `V` 선택 도구 활성화하기
- `Spacebar` 또는 **마우스 휠 버튼 클릭** 일시적으로 손바닥 도구 활성화하기
- `Z` 확대 도구 활성화하기
- `W` 회전 도구 활성화하기
- `Y` 중심점 도구 활성화하기
- `H` 손바닥 도구 활성화하기
- `Alt` (확대 도구 활성화 시) 축소 도구 활성화하기
- `Alt` + `W` 로토 브러쉬 도구 활성화하기
- `Ctrl` + `T` 문자 도구 활성화 및 순환하기(가로 및 세로)

`Q` 모양 도구 활성화 및 순환하기(사각형, 둥근 사각형, 타원, 다각형, 별)

`G` 펜 및 마스크 페더 도구 활성화 및 두 도구 간 순환하기

`Ctrl` + `B` 브러시, 복제 도장, 지우개 도구 활성화 및 순환하기

`Ctrl` + `P` 퍼펫 도구 활성화 및 순환하기

컴포지션 및 작업 영역(Compositions and the work area)

`Ctrl` + `N` 새 컴포지션 만들기

`Ctrl` + `K` 선택한 컴포지션의 [Composition Settings] 대화상자 열기

`B` 또는 `N` 작업 영역의 시작 또는 종료 부분을 현재 시간으로 설정하기

`Tab` 활성 컴포지션의 컴포지션 미니 흐름도 열기

`Ctrl` + `Shift` + `X` 컴포지션을 작업 영역으로 다듬어 자르기

시간 탐색(Time Navigation)

`Shift` + `Home` 또는 `Shift` + `End` 작업 영역의 시작 또는 종료 부분으로 이동하기

`J` 또는 `K` 전 키프레임이나 이후 키프레임으로 이동하기

`Home` 또는 `Ctrl` + `Alt` + `←` 컴포지션의 시작 부분으로 이동하기

`End` 또는 `Ctrl` + `Alt` + `→` 컴포지션 종료 부분으로 이동하기

`PageDown` 또는 `Ctrl` + `→` 1프레임 뒤로 이동하기

`Shift` + `PageDown` 또는 `Ctrl` + `Shift` + `→` 10프레임 뒤로 이동하기

`PageUp` 또는 `Ctrl` + `←` 1프레임 앞으로 이동하기

`Shift` + `PageUp` 또는 `Ctrl` + `Shift` + `←` 10프레임 앞으로 이동하기

`I` 레이어 시작 지점으로 이동하기   `O` 레이어 종료 지점으로 이동하기

`D` [Timeline] 패널에서 타임 룰러 확대 시 현재 시간으로 스크롤하기

`=` [Timeline] 패널 타임 룰러 시간 표시 확대하기   `-` [Timeline] 패널 타임 룰러 시간 표시 축소하기

미리 보기(Previews)

`Spacebar` 미리 보기 시작 또는 중지하기

`Shift` + `F5`, `Shift` + `F6`, `Shift` + `F7`, `Shift` + `F8` 스냅사진 만들기

`F5`, `F6`, `F7`, `F8` 활성 뷰어에 스냅사진 표시하기

애프터 이펙트 실속 단축키

보기(Views)

`.` [Composition] 패널에서 확대하기	`,` [Composition] 패널에서 축소하기
`/` [Composition] 패널에서 100%로 확대 및 축소하기	
`Shift` + `/` 현재 [Composition] 패널 크기에 Fit되게 확대 및 축소하기	
`;` [Timeline] 패널에서 1프레임을 최대로 크게 보기	`'` [Safe Guides] 보이기 또는 숨기기
`Caps Lock` [Composition] 패널에서 이미지가 미리 보기용으로 렌더링되지 않도록 방지하기	
`Ctrl` + `'` 그리드 보이기 또는 숨기기	`Alt` + `'` 비례 격자 표시 또는 숨기기
`Ctrl` + `R` 눈금자 보이기 또는 숨기기	`Ctrl` + `;` 가이드라인 보이기 또는 숨기기
`Shift` + `Ctrl` + `H` 레이어 컨트롤 표시 또는 숨기기	`Tab` 미니 흐름도(Flowchart) 표시하기
`Ctrl` + `Alt` + `Shift` + `N` 패널을 여러개로 분할하여 보기	

푸티지(Footage)

`Ctrl` + `I` 파일 또는 이미지 시퀀스 가져오기

`Ctrl` + `Alt` + `I` 여러 파일을 불러올 때 불러오기 옵션을 다르게 가져오기

`Alt` + [프로젝트] 패널에 있는 푸티지 항목을 선택한 레이어로 드래그 선택한 레이어의 소스 바꾸기

`Ctrl` + `H` 선택한 푸티지 항목 바꾸기

레이어(Layers)

`Ctrl` + `Y` 새로운 Solid Layer 만들기	`Ctrl` + `Alt` + `Shift` + `Y` 새로운 Null Layer 만들기
`Ctrl` + `Alt` + `Y` 새로운 Adjustment Layer 만들기	`Ctrl` + `↓` [Timeline] 패널에서 하위 레이어 선택하기
`Ctrl` + `↑` [Timeline] 패널에서 상위 레이어 선택하기	`F2` 또는 `Ctrl` + `Shift` + `A` 모든 레이어 선택 해제하기
`X` 선택한 레이어를 [Timeline] 패널 목록의 가장 위로 표시하기	
`Shift` + `F4` [Parent & Link] 표시 또는 숨기기	`F4` 레이어 스위치 및 모드 전환 및 돌아오기
`Ctrl` + `Shift` + `Y` 선택한 Solid Layer, Light, Camera, Null Layer, Adjustment Layer의 설정 대화상자 열기	
`Ctrl` + `Shift` + `D` 현재 시간에서 선택한 레이어 분할하기	
`Ctrl` + `Shift` + `C` 선택한 레이어 Pre-compose(사전 구성)하기	
`[` 또는 `]` 시작 지점 또는 종료 지점이 현재 시간이 되도록 선택한 레이어 이동하기	
`Alt` + `[` 또는 `Alt` + `]` 선택한 레이어의 시작 지점 또는 종료 지점을 현재 시간으로 자르기	

타임라인 패널에 속성 및 그룹 표시 확인하기(Showing properties and groups in the Timeline panel)

- `A` [Anchor Point] 옵션만 펼치기
- `F` [Mask Feather] 옵션만 펼치기
- `M` [Mask Path] 옵션만 펼치기
- `M` `M` [Mask] 속성 그룹만 표시하기
- `T` [Opacity] 옵션만 펼치기
- `P` [Position] 옵션만 펼치기
- `R` [Rotation]과 [Orientation] 옵션만 펼치기
- `S` [Scale] 옵션만 펼치기
- `E` [Effects] 옵션만 펼치기
- `A` `A` [Material] 옵션만 펼치기
- `E` `E` [Expressions] 옵션만 펼치기
- `L` `L` [Audio Waveform] 옵션만 펼치기
- `U` `U` 기본값에서 변경되거나 키프레임 적용한 옵션만 펼치기
- `U` 키프레임 적용된 옵션만 펼치기

레이어 속성 수정(Modifying layer properties)

- `Ctrl` + `Home` 선택한 레이어를 중앙에 배치하기
- `Ctrl` + `Alt` + `Home` 선택한 레이어나 콘텐츠의 가운데에 기준점 설정하기
- `Alt` + `PageUp` 또는 `Alt` + `PageDown` 1프레임 앞이나 뒤로 이동하기
- `Alt` + `Shift` + `PageUp` 또는 `Alt` + `Shift` + `PageDown` 10프레임 앞이나 뒤로 이동하기

3D 레이어(3D Layers)

- `F10` 3D View를 [Front]로 설정
- `F11` 3D View를 [Custom View 1]로 설정
- `F12` 3D View를 [Active Camera]로 설정
- `1` 카메라 회전 도구로 전환하기
- `2` 카메라 이동 도구로 전환하기
- `3` 돌리 도구로 전환하기
- `Ctrl` + `Alt` + `Shift` + `L` 새 조명(Light) 레이어 만들기
- `Ctrl` + `Alt` + `Shift` + `C` 새 카메라(Camera) 레이어 만들기
- `4` Position 조절 기즈모로 전환하기
- `5` Scale 조절 기즈모로 전환하기
- `6` Rotation 조절 기즈모로 전환하기
- `Alt` + `Shift` + `C` Casts Shadows 켜고 끄기
- `F` (카메라 도구 선택 시)선택한 3D 레이어를 볼 수 있도록 Camera 및 Point of Interest를 이동하기
- `Ctrl` + `Shift` + `F` 모든 3D 레이어를 볼 수 있도록 Camera 및 Point of Interest를 이동하기

애프터 이펙트 실속 단축키

키프레임 및 그래프 편집기(Keyframes and the Graph Editor)

| Shift + F3 | 그래프 에디터 창 전환 및 돌아오기 | Ctrl + Alt + A | 표시되는 모든 키프레임 및 속성 선택하기 |

Shift + F2 또는 Ctrl + Alt + Shift + A 모든 키프레임, 속성 및 속성 그룹 선택 해제하기

Alt + → 또는 Alt + ← 키프레임을 앞 또는 뒤로 1프레임 이동하기

Alt + Shift + → 또는 Alt + Shift + ← 키프레임을 앞 또는 뒤로 10프레임 이동

F9 키프레임에 Easy Ease 적용하기   Shift + F9 키프레임에 Easy Ease In 적용하기

Ctrl + Shift + F9 키프레임에 Easy Ease Out 적용하기

Ctrl + Alt + 클릭 홀드 키프레임으로 변환하기

Ctrl + Shift + K Keyframe Velocity 대화상자 열기

Ctrl + Alt + K Keyframe Interpolation 대화상자 열기

마스크(Masks)

Ctrl + Shift + N 새로운 마스크 만들기

Ctrl + T (마스크 선택 시)자유 변형 마스크 편집 모드 시작하기

Ctrl + Alt + 조절점 클릭 조절점을 부드럽게 하거나 꺾이게 변경하기

셰이프 레이어(Shape Layers)

Ctrl + G 선택한 모양 그룹화하기

Ctrl + T ([Timeline] 패널에서 [Path] 속성 선택 시) 자유 변형 패스 편집 모드 시작하기

저장, 내보내기 및 렌더링(Saving, Exporting and Rendering)

Ctrl + S 프로젝트 저장하기   Ctrl + Shift + S 다른 이름으로 프로젝트 저장하기

Ctrl + Alt + M Adobe Media Encoder 인코딩 대기열에 컴포지션 추가하기

Ctrl + M 렌더링 대기열(Render Queue)에 추가하기

- 위 목록은 모션 그래픽 실무자가 자주 사용하는 단축키 위주로 정리해놓은 것입니다.
  https://helpx.adobe.com/kr/after-effects/using/keyboard-shortcuts-reference.html에서 관련된 모든 단축키를 확인할 수 있습니다.

찾아보기

프리미어 프로 편

ㄱ ~ ㅂ

기본 자막	178
네스트	248
도구 패널	226
디졸브	105
로테이션 키프레임	093
루마 매트	111
리플 에디트 도구	226
마스크	130
멀티 트랙	242
반응형 자막	186
배경음악	054
보간	098
보케	167
볼륨 조절	205
불투명도 키프레임	086
블렌드 모드	167
비네팅	156
비디오 이펙트	107
비디오 트랜지션	116
빛바랜 효과	145

ㅅ ~ ㅇ

색보정	140
선택 도구	226
세로 영상	258
스케일 키프레임	091
시퀀스	062
알파 매트	111
영상 비율	262
영상 크롭	136
오디오 게인	208
오디오 리믹스	220
오디오 클립	204
오디오 트랜지션	218
오디오 편집	210

ㅈ ~ ㅍ

자동 자막	189
자르기 도구	226
자르기	072
자막 디자인	197
자막	051
잠금	234
출력	058
컬러 캐스트	144
컬러매트	102
컷 편집	044
타이프 도구	178
트랙 삭제	240
트랙	238
펜 도구	226
프로젝트	038, 065
프리셋	146

A ~ D

Adjust	108
Basic Correction	140
Bezier	098
Blur	108
Close Gap	079
Color Correction	109
Color Matte	102
Creative	144
Cruves	148
Dissolve	117
Distort	109

E ~ V

Effect Controls	081
Gaussian Blure	115
Generate	110
Interpolation	098
Keying	110
Opacity	088
Perspective	110
Position	083
Program	082
Ripple Delete	076
Scale	081
Show Guides	088
Show Rulers	084
Stylize	110
Vignette	156

찾아보기

애프터 이펙트 편

ㄱ ~ ㅂ

그래프 에디터	433
그레이디언트 배경	453
그림자 효과	470
도구바	292
도형 도구	293
돋보기 도구	292
렌더링	351
로토 브러시 도구	293
마스크	530
모션 그래픽	287
문자 도구	293
보간	425
불러오기	314, 326
브러시 도구	293

ㅅ ~ ㅊ

색보정	462
선택 도구	292
셰이프 레이어	367
손바닥 도구	292
솔리드 레이어	360
어도비 브릿지	397
에코 효과	483
인터페이스	291
작업 공간	306
작업 환경	307
조명	515
지우개 도구	293
추가 수식	379

ㅋ ~ ㅍ

카메라 도구	507
컴포지션 만들기	313, 334
키프레임	343
타이포 애니메이션	394
텍스트 애니메이션	384
텍스트 입력	317
트랙 매트	546
트랜스폼 애니메이션	414
퍼펫 도구	487
퍼펫 핀 도구	293, 대한488
펜 도구	293
표현식	460
프로젝트 저장하기	308

A ~ G

Adjustment Layer	403
ai 불러오기	331
Align	302
Animate 속성	388
Audio	301
Auto-Orient	427
Camera Settings	512
CC Light Sweep	481
CC Star Burst	457
Character	303
Composition	296
Effect Controls	303
Effects & Presets	302
Glow	495
Graph Editor	305
Grid	363

I ~ W

Interpolation	425
Keyframe Assistant	430
Keyframe Velocity	434
Layer	304
Motion Tile	486
Null Object	401
Paragraph	303
Parent	553
Position	417
Pre-compose	475
Project	294
Properties	301
psd 불러오기	329
Rotation	420
Roughen Edges	499
Scale	420
Solid Settings	361
Timeline	298, 338
Toggle Hold Keyframe	436
Turbulent Displace	459
Venetian Blinds	458
Wave Warp	365
Wiggle	501

숫자

3D 레이어 작업 도구	294, 504